高等学校法学系列教材

民 法 学

(第 2 版)

主 编 阳雪雅

清 华 大 学 出 版 社
北京交通大学出版社
· 北京 ·

内容简介

本书以我国现行法律及相关规范为主要依据，注重民法理论与司法实务相结合。书中共分五编二十八章，介绍了民法总论、人身权、物权、债权及侵权责任的具体内容。全书除对基本理论、具体制度进行介绍外，还增加了导学、知识网络图、讨论交流或知识延伸以及丰富的复习题，另外在每部分知识后面专门附录了相关的法律规范。

本书不但是系统阐述民法理论和制度的教材，而且也是了解相关法律规范的工具书，适合法学专业不同层次学生掌握。

图书在版编目(CIP)数据

民法学/阳雪雅主编. —2版. —北京：北京交通大学出版社，2017.10
（高等学校法学系列教材）
ISBN 978-7-5121-3300-6

Ⅰ. ①民…　Ⅱ. ①阳…　Ⅲ. ①民法-法的理论-中国　Ⅳ. ①D923.01

中国版本图书馆CIP数据核字（2017）第184362号

民法学
MINFAXUE

策划编辑：郭东青
责任编辑：郭东青
出版发行：清华大学出版社　邮编：100084　电话：010－62776969
　　　　　北京交通大学出版社　邮编：100044　电话：010－51686414
印 刷 者：北京时代华都印刷有限公司
经　　销：全国新华书店
开　　本：185 mm×260 mm　印张：32.5　字数：796千字
版　　次：2017年10月第2版　2017年10月第1次印刷
书　　号：ISBN 978-7-5121-3300-6/D·213
印　　数：1～2 500册　定价：68.00元

本书如有质量问题，请向北京交通大学出版社质监组反映。对您的意见和批评，我们表示欢迎和感谢。
投诉电话：010-51686043，51686008；传真：010-62225406；E-mail：press@bjtu.edu.cn。

第2版前言

十八届四中全会审议通过的《中共中央关于全面推进依法治国若干重大问题的决定》中提出，要加强市场法律制度建设，编纂民法典，这为我国未来的民事立法提出了新的奋斗目标。

第1版《民法学》自出版以来，受到读者的广泛肯定与好评，销售情况良好。2017年3月15日，我国立法机关正式通过了《民法总则》，为使本书所反映的内容与时俱进，我们对本书第一编民法总论的相关内容作了相应修订。另外，这次修订结合2016年3月1日施行的《最高人民法院关于适用〈中华人民共和国物权法〉若干问题的解释(一)》的相关内容，对第三编物权做了一些修改。

我们希望本书能够兼顾理论性和实用性，为读者提供全面、系统、准确的民法学知识。另外，本书参考了一些民法学者的著述，在此特别说明，并向所参考的作者致以敬意！

对于本书的编写，尽管我们竭尽全力，但由于能力、资料等限制，不足之处在所难免，恳请读者不吝指正。

本书由阳雪雅主编，冯力聪、赵幸、杨晓伟、蔡云睿、陈诗意、唐斯等参加了本书的部分编写工作。

编　者

2017年9月

前　言

民法作为法学的专业基础课程，无论在理论上还是实践上都具有重要价值。学习民法应遵循从一般到具体的思路，表现为：从民法总论到民法分论的过程。民法调整范围十分广泛，民法教材主要是为学生搭建民法知识的基础体系，帮助学生了解民法的具体制度。

本教材的设计旨在让法学专业学生既能掌握民法的基本概念、基本原理和基本制度，又能启发学生对相关制度进一步深入思考，拓展学生思维；既能让学生全面了解民法的规范，又能使学生将所学知识运用到实践，解决实际问题。为此，本教材与传统教材相比呈现出以下特点。

第一，根据内容的需要，在各编或各章加入了导学和知识网络图。导学主要是从学习思路和方法上引导学生，知识网络图主要是帮助学生构建知识体系。

第二，每章内容后面都附有法律条文和司法解释，这样学生在学习完相关制度后，能很方便地学习相关法律规范。另外，有的制度需要多个法律规范调整，这也便于学生了解法律规范之间的联系。

第三，根据内容需要，在有的章节中融入了知识延伸和讨论交流模块，从而引导学生深入理解和分析问题，也便于教师展开互动教学。

第四，本教材严格以最新立法阐述。另外，在撰写《共有》这一章的共同共有财产分割时，本教材不仅依据《中华人民共和国物权法》（以下简称《物权法》），还参照了《最高人民法院关于适用〈中华人民共和国婚姻法〉若干问题的解释（三）》的最新规定。

第五，本教材突出重点难点。如第一编中的法律行为和代理是重点也是难点，因此阐述就比较详细。法人与合伙在民法教学中关注较少，属于难点，本教材便结合理论和立法进行了详写。第二编中论及的物权与第五编中论及的侵权责任属于民法分论中的难点，本教材进行了重点阐述。

由于编者水平有限，书中难免存在缺点和错误，殷切期望读者批评指正。

相关教学课件可以从出版社网站（http://press. bjtu. edu. cn）下载。

编　者

2012 年 1 月

目　　录

第一编　民法总论

第二编　人　身　权

第三编　物　　权

第四编　债权总论

第五编　侵权责任

第一编

民法总论

第一章　民法概述
第二章　民法基本原则
第三章　民事法律关系
第四章　自然人
第五章　法人
第六章　非法人组织
第七章　民事法律行为
第八章　代理
第九章　诉讼时效和期限

导 学

民法学知识庞杂。民法中的普遍性、规律性的基础知识和基本原理将在民法总论中介绍。如：民法基本原则、主体制度、法律关系制度、法律行为制度等都属于民法的一般性问题。民法的渊源、民法的解释和适用、诉讼时效等内容属于民法的基本理论。掌握民法总论中的基本制度，有助于了解民法的整体制度构架和理论体系，从而为学习民法分论做好准备。

本编知识体系

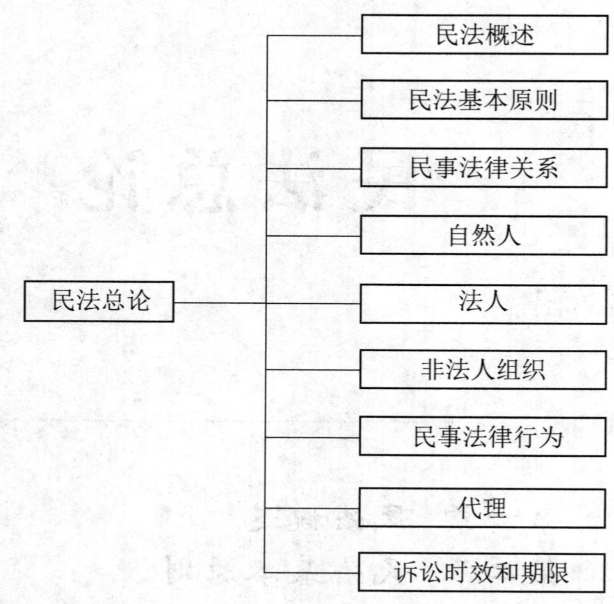

第一章

民法概述

本章对民法进行了概览式的介绍，对于初学者认识民法有一定帮助。首先通过对民法历史发展的介绍，使学生了解民法产生的基础；然后通过对民法的界定，明晰民法与其他部门法调整对象的不同；接着通过对民法的性质以及民法与相邻法律部门关系的梳理，帮助学生进一步认识民法的特点。最后从渊源的角度了解规范意义上的民法以及民法的适用和解释。

本章知识体系

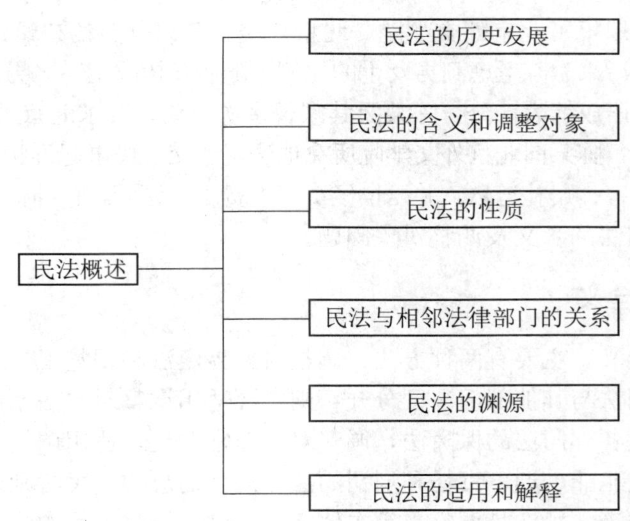

第一节　民法的历史发展

民法是调整民事生活的部门法。世界上最早的成文法典《汉穆拉比法典》里面有许多民事法律规范，主要包括：所有权制度、契约制度、婚姻家庭继承制度等。不过现代民法肇始于罗马法，罗马法包括公法与私法，其中私法最为发达。罗马法从形式上仍然为诸法合体，但是内容上体现了简单商品经济的一些制度，罗马法中对民法影响比较大的主要包括《优士丁尼法典》《新律》《学说汇纂》《法学阶梯》。后世民法的大多数制度都来源于罗马法，所以说民法肇始于罗马法。近代民法产生于民法法典化时代，最为典型的为1804年颁布的《法国民法典》和1900年施行的《德国民法典》。《法国民法典》的编纂体例源于罗马法学家盖尤斯《法学阶梯》一书，设人法、财产法和财产取得法三编。《德国民法典》的编纂体例则沿用潘德克顿的总论、分论式模式，即首先抽象归纳出民法共同适用的制度，放在总则中，然后以具体法律关系划分，在分论中分别规定债权、物权、亲属和继承。后来的民法典大多借鉴《德国民法典》体例，其原因如下：一是《德国民法典》体例高度抽象概括，便于学习；二是《德国民法典》是很多法学家在对罗马法研究基础上进行更深入发展的体现。近代民法法典化不仅强化了大陆法系成文法的渊源地位，而且也直接影响了大陆法系的司法裁判，在具体个案中首先寻找具体规则，如果没有具体规则，则可以在民法总则中找寻适当的规则。

现代民法进入了法典化的新时代，随着民法典在很多国家确立，反思法典局限性的思潮逐渐兴起。现代社会仅仅依靠大而全的民法典不足以调整民事生活，过分迷信民法典或者完全排斥民法典都不是正确的态度，民法典如何与民事单行法有效互动在现代社会十分重要。

第二节　民法的含义和调整对象

【案例】陈某在当年的高考中，英语笔试成绩为591分，口语成绩为5^{-}。陈某在提前录取的第一志愿中填报了北京外交学院。北京外交学院以其英语口试成绩未达5分为理由，未录用陈某。后来学院考虑到男女生的比例，随后又招收了一名男生，他的英语笔试成绩为533分，口语成绩为5分。陈某及其家长多次上访，要求北京外交学院录取陈某，均未有结果。后来，陈某向北京外交学院所在地法院递交了民事起诉状，要求法院判令北京外交学院停止侵害、赔礼道歉，并赔偿经济损失费1.5万元，精神损失费1.5万元。

该案例涉及民法的含义及调整对象问题。

一、民法的含义

给部门法下定义，主要有两种方法：调整对象界定法和调整工具界定法。如果调整对象可以将该部门法与其他部门法区分开，则主要适用调整对象法。但是对于刑法这样的部门法，因为是各部门法的保障法，调整对象非常宽泛，适用调整工具法来界定更加清晰。刑法是规定犯罪、刑事责任和刑罚的法律规范的总称。民法则以调整对象的方法进行界定，具体说来，民法是调整平等主体之间的民事法律关系的法律规范的总称。我国《民法通则》第2条规定："中华人民共和国民法调整平等主体的公民之间、法人之间、公民和法人之间的财产关系和人身关系。"

二、民法的调整对象

调整对象是指一定的社会关系。民法是调整平等主体的自然人、法人、其他组织之间的财产关系和人身关系的法律规范的总称。我国《民法总则》第2条规定："民法调整平等主体的自然人、法人和非法人组织之间的人身关系和财产关系。"

（一）平等主体的财产关系

民法调整的财产关系具有以下特征。

首先，民法所调整的财产关系是以财产为客体的关系。民法上的财产外延十分宽泛，既包括有体物，也包括无体物；既包括客观存在的物，也包括权利等利益。

其次，民法调整的财产关系一定是平等主体之间产生的。民事主体在具体的财产关系中法律地位是平等的，则应由民法调整。

再次，民法所调整的财产关系一般是在自愿协商的基础上产生的，无论民事主体双方实质上经济地位存在多大差异，在建立民事财产关系时应当意志自由，有决定是否签约的自由。另外也应平等受到法律保护。

最后，民法调整的财产关系主要是静态的财产关系和动态的财产流转关系。静态财产关系，又称财产支配关系，是财产在特定主体支配下形成的支配者与社会一般人之间的社会关系。动态财产关系，又称财产流转关系，是财产在各社会成员之间的流转状态。

（二）平等主体的人身关系

人身关系，是指人与人之间基于彼此的人格或身份而形成的，不以主体的经济利益为内容，而以主体的人身利益为内容的社会关系。

1. 人格关系

人格是指人作为生理意义上的人与社会意义上的人所不可缺少的各种要素，包括生命、身体、健康、名称、肖像、名誉、隐私等。法人作为一类民事主体，虽然不具有生理意义上的人格，但是具有社会意义上的人格，如名称、名誉、信用等。人格关系体现了民事主体对其支配并排除他人干涉的社会关系。人格权对民事主体意义重大，随着社会的发展，人格权保护也愈来愈完善。

2. 身份关系

身份是指人基于先天的血缘或后天的社会活动，在一定的社会组织结构体系中所处的地位。民事社会的身份关系是平等的，包括亲属之间、配偶之间、监护人与被监护人之间的关系等。

本节案例的核心问题在于北京外交学院与学生之间是否为平等关系？国务院和教育部在许多文件中明确规定的高等学校在招生中享有自主权，因此，外交学院有权单方面决定是否录取原告，而不必征得原告的同意，本案不应由民法调整。

知识延伸

研究民法调整对象的意义。

确定民法调整对象的意义在于区别民法与其他部门法的调整范围，梳理不同的法律关系，确定相应的权利与义务。另外，确定民法的调整对象还有利于防止公权力干预民事生活，侵害私权利。

第三节　民法的性质

民法作为独立的部门法，与其他部门法的首要区别标准就是性质属性。

一、民法是私法

人类在观念上区分公法与私法始于罗马法时代，最早由罗马法学家乌尔比安提出。他指出：规定国家义务的法律为公法，规定个人利益的法律为私法，如调整家庭、婚姻、物权、债权和继承关系的法律为私法。

但在立法上实现公、私法分立则始于法典化时代。现代社会，一方面，公法与私法区分更加有现实意义；另一方面，公法与私法在某些方面也相互渗透，即在坚持意思自治的基础上，需要借助一定的国家公权力手段，合理限制契约自由。如民法中对格式合同的干预，消费者利益的保护等。

二、民法是权利法

民法是权利法体现为以下三个方面。

首先，民法规范主要是授权性规范和任意性规范。授权性规范是规定人们可以为一定的行为或者不为一定的行为，以及可以要求他人为一定行为或者不为一定的行为的法律规范。因此民法规范更多赋予民事主体自由，该种自由体现了民法为权利法。任意性规范是指法律规范允许法律关系的参加者在一定的范围内自行确定其权利和义务的法律规范。任意性规范充分体现了民法的权利属性。

其次，民法是以权利为中心的规范体系。民法不仅宣告了民事主体可以依法取得的各种民事权利，而且为民事主体实际取得权利、实现权利提供法律准则，并建立起以权利为中心的规范体系。民法首先确立总概念——民事权利，民法总则正是围绕民事权利这个总概念，规定了民事权利的主体（自然人和法人）、民事权利的发生、变更、消灭的根据（民事法律事实、主要民事法律行为与代理）、法院保护民事权利的期限（诉讼时效），建立了对民事权利保护的一般制度。民法分则的人身权制度、物权制度、债权制度、继承权制度等则确立了对具体民事权利保护的规范体系。最后以侵权责任为首的民事责任作为救济法实现对民事权利全面保护。从总体而言，民法规范形成了民事权利一般制度、具体民事权利制度、民事权利救济制度的体系。

最后，在处理权利与义务的相互关系上，民法以权利为本位。民法的己任就是确定民事主体权利，维护民事主体利益。因此，民法为了实现权利本位，不仅从根本上强调民事主体法律地位平等，而且在民事活动中始终贯彻意思自治，在民事主体具体行使民事权利时，还坚持诚实信用原则与权利不得滥用原则，最终实现权利的保护。

三、民法是实体法

配置权利义务的法为实体法，规定如何实现权利和保护权利的法为程序法。实体法和程序法是法律的基本分类。民法乃实体法，与民法相对应的程序法乃民事诉讼法。实体法与程序法虽然有质的区别，但是二者都很重要，简单的实体优位主义或程序优位主义都不足以厘清二者的关系，只能根据社会现实，作出具体的制度安排。民法与民事诉讼法之间有着十分密切的关系。

【案例】王某与李某离婚时双方私下达成协议，房子由李某及孩子共同所有，原来房屋产权登记簿上只有李某一个人的名字，考虑到孩子还小，并未变更登记。现在李某已经再婚，孩子随王某生活，请问孩子的权利如何保护？

【分析】本案涉及具体权利与权利保护的程序问题。首先，产权登记簿上并未登记孩子的名字，对于此种房屋所有权取得应登记，否则不能发生物权效力。另外，为了避免孩子的权利受侵害，孩子的监护人可以代孩子请求进行加名登记。很明显，加名登记属于保护权利的重要程序手段。

第四节　民法与相邻法律部门的关系

一、民法与商法

（一）什么叫作“商”

对此问题有两种理解。按第一种理解的“商”指流通环节，为生产、流通、消费三大经济活动环节之一。经济学中对“商”作如上理解，日常用语中的“商”，也是这个含义。我国有学者将这种理解用于法律领域，这样的商法实际上就是商业法或流通法。从法律上看，这种“商”只是“商”的一种，即“固有商”或“买卖商”。第二种理解的“商”指营利，商行为即以营利为目的的行为，这是法律意义上对“商”的理解。

在法律上，“商”有如下种类：①固有商或买卖商，如上所述；②辅助商，指间接沟通生产、消费渠道的行为，如运送、仓储、居间、行纪等行为；③为便利资金融通或与上述两种商行为有密切联系的行为者，如银行、交易所、信托、承揽、制造、加工、出版、印刷、摄影等；④与第三种商有关系者，如广告、保险、服务、娱乐等。上述四种商，所涉及范围大致相当于经济学中所讲的第三产业。各种商，越排在后与生产活动的关系越间接。本书所讲的商，指商的第二种含义。可以看出，这是个广义的用法，包含第一种狭义的用法。

（二）什么叫商法

由于“商”的法律含义为营利性的活动，而企业是以营利为目的的经济组织，因此，商法的调整对象就是企业活动，商法就是调整企业内部关系（商事组织）及对外关系（商事活动）的基本法。由于商法以企业的活动为调整对象，这样，对一个经济行为性质的理解，就不能仅仅根据它是否以营利为目的来加以判定，而是必须根据作出行为的主体的性质来加以判定。因此，必须是企业作出的营利性行为才由商法调整。如果自然人出租自己的少量房屋，收取房租，这无疑是一种营利性的行为，但主体不是企业，因此不是商行为，而是民事法律行为，由民法调整。相反，若一房地产开发公司建造大批住房出租营利，由于主体与行为皆符合上述商法定义的界定，故为商行为，由商法调整。

（三）民法与商法的联系和区别

1. 联系

商法为民法的特别法，民法和商法的关系是普通法和特别法的关系。①商法调整的对象是民法调整对象的一部分；②商法的基本原则来源于民法的基本原则，如平等原则、诚实信用原则等；③民法中的各种基本制度是商法的依据，如所有权制度、债权制度等；④民法的许多基本制度都适用于商法，如法律行为、代理、民事责任制度等。

2. 区别

①主体不同，民法的主体是一般的人；商法的主体必须是以营利为目的的商人（商自然人和商法人）。②调整范围不同，商事关系几乎全是纯粹的财产关系，这种财产关系都是有偿的；而民法不仅调整财产关系，还调整人身关系，民法调整的财产关系中，有个别从短期看是无偿的，从长期看是有偿的。③商法具有国际性，这是由商业交往没有国家、民族和地区的限制决定的；而民法的许多制度具有地域性，如婚姻家庭法、物权法等。此外，商法还规定民法所没有的制度（如商业账簿等）。民商合一是我国的立法传统。多数学者主张我国应制定民商合一的民法典，不制定单独的商法典，但可以将一些商事特别法作为民法典的补充。

二、民法与经济法

在法律发展史上，经济法属于新近出现的法律部门。民法与经济法尽管都调整经济关系，并且都涉及纵向关系，但二者存在很大差别。民法既调整横向经济关系，又调整纵向经济关系；而经济法只调整纵向经济关系，即命令者与服从者之间的经济关系。这是两者的第一点不同；第二点不同在于两者涉及的纵向经济关系具有不同的特性。民法调整的纵向经济关系主要通过确定主体和客体的法律地位进行，具有静态性；经济法调整的纵向经济关系涉及一国的经济运行，具有动态性；第三点不同是民法对当事人经济活动的干预具有微观性，以保护私人利益为主要考虑；经济法对经济活动的干预具有宏观性，以保护公共利益为主要考虑。

三、民法与劳动法的关系

（一）理论上的认识

民法大多规定了雇佣契约，而劳动法则规定了劳动契约。《中华人民共和国劳动法》（以下简称《劳动法》）规定了劳动合同。《中华人民共和国合同法》（以下简称《合同法》）虽未规定雇佣合同，但是学者大多持肯定态度。实际上，由于我国《劳动法》适用范围的限定性，决定了我国民法仍有调整雇佣关系的必要性。在我国理论界，许多学者认为，劳动法发端于民法，但在“法律社会化”和“私法公法化”过程中又脱离了民法。民法为私法，劳动法是社会法。劳动关系与劳务关系（雇佣关系）有质的区别。

（二）分析与评价

无论是西方国家学者还是我国学者均认为劳动关系的特性在于其从属性，但是，无论是从理论上来看还是从实践上来看，所谓的“从属性”还是不足以将劳动关系与雇佣关系区别开来，因为雇佣关系亦具有从属性的特点，学者据此认为劳动关系是一种特殊的雇佣关系。由于报社编辑、自由摄影家等“自由性事业协助者”的出现，团体协约、共同决定制度的发展，压缩雇主对劳工的单方决定权，使得劳动法传统上以从属性来界定劳动关系于今是否妥当应受检讨。此种现象被称之为“劳动者概念之危机”。也可能正因为如此，以德国法为代表的大多数国家，其立法并不直接对“劳动者”或“劳工”下定义，而是采用消极的排除法。依德国劳工法院判决的见解，虽然民法典中雇佣契约一节的规定不能当然地全部适用于劳动关系，但只要在性质相符合且不相互排斥时，仍有适用的可能。

因此，今天的劳动法中依然存在一个很大的领域可以适用私法的各项基本原则。也因为如此，劳动法也被称为“特别私法”。我国虽然有学者认为劳动法已独立，但绝大多数学者认为民法中有关雇佣契约的规定具有一般法的性质，对劳动法仍有补充作用。有的学者甚至认为劳动法为特别民法。

此外，由于认为劳动法已从民法中分离出来，成为一个独立的法律部门，社会保障制度（尤其是工伤保险制度）与侵权行为制度的关系问题，或者说工伤保险制度完全取代民事侵权责任的妥当性问题，成为一个长期困扰理论界与实务界的重大疑难问题。甚至许多学者得出了“侵权行为法危机”的结论。

为了适应现代经济发展的需要，现代民法已作了相应的调整，私法自治不再是绝对的，私法应有的社会义务开始受到重视，出现了所谓“私法社会化”现象。由于民法本身的社会化仍在进行，因此劳动法有重新结合或重回民法怀抱的趋势。如1942年生效的《意大利民法典》设第五编“劳动”以调整劳动关系；瑞士1971年债法的重大修正将雇佣契约制度从债法中全部扬弃，而以劳动契约制度取而代之，并把团体制度引入民法体系；《荷兰民法典》第七编规定了属于“劳务合同”的雇佣契约和劳资契约。这些均是民法与劳动法重新结合的例证。

【案例】王某在一个小企业工作，两年续订一次合同，现在已经续订了两次两年期限合同，现在准备续订第三次合同，企业坚持劳动合同期限仍是两年。但是王某认为续订第三次合同应当为无固定期限合同，这样自己就可以获得更多保障。

【分析】本案由劳动合同法调整，无固定期限劳动合同是指用人单位与劳动者约定无确定终止时间的劳动合同。由于用人单位必须在符合法定条件下才可以解除劳动关系，因此，无固定期限劳动合同更有利于保护劳动者。根据《中华人民共和国劳动合同法》（以下简称《劳动合同法》）第14条第3项之规定：连续订立两次固定期限劳动合同，且劳动者没有依本法第39条和第40条第1项、第2项规定的情形续订劳动合同的，这种情形属于无固定期限劳动合同。如果该案件以民法的角度分析，则应更尊重双方当事人的意思，合同是否有期限还须进一步判定，而且民法中的无固定期限合同，意味着双方当事人可以随时解除合同。可见劳动法更能保护劳动者的利益。

第五节　民法的渊源

一、民法渊源的概念

法律的渊源这一概念，既非指法律的历史，也非指法律效力的来源，而专指法律借以表现的形式，即法律的载体。所以，民法的渊源就是指民事法律规范借以表现的形式。

在民法的渊源问题上，经历了由一元制到多元制的发展。所谓一元制是指只承认制定法作为民法的唯一渊源，不承认民法有其他表现形式。《法国民法典》是一元制的创立者，该法第5条规定：“审判员对于其审理的案件，不得用确立一般规则的方式进行判决。”由此排除了适用制定法以外的法源的可能，制定法是法官裁判案件的唯一有效依据。《法国民法典》奉行一元制的背景因素有二：一是受理性主义的影响，认为立法者能制定出尽善尽美的法律，制定法能穷尽市民社会所有的权利义务关系；二是奉行严格的三权分立主义，司法权不能僭越立法权。多元制是承认除制定法外还有其他法律渊源，如习惯、判例、司法解释、法理等。例如，《瑞士民法典》第1条第2款、第3款规定："(2) 如本法无相应规定时，法官应当依据惯例；如无惯例时，法官依据自己作为立法者提出的规则裁判；(3) 在前款情况下，法官应依据经过实践确定的学理和惯例。"《中华人民共和国民法通则》（以下简称《民法通则》）第6条规定："民事活动必须遵守法律，法律没有规定的，应当遵守国家政策。"这条规定确立了国家政策作为我国民法渊源的地位。

二、我国民法的渊源

《民法总则》第10条规定："处理民事纠纷，应当依照法律；法律没有规定的，可以适用习惯，但是不得违背公序良俗。"

（一）制定法

就法律传统而言，我国是以制定法为主要渊源的成文法国家，具体包括以下形式。

1. 宪法

宪法是国家的根本大法，尽管它是以规定国家的政治制度和经济制度为主要内容，但同时也包含大量的调整市民社会关系的规范，涉及公民、法人的财产权、人身权等各个方面。如《中华人民共和国宪法》（以下简称《宪法》）第13条规定："公民的合法的私有财产不受侵犯。国家依照法律规定保护公民的私有财产权和继承权。"第10条规定："城市的土地属于国家所有。农村和城市郊区的土地，除由法律规定属于国家所有的以外，属于集体所有；宅基地和自留地、自留山，也属于集体所有……"第37条规定："中华人民共和国公民的人身自由不受侵犯……"第38条规定："中华人民共和国公民的人格尊严不受侵犯。禁止用任何方法对公民进行侮辱、诽谤和诬告陷害。"这些规定均具有民事规范的性质。同时，宪法还是我国民事立法的依据。所以，宪法是我国民法的重要渊源。

2. 民事法律

民事法律是指全国人民代表大会及其常务委员会制定和颁布的民事立法文件，是适用最普遍、最广泛的民法渊源，其中，《民法通则》是最主要的民事立法，是民事基本法，起着准法典的作用。尽快制定《中华人民共和国民法典》是完善我国民事立法的必由之道。除《民法通则》外，《物权法》《合同法》《中华人民共和国著作权法》（以下简称《著作权法》）、《中华人民共和国专利法》（以下简称《专利法》）、《中华人民共和国商标法》（以下简称《商标法》）、《中华人民共和国婚姻法》（以下简称《婚姻法》）、《中华人民共和国继承法》（以下简称《继承法》）、《中华人民共和国担保法》（以下简称《担保法》）等，都是非常重要的单行民事法律。此外，许多单行的经济行政法律规范中，也包含不少民法性质的条文，如《中华人民共和国产品质量法》（以下简称《产品质量法》）中关于产品质量损害赔偿责任的规定，《中华人民共和国土地管理法》（以下简称《土地管理法》）中关于土地权属的确定及土地使用权转让的规定，《中华人民共和国环境保护法》（以下简称《环境保护法》）中关于环境污染民事责任的规定等，均属于民法的渊源。

3. **民事法规和部门规章**

民事法规是指国务院颁布的具有民事性质的法规、决议和命令，如《物业管理条例》《中华人民共和国企业法人登记管理条例》（以下简称《企业法人登记管理条例》），以及各种民事单行法的《实施条例》或《实施细则》。民事法规应以宪法和民事法律为依据，并不得与之相抵触。部门规章也称行政规章，是指国务院各部、各委员会等根据法律和行政法规、决定、命令而在其职权范围内制定的行政性法律规范文件。这些规章中很多是直接或间接地规范民商事行为、调整民事权利义务关系的，如中国人民银行发布的《贷款通则》，建设部发布的《城市房屋租赁管理办法》，原国家土地管理局发布的《农村集体土地使用权抵押登记的若干规定》，原国家版权局发布的《著作权质押合同登记办法》，原劳动部发布的《关于实行劳动合同制度若干问题的通告》等。需要注意的是，部门规章不能与法律、行政法规相抵触，其规定的事项应当属于执行法律或者国务院的行政法规、决定、命令的事项，且其效力仅限于各自的权限范围内。民事权利性质和法律行为效力的认定只能根据法律和行政法规，不能根据部门规章或地方性法规，这一点在最高人民法院《关于适用〈中华人民共和国合同法〉若干问题的解释（一）》第4条中有明确规定："合同法实施以后，人民法院确认合同无效，应当以全国人大及其常委会制定的法律和国务院制定的行政法规为依据，不得以地方性法规、行政规章为依据。"

4. **地方性民事法规**

地方各级权力机关依法制定的地方性法规中，有关民事的部分属于民法的渊源之一。但地方性民事法规不得与最高立法机关颁布的民事法律和最高行政机关颁布的民事法规相抵触，且只在颁布机关所管辖的区域内具有法律效力。

5. **最高人民法院的司法解释**

最高人民法院是最高国家审判机关。由于我国立法长期滞后与不完善，无法适应司法审判实践的需要，最高人民法院很早就开始了对法律、法规进行司法解释的工作，这在审判实践中发挥了很大的作用，但过多的司法解释的确有司法权僭越立法权之虞，也不利于权力的分工与制衡，并易诱发司法权滥用及司法腐败，因此人们对司法解释颇有微词，并进一步认为司法解释不能作为法律渊源。然而，司法解释之所以存在，不仅仅是由于我国目前立法的滞后，即使是最完善之立法，也无法穷尽社会生活之全部，成文法所固有之局限性，实难避免立法之漏洞，"立法不是万能的"已成为人们的共识，对法律漏洞进行补充乃法律活动不可或缺之内容，而补充的方式之一就是由最高审判机关进行司法解释。特别是在法律本身比较简略而又缺乏立法解释的情况下，最高人民法院的司法解释更有突出的意义。

当然，需要指出的是，迄今为止，司法解释能否作为正式的法律渊源尚无明确的立法依据。虽然《中华人民共和国人民法院组织法》第33条规定："最高人民法院对于在审判过程中如何具体应用法律、法令的问题，进行解释。"全国人民代表大会常务委员会《关于加强法律解释工作的决议》（1981年6月10日通过）第2条规定："凡属于法院审判工作中具体应用法律、法令的问题，由最高人民法院进行解释。凡属于检察院检察工作中具体应用法律、法令的问题，由最高人民检察院进行解释。最高人民法院和最高人民检察院的解释如果有原则性的分歧，报请全国人民代表大会常务委员会解释或决定。"

然而效力等级更高的《中华人民共和国立法法》（以下简称《立法法》）第45条则

规定："法律解释权属于全国人民代表大会常务委员会。"第46条规定："国务院、中央军事委员会、最高人民法院、最高人民检察院和全国人民代表大会各专门委员会以及省、自治区、直辖市的人民代表大会常务委员会可以向全国人民代表大会常务委员会提出法律解释要求。"由于我国既非判例法体制，而《立法法》又未授权最高司法机关对法律进行解释，这在我国的制定法渊源上无疑是值得探讨的问题。

(二) 民事习惯

习惯乃是为不同阶级或各种群体所一般遵守的行动习惯或行为模式。习惯是人们长期反复适用而形成的一种行为方式，涉及人们生活的方方面面，其中大量的是与市民社会生活密切相关的，如婚丧、继承、财产取得、债务履行、损害赔偿等，民法规范主要就是从这些生活习惯中概括、总结、抽象出来而上升为法律规范的，但民法不可能将所有的民事习惯都上升为法律规范，那些没有上升为法律规范的习惯便以习惯法的形式存在而成为民法的渊源。不少学者认为，习惯作为民法的渊源，需经国家（法院）认可，事实上，当司法机关以文字方式认可习惯的效力时，作为法律渊源的已不再是习惯而是国家政策了，所以习惯作为民法渊源的构成要件并不包括认可程序，而是由司法机关直接将习惯作为裁判依据加以援用。习惯作为民法的渊源是由民法的市民法性质所决定的，在公法领域如刑法、行政法、诉讼法等部门法中，习惯并非其渊源。习惯作为民法的渊源应具备三个要件：其一，该习惯是长期以来形成的、为众人公知的事实；其二，该习惯为公众自觉遵守，具有一体遵循的事实上的效力；其三，该习惯所调整的行为未为制定法所规制。

【案例】原告王青云的父母亲在1976年唐山地震中双亡，原告就此成为孤儿，当时原告仅3岁。原告长大以后经多年苦心寻找，才找到其父母亲免冠照片各一张。1996年11月13日，原告持该两张照片到被告唐山美洋达摄影有限公司进行翻版放大，被告收取了原告加工放大费14.8元，并开具了取相凭证，取相日期为1996年11月20日。到期后原告前往取相，被告告知原告照片原版遗失，未能为其翻版放大。由于被告行为给原告造成物质上和精神上损失，故原告王青云起诉到唐山市路北区人民法院，要求被告赔偿特定物损失及精神损失合计10万元。被告唐山美洋达摄影有限公司答辩承认丢失了原告父母亲的两张照片，表示愿以翻版放大费用的100倍赔偿原告，但对原告要求赔偿10万元无法接受。

唐山市路北区人民法院经审理，判决被告唐山美洋达摄影有限公司赔偿原告王青云特定物损失和精神损害补偿费合计8 000元，并且退给原告王青云加工放大费14.8元。

【分析】本案判决具有非常重要的意义，即有特定纪念意义的物可以请求精神损害赔偿。但是根据当时的法律渊源，精神损害赔偿并不能适用物的损害的赔偿，因此该案实际上是运用法理进行裁判的。

第六节　民法的适用和解释

一、民法的适用

民法的适用分为广义的民法适用和狭义的民法适用，广义的民法适用泛指所有运用民法调整社会关系的行为，包括法院、仲裁机关适用民法解决民事纠纷和民事主体遵守民法进行民事活动等。狭义的民法适用仅指法院或仲裁机关依据民事法律规范解决各种民事纠纷活动。

民法的适用过程是一种三段式的逻辑过程：首先是确定案件事实，取得小前提；其次是寻找适用的法律规范，取得大前提；最后是得出法律适用的结论，取得具体法律效果。在此过程中，尤其是在“找法”的过程中，必须遵循一定原则，具体如下。

(一) 特别法优于普通法

规定一般民事关系的为普通法，规定特殊民事关系的为特别法。例如，《民法通则》为普通法，《合同法》《中华人民共和国公司法》(以下简称《公司法》) 为特别法。如果对于某一事项特别法有规定，应当适用特别法的规定。例如，《中华人民共和国保险法》(以下简称《保险法》) 关于保险合同的规定，相对《合同法》来说是特别法，因此保险合同案件应当首先适用《保险法》。只有在特别法没有对该事项作出规定的时候，才应当适用普通法。普通法对特别法起着指导和补充的作用。

(二) 强行法优于任意法

强行法是指当事人必须遵守，不得以自己的自由意思予以排除或变更的法律规范；任意法是指允许当事人以自己的意思变更或排除适用的法律规范。民法中既包含强行法也包含任意法，如物权的种类、设定等规范就属于强行法，而普通合同种类、设定一般属于任意法，对于某一事项，只要有强行性规范就必须适用该规范，不得适用任意性规范，这就是民法适用中的强行法优于任意法原则。

(三) 例外规定排除一般规定

法律关于一般情况的规定，为一般规定；关于特别情况的规定，为例外规定。法律条文一般把例外规定表述为“法律另有规定的除外”。对某一事项，只要有例外规定的，应当适用例外规定，不应适用一般规定。例如，《民法通则》第 128 条关于正当防卫不负民事责任的规定为一般规定，同条款关于防卫过当应负民事责任的规定为例外规定，当事人的防卫行为如果符合例外规定的，应当适用例外规定承担民事责任。

(四) 具体规定优先于原则性规定

具体规定是指阐明具体事实的法律效果的法律规范。原则性规定是指仅作原则性的规定，不针对具体事实进行规定的法律规范。《民法通则》中的民法基本原则属于原则性规定，关于表见代理、双方代理的规定为具体规定。凡对某一事项有具体规定的，适用具体规定，没有具体规定的，才能适用原则性规定。

二、民法的解释

民法的解释是指在民法适用中对民法的解释，即确定民事法律规范的内容和含义。因为民法的适用是一个三段式的逻辑过程，存在以具体案件事实套用相关法律规定的环节，因此在“找法”和“用法”时必须对民法作相应的理解和解释，这里主要列举以下几种。

(一) 文义解释

文义解释，是指按照法律条文的字义对法律进行的解释。民法解释首先必须从文义解释着手，根据组成法律条文的文字词句，确定法律的意义。对法律进行文义解释时，专业术语应按照法律上的特殊意义解释，一般用语应按照词句的通常意义解释。如对自然人和法人的文义解释，前者应当按照一般使用上的意义进行解释，后者则须按照法律专业术语解释。

（二）体系解释

体系解释，是指根据法律的整体结构以及法律条文在法律体系中的地位，对法律进行的解释。如《民法通则》第122条所规定的产品责任条款，仅从其条文本身，难以判断出它是按过失责任还是无过失责任归责，但从其上下文看，即可得知其是一个无过失责任条款。

（三）扩张解释

扩张解释，是指按文义对法律进行的解释不足以表达立法者的真意，而对其文义进行扩张的解释。

（四）限缩解释

限缩解释，是指法律条文的文字含义过于宽泛，而对其进行限制的解释。例如，《民法通则》第58条规定：无民事行为能力人实施的民事行为无效。如果根据文义进行解释，那么无民事行为能力人实施的一切行为都应无效，但是为保护无行为能力人，其所实施的纯受利益的行为应当不在此限，因此对该条应进行限缩解释。

（五）类推解释

类推解释，是指针对某一事项法律没有直接的规定，选择法律对于类似事项的规定类推适用的解释。例如，《合同法》第124条规定："本法分则或者其他法律没有明确规定的合同，适用本法总则的规定，并可以参照本法分则或者其他法律类似的规定。"这就是允许对法无明文的合同进行类推解释。

（六）目的解释

目的解释，是指以法律规范目的为依据，阐释法律疑义的一种解释方法。目的解释的功能，在于维持法律秩序之体系性和安定性，并贯彻立法目的。

法条链接

中华人民共和国民法总则（节选）

第一条 为了保护民事主体的合法权益，调整民事关系，维护社会和经济秩序，适应中国特色社会主义发展要求，弘扬社会主义核心价值观，根据宪法，制定本法。

第二条 民法调整平等主体的自然人、法人和非法人组织之间的人身关系和财产关系。

第三条 民事主体的人身权利、财产权利以及其他合法权益受法律保护，任何组织或者个人不得侵犯。

第十条 处理民事纠纷，应当依照法律；法律没有规定的，可以适用习惯，但是不得违背公序良俗。

第十一条 其他法律对民事关系有特别规定的，依照其规定。

第十二条 中华人民共和国领域内的民事活动，适用中华人民共和国法律。法律另有规定的，依照其规定。

讨论交流

徐国栋教授提到："《新的欧洲法律文化》一书的作者海塞林克眼中的大陆法系有以下几大变化：从大陆法系到欧盟法系；从法典法系到混合法系；从对复数内国法的共性描述到对跨民族适用的实在法的描述；从两分制大陆法到统一的大陆法；从公私两分到公私不分。"

（资料来源：徐国栋．大陆法系还能存在多久?：从梅利曼到海塞林克再到未来［J］．比较法研究，2010（01）.）

请阅读上述材料，谈谈大陆法系民法的发展。

一、判断分析题

1. 中国传统法律文化在观念上强调刑主礼辅、权利本位、诸法合体、以民为重。（　　）

2. 法律是最高的道德底线。（　　）

3. 民法知识由许多概念组成，在形式上呈现倒金字塔形。（　　）

4. 大陆法系和英美法系的主要区别就是这些国家地理位置的差异。（　　）

5. 判断是否承担民事责任法官没有自由裁量权，因为民事责任的构成要件规定得很明确。（　　）

二、不定项选择题

1. 民法调整的财产关系（　　）。

A. 都是有偿的　B. 都是无偿的　C. 一般是有偿的　D. 一般是无偿的

2. 形式意义上的民法是指（　　）。

A. 经立法程序系统编纂的民法典

B. 由民法专家编写的著作

C. 最高司法机关关于民法的解释性文件

D. 法律出版社出版的民法大百科

3. 民事主体因对财产的占有、使用、收益和处分而发生的社会关系是（　　）。

A. 婚姻关系　B. 继承关系　C. 财产所有关系　D. 财产流转关系

4. 不属于民法调整范围的是（　　）。

A. 租赁关系　B. 婚姻关系　C. 税收缴纳关系　D. 债权关系

5. 首次将民法从诸法合体中分离出来的，作为独立法典存在的是（　　）。

A. 罗马法典　B. 法国民法典　C. 德国民法典　D. 苏俄民法典

6. 下列各项中，不可作为我国民法渊源的是（　　）。

A.《最高人民法院关于适用〈中华人民共和国担保法〉若干问题的解释》

B. 民间订婚的习惯

C. 上海市中级人民法院的民事判决

D. 某大学教授的关于精神损害赔偿的专著

7. 下列属于民法所说的财产的有（　　）。

A. 土地　　B. 房屋　　C. 商标　　D. 商业秘密

8. 下列社会关系属于民法调整的人格关系的有（　　）。

A. 生命权法律关系　　B. 健康权法律关系

C. 姓名权法律关系　　D. 配偶权法律关系

9. 下列社会关系属于民法的调整对象的有（　　）。

A. 自然人甲与自然人乙之间订立的电脑买卖合同关系

B. 中国公民丙与中国公民丁之间缔结的婚姻关系

C. 甲税务机关与自然人乙之间订立的电脑买卖合同关系

D. 甲税务机关与自然人乙之间订立的税款征收关系

10. 下列财产关系中，由民法调整的是（　　）

A. 某外企员工对其在工作中的专利所享有的专利权关系

B. 某县土地管理部门依法征收某村土地所形成的土地征收关系

C. 小张赠与其 24 岁的侄儿一支派克钢笔的赠与关系

D. 某 IT 企业员工对企业给予的对该企业的股票期权的拥有关系

三、案例分析题

2003 年甲向乙借款 3 000 元，借据中有“借期一年，明年十月十五日前还款”的字样，落款时间为“癸未年九月二十日”。后来二人就还款期限问题发生争执，法院查明“癸未年九月二十日”即公元二〇〇三年十月十五日，故认定还款期限为二〇〇四年十月十五日。该案件法院运用了哪几种合同解释规则？并说明理由。

第二章

民法基本原则

民法基本原则是民事立法、民事司法与民事活动的基本准则，能弥补具体制度之不足，克服成文法的缺陷。本章着重解释民法各基本原则的具体内容以及各基本原则之间的关系。

本章知识体系

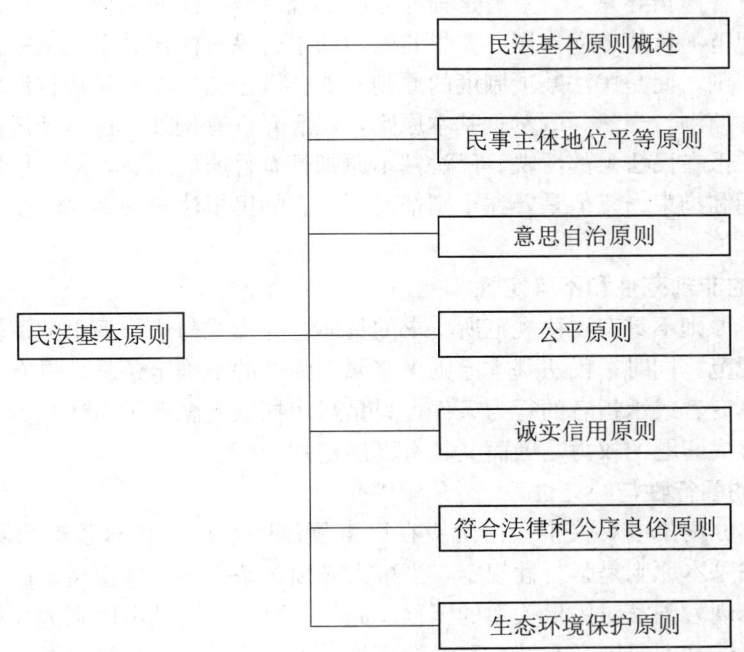

第一节　民法基本原则概述

一、民法基本原则的概念与特点

民法基本原则，是其效力贯穿于整个民事法律制度和规范之中的根本准则，是指导民事立法、民事司法和进行民事活动的带有普遍指导意义的基本行为准则。民法基本原则是由社会经济生活条件决定的，它只是以法律形式表现了社会的经济生活条件，是民法所调整的社会关系的本质和规律的反映，即它是对作为民法主要调整对象的商品经济关系的本质和规律的集中体现。同时，民法基本原则又集中反映了统治阶级在民事领域所奉行的基本政策和所持的基本态度。民法基本原则不仅是民法的基本准则，还是民法的精神所在。当然在司法审判中，如果没有可以援引的具体规范，民法基本原则还可以作为判案的依据。

民法基本原则具有如下特点。

1. 内容的根本性

民法是商品经济发展的产物，以商品经济关系为主要调整对象。因而，我国民法基本原则不仅要充分体现社会主义法的一般原则，而且应直接体现商品经济的一般要求，并为这种经济形式提供起码的法律保障框架。尽管对商品经济关系的调整是众多法律部门的共同任务，但民法的调整方法有其特殊性，民法基本原则应当反映民事活动、民事法律关系的本质特征。

2. 效力贯彻的全面性

作为民法的基本原则，其效力应当贯彻民法的全部，对民事立法、民事司法和进行民事活动具有普遍指导意义。只有这样，才能实现民事立法的宗旨，完成民法基本原则对全部民法规范的价值导向作用。如果其效力局限于民事法律关系的某一范围，则不是民法的基本原则，而是民法某项制度的原则，如公示公信原则只是物权法的原则，而不是民法的基本原则。当然，既然是基本原则，就应允许有例外，这是矛盾的普遍性与特殊性的相互关系在民法上的反映。民法基本原则具有普遍的意义，对一般民事法律关系都有指导作用和拘束力。但是，在个别情况下，有的民事法律关系又不受某一条民法基本原则约束。

3. 形式的非规范性和不确定性

民法基本原则不具有法律规范所要求的具体行为模式与法律后果的逻辑构成，因而不属于民法规范。同时，民法基本原则大多属于弹性的不确定条款，没有全面具体地规定权利义务享有者或承担者的行为条件，只是运用抽象概念授予司法机关自由裁量、考虑具体情况解决问题的权力，因而又具有不确定性。

4. 功能的强行性与补充性

民法基本原则集中反映了统治阶级在民事领域所奉行的基本政策和所持的基本态度，因而民法基本原则是强行性规定，当事人必须无条件地一体遵循。民法基本原则的这种强行性体现着国家对民事关系的干预。此外，由于民法基本原则的强行性与非规范性，决定了民法基本原则具有补充民法规范规定不足或漏洞的功能。

二、民法基本原则与相关概念

（一）民法基本原则与民法规范

民法基本原则与民法规范虽然可能出现在同一规范性法律文件之中，但二者有本质的区别。首先，民法规范为人们提供一定的行为模式，而民法基本原则并未提供具体的、可操作的行为模式，属于原则性规定。其次，民法规范兼有行为规范和裁判规范的功能；而民法基本原则只有在民法规范对具体的民事法律关系缺乏规定时，才能发挥行为规范和裁判规范的功能。最后，民法的基本原则是制定民事基本法和低位阶民事立法的立法准则，具有对后者效力的监督作用，这种功能为民法规范所不具有。

（二）民法基本原则与民事活动的基本原则

民法基本原则与民事活动的基本原则二者在内涵上是完全一致的，只是前者的外延大于后者的外延。民事活动的基本原则只具有守法准则的意义，而民法基本原则不仅与守法有关，而且与立法、司法皆有关，同时兼有立法准则、行为准则和裁判准则的功能。实质上，我国民法基本原则包括民事活动的基本原则。虽然我国《民法通则》规定的是民事活动的基本原则，但由于这些原则反映了我国社会主义市场经济的本质规律和要求，是新中国成立以来民事立法和司法实践经验的总结，因而它也应该成为我国民法的基本原则。

第二节　民事主体地位平等原则

一、民事主体地位平等原则的含义

民事主体地位平等原则，是指民事主体享有独立、平等的人格，在具体的民事法律关系中互不隶属、地位平等，各自能独立地表达自己的意志，其合法权益平等地受到法律的保护。《民法总则》第 4 条规定："民事主体在民事活动中的法律地位一律平等。"

二、民事主体地位平等原则的具体表现

（一）民事主体的民事权利能力平等

1. 自然人的民事权利能力一律平等

我国《民法总则》第 14 条规定："自然人的民事权利能力一律平等。"任何公民，无论其民族、性别、年龄、精神状态、宗教信仰和文化程度等有何差别，其民事权利能力都是平等的；任何机关或个人不得任意剥夺或者限制公民的民事权利能力，公民自己也不得放弃或者自我限制其民事权利能力。此外，民法专门为未成年人和精神病患者设置了监护制度和法定代理制度，以实现其民事权利，使他们的合法权益得到平等的法律保护。

《民法通则》第 8 条第 2 款规定："本法关于公民的规定，适用于在中华人民共和国领域内的外国人、无国籍人，法律另有规定的除外。"因此，外国人和无国籍人在中国领域内进行民事活动和中国公民一样享有平等的民事权利能力。不过，这种"国民待遇"通常有以下两种限制：第一，以该外国人所属国家对等地给予我国公民国民待遇为条件或前提；第二，根据某些特别法的规定，外国人或无国籍人不能成为某些特别民事权利或民事义务的享有者或承担者。

2. 法人的民事权利能力平等

任何社会组织，只要符合法人的成立要件，都可以取得法人资格，具有平等的民事权利能力，法人不存在大小和级别之分。至于法人的目的事业范围，不是对法人民事权利能力的限制，而是对法人民事行为能力的限制。

3. 自然人与法人的民事权利能力平等

既然自然人和法人都是民事主体，都具有民法的人格，而民法只调整平等主体之间

的财产关系和人身关系，那么，自然人与法人的民事权利能力也是平等的，具有平等地享有民事权利和承担民事义务的资格，不存在什么“大集体、小个人”之说。

（二）具体的民事法律关系中当事人的地位平等

任何民事主体进行民事活动，参与民事法律关系，其民事法律地位都是平等的。民事主体在产生、变更和消灭民事法律关系时，必须平等协商，任何一方当事人都不得将自己的意志强加给另一方当事人。主体之间应当平等地分摊权利义务，一方主体不能主张高于对方的特权。具有隶属关系的上下级单位，在民事活动中也是平等的主体，上级单位不能因享有行政权力而凌驾于下属单位之上。即使是国家作为民事主体从事民事活动，也必须受民法规范的约束，与其他民事主体保持平等的地位。任何单位或者个人不能因其经济实力的强大、行政地位的优越或独家经营，而向对方主张特权或操纵、控制经济实力较弱的另一方当事人。不同所有制性质的民事主体，其法律地位也是平等的。

民事主体在法律地位上的平等，并不意味着每个民事主体享有的民事权利和承担的民事义务都是一样的。民事权利能力平等不等于民事权利一致，享有民事权利能力不等于享有具体的民事权利。民事权利能力只是给民事主体享有具体的民事权利提供了前提条件，当事人只有利用这一主体资格参加到具体的民事法律关系中去，才能享有具体的民事权利。

（三）民事主体的合法权益平等地受法律保护

民事主体地位的平等，也意味着对不同的民事主体实行平等的法律保护。任何民事主体合法的民事权益受到非法侵害时，都可以请求人民法院依法保护和救济。如果他们非法侵害其他民事主体的合法权益，也同样要受到民事制裁或承担相应的民事责任。

三、民事主体地位平等原则的社会经济与政治基础

（一）社会经济基础——商品经济的根本要求

马克思曾指出：商品经济是“天生的平等派”“还在不发达的物之交换情况下，参加交换的个人就已经默认彼此是平等的个人”。在商品交换中，“相互对立的仅仅是权利平等的商品所有者，占有别人商品的手段只能是让渡自己的商品”。可见，当事人地位平等是商品交换的前提和基础，也是商品交换得以正常实现的保障。我国的经济形式是社会主义市场经济，市场经济是商品经济发展到一定阶段的产物，而我国民法所调整的社会关系的核心部分是商品经济关系。因此，贯彻民事主体地位平等原则是社会主义商品经济的根本要求，是商品经济基本规律在民法上的反映。

（二）社会政治基础——社会主义法治原则的具体体现

我国民法是我国社会主义法律体系的一个重要组成部分，而“法律面前人人平等原则”是我国社会主义法治的一条重要基本原则。因此，民事主体地位平等原则，是我国基本政治制度所要求的，是社会主义法治原则在民法中的具体体现。

四、确立民事主体地位平等原则的意义

（一）有利于明确民法与其他法律部门的界限

由于民法只调整平等主体之间的财产关系和人身关系，确立民事主体地位平等原则有利于建立符合我国国情的现代民法体系。

（二）有利于我国社会主义市场经济的培育与发展

我国经济体制改革的实践表明，不能贯彻民事主体地位平等原则，就不能开展平等的交换和公平的竞争，社会主义市场的培育和发展就不可能顺利进行和实现，商品经济的法律秩序就不可能建立起来。因此，贯彻并切实保障这一原则的实现，对于商品经济领域中反对特权、消除不正当竞争、培育与发展社会主义市场经济，都具有十分重要的意义。

（三）有利于完善我国的民事立法，促进对内搞活、对外开放政策的贯彻执行

改革开放以来，我国制定并颁布了大量的民事法律、法规，为贯彻民事主体地位平等原则做了大量的工作并收到了显著的效果，但仍存在许多问题，如仍以所有制为标准进行主体立法，对其采取区别对待的立法形式，这样往往造成法律中的重复和矛盾，不利于实现不同民事主体在法律面前的平等。

第三节　意思自治原则

一、意思自治原则的含义

意思自治原则是指民事主体在进行民事活动时意志独立、自由和行为自主，即民事主体在从事民事活动时，以自己的真实意志来充分表达自己的意愿，根据自己的意愿来设立、变更和终止民事法律关系。《民法总则》第5条规定：“民事主体从事民事活动，应当遵循自愿原则，按照自己的意思设立、变更、终止民事法律关系。”

意思自治原则与民事主体地位平等原则密切相连。意思自治是以民事主体地位平等为前提的，只有民事主体地位的平等，不同的民事主体在意志上才可能独立，任何一方当事人才可不受他方当事人意志的支配。意思自治又是民事主体地位平等的具体表现，如果民事主体在进行民事活动时不能贯彻意思自治原则，那么，当事人之间的民事主体地位就很难谈得上是平等的。

二、意思自治原则的具体内容

（一）民事主体在从事民事活动时有一定的意志自由

民法的绝大多数规范为任意性规范，它赋予当事人在民事活动中极大的自主权，赋予当事人对外表达合法意愿的自由，这种自由主要包括如下内容。①当事人有依法进行某种民事活动和不进行某种民事活动的自由。他方不得对这种自由进行干预，不能强迫一个民事主体为某一民事行为或不为某一民事行为。②当事人有选择行为相对人、行为内容和行为方式的自由。③当事人有依其意愿选择适用法律的自由。这主要是在涉外民事法律关系中，涉外合同的当事人可以依法选择处理合同争议所适用的准据法。

（二）民事主体依法设立的民事法律行为具有法律效力

在民法调整的主要领域——民事法律关系的设立、变更和终止，一般是基于当事人的自愿并通过民事法律行为来实现的。我国《民法通则》规定：“民事法律行为自成立时生效，但是法律另有规定或者当事人另有约定的除外。行为人非依法律规定或者未经对方同意，不得擅自变更或者解除民事法律行为。”我国《合同法》不仅确认“依法成

立的合同，对当事人具有法律约束力。当事人应当按照约定履行自己的义务，不得擅自变更或者解除合同”，而且规定了严格的实际履行原则和违约责任制度。

（三）意思表示的内容具有优先于任意性规范而适用的效力

既然民事法律关系的设立、变更和终止是基于当事人自愿的结果，那么在意思表示与任意性规范并存的情况下，应首先适用基于自愿而为意思表示中的具体约定，只有在意思表示中未加约定或约定不明时，才适用任意性规范。现代民法中的全部任意性规范仅仅建立在意思推定原理的基础之上，它们仅为弥补当事人意思不明确而设立，其作用在于拟制意思表示。如我国民法规定：在合同关系中，法律承认当事人特约条款的优先效力，而大量的任意性规范仅在“合同中有关质量、期限、地点、价款”等内容约定不明确时，才具有补充当事人意思表示的作用；在继承关系中，只有在不存在遗嘱或遗嘱无效的情况下，才能适用法定继承的规定。当然，意思表示的内容并不具有超越民事强行法和其基本原则的效力；相反，它应受到民事强行法和其基本原则的限制和制约。

从现代各国民事立法来看，意思自治不是无限制的意思自由，而是在法律限制之内的自由。不仅意思自治原则赋予当事人的意思自由应受强行法的限制，任何民事主体对其须无条件地一体遵守；而且意思自治原则所确认的意思表示效力也受到强行法的限制，民事法律行为只有在符合效力规范条件下才具有拘束力。

三、意思自治原则的作用

我国民法确立意思自治原则，给予了包括商品生产者和经营者在内的所有民事活动参与者充分自主和意志自由，有利于充分发展他们自己的人格，维护自己的尊严；有利于充分调动其积极性、主动性和创造性；防止欺诈、胁迫行为的发生，保障市场机制功能的正常发挥；有利于形成私法自治空间，促进民事权利的发展，防止公权力干预。

第四节　公 平 原 则

一、公平原则的含义及其具体表现

公平原则是指民事主体应本着社会公认的公平观念从事民事活动，司法机关对民事纠纷行使裁判权时，也要体现社会主义及公共道德的要求。《民法总则》第 6 条规定：“民事主体从事民事活动，应当遵循公平原则，合理确定各方的权利和义务。”

公平原则的具体表现如下。①民事主体有同等机会参与民事活动，行使和实现自己合法的民事权益。②民事主体享有的权利和承担的义务具有对应性，不得显失公平。③民事主体合理承担民事责任，在通常情况下适用过错责任，责任与过错的程度应相适应。双方都无过错的，应由双方对损失合理分担。④当实际情况发生显著变化已导致维持原法律关系效力即显失公平时，其民事法律关系的内容也应得到相应的变更。

二、公平原则的本质

公平原则从本质上看，是法的价值的体现，是人类长期追求公平与正义的结果。判断公平与否的标准，一般来说，应从社会正义的角度，以人们公认的价值观、是非观作为标准，也包括人们公认的经济利益上的“公正”“合理”。

三、公平原则与平等原则、意思自治原则的关系

公平原则与平等原则虽然都强调公平、正义的价值观念，甚至可以说平等原则是公平原则的一种体现，但二者仍有质的区别：平等原则注重的是地位的平等，而公平原则注重的是结果的公平；平等原则注重的是形式上的平等，而公平原则注重的是实质上的公平。公平原则与意思自治原则是相辅相成的。在当事人真实意志与外在表示不一致，而局外人又往往无从得知时，应本着公平原则，从行为的结果是否公平合理的角度来判断该行为是否出于当事人的意思自治；还有一种情况，某些看来是出于当事人意思自治的民事活动，其结果却显失公平时，当事人在事后可依公平原则请求人民法院或仲裁机构撤销这种显失公平的民事行为。意思自治原则需要由公平原则来修正，公平原则又以意思自治原则为前提。

四、公平原则的功能

第一，公平原则是适用法律的原则，它可以弥补民法规范规定的不足。由于民事活动本身十分复杂，法律不可能事无巨细地作出规定，在法律没有明确规定的情况下，可以适用公平原则。比如，关于房屋租金标准，在法律没有明确规定的情况下，应由当事人双方根据公平合理原则，协商确定。

第二，公平原则是一项重要的民事司法原则。这一原则适用于合同责任，具体表现为显失公平和情势变更制度；适用于侵权责任，具体表现为公平责任原则。司法机关在处理民事纠纷时，应遵守公平原则，使案件的处理既符合法律，又公平合理。

第五节　诚实信用原则

一、诚实信用原则的含义及其具体表现

诚实信用原则，简称诚信原则，是指民事主体在从事民事活动、行使民事权利和履行民事义务时，应本着善意、诚实的态度，即讲究信誉、恪守信用、意思表示真实、行为合法、不规避法律和曲解合同条款等。《民法总则》第 7 条规定：“民事主体从事民事活动，应当遵循诚信原则，秉持诚实，恪守承诺。”

诚实信用原则的具体表现为：①不为欺诈行为；②恪守信用、尊重交易习惯；③不得规避法律和曲解合同条款；④正当竞争，反对垄断；⑤尊重社会利益、不得滥用权利等。

二、诚实信用原则的历史发展

诚实信用原则渊源于罗马法“一般恶意的抗辩”及诉讼程序上“应依善意及衡平”而为判断所发展起来的观念。在罗马法的诚信契约中，债务人不仅要依照契约条款，更重要的是要依照其内心的诚实观念完成契约所规定的给付。《法国民法典》第 1134 条、第 1135 条规定：“契约应依善意履行之”“契约不仅依其明示发生义务，并依照契约的

性质，发生公平原则、习惯或法律所赋予的义务。”《德国民法典》第242条规定：“债务人须依诚实信用，并且照顾交易惯例，履行其给付。”当然，由于受19世纪个人主义思想的影响，诚实信用原则尚未受到各国民法典的足够重视，而仅仅被限制在债法领域。

进入20世纪以后，西方国家加强了对社会经济生活的干预；与此同时，立法者也认识到面对更为复杂的社会关系不得不借助于“弹性条款”。于是，1907年制定的《瑞士民法典》首次把诚实信用原则确立为民法的基本原则，该法典第2条规定：“无论何人，行使权利、履行义务，均应依诚信为之。”在法国和德国，通过法官的解释和司法活动使原有的诚信条款上升到了基本原则的地位。我国《民法通则》第4条则明确规定，诚实信用为我国民法的基本原则。

三、诚实信用原则的本质

关于诚实信用原则的本质，学者们认识不一。主要有社会理想说、交易道德说、行为规则说、恶意排除说、利益平衡说等。应该说，诚实信用原则的本质主要体现在如下三个方面。

（一）诚实信用为市场经济活动的道德准则

诚实信用原则的目标，在于平衡当事人之间和当事人与社会之间的利益关系。在当事人之间的利益关系中，诚实信用原则要求尊重他人利益，以对待自己事务之注意对待他人事务，保证法律关系的当事人都应得到自己应得的利益，不得损人利己；在当事人与社会利益关系中，诚实信用原则要求当事人不得以自己的活动损害第三人和社会的利益，必须以符合社会经济目的的方式行使自己的权利。

在现代市场经济条件下，诚实信用已成为一切市场参加者所应遵循的道德准则。它要求市场参加者符合“诚实商人”的道德标准，在不损害其他竞争者，不损害社会公益和市场道德秩序的前提下，追求自己的利益。

（二）诚实信用原则为具有道德内涵的法律规范

诚实信用是市场经济活动中形成的道德准则，其被法律确认后，使该道德准则成为人人必须遵守的法律原则。因此，诚实信用原则的规定属于强行规定，当事人不得以契约排除之，法院亦应依职权而为适用。

（三）诚实信用原则的实质在于授予法院自由裁量权

诚实信用原则的内容极为概括抽象，其内涵与外延具有不确定性。这实质上是以模糊规定或不确定规定的方式把相当大的自由裁量权交给了法官。

四、诚实信用原则的功能

诚实信用原则的功能主要有以下几种。

第一，指导当事人行使权利和履行义务的功能。凡一切民事主体在从事民事活动，行使权利、履行义务时，均应遵守诚信原则，否则构成违法。

第二，补充功能。进一步形成法律关系（尤其是债的关系）的主给付义务的内容，创设与给付具有关联的从给付义务或附随义务，建立避免他方当事人的权益受到侵害的先合同义务。

第三，解释合同的功能。当合同因其条款表述不当，未能将其真实意思表达清楚；当事人欠缺法律知识，导致合同条款不完备、规定不详细时，当事人应依诚实信用原则认真地履行合同义务。一旦发生纠纷，人民法院或仲裁机关应依据诚实信用原则正确解释合同相关条款，判明是非，确定责任。

第四，解释与补充法律规定不足的功能。当有关法律规定不足时，人民法院或仲裁机关应依诚实信用原则解释法律或以诚实信用原则为根据公平合理地处理民事纠纷。

但有如下四点值得注意：①能否以诚实信用原则修正现行法规定？学理上有肯定说与否定说两种。依我国有些学者的观点，肯定诚实信用原则有修正现行法不当规定的功能，使法院可以援用诚实信用原则回避现行法不当规定的适用，但须报请最高人民法院核准，以防止诚实信用原则的滥用。②关于禁止“向一般条款的逃避”问题。即在适用法律的具体规定与适用诚实信用原则均可获得同一结果时，应适用该具体规定，而不得适用诚实信用原则。③类推适用等漏洞补充方法应优先适用。对于某一案件，虽无法律规定，若能依类推适用等方法予以补充，无论其所得结果与适用诚实信用原则是否相同，一般应依类推适用等方法补充法律漏洞，不得适用诚信原则。④诚实信用原则与判例的关系。如果适用诚信原则与适用判例得出同一结论，应适用判例，否则应适用诚信原则。

第六节　符合法律和公序良俗原则

一、合法原则

合法原则，是各国法律普遍确认的基本原则。从狭义上讲，合法是指所有民事法律行为都不得违反法律的强制性规定。而从广义上说，合法还包括民事法律行为不得违反公序良俗。因为《民法总则》就公序良俗作出了特别的规定，所以，此处所说的合法原则是从狭义上理解的。《民法总则》第 8 条规定：“民事主体从事民事活动，不得违反法律，不得违背公序良俗。”

二、公序良俗原则

公序良俗，是由“公共秩序”和“善良风俗”两个概念构成的，具体内容如下。

第一，公共秩序。公共秩序主要包括社会公共秩序和生活秩序。公共秩序是指现存社会的秩序。对公共秩序的维护，在法律上大都有明确的规定，因此，危害社会公共秩序的行为通常也就是违反法律的强制性规定的行为。但有时法律规定不可能涵盖所有的情形，因此，需要借助公共秩序的概念实现对法律的有效补充。因此，凡是订立合同危害国家公共安全和秩序，即使没有现行的法律规定，也应当被宣布无效。可见，有关禁止危害公共秩序的规定，实际上有助于弥补法律的强制性规定的不足。

第二，善良风俗。它是指由社会全体成员所普遍认可、遵循的道德准则。善良风俗的含义又包含两个方面，一是指社会所普遍承认的伦理道德，例如救死扶伤、助人为乐、见义勇为等；二是指某个区域社会所普遍存在的风俗习惯。善良风俗本身就是社会生活中的一些基本规范，而且许多地方将善良风俗转化为乡规民约，使之成为“软法”，构成社会自治的重要内容。

公序良俗原则具有调节性的功能，它可以协调个人利益与社会公共利益、国家利益之间的冲突，维护正常的社会经济和生活秩序。这一原则赋予法官一定的自由裁量权，从而使其能够有效地调整各种利益冲突，具体表现在：一方面，如果民事主体因为追求利益的最大化所从事的行为和社会公共利益发生冲突和矛盾，法官应当借助于善良风俗条款维护社会公共利益；另一方面，一些法律法规所确定的强行法规则可能过于僵化，缺乏弹性，或者在适用中具有明显的不合理性，此时法官就应当考虑援用公序良俗原则解决个人利益与社会公共利益的冲突。

第七节　生态环境保护原则

《民法总则》第 9 条规定："民事主体从事民事活动，应当有利于节约资源、保护生态环境。"该条确立了一条全新的基本原则即"生态环境保护原则"，也被誉为"绿色原则"。此次《民法总则》制定，最终将生态环境保护直接提升到民法基本原则高度，可谓一次重大突破，是对当代民法重大的价值发展。民法不仅要保护民事主体的利益，同时也要协调民事主体利益与自然生态利益。此前，生态环境保护观念在环境资源立法中早已得到全面确立和发展，环境保护法也成为新兴的法律部门。民法对环境保护的回应在很多单行法中出现，如《民法通则》124 条确立了环境侵权制度。《物权法》在制度设计中加入了环境保护的内容，将自然资源纳入调整范围，在所有权尤其是相邻关系制度上突出了环境保护，对用益物权和地役权作了有利于环境保护的规定等。《侵权责任法》专设第八章"环境污染责任"，首次将环境污染致人损害作为独立的特殊侵权类型加以明确。2015 年 6 月，《最高人民法院关于审理环境侵权责任纠纷案件适用法律若干问题的解释》对《侵权责任法》第八章的规定予以细化，体现了环境侵权责任的新发展。生态环境保护原则进入我国民法，是我国民法对于高度社会化以及生态环境问题十分突出的当下的一次重要回应。此次《民法总则》起草过程中，对于生态环境保护原则是否要规定在民法总则中，存在一定的争议。反对的观点认为法律存在分工，民法主要功能是保护民事权益，环境保护问题应主要由环境保护法等去解决，所以不宜确立为民法基本原则。在立法过程中，曾经作为一种妥协的考虑，《民法总则》三审稿考虑将生态环境保护作为权利行使的原则规定到第五章"民事权利"项下，但到了《民法总则》终审稿又提升到了民法基本原则的位置。

《民法总则》中确立的生态环境保护原则在发挥基本原则的作用同时，也要"禁止向一般条款逃逸"。对该基本原则可以从以下方面理解。首先，生态环境保护原则应该适用于民事活动的全部领域。也就是说，不像过去只是在侵权法、物权法领域作为局部规范发挥作用，也不是三审稿规定那样作为下位原则仅适用于民事权利行使范畴，而是作为上位原则覆盖民法所有活动的原则。其次，生态环境保护原则性质上为限制性原则，它和公平原则、诚实信用、不得违反公序良俗原则一样，从不同角度体现了社会化的要求，也是对民事活动的限制。再次，该原则并非全面的环境保护原则，而是严格受到"生态"二字的限定，应局限于生态环境领域保护的价值要求。民法本身不以实现全面的环境保护为己任，这一任务仍然是环境保护法的任务，民法只对与自己活动相关的生态环境部分加以保护、关切。最后，生态环境保护原则，在内容上，不是单纯消极的，应当包括积极的“节约资源”在内，此即“有利于节约资源，保护生态环境”之谓。也就是说民事活动涉及资源利用时，当事人还应当力行节约，尽力避免浪费。所以，生态环境保护原则进入我国民法，是我国民法对于高度社会化以及生态环境问题十分突出的当下的一次重要回应。

民法各基本原则通过相互联系和制约共同发挥指导民事立法、司法及守法的作用。平等原则是民法的基础和前提，意思自治原则是民法的核心，诚实信用原则是对民事主体行使权利正面的引导，权利不得滥用原则是对民事主体行使权利反面的制约，公平原则是维护民事利益平衡的协调器。

法条链接

中华人民共和国宪法（节选）

第三十三条 中华人民共和国国籍的人都是中华人民共和国公民，中华人民共和国公民在法律面前一律平等。

任何公民享有宪法和法律规定的权利，同时必须履行宪法和法律规定的义务。

中华人民共和国民法总则（节选）

第四条 民事主体在民事活动中的法律地位一律平等。

第五条 民事主体从事民事活动，应当遵循自愿原则，按照自己的意思设立、变更、终止民事法律关系。

第六条 民事主体从事民事活动，应当遵循公平原则，合理确定各方的权利和义务。

第七条 民事主体从事民事活动，应当遵循诚信原则，秉持诚实，恪守承诺。

第八条 民事主体从事民事活动，不得违反法律，不得违背公序良俗。

第九条 民事主体从事民事活动，应当有利于节约资源、保护生态环境。

讨论交流

有学者对普遍认为的“诚实信用原则是现代民法的最高指导原则，其实质在于授予法官自由裁量权”的主张提出了质疑，认为：自由裁量权是立法、司法关系及其权限的体现，属公法范畴；法官的自由裁量权是审判权的组成部分，只能来源于宪法或法院组织法，因此，私法上的诚实信用原则绝非自由裁量权的权力基础。由于诚实信用原则的含义无法确定，如果被尊为帝王原则，并据此赋予法官自由裁量权，一切成文的法律规则的意义就会降低，其难免会被滥用，最终可能会导致法官“人治”。因此，诚实信用原则只能被理解为意思自治的例外和补充，而非民法的基本原则。

（资料来源：姚辉. 民法教学参考书：上册. 北京：中国人民大学出版社，2005.）

请阅读上述材料，谈谈你对诚实信用原则作用的理解。

复习题

一、判断分析题

1. 先契约义务体现了民法中的诚实信用原则。 （　　）
2. 射幸行为都属于违反公序良俗的行为。 （　　）
3. 意思自治原则在现实生活中根本无法实现。 （　　）
4. 平等原则是民事法律关系区别于其他法律关系的主要标志。 （　　）
5. 依民法基本原则可以直接进行案件裁判。 （　　）

二、不定项选择题

1. 下列不属于民法基本原则的功能的是（　　）。

A. 指导功能　　B. 补充功能　　C. 惩罚功能　　D. 约束功能

2. 下列现象违反民法平等原则的是（　　）。

A. 甲公民（年满25周岁）可以结婚，而乙公民（13周岁）不能结婚

B. 甲公司（经登记为综合类证券公司）可以从事证券经济业务，而乙公司（登记为房产公司）则不能从事证券经济业务

C. 国家税务机关可以在税收征收法律关系中适用强制手段，无视纳税人的意志而依法进行税收征收

D. 某市合同管理干部认为，在本市建筑工程的招标投标中，市委领导的亲戚具有有限的订立合同的权利

3. 何某有一栋可以眺望海景的别墅，当他得知一栋大楼即将建设，此别墅不能再眺望海景时，就将别墅卖给一直想得到一栋可以眺望海景的房屋的张某。何某的行为违反了民法的（　　）。

A. 自愿原则　　B. 等价有偿原则

C. 保护公民法人合法权益原则　　D. 诚实信用原则

4. 违反公序良俗原则的行为不包括（　　）。

A. 家庭暴力

B. 在愚人节时与某人开玩笑

C. 某企业与职工签订工伤概不负责的协议

D. 串通投标的行为

5. 下列各项中，违反民法自愿原则的有（　　）。

A. 赵某在服装市场上询问一件衣服的价格之后，摊主强迫其购买的行为

B. 钱某与孙某自愿达成的移转抵押物占有的抵押合同不能产生抵押权设定的法律效果

C. 李某申请安装电话被要求在一份已经拟好的格式合同上签字

D. 周某花10元钱（老烟民熟知烟的价格）从小贩吴某的手中购得红塔山香烟一条，经查该烟为假烟

6. 下列行为中，不违反禁止权利滥用原则的有（　　）。

A. 甲将自己废弃不用的汽车置于马路中央的行为

B. 乙拒绝接受丁遗赠给其一台电脑的行为

C. 丙于下午在自己的房间里唱卡拉OK直到凌晨影响邻居休息的行为

D. 丁在自己承包的耕地上建坟的行为

7. 孙某在本市闹市区有一处商业门面房，李某多次与其商谈转让事宜。当孙某得知即将兴建的平安大道将从自己的房屋位置通过后，就将该房转让给李某。孙某的行为违反了下列民法的基本原则（　　）。

A. 诚实信用原则　B. 等价有偿原则　C. 公序良俗原则　D. 自愿原则

8. 甲知其新房屋南面邻地将建一高层楼房，佯装不知，将房屋售与乙。半年后，南面高楼建成，乙的房屋得不到阳光照射。此例中，甲违反了民法的基本原则（　　）。

A. 平等原则　B. 自愿原则　C. 公平原则　D. 诚实信用原则

9. 属于违反公序良俗原则的行为有（　　）。

A. 欺诈行为

B. 赌博

C. 以债务人的人身作为抵押的合同

D. 以继续通奸作为房屋赠与的附加条件合同

10. 具体体现诚实信用原则的民法制度有（　　）。

A. 先契约义务　B. 后契约义务　C. 缔约过失责任　D. 合同履行

三、案例分析题

某小区物业管理处未与业主商量，就以水费亏本为由，擅自将执行几年的“抄表到户、计量向用户收费”改为只抄单元总表，并强制要求居民轮流收费，否则就停止供水。业主对这种擅自更改水费收取方式的行为感到极其不满，对此，要求物业管理处改正，但是物业公司对此置之不理。后来，物业管理处竟然以业主所居住的楼道没有交齐水费为由，停止供水。业主对物业管理处的行为忍无可忍，只好将其告上法庭。请用民法基本原则分析该案件。

第三章

民事法律关系

导　学

民事法律关系是民法对平等主体间的人身关系和财产关系加以调整的结果。从静态的角度来看，民事法律关系包括主体、客体、内容三要素。主体将在后面章节中介绍，而内容就是权利与义务，这将在具体的民事法律关系中展现。客体是民事权利和民事义务指向的对象。从动态的角度看，民事法律关系的产生、变更、消灭是由民事法律事实引起的。民事法律事实包括事件和行为。

本章知识体系

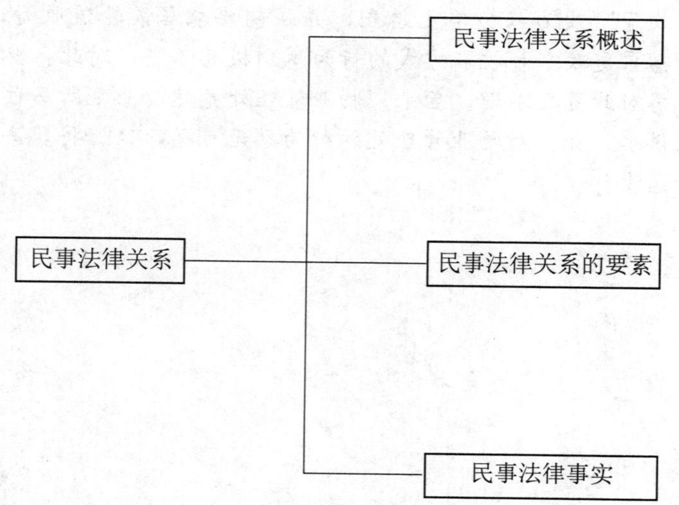

【案例】甲将房屋出租给乙，乙在未告知甲的情况下，请某公司对房屋进行装修，在装修过程中，某工人由于操作失误，不慎摔伤。该案涉及哪些法律关系？

民法对社会生活的调整就是通过建立具体的民事法律关系来实现的。分析民法案例首先要确定法律关系，不同的法律关系，其权利义务是不同的。本案涉及甲和乙的租赁法律关系、乙和某公司的加工承揽关系、某公司和工人的雇佣关系。根据房屋租赁法律关系，乙未告知甲对房屋进行装修，甲无须承担责任。乙与某公司之间存在加工承揽关系，承揽人在完成工作过程中对第三人造成损害或者造成自身损害的，定作人不承担赔偿责任。但定作人对定作、指示或者选任有过失的，应当承担相应的赔偿责任。本案中乙不存在过失，因此工人的人身损害，乙不承担责任。工人与公司存在雇佣关系，工人的损失应由公司承担。可见通过法律关系的梳理，案件就容易解决。

第一节　民事法律关系概述

一、民事法律关系的概念和特征

（一）民事法律关系的概念

民事法律关系是民事主体之间发生的、符合民事法律规范的、以权利义务为内容的社会关系，是民法对其管辖的人身关系和财产关系加以调整的结果。

民法的调整功能是通过将社会关系转化为法律关系来完成的，运用民法的调整方法将社会关系转化为民事法律关系，谓之民法的第一次调整。社会关系转化为法律关系后，若其运行出现障碍（如违约、侵权行为之发生），民法继续对之调整，此谓之民法的第二次调整，其宗旨在于消除法律关系运行中的障碍，使其恢复为顺利运行。因此，民法调整的是社会关系中的法律关系。

民事法律关系之形成，实际上是民法使社会关系秩序化的目的实现之过程。因此，民事法律关系在民法理论研究中占有重要地位，它是对各种具体的人身关系和财产关系的抽象，其理论可适用于对一切具体人身关系和财产关系的分析。

（二）民事法律关系的特征

民事法律关系为法律关系的一种，在法律关系之下，还存在着行政法律关系、刑事法律关系等与民事法律关系平行的法律关系门类，相较于这些法律关系，民事法律关系具有以下特点。

1. 民事法律关系主要为私法关系

民事法律关系的内容是权利和义务，主要为私法关系；行政法律关系和刑事法律关系的内容为权利和义务，为公法关系。由主体的地位平等所决定，民事法律关系中的权利义务一般是对等的。通常情况下，一方取得权利必须以承担相应的义务为前提，不允许只享受权利而不承担义务，或只承担义务而不享受权利，否则，就违反了民事法律关系的主体地位平等的要求。

2. 民事法律关系主要根据当事人的意志发生

在民法中，有些法律关系，例如，亲属关系、物权关系，是根据法律的规定发生的；而大部分法律关系，例如合同关系，是根据当事人的意志发生的。相反，行政法律关系和刑事法律关系都不取决于当事人的意志，而是根据法律的规定发生的。

3. 民事法律关系由国家强制力保障实现

民事法律关系基于民法产生，因此受到民法的保障，在它遭到破坏时，国家将进行干预，以保障它顺利运转。这是法律关系与道德关系的不同。当然，大部分民事法律关系是在当事人自律的情况下发生、变更和消灭的，国家强制力只作为一种威慑存在。只有在少数情况下，国家强制力才现实地运用。

二、民事法律关系的分类

按照不同的标准，对民事法律关系可作如下主要分类。

（一）人身权关系和财产权关系

以人格权、身份权为内容的民事法律关系为人身权关系。物权、债权、知识产权皆为财产权，以其为内容的民事法律关系为财产权关系。继承权是以身份权为基础发生的财产权，以其为内容的民事法律关系为财产权关系与人身权关系之复合。

这种分类的意义在于：人身权关系的主体通常不能转让自己的权利。例如，扶养请求权就不能转让给他人行使。财产权关系的主体通常可转让自己的权利。

（二）绝对权关系和相对权关系

人格权、物权、知识产权的权利主体为特定的人，义务主体为不特定的人，故称为绝对权，以其为内容的民事法律关系为绝对权关系。身份权、债权、继承权的权利主体和义务主体皆为特定的人，故称为相对权，以其为内容的民事法律关系为相对权关系。

这种分类的意义在于：可确定两类不同的民事法律关系的义务主体的范围，并确定义务主体所承担义务的性质。绝对权关系中的义务主体负有不作为义务；相对权关系中的义务主体通常负有作为义务。

（三）单一民事法律关系和复合民事法律关系

在人格权、物权、知识产权构成的绝对权关系中，一方享有权利，他方负有义务，为单一民事法律关系。在债权、身份权、继承权构成的相对权关系中，多数情况为当事人互为权利主体，同时互为义务主体，一方在作为他方的权利人之同时，也为他方的义务人。例如，在买卖这种双务合同中，买受人就标的物请求转移所有权，为出卖人的债权人；就价金之支付，他又为出卖人的债务人，就是这种情况。因此，买卖合同就是两个合同的复合：一个是转移标的物所有权的合同；另一个是支付价金的合同。由两个单一的民事法律关系合成的民事法律关系，就是复合的民事法律关系。

这种分类的意义在于：单一的民事法律关系较为简单，复合的民事法律关系较为复杂。区分二者，有助于正确适用民法规范。

第二节　民事法律关系的要素

民事法律关系的要素，指构成民事法律关系必须具备的条件。任何法律关系都必须具备主体、客体、内容三个条件才能成立。民事法律关系作为法律关系之一种，服从法律关系的一般原理，因此，也必须具备这三个条件。

一、民事法律关系主体

（一）民事法律关系主体的概念

民事法律关系的主体，指参与民事法律关系、享受权利、承担义务的人。构成民事法律关系主体的主要标准，是被评价者是否具有自己的意思能力。民事法律关系是人与人之间的关系，所以必须有人作为主体。在法律上，如未附说明，人包括自然人、法人、合伙等其他组织。

（二）民事法律关系主体的种类

1. 自然人

自然人指因出生而获得主体资格的人类个体，是与“法人”相对应的概念。依法人拟制说，法人为法律所创造的人，由此反推，“自然人”为自然形成的人，所以称为“自然人”。自然人是民事法律关系的重要的参与者。我国曾对“自然人”一语作为旧法概念加以排斥，而代之以“公民”。由于民法强调民事主体的平等性，以及“公民”一语的公法色彩对民法私法性的妨碍，《民法通则》虽然仍用“公民”一语，但加括号说明其就是自然人。现在，“自然人”一语已被人们所习用，《合同法》和《中华人民共和国公益事业捐赠法》已摈弃公民概念，改用自然人的概念。

2. 法人

法人是具有民事权利能力和民事行为能力，依法享有民事权利和承担民事义务的组织，法人设有章程和管理机构，有独立财产。法人是自然人为进行更大规模的民事活动而采取的组织形式，是民事法律关系的另一类重要参与者。国家参与民事活动时，是作为公法人出现的。

3. 合伙

普通合伙是依法设立、各合伙人根据合伙协议共同出资、合伙经营、共享收益、共担风险，并对合伙企业债务承担无限连带责任的营利性组织。特殊的普通合伙企业则是指在一个或数个合伙人在执业活动中因故意或重大过失造成合伙企业债务的情况下，该合伙人承担无限责任或者无限连带责任，其他合伙人承担有限责任的合伙组织。有限合伙企业则是有限合伙人承担以其出资为限的有限责任，其他合伙人承担连带责任的组织体。

4. 其他组织

其他组织是指既不是法人又不是合伙的组织体。如分支机构、个人独资企业等。

二、民事法律关系内容

民事法律关系的内容，指民事主体享有的民事权利和承担的民事义务。

（一）民事权利

1. 民事权利的概念

民事权利，是法律为保障民事主体实现某种利益而允许其行为的界限。首先，民事权利意味着权利人在一定范围内的意志自由，在这一范围内，他可以做他所希望的事情。相反，民事义务即意味着义务人的自由受到了限制，义务人必须听命于他人的意志为一定行为或不行为。因此，民事权利首先是一种自由权。法律设定权利，就是为了划定各民事主体间自由的界限，使他们的自由不致互相妨碍，从而实现社会关系的有序化。其次，民事权利意味着权利人实现一定利益的可能性。权利人享有自由权并非目的，其目的在于运用这种自由权来实现自己的利益。在民法领域，一切法律关系都归结为利益关系，当事人为自己设定、受让权利，不过是将其作为实现自己利益的工具。因此，民事权利的落脚点，不可不归结在利益上。最后，民事权利具有法律保障性。没有法律保障的权利为“裸体权利”或自然权利，不具有实际意义。民事权利之所以受到法律保障，乃因为它是依法产生的，任何权利都出于根据法律进行的设权行为。因此，凡权利必具有合法性，否则不称其为权利。法律之所以保障权利，乃因为权利所反映的利益不违背立法者的要求，因而得到其认可。民事权利的法律保障性，反映在法律对各种权利都提供了相应的救济措施上。

在民法上，代理人所处的地位往往被称作“权”，实际上，代理人的“权”与民事权利有根本区别，只是一种权限而非权利，必须将两者区别开来。

民事权利的最终落脚点在于权利人所享有的利益，而代理权是为被代理人的利益，而非为代理人自己的利益设定的。因此，代理权并非权利，而只是一种权限。权限是由法律授予的、由当事人的行为使其发生作用的法律地位，根据这种地位，一方当事人须根据他方当事人的意思为一定行为。权限更接近于法律义务的概念，不可误以为是权利。在民法中，除“代理权”外，尚有“监护权”不具有权利性质，容易被混同为权利，必须注意区别。

权能是权利的具体运用形式。权利的各种具体运用形式之总和，构成权利的内容。例如，占有、使用、收益、处分为所有权的具体运用形式，它们的总和构成所有权的内容。

2. 民事权利的分类

第一，人格权、身份权、物权、债权、知识产权、继承权。这是以民事权利的标的为标准进行的分类。上述六种权利，又可分为人身权和财产权两类。人格权、身份权为人身权；物权、债权、知识产权为财产权；继承权为兼具二者的综合性权利。

第二，支配权、请求权、形成权、抗辩权。这是以民事权利的作用方式为标准进行的分类。支配权为对权利标的直接进行排他性支配的权利，其行使不需他人配合，他人不得为同样的支配行为。物权、知识产权即为支配权。

请求权指法律关系的一方请求他方为一定行为或不行为的权利。权利人不能对权利标的进行直接支配，而只能请求义务人配合进行。债权为典型的请求权。身份权中的扶养请求权，顾名思义，亦为一种请求权。

形成权指依照权利人的单方面意思表示就能使法律关系发生、变更和消灭的权利。形成权的特点，在于依权利人的单方面的意思表示就可发生特定的法律效果。撤销权、解除权、抵销权、追认权等皆为形成权。

抗辩权指权利人所享有的对抗对方当事人请求权的权利。其作用在于阻止对方请求权的效力，其典型形式有双务合同中的同时履行抗辩权、不安抗辩权以及保证人的检索抗辩权等。

第三，期待权和既得权。期待权是已具备权利构成的部分条件，须待其他条件发生时才可完全构成的权利，它是既得权的对称。既得权是已具备权利构成的全部条件，由权利人实际享有的权利。由于权利的落脚点为利益，因此，期待权的本质，在于它是对当事人获得将来利益可能性的保护。附条件和附期限法律行为所产生的权利，属于典型的期待权。

第四，主权与从权。这是根据权利的相互关系所作的分类。主权是不以其他权利为存在条件的权利；从权是须以其他权利的存在为发生条件的权利。例如，被担保的债权为主权，担保权为从权。通常情况下，从权须随主权一并移转。

第五，原权与救济权。这是根据权利的服务与被服务关系所作的分类。救济权是当基础权利受到侵害时为保护它们而产生的权利，基础权利就是原权。救济权是原权的保障手段，它使原权得以实现。通常的民事权利皆为原权，救济权有自力救助权、诉权等形式。

3. 民事权利的行使和保护

民事权利，应按照诚信原则和权利不得滥用原则行使，以使权利人与义务人的利益获得平衡，当事人的利益与社会利益获得平衡。

民事权利的保护，可以通过以下方式实现。

（1）公力救济。当权利人的权利受到侵害或有被侵害之虞时，权利人可行使诉权，诉请法院保护自己的权利。法院通过对侵权人科处民事责任，排除对权利的现实的或可能的侵害。公力救济是保护民事权利的主要手段，现代社会的文明性即在于以公力救济基本取代了自力救济。

（2）自力救济，即权利人自己采取措施保护自己权利的行为。在现代社会，原则上不允许自力救济，但在来不及采取公力救济措施，权利有被侵犯的现实危险时，则作例外论。自力救济一般限于对侵权行为使用，例如正当防卫。

（二）民事义务

1. 民事义务的概念

民事义务，是民事主体为了实现其他民事主体的权利而使自己的意志受到限制的状态。民事义务是民事权利的对称。权利的实现往往须借助于其他人的行为或不行为，因此，此主体的义务，往往为彼主体的权利，离开了权利，不可能有义务，同样，没有义务支持的权利也是不可能存在的。如果说权利表示主体在一定限度内的意志自由，那么义务则表示主体的意志自由受限制的状态。基于法律规定或当事人约定承担了义务的当事人，不论愿意与否，都必须进行一定的行为或不行为，否则，将承担民事责任。

2. 民事义务的分类

以义务人行为的方式为标准，可将民事义务区分为积极义务和消极义务。要求义务人作为的义务为积极义务，大部分民事义务皆属此类。要求义务人不作为的义务为消极义务。例如，不得建造妨碍邻人眺望视野之建筑的义务、公司董事解职后不得从事与原公司业务相同业务的竞业禁止义务等，即为消极义务。

3. 附随义务

在合同关系中，还存在附随义务，这是在法律规定和当事人的约定之外，基于诚信原则的要求产生的义务，目的在于要求当事人以对待自己事务的注意对待他人事务，使当事人双方的利益达到平衡。附随义务主要有协助义务、通知义务、照顾义务、保护义务和忠实义务等类型。

三、民事法律关系客体

（一）民事法律关系客体的概念

民事法律关系客体，是民事权利和民事义务所共同指向的对象，民事法律关系客体包括人格、身份、物、行为和智力成果等。非依法律规定，不得禁止或限制民事法律关系客体的流通及利用。

（二）人格和身份

本书有关调整对象的内容，已经阐述了人格和身份的概念，此处不再赘述。人格和身份，是人身权的客体。

（三）物

1. 物的概念和特征

物是能满足人的需要，具有稀缺性和合法性，能为人所支配、控制的物质对象。物是最主要的民事法律关系客体，大部分民事法律关系的客体都是物。民法上的物，就是财产。

物具有以下特征。

（1）物能满足人的需要。物能满足人的需要，表明物能增进人的福利，因此具有效用。物对于人的效用，可以是物质效用，也可以是精神效用。物可以是由劳动创造的，大部分物为劳动产品；也可以是天然存在的，例如钻石和水。因此，劳动产品和非劳动产品，只要它们能满足人的需要，都可以成为民法中的物，换言之，都可以成为交易的对象。

（2）物必须具有稀缺性。并非一切能满足人的需要的物都能成为民法中的物。阳光和空气能满足人的需要，在通常情况下却不能成为民法中的物，原因在于它们是无限地供给的，不具有稀缺性。要成为民法中的物，除了须具有效用外，还必须具有稀缺性。所谓稀缺性，是某种物品的现有数量同该物品的需求量之间的关系，在这种关系中，该物品的需求量超出现有数量。

（3）物必须具有合法性。要成为民法中的物，除了具备上面的要求外，还要求具有合法性，即某一具有效用和稀缺性的物品，须法律不禁止其进入民事流转。例如各种文凭，法律就不允许其成为民法中的物。法律之所以作出这样的禁止，是为了维护公共秩序。文凭为自然的物无疑，但不是民法中的物，由于合法性要求的存在，民法上的物不能完全等同于自然的物。

（4）物必须能为人支配和控制。不能为人支配的东西，例如日月星辰，人对之可望而不可即，尽管可能具有巨大价值，但不能成为民法中的物。

传统理论认为，物必须是人类自身之外的物质对象，这种观点受到了现实的挑战。在实际生活中，经常有捐献遗体、捐献人体器官的事情发生，这表明人类自身的一些部分也成了赠与合同的客体。据此，我们可以把物分为普通财产、身体财产、私生活利益。普通财产是人的身体以外的或不以人的身体为来源的财产；身体财产是人的可以转让的身体脏器或其脱离部分；私生活利益是人的不可以转让的身体脏器或其脱离部分。上述三类客体，前者可大致被说成是身外之物，中者和后者可大致被说成是身内之物。

2. 物的分类

1）*有体物和无体物*

有体物是具有一定形态的物；无体物是法定范围内的权利，通常包括用益物权、债权和继承权。这种物的分类始自罗马法，后为《智利共和国民法典》等民法典所承袭。《德国民法典》采用有体物即物的概念，将无体物排除在物的范畴之外。我国的民法理论也一直不承认无体物。但现代经济生活的发展，使交易客体的范围日益扩大，无体物成为重要的交易客体。例如，我国的土地使用权买卖、股票和债券的买卖、期货买卖等无不是买卖权利。因此，民法理论应反映这种实际情况，将物的概念扩张为包括无体物——权利，承认有体物与无体物的分类。

2）*流通物和限制流通物*

流通物是法律允许在民事主体之间自由流转的物，大部分物皆为流通物。限制流通物是依据法律的规定，在民事流转过程中受到一定限制或禁止自由流转的物，如武器、弹药、毒品、金银等物。限制其流通，是为了保障社会的安全及维护国家金融管理秩序。

3）动产和不动产

在空间上占有固定位置，移动后会影响其经济价值的物，为不动产，如土地、房屋等形式。凡能在空间上移动而不会损害其经济价值的物，为动产。大部分物为动产。这种分类的意义在于：不动产往往比动产更为稀缺，因此更为重要，所以，不动产所有权的转移，通常要求采用要式的法律行为，以免发生纠纷；而动产所有权的移转形式则简单得多。在法律适用上，就不动产发生的纠纷，依物之所在地法解决，以便于调查情况。尽管有划分不动产和动产的上述标准，在一些国家的法律上，仍视船舶和飞机等为不动产。按照上述标准，这些物应为动产，但法律基于这些财产价值巨大的事实，把它们当作不动产对待。这种不动产，可以说是准不动产，即被拟制的不动产。此外，有些国家，如《埃塞俄比亚民法典》第1128条和第1129条把本来是无体物的无记名有价证券中体现的请求权和其他无体权利，以及电力之类的具有经济价值的自然力，视为动产，也可把这两种动产称为拟制的动产。

4）特定物和种类物

特定物为具有独特的属性，不能以其他物代替的物，即世界上独一无二的物。种类物是具有共同的属性，可以用品种、规格或度量衡加以计算的具有可替代性的物。在债的关系中，若以特定物为标的物，如其灭失，债务人无需作替代履行，交付标的物的义务免除，只需进行赔偿。若以种类物为标的物，如其灭失，债务人需作替代履行。因为根据种类物的性质，替代履行是可能的。

5）主物和从物

两种以上的物，起主要作用的物为主物；配合主物的使用而起辅助作用的物为从物。通常情况下，在转让主物时，从物应一并转让，以使主物能尽其功用。与从物相似的有物的重要成分，又称物的内在要素，这一类物在《德国民法典》第93条、《荷兰民法典》第3编第4条、《埃塞俄比亚民法典》第1132条都作了规定。它是在物质上与某物相连接，不对该物造成破坏或损害，不能与之分离的物。例如，树木和庄稼在与土地分离前就是土地的重要成分。物的重要成分的概念与从物的概念不同，它不反映两个物配合使用的关系，而反映两个物之间存在整体与部分的关系。其法律意义在于，物的重要成分原则上不得独立成为权利的标的，但如果专门就它们的分离订立了合同，它们也可被视为独立的动产。

6）可分物和不可分物

凡可进行实物分割而不会改变其经济用途和价值的物，为可分物；凡经实物分割后，将使该物失去其原有的经济用途，降低其价值的物，为不可分物。在共有关系终止时，这两种物的分割方式不同。对于可分物，可进行实物分割；对于不可分物，只能进行价值分割，即有的共有人得到原物，其他的共有人得到金钱补偿。此外，在债的关系中，标的物若为可分物，债权和债务都是按份的；标的物若为不可分物，则债权和债务都是连带的。

7）原物和孳息

原物是能产生收益的物；孳息是由原物所产生的收益，可分为天然孳息和法定孳息。前者如母畜所生之幼仔。后者如由贷款所生之利息，出租物从他人处所得之租金等。通常情况下，原物所有人有权取得孳息之所有权，但用益权人也可取得孳息的所有权。

8）可消耗物和不可消耗物

可消耗物是经一次有效使用就灭失或改变其原有状态的物；不可消耗物是可长期使用、通过逐渐磨损实现其经济价值的物。尽管同为使用他人之物，借用合同和租赁合同只能以不可消耗物为标的物。

9）单一物、合成物和聚合物

单一物为能独立成为个体而存在的物，如一头牛；合成物为由几个或许多物所组成的独立物，如房屋；聚合物为由多数物集合而成，各物仍保持其独立存在形式的物，如工厂、图书馆、羊群等。若合成物中的一物为第三人所有，则他不能请求返还原物，而只能取得金钱补偿，以避免损害社会财富。聚合物中的一物为第三人所有时，他可以请求返还原物，因为这样做不会损害物的经济价值。对于聚合物，可以买卖其中的一部分物，也可以对聚合物的整体进行买卖。

以上是传统的分类，物也可以通过以下标准进行分类。

（1）人格财产与可替代财产

人格财产指与人格紧密相连、其灭失造成的痛苦无法通过替代物补救的财产。相反的概念是可替代财产，其中最典型的是金钱。

人格财产与可替代财产的分类有现实的法律意义。首先，人格财产是特定物的一种类型，人格财产概念的出现丰富和细化了特定物理论。其次，民法中本来就有对特定物的保护优于对种类物的保护的原则，它现在更可细化为人格财产比可替代财产受更强的法律保护的原则。最后，在继承法中要妥善安排人格财产的归属。因为被继承的人格财产属于家族团体，将之分割将损害其价值，将之归于某一成员又会否定此等财产的团体所属的性质，因此，必须把此等财产交团体中的适当人取得或保管。

（2）实际财产与虚拟财产

前者是传统意义上的财产，后者是存在于网络空间中的财产。这种分类的意义在于正视我们的时代正在网络化的现实，对网络活动的成果的权属问题作出回应，为处理日渐增多的这方面案件提供财产法的依据。

（3）公域与私有财产

前者可以直译为“公共领域”，即任何人都可以进入的地方，实际上指以全人类为所有人的财产；后者是以自然人或法人为所有人的财产。

（四）行为

行为指权利人行使权利的活动以及义务人履行义务的活动。例如，运送合同中运送人运送旅客、货物的行为，即为运送合同法律关系的客体。

行为主要是债的关系的客体，有“给”“做”和“供”三种形式。“给”是交付他人某一已有的物，涉及买卖合同类型的债；“做”是为他人提供一定的劳务，涉及服务合同类型的债；“供”是违反上述两种债产生的责任，涉及责任之债。在所有这些以行为为客体的民事法律关系中，行为大都以物为作用对象，例如，买卖的物、定作物、被运送的物，但它们不是法律关系的客体，而是法律关系的标的。

（五）智力成果

智力成果是人类运用脑力劳动创造的精神财富。著作、发明、设计、计算机软件等，都是智力成果，是著作权关系、发明权关系、专利权关系和其他知识产权关系中的客体。

第三节 民事法律事实

一、民事法律事实的概念和特征

（一）民事法律事实的概念

民事法律事实，是符合民法规范，能够引起民事法律关系发生、变更和消灭的客观现象。民事法律关系的发生，指建立民事法律关系，例如，由于被继承人死亡发生继承关系。民事法律关系的变更，指民事法律关系三个要素中的一个或数个发生变化，有主体的变更、内容的变更和客体的变更三种形式，例如，将租赁关系更改为买卖关系，即为民事法律关系内容的变更。民事法律关系的消灭，指终止民事法律关系，如合同一方当事人行使解除权，可使合同关系归于消灭。

因此，法律事实是民事法律关系发生、变更和消灭的原因。民事法律关系的变动是一个生生不息的过程，不断地发生、消灭或变更，民事权利在这一过程中得到实现。

（二）民事法律事实的特征

首先，法律事实是一种客观的现象。没有表现为客观现象的主观意识不是法律事实。例如，内心存在订立合同的意思，却未表示出来，这种内心意思不能使合同成立。

其次，作为法律事实的客观现象必须同一定的法律效果相联系，能够引起民事法律关系的发生、变更和消灭。并非一切客观情况都可作为法律事实，例如，日出日落、闲谈，不能起任何法律效果，因而不是法律事实；而人的出生、死亡、成年等，能够引起一定的法律效果，因而是法律事实。

最后，作为法律事实的客观现象必须符合民法的规定。客观现象能否作为民事法律事实是民法规定的，不符合民法规定的客观现象不是民事法律事实。

二、民事法律事实的分类

对于民事法律事实，可根据其是否与当事人的意志有关分为行为和事件两大类。

（一）行为

行为指经当事人的意志支配的、能够引起民事法律关系发生、变更和消灭的人的活动。此为最经常发生作用的法律事实，又可再分为法律行为和事实行为等类别。

1. 法律行为

法律行为是指行为人通过意思表示，旨在设立、变更、消灭民事法律关系的行为，是民法意思自治的体现。

2. 事实行为

事实行为是指行为人主观上没有设立、变更或消灭民事法律关系的目的，但依据法律的规定，客观上引起了某种法律效果之发生的行为，如发现埋藏物的行为、侵权行为等，都属事实行为。

（二）事件

事件又称自然现象，指与当事人的意志无关，能够引起民事法律关系发生、变更和消灭的客观现象。人的自然死亡、自然灾害等，皆为事件。人的自然死亡可导致继承关系的发生，又可导致保险关系的消灭。自然灾害的发生，导致保险合同所附条件的成就，引起保险公司对投保人的赔偿关系。

三、民事法律事实构成

民事法律事实构成，指能引起民事法律关系发生、变更、消灭的几个法律事实的总和。通常情况下，一个法律事实足以构成一个民事法律关系发生、变更、消灭的原因。但在有的情况下，须具备几个法律事实作为原因，才能使一个民事法律关系发生、变更和消灭。例如，在遗嘱继承的情况下，继承关系之发生，有赖于被继承人死亡、被继承人留有遗嘱、继承人接受继承三个法律事实。

法条链接

中华人民共和国民法总则（节选）

第一百零九条 自然人的人身自由、人格尊严受法律保护。

第一百一十条 自然人享有生命权、身体权、健康权、姓名权、肖像权、名誉权、荣誉权、隐私权、婚姻自主权等权利。

法人、非法人组织享有名称权、名誉权、荣誉权等权利。

第一百一十一条 自然人的个人信息受法律保护。任何组织和个人需要获取他人个人信息的，应当依法取得并确保信息安全，不得非法收集、使用、加工、传输他人个人信息，不得非法买卖、提供或者公开他人个人信息。

第一百一十二条 自然人因婚姻、家庭关系等产生的人身权利受法律保护。

第一百一十三条 民事主体的财产权利受法律平等保护。

第一百一十四条 民事主体依法享有物权。

物权是权利人依法对特定的物享有直接支配和排他的权利，包括所有权、用益物权和担保物权。

第一百一十五条 物包括不动产和动产。法律规定权利作为物权客体的，依照其规定。

第一百一十六条 物权的种类和内容，由法律规定。

第一百一十七条 为了公共利益的需要，依照法律规定的权限和程序征收、征用不动产或者动产的，应当给予公平、合理的补偿。

第一百一十八条 民事主体依法享有债权。

债权是因合同、侵权行为、无因管理、不当得利以及法律的其他规定，权利人请求特定义务人为或者不为一定行为的权利。

第一百一十九条 依法成立的合同，对当事人具有法律约束力。

第一百二十条 民事权益受到侵害的，被侵权人有权请求侵权人承担侵权责任。

第一百二十一条 没有法定的或者约定的义务，为避免他人利益受损失而进行管理的人，有权请求受益人偿还由此支出的必要费用。

第一百二十二条 因他人没有法律根据，取得不当利益，受损失的人有权请求其返还不当利益。

第一百二十三条 民事主体依法享有知识产权。

知识产权是权利人依法就下列客体享有的专有的权利：

（一）作品；

（二）发明、实用新型、外观设计；

（三）商标；

（四）地理标志；

（五）商业秘密；

（六）集成电路布图设计；

（七）植物新品种；

（八）法律规定的其他客体。

第一百二十四条 自然人依法享有继承权。

自然人合法的私有财产，可以依法继承。

第一百二十五条 民事主体依法享有股权和其他投资性权利。

第一百二十六条 民事主体享有法律规定的其他民事权利和利益。

第一百二十七条 法律对数据、网络虚拟财产的保护有规定的，依照其规定。

第一百二十八条 法律对未成年人、老年人、残疾人、妇女、消费者等的民事权利保护有特别规定的，依照其规定。

第一百二十九条 民事权利可以依据民事法律行为、事实行为、法律规定的事件或者法律规定的其他方式取得。

第一百三十条 民事主体按照自己的意愿依法行使民事权利，不受干涉。

第一百三十一条 民事主体行使权利时，应当履行法律规定的和当事人约定的义务。

第一百三十二条 民事主体不得滥用民事权利损害国家利益、社会公共利益或者他人合法权益。

讨论交流

邓瑞华与陈新会系夫妻关系。2001 年 9 月 27 日，陈新会与沈某非婚生育违反计划生育政策，受到内乡县湍东镇计生办罚款。为还罚款，陈未征得其妻邓瑞华的同意，擅自将夫妻共同财产房屋七间及承包的苹果园抵押给镇计生办。湍东镇计生办以 10 000 元价格将陈、邓共有的房屋转让给该镇赵沟村村民委员会。赵沟村村民委员会未征得共同财产人邓瑞华的同意，将房屋扒掉。2002 年 7 月 30 日，邓瑞华以湍东镇人民政府、湍东镇赵沟村村民委员会侵犯其合法财产权为由，向内乡县人民法院提起了诉讼。法院以该案属行政法律关系而不属于民事法律关系为由，裁定驳回了邓的起诉。

（http://hnfy.chinacourt.org/public/detail.php? id=51916.）

请阅读上述材料并对该案件进行分析。

复习题

一、判断分析题

1. 民事法律关系的种类是繁多而复杂的，有的属于人与物的关系，有的则属于物与物的关系。（ ）

2. 商品生产者和商品经营者应当依法纳税，他们与税收单位发生的是民事法律关系。（ ）

3. 桌子的抽屉是从物。（ ）

4. 物可以按照不同标准进行分类。（ ）

5. 民事权利和民事义务是民事法律关系的内容。（ ）

二、不定项选择题

1. 完全不能辨认自己行为的精神病人甲将自己继承的1万元人民币向路边撒去，该事实的性质是（ ）。

A. 表意行为　B. 非表意行为

C. 事件　D. 不具有法律意义的事实

2. 下列情形中属于民事法律事实的是（ ）。

A. 日出　B. 备课　C. 赠与　D. 恋爱

3. 甲、乙在火车上认识，甲怕自己到站时未醒，请求乙在A站唤醒自己下车，乙欣然同意。火车到达A站时，甲沉睡，乙也未醒。甲未能在A站及时下车，为此支出了额外费用。甲要求乙赔偿损失，对此应如何处理？（ ）

A. 由乙承担违约责任　B. 由乙承担侵权责任

C. 由乙承担缔约过失责任　D. 由甲自己承担责任

4. 下列情形成立民事法律关系的是（ ）。

A. 甲与乙约定某日商谈合作开发房地产事宜

B. 甲对乙说：如果你考上研究生，我就嫁给你

C. 甲知道乙不胜酒力而极力劝酒，致乙酒精中毒住院治疗

D. 甲应同事乙之邀请前往某水库游泳，因腿抽筋溺水身亡

5. 甲殴打乙致乙死亡，为此甲赔偿乙的家属2万元。乙的家属料理完后事，分割了乙的财产。引起上述侵权赔偿关系和财产继承关系产生的法律事实分别是（ ）。

A. 事件、行为　B. 行为、事件　C. 事件、事件　D. 行为、行为

6. 下列可以为民事法律关系主体的有（ ）。

A. 聋哑人　B. 合伙企业　C. 机关法人　D. 个体工商户

7. 关于民事法律关系类别的表述，正确的有（ ）。

A. 任何民事法律关系中都必须有义务主体

B. 物权关系和债权关系都属于民事法律关系的财产关系

C. 民事法律关系的权利主体都是特定的

D. 民事法律关系的义务主体都是特定的

8. 下列选项中，既属于绝对法律关系，又具有财产法律关系性质的是（　　）。

A. 物权法律关系　　B. 知识产权法律关系

C. 人身权法律关系　　D. 债权法律关系

9. 关于民事法律关系，下列选项正确的是（　　）。

A. 民事法律关系只能由当事人自主设立

B. 民事法律关系的主体即自然人和法人

C. 民事法律关系的客体包括不作为

D. 民事法律关系的内容均由法律规定

10. 下列关于民事权利的表述错误的是（　　）。

A. 抵销权是一种形成权　　B. 知识产权是一种支配权

C. 债权请求权不具有排他性　　D. 支配权不存在对应义务

三、案例分析题

请分析此题中的民事法律关系和民事法律事实。

十岁的小孩甲在深山拾得一块稀有玉石，被乙所盗，乙请人雕成名贵玉石杯，以高价出售于丙，丙病故后，由丁继承其遗产。

第四章

自　然　人

自然人是基于出生而取得民事主体资格的人。本章首先分别介绍自然人的民事权利能力和民事行为能力。其次重点关注涉及两大类特殊人群的民事制度，一是无民事行为能力人和限制民事行为能力人的监护制度；二是宣告失踪和宣告死亡制度。最后介绍了自然人从事商业和从事农业的两种主体表现：个体工商户和农村承包经营户。

本章知识体系

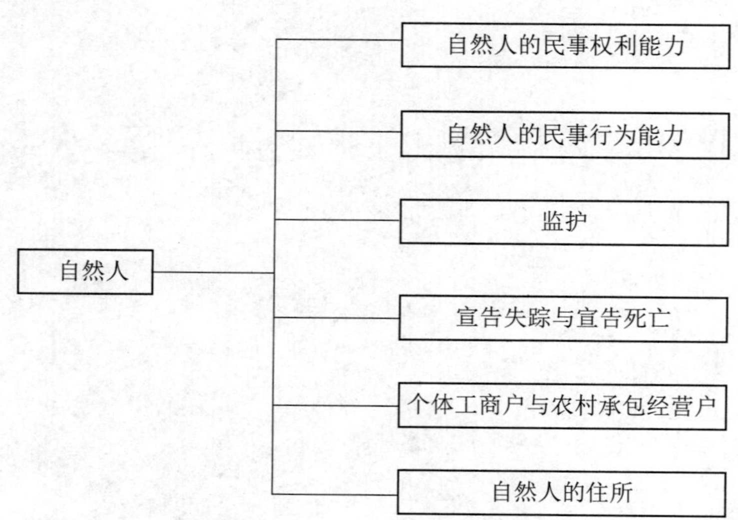

第一节　自然人的民事权利能力

【案例】甲某的女儿今年三岁，乙某与甲某素有仇怨，这天乙某看到甲某女儿在独自玩耍，就将甲某女儿衣服剥光，甲某认为乙某侵犯了其女儿的人格尊严权。乙某认为小孩什么也不懂，何来人格尊严权？

乙某的反对理由是否正确？为什么？该案涉及自然人民事权利能力的问题。

一、自然人与公民

自然人，是指基于自然规律而出生的人。我国《民法通则》第2章的标题为“公民（自然人）”，似乎公民与自然人是同一概念。严格地说，公民与自然人并非同一概念。因为公民仅指具有一国国籍、依据该国宪法和法律享有权利和承担义务的自然人。显然，自然人的外延比公民的外延广。公民是自然人，但自然人并不一定是本国公民，自然人还包括在本国的外国人和无国籍人士。《民法总则》第2条规定：“民法调整平等主体的自然人、法人和非法人组织之间的人身关系和财产关系。”

二、自然人民事权利能力的概念与特征

（一）自然人民事权利能力的概念

自然人的民事权利能力，是指法律赋予民事主体享有民事权利和承担民事义务的资格。它是自然人作为民事主体的必要条件。自然人只有具有民事权利能力，才有资格享受民事权利和承担民事义务，也才能成为民事主体，具有法律上的独立人格。

民事权利能力与民事权利是相互联系但又不同的两个概念。二者的主要区别如下。

第一，民事权利能力是法律赋予民事主体享受权利和承担义务的一种资格，仅是其享受民事权利的前提条件和可能性；而民事权利则是民事主体在参与具体民事法律关系时实际取得的，是民事权利能力得以实现的结果。

第二，民事权利能力是由法律赋予的，其内容和范围不能由民事主体自行决定，不受主体意志的影响；而民事权利的享有可依民事主体的意思确定。

第三，民事权利能力与民事主体的人身不可分离，本人不可放弃或转让，他人也无权限制或剥夺；而民事权利除人身权外，权利人可以放弃或依法转让，也可依法被限制或被剥夺。

第四，民事权利能力既是民事主体享受民事权利的资格，也是承担民事义务的资格，换言之，民事权利能力也包括民事义务能力，而民事权利本身不包括民事义务。

（二）自然人民事权利能力的特点

除上述外，根据我国《民法总则》的规定，自然人的民事权利能力还具有以下特征。

1. 自然人的民事权利能力一律平等

一方面，自然人参与民事活动，设定民事权利的机会是一律平等的；另一方面，自然人的民事权利能力都是完全的，不分民族、种族、性别、年龄、职业，也不论其政治态度、宗教信仰、财产状况和健康与否，等等。如实例中，甲某的女儿尽管三岁，但与成人一样具有平等的民事权利能力，与成人一样享有人格权的资格。

2. 自然人民事权利能力的内容具有广泛性和统一性

自然人不仅可以享受各种各样的财产权利，也可以享受各种各样的人身权利。自然人在享受广泛的民事权利的同时，还必须承担相应的民事义务，也就是说，每个人享受权利的资格与负担义务的资格是统一的，既可为权利主体，又可为义务主体。

三、自然人民事权利能力的开始

《民法总则》第13条规定：“公民从出生时起到死亡时止，具有民事权利能力，依

法享有民事权利，承担民事义务。”因为自然人的民事权利能力与其人身不可分离，所以自然人从出生时起就享有民事权利能力。出生是自然人取得民事权利能力的法律事实。

何时为出生？传统民法理论众说纷纭，主要有阵痛说、发声说、断带说、出生完成说、独立呼吸说、生产说等。通说认为，出生应具备两个条件：一是“出”，即胎儿应完全脱离母体，成为不依赖母体的人；二是“生”，即胎儿在出生时应有生命。因此，应以胎儿活着脱离母体的时间作为出生的时间。《民法总则》第 15 条规定：“自然人的出生时间和死亡时间，以出生证明、死亡证明记载的时间为准；没有出生证明、死亡证明的，以户籍登记或者其他有效身份登记记载的时间为准。有其他证据足以推翻以上记载时间的，以该证据证明的时间为准。”

关于未出生胎儿的法律地位问题，各国立法主要有三种体例：一是以活体出生作为胎儿享有民事权利能力的条件；如瑞士民法规定：胎儿只要出生时尚生存，出生前就具有民事权利能力；二是不承认胎儿有民事权利能力，但在继承、遗赠等某些事项上，视胎儿为已出生，具有与出生婴儿相同的民事权利能力，如法国民法、德国民法、日本民法有此规定；三是不承认胎儿有民事权利能力，也不认为在某些事项上视胎儿为出生，仅是在某些事项上对胎儿的利益予以保护。我国现行立法采取的是第二种体例，《民法总则》第 16 条规定：“涉及遗产继承、接受赠与等胎儿利益保护的，胎儿视为具有民事权利能力。但是胎儿娩出时为死体的，其民事权利能力自始不存在。”从该条来看，在涉及胎儿利益保护时，法律将胎儿“视为”具有民事权利能力，这就是说，胎儿本身并不是民事主体，只是在需要受到法律保护的情形下，可以适用民事主体的相关规则对其进行保护。

四、自然人民事权利能力的终止

由于自然人一旦死亡，便失去了从事民事活动、参与民事法律关系的可能性和必要性，因而世界各国民事立法都规定自然人的民事权利能力终于死亡，我国《民法总则》第 13 条也做了相同的规定。

民法上的死亡包括自然死亡和宣告死亡。自然死亡，又称生理死亡或绝对死亡，是指自然人的生命归于终结的客观事实。但何时为死亡？传统民法理论上也有不同的学说，主要有呼吸停止说、脉搏停止说、心脏搏动停止说、脉搏消失且心脏停搏说、脑死亡说等。但通说认为，应以医学上认定为死亡的时间为死亡时间。即自然人若是在医院死亡的，应以死亡证上记载的死亡时间为准；如果案件的当事人对自然人死亡的时间有争议，应以人民法院调查后确定的死亡时间为准；如果互有继承权的几个人在同一事件中死亡，又不能确定死亡先后时间的，根据我国最高人民法院的解释意见，推定没有继承人的人先死亡。死亡人各自都有继承人的，如几个死亡人辈分不同，推定长辈先死亡；几个死亡人辈分相同，推定同时死亡，彼此不发生继承，由他们各自的继承人分别继承。

宣告死亡，又称推定死亡或相对死亡，是指自然人下落不明满一定期间后，经利害关系人申请，由人民法院依照法定程序和方式宣告该自然人死亡的一种法律推定。被宣告死亡人，法院判决宣告之日为其死亡的日期。

第二节 自然人的民事行为能力

一、自然人民事行为能力的概念与特征

自然人的民事行为能力，是指自然人能够通过自己的独立行为取得和行使权利、设定和履行义务的资格。自然人的民事行为能力与民事权利能力是两个既有联系又有区别的概念，通过二者的比较，可以看出自然人的民事行为能力具有以下特征。

第一，自然人的民事行为能力是法律赋予的一种资格，不是由其自行决定的，非依法定条件和程序，他人不得限制或剥夺。这是自然人的民事行为能力与民事权利能力的共同点。

第二，自然人的民事行为能力受其年龄、智力、健康状况的影响，并不是人人都相同。因为自然人的民事行为能力是以对客观事物的判断和认识能力即意识能力为依据的。只有有意识能力的人，才有民事行为能力。而人的意识能力与人的年龄和智力健康状况有关。所以，具有民事权利能力的自然人，不一定享有或完全享有民事行为能力；反之，具有民事行为能力的自然人，肯定享有民事权利能力。这是自然人民事行为能力与民事权利能力之间的联系和重要区别。

二、自然人民事行为能力的划分

在我国，根据自然人的年龄和精神健康状态，自然人的民事行为能力分为以下三种情况。

(一) 完全民事行为能力

完全民事行为能力，是指完全可以通过自己的独立行为取得民事权利和负担民事义务的资格。根据《民法总则》第 17 条的规定和第 18 条第 2 款的规定，完全民事行为能力人包括两种：一是一般的完全民事行为能力人，即年满 18 周岁的成年人，且无精神性疾病，具有完全民事行为能力，可以独立进行民事活动；二是特殊的完全民事行为能力人，即 16 周岁以上的未成年人，以自己的劳动收入为主要生活来源的，视为具有完全民事行为能力。所谓“以自己的劳动收入为主要生活来源的”，是指以自己的劳动所得可以维持当地群众的一般生活水平。

(二) 限制民事行为能力

限制民事行为能力，又称不完全民事行为能力，是指可以独立进行一些民事活动但不能独立进行全部民事活动的资格。按照《民法总则》第 19 条和第 22 条的规定，限制民事行为能力人包括两种。一是 8 周岁以上的未成年人，是限制民事行为能力人，可以进行与其年龄、智力相适应的民事活动，如买数额不大的学习用品、接受赠与等，而其他民事活动，须由他的法定代理人代理，或者征得他的法定代理人的同意。至于其所进行的民事活动是否与其年龄、智力状况相适应，可以从行为与本人生活相关联的程度、本人的智力能否理解其行为并预见相应的行为后果，以及行为标的数额等方面认定。二是不能完全辨认自己行为的成年人，是限制民事行为能力人，可以进行与其智力、精神健康状况相适应的民事活动，其他民事活动由他的法定代理人代理，或者征得他的法定

代理人同意。至于他们所进行的民事活动是否与其精神健康状况相适应，可以从行为与本人生活相关联的程度，本人的精神健康状态能否理解其行为，并预见相应的行为后果，以及行为标的数额等方面认定。对于比较复杂的事物或者比较重大的行为缺乏判断能力和自我保护能力，并且不能预见其行为后果的，可以认定为不能完全辨认自己的行为。

（三）无民事行为能力

无民事行为能力，是指不具有以自己的行为取得民事权利和负担民事义务的资格。依《民法总则》第 20 条、第 21 条的规定，无民事行为能力人包括两种：一是不满 8 周岁的未成年人，是无民事行为能力人，由他的法定代理人代理其民事活动。二是不能辨认自己行为的成年人，是无民事行为能力人，由他的法定代理人代理其民事活动。精神病人如果没有判断能力和自我保护能力，不知其行为后果的，可以认定为不能辨认自己行为的人。法律不赋予未成年人和精神病人完全民事行为能力的目的，主要是为了保护这些人的合法权益，以免其在民事活动中受损。因此，无民事行为能力人、限制民事行为能力人接受奖励、赠与、报酬等纯获利益的行为，他人不得以行为人无民事行为能力、有限制民事行为能力为由，主张以上行为无效。

三、自然人民事行为能力的宣告

自然人因达到法律规定的一定年龄，即可实现由无民事行为能力人向限制民事行为能力人或是由限制民事行为能力人向完全民事行为能力人的转化，并不需要通过法律程序加以宣告。但有的自然人因精神健康上的原因，虽达到一定年龄也不具有相应的认识能力，因而也就不能具有相应的民事行为能力。为了保护这些人的利益和维护整个社会的经济秩序，则有必要通过法律程序加以宣告，即由人民法院依诉讼程序将确实不能辨认或不能完全辨认自己行为的精神病人宣告为无民事行为能力人或限制民事行为能力人。

我国《民法总则》第 24 条第 1 款规定：“不能辨认或者不能完全辨认自己行为的成年人，其利害关系人或者有关组织，可以向人民法院申请认定该成年人为无民事行为能力人或者限制民事行为能力人。”因此，对自然人民事行为能力的宣告须具备以下三个条件。第一，被宣告人必须不能辨认自己的行为，或者不能完全辨认自己的行为。第二，须经利害关系人申请。没有经利害关系人的申请，人民法院不得主动进行宣告。这里所说的利害关系人，是指与被宣告人有利害关系的人，如精神病人的配偶、父母、成年子女或者其他亲属等。第三，须由人民法院经特别程序作出宣告。人民法院审理时，对于当事人是否患有精神病，应当根据司法精神病学鉴定或者参照医院的诊断、鉴定确认。在不具备诊断、鉴定条件的情况下，也可以参照群众公认的当事人的精神状态认定，但应以利害关系人没有异议为限。法院经审理后认定当事人为不能辨认自己行为的精神病人的，应判决宣告其为无民事行为能力人；认定当事人为不能完全辨认自己行为的精神病人的，应判决宣告其为限制民事行为能力人。

精神病是可以治愈的，因此，《民法总则》第 24 条第 2 款规定：“被人民法院认定为无民事行为能力人或者限制民事行为能力人的，经本人、利害关系人或者有关组织申请，人民法院可以根据其智力、精神健康恢复的状况，认定该成年人恢复为限制民事行为能力人或者完全民事行为能力人。”

四、自然人民事行为能力的终止

自然人民事行为能力的终止，是指其不可能再具有民事行为能力。因为自然人的民事行为能力以民事权利能力为前提，以意识能力为根据，所以，自然人死亡时，其民事行为能力当然终止。

第三节 监　　护

一、监护的概念

监护，是为了保护无民事行为能力人和限制民事行为能力人的人身和财产权利以及其他合法权益，而由特定自然人或组织对其予以监督、管理和保护的制度。监护在本质上属于监护人的一项职责。

二、监护人的设定

监护人的设定一般包括法定监护和指定监护。法定监护指监护人是由法律直接规定而设置的监护。指定监护指没有法定监护人，或者对担任监护人有争议的，监护人由有关部门或人民法院指定而设置的监护。

（一）未成年人监护人的设定

未成年人监护人的设定包括法定监护和指定监护。《民法总则》第 27 条规定，未成年人的父母是未成年人的监护人。据此，未成年人的父母是其当然的监护人，这种监护资格因未成年人的出生而开始。父母因为正当理由，不能亲自履行监护职责，法律允许父母委托他人代为履行部分或者全部监护职责，但父母仍为法定监护人。在将监护权委托他人时，如果因被监护人的侵权行为需要承担民事责任的，应由监护人承担，但如果监护人与受托人有另外约定的，则从其约定。如果受托人有过错，即没有尽到受托人的义务，应当与监护人共同承担连带责任。

如果未成年人的父母死亡或者失去监护能力，则应按照下列顺序确定其中有监护能力的人担任监护人：①祖父母、外祖父母；②兄、姐；③其他愿意担任监护人的个人或者组织，但是须经未成年人住所地的居民委员会、村民委员会或者民政部门同意。其中前两项主体担任监护人属于法定义务。根据《民法总则》第 31 条的规定，对监护人的确定有争议的，由被监护人住所地的居民委员会、村民委员会或者民政部门指定监护人，有关当事人对指定不服的，可以向人民法院申请指定监护人；有关当事人也可以直接向人民法院申请指定监护人。没有依法具有监护资格的人的，监护人由民政部门担任，也可以由具备履行监护职责条件的被监护人住所地的居民委员会、村民委员会担任。

（二）无民事行为能力或者限制民事行为能力的成年人的监护人的设定

根据《民法总则》第 28 条的规定，无民事行为能力或者限制民事行为能力的成年人，应按下列顺序确定监护人：①配偶；②父母、子女；③其他近亲属；④其他愿意担任监护人的个人或者组织，但是须经被监护人住所地的居民委员会、村民委员会或者民政部门同意。没有依法具有监护资格的人的，监护人由民政部门担任，也可以由具备履行监护职责条件的被监护人住所地的居民委员会、村民委员会担任。

（三）意定监护

我国正处于老龄化社会，从世界发展趋势来看，设立意定监护非常有必要。《民法总则》第 33 条确立了该制度，具有完全民事行为能力的成年人，可以与其近亲属、其他愿意担任监护人的个人或者组织事先协商，以书面形式确定自己的监护人。协商确定的监护人在该成年人丧失或者部分丧失民事行为能力时，履行监护职责。

（四）遗嘱监护

遗嘱监护是指被监护人的父母在担任监护人期间，通过遗嘱的方式为被监护人指定监护人的监护制度。《民法总则》第 29 条规定："被监护人的父母担任监护人的，可以通过遗嘱指定监护人。"遗嘱监护具有如下特征：（1）设定遗嘱监护的主体是被监护人的父母。（2）遗嘱监护既适用于未成年人监护，也适用于成年人监护。（3）被监护人父母在设定遗嘱监护时必须具有监护人资格。（4）在遗嘱监护的情形下，所指定的监护人不受《民法总则》第 27 条、28 条关于监护人范围以及顺序的限制。（5）遗嘱监护以遗嘱人的死亡作为生效要件。

三、监护人的职责

根据《民法总则》第 34 条规定，监护人应当履行监护职责，保护被监护人的人身、财产及其他合法权益，除为被监护人的利益外，不得处理被监护人的财产。监护人的职责主要包括以下几项。

（一）保护被监护人的人身、财产及其他合法权益

监护人应当保护被监护人人身方面的合法权益，主要包括被监护人的生命健康权、姓名权、肖像权、名誉权、荣誉权等。监护人为了被监护人的利益，可以合理利用或处分被监护人的财产。当被监护人的人身、财产和其他合法权益受到非法侵害时，监护人作为法定代理人有权代理被监护人请求人民法院给予保护，代为参加民事诉讼活动。

（二）担任被监护人的法定代理人

《民法总则》第 34 条规定："监护人的职责是代理被监护人实施民事法律行为。"被监护人可以进行与他的年龄、智力、精神健康状况相适应的民事活动，其他民事活动由他的法定代理人代理，或者征得他的法定代理人的同意。监护人不履行监护职责或者侵害被监护人的合法权益的，应当承担责任。

四、监护的终止

监护因为以下原因而终止。

第一，对于未成年人的监护，自被监护人成年之日起，监护关系自然终止。

第二，对于精神病人的监护，当精神病人痊愈，人民法院作出撤销其监护的裁决时，监护关系终止。

第三，监护人不宜继续担任监护人或者监护人不履行监护职责的，人民法院可以根据有关人员或者有关单位的申请，经查明属实，撤销监护人资格，监护关系终止。

第四，监护人或被监护人一方死亡，或者监护人成为无民事行为能力人或限制民事行为能力人。

五、监护人资格的撤销和恢复

（一）监护人资格的撤销

撤销监护人资格，是指监护人在履行职责期间，从事了严重侵害被监护人权益的行为，被取消其监护资格的行为。《民法总则》第 36 条规定："监护人有下列情形之一的，人民法院根据有关个人或者组织的申请，撤销其监护人资格，安排必要的临时监护措施，并按照最有利于被监护人的原则依法指定监护人：

（一）实施严重损害被监护人身心健康行为的；

（二）怠于履行监护职责，或者无法履行监护职责并且拒绝将监护职责部分或者全部委托给他人，导致被监护人处于危困状态的；

（三）实施严重侵害被监护人合法权益的其他行为的。

本条规定的有关个人和组织包括：其他依法具有监护资格的人，居民委员会、村民委员会、学校、医疗机构、妇女联合会、残疾人联合会、未成年人保护组织、依法设立的老年人组织、民政部门等。

前款规定的个人和民政部门以外的组织未及时向人民法院申请撤销监护人资格的，民政部门应当向人民法院申请。"

监护人资格被撤销之后，如果没有及时指定新的监护人，则被监护人就处于无人监护的状态，对其十分不利，设立临时监护非常有必要。依据《民法总则》第 36 条第 1 款，人民法院根据有关个人或者组织的申请，撤销其监护人资格以后，应当为被监护人安排必要的临时监护措施。

依法负担被监护人抚养费、赡养费、扶养费的父母、子女、配偶等，被人民法院撤销监护人资格后，应当继续履行负担的义务。抚养、赡养、扶养是法定的义务，这些义务不因监护关系的终止而终止。

（二）监护人资格的恢复

主体的监护资格被撤销后，并不意味着其永远丧失监护资格，在一定条件下也可以恢复。《民法总则》第 38 条规定："被监护人的父母或者子女被人民法院撤销监护人资格后，除对被监护人实施故意犯罪的外，确有悔改表现的，经其申请，人民法院可以在尊重被监护人真实意愿的前提下，视情况恢复其监护人资格，人民法院指定的监护人与被监护人的监护关系同时终止。"依据这一规定，监护资格的恢复必须具备如下几个条件：

第一，被撤销监护资格的人确有悔改表现；

第二，提出申请，愿意担任监护人；

第三，被监护人愿意恢复；

第四，不存在监护人实施故意犯罪的情形。

第四节　宣告失踪与宣告死亡

一、宣告失踪

（一）宣告失踪的概念

宣告失踪是自然人离开自己的住所，下落不明达到法定期限，经利害关系人申请，由人民法院宣告其为失踪人的法律制度。这是对一种不确定的自然事实状态的法律确认，目的在于结束失踪人财产关系的不确定状态，保护失踪人的利益和利害关系人的利益。

（二）宣告失踪的条件

宣告失踪应当具备如下条件。

1. 有失踪事实

有失踪事实应当包括两个方面的内容。

（1）下落不明。所谓下落不明，是指自然人离开住所无任何消息。

（2）这种下落不明的状态持续满2年。2年的起算点从下落不明的次日开始计算；战争期间下落不明的，下落不明的时间从战争结束之日起计算。

2. 有利害关系人的申请

利害关系人包括：近亲属、对该人负有监护责任的人、该人的债权人或债务人。其中的近亲属包括配偶、父母、子女、兄弟姐妹、祖父母、外祖父母、孙子女、外孙子女。利害关系人提起申请时应当具有完全民事行为能力，但没有顺序的要求。

3. 人民法院的受理与宣告

宣告失踪只能由人民法院作出判决，其他任何机关和个人无权作出宣告失踪的决定。宣告失踪由失踪人住所地或者最后居住地的基层人民法院管辖，人民法院受理宣告失踪的申请后，应对下落不明的自然人发出公告，公告期为3个月。公告期届满，不能确定被申请人尚生存的，作出宣告失踪的判决。

（三）宣告失踪的法律后果

自然人被宣告失踪后，其民事主体资格仍然存在，故不发生继承问题，也不改变与其人身有关的民事法律关系。宣告失踪产生的法律后果主要是为失踪人设立财产代管人。

失踪人的财产由他的配偶、父母、成年子女或者关系密切的其他亲属、朋友代管。财产代管人的指定没有固定顺序，也不是谁申请，谁就是财产代管人。应当从有利于保护失踪人的合法权益的角度出发为失踪人指定财产代管人。

财产代管人管理失踪人的财产，应尽善良管理人的注意义务，不得侵害失踪人的合法权益。在涉及失踪人的诉讼中，由财产代管人作为原告或被告。

被宣告失踪的人重新出现或者确知他的下落，经本人或者利害关系人申请，人民法院应当撤销对他的失踪宣告。失踪宣告一经撤销，代管人的代管权终止。

二、宣告死亡

（一）宣告死亡的概念

宣告死亡是自然人下落不明达到法定期限，经利害关系人申请，由人民法院宣告其死亡的法律制度。与宣告失踪制度相比，宣告失踪主要解决失踪人的财产管理问题，而宣告死亡则主要解决失踪人的全部民事法律关系的状态问题。宣告失踪重在保护失踪人的利益，而宣告死亡重在保护失踪人的利害关系人的利益。

（二）宣告死亡的条件

1. 有失踪事实

有失踪事实包括两个方面的内容：①下落不明；②下落不明满一定期限。这个期限为4年，从下落不明事实发生的次日起算。战争期间下落不明的，从战争结束之日起算。意外事故下落不明的，期限为2年，从事故发生之日起算。因意外事件下落不明，经有关机关证明该自然人不可能生存的，申请宣告死亡不受二年时间的限制。

2. 有利害关系人的申请

根据《最高人民法院关于贯彻执行〈中华人民共和国民法通则〉若干问题的意见》第25条的规定，申请宣告死亡的利害关系人有一定的顺序，如果前一顺序的利害关系人不申请宣告死亡，则后面顺序的利害关系人不得申请。同一顺序的利害关系人，有的申请宣告死亡，有的不同意宣告死亡，则应当宣告死亡。利害关系人的顺序为：①配偶；②父母、子女；③兄弟姐妹、祖父母、外祖父母、孙子女、外孙子女；④其他有民事权利义务关系的人。宣告失踪不是宣告死亡的必经程序，所以被申请宣告死亡的自然人，既可以是被宣告失踪的人，也可以是未经宣告失踪的人。

3. 人民法院的受理与宣告

宣告死亡只能由人民法院作出判决，其他任何机关和个人无权作出宣告死亡的决定。宣告死亡用特别程序审理，由失踪人住所地或者其最后居住地的基层人民法院管辖。人民法院受理宣告失踪的申请后，应对下落不明的失踪人发出公告，公告期一般为1年；因意外事故下落不明，经有关机关证明该公民不可能生存的，公告期间为3个月。

（三）宣告死亡的法律后果

宣告死亡发生与自然死亡具有同样的法律后果，因此被宣告死亡的自然人的民事权利能力丧失；被宣告死亡的自然人与其配偶之间的婚姻关系消灭；继承人因此可以继承其遗产；受遗赠人可以取得遗赠等。

宣告死亡只是推定，因此，如果被宣告死亡人重新出现或者有人确知其没有死亡，经本人或利害关系人向人民法院申请，应当撤销其死亡宣告。撤销死亡宣告时，利害关系人申请没有顺序限制。

宣告死亡被撤销后发生如下效力。

第一，有民事行为能力的人在被宣告死亡期间实施的民事法律行为有效。被宣告死亡的时间和自然死亡的时间不一致的，被宣告死亡所引起的法律后果仍然有效，但自然死亡前实施的民事法律行为与被宣告死亡引起的法律后果相抵触的，则以其实施的民事法律行为为准。

第二，婚姻关系自行恢复。被宣告死亡人的配偶未再婚的，夫妻关系自撤销死亡宣告之日起自行恢复，但是其配偶再婚或者向婚姻登记机关书面声明不愿意恢复的除外。如果配偶已经再婚的，应当保护现行的婚姻关系；如果再婚后离婚、再婚后配偶方死亡，夫妻关系不能自行恢复。

第三，已经成立的收养关系不得解除。被宣告死亡人在被宣告死亡期间，其子女为他人依法收养，撤销死亡宣告后，仅以未经本人同意而主张收养无效的，一般不应准许，但收养人和被收养人同意的除外。

第四，请求返还原物。撤销死亡宣告后，本人可请求返还财产。因继承而取得财产的自然人或者组织，应当返还原物，原物不存在的，给予适当补偿。但原物已经由第三人合法取得的，第三人可不予返还。

第五，利害关系人隐瞒真实情况使他人被宣告死亡而取得财产的，除应返还原物及孳息外，还应对造成的损失予以赔偿。

第五节 个体工商户与农村承包经营户

个体工商户与农村承包经营户是自然人这种民事主体的特殊形式。

一、个体工商户

自然人在法律允许的范围内，依法经核准登记，从事工商经营活动的，为个体工商户。个体工商户经营的经济性质是私人所有制。

个体工商户的特点在于：①个体工商户必须经核准登记；②个体工商户并非一类独立的民事主体，而是包含在自然人这种民事主体中。因此在民事诉讼中，无论个体工商户是否起字号，都以户主为诉讼当事人，如果起了字号，则应当在诉讼文书中注明字号。

二、农村承包经营户

农村集体经济组织的成员，在法律允许的范围内，按照承包经营合同规定从事商品经营的，为农村承包经营户。农村承包经营户属于集体经济的经营方式。与个体工商户一样，农村承包经营户并非一类独立的民事主体，而是包含在自然人这种民事主体中。农村承包经营户原则上必须为本集体经济组织的成员，因此有身份上的限制，所以农村承包经营合同不适用《合同法》的规定。当然在特殊情况下，本集体经济组织成员以外的人也可以成为农村承包经营户。根据《土地管理法》第 15 条第 2 款规定，农民集体所有的土地由本集体经济组织以外的单位或者个人承包经营的，必须经村民会议三分之二以上成员或者三分之二以上村民代表的同意，并报乡（镇）人民政府批准。

三、个体工商户和农村承包经营户的责任承担

无论是个体工商户还是农村承包经营户，只要是个人经营的，应以个人财产承担无限责任；以家庭名义经营的，应以家庭共有财产承担无限责任。农村承包经营户虽然以个人名义承包经营，却由其他家庭成员从事生产，或其经营收益为家庭成员分享，这种情况应视为家庭承包经营，对其债务应以家庭共有财产承担无限责任。

第六节 自然人的住所

一、住所的概念

自然人的住所，是指自然人生活和进行民事活动的主要基地和中心场所。在社会生活中，自然人总是以一定的地域为中心，进行民事活动，参与民事法律关系。这一中心地域在民法上被称为住所。同样，自然人总是要居住在一个地方，可以是其暂时居住的地方，也可以是其长期居住的地方，这一地方称为居所。居所与住所不同，自然人只能有一个住所，却可以有一个以上的居所。

二、住所的确定

我国《民法总则》第 25 条规定：“自然人以户籍登记或者其他有效身份登记记载的

居所为住所；经常居所与住所不一致的，经常居所视为住所。”所谓经常居住地，是指公民离开住所地之后连续居住1年以上的地方，但住医院治病的除外。公民由其户籍所在地迁出后迁入另一地之前，无经常居住地的，仍以其原户籍所在地为住所。外国人、无国籍人应以其在我国的经常居住地为住所；无经常居住地的，应以其居所为住所。由此可见，我国对自然人住所的确定，主要按以下两个客观标准：①公民的住所一般与公民的户籍所在地相一致；②公民的住所应与公民的经常居住地相一致。

三、住所的法律意义

住所的法律意义主要有以下5个方面。

（一）有利于确定自然人的民事主体状态

住所的确定有利于确定某些民事法律关系发生、变更、终止的地点。如认定某一人是否失踪，应以其是否离开住所地下落不明为准；继承开始的地点一般为被继承人的最后住所地。

（二）有利于确定债务的履行地

合同中对债务履行地点约定不明确的，给付货币的，应在接受货币一方的住所地履行；其他标的物（除交付建筑物外），应在债务人的住所地履行。

（三）有利于确定案件的管辖法院

依我国《民事诉讼法》第21条规定，对自然人提起的民事诉讼，由被告住所地人民法院管辖。

（四）有利于确定法律文书的送达和某些特定行为的实施地

无另外规定时，法律文书应送达被送达人的住所地的居所；除另有规定外，结婚登记须在当事人的住所地办理。

（五）有利于确定涉外民事关系的准据法

《民法通则》第146条规定：“侵权行为的损害赔偿，适用侵权行为地法律。当事人双方国籍相同或者在同一国家有住所的，也可以适用当事人本国法律或者住所地法律。”

法条链接

中华人民共和国民法总则（节选）

第二章　自然人

第一节　民事权利能力和民事行为能力

第十三条　自然人从出生时起到死亡时止，具有民事权利能力，依法享有民事权利，承担民事义务。

第十四条　自然人的民事权利能力一律平等。

第十五条　自然人的出生时间和死亡时间，以出生证明、死亡证明记载的时间为准；没有出生证明、死亡证明的，以户籍登记或者其他有效身份登记记载的时间为准。有其他证据足以推翻以上记载时间的，以该证据证明的时间为准。

第十六条 涉及遗产继承、接受赠与等胎儿利益保护的，胎儿视为具有民事权利能力。但是胎儿娩出时为死体的，其民事权利能力自始不存在。

第十七条 十八周岁以上的自然人为成年人。不满十八周岁的自然人为未成年人。

第十八条 成年人为完全民事行为能力人，可以独立实施民事法律行为。

十六周岁以上的未成年人，以自己的劳动收入为主要生活来源的，视为完全民事行为能力人。

第十九条 八周岁以上的未成年人为限制民事行为能力人，实施民事法律行为由其法定代理人代理或者经其法定代理人同意、追认，但是可以独立实施纯获利益的民事法律行为或者与其年龄、智力相适应的民事法律行为。

第二十条 不满八周岁的未成年人为无民事行为能力人，由其法定代理人代理实施民事法律行为。

第二十一条 不能辨认自己行为的成年人为无民事行为能力人，由其法定代理人代理实施民事法律行为。

八周岁以上的未成年人不能辨认自己行为的，适用前款规定。

第二十二条 不能完全辨认自己行为的成年人为限制民事行为能力人，实施民事法律行为由其法定代理人代理或者经其法定代理人同意、追认，但是可以独立实施纯获利益的民事法律行为或者与其智力、精神健康状况相适应的民事法律行为。

第二十三条 无民事行为能力人、限制民事行为能力人的监护人是其法定代理人。

第二十四条 不能辨认或者不能完全辨认自己行为的成年人，其利害关系人或者有关组织，可以向人民法院申请认定该成年人为无民事行为能力人或者限制民事行为能力人。

被人民法院认定为无民事行为能力人或者限制民事行为能力人的，经本人、利害关系人或者有关组织申请，人民法院可以根据其智力、精神健康恢复的状况，认定该成年人恢复为限制民事行为能力人或者完全民事行为能力人。

本条规定的有关组织包括：居民委员会、村民委员会、学校、医疗机构、妇女联合会、残疾人联合会、依法设立的老年人组织、民政部门等。

第二十五条 自然人以户籍登记或者其他有效身份登记记载的居所为住所；经常居所与住所不一致的，经常居所视为住所。

第二节　监　护

第二十六条 父母对未成年子女负有抚养、教育和保护的义务。

成年子女对父母负有赡养、扶助和保护的义务。

第二十七条 父母是未成年子女的监护人。

未成年人的父母已经死亡或者没有监护能力的，由下列有监护能力的人按顺序担任监护人：

（一）祖父母、外祖父母；

（二）兄、姐；

（三）其他愿意担任监护人的个人或者组织，但是须经未成年人住所地的居民委员会、村民委员会或者民政部门同意。

第二十八条 无民事行为能力或者限制民事行为能力的成年人，由下列有监护能力的人按顺序担任监护人：

（一）配偶；

（二）父母、子女；

（三）其他近亲属；

（四）其他愿意担任监护人的个人或者组织，但是须经被监护人住所地的居民委员会、村民委员会或者民政部门同意。

第二十九条 被监护人的父母担任监护人的，可以通过遗嘱指定监护人。

第三十条 依法具有监护资格的人之间可以协议确定监护人。协议确定监护人应当尊重被监护人的真实意愿。

第三十一条 对监护人的确定有争议的，由被监护人住所地的居民委员会、村民委员会或者民政部门指定监护人，有关当事人对指定不服的，可以向人民法院申请指定监护人；有关当事人也可以直接向人民法院申请指定监护人。

居民委员会、村民委员会、民政部门或者人民法院应当尊重被监护人的真实意愿，按照最有利于被监护人的原则在依法具有监护资格的人中指定监护人。

依照本条第一款规定指定监护人前，被监护人的人身权利、财产权利以及其他合法权益处于无人保护状态的，由被监护人住所地的居民委员会、村民委员会、法律规定的有关组织或者民政部门担任临时监护人。

监护人被指定后，不得擅自变更；擅自变更的，不免除被指定的监护人的责任。

第三十二条 没有依法具有监护资格的人的，监护人由民政部门担任，也可以由具备履行监护职责条件的被监护人住所地的居民委员会、村民委员会担任。

第三十三条 具有完全民事行为能力的成年人，可以与其近亲属、其他愿意担任监护人的个人或者组织事先协商，以书面形式确定自己的监护人。协商确定的监护人在该成年人丧失或者部分丧失民事行为能力时，履行监护职责。

第三十四条 监护人的职责是代理被监护人实施民事法律行为，保护被监护人的人身权利、财产权利以及其他合法权益等。

监护人依法履行监护职责产生的权利，受法律保护。

监护人不履行监护职责或者侵害被监护人合法权益的，应当承担法律责任。

第三十五条 监护人应当按照最有利于被监护人的原则履行监护职责。监护人除为维护被监护人利益外，不得处分被监护人的财产。

未成年人的监护人履行监护职责，在作出与被监护人利益有关的决定时，应当根据被监护人的年龄和智力状况，尊重被监护人的真实意愿。

成年人的监护人履行监护职责，应当最大限度地尊重被监护人的真实意愿，保障并协助被监护人实施与其智力、精神健康状况相适应的民事法律行为。对被监护人有能力独立处理的事务，监护人不得干涉。

第三十六条 监护人有下列情形之一的，人民法院根据有关个人或者组织的申请，撤销其监护人资格，安排必要的临时监护措施，并按照最有利于被监护人的原则依法指定监护人：

（一）实施严重损害被监护人身心健康行为的；

（二）怠于履行监护职责，或者无法履行监护职责并且拒绝将监护职责部分或者全部委托给他人，导致被监护人处于危困状态的；

（三）实施严重侵害被监护人合法权益的其他行为的。

本条规定的有关个人和组织包括：其他依法具有监护资格的人，居民委员会、村民委员会、学校、医疗机构、妇女联合会、残疾人联合会、未成年人保护组织、依法设立的老年人组织、民政部门等。

前款规定的个人和民政部门以外的组织未及时向人民法院申请撤销监护人资格的，民政部门应当向人民法院申请。

第三十七条 依法负担被监护人抚养费、赡养费、扶养费的父母、子女、配偶等，被人民法院撤销监护人资格后，应当继续履行负担的义务。

第三十八条 被监护人的父母或者子女被人民法院撤销监护人资格后，除对被监护人实施故意犯罪的外，确有悔改表现的，经其申请，人民法院可以在尊重被监护人真实意愿的前提下，视情况恢复其监护人资格，人民法院指定的监护人与被监护人的监护关系同时终止。

第三十九条 有下列情形之一的，监护关系终止：

（一）被监护人取得或者恢复完全民事行为能力；

（二）监护人丧失监护能力；

（三）被监护人或者监护人死亡；

（四）人民法院认定监护关系终止的其他情形。

监护关系终止后，被监护人仍然需要监护的，应当依法另行确定监护人。

第三节 宣告失踪和宣告死亡

第四十条 自然人下落不明满二年的，利害关系人可以向人民法院申请宣告该自然人为失踪人。

第四十一条 自然人下落不明的时间从其失去音讯之日起计算。战争期间下落不明的，下落不明的时间自战争结束之日或者有关机关确定的下落不明之日起计算。

第四十二条 失踪人的财产由其配偶、成年子女、父母或者其他愿意担任财产代管人的人代管。

代管有争议，没有前款规定的人，或者前款规定的人无代管能力的，由人民法院指定的人代管。

第四十三条 财产代管人应当妥善管理失踪人的财产，维护其财产权益。

失踪人所欠税款、债务和应付的其他费用，由财产代管人从失踪人的财产中支付。

财产代管人因故意或者重大过失造成失踪人财产损失的，应当承担赔偿责任。

第四十四条 财产代管人不履行代管职责、侵害失踪人财产权益或者丧失代管能力的，失踪人的利害关系人可以向人民法院申请变更财产代管人。

财产代管人有正当理由的，可以向人民法院申请变更财产代管人。

人民法院变更财产代管人的，变更后的财产代管人有权要求原财产代管人及时移交有关财产并报告财产代管情况。

第四十五条 失踪人重新出现，经本人或者利害关系人申请，人民法院应当撤销失踪宣告。

失踪人重新出现，有权要求财产代管人及时移交有关财产并报告财产代管情况。

第四十六条 自然人有下列情形之一的，利害关系人可以向人民法院申请宣告该自然人死亡：

（一）下落不明满四年；

（二）因意外事件，下落不明满二年。

因意外事件下落不明，经有关机关证明该自然人不可能生存的，申请宣告死亡不受二年时间的限制。

第四十七条 对同一自然人，有的利害关系人申请宣告死亡，有的利害关系人申请宣告失踪，符合本法规定的宣告死亡条件的，人民法院应当宣告死亡。

第四十八条 被宣告死亡的人，人民法院宣告死亡的判决作出之日视为其死亡的日期；因意外事件下落不明宣告死亡的，意外事件发生之日视为其死亡的日期。

第四十九条 自然人被宣告死亡但是并未死亡的，不影响该自然人在被宣告死亡期间实施的民事法律行为的效力。

第五十条 被宣告死亡的人重新出现，经本人或者利害关系人申请，人民法院应当撤销死亡宣告。

第五十一条 被宣告死亡的人的婚姻关系，自死亡宣告之日起消灭。死亡宣告被撤销的，婚姻关系自撤销死亡宣告之日起自行恢复，但是其配偶再婚或者向婚姻登记机关书面声明不愿意恢复的除外。

第五十二条 被宣告死亡的人在被宣告死亡期间，其子女被他人依法收养的，在死亡宣告被撤销后，不得以未经本人同意为由主张收养关系无效。

第五十三条 被撤销死亡宣告的人有权请求依照继承法取得其财产的民事主体返还财产。无法返还的，应当给予适当补偿。

利害关系人隐瞒真实情况，致使他人被宣告死亡取得其财产的，除应当返还财产外，还应当对由此造成的损失承担赔偿责任。

第四节　个体工商户和农村承包经营户

第五十四条 自然人从事工商业经营，经依法登记，为个体工商户。个体工商户可以起字号。

第五十五条 农村集体经济组织的成员，依法取得农村土地承包经营权，从事家庭承包经营的，为农村承包经营户。

第五十六条 个体工商户的债务，个人经营的，以个人财产承担；家庭经营的，以家庭财产承担；无法区分的，以家庭财产承担。

农村承包经营户的债务，以从事农村土地承包经营的农户财产承担；事实上由农户部分成员经营的，以该部分成员的财产承担。

讨论交流

重庆市工商局出台的《促进市场主体快速增长的实施意见》中将取消对个体工商户经营者身份的限制，将经营者由城镇待业人员、农村村民和国家政策允许的人员扩大为所有具备经营能力的公民。取消个体工商户从业人数为1～5名帮手或学徒的限制。

（资料来源：http://www.cqcb.com/cbnews/cqnews/2011-08-08/310059.html）

阅读上述材料，请阐述个体工商户立法的不足与完善。

复习题

一、判断分析题

1. 被宣告死亡的自然人即使事实上没有死亡，其民事权利能力和民事行为能力也终止。（　　）

2. 我国民法既规定宣告死亡又规定宣告失踪，这意味着宣告失踪是宣告死亡的必经程序。（　　）

3. 被监护人的朋友不能被指定为监护人。（　　）

4. 个体工商户实际上是独资企业。（　　）

5. 民事权利能力是民事权利的基础和前提。（　　）

二、单项选择题

1. 依照我国现行法，下列人中不能担任未成年人的监护人的是（　　）。

A. 父母　　B. 祖父母、外祖父母

C. 公证部门　　D. 兄、姐

2. 有完全民事行为能力的人在被宣告死亡期间实施的民事法律行为（　　）。

A. 有效　　B. 无效

C. 部分有效　　D. 在撤销死亡宣告后有效

3. 公民被宣告失踪所产生的法律后果是（　　）。

A. 宣告死亡的必经程序　　B. 其财产由特定人代管

C. 婚姻关系中止　　D. 继承程序开始

4. 张某年仅9岁，在某小学读书。张某的邻居何某已经20岁。一日何某为了逗张某玩，将自己一个飞机模型送给张某。几天后，何某又开始后悔不该将飞机模型送给张某，于是找张某索要。他认为张某才9岁，其接受赠与的行为未经其父母同意，所以受赠行为无效。对于何某的主张，下列表述正确的是（　　）。

A. 何某的主张应予以支持，因为张某为无民事行为能力人

B. 何某的主张应予以支持，因为张某的行为需经其监护人代理才能生效

C. 何某的主张不予支持，因为张某有无行为能力与行为效力无关

D. 何某的主张不予支持，因为张某在赠与物交付后即丧失撤销权

5. 王某的母亲记得他是8月27日傍晚出生的，医院的接生记录簿记载的是8月28日，医院的出生证上记载的是8月29日，其户口簿上记载的是8月30日。依法，王某

的出生日期为（　　）。

A. 8 月 27 日　　B. 8 月 28 日　　C. 8 月 29 日　　D. 8 月 30 日

6. 某公司业务人员甲户籍所在地为北京，其配偶户籍所在地为上海，甲的父母户籍所在地为广州。2003 年 1 月甲受其所在公司指派，到深圳开拓市场，甲在深圳无经常居住地。此时，自然人甲在民法意义上的住所是（　　）。

A. 深圳　　B. 北京　　C. 上海　　D. 广州

7. 王某与刘某为夫妻，生有一子。王某因到科威特经商曾向周某借款 20 万元。1991 年海湾战争期间，王某失踪，下落不明。2 年后，周某向人民法院申请宣告王某失踪，人民法院依法作出了对王某的失踪宣告，但在谁为王某的财产的管理人上，其妻刘某和其母谢某发生争议。本案中，王某的财产代管人应为（　　）。

A. 刘某　　B. 谢某　　C. 刘某或谢某　　D. 刘某和谢某

8. 甲失踪 5 年，经其妻乙申请，人民法院宣告甲死亡，此后，乙与丙结婚。2 年后，甲返回并向人民法院起诉，要求恢复与乙的婚姻关系，人民法院应该（　　）。

A. 认定乙与丙的婚姻关系无效

B. 确认乙与丙的婚姻关系有效

C. 撤销乙与丙的婚姻关系，确认甲与乙的婚姻关系恢复

D. 要求乙与丙解除婚姻关系

9. 甲、乙为兄弟，父母双亡，甲已参加工作，乙 12 岁，乙在父母死后暂居叔父家，现在甲和叔父都不愿意监护乙，乙的监护人是（　　）。

A. 甲　　B. 叔父

C. 甲或者叔父　　D. 乙所在村的村民委员会

10. 张某 1987 年 9 月 2 日出生，2005 年 6 月张某伤害李某，导致医药费 5 000 元，2006 年 3 月张某开办了网吧，2006 年 4 月李某起诉之。关于承担责任下列说法错误的是（　　）。

A. 张某　　B. 张某之父

C. 主要由张某承担，其父补充　　D. 主要由张父承担，张某补充

三、案例分析题

1995 年，周某在丈夫去世后经人介绍与丧偶的刘某结婚，但他们的婚事一直遭到刘某儿子小刘的反对。1998 年，刘某患上精神病，并久治无效，生病期间一直由周某悉心照料。1999 年 5 月，小刘提出要担任父亲的监护人，保管父亲的所有财产，并要以其父的名义向法院提起诉讼，要求与周某离婚。

问题：1. 刘某的财产应该由谁来保管？

2. 小刘提起的诉讼，法院是否应予以受理？

第五章
法　　人

现代社会，除自然人外，最重要的民事主体就是法人。法人的基础性理论是民法总论的重要内容。本章首先引领读者了解法人的概念与法人的特征，然后介绍法人的分类，接着从法人的本质入手，分析法人是拟制的还是根本不存在抑或法人是客观存在的，其目的是思考法人制度是否有存在的合理性，同时也可以厘清法人与自然人的关系。而法人享有权利，履行义务到底根源于法人的何种能力？这是因为法人有权利能力和行为能力。以上是对法人基本范畴的介绍。以下就是对法人具体制度的把握，首先从整体上来了解法人的成立、变更、消灭；然后重点了解法人作为民事主体标志性的要素——法人机关和住所；而法人作为民事主体的最重要的制度则是民事责任机制，这也是法人享有权利、履行义务的保障，因此本章最后对此进行了详细介绍。

本章知识体系

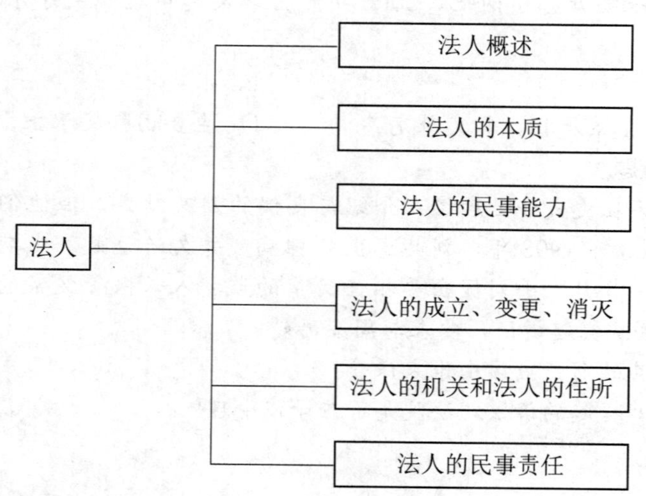

第一节　法人概述

在民法史上，主体制度经历了非常复杂的历史变迁，而法人的民事主体资格也随着社会生产力的发展逐步确立。虽然社会组织目的宗旨不同、社会职能不同，但它们要进行社会活动，都必须占有一定的财产。正是这一共同特征，决定民法必须赋予它们一定的民事法律地位，把它们作为一类主体来对待。

一、法人的概念

在大陆法系各国的公司立法中大都给公司法人下了明确的定义，但目前，世界各国的民法典却没有给法人规定一个明确的定义，而只是以不同的形式规定了法人的部分特征。英美法系国家尽管也采纳了法人制度，但是也没有统一的法律上的法人概念。其原因主要有两点：其一，法人理论是不断发展的，任何试图通过概念来僵化对法人制度的理解都是徒劳的；其二，法人制度中有许多根本性的问题还有争议，如法人的本质、法人的权利能力和行为能力的限制，界定法人概念时必然要借助这些范畴，正因为法人理论众说纷纭的存在，统一法人概念也是有难度的。可见，对法人概念的学习必须以发展的眼光来看待。依照《民法总则》第 57 条规定，法人是具有民事权利能力和民事行为能力，依法独立享有民事权利和民事义务的组织。

与自然人以及其他组织相比较，法人的法律特征可以归纳为以下几点。

第一，法人是依法成立的一种社会组织。这是法人与自然人之间的最大区别。法人是社会组织，但不是任何组织都能取得法人资格，只有那些具备法定的条件，并得到法律认可或依法获得批准的社会组织，才能取得法人资格。成员的多寡并不影响法人作为一个组织体独立存在，如一人公司、英美法系的独任法人都是法人。

第二，法人拥有独立的财产或者经费。在民法上，虽然无财产即无人格，对于自然人不甚妥当，但是对于法人而言，却是正确的。财产是法人的基础，它不像自然人以出生当然取得人格，法人具有人格的最重要的条件就是有独立财产。如果法人的财产非独立，则法人与背后的自然人往往混为一体，法人就容易沦为自然人的工具，失去了作为主体的意义。

独立的财产有三层含义。首先，法人的财产独立于其他法人和自然人的财产；其次，法人的财产独立于法人成员的财产；最后，法人的财产独立于其创始人（包括国家）的其他财产。因此法人成员不能说法人的财产是自己的，该财产属于法人自身所有，形成法人财产所有权。

第三，法人能独立承担民事责任。法人能够独立承担民事责任，是它拥有独立财产的必然反映和结果。正因为法人有独立的财产，所以它理所当然要独立负担由自己活动所产生的财产责任。除法律另有规定外，国家、法人成员或创设人对法人的债务不承担责任。而成员的有限责任说法其实是不准确的，因为成员一旦出资，资本就变成了法人的财产，法人承担的是独立、完全的责任，成员并不承担责任。

第四，法人能够以自己的名义参加民事活动。这一特征是法人有自己独立财产的必然结果，同时也是法人的人格独立于其成员或创立人人格的证明。

二、法人的分类

由于各国社会制度、经济基础和法律传统不同，法人分类的目的和标准也必然有所区别。考察法人的分类有助于了解大陆法系和英美法系的相关理论，给我国现存分类以启示。

（一）大陆法系国家对法人的主要分类

1. 公法人和私法人

正如公法和私法的区分标准一样，公法人和私法人的区分标准也存在各种学说。一般认为，公法人是根据宪法、行政法、政府命令等成立，具有政府职能的法人。私法人是根据民法、民事特别法成立的法人。

区分的意义主要包括以下内容。①确定管辖法院和诉讼程序有差异。一般而言，有关公法人的案件，适用行政救济程序，通过行政诉讼程序解决，由行政法院受理；有关私法人的案件，通过民事诉讼程序解决，由普通法院受理。②能否行使或分担国家权力。私法人中有相当一部分是营利法人，由于营利与政府职能会发生冲突，所以私法人一般不能担任政府职能；公法人则承担政府职能，可行使公法上的权力，但利益是社会利益。许多国家规定公法人准用某些民法上的规定。但在组织上，公法人不适用民法的规定。③在刑事案件中，公法人的职员可能犯有渎职罪，私法人的职员一般无渎职罪。

2. 营利法人、公益法人和中间法人

这是以法人活动的目的为标准对法人所作的划分。营利法人设立的宗旨是为了从事商业活动、取得利润并将这些利润在成员中分配。公益法人是指以公益事项为目的的法人，其积极要件就是以公共利益为目的，消极要件就是不对成员分配利益。所以公益法人能以经营营利事业为手段，只要不给成员分配利益。例如，公益医院为谋收入，征收住院费。中间法人是指那些既不宜归于营利法人，也不宜归于公益法人的社团法人，如商会、工会、社交俱乐部等。

3. 社团法人和财团法人

这是以法人成立的基础为标准对法人所作的划分。社团法人是以人的集合为成立基础，是由一定的成员所组成，如有限责任公司。财团法人是以捐赠财产为成立基础，是为一定的目的而存在的财产集合体，如基金会、寺院等。

这种分类是大陆法系国家民法对法人所作的主要分类。两者的主要区别可以概括如下。①成立的基础不同。前者以成员为基础，后者以独立的财产为基础。②设立人的地位不同。前者的设立人当然取得法人成员的资格，后者的设立人不当然作为法人的成员。③设立行为不同。前者设立一般是两人以上的共同行为。成员之间的关系是平行的，通过发起人协议来规定发起人之间的权利义务关系。当然一人公司是例外，该法人的设立行为是单独行为，但成立的基础首先也是人，同时该人能当然取得成员的资格。财团法人的设立基础是一种单独行为，如捐赠。④章程或组织的变更或解散程序不同。前者在与法律规定不冲突的情况下可以根据其意思机关的决议变更或撤销其社团；后者的章程或组织的变更或解散均由法院进行。⑤内部组织不同。社团法人以社员大会为意思机关或权力机关，董事会或理事会依据其指示进行管理，属于自律法人。财团法人则无社员大会或意思机关，只有一个管理机关，依章程目的进行管理，属于他律法人。财团法人有时设有受益人。

（二）英美法系国家对法人的重要分类

英美法系不区分社团法人和财团法人，因此，在英美法中，法人就是社团。对大陆法系的财团法人，则由作为信托制度之一的公益信托制度来完成。如果某人有一定的财产需要捐助于慈善等公益事业，可按照这种信托制度，将其财产委托某自然人或某法人，由受托人按照捐助设立人的意愿和要求去使用和管理。

英美法系国家依法人成员人数的多寡，将社团分为集体法人和独任法人。集体法人是由多数人组成且可以永久存在的集合体法人，如各种公司法人、地方政府法人、公用事业法人等。独任法人是指一个自然人由于法律的确认而形成的法人。如英王、主教、牧师等。法律认为这种职位是永久存在的，而担任这种职位的人的人格与他的这个职务无关。

（三）我国对法人的分类

在《民法总则》中，法人被分为营利法人、非营利法人、特别法人。

1. 营利法人

营利法人是指以取得利润并分配给股东等出资人为目的成立的法人。营利法人包括有限责任公司、股份有限公司和其他企业法人等。营利法人经依法登记成立。依法设立的营利法人，由登记机关发给营利法人营业执照。营业执照签发日期为营利法人的成立日期。设立营利法人应当依法制定法人章程。

营利法人应当设权力机构。权力机构行使修改法人章程，选举或者更换执行机构、监督机构成员，以及法人章程规定的其他职权。营利法人应当设执行机构。执行机构行使召集权力机构会议，决定法人的经营计划和投资方案，决定法人内部管理机构的设置，以及法人章程规定的其他职权。执行机构为董事会或者执行董事的，董事长、执行董事或者经理按照法人章程的规定担任法定代表人；未设董事会或者执行董事的，法人章程规定的主要负责人为其执行机构和法定代表人。营利法人设监事会或者监事等监督机构的，监督机构依法行使检查法人财务，监督执行机构成员、高级管理人员执行法人职务的行为，以及法人章程规定的其他职权。

营利法人的出资人不得滥用出资人权利损害法人或者其他出资人的利益。滥用出资人权利给法人或者其他出资人造成损失的，应当依法承担民事责任。

营利法人的出资人不得滥用法人独立地位和出资人有限责任损害法人的债权人利益。滥用法人独立地位和出资人有限责任，逃避债务，严重损害法人的债权人利益的，应当对法人债务承担连带责任。营利法人的控股出资人、实际控制人、董事、监事、高级管理人员不得利用其关联关系损害法人的利益。利用关联关系给法人造成损失的，应当承担赔偿责任。营利法人的权力机构、执行机构作出决议的会议召集程序、表决方式违反法律、行政法规、法人章程，或者决议内容违反法人章程的，营利法人的出资人可以请求人民法院撤销该决议，但是营利法人依据该决议与善意相对人形成的民事法律关系不受影响。

营利法人从事经营活动，应当遵守商业道德，维护交易安全，接受政府和社会的监督，承担社会责任。

2. 非营利法人

非营利法人是指为公益目的或者其他非营利目的成立，不向出资人、设立人或者会员分配所取得利润的法人。

非营利法人包括事业单位、社会团体、捐助法人、宗教活动场所法人等。

事业单位法人是指从事非营利性的社会各项公益事业的各类法人。具备法人条件，为适应经济社会发展需要，提供公益服务设立的事业单位，经依法登记成立，取得事业单位法人资格；依法不需要办理法人登记的，从成立之日起，具有事业单位法人资格。事业单位法人设理事会的，除法律另有规定外，理事会为其决策机构。事业单位法人的法定代表人依照法律、行政法规或者法人章程的规定产生。

社会团体法人是指具备法人条件，基于会员共同意愿，为公益目的或者会员共同利益等非营利目的而依法设立的社会团体。具备法人条件，基于会员共同意愿，为公益目的或者会员共同利益等非营利目的设立的社会团体，经依法登记成立，取得社会团体法人资格；依法不需要办理法人登记的，从成立之日起，具有社会团体法人资格。设立社会团体法人应当依法制定法人章程。社会团体法人应当设会员大会或者会员代表大会等权力机构。

社会团体法人应当设理事会等执行机构。理事长或者会长等负责人按照法人章程的规定担任法定代表人。

捐助法人是指具备法人条件，为公益目的以捐助财产设立的基金会、社会服务机构等组织。具备法人条件，为公益目的以捐助财产设立的基金会、社会服务机构等，经依法登记成立，取得捐助法人资格。依法设立的宗教活动场所，具备法人条件的，可以申请法人登记，取得捐助法人资格。法律、行政法规对宗教活动场所有规定的，依照其规定。

设立捐助法人应当依法制定法人章程。捐助法人应当设理事会、民主管理组织等决策机构，并设执行机构。理事长等负责人按照法人章程的规定担任法定代表人。

捐助法人应当设监事会等监督机构。捐助人有权向捐助法人查询捐助财产的使用、管理情况，并提出意见和建议，捐助法人应当及时、如实答复。捐助法人的决策机构、执行机构或者法定代表人作出决定的程序违反法律、行政法规、法人章程，或者决定内容违反法人章程的，捐助人等利害关系人或者主管机关可以请求人民法院撤销该决定，但是捐助法人依据该决定与善意相对人形成的民事法律关系不受影响。

宗教活动场所法人是指宗教活动场所可以取得捐助法人资格。《民法总则》第 92 条第 2 款规定：“依法设立的宗教活动场所，具备法人条件的，可以申请法人登记，取得捐助法人资格。法律、行政法规对宗教活动场所有规定的，依照其规定。”在《民法总则》制定之前，因为没有明确宗教活动场所的法人资格，导致寺院、教堂等不能在银行开设账户，善款往往以个人名义存入银行，房产、地产、机动车等财产的所有权不能以宗教活动场所名义登记。这些都导致宗教财产权权属关系混乱，宗教财产得不到有效保护和监督管理。

宗教活动场所法人和宗教团体不同，宗教团体在性质上属于社会团体，依法需要在民政部门登记，全国性的宗教团体包括佛教协会、道教协会等。设立宗教场所法人通常要由宗教团体提出申请，宗教活动场所法人也应当遵循与宗教团体相关的制度。但是宗教团体与宗教场所彼此独立，互不隶属，在宗教场所取得独立法人资格后，便可以独立参与民事活动。

为公益目的成立的非营利法人终止时，不得向出资人、设立人或者会员分配剩余财产。剩余财产应当按照法人章程的规定或者权力机构的决议用于公益目的；无法按照法人章程的规定或者权力机构的决议处理的，由主管机关主持转给宗旨相同或者相近的法人，并向社会公告。

3. **特别法人**

特别法人是营利法人和非营利法人之外的一类法人。根据我国社会生活实际，具有特殊性的法人组织主要有机关法人、基层群众性自治组织和农村集体经济组织、合作经济组织。对上述法人，单独设立一种法人类别，有利于其更好地参与民事活动，也有利于保护其成员和与其进行民事活动的相对人的合法权益。《民法总则》就用单独一节规定了特别法人。特别法人包括机关法人、农村集体经济组织法人、城镇农村的合作经济组织法人、基层群众性自治组织法人，

这四种类型法人与营利法人、非营利法人类型不同，《民法总则》采用封闭式列举的方式，没有使用“等”字，主要是考虑到现实社会中的绝大多数法人都可以纳入营利法人和非营利法人的范围。

机关法人是指依照法律和行政命令组建的，享有公权力的以从事国家管理活动为主的各级国家机关。有独立经费的机关和承担行政职能的法定机构从成立之日起，具有机关法人资格，可以从事为履行职能所需要的民事活动。机关法人被撤销的，法人终止，其民事权利和义务由继任的机关法人享有和承担；没有继任的机关法人的，由作出撤销决定的机关法人享有和承担。

农村集体经济组织法人，是指利用农村集体的土地或其他财产，从事农业经营等活动的组织。农村集体经济组织依法取得法人资格。法律、行政法规对农村集体经济组织有规定的，依照其规定。农村集体经济组织法人具有如下特征。

第一，财产的特殊性。农村集体经济组织的财产主要是集体所有的财产。

第二，成员的身份性。农村集体经济组织成员的进入和退出是受限制的，与特定的身份联系在一起。

第三，职能的特定性。农村集体经济组织的职能，在于经营、管理农民集体所有的土地，从事农业生产经营活动。

城镇农村的合作经济组织法人是指劳动者在互助基础上，自筹资金、共同经营、共同劳动并分享收益的经济组织。城镇农村的合作经济组织依法取得法人资格。法律、行政法规对城镇农村的合作经济组织有规定的，依照其规定。城镇农村的合作经济组织法人应当具有如下特点。

第一，城镇农村的合作经济组织法人本质上是一种劳动者自愿联合的经济组织，合作社的资金来源主要是合作社成员筹集的资金，其形式是由出资者自己出资、自己经营、自己劳动，不接受非合作社成员的投资，更不能向社会广泛募集资金。

第二，城镇农村的合作经济组织法人在经营目的上，不以营利为主要目的，而主要以社员之间的互济、互助、互惠、互利为其目的，其基本目标是为社员服务。合作社的生产经营过程就是为其成员带来利益的过程，在这一点上它和公司为投资人谋利的目的不同。

第三，城镇农村的合作经济组织法人在分配制度上主要不是按资分配，而是采取按交易额分配、按劳分配等各种分配方式。这就避免了公司中可能出现大股东对小股东的利益的侵害等不公平、不合理的现象，并充分保障成员之间的平等。

第四，在管理方式上，城镇农村的合作经济组织法人事业须由社员共同经营，不得将任何社员排除在合作事业经营之外。

第五，城镇农村的合作经济组织法人的社员要参与经营或劳动。当然，还有一些合作社，如供销合作社，主要是按照合作社与社员的交易额来分配。合作经济组织对内具有共益性或者互益性，对外也可以从事经营活动，具有相当的特殊性。

基层群众性自治组织法人是指居民委员会、村民委员会，可以从事为履行职能所需要的民事活动。居民委员会是指居民自我管理、自我教育、自我服务的基层群众性自治组织。村民委员会是指村民自我管理、自我教育、自我服务的基层群众性自治组织。我国《民法总则》确认了居民委员会和村民委员会的民事主体资格，承认其法人地位。未设立村集体经济组织的，村民委员会可以依法代行村集体经济组织的职能。居民委员会和村民委员会法人的特殊性主要如下。

第一，设立的特殊性。居民委员会和村民委员会都是依据法律法规的规定而直接设立的。

第二，职能的特殊性。居民委员会和村民委员会的职能是法律法规直接规定的，其主要从事公益事业、提供公共服务，并依法管理有关财产。

第三，组织机构的特殊性。居民委员会和村民委员会的成员都是经过居民或者村民的直接选举而产生的，必须按照法律规定设置。

第四，财产的特殊性。居民委员会的经费是由政府拨款的。村民委员会存在经费困难的，政府也要适当提供。另外，村民委员会办理本村公益事业所需的经费，由村民会议通过筹资筹劳解决。

（四）本国法人和外国法人

根据法人的国籍不同，法人可分为本国法人和外国法人。凡具有本国国籍的法人为本国法人，凡不具有本国国籍而具有外国国籍的法人为外国法人。我国《民法通则》第 41 条第 2 款规定，在中华人民共和国领域内设立的中外合资经营企业、中外合作经营企业和外资企业，具备法人成立的条件，依法经工商行政管理机关核准登记，取得中国法人资格。

划分的意义如下。

1. 确定对外国法人的法律适用

对本国法人，适用本国法律，但对外国组织，包括外国投资者或商业组织是否适用本国法律，则不能一概而论。这主要取决于该国法律的规定和该国所参加的双边或多边条约等的规定，这也正是涉外民事法律规范和国际私法解决的重要问题之一。

2. 确定外国法人的认许和登记

对外国法人，有专门的认许制度。外国法人虽在其本国取得法人资格，但在其他国家，它的法人资格是否被认可，要取决于它所在的国家是否认许。各国认许外国法人的立法情况大致有特别认许制、一般认许制、分别认许制、相互认许制等。各国对外国法人的认许，一般是由民法和公司法等单行法以及国际条约或公约予以规定，但对于外国公法人，一般无须认许。经认许的外国法人在被认许国设立业务机构或事务所时，应办理必要的登记手续，将该机构的情况报呈主管机关备案，并应接受该国在某些方面的监督和管理。

3. 确定外国法人可享有的权利范围或业务范围

经认许的外国法人一般享有与本国法人基本相同的权利，但某些特殊的权利，外国法人不得享有；某些特殊的业务，外国法人不得经营。

我国《民法通则》关于法人的分类，具有中国特色。但是事业单位法人正在逐步改革，社会团体法人与大陆法系传统的社团法人存在一定的差别，易产生歧义，因此，法人分类采取营利性法人、非营利性法人较科学。营利性法人包括有限责任公司、股份有限公司和其他企业法人等。为公益目的或者其他非营利目的成立的法人，为非营利性法人。

第二节 法人的本质

对法人本质的不同看法，会影响对法人的民事权利能力和民事行为能力等一些根本问题的认识，因此意义重大。自18世纪以来，法人的本质问题，一直是西方民法学者所关注的问题。归纳起来，主要有以下三种看法。

一、法人拟制说

该说在罗马法时期即已出现，至十二三世纪，罗马法在欧洲复兴，早期注释法学家提出“法人为有团体名义的多数人的集合”，是独立存在的“抽象人”。后来的寺院法也提出法人是“拟制的人”“法人的人格是基于法之拟制，法人纯为观念的存在”。14世纪以后，后期注释法学派完全根据寺院法学者的理论建立了法人拟制说，认为法人是无肉体、无精神的观念上的存在，只不过为法律所拟制的产物。

法人拟制说的集大成者是萨维尼，18世纪末期，萨维尼阐明了自己对于法人本质的认识。他认为在法律上主体仅限于自然人，而法人能够取得人格，只是由于法律将其拟制为自然人的结果。法律拟制说是19世纪占主流地位的学说，《德国民法典》即采取此说，该法典第26条第2项规定：董事会在诉讼上和诉讼外代表社团；其具有法定代理人的地位。

根据法人拟制说，除自然人之外无其他具有独立人格的主体存在，对于法律所拟制的人应采取限制的态度，根据法人拟制说的立足点，向前可以推出三个要点。

其一，法人仅仅是一种观念上的整体。与自然人不同，法人不是一种社会现实中的实体，而是法律为了某种考虑将个人组合或财产组合视为具备整体性的一个实体而已。

其二，法人由于与自然人的实体基础本质不同，而具有不同的属性。①法人不具有意思能力，因而也没有行为能力，如此推论，法人也没有侵权能力，也不具有犯罪能力。从这个意义上说，法人类似于“无行为能力的自然人”。②法人也不具有自然人的人格属性和身份属性。

其三，由于法人不具有意思能力，类似于无行为能力的人，因此其参与法律活动，必须由根据组织法任命的一个或数个自然人来代表。法人和法人机构并不是一体的关系，而是代理关系。机构的行为并非法人自己的行为，而是法人中从事行为的机构的自身行为，仅仅作为一种拟制的结果，作为法人自己的意思归属于法人。

法人拟制说主张区分法人与其成员的财产、区分法人与其成员的人格、区分法人与其成员的责任，这对于现代法人制度的建立有重要意义。该说是特定历史背景的产物，反映了19世纪的个人主义和个人本位的法律思想的影响。

二、法人否认说

法人否认说，也就是不承认法人存在的各种学说。包括目的财产说、受益人主体说和管理人主体说三派。

（一）目的财产说

该学说的代表人物是德国法学家布林兹。该说认为，法人不过是为了一定的目的而存在的无主财产。法人本身不具有独立的人格，而是为了达到特定目的、由多数人的财产集合而成的财产，成为一个法律拟制的人格。

（二）受益人主体说

该学说的代表人物是德国法学家耶林。该说认为，拟制的团体是不存在的。因为意思是个人的意思，至于集合体的意思，是不存在的，因而集合体就不能成为法权主体。因此，法人仅仅是形式上的权利义务的主体，而实际上的权利义务的归属者，是享有法人财产利益的多数个人。

（三）管理人主体说

该学说的代表人物是德国学者赫尔德。该说认为，法人的财产并不是属于法人本身所有，而属于管理其财产的自然人，只有该自然人，才是法律上所称的法人。

法人否认说从根本上否认了现实生活中社会组织的客观存在，已经远不能适应当今法人制度发展的现状和社会经济生活的需要。

三、法人实在说

法人实在说认为，法人并不是法律虚构的，也并非没有团体意思和利益，而是一种客观存在的主体。该说又分为有机体说和组织体说。

（一）有机体说

有机体说又称团体人格说或具体实在说。该说的集大成者，德国学者基尔克（Gierke）认为，法人和自然人一样都有自己特殊的机体和意思表示能力。这主要表现在法人不仅有自己意思的表示机关，还有自己的名称和住所。法人的机关就是法人的各种系统。有机体说产生于19世纪末期，这个时期，正是所谓从个人本位向团体本位演化的时期，有机体说强调团体的价值及其重要性，正适合于这个时期民商立法的需要。

但是法人有机体说是将主体资格与意思能力相联系的，而且现代民法都承认了无民事行为能力人具有民事主体资格，这些人是不具有意思能力的，而有的集合体具有团体意思，但法律不一定赋予其主体资格，如各国都有非法人组织的存在。所以法人有机体说也并非无懈可击。

（二）组织体说

代表人物是法国学者米休德（Michoud）等。该学说认为，法人是一种具有区别于其成员的个体意志和利益的组织体。法人的本质不在于其作为社会的有机体，而在于其具有适合成为权利主体的组织，即法人具有区别于其成员的团体利益；具有表达和实现自己意志的组织机构。组织体说说明了法人的组织特征，以及法人与其机关及其成员之间的关系，不仅为大多数大陆法系民法学者所接受，而且也为21世纪以来的民商立法学者所普遍采用。

根据法人实在说，可以推出三个要点。

其一，法人本身是社会现实的独立实体，并非由法律创造，而是由法律发现。

其二，法人虽然与自然人不同，不具有自然肉体的实体基础，不一定非得具备自然人所具备的一切权利能力，但是它是具有法律肉体的实体基础。

其三，法人的机构不是代理人，而是法人组织的本质部分，并且与法人的关系是一体的关系，而不是代理的关系。

一般认为，我国《民法总则》关于法人的本质即采用组织体说。但是我国法律简单接受了法人实在说，认为法人享有行为能力。但是又使用法定代表人的概念，容易让人认为这是拟制说的表现，即表述法人机构与法人存在分离关系，其实不然，所谓“代表”已无代表之意，而是一体的含义。

第三节　法人的民事能力

法人的民事能力是指法人作为特殊的社会组织体享受权利、承担义务和履行责任的资格。对于法人本质的不同理解，决定了关于法人民事能力的不同观点。如果持法人拟制说，法人当然既无行为能力，也无责任能力；如果持法人否认说，法人不仅无行为能力和责任能力，甚至也无权利能力。相反，如果持法人实在说，则应当肯定法人同自然人一样，具有民事能力。我国民法通则采用法人实在说，法人能力包括法人的民事权利能力、民事行为能力和民事责任能力。由于法人的责任能力与法人民事责任密不可分，故狭义的法人能力仅包括权利能力和行为能力。

一、法人的民事权利能力

（一）法人民事权利能力的概念、特征

法人的民事权利能力，就是法人作为民事主体所具有的能够参与民事法律关系并且取得民事权利和承担民事义务的资格。

和自然人民事权利能力相比，法人的民事权利能力具有以下几个显著特点。

1. 民事权利能力开始与终止的原因不同

自然人的民事权利能力始于出生、终于死亡，而法人的民事权利能力始于法人依法设立或登记的法律事实，终于法人依法被撤销或解散的法律事实，但是法人被撤销或解散时，在清理期间仍具备清算所需的权利能力，直到全部清算完毕向国家主管机关进行注销登记，其权利能力才完全消灭。

2. 民事权利能力的范围不同

专属于自然人享有的权利与承担的义务，法人不享有，如法人不得享有自然人特有的以生命、健康、肖像、年龄、亲属等关系为条件的民事权利；反之，自然人也不享有法律专门赋予法人享有的从事某些生产经营活动的民事权利。

（二）对法人民事权利能力限制的认识

自然人的权利能力是普遍的、平等的，具有一般性；而法人作为社会组织，其权利能力受其本身的性质和法律法规限制。具体体现在以下几点。

（1）法人的权利能力只限于经济生活而不能及于国家政治生活。每个自然人同时享

有政治权利和民事权利，而任何一个法人都只享有民事权利而不能享有政治权利。所谓“公法人”，是指参与民事活动的一类特殊的民事主体，而且也只有参与民事活动时国家机关才可称为法人，一旦参与政治活动，它就不再是以法人身份出现了。

（2）法人的权利能力受性质的限制。它只限于经济文化教育等领域，而不能涉及与自然人的人身不可分离的权利。法人的权利能力范围中没有生命健康权，没有肖像权，没有婚姻、家庭方面的权利，不享有法定的继承权等。

（3）法人的权利能力受到法律和行政法规的限制。比如，对公司这种企业法人，规定公司不得为其他公司的无限责任股东，如规定不经过批准不得成立金融机构等。

随着社会经济的发展及社会生活的复杂化，各国立法均有放宽限制的趋势。法人权利能力的性质限制，即法人权利能力因性质问题而被排除某些范围，不等于说法人只具有限制权利能力，因为自然人有时也会因为性质问题，排除在另一个领域之外。法律法规的限制只是影响了法人的“做事资格”，并不能否定法人具有民法中的“做人资格”。而法人不能在政治生活中出现，体现了法人的主体资格的活动范围。

本书认为，法人之间的权利能力没有差别，即“做人资格”是一致的，所以法人之间的民事权利能力是平等的。只是行为能力有差异，即“做事资格”有差异。当然法人与自然人的权利能力是有区别的。

二、法人的民事行为能力

法人的民事行为能力，是指法人通过自己的独立行为取得民事权利、承担民事义务的资格。我国就法人本质持法人实在说，所以认为法人是具有民事权利能力和民事行为能力的组织。

与自然人相比，法人的民事行为能力主要具有以下特点。

（一）法人的行为能力与权利能力同时产生和终止

当法人具备相应的成立条件，并经由设立程序取得法人资格后，即开始享有权利能力，也同时开始具备行为能力。当法人被撤销或解散时，其权利能力和行为能力都随之终止。

（二）法人的行为能力通常是由法人的机关或者法人机关委托的代理人来实现

法人机关的行为，视同法人的行为。法人机关还可以委托其他法人、自然人或其他组织作为法人的代理人，以法人的名义进行民事活动。而自然人的行为能力通常是由自身的活动来实现。

三、目的范围对法人的限制

（一）实践中的做法

我国《合同法》第50条规定：法人或者其他组织的法定代表人、负责人超越权限订立的合同，除相对人知道或者应当知道其超越权限的以外，该代表行为有效。

所谓目的范围对于法人活动的限制问题，仅是针对企业法人而言。考虑到在我国，法人登记并非登记法人的目的，而是登记法人的经营范围，因而该问题在我国相应的就可以转化为企业法人的经营范围对于企业经营活动限制的问题。《合同法》第50条所说法人的法定代表人超越权限订立合同，就包括法定代表人超越法人经营范围订立合同的情形。以此为认识前提，法人的行为能力并未受到法人目的范围的限制。

（二）学说争鸣

对这一问题，学界主要有以下认识。

第一，权利能力限制说。该说认为，法人的目的范围对于法人活动的限制，是对于法人权利能力的限制。

第二，行为能力限制说。该说认为，法人的权利能力仅受其性质及法律、法规的限制。法人的目的范围，属于对法人行为能力的限制。依此说，超越经营范围的行为可以产生追认的可能性。而法人的追认，发生组织法上的手续问题。

第三，代表权限制说。该说认为，法人的目的，不过是划定法人机关的制度对外代表权的范围。依此说，法人机关所为目的外行为为越权行为，应为无效，但存在依代理追认的可能性，并且也可准用表见代理的规定，在第三人不知道或不应当知道其超越代表权限的情况下为有效。因此，法人目的外行为为相对无效。

第四，内部责任说。该说认为法人的目的，不过决定法人机关在法人内部的责任。

那么，究竟应采取何种学说？应从采取不同学说所带来的法律效果的差异上去寻求答案。如采取权利能力限制说，就意味着所有超出经营范围的行为都是无效行为，此时很难保护交易相对人的交易安全，也不利于维护交易秩序；如采取内部责任说，法人超出经营范围的行为，当然有效，将对法人产生非常不利的后果；如采取行为能力限制说、代表权限制说，法人超出经营范围的行为仍有生效可能，一旦法人的权力机关经由经营范围的变更，扩张了法人的经营范围，该行为即成为有效行为，既保护了交易相对人的利益，维护了交易秩序，又有利于维护法人的利益，应为较佳选择。

考虑到公法人和私法人本身设立目的就有差异，基于着重维护公共利益的目标，公法人在目的事业范围外无行为能力，因此所从事的目的事业范围外的行为则为无效法律行为，而私法人在目的事业范围外为限制民事行为能力，所从事的行为认定为效力未定的法律行为，体现了对善意第三人的保护。

第四节　法人的成立、变更、消灭

一、法人的成立

（一）法人的成立与设立

法人的设立是指依照法定的条件和程序，为创办法人组织，使其具有民事主体资格而进行的多种连续准备行为；而法人的成立是指社会组织经历设立阶段，具备法人条件，进行成立登记，获得法人资格的行为。

法人的设立与成立关系密切，其中设立是成立的前提，成立是设立的结果。但法人的设立并不必然导致法人的成立。二者的主要区别如下。

第一，性质不同。法人的设立属于法人产生的准备阶段，在该阶段内所为的行为，既有法律意义上的准备行为，也有非法律意义的准备行为。而法人的成立则属于法人产生的成形阶段，在该阶段所为的行为，均为具有法律意义的行为。

第二，效力不同。法人在设立阶段，不具有法人资格，而且，在法人的设立阶段，法人的名称在未登记之前，还不能以法人组织的名称开展经济业务和有关法律行为。此种情况下的组织应被赋予第三民事主体的资格，此时所发生的债权债务均应由法人的设立人享有和承担，如果法人成立，转由成立后的法人承担。而法人成立后即具有民事主体资格，所发生的债权债务，由法人承受。

（二）法人设立的原则

1. 法人设立原则概述

法人设立的原则，因法人类型及时代的不同而不同。大致包括以下原则。

1）自由设立主义

自由设立主义，又称为放任主义，即国家对于法人的设立，不加任何干涉，不作任何限制，完全由当事人自由处断。欧洲在中世纪，由于商事公司勃兴，各国法人设立曾多采用放任主义，但因有碍交易安全，近代以来，除瑞士民法对于非营利性法人仍采用此主义外，已不多见。但对一些特殊的法人尤其是公法人，一般采用此种主义。

2）特许设立主义

特许设立主义，也称立法特许主义，即法人的设立需有专门的法令或国家特别许可。此原则在法人制度初步发展时多采用，现代民法中，多弃之不用。

3）核准设立主义

核准设立主义，又称许可设立主义，指法人设立时，除了应符合法律规定的条件外，还要经过主管行政官署批准。这种设立主义相对来说也比较严格。

4）准则设立主义

准则设立主义也称登记主义，指法律预先规定法人成立的条件，设立人可依照该条件设立，一旦符合法人成立的条件，无须经过主管部门批准，就可直接到登记机关办理登记，法人即可成立。

5）强制设立主义

强制设立主义是指国家以法令规定某种行业或某种情况下必须设立一定法人组织的设立原则。此种主义适用于特殊产业或团体。

2. 我国法人的设立原则

1）营利法人的设立原则

营利法人包括有限责任公司、股份有限公司和其他企业法人等。有限责任公司的设立，一般采取准则设立主义，即符合相关法律关于有限责任公司的成立条件的，仅须向公司登记机关申请设立登记，公司即可成立。但法律、行政法规规定需要经过有关部门审批的，应当在申请设立登记时提交批准文件。但也有采取核准主义的。股份有限公司如果采取的是发起设立方式，则适用准则设立主义；如果是募集设立，则需要经过国家证券监督管理部门的批准，采取核准设立主义。

2）非营利法人的设立原则

事业单位法人的设立，需依照国家法律和行政命令的规定，在设立原则上采取特许设立主义。也有一些事业单位法人，采取核准设立主义，事业单位法人自成立之日起，即具有法人资格。

社会团体法人的设立，有采取特许设立主义的，即需要按照国家法律和行政命令的规定来设立，如妇女联合会、工会、团组织等；也有采取核准设立主义的，即法人的设立需要经过业务主管部门审查同意，然后向登记机关申请登记才可以成立，如各种协会、学会等。

捐助法人的设立必须依法办理登记手续，这是为了规范捐助法人的管理。因此，《民法总则》第92条第1款规定："具备法人条件，为公益目的以捐助财产设立的基金会、社会服务机构等，经依法登记成立，取得捐助法人资格。"除了登记之外，在我国，有些捐助法人的设立必须依法审批。

3）特别法人的设立原则

机关法人的设立，取决于宪法和相关国家机构设置法的特别规定，在设立原则上采特许设立主义。机关法人自成立之日起，就具有法人资格。

农村集体经济组织法人的设立具有天然的地域性，有些是从人民公社转化而来的，并不需要经过批准、登记而设立。农村集体经济组织要取得法人资格，必须符合法律规定的条件和程序，一般来说，其应当直接依据法律法规的规定或者行政命令而设立，设立的条件也应当符合法律的规定。

《民法总则》第100条第1款规定："城镇农村的合作经济组织依法取得法人资格。"该条包含两层含义：一是承认其具有法人地位，并强调其设立的条件和程序都必须合法。二是为了规范城镇农村合作经济组织，需要进一步完善相关的法律法规。

居民委员会和村民委员会都是依据法律法规的规定而直接设立的。其设立并非基于设立人的意愿，也不需要办理登记。

（三）法人成立的条件

法人成立的条件主要解决特定社会组织经由法人的设立程序，成为法人所必须具备的条件。只有具备了这些条件，进入法人的设立程序才有意义。法人的成立，一般具备以下条件。

1. 依法成立

依法成立是指欲成为法人的社会组织的设立必须合法：①它设立的目的和宗旨要符合国家和社会公共利益的要求，它的组织机构、设立方式、经营范围、经营方式等要符合国家法律和政策的要求；②法人成立的审核和登记程序必须合乎法律的要求，即法人的设立程序必须合法。

2. 有必要的财产或者经费

法人具有独立的人格，而财产是其活动的基础，因此法律规定，法人成立应当有必要的财产和经费。

3. 有自己的章程或者组织规章

法人一般应有自己的章程或者组织规章，但机关法人除外。因为机关法人往往是根据组织法而设立，约束机关法人的制度就是法律法规，不能由机关法人的执行者自己制定自治性的规章。

4. 有自己的名称、组织机构和住所

法人的名称在形式上可以将特定的法人与其他法人区别开来，也可以将法人与其成员区别开来，从而表现法人的独立人格；法人的名称还应包括其所在地、责任形式、经营范围等内容，以便于交易相对人联系和识别。

法人必须要有组织机构，明确其权力机关、执行机关和监督机关，这是实现法人团体意志，独立享有民事权利和承担民事义务的组织保证。

法人要从事生产经营活动，就必须有自己的住所。传统理论主张法人必须要有自己的场所，法人的场所包括法人的住所，还包括法人从事经营活动的其他地点以及分支机构的所在地。但是考虑到设立企业法人的效率原则，公司法取消旧公司法中设立公司必须要有场所，基于诉讼管辖、国家管理、诉讼文书送达等需要，将必须有场所修改为必须要有住所。这样既可以方便法人开展业务活动，同时也能减少设立法人的负担，符合效率、快捷的价值取向。

（四）法人设立的方式

1. 命令设立

命令设立是指政府以其命令的方式设立法人。这种设立方式主要适用于国家机关和全民所有制事业单位。

2. 发起设立

发起设立是指非由政府命令，而是由发起人一次性认足法人成立所需要资金而设立法人。这种方式主要适用于有限责任公司、社会团体法人。

3. 募集设立

募集设立是指法人组织所需要的资金，在发起人未认足时，向社会公开募集的一种法人设立方式。这种方式主要适用于股份有限公司。

4. 捐助设立

捐助设立是指由法人或自然人募足法人所需资金的一种法人设立方式。这种方式主要适用于基金会法人。

（五）法人设立的程序

1. 机关法人和事业单位法人的设立程序

机关法人和事业单位法人根据国家法律和行政命令设立，一般采取的是特许主义，机关法人和事业单位法人的成立，不用进行法人登记。

2. 营利法人的设立程序

营利法人的成立如果采取的是核准设立，则营利法人的发起人需向有关国家业务主管机关提出设立企业法人的申请，得到其批准。履行上述手续后，向工商机关申请法人登记，工商行政管理部门经过审查，认为符合法定条件的，准予登记，同时给申请者办理企业法人营业执照及其必要副本。工商行政管理部门将准许法人登记的事实予以公告。申请者取得法人资格。如果营利法人采取的是准则设立主义，则不需要经过有关部门的审批。

3. 社会团体法人的成立程序

社会团体法人的发起人在取得国家有关机关的批准后进行筹建，向民政机关登记后取得法人资格。

4. 基金会法人的成立程序

建立基金会，必须经过人民银行审查批准，经民政部门登记发给许可证，才可取得法人资格。

二、法人的变更

法人的变更是指法人存续期间，法人在组织机构、性质、活动范围、财产或者名称、住所、隶属关系等重要事项发生的变动。

法人的变更，包括以下类型。

(一) 法人组织机构的变更

法人组织机构的变更主要指法人的分立与合并：法人的合并，即将两个以上的法人合并成为一个新的法人。法人的合并又包括新设合并和吸收合并。前者指两个以上的法人合并为一个新法人，原法人主体资格消灭。后者指一个或多个法人归并到一个现存的法人中去，被合并法人的主体资格消灭，存续法人的主体资格仍然存在。法人的分立，即一个法人分为两个以上的法人。法人的分立又包括新设式分立和派生式分立。前者指解散原法人，分立为两个以上的新法人。后者指原法人继续存续，但从中分出新的法人。无论是法人发生分立或者合并，其原有的民事权利义务，一律应由变更后的法人承受。

(二) 法人责任形式的变更

法人责任形式的变更在我国主要是指企业法人中有限责任公司和股份有限公司进行转变，但是变更时必须符合相应的责任形式的条件。

(三) 法人其他重大事项的变更

法人其他重大事项的变更指法人的活动宗旨、经济性质、活动范围、财产、名称、住所、隶属关系等重大事项的变更。

为了稳定社会经济秩序，保障交易安全，法律规定，企业法人分立、合并或者有其他重要事项变更，应当向登记机关登记并公告。据此，法人的变更应向工商行政管理部门履行变更登记，并以一定的方式公告。凡法人变更未依法予以登记的，其变更对善意第三人不具有对抗效力。

三、法人的消灭

(一) 法人消灭的概念

法人的消灭是指社会组织的法律人格终止。法人因法定原因而消灭后，其民事权利能力和民事行为能力同时终止，不得再以法人名义参加任何民事活动。

(二) 法人消灭的原因

1. 非企业法人消灭的原因

非企业法人的消灭，一般是根据行政命令（对于事业单位或行政机关）或根据章程（对于社会团体）而撤销或者解散。某些社会团体从事非法活动而被依法取缔，如从事严重损害社会公共利益，破坏社会秩序活动的宗教组织或其他社会团体，也是非企业法人消灭的原因。

2. 企业法人消灭的原因

对企业法人消灭的判断标准，主要有三种学说：一是事实终止主义，又称解散终止主义，认为只要出现了解散事由，企业法人即终止；二是清算终止主义，这种观点认为，具备解散事由仅仅是企业法人终止的原因。企业法人解散后，应当进行清算，清算终结后，企业法人才消灭；三是登记要件主义，这种观点认为，企业法人应当以办理注销登记的时间为消灭的时间。我国在企业法人消灭问题上通常实行的是登记要件主义。

企业法人消灭的法定原因如下。

1）强制解散

当企业法人在成立时即不具备法定条件；或者在经营中违反法律、法规的禁止性规定，严重损害社会公共秩序而被主管部门或司法机关依法撤销其主体资格。强制解散主要包括以下内容。

（1）吊销企业法人营业执照。实际上是主管机关依法吊销对企业法人的经营许可。

（2）依法撤销或关闭。是主管机关依法采用决定的形式，对违反法律、行政法规的企业法人采取的一种行政性处罚措施，它属于强制解散的一种形式。如一些小矿山、小造纸厂，因违反环境保护法而被环境主管部门强令关闭。

（3）命令撤销或关闭。由于国家产业结构的调整或者政策的变化，主管机关采取发布具有普遍约束力的决定或者命令的形式，强令撤销或者关闭某类企业法人。

2）自愿解散

自愿解散是指基于企业法人投资者或者股东的意愿，解散法人。自愿解散的主要原因如下。

（1）因法人机关决议。经法人成员的共同决定而设立的法人组织，也可以因法人成员的共同决定而解散。例如，根据公司法的规定，公司法人得经过股东会的决议而解散。

（2）因法人章程规定的解散事由出现。即根据企业法人章程规定的解散事由而解散。如投资者在开办企业时，章程规定了经营的期限，当经营的期限届满时，企业的投资者根据章程的规定而决定解散法人。

（3）因企业法人的合并或分立而解散。

3）司法解散

司法解散是指企业法人在特定情形下基于法院的裁决解散法人。我国《公司法》第182条规定，公司经营管理发生严重困难，继续存续会使股东利益受到重大损失，通过其他途径不能解决的，持有公司全部股东表决权百分之十以上的股东，可以请求人民法院解散法人。司法解散是在2006年公司法中才确立下来的，体现了法人解散的灵活性，有利于保护股东的权利。

4）破产解散

破产解散是指因法人不能按期清偿到期的全部债务或发生了严重的资不抵债，由债权人或法人自己依法提出破产申请，经法院依法进行破产宣告，从而撤销其主体资格。

5）企业法人自动歇业

企业法人自动歇业是指企业法人自动停止经营活动。我国《企业法人登记管理条例》第22条规定，企业法人领取营业执照后，满6个月尚未开展经营活动或者停止经营活动满1年的，视同歇业。

除以上法定原因之外，法人也可因自然灾害、战争等原因而归于消灭。

（三）清算

清算是法人终止的必经程序，是指法人消灭时，由依法成立的清算组织依据其职权清理并消灭法人的全部财产关系。

就企业法人而言，清算分为破产清算和非破产清算。破产清算是指依据破产法规定的清算程序进行的清算。清算组织成员由法院从企业上级主管部门、政府财政部门等有关部门和专业人员中指定。非破产清算则是不依破产法程序进行的清算，但在清算时发现其具备破产原因，即应申请破产，适用破产清算程序。非破产清算的人员可以由股东会、主管机关或申请法院任命。

清算组织的主要任务是了结现务、收取债权、清偿债务、移交剩余财产。清算终结，应由清算人向登记机关办理注销登记并公告。完成注销登记和公告，法人即归于终止。处于清算状态中的法人称为清算法人，我国现行民事立法就清算法人的法律地位，即清算法人与解散事由出现前法人的关系，采取“同一法人说”。即认为企业法人的解散并不意味着企业法人人格的消灭，只有办理注销登记时，企业法人的人格才归于消灭。因此清算法人虽不能再进行积极的民事活动，但是，在清算期间企业法人的人格仍然存续，仍可在清算范围内，以原企业法人的名义，对外主张债权或承担债务。因此清算期间的法人与解散事由出现前的法人在本质上是相同的，不过从事民事活动的范围受到限制而已。

第五节　法人的机关和法人的住所

一、法人机关

（一）法人机关的概念

法人机关，是根据法律或法人章程的规定，对内管理法人事务，对外代表法人从事民事活动的个人或集体。法人的类型不同，法人机关也存在区别。如属于社会团体法人的基金会，通常只设董事会或理事会作为管理机关。而企业法人则有所不同，其法人机关一般由权力机关、执行机关和监督机关三部分组成。

（二）法人机关的构成

法人机关一般由权力机关、执行机关和监督机关三部分组成。权力机关是法人意思的形成机关，如股份有限公司的股东代表大会和有限责任公司的股东会，它们有权决定法人生产经营活动中的重大问题。执行机关是法人权力机关的执行机关，负责实现业已形成的法人意志，如股份有限公司的董事会。执行机关的主要负责人是法人的法定代表人，如股份有限公司的董事长，法定代表人有权代表法人对外进行民事活动。监督机关是指对法人执行机关的行为进行监督检查的机关，如股份有限公司的监事会。

（三）法定代表人

法定代表人是法人的意思表示机关，是指依照法律或法人章程规定，经主管机关核准登记注册，代表法人行使职责的负责人。法定代表人一般是执行机关的负责人，他可以依照法律或法人章程的规定，无须法人机关的专门授权，以法人的名义代表法人对外进行民事活动。需要注意的是，只有法定代表人才能对外当然代表企业，其他任何组织、机构，如股东大会等，都无此职权。

二、法人的住所

有确定住所也是法人的条件之一。法人的经营地或事务所在地也具有多变性，法律为稳定与法人有关的法律关系、法律事实的空间要素，对法人同样确定一定地点为其法律上的固定所在，此即法人的住所。

各国民法多以管理所在地，即法人主要事务所的所在地为法人住所。我国现行法律规定，法人以它的主要办事机构所在地为住所。各国对法人的住所，建立公示机制、登记事项中，包括登记对抗主义，非经登记，不得对抗第三人。如日本采取了对抗主义，这显然是基于外部观点考虑的结果，以维护第三人的信赖利益，满足交易安全的需要。另一些国家，则采取登记要件主义，非经登记，一律认定为没有发生。我国对法人的住所采取登记要件主义。

第六节　法人的民事责任

一、法人责任概述

(一) 法人责任的概念

法人责任是指法人因违反法律规定或合同约定的义务而应当承担的法律后果。法人责任包括行政责任、刑事责任和民事责任。本节只涉及民事责任。

(二) 法人责任的特征

1. 法人责任是一种财产责任

以一定的财产为内容的责任。

2. 法人责任是一种独立责任

法人独立承担民事责任有两个方面的含义。

(1) 在法律没有相反规定的情况下，法人只能以其独立支配的财产承担民事责任，不能用法人创办人、法人成员、法人上级组织的财产承担民事责任。

(2) 法人的创办人或成员只负有限责任。法人独立承担民事责任与法人出资人的有限责任是一个问题的两个方面。由于法人的财产具有独立性，法人的责任也仅仅是其自己的责任。这样，股东仅在其出资范围之内承担有限责任。

3. 体现为法人对其法定代表人及其他工作人员的职务行为负责

法人的法定代表人以及其他具有代表权的人因执行职务致人损害的，应由法人承担民事责任。法人承担民事责任之后，有权根据法律或者法人章程的规定，追究有过错的法定代表人以及其他具有代表权的人的民事责任。

《民法总则》第 62 条规定：“法定代表人因执行职务造成他人损害的，由法人承担民事责任。法人承担民事责任后，依照法律或者法人章程的规定，可以向有过错的法定代表人追偿。”

根据《民法通则》第 49 条：企业法人有下列情形之一的，除法人承担责任外，对法定代表人可以给予行政处分、罚款，构成犯罪的，依法追究刑事责任。

(1) 超出登记机关核准登记的经营范围从事非法经营的。

(2) 向登记机关、税务机关隐瞒真实情况、弄虚作假的。

(3) 抽逃资金、隐匿财产逃避债务的。

(4) 解散、被撤销、被宣告破产后，擅自处理财产的。

(5) 变更、终止时不及时申请办理登记和公告，使利害关系人遭受重大损失的。

（6）从事法律禁止的其他活动，损害国家利益或者社会公共利益的。

该规定强调的是法定代表人的刑事责任和行政责任，《民法总则》第62条第2款规定为法人对法定代表人的追偿权，提供了法律依据，因此有过错的法定代表人也可能对内承担民事责任。

4. 法人的责任具有连续性

法人的民事责任不因法人组织形式、法人的法定代表人或经办人员的变动而受影响。

二、法人承担民事责任的条件

第一，须是法人的法定代表人或其他工作人员所实施的行为。具体包括：①法定代表人的行为；②法人组织机构的行为；③法人的工作人员和法人代理人的行为。

第二，须是法人的法定代表人或其他工作人员执行职务的行为。标准有：①以法人的名义进行；②从外观上看足以被认为是执行职务；③行为与行为人的职务或职权有关。

法人对法定代表人比较宽松，对其超越法律或章程权限范围内的行为一般会负责。但是对其他工作人员的无权代理行为，在法人自身无过错时，则不负责。因为根据法人实在说，法定代表人和法人是一体的，法人当然应该对法定代表人以法人名义从事的行为负责。但是其他工作人员与法人是代理关系，如果其他工作人员没有被授予权限，而法人自身无过错，法人不应当负责。当然如果构成了表见代理，为了保护第三人利益，则法人应当对其他工作人员的无权代理行为负责。

法人承担责任的基本要求是法人在其能够独立支配的财产范围内承担民事责任。为充分保护债权人利益，维护交易安全，必须实现法人财产真实性原则和法人财产公示制度。

三、法人独立承担民事责任的例外——法人人格否认制度

（一）法人人格否认的概念

揭开法人的面纱实质上就是法人人格否认制度，指在具体的法律关系中，基于特定事由否定法人的独立地位和股东的有限责任，对之重新配置义务或责任的法律制度，其适用的通常结果是使股东在某些情况下对法人债务承担无限责任；或者撇开法人的存在，重新确定股东应承担的公法义务。

（二）法人人格否认的特征

1. 法人人格否认的适用是以法人具备独立法人人格为前提

如果法人没有取得合法身份，不具备独立法人资格，它就不能行使法人的权利，其所有行为及后果都将视为无效，也就没有适用公司法人人格否认法理而要求公司股东或成员就公司实体的行为或债务直接承担责任的必要。无疑，法人人格否认的对象必须具有合法有效的独立法人资格，因为只有具有独立人格身份的法人才有法人独立人格被滥用的可能。

2. 法人人格否认只对特定个案中法人独立人格予以否认

法人人格否认制度在承认法人具有合法有效的独立人格前提下，应针对具体情形进行法人人格否认。就法人制度的宗旨而言，如果该法人独立人格具有不合目的性，就将导致特定法律关系中法人人格否认。但是它不是对该法人人格的全面、彻底、永久的否认。

3. 法人人格否认是对失衡的法人利益的法律规制

无疑，禁止将法人独立人格和成员有限责任用于不法目的，也是法人制度应有之义。但是，五花八门的滥用行为很难在法人制度中事先一一规定，因而采用事后的司法规制方式较为妥当。这样，既可以维护法人制度的一般正义，又可以灵活地调整法人利益关系的失衡以实现个别正义。

基于上述对法人人格否认制度的特征分析，有必要澄清几个有关的问题。

第一，法人人格否认不同于法人否认说。法人否认说是一种界定法人本质的学说，法人否认说根本不承认法人的客观存在，而将法人还原为多数个人之集合或财产的聚合。

第二，法人人格否认不同于法人成立无效的判决。法人人格否认与法人成立的无效都将导致法人人格被否认的后果。但两者有着明显的区别。一是法人成立无效是针对法人设立瑕疵者而言，其法人人格仅为一种不稳定的形式；而法人人格否认却要求被适用者必须为合法有效的法人，具有完整的实质性的法人独立人格。二是被宣告法人成立无效者其法人人格不仅被永久地剥夺，而且被视为自始就不存在；而法人人格否认的适用者法人人格只是被暂时剥夺。

（三）法人人格否认的适用情形

1. 法人资本显著不足

适用法人人格否认时所考虑的法人资本显著不足的因素，绝非指将法人资本与对法人最低资本额的要求相比，达不到法定标准时的情况，这往往是法人不能成立的原因。显然，法人资本显著不足的这一含义是基于经济要求而不是基于法律要求。根据法人一般的正义、公平的理念，既然成员于出资后将不再对法人承担其他责任，应推定成员的出资，必须符合其所从事的行业以及规模对经营风险的最低要求。否则，法人资本显著不足就会大大增加任何与法人发生关系的第三人的经营风险。如果是后来在竞争中因经营不善而导致资本减少，不能认为资本显著不足。但因股东支配不当行为或不法行为，发生资本不足的事实，则应视为否认法人人格的重要因素。

在具体判例中，法院很少单独因法人资本显著不足而揭开法人面纱，往往要结合其他因素综合考虑，这是因为，法人资本显著不足的含义是不确定的，如果单独使用这一要素就决定揭开法人面纱，很容易产生新的不公平。

2. 利用法人回避合同义务（略）

3. 利用法人规避法律义务（略）

4. 法人人格形骸化

法人人格形骸化实质上是指法人与股东完全混同，使法人成为股东的另一个自我，或成为其代理机构或工具，以至于形成股东即公司，公司即股东的情况。如财产混同、财务混同、业务混同、机构混同等。

（四）法人人格否认的适用要件

1. 主体要件

法人人格滥用者必须是股东，如果利用法人人格从事不当行为者是董事、经理等股东外的其他人员，则不能适用法人人格否认的法理，而只能依有关法律规定的董事、经理的义务，追究他们的责任。主张法人人格否认的主体应当是法人的债权人，有时是代表国家利益或社会公共利益的政府部门，有时是作为个体的债权人。

2. 行为要件

行为要件强调的是法人人格利用者必须实施了滥用法人人格的行为。

3. 结果要件

结果要件是指法人人格利用者滥用法人人格的行为必须给他人或社会造成损害。

（五）国内的做法

我国民法通则对法人独立承担民事责任作出了规定，但未规定法人人格否认制度。清理整顿公司的有关政策和司法解释对有限责任的适用作出了若干限制性规定，属于不适用有限责任的例外规定。为法院揭开法人面纱提供了依据，对公平处理假公司撤销后的债务纠纷发挥了积极作用。但是这些规定层级比较低，不具有应有的权威性，内容方面也不完整，主要针对清理整顿公司。

公司法中首次确立了法人人格否认制度，《公司法》第 20 条第 3 款规定，公司股东滥用公司独立地位和股东有限责任，逃避债务，严重损害公司债权人利益的，应当对公司债务承担连带责任。法律规定得较简单，主要是由法院通过判例来总结。

法条链接

中华人民共和国民法总则（节选）

第三章　法人

第一节　一般规定

第五十七条　法人是具有民事权利能力和民事行为能力，依法独立享有民事权利和承担民事义务的组织。

第五十八条　法人应当依法成立。

法人应当有自己的名称、组织机构、住所、财产或者经费。法人成立的具体条件和程序，依照法律、行政法规的规定。

设立法人，法律、行政法规规定须经有关机关批准的，依照其规定。

第五十九条　法人的民事权利能力和民事行为能力，从法人成立时产生，到法人终止时消灭。

第六十条　法人以其全部财产独立承担民事责任。

第六十一条　依照法律或者法人章程的规定，代表法人从事民事活动的负责人，为法人的法定代表人。

法定代表人以法人名义从事的民事活动，其法律后果由法人承受。

法人章程或者法人权力机构对法定代表人代表权的限制，不得对抗善意相对人。

第六十二条　法定代表人因执行职务造成他人损害的，由法人承担民事责任。

法人承担民事责任后，依照法律或者法人章程的规定，可以向有过错的法定代表人追偿。

第六十三条　法人以其主要办事机构所在地为住所。依法需要办理法人登记的，应当将主要办事机构所在地登记为住所。

第六十四条　法人存续期间登记事项发生变化的，应当依法向登记机关申请变更登记。

第六十五条　法人的实际情况与登记的事项不一致的，不得对抗善意相对人。

第六十六条　登记机关应当依法及时公示法人登记的有关信息。

第六十七条　法人合并的，其权利和义务由合并后的法人享有和承担。

法人分立的，其权利和义务由分立后的法人享有连带债权，承担连带债务，但是债权人和债务人另有约定的除外。

第六十八条　有下列原因之一并依法完成清算、注销登记的，法人终止：

（一）法人解散；

（二）法人被宣告破产；

（三）法律规定的其他原因。

法人终止，法律、行政法规规定须经有关机关批准的，依照其规定。

第六十九条　有下列情形之一的，法人解散：

（一）法人章程规定的存续期间届满或者法人章程规定的其他解散事由出现；

（二）法人的权力机构决议解散；

（三）因法人合并或者分立需要解散；

（四）法人依法被吊销营业执照、登记证书，被责令关闭或者被撤销；

（五）法律规定的其他情形。

第七十条　法人解散的，除合并或者分立的情形外，清算义务人应当及时组成清算组进行清算。

法人的董事、理事等执行机构或者决策机构的成员为清算义务人。法律、行政法规另有规定的，依照其规定。

清算义务人未及时履行清算义务，造成损害的，应当承担民事责任；主管机关或者利害关系人可以申请人民法院指定有关人员组成清算组进行清算。

第七十一条　法人的清算程序和清算组职权，依照有关法律的规定；没有规定的，参照适用公司法的有关规定。

第七十二条　清算期间法人存续，但是不得从事与清算无关的活动。

法人清算后的剩余财产，根据法人章程的规定或者法人权力机构的决议处理。法律另有规定的，依照其规定。

清算结束并完成法人注销登记时，法人终止；依法不需要办理法人登记的，清算结束时，法人终止。

第七十三条　法人被宣告破产的，依法进行破产清算并完成法人注销登记时，法人终止。

第七十四条　法人可以依法设立分支机构。法律、行政法规规定分支机构应当登记的，依照其规定。

分支机构以自己的名义从事民事活动，产生的民事责任由法人承担；也可以先以该分支机构管理的财产承担，不足以承担的，由法人承担。

第七十五条 设立人为设立法人从事的民事活动，其法律后果由法人承受；法人未成立的，其法律后果由设立人承受，设立人为二人以上的，享有连带债权，承担连带债务。

设立人为设立法人以自己的名义从事民事活动产生的民事责任，第三人有权选择请求法人或者设立人承担。

第二节 营利法人

第七十六条 以取得利润并分配给股东等出资人为目的成立的法人，为营利法人。

营利法人包括有限责任公司、股份有限公司和其他企业法人等。

第七十七条 营利法人经依法登记成立。

第七十八条 依法设立的营利法人，由登记机关发给营利法人营业执照。营业执照签发日期为营利法人的成立日期。

第七十九条 设立营利法人应当依法制定法人章程。

第八十条 营利法人应当设权力机构。

权力机构行使修改法人章程，选举或者更换执行机构、监督机构成员，以及法人章程规定的其他职权。

第八十一条 营利法人应当设执行机构。

执行机构行使召集权力机构会议，决定法人的经营计划和投资方案，决定法人内部管理机构的设置，以及法人章程规定的其他职权。

执行机构为董事会或者执行董事的，董事长、执行董事或者经理按照法人章程的规定担任法定代表人；未设董事会或者执行董事的，法人章程规定的主要负责人为其执行机构和法定代表人。

第八十二条 营利法人设监事会或者监事等监督机构的，监督机构依法行使检查法人财务、监督执行机构成员、高级管理人员执行法人职务的行为，以及法人章程规定的其他职权。

第八十三条 营利法人的出资人不得滥用出资人权利损害法人或者其他出资人的利益。滥用出资人权利给法人或者其他出资人造成损失的，应当依法承担民事责任。

营利法人的出资人不得滥用法人独立地位和出资人有限责任损害法人的债权人利益。滥用法人独立地位和出资人有限责任，逃避债务，严重损害法人的债权人利益的，应当对法人债务承担连带责任。

第八十四条 营利法人的控股出资人、实际控制人、董事、监事、高级管理人员不得利用其关联关系损害法人的利益。利用关联关系给法人造成损失的，应当承担赔偿责任。

第八十五条 营利法人的权力机构、执行机构作出决议的会议召集程序、表决方式违反法律、行政法规、法人章程，或者决议内容违反法人章程的，营利法人的出资人可以请求人民法院撤销该决议，但是营利法人依据该决议与善意相对人形成的民事法律关系不受影响。

第八十六条 营利法人从事经营活动，应当遵守商业道德，维护交易安全，接受政府和社会的监督，承担社会责任。

第三节 非营利法人

第八十七条 为公益目的或者其他非营利目的成立，不向出资人、设立人或者会员分配所取得利润的法人，为非营利法人。

非营利法人包括事业单位、社会团体、基金会、社会服务机构等。

第八十八条 具备法人条件，为适应经济社会发展需要，提供公益服务设立的事业单位，经依法登记成立，取得事业单位法人资格；依法不需要办理法人登记的，从成立之日起，具有事业单位法人资格。

第八十九条 事业单位法人设理事会的，除法律另有规定外，理事会为其决策机构。事业单位法人的法定代表人依照法律、行政法规或者法人章程的规定产生。

第九十条 具备法人条件，基于会员共同意愿，为公益目的或者会员共同利益等非营利目的设立的社会团体，经依法登记成立，取得社会团体法人资格；依法不需要办理法人登记的，从成立之日起，具有社会团体法人资格。

第九十一条 设立社会团体法人应当依法制定法人章程。

社会团体法人应当设会员大会或者会员代表大会等权力机构。

社会团体法人应当设理事会等执行机构。理事长或者会长等负责人按照法人章程的规定担任法定代表人。

第九十二条 具备法人条件，为公益目的以捐助财产设立的基金会、社会服务机构等，经依法登记成立，取得捐助法人资格。

依法设立的宗教活动场所，具备法人条件的，可以申请法人登记，取得捐助法人资格。法律、行政法规对宗教活动场所有规定的，依照其规定。

第九十三条 设立捐助法人应当依法制定法人章程。

捐助法人应当设理事会、民主管理组织等决策机构，并设执行机构。理事长等负责人按照法人章程的规定担任法定代表人。

捐助法人应当设监事会等监督机构。

第九十四条 捐助人有权向捐助法人查询捐助财产的使用、管理情况，并提出意见和建议，捐助法人应当及时、如实答复。

捐助法人的决策机构、执行机构或者法定代表人作出决定的程序违反法律、行政法规、法人章程，或者决定内容违反法人章程的，捐助人等利害关系人或者主管机关可以请求人民法院撤销该决定，但是捐助法人依据该决定与善意相对人形成的民事法律关系不受影响。

第九十五条 为公益目的成立的非营利法人终止时，不得向出资人、设立人或者会员分配剩余财产。剩余财产应当按照法人章程的规定或者权力机构的决议用于公益目的；无法按照法人章程的规定或者权力机构的决议处理的，由主管机关主持转给宗旨相同或者相近的法人，并向社会公告。

第四节　特别法人

第九十六条　本节规定的机关法人、农村集体经济组织法人、城镇农村的合作经济组织法人、基层群众性自治组织法人，为特别法人。

第九十七条　有独立经费的机关和承担行政职能的法定机构从成立之日起，具有机关法人资格，可以从事为履行职能所需要的民事活动。

第九十八条　机关法人被撤销的，法人终止，其民事权利和义务由继任的机关法人享有和承担；没有继任的机关法人的，由作出撤销决定的机关法人享有和承担。

第九十九条　农村集体经济组织依法取得法人资格。

法律、行政法规对农村集体经济组织有规定的，依照其规定。

第一百条　城镇农村的合作经济组织依法取得法人资格。

法律、行政法规对城镇农村的合作经济组织有规定的，依照其规定。

第一百零一条　居民委员会、村民委员会具有基层群众性自治组织法人资格，可以从事为履行职能所需要的民事活动。

未设立村集体经济组织的，村民委员会可以依法代行村集体经济组织的职能。

知识延伸

高管人员对其执行职务的故意和过失行为，与法人一道对受损害的第三人承担连带赔偿责任是否会加重高管人员负担?

法人发展的重要课题就是如何既提高高管人员的积极性，同时又不让高管人员滥用权力。强化高管人员责任有助于保护股东和债权人利益。确定高管人员是否与法人一起承担责任，一般以高管人员是否违反了注意义务与忠实义务来判断。注意义务的违反虽然不能脱离主观评价，但是司法裁判尽量以客观标准来判定。可见一般情况下以高管人员违反注意义务而追究高管人员对外的直接责任并不容易。高管人员的忠实义务是指高管人员不能滥用权力损害公司的利益，过错要件一般是故意，可见高管人员违反忠实义务具有很强的道德谴责性，对外直接承担责任比较合适。所以并不是在任何情况下高管人员都要对外直接承担责任。

为了鼓励高管人员经营的积极性，除非故意或重大过失造成损失的情形，高管人员一般符合程序性规则都能免责。另外责任保险的出现也成为高管人员转移个人风险的重要机制。可见，一方面强化高管人员的责任；另一方面判断标准的客观化使高管人员更容易预见自己的风险；同时责任保险的出现，使高管人员能将一部分风险转移。所以高管人员对外直接承担责任并不会加重高管人员的责任。

一、判断分析题

1. 法人人格否认制度是法人独立责任的例外。（　）

2. 王某是公司的执行董事并兼任经理，他可以作为公司的法定代表人。（　）

3. 法定代表人从事职务行为时，必须每一次都要经过公司授权。（　）

4. 董事会是公司的执行机关。（　）

5. 当企业法人的董事会侵害到公司利益时，只有公司的最大股东才可以以公司名义起诉，维护公司利益。（　）

二、不定项选择题

1. 下列不具有法人资格的是（　）。

A. 上海铁路局　B. 北京市邮电局
C. 工商银行湖南省分行　D. 广州白云机场

2. 国家自然科学基金委员会在性质上属于（　）。

A. 机关法人　B. 社会团体法人　C. 基金会法人　D. 事业单位法人

3. 法定代表人变更以后，原订立的合同（　）。

A. 一律无效　B. 应继续履行　C. 经追认后有效　D. 部分有效

4. 装修公司甲在完成一项工程后，将剩余的木地板、厨卫用具等卖给了物业管理公司乙。但甲公司营业执照上的核准经营范围并无销售木地板、厨卫用具等业务。甲乙的买卖行为法律效力属于（　）。

A. 有效法律行为　B. 无效法律行为
C. 可撤销法律行为　D. 效力待定民事行为

5. 关于企业法人对其法定代表人行为承担民事责任的，下列表述正确的是（　）。

A. 仅对其合法的经营行为承担民事责任
B. 仅对其符合法人章程的经营行为承担民事责任
C. 仅对其以法人名义从事的经营行为承担民事责任
D. 仅对其符合法人登记经营范围的经营行为承担民事责任

6. 法人设立登记具有（　）。

A. 生效效力　B. 对抗效力
C. 生效效力或对抗效力　D. 生效效力和对抗效力

7. 甲公司因业务发展分立成丙公司和丁公司，双方并且约定，原欠某银行的100万元贷款由丙公司负责偿还。后由于丙公司无力偿还该笔贷款而发生纠纷。依法，该笔贷款应由（　）偿还。

A. 丙公司　B. 丁公司
C. 丙公司和丁公司连带　D. 丙公司或丁公司

8. 有关法人财产，下列表述正确的是（　）。

A. 法人财产与其出资者的财产彼此分离
B. 法人财产与国库财产彼此分离
C. 法人财产与法人工作人员的财产彼此分离
D. 法人财产与法人代表人的财产彼此分离

9. 下列各种概念中可以适用于有限责任公司的是（　）。

A. 社团法人　B. 营利法人　C. 企业法人　D. 私法人

10. 在下列机构中，不具有法人资格的是（　）。

A. 某机关人事处　B. 某乡政府　C. 某市教育局　D. 某大学法学院

三、案例分析题

甲请搬家公司A搬家，A公司派出B、C、D三人前往。在搬家过程中，B发现甲的掌上电脑遗落在一角，便偷偷藏入自己腰包；C与D在搬运甲最珍爱的一盆兰花时不慎将其折断，为此甲与C、D二人争吵起来，争吵之时不知是谁又将甲阳台上的另一盆鲜花碰落，砸伤路人E。B、C、D见事已至此便溜之大吉。请问该案件中涉及的财产损失与人身伤害应当由谁赔偿？

第六章 非法人组织

导 学

对民事主体从外延上进行穷尽的内容将在本章介绍。而最重要的民事主体则为合伙。本章采用总分结构。首先介绍非法人组织存在的必要性及法律地位。然后重点介绍非法人组织的典型——合伙。合伙是一个组织体，调整它的法律规范兼有组织法和行为法的特征。首先介绍合伙的概念、法律地位、特征、分类，使读者对合伙有一个基本认识。其次介绍合伙企业，重点介绍普通合伙企业，其成立、财产、合伙事务的执行、合伙内部的损益分配、合伙企业与第三人的关系、合伙的变更、终止和清算。再次简单介绍特殊的普通合伙企业与有限合伙企业。最后对合伙以外其他民事主体，本章主要介绍三类实践中比较常见的主体：分支机构、个人独资企业、企业集团。

本章知识体系

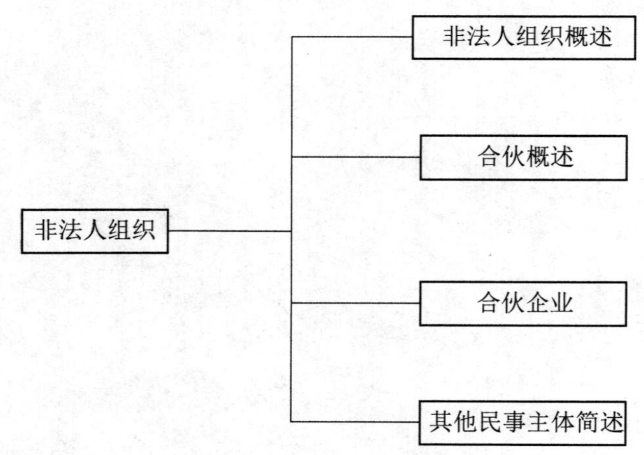

第一节 非法人组织概述

一、非法人组织的概念和特征

非法人组织是指不具有法人资格，但可以以自己的名义从事民事活动的组织体。现代各国立法大多在自然人和法人之外，承认具有某种主体资格的组织体的存在。不过，各国或地区对非法人组织的称谓及类型却规定不一。如德国民法典仅承认无权利能力社团而不承认无权利能力财团；日本民法则同时承认非法人社团和非法人财团。本书称为非法人组织。

一般而言，非法人组织具有这样一些主要特征。

1. 须是具有稳定性的人合组织体

非法人组织是由多数人组成的组织体，而且，这个组织体不是临时的、松散的，而是设有代表人或管理人，有自己的名称、组织机构、组织规则，有进行业务活动的场所。也就是说，是具有稳定性的组织体。

2. 须有自己特定的经营范围

非法人组织和法人一样，需要有自己成立的目的。这里的目的，可以是非经济目的，如发展科学、教育、宗教及慈善事业等，也可以是经济目的，如以营利为目的。

3. 须有能够独立支配的财产或经费

非法人组织虽然是人合组织体，但要实现其团体目的，从事经济的或非经济的活动，都必须有一定的财产或经费。但与法人的财产或经费不同的是，此财产或经费仅可供非法人组织独立支配即可，而不是要求与其成员的财产截然分开，由非法人组织享有所有权。

4. 须设有代表人或管理人

非法人组织须设有代表人或管理人来代表非法人组织进行法律行为。此代表人或管理人与法人的代表人或管理人的不同之处在于：对于非法人组织，只要求设有代表人或管理人，而不要求必须按照法律规定的组织形式；而对于法人，法律则要求设有规定的机关，且对这些机关有严格的形式要求。

5. 须以非法人组织的名义开展民事活动

这是非法人组织区别于一般松散集合的标志。如果不以非法人组织的名义开展民事活动，就没有作为非法人组织而承认其主体资格的必要。

二、非法人组织的法律地位

（一）各国非法人组织的法律地位

关于非法人组织的法律地位，各国最先采取的是准用关于合伙的规定。第二次世界大战以后，民法关于非法人组织的认识有了重大发展。对于非法人组织是否具有民事权利能力和民事行为能力的问题，在立法上主要形成两种学说：肯定说和否定说。肯定说从社会实际出发，承认非法人组织具有一定的民事权利能力，因而在同一范围内具有民事行为能力。否定说则认为非法人组织为无民事权利能力的社团，更无行为能力。不过，总的来看，无论是德国还是日本的学说、判例，均在逐渐地承认部分非法人组织具有权利能力、行为能力和诉讼能力，也即在逐渐地肯定一部分非法人组织的主体资格。

（二）我国的做法

我国民法通则只赋予自然人和法人的民事主体资格。然而，在我国的现实生活中，存在着大量的不具有法人资格的组织体，如非法人企业，主要有独资企业、合伙企业、非法人集体企业、非法人外商独资企业、企业集团、非法人公益团体，如一些非法人机关事业单位和社会团体，以及其他特殊组织，如筹建中的法人组织、清算组织等。这些非法人组织与法人的差别在于：当这些组织体不能清偿自己的债务时，应由它们的开办人或上级承担连带责任。

（三）现实的选择

从我国的社会实际看，赋予这些非法人组织以民事主体资格，不仅有利于规范这些非法人组织的民事活动，维护其合法权益，而且也有利于保障债权人的合法权益。可见，赋予这些非法人组织以民事主体资格是有必要性的。所有这些非法人组织，或者是直接依据有关法律、法规和规章产生的，或者是在政策允许之下自由成立的。虽然我国民法通则未赋予这些非法人组织以民事主体资格，但这些非法人组织为了实现自己的宗旨，事实上实际参加着大量的民事法律关系，并在其中享有民事权利和承担民事义务。从实践来看，这些非法人组织对社会的政治、经济、文化、教育、卫生等方面都起到了不容忽视的作用。毋庸置疑，随着社会生产力的发展，必然会有一些新的社会组织出现。这些新的社会组织必然同其他组织或个人发生许多的社会关系，这就要求以调整一定社会关系为己任的法律确认其民事主体资格，并调整它们同自然人或法人之间以及它们之间的社会关系。

赋予非法人组织民事主体资格不仅必要而且可行。但是，这并不意味着所有的非法人组织都需要赋予其民事主体资格，这就要求法律对于非法人组织享有民事主体资格的条件作出规定。此外，我国法律对合伙组织已经有了比较详细的法律规定，但对其他非法人组织的规定既不全面，也不系统，有待立法的进一步规定和理论的进一步探讨。

三、非法人组织的民事能力

（一）民事权利能力

非法人组织的民事权利能力，是指非法人组织本身可以依法享有民事权利，承担民事义务的资格。对于非法人组织是否具有民事权利能力，立法和学说存在着不同的认识。本书认为非法人组织具有一定的民事权利能力。

民事权利能力并非自然人本身所具有的，而是由法律赋予的。由自然人建立起来的组织体也不例外。对于某些组织体，法律赋予其民事权利能力和民事责任能力，并以抽象的法人概念指代之。而对于法人之外的组织体，法律也应当从社会生活实际出发，赋予其一定的民事权利能力，这反映出现代社会中由自然人建立的组织体在社会生活中的作用日益强化的趋势。

（二）民事行为能力

主张非法人组织具有一定的民事权利能力，也就意味着非法人组织在民事权利能力的范围内具有民事行为能力，可以从事民事活动，对外订立合同，从而取得权利和履行义务。相反，如果主张非法人组织不具有民事权利能力，当然也就不主张非法人组织具有相应的民事行为能力。

（三）民事责任能力

非法人组织具有民事权利能力和民事行为能力，但是不具有独立的民事责任能力，即非法人组织不能独立承担民事责任，当非法人组织不能清偿其债务时，应当由其设立人或成员承担责任。例如，《中华人民共和国合伙企业法》（以下简称《合伙企业法》）第 38 条、第 39 条规定，合伙企业对其债务，应先以其全部财产进行清偿。合伙企业财产不能清偿到期债务的，合伙人承担无限连带责任。《个人独资企业法》第 31 条也有类似规定。显然，根据肯定说，非法人组织不具有完全的民事责任能力。

第二节　合伙概述

一、合伙的概念

对于合伙的概念，各国法律的规定不尽相同，大致可以分为两个角度：有的国家的民法强调合伙的契约形式，认为合伙首先是一种契约联结；有的国家的合伙企业法则更强调合伙的组织性，认为合伙是两个以上的人联合起来从事一种共同事业而必然结合成的一种团体或组织。

本书认为，合伙是指两个以上的民事主体按照协议，共同出资、共同经营、共负盈亏的自愿联合。合伙关系的当事人称合伙人。合伙人可以是自然人，也可以是法人。

二、合伙的法律特征

如果从契约的角度考察，合伙的法律特征主要可概括为以下几个方面。

第一，合伙以合伙协议为成立基础。合伙协议是合伙人为共同出资、共同经营和达到共同经济目的而达成的书面协议。根据《合伙企业法》第 8 条规定，成立合伙必须有合伙协议，而且原则上要求书面形式。但是依据法理，如果具备合伙的其他条件，又有两个以上无利害关系人证明有口头合伙协议的，人民法院可以认定为成立合伙关系。

第二，合伙是一种共同经营关系。合伙各方集合在一起是为了经营共同的事业。合伙事业的成败关系到每个合伙人的利益，除非合伙协议有相反规定，每个合伙人均有权参与经营活动。

第三，合伙人之间存在一种信任关系。合伙人的地位是平等的，都有权对内经营管理合伙事务，对外代表合伙从事交易活动。因此，合伙是建立在合伙人之间在高度信任基础上的一种对人关系，是合伙人相互选择的结果。一旦合伙人之间失去信任，就意味着合伙行将解体。

第四，合伙需全体合伙人共同出资、共同经营、共享收益、共担风险。共同出资是合伙经营的物质基础。在共同出资的基础上，为了共同的经济目的，还需共同从事经营活动。合伙经营所产生的收益归全体合伙人享有；所产生的亏损或者民事责任，也由全体合伙人承担。

第五，合伙人之间承担无限连带责任。即使合伙各方约定了债务承担比例，任何一个合伙人仍有义务对合伙的对外债务承担全部清偿责任。超过自己应承担的部分而偿还债务的合伙人，可以向其他合伙人追偿。

如果从主体的角度考察，合伙还具有以下法律特征。

第一，合伙以合伙组织为活动形式。合伙对外需作为一个组织存在。合伙组织经工商登记，取得特定的商事能力，在其营业执照所核准的经营范围之内，以合伙组织的名义从事经营活动。

第二，合伙可以实行授权经营。传统的合伙规则赋予每一位合伙人平等的经营管理权，但这并不意味着其必须亲自行使该权利。合伙人可以推选一个或几个合伙人作为合伙的代表人，代理全体合伙人经营合伙事业。大规模的合伙经营还可选用经理人员，负责合伙的事务。

第三，某些合伙人也可承担有限责任。合伙人负无限责任是合伙的一般规则。但在承认有限合伙的国家，合伙中还可以存在承担有限责任的合伙人。不过，有限合伙人必须放弃参与合伙事务或营业的管理。可以说，有限合伙的存在在一定程度上修正了原来的合伙规则。我国的《合伙企业法》也明确规定了有限合伙企业。

第四，合伙有延续性。合伙具有强烈的人合特征，因某合伙人退出或死亡，或因合伙人之间纷争都可能引起合伙的解散。但是，如果进行合理的清退，由原合伙人的继承人或剩余合伙人继续经营，也可以继续维持下去。

正是合伙的这些特征，使得合伙组织更具有独立性、主体性特征，因而在现代社会中可以作为一种企业形态加以规范和调整。

三、合伙的法律地位

传统民法理论认为，合伙本身仅是一种合同关系，而非法律上的主体，其主体是每个合伙人。这种认识曾对各国的合伙法产生极大的影响。但是，随着合伙关系和法制的发展，合伙理论和各国的立法也发生了相应的变化。现代不少国家的民商法不仅确认了合伙的特殊权利能力原则及合伙可以以自己的名称对外进行民事活动和诉讼活动，而且对合伙的法律地位也作了新的概括。因此，合伙有成为民事主体的必要性。

首先，从权利能力来看，合伙有不同于合伙人个人的特殊权利能力，合伙不仅可以具有自己的名称，而且可以以自己的名义从事民事活动和诉讼活动，因此法律上必须确认。

其次，从行为能力来看，合伙具有其经营范围内的特殊行为能力，这一行为能力只能自合伙履行登记程序时产生，至合伙变更登记时消灭，因而不同于自然人的概括权利能力和行为能力。

再次，从财产权和财产责任来看，合伙人对于合伙财产享有共有权，虽然此种共有权中已经表现出与合伙人个人责任具有牵连性，但是它们并不是一回事。合伙人之间的连带责任本质上根源于利润共享和相互代理原则，它只对合伙债务适用。因此法律必须确认，合伙对其合伙人单纯个人债务不承担责任。

最后，从其在法律关系中的实际功能来看，合伙组织具有一定的团体性，合伙不仅是合伙人之间的某种合同关系，而且是全体合伙人对外与第三人结成法律关系的外部形式。合伙的这种对外性和长期延续性决定了法律有必要为其设置一定的主体资格规则，以保障社会商品交换的安全。

可见，合伙成为民事主体是有条件的，一些简易合伙，主要是民事合伙，没有组织和字号，不能成为民事主体，而有组织和字号的合伙应成为民事主体。

四、合伙的分类

各国对合伙的分类有所不同。而且，随着合伙实践和法律制度的发展，合伙也不断衍生出许多新类型。

（一）民事合伙与商事合伙

这是以调整合伙的法律规范的类型不同而划分的。民事合伙是依民法而成立的临时性合伙，它以合伙契约的形式存在；商事合伙则是指依商法而设立的从事营利性活动的合伙企业。它以合伙组织的形式存在。这种分类的意义在于，民事合伙一般不具有主体资格，而商事合伙具有主体资格，因此自身又有一些特殊的制度。

（二）普通合伙与有限合伙

普通合伙企业由普通合伙人组成，合伙人对合伙企业债务承担无限连带责任。有限合伙是指合伙人之间约定有限合伙人仅对合伙出资，不参加执行业务，但可以分享收益，并仅以其出资额为限承担责任的合伙。其中负责合伙事务执行的一方，为出名营业人；只出资而不执行业务的一方，为有限合伙人。普通合伙相对于有限合伙又称显名合伙。我国承认有限合伙，在《合伙企业法》中做了明确规定。

（三）个人合伙与法人合伙

依合伙人主体性质不同，可以将合伙分为个人合伙和法人合伙。个人合伙是两个以上的自然人按照协议，共同出资、共同经营、共负盈亏而组成的合伙。法人合伙是两个以上的法人联营，共同经营，不具备法人条件的，由联营各方按照出资比例或者协议约定，以各自所有的或者经营管理的财产承担民事责任的合伙。由于公司法是不承认法人进行投资承担无限连带责任的，因此在某种意义上法人合伙并不是真正的合伙。

（四）临时性合伙与合伙企业

这是根据合伙是否具有主体资格而进行的划分，临时性合伙作为一种合同关系，经合伙人协议而成立，无须经国家有关机关登记。而合伙组织作为民事主体，同法人一样，具有法定性，其设立必须履行法律规定的程序。

第三节　合伙企业

合伙企业是一种古老的企业组织形式，经过几千年的发展、演变和完善，已经成为现代三大企业形式之一，世界各国对于合伙制度的立法也趋于成熟。我国新修订的《合伙企业法》已经于 2007 年 6 月 1 日正式实施。

一、普通合伙企业

普通合伙企业是由合伙人承担无限连带责任的组织体，是最传统的合伙企业。其具有成立简便、各合伙人都有执行权、税负轻等优点。

（一）合伙企业的成立

合伙企业的成立，是合伙人在具备一定条件时，向国家有关机关提出设立合伙企业的申请，在符合法律规定的条件下，经有关机关登记，颁发营业执照或者执业许可证，从而使合伙企业取得民事主体资格的过程。

根据我国《合伙企业法》第 14 条的规定，合伙企业一般应具有以下设立条件。

1. 有两个以上合伙人

一人出资且经营，不能形成合伙，合伙人数必须在两个人以上，此为合伙人法定人数之下限。因退伙或合伙人死亡或丧失行为能力，合伙只剩下一个合伙人时，合伙自然解散。合伙人数过多，众合伙人难以做到彼此信任，使合伙丧失人合企业的属性。因此，从合伙的性质出发，合伙人人数须有上限的限制。但是合伙企业法并未作出规定，英国公司法规定合伙人数不得超过 20 人。超过 20 人的，如为设立中的合伙，登记机关不得登记。如果在合伙存续期间，因入伙的关系造成这种情况，原登记机关应督促合伙人作出企业形式的变更，或改组为公司。

2. 有书面的合伙协议

合伙协议是合伙的存在依据，是规范合伙内部关系的文件。合伙协议由全体合伙创设人以合意订立。在合伙存续期间，经合伙人协商一致，也可对其进行修改或补充。由全体合伙创设人订立的合伙协议，一般须载明如下事项：合伙企业的名称和主要经营场所的地点、经营范围、合伙人的姓名和住所、合伙人出资的方式和数额及缴付出资的期限、利润分配和亏损分担的方法、入伙和退伙、合伙企业事务的执行、合伙企业的解散和清算、违约责任、经营期限等。当然个别事项的欠缺并不影响合伙企业的成立。

合伙协议经全体合伙人签名、盖章后生效。合伙人按照合伙协议享有权利，履行义务。修改或者补充合伙协议，应当经全体合伙人一致同意；但是，合伙协议另有约定的除外。合伙协议未约定或者约定不明确的事项，由合伙人协商决定；协商不成的，依照《合伙企业法》和其他有关法律、行政法规的规定处理。

3. 有各合伙人实际缴付的或认缴的出资

由于合伙的人合性质和合伙人承担的无限责任，合伙人的出资，不同于股份有限公司和有限责任公司股东的出资，不要求合伙人的出资总额达到一定的最低限额。另外，合伙人不仅可以以常规方式出资，如货币、实物、土地使用权、知识产权和其他财产权出资，还可以以劳务、信誉等出资。

4. 有合伙企业的名称

合伙企业的名称，由原名和扩展名两部分组成。原名应说明合伙企业的经营范围，如“灯具”“电缆”，扩展名中必须要有具体的合伙类型。

5. 有经营场所

合伙企业的住所是进行合伙经营的必要条件。合伙企业法虽然规定合伙企业的成立必须要有经营场所，但是经营场所的外延比住所的外延更广，从方便合伙企业设立来讲，住所更合适。公司法中规定公司的设立也从经营场所的要求改为住所的要求。合伙企业作为企业的类型，也应当适应这种变化。

当然法律、行政法规还可以规定其他条件。

（二）合伙企业财产

1. 合伙企业财产的构成

合伙企业财产是为了实现共同的经营目的，而与各合伙人个人财产划分开来的用于合伙经营的独立财产。其构成不仅对合伙的债权人或债务人关系重大，而且对于合伙人之间的相互关系也十分重要。合伙财产由两部分构成：合伙人出资和合伙积累的财产。

合伙人出资是合伙进行业务活动的物质基础。出资方式上，合伙人可以用货币、实物、土地使用权、知识产权或者其他财产权出资，经全体合伙人协商一致，也可以用劳务出资。

在出资数额上，须将合伙人出资按其价值折为若干股份。股份表示了合伙人对合伙财产应享有的份额，决定了合伙人之间分配收益和分担债务的比例。我国法律对合伙人的最低出资数额和全体合伙人的最低出资总额没有作出规定，所以，在合伙合同中如实载明是很必要的。

合伙积累的财产，包括用合伙经营积累的资金购买的机器、设备及交通工具等、未分配的合伙盈余、合伙债权，以及合伙的名称（商号）权、专利权、商标权等无形财产，这些财产属于合伙人共有。

2. 合伙企业财产的保全

在合伙关系中，全体合伙人应当作为一个整体共同管理和使用合伙财产，同时各合伙人又要按其出资比例享有一定的财产份额。为了保护善意第三人的利益和维护交易安全，法律一般规定合伙财产的保全制度。

1）合伙财产分割之禁止

合伙人在合伙清算之前，不得请求分割合伙财产，其中包括不得请求返还出资，也不得请求分配其他财产中的应有份额。《合伙企业法》第 21 条规定，合伙人在合伙企业清算前私自转移或者处分合伙企业财产的，合伙企业不得以此对抗不知情的第三人。这一制度从根本上保全了合伙财产的整体性和稳定性。

2）合伙份额转让之限制

合伙人非经其他合伙人一致同意，不得将其对于合伙财产的份额转让给合伙人以外的人。但是转让给其他合伙人则不在此限制范围内。这种制度是以合伙人的相互信任为存在基础的。《合伙企业法》第 22 条规定，除合伙协议另有约定外，合伙人向合伙人以外的人转让其在合伙企业中的全部或者部分财产份额时，须经其他合伙人一致同意。合伙人之间转让在合伙企业中的全部或者部分财产份额时，应当通知其他合伙人。《合伙企业法》第 23 条规定，合伙人向合伙人以外的人转让其在合伙企业中的财产份额的，在同等条件下，其他合伙人有优先购买权；但是，合伙协议另有约定的除外。可以借鉴公司法，如果是两个以上合伙人要购买该份额，可以按照出资比例分享该份额。

3）合伙债权抵销之限制

根据《合伙企业法》第 41 条的规定，合伙企业中某一合伙人的债权人，不得以该债权抵销其对合伙企业的债务。这是由合伙企业的团体性决定的，合伙财产应与其中的个别合伙人的个人财产适当分离以维持合伙企业的稳定性。

4）合伙份额出质之限制

根据《合伙企业法》第 25 条规定，合伙人以其在合伙企业中的财产份额出质的，须经其他合伙人一致同意；未经其他合伙人一致同意，其行为无效，由此给善意第三人造成损失的，由行为人依法承担赔偿责任。

5）合伙代位权之禁止

《合伙企业法》第41条规定，合伙人个人负有债务，其债权人不得代位行使该合伙人在合伙企业的权利。

（三）合伙事务的执行

1. 合伙事务

所谓合伙事务，是指一切有关合伙经营管理的事务，包括对外的经营活动和对内的日常管理活动。其中除合伙协议另有约定外，必须经全体合伙人同意的合伙事务有：①处分合伙企业的不动产；②改变合伙企业的名称；③改变合伙企业的经营范围、主要经营场所的地点；④转让或者处分合伙企业的知识产权和其他财产权利；⑤以合伙企业名义为他人提供担保；⑥聘任合伙人以外的人担任合伙企业的经营管理人员。当然依照合伙协议还可以约定其他事项，必须经过合伙人一致同意。

合伙人对必须经全体合伙人同意始得执行的事务，擅自处理，给合伙企业或者其他合伙人造成损失的，依法承担赔偿责任。

2. 合伙事务的执行方法

合伙的一个重要特点是合伙人共同管理、共同经营。故合伙的经营活动，由全体合伙人共同决定，每一个合伙人均享有执行权。根据《合伙企业法》，各合伙人对执行合伙事务享有同等的权利，可以由全体合伙人共同执行合伙事务，也可以由合伙协议约定或者全体合伙人决定，委托一名或者数名合伙人执行合伙事务。执行合伙事务的合伙人对外代表合伙企业。具体执行方式，可分为共同执行和委托执行两种。

（1）在共同执行时，合伙事务应依全体合伙人的共同意思决定，当不能达成共同意思时，按照合伙协议约定的表决办法办理。合伙协议未约定或者约定不明确的，实行合伙人一人一票并经全体合伙人过半数通过的表决办法。合伙人分别执行合伙事务的，执行事务的合伙人可以对其他合伙人执行的事务提出异议。提出异议时，应当暂停该项事务的执行。如果发生争议，依照约定或一人一票的方式表决。

（2）委托执行又包括委托合伙人执行和委托第三人执行。合伙事务由被委托执行合伙事务的合伙人执行时，其他合伙人不再执行事务。该被委托的合伙人应当依照约定向其他合伙人报告事务执行情况以及合伙经营状况和财务状况，其执行合伙事务所产生的收益归全体合伙人，所产生的亏损或者民事责任，由全体合伙人承担。不参加执行事务的其他合伙人则有权监督执行事务的合伙人，检查其执行合伙事务的情况。为了解经营状况和财务状况，其他合伙人有权查阅账簿。由第三人执行时，该第三人并不是合伙人，只是该合伙企业雇佣的一员，因此其他合伙人有权监督他，第三人也应当对合伙企业负责。

如果执行人在执行过程中造成了损失，其他合伙人可以请求有过错的执行人赔偿其损失。如果其超越合伙的经营范围而造成损失，除非属于特许经营、限制经营、禁止经营的内容，否则对外仍然发生效力，由合伙企业承担责任；对内再由其他合伙人追究执行人的责任。

3. 合伙人执行合伙事务的消极义务

无论是共同执行还是委托执行，执行合伙人都极容易出现个人利益与合伙利益的冲突，因此在赋予合伙人很大的执行权时，也应当受到一定的限制。首先，合伙人应当履行竞业禁止义务。根据《合伙企业法》，合伙人不得自营或者同他人合作经营与本合伙企业相竞争的业务。其次，合伙人应当履行自我交易禁止的义务。根据《合伙企业法》，除合伙协议另有约定或者经全体合伙人一致同意外，合伙人不得同本合伙企业进行交易。最后，合伙人不得从事损害本合伙企业利益的活动。

（四）合伙内部的损益分配

所谓损益分配，是指将执行合伙事务所产生的利润与亏损分配给全体合伙人。损益分配应当按照一定的比例进行。由于其直接关系到各合伙人的切身利益，所以分配方法应当在合伙协议中明确规定，在有合伙协议约定时，按照约定办法进行分配；无合伙协议约定时，各合伙人应当按照其在合伙中出资份额的比例分享营利和分担亏损。如果出资份额也不明确，可以按照实际的盈余分配比例承担亏损。如果上述情形都不存在，可以平均分配。

就个人合伙，依据《民法通则》司法解释，全体合伙人对合伙经营的亏损额，对内应按照合伙协议约定的债务承担比例或者出资比例分担；合伙协议未规定债务承担比例或者出资比例的，可以按照约定的或者实际的盈余分配比例承担。但是对造成合伙经营亏损有过错的合伙人，应当根据其过错程度相应的多承担责任。只提供技术性劳务，不提供资金、实物的合伙人，对于合伙的亏损额，应当按照合伙协议约定的债务承担比例或者技术性劳务折抵的出资比例承担；合伙协议未规定债务承担比例或者出资比例的，可以按照约定的或者合伙人实际的盈余分配比例承担；没有盈余分配比例的，按照合伙人的平均投资承担。

就合伙企业，依据《合伙企业法》第33条的规定，合伙企业的利润分配、亏损分担，按照合伙协议的约定办理；合伙协议未约定或者约定不明确的，由合伙人协商决定；协商不成的，由合伙人按照实缴出资比例分配、分担；无法确定出资比例的，由合伙人平均分配、分担。合伙协议不得约定将全部利润分配给部分合伙人或者由部分合伙人承担全部亏损。《合伙企业法》对合伙企业的约定所作的限制性规定是比较合理的，体现了约定并不是无条件大于法定。

（五）合伙企业与第三人关系

1. 合伙企业的债务承担

合伙企业债务，是指于合伙关系存续期间，合伙企业以其字号或全体合伙人的名义，在与第三人发生的民事法律关系中所承担的债务。承担合伙企业债务的主体是合伙，承担债务的财产应以合伙的共有财产和各合伙人的个人财产为限。

1）合伙人对外责任的具体体现

根据《合伙企业法》，合伙企业对其债务，应先以其全部财产进行清偿。合伙企业不能清偿到期债务的，合伙人承担无限连带责任。由于合伙经营的财产为全体合伙人共有（指经营积累的财产），或合伙人各自所有（指合伙人出资），合伙企业没有独立的财产，全体合伙承担无限连带责任。

所谓无限责任，指各合伙人对于合伙财产不足以清偿的合伙债务，按照出资比例或者合伙协议的约定，以各自的财产承担清偿责任，不以其出资为限。所谓连带责任，指在对外关系上每个合伙人都对合伙的债务负全部清偿的责任，而不受各合伙人对合伙财产的出资比例或合伙协议中约定的债务承担份额的限制。合伙的债权人既可请求全体合伙人清偿全部债务，也可以要求其中数人或一人清偿全部债务。任何被请求清偿的合伙人，均不能以内部约定的债务承担比例对抗债权人。但是，偿还合伙债务超过自己份额的可以向其他合伙人追偿。

2）合伙财产和合伙人的个人财产承担合伙债务的顺序

由于合伙人对于合伙债务需承担无限责任，就会出现合伙财产和合伙人的个人财产作为责任财产在清偿合伙债务时的顺序问题。其他国家和地区的立法有并存主义和补充连带主义之别。所谓并存主义，就是对合伙债务，债权人可就合伙财产和合伙人个人财产选择请求清偿。所谓补充连带主义，就是对合伙债务，债权人应首先要求以合伙财产作为清偿，合伙财产不足以清偿时，各个合伙人就不足之额负其连带责任。我国《合伙企业法》第 38 条、第 39 条规定，合伙企业对其债务，应先以其全部财产进行清偿。合伙企业财产不足清偿到期债务的，各合伙人应当承担无限连带责任。由这一规定可知，合伙人对于合伙债务的清偿责任属于补充性责任。只有当合伙财产不足以清偿合伙债务时方始存在。

3）合伙的债权人和合伙人个人的债权人的顺序

当合伙债务与合伙个人债务同时存在时，必然涉及合伙的债权人和合伙人个人的债权人权利实现的顺序问题。其他国家和地区的立法有合伙债权优先原则和双重优先原则之别。合伙债权优先原则是指合伙债权人就合伙财产优先受偿，不足部分，与合伙人个人债权人就合伙人个人财产共同受偿。双重优先权原则是指合伙人个人的债权人优先于合伙的债权人从合伙人的个人财产中得到清偿，合伙债权人优先于合伙人个人的债权人从合伙财产中得到清偿。易言之，合伙财产优先用于清偿合伙债务，个人财产优先用于清偿个人债务。

《合伙企业法》对此尚无规定，实践中采取双重优先权原则，合伙人的共有财产首先应用于偿还合伙债务。偿还之后若有剩余共有财产的，应根据各合伙人享有的份额进行分割，再分别用于清偿合伙人的个人债务；反之，合伙人的个人财产首先应用于偿还个人债务，偿还个人债务之后，若有剩余的再用以偿还合伙债务。

总之，侧重保护的利益不同才会产生上述两种立法例，如果侧重保护合伙债权人的利益，则债权人优先原则就有适用的必要性；如果将合伙债权人利益与合伙人个人债权人利益等同保护，则双重优先原则能很好地体现。

2. 合伙企业与第三人关系的其他表现

合伙企业具有一定的法律人格，虽然是由合伙人对外代表合伙企业从事活动，但是合伙企业对合伙人执行合伙事务以及对外代表合伙企业权利的限制，不得对抗善意第三人。合伙人在合伙企业清算前私自转移或者处分合伙企业财产的，合伙企业不得以此对抗善意第三人。可见合伙协议对内约束合伙人的效力不能扩及善意第三人。但是合伙人以其在合伙企业中的财产份额出质的，须经其他合伙人一致同意；未经其他合伙人一致同意，其行为无效，由此给善意第三人造成损失的，由行为人依法承担赔偿责任。

合伙人的自有财产不足清偿其与合伙企业无关的债务的，该合伙人可以以其从合伙企业中分取的收益用于清偿；债权人也可以依法请求人民法院强制执行该合伙人在合伙企业中的财产份额用于清偿。人民法院强制执行合伙人的财产份额时，应当通知全体合伙人，其他合伙人有优先购买权；其他合伙人未购买，又不同意将该财产份额转让给他人的，依照合伙企业法的规定为该合伙人办理退伙结算，或者办理削减该合伙人相应财产份额的结算。

（六）合伙的变更

合伙的变更，指合伙在存续期间，经全体合伙人协商一致或由于法律的规定，合伙协议重要事项发生改变。由合伙协议的基本内容所决定，不论变更的原因是合伙人的协商还是法律的规定，都体现为合伙协议主体、内容或期限的变更。

合伙企业发生变更，不仅需要经过所有合伙人的一致同意，还应于 15 日内向企业登记机关办理变更登记。合伙协议主体的变更包括入伙和退伙两种情况。

1. 入伙

所谓入伙，是指合伙成立之后、解散之前，第三人加入合伙并取得合伙人身份的法律行为。第三人入伙应当以接受原合伙合同的基本内容为前提，并经全体合伙人一致同意，签订入伙合同成为新的合伙人。《合伙企业法》第 43 条规定，新合伙人入伙，除合伙协议另有约定外，应当经全体合伙人一致同意，并依法订立书面入伙协议。订立入伙协议时，原合伙人应当向新合伙人如实告知原合伙企业的经营状况和财务状况。当然，合伙企业登记事项，入伙、合伙协议修改等需要重新登记的，应当进行变更登记。

合伙人死亡或者被依法宣告死亡的，对该合伙人在合伙企业中的财产份额享有合法继承权的继承人，依照合伙协议的约定或者经全体合伙人同意，从继承开始之日起，即取得该合伙企业的合伙人资格。合伙继承人不愿意成为该合伙企业的合伙人的，法律规定或者合伙协议约定合伙人必须具有相关资格，而该继承人未取得该资格，合伙协议约定不能成为合伙人的其他情形，合伙企业应退还其依法继承的财产份额。合伙继承人为无民事行为能力人或者限制民事行为能力人的，经全体合伙人一致同意，可以依法成为有限合伙人，普通合伙企业依法转为有限合伙企业。全体合伙人未能一致同意的，合伙企业应当将被继承合伙人的财产份额退还该继承人。

新合伙人与其他合伙人享有同等的权利和义务，既共享合伙现存的全部债权，同时，也应与其他合伙人一起对合伙原有的债务承担连带责任。如《合伙企业法》第 44 条第 1 款规定，入伙的新合伙人与原合伙人享有同等权利、承担同等责任，入伙协议另有约定的，从其约定。该条第 2 款则规定：入伙的新合伙人对入伙前合伙企业的债务承担无限连带责任。

2. 退伙

所谓退伙，是指合伙人与其他合伙人脱离合伙关系，丧失合伙人的资格。合伙是因合伙人的彼此信任而成立的，所以法律和合同应允许合伙人自愿退伙。

退伙分为声明退伙、强制退伙和法定退伙三种。声明退伙又称自愿退伙，是指出于合伙人自己的意思而退伙，它原则上有合伙人自己的意思表示，即可发生退伙效力；法定退伙是指并非基于合伙人本人的意思，而是根据法律规定的条件退伙；强制退伙为合伙将某一些合伙人除名。

声明退伙有合伙协议规定了合伙的经营期限和未规定经营期限两种情况。在前者，由于：①合伙协议约定的退伙事由出现；②经全体合伙人同意；③发生合伙人难以继续参加合伙企业的事由；④其他合伙人严重违反合伙协议约定的义务，合伙人可以退伙。

在后者，即未规定经营期限情形下，合伙人以不执行合伙事务、不造成不利后果为前提，提前30日通知其他合伙人，可以退伙。如果合伙人不遵循上述规定，擅自退伙造成其他合伙人损失的，必须赔偿。

根据《合伙企业法》第48条的规定，合伙人有下列情形之一的，当然退伙，即法定退伙：①作为合伙人的自然人死亡或被宣告死亡；②个人丧失偿债能力；③作为合伙人的法人或者其他组织依法被吊销营业执照、责令关闭、撤销，或者被宣告破产；④法律规定或者合伙协议约定合伙人必须具有相关资格而丧失该资格；⑤被法院强制执行其在合伙企业中的全部财产份额。前款规定的退伙以实际发生之日为退伙生效日。

此外，还有强制退伙。合伙人发生下列情形之一，发生强制退伙：①未履行出资义务；②因故意或重大过失给合伙企业造成损失；③执行合伙企业事务时有不正当行为；④合伙协议约定的其他事由。对合伙人的除名决议应当书面通知被除名人。被除名人自接到除名通知之日起，除名生效，被除名人退伙。被除名人对除名有异议的，可以在接到除名通知之日起30日内向人民法院起诉。

退伙的法律后果，必然涉及财产结算和损益分配等问题。在结算标准方面，退伙人与其他合伙人之间的结算，应按照退伙时的合伙企业的财产状况进行结算，退还退伙人的财产份额。退伙人有未了结的合伙企业事务的，待了结后进行结算。在退还方式方面，原则上，经结算后，如果需退还退伙人的财产份额的，其具体退还办法由合伙协议约定或由全体合伙人决定，可以退还货币，也可以退还实物。在损益分配方面，应以当时的合伙财产减除合伙债务之后的剩余为限，如果合伙财产不足清偿合伙债务，退伙人应按合伙协议约定的比例分担损失。合伙协议未约定亏损分担比例的，由各合伙人平均分担。在合伙债务的责任方面，退伙人即使已分担合伙债务的，仍须对参加合伙经营期间的全部合伙债务负连带责任。

根据我国有关立法和实践，个别合伙人退伙并不影响合伙的继续经营。当然，如果合伙人退伙之后，合伙仅剩下一人，那么合伙关系即应终止。

合伙人人数由于合伙人的死亡或退伙只剩一人的，合伙消灭，可根据当事人的选择转化为独资企业；有限合伙人人数超过50人的，合伙解散，可根据全体合伙人的选择，把合伙转化为股份有限公司或有限责任公司。

依意思自治原则，合伙人可以协商变更合伙企业的经营范围、合伙事务的执行方式、合伙人的出资方式、数额、利润分配和亏损负担方法以及合伙企业的经营期限等事项，并到企业登记机关办理变更登记。

（七）合伙的终止和清算

合伙的终止，即合伙的法律人格的消灭，有解散和破产两种情况。无论何种原因终止，都发生对合伙财产的清算。

解散，是合伙人自愿或因法律的规定消灭合伙。解散有下列事由：①合伙协议约定的经营期限届满，合伙人不愿继续经营的；②出现合伙协议约定的解散事由；③合伙人全体一致同意终止合伙合同；④合伙人已不具备法定人数满三十天；⑤合伙协议约定的合伙目的已经实现或者无法实现；⑥依法被吊销营业执照、责令关闭或者被撤销；⑦出现法律、行政法规规定的合伙企业解散的其他原因。

破产，即合伙企业的财产和合伙人个人的财产不能偿付到期债务，由法院通过破产程序消灭合伙的法律人格。我国破产制度不仅适用企业法人，还适用合伙企业。根据《合伙企业法》第92条之规定，合伙企业不能清偿到期债务的，债权人可以依法向人民法院提出破产清算申请，也可以要求普通合伙人清偿。合伙企业依法被宣告破产的，普通合伙人对合伙企业债务仍应承担无限连带责任。

合伙的清算，是终结已解散合伙的一切法律关系，处理合伙剩余财产的程序。在清算期间，为了便于清算，仍应视为合伙存续。只是合伙因终止而丧失了执行业务权，不能再进行积极的经营活动。根据合伙企业法的有关规定，合伙的清算程序如下。

1. 确定清算人

合伙依法被解散后，其清算人一般由全体合伙人担任；未能由全体合伙人担任清算人的，经全体合伙人过半数同意，可以自合伙解散后十五日内指定一名或数名合伙人，或者委托第三人担任清算人。十五日内未确定清算人的，合伙人或者其他利害关系人可以申请人民法院指定清算人。

2. 清算人的职权

清算人负责已解散合伙财产的保管、清理、处理和分配工作。根据《合伙企业法》第87条的规定，清算人在清算期间执行下列事务：①清理合伙财产，分别编制资产负债表和财产清单；②处理与清算有关的未了结的事务；③清缴所欠税款；④清理债权、债务；⑤处理合伙债务清偿后的剩余财产；⑥代表合伙参与民事诉讼活动。

3. 剩余财产的分配

清算后剩余财产按下列顺序分配：①偿付清算费用；②偿付所欠职工工资和劳动保险费用；③偿付合伙企业所欠税款；④偿付合伙企业的债务；⑤返还出资人的出资。进行上列顺序的清偿后仍有剩余的，按合伙协议中约定的比例进行分配。合伙协议未约定分配比例的，由各合伙人平均分配。合伙清算时，其全部财产不足清偿其债务的，由全体合伙人承担无限连带责任。

4. 清算终结

合伙清算结束，清算人应当编制清算报告，经全体合伙人签名、盖章后，在15日内向工商登记机关报送清算报告，办理合伙企业的注销登记。

二、特殊的普通合伙企业

普通合伙作为一种传统的组织形式，其基本特点是合伙人共同出资、共同经营、共享收益、共担风险，合伙人对合伙债务负无限连带责任。很多会计师事务所、律师事务所等专业服务机构采用这种组织形式。随着社会对各项专业服务需求的迅速增长，专业服务机构的规模扩大，合伙人数目大增，以致合伙人之间并不熟悉甚至不认识，各自的业务也不重合，与传统普通合伙中合伙人人数较少，共同经营的模式已有不同，因而让合伙人对其并不熟悉的合伙人的债务承担无限连带责任，有失公平。自20世纪60年代以后，针对专业服务机构的诉讼显著增加，其合伙人要求合理规范合伙人责任的呼声也越来越高。就此，许多国家进行了专门立法，规定采用普通合伙形式的专业服务机构的普通合伙人可以对特定的合伙企业债务承担有限责任，以使专业服务机构的合伙人避免承担过度风险。

为了减轻专业服务机构中普通合伙人的风险，促进专业服务机构的发展壮大，合伙企业法在普通合伙企业一章中以专门一节“特殊的普通合伙企业”对专业服务机构中合伙人的责任作出了特别规定。

(一) 特殊的普通合伙企业的适用范围

修改后的合伙企业法规定，以专业知识和专门技能为客户提供有偿服务的专业服务机构，可以设立为特殊的普通合伙企业，适用本法关于特殊的普通合伙企业的责任规定。此外，合伙企业法只规范注册为企业的专业服务机构，而很多专业服务机构如律师事务所并未注册为企业，不适用合伙企业法的规定，但在责任形式上也可以采用合伙企业法规定的特殊的普通合伙的责任形式。因此，合伙企业法在附则中专门作出规定，非企业专业服务机构依据有关法律采取合伙制的，其合伙人承担责任的形式可以适用该法关于特殊的普通合伙企业合伙人承担责任的规定。

(二) 对特殊的普通合伙企业的公示要求

特殊的普通合伙企业，其合伙人对特定合伙企业债务只承担有限责任，为保护交易相对人的利益，应当对这一情况予以公示。合伙企业法规定，特殊的普通合伙企业名称中应当标明“特殊普通合伙”字样。

(三) 特殊的普通合伙企业合伙人的责任形式

这是特殊的普通合伙企业制度的最关键的内容，合伙企业法借鉴国外的立法经验，并结合我国实际，将其规定为：特殊的普通合伙企业，一个合伙人或者数个合伙人在执业活动中因故意或者重大过失造成合伙企业债务的，应当承担无限责任或者无限连带责任，其他合伙人以其在合伙企业中财产份额为限承担责任。合伙人在执业活动中非因故意或者重大过失造成的合伙企业债务以及合伙企业的其他债务，由全体合伙人承担无限连带责任。

(四) 对特殊的普通合伙企业债权人的保护

特殊的普通合伙企业，其合伙人对特定合伙企业债务只承担有限责任，对合伙企业的债权人的保护相对削弱。为了保护债权人的利益，合伙企业法专门规定了对特殊的普通合伙企业债权人的保护制度，即执业风险基金制度和职业保险制度。规定：特殊的普通合伙企业应当建立执业风险基金、办理职业保险；执业风险基金用于偿付合伙人执业活动造成的债务；执业风险基金应当单独立户管理；执业风险基金的具体管理办法由国务院规定。

(五) 特殊的普通合伙企业性质

特殊的普通合伙企业实质上仍然是普通合伙企业，因此合伙企业法规定，特殊的普通合伙企业，该法未作规定的，适用该法关于普通合伙企业的规定。

三、有限合伙企业

(一) 有限合伙企业的概念

有限合伙企业是由普通合伙发展而来的一种合伙形式。有限合伙企业是指由普通合伙人和有限合伙人组成，普通合伙人对合伙企业债务承担无限连带责任，有限合伙人以其认缴的出资额为限对合伙企业债务承担责任的组织体。

有限合伙企业的法律特征如下。

第一，有限合伙由两种合伙人组成，一是普通合伙人，负责合伙的经营管理，并对合伙债务承担无限连带责任；二是有限合伙人，通常不负责合伙的经营管理，仅以其出资额为限对合伙债务承担有限责任。

第二，有限合伙融合了普通合伙和公司的优点。与公司相比，普通合伙人直接从事合伙的经营管理，使合伙的组织结构简单，节省管理费用和运营成本；普通合伙人对合伙要承担无限责任，可以促使其对合伙的管理尽职尽责。

第三，由于对有限合伙本身不征所得税，直接对合伙人征收所得税，避免了企业的双重税负。

可见，与普通合伙相比，允许投资者以承担有限责任的方式参加合伙成为有限合伙人，解除了投资者承担无限责任的后顾之忧，有利于吸引投资。由于有限合伙的上述特点，实践中为资本与智力的结合提供了一种便利的组织形式。即拥有财力者作为有限合伙人，拥有专业知识和技能者作为普通合伙人，二者共同组成以有限合伙为组织形式的风险投资机构，从事高科技项目的投资。国外这种做法较为普遍。我国在《合伙企业法》中也明确规定了有限合伙企业。

（二）《合伙企业法》对有限合伙企业的具体规定

1. 有限合伙企业合伙人的责任形式

有限合伙企业由普通合伙人和有限合伙人组成，普通合伙人对合伙企业债务承担无限连带责任，有限合伙人以其认缴的出资额为限对合伙企业债务承担责任。

2. 有限合伙企业合伙人的人数

为防止有人利用有限合伙企业形式进行非法集资活动，并体现合伙企业人合性的特性，并为今后的实践留有必要的空间，修改后的合伙企业法规定：有限合伙企业由二个以上50个以下合伙人设立，但是法律另有规定的除外。

3. 对有限合伙企业的公示要求

有限合伙企业中的有限合伙人只对合伙企业债务承担有限责任，为了保护交易相对人的利益，有限合伙企业的一些情况应当公示，让交易相对人知悉。因此，合伙企业法规定：有限合伙企业的名称中应当标明“有限合伙”字样；有限合伙企业登记事项中应当载明有限合伙人的姓名或者名称及认缴的出资数额。

4. 有限合伙人的权利

有限合伙企业的特点，就是有限合伙人以不执行合伙企业事务为代价，获得对合伙企业债务承担有限责任的权利。因此，在有限合伙企业中，有限合伙人的权利是受到一定的限制的，有限合伙人不得以劳务对合伙企业出资；有限合伙人不执行合伙事务，不得对外代表有限合伙企业。

同时，合伙企业法对有限合伙人的权利也作出了规定：有限合伙人的下列行为，不视为执行合伙事务：①参与决定普通合伙人入伙、退伙；②对企业的经营管理提出建议；③参与选择承办有限合伙企业审计业务的会计师事务所；④获取经审计的有限合伙企业财务会计报告；⑤对涉及自身利益的情况，查阅有限合伙企业财务会计账簿等财务资料；⑥在有限合伙企业中的利益受到侵害时，向有责任的合伙人主张权利或者提起诉讼；⑦执行事务合伙人怠于行使权利时，督促其行使权利或者为了本企业的利益以自己的名义提起诉讼；⑧依法为本企业提供担保。

5. 有限合伙人有限责任保护的免除

有限合伙人对合伙企业债务承担有限责任也不是绝对的，当出现法定情形时，有限合伙人也会对合伙企业债务承担无限连带责任。合伙企业法规定：第三人有理由相信有限合伙人为普通合伙人并与其交易的，该有限合伙人对该笔交易承担与普通合伙人同样的责任，即对该笔债务承担无限连带责任。另外，有限合伙人未经授权以有限合伙企业名义与他人进行交易，给有限合伙企业或者其他合伙人造成损失的，该有限合伙人应当承担赔偿责任。

6. 有限合伙企业不同于普通合伙企业的其他规定

针对有限合伙企业的特点，合伙企业法对有限合伙企业作出了一些不同于普通合伙企业的规定，主要包括：①如果合伙协议有约定，有限合伙企业可以将全部利润分配给部分合伙人；②除合伙协议另有约定外，有限合伙人可以同本有限合伙企业进行交易；③除合伙协议另有约定外，有限合伙人可以自营或者同他人合作经营与本有限合伙企业相竞争的义务；④除合伙协议另有约定外，有限合伙人可以将在有限合伙企业中的财产份额转让或者出质，而不必经全体合伙人一致同意；⑤作为有限合伙人的自然人在有限合伙企业存续期间丧失民事行为能力的，其他合伙人不得因此要求其退伙；⑥作为有限合伙人的自然人死亡、被依法宣告死亡或者作为有限合伙人的法人及其他组织终止时，其继承人或者权利承受人可以依法取得该有限合伙人在有限合伙人企业中的资格。

同时，合伙企业法规定，法律对有限合伙企业未做特殊规定的，适用该法关于普通合伙企业的一般规定。

（三）普通合伙企业与有限合伙企业的转变

1. 普通合伙企业与有限合伙企业转变的条件

合伙企业法更加强调合伙人的意思自治，因此合伙人可以自由决定合伙企业的类型，但是必须符合一定的条件：①除合伙协议另有约定外，普通合伙人转变为有限合伙人，或者有限合伙人转变为普通合伙人，应当经全体合伙人一致同意；②国有独资公司、国有企业、上市公司以及公益性的事业单位、社会团体不得成为普通合伙人。

2. 普通合伙企业和有限合伙企业相互转化的情形

第一，合伙人的继承人为无民事行为能力人或者限制民事行为能力人的，经全体合伙人一致同意，可以依法成为有限合伙人，普通合伙企业依法转为有限合伙企业。

第二，有限合伙企业仅剩有限合伙人的，应当解散；有限合伙企业仅剩普通合伙人的，转为普通合伙企业。

第三，作为有限合伙人的自然人在有限合伙企业存续期间丧失民事行为能力的，其他合伙人不得因此要求其退伙，如果有限合伙人继续保留资格，普通合伙人就转化为有限合伙人。

3. 普通合伙企业与有限合伙企业转变后合伙人的责任

有限合伙人转变为普通合伙人的，对其作为有限合伙人期间有限合伙企业发生的债务承担无限连带责任。普通合伙人转变为有限合伙人的，对其作为普通合伙人期间合伙企业发生的债务承担无限连带责任。

第四节　其他民事主体简述

一、分支机构

（一）分支机构的概念和特征

分支机构是指法人的组成部分，是法人在某一区域设置的完成法人部分职能的业务活动机构。其特征有：①具有一定独立性；②具有从属性。

（二）分支机构的法律地位及民事责任承担

分支机构不具有法人资格，因此没有独立的财产，也不能独立承担民事责任，但能以自己的名义参与民事活动，能以自己财产承担一定的责任，当分支机构的财产不足以承担责任时，总机构代分支机构承担全部责任。

二、个人独资企业

（一）概念

个人独资企业是指依照《中华人民共和国个人独资企业法》（以下简称《个人独资企业法》）在中国境内设立，由一个自然人投资，财产为投资人个人所有，投资人以其个人财产对企业债务承担无限责任的经营实体。

（二）个人独资企业成立的条件

第一，投资人为一个自然人。

第二，有合法的企业名称。

第三，有投资人申报的出资。

第四，有固定的住所。

（三）个人独资企业的投资人及事务管理

法律、行政法规禁止从事营利性活动的人，不得作为投资人申请设立个人独资企业。个人独资企业投资人对本企业的财产依法享有所有权，其有关权利可以依法进行转让和继承。投资人对该独资企业承担无限责任，如果申请企业设立登记时明确以其家庭共有财产作为个人出资的，或者独资企业的收益是为家庭而使用的，则以家庭共有财产对企业债务承担无限责任。

个人投资企业投资人可以自行管理企业事务，也可以委托或者聘用其他具有民事行为能力的人负责企业事务的管理。投资人委托或者聘用他人管理个人独资企业事务，应当与受托人或者被聘用的人签订书面合同，明确委托的具体内容和授予的权利范围。受托人或者被聘用的人员应当履行诚信、勤勉义务，按照与投资人签订的合同负责个人独资企业的事务管理。投资人对受托人或者被聘用的人员职权的限制，不得对抗善意第三人。

投资人委托或者聘用的管理个人独资企业事务的人员不得有下列行为：①利用职务上的便利，索取或者收受贿赂；②利用职务或者工作上的便利侵占企业财产；③挪用企业的资金归个人使用或者借贷给他人；④擅自将企业资金以个人名义或者以他人名义开立账户储存；⑤擅自以企业财产提供担保；⑥未经投资人同意，从事与本企业相竞争的业务；⑦未经投资人同意，同本企业订立合同或者进行交易；⑧未经投资人同意，擅自将企业商标或者其他知识产权转让给他人使用；⑨泄露本企业的商业秘密；⑩法律、行政法规禁止的其他行为。

（四）个人独资企业的解散

个人独资企业有下列情形之一时，应当解散：①投资人决定解散；②投资人死亡或者被宣告死亡，无继承人或者继承人决定放弃继承；③被依法吊销营业执照；④法律、行政法规规定的其他情形。

个人独资企业解散，由投资人自行清算或者由债权人申请人民法院指定清算人进行清算。投资人自行清算的，应当在清算前十五日内书面通知债权人，无法通知的，应当予以公告。债权人应当在接到通知之日起三十日内，未接到通知的应当在公告之日起六十日内，向投资人申报其债权。个人独资企业解散后，原投资人对个人独资企业存续期间的债务仍应承担偿还责任，但债权人在五年内未向债务人提出偿债请求的，该责任消灭。

个人独资企业解散的，财产应当按照下列顺序清偿：①所欠职工工资和社会保险费用；②所欠税款；③其他债务。

清算期间，个人独资企业不得开展与清算目的无关的经营活动。在清偿债务前，投资人不得转移、隐匿财产。个人独资企业财产不足以清偿债务的，投资人应当以其个人的其他财产予以清偿。个人独资企业清算结束后，投资人或者人民法院指定的清算人应当编制清算报告，并于十五日内到登记机关办理注销登记。

三、企业集团

根据 1998 年 4 月国家工商局发布的《企业集团登记管理暂行规定》第 3 条的规定，企业集团是指以资本为主要联结纽带的母子公司为主体，以集团章程为共同行为规范的母公司、子公司、参股公司以及其他成员企业或机构共同组成的具有一定规模的企业法人联合体。事业单位法人和社会团体法人也可以成为企业集团的成员。企业集团的成员单位可以具有法人资格，但企业集团本身不具有法人资格。通常，企业集团由核心层、紧密层、半紧密层和松散层四个层次的成员所组成。为了实现自己的宗旨，企业集团通常设有理事会作为其权力机构，代表企业团体行使企业集团章程所规定的各项职权。企业集团成员的加入和退出均须符合企业集团章程的规定。企业集团具有自己的名称，可以在宣传和广告中使用该名称，但是不能以企业集团的名义订立合同，从事经营活动。

四、设立中的公司

设立中的公司，又称未完成公司，是指从发起人设立公司到公司正式成立这一时期存在的一种社会组织体，其地位相当于合伙。在设立中的公司中，发起人设立中的公司的执行机关，以设立中的公司的名义从事与设立公司有关的民事活动，其有关公司设立行为的法律后果归于设立中的公司。设立中的公司与其后将成立的公司有密不可分的关系，一般是设立中的公司的债权债务在公司成立后由公司承担。

法条链接

中华人民共和国民法总则（节选）

第一百零二条 非法人组织是不具有法人资格，但是能够依法以自己的名义从事民事活动的组织。

非法人组织包括个人独资企业、合伙企业、不具有法人资格的专业服务机构等。

第一百零三条 非法人组织应当依照法律的规定登记。

设立非法人组织，法律、行政法规规定须经有关机关批准的，依照其规定。

第一百零四条 非法人组织的财产不足以清偿债务的，其出资人或者设立人承担无限责任。法律另有规定的，依照其规定。

第一百零五条 非法人组织可以确定一人或者数人代表该组织从事民事活动。

第一百零六条 有下列情形之一的，非法人组织解散：

（一）章程规定的存续期间届满或者章程规定的其他解散事由出现；

（二）出资人或者设立人决定解散；

（三）法律规定的其他情形。

第一百零七条 非法人组织解散的，应当依法进行清算。

第一百零八条 非法人组织除适用本章规定外，参照适用本法第三章第一节的有关规定。

中华人民共和国合伙企业法（全文）

第一章 总 则

第一条 为了规范合伙企业的行为，保护合伙企业及其合伙人、债权人的合法权益，维护社会经济秩序，促进社会主义市场经济的发展，制定本法。

第二条 本法所称合伙企业，是指自然人、法人和其他组织依照本法在中国境内设立的普通合伙企业和有限合伙企业。

普通合伙企业由普通合伙人组成，合伙人对合伙企业债务承担无限连带责任。本法对普通合伙人承担责任的形式有特别规定的，从其规定。

有限合伙企业由普通合伙人和有限合伙人组成，普通合伙人对合伙企业债务承担无限连带责任，有限合伙人以其认缴的出资额为限对合伙企业债务承担责任。

第三条 国有独资公司、国有企业、上市公司以及公益性的事业单位、社会团体不得成为普通合伙人。

第四条 合伙协议依法由全体合伙人协商一致、以书面形式订立。

第五条 订立合伙协议、设立合伙企业，应当遵循自愿、平等、公平、诚实信用原则。

第六条 合伙企业的生产经营所得和其他所得，按照国家有关税收规定，由合伙人分别缴纳所得税。

第七条 合伙企业及其合伙人必须遵守法律、行政法规，遵守社会公德、商业道德，承担社会责任。

第八条 合伙企业及其合伙人的合法财产及其权益受法律保护。

第九条 申请设立合伙企业，应当向企业登记机关提交登记申请书、合伙协议书、合伙人身份证明等文件。

合伙企业的经营范围中有属于法律、行政法规规定在登记前须经批准的项目的，该项经营业务应当依法经过批准，并在登记时提交批准文件。

第十条 申请人提交的登记申请材料齐全、符合法定形式，企业登记机关能够当场登记的，应予当场登记，发给营业执照。

除前款规定情形外，企业登记机关应当自受理申请之日起二十日内，作出是否登记的决定。予以登记的，发给营业执照；不予登记的，应当给予书面答复，并说明理由。

第十一条 合伙企业的营业执照签发日期，为合伙企业成立日期。

合伙企业领取营业执照前，合伙人不得以合伙企业名义从事合伙业务。

第十二条 合伙企业设立分支机构，应当向分支机构所在地的企业登记机关申请登记，领取营业执照。

第十三条 合伙企业登记事项发生变更的，执行合伙事务的合伙人应当自作出变更决定或者发生变更事由之日起十五日内，向企业登记机关申请办理变更登记。

第二章 普通合伙企业

第一节 合伙企业设立

第十四条 设立合伙企业，应当具备下列条件：

（一）有二个以上合伙人，合伙人为自然人的，应当具有完全民事行为能力；

（二）有书面合伙协议；

（三）有合伙人认缴或者实际缴付的出资；

（四）有合伙企业的名称和生产经营场所；

（五）法律、行政法规规定的其他条件。

第十五条 合伙企业名称中应当标明“普通合伙”字样。

第十六条 合伙人可以用货币、实物、知识产权、土地使用权或者其他财产权利出资，也可以用劳务出资。

合伙人以实物、知识产权、土地使用权或者其他财产权利出资，需要评估作价的，可以由全体合伙人协商确定，也可以由全体合伙人委托法定评估机构评估。

合伙人以劳务出资的，其评估办法由全体合伙人协商确定，并在合伙协议中载明。

第十七条 合伙人应当按照合伙协议约定的出资方式、数额和缴付期限，履行出资义务。

以非货币财产出资的，依照法律、行政法规的规定，需要办理财产权转移手续的，应当依法办理。

第十八条 合伙协议应当载明下列事项：

（一）合伙企业的名称和主要经营场所的地点；

（二）合伙目的和合伙经营范围；

（三）合伙人的姓名或者名称、住所；

（四）合伙人的出资方式、数额和缴付期限；

（五）利润分配、亏损分担方式；

（六）合伙事务的执行；

（七）入伙与退伙；

（八）争议解决办法；

（九）合伙企业的解散与清算；

（十）违约责任。

第十九条 合伙协议经全体合伙人签名、盖章后生效。合伙人按照合伙协议享有权利，履行义务。

修改或者补充合伙协议，应当经全体合伙人一致同意；但是，合伙协议另有约定的除外。

合伙协议未约定或者约定不明确的事项，由合伙人协商决定；协商不成的，依照本法和其他有关法律、行政法规的规定处理。

第二节 合伙企业财产

第二十条 合伙人的出资、以合伙企业名义取得的收益和依法取得的其他财产，均为合伙企业的财产。

第二十一条 合伙人在合伙企业清算前，不得请求分割合伙企业的财产；但是，本法另有规定的除外。

合伙人在合伙企业清算前私自转移或者处分合伙企业财产的，合伙企业不得以此对抗善意第三人。

第二十二条 除合伙协议另有约定外，合伙人向合伙人以外的人转让其在合伙企业中的全部或者部分财产份额时，须经其他合伙人一致同意。

合伙人之间转让在合伙企业中的全部或者部分财产份额时，应当通知其他合伙人。

第二十三条 合伙人向合伙人以外的人转让其在合伙企业中的财产份额的，在同等条件下，其他合伙人有优先购买权；但是，合伙协议另有约定的除外。

第二十四条 合伙人以外的人依法受让合伙人在合伙企业中的财产份额的，经修改合伙协议即成为合伙企业的合伙人，依照本法和修改后的合伙协议享有权利，履行义务。

第二十五条 合伙人以其在合伙企业中的财产份额出质的，须经其他合伙人一致同意；未经其他合伙人一致同意，其行为无效，由此给善意第三人造成损失的，由行为人依法承担赔偿责任。

第三节 合伙事务执行

第二十六条 合伙人对执行合伙事务享有同等的权利。

按照合伙协议的约定或者经全体合伙人决定，可以委托一个或者数个合伙人对外代表合伙企业，执行合伙事务。

作为合伙人的法人、其他组织执行合伙事务的，由其委派的代表执行。

第二十七条 依照本法第二十六条第二款规定委托一个或者数个合伙人执行合伙事务的，其他合伙人不再执行合伙事务。

不执行合伙事务的合伙人有权监督执行事务合伙人执行合伙事务的情况。

第二十八条 由一个或者数个合伙人执行合伙事务的，执行事务合伙人应当定期向其他合伙人报告事务执行情况以及合伙企业的经营和财务状况，其执行合伙事务所产生的收益归合伙企业，所产生的费用和亏损由合伙企业承担。

合伙人为了解合伙企业的经营状况和财务状况，有权查阅合伙企业会计账簿等财务资料。

第二十九条 合伙人分别执行合伙事务的，执行事务合伙人可以对其他合伙人执行的事务提出异议。提出异议时，应当暂停该项事务的执行。如果发生争议，依照本法第三十条规定作出决定。

受委托执行合伙事务的合伙人不按照合伙协议或者全体合伙人的决定执行事务的，其他合伙人可以决定撤销该委托。

第三十条 合伙人对合伙企业有关事项作出决议，按照合伙协议约定的表决办法办理。合伙协议未约定或者约定不明确的，实行合伙人一人一票并经全体合伙人过半数通过的表决办法。

本法对合伙企业的表决办法另有规定的，从其规定。

第三十一条 除合伙协议另有约定外，合伙企业的下列事项应当经全体合伙人一致同意：

（一）改变合伙企业的名称；

（二）改变合伙企业的经营范围、主要经营场所的地点；

（三）处分合伙企业的不动产；

（四）转让或者处分合伙企业的知识产权和其他财产权利；

（五）以合伙企业名义为他人提供担保；

（六）聘任合伙人以外的人担任合伙企业的经营管理人员。

第三十二条 合伙人不得自营或者同他人合作经营与本合伙企业相竞争的业务。

除合伙协议另有约定或者经全体合伙人一致同意外，合伙人不得同本合伙企业进行交易。

合伙人不得从事损害本合伙企业利益的活动。

第三十三条 合伙企业的利润分配、亏损分担，按照合伙协议的约定办理；合伙协议未约定或者约定不明确的，由合伙人协商决定；协商不成的，由合伙人按照实缴出资比例分配、分担；无法确定出资比例的，由合伙人平均分配、分担。

合伙协议不得约定将全部利润分配给部分合伙人或者由部分合伙人承担全部亏损。

第三十四条 合伙人按照合伙协议的约定或者经全体合伙人决定，可以增加或者减少对合伙企业的出资。

第三十五条 被聘任的合伙企业的经营管理人员应当在合伙企业授权范围内履行职务。

被聘任的合伙企业的经营管理人员，超越合伙企业授权范围履行职务，或者在履行职务过程中因故意或者重大过失给合伙企业造成损失的，依法承担赔偿责任。

第三十六条 合伙企业应当依照法律、行政法规的规定建立企业财务、会计制度。

第四节 合伙企业与第三人关系

第三十七条 合伙企业对合伙人执行合伙事务以及对外代表合伙企业权利的限制，不得对抗善意第三人。

第三十八条 合伙企业对其债务，应先以其全部财产进行清偿。

第三十九条 合伙企业不能清偿到期债务的，合伙人承担无限连带责任。

第四十条 合伙人由于承担无限连带责任，清偿数额超过本法第三十三条第一款规定的其亏损分担比例的，有权向其他合伙人追偿。

第四十一条 合伙人发生与合伙企业无关的债务，相关债权人不得以其债权抵销其对合伙企业的债务；也不得代位行使合伙人在合伙企业中的权利。

第四十二条 合伙人的自有财产不足清偿其与合伙企业无关的债务的，该合伙人可以以其从合伙企业中分取的收益用于清偿；债权人也可以依法请求人民法院强制执行该合伙人在合伙企业中的财产份额用于清偿。

人民法院强制执行合伙人的财产份额时，应当通知全体合伙人，其他合伙人有优先购买权；其他合伙人未购买，又不同意将该财产份额转让给他人的，依照本法第五十一条的规定为该合伙人办理退伙结算，或者办理削减该合伙人相应财产份额的结算。

第五节 入伙、退伙

第四十三条 新合伙人入伙，除合伙协议另有约定外，应当经全体合伙人一致同意，并依法订立书面入伙协议。

订立入伙协议时，原合伙人应当向新合伙人如实告知原合伙企业的经营状况和财务状况。

第四十四条 入伙的新合伙人与原合伙人享有同等权利，承担同等责任。入伙协议另有约定的，从其约定。

新合伙人对入伙前合伙企业的债务承担无限连带责任。

第四十五条 合伙协议约定合伙期限的，在合伙企业存续期间，有下列情形之一的，合伙人可以退伙：

（一）合伙协议约定的退伙事由出现；

（二）经全体合伙人一致同意；

（三）发生合伙人难以继续参加合伙的事由；

（四）其他合伙人严重违反合伙协议约定的义务。

第四十六条 合伙协议未约定合伙期限的，合伙人在不给合伙企业事务执行造成不利影响的情况下，可以退伙，但应当提前三十日通知其他合伙人。

第四十七条 合伙人违反本法第四十五条、第四十六条的规定退伙的，应当赔偿由此给合伙企业造成的损失。

第四十八条 合伙人有下列情形之一的，当然退伙：

（一）作为合伙人的自然人死亡或者被依法宣告死亡；

（二）个人丧失偿债能力；

（三）作为合伙人的法人或者其他组织依法被吊销营业执照、责令关闭、撤销，或者被宣告破产；

（四）法律规定或者合伙协议约定合伙人必须具有相关资格而丧失该资格；

（五）合伙人在合伙企业中的全部财产份额被人民法院强制执行。

合伙人被依法认定为无民事行为能力人或者限制民事行为能力人的，经其他合伙人一致同意，可以依法转为有限合伙人，普通合伙企业依法转为有限合伙企业。其他合伙人未能一致同意的，该无民事行为能力或者限制民事行为能力的合伙人退伙。

退伙事由实际发生之日为退伙生效日。

第四十九条 合伙人有下列情形之一的，经其他合伙人一致同意，可以决议将其除名：

（一）未履行出资义务；

（二）因故意或者重大过失给合伙企业造成损失；

（三）执行合伙事务时有不正当行为；

（四）发生合伙协议约定的事由。

对合伙人的除名决议应当书面通知被除名人。被除名人接到除名通知之日，除名生效，被除名人退伙。

被除名人对除名决议有异议的，可以自接到除名通知之日起三十日内，向人民法院起诉。

第五十条 合伙人死亡或者被依法宣告死亡的，对该合伙人在合伙企业中的财产份额享有合法继承权的继承人，按照合伙协议的约定或者经全体合伙人一致同意，从继承开始之日起，取得该合伙企业的合伙人资格。

有下列情形之一的，合伙企业应当向合伙人的继承人退还被继承合伙人的财产份额：

（一）继承人不愿意成为合伙人；

（二）法律规定或者合伙协议约定合伙人必须具有相关资格，而该继承人未取得该资格；

（三）合伙协议约定不能成为合伙人的其他情形。

合伙人的继承人为无民事行为能力人或者限制民事行为能力人的，经全体合伙人一致同意，可以依法成为有限合伙人，普通合伙企业依法转为有限合伙企业。全体合伙人未能一致同意的，合伙企业应当将被继承合伙人的财产份额退还该继承人。

第五十一条　合伙人退伙，其他合伙人应当与该退伙人按照退伙时的合伙企业财产状况进行结算，退还退伙人的财产份额。退伙人对给合伙企业造成的损失负有赔偿责任的，相应扣减其应当赔偿的数额。

退伙时有未了结的合伙企业事务的，待该事务了结后进行结算。

第五十二条　退伙人在合伙企业中财产份额的退还办法，由合伙协议约定或者由全体合伙人决定，可以退还货币，也可以退还实物。

第五十三条　退伙人对基于其退伙前的原因发生的合伙企业债务，承担无限连带责任。

第五十四条　合伙人退伙时，合伙企业财产少于合伙企业债务的，退伙人应当依照本法第三十三条第一款的规定分担亏损。

第六节　特殊的普通合伙企业

第五十五条　以专业知识和专门技能为客户提供有偿服务的专业服务机构，可以设立为特殊的普通合伙企业。

特殊的普通合伙企业是指合伙人依照本法第五十七条的规定承担责任的普通合伙企业。

特殊的普通合伙企业适用本节规定；本节未作规定的，适用本章第一节至第五节的规定。

第五十六条　特殊的普通合伙企业名称中应当标明“特殊普通合伙”字样。

第五十七条　一个合伙人或者数个合伙人在执业活动中因故意或者重大过失造成合伙企业债务的，应当承担无限责任或者无限连带责任，其他合伙人以其在合伙企业中的财产份额为限承担责任。

合伙人在执业活动中非因故意或者重大过失造成的合伙企业债务以及合伙企业的其他债务，由全体合伙人承担无限连带责任。

第五十八条　合伙人执业活动中因故意或者重大过失造成的合伙企业债务，以合伙企业财产对外承担责任后，该合伙人应当按照合伙协议的约定对给合伙企业造成的损失承担赔偿责任。

第五十九条　特殊的普通合伙企业应当建立执业风险基金、办理职业保险，执业风险基金用于偿付合伙人执业活动造成的债务。执业风险基金应当单独立户管理。具体管理办法由国务院规定。

第三章　有限合伙企业

第六十条　有限合伙企业及其合伙人适用本章规定；本章未作规定的，适用本法第二章第一节至第五节关于普通合伙企业及其合伙人的规定。

第六十一条　有限合伙企业由二个以上五十个以下合伙人设立；但是，法律另有规定的除外。

有限合伙企业至少应当有一个普通合伙人。

第六十二条　有限合伙企业名称中应当标明“有限合伙”字样。

第六十三条　合伙协议除符合本法第十八条的规定外，还应当载明下列事项：

（一）普通合伙人和有限合伙人的姓名或者名称、住所；

（二）执行事务合伙人应具备的条件和选择程序；

（三）执行事务合伙人权限与违约处理办法；

（四）执行事务合伙人的除名条件和更换程序；

（五）有限合伙人入伙、退伙的条件、程序以及相关责任；

（六）有限合伙人和普通合伙人相互转变程序。

第六十四条 有限合伙人可以用货币、实物、知识产权、土地使用权或者其他财产权利作价出资。

有限合伙人不得以劳务出资。

第六十五条 有限合伙人应当按照合伙协议的约定按期足额缴纳出资；未按期足额缴纳的，应当承担补缴义务，并对其他合伙人承担违约责任。

第六十六条 有限合伙企业登记事项中应当载明有限合伙人的姓名或者名称及认缴的出资数额。

第六十七条 有限合伙企业由普通合伙人执行合伙事务。执行事务合伙人可以要求在合伙协议中确定执行事务的报酬及报酬提取方式。

第六十八条 有限合伙人不执行合伙事务，不得对外代表有限合伙企业。

有限合伙人的下列行为，不视为执行合伙事务：

（一）参与决定普通合伙人入伙、退伙；

（二）对企业的经营管理提出建议；

（三）参与选择承办有限合伙企业审计业务的会计师事务所；

（四）获取经审计的有限合伙企业财务会计报告；

（五）对涉及自身利益的情况，查阅有限合伙企业财务会计账簿等财务资料；

（六）在有限合伙企业中的利益受到侵害时，向有责任的合伙人主张权利或者提起诉讼；

（七）执行事务合伙人怠于行使权利时，督促其行使权利或者为了本企业的利益以自己的名义提起诉讼；

（八）依法为本企业提供担保。

第六十九条 有限合伙企业不得将全部利润分配给部分合伙人；但是，合伙协议另有约定的除外。

第七十条 有限合伙人可以同本有限合伙企业进行交易；但是，合伙协议另有约定的除外。

第七十一条 有限合伙人可以自营或者同他人合作经营与本有限合伙企业相竞争的业务；但是，合伙协议另有约定的除外。

第七十二条 有限合伙人可以将其在有限合伙企业中的财产份额出质；但是，合伙协议另有约定的除外。

第七十三条 有限合伙人可以按照合伙协议的约定向合伙人以外的人转让其在有限合伙企业中的财产份额，但应当提前三十日通知其他合伙人。

第七十四条 有限合伙人的自有财产不足清偿其与合伙企业无关的债务的，该合伙人可以以其从有限合伙企业中分取的收益用于清偿；债权人也可以依法请求人民法院强制执行该合伙人在有限合伙企业中的财产份额用于清偿。

人民法院强制执行有限合伙人的财产份额时，应当通知全体合伙人。在同等条件下，其他合伙人有优先购买权。

第七十五条 有限合伙企业仅剩有限合伙人的，应当解散；有限合伙企业仅剩普通合伙人的，转为普通合伙企业。

第七十六条 第三人有理由相信有限合伙人为普通合伙人并与其交易的，该有限合伙人对该笔交易承担与普通合伙人同样的责任。

有限合伙人未经授权以有限合伙企业名义与他人进行交易，给有限合伙企业或者其他合伙人造成损失的，该有限合伙人应当承担赔偿责任。

第七十七条 新入伙的有限合伙人对入伙前有限合伙企业的债务，以其认缴的出资额为限承担责任。

第七十八条 有限合伙人有本法第四十八条第一款第一项、第三项至第五项所列情形之一的，当然退伙。

第七十九条 作为有限合伙人的自然人在有限合伙企业存续期间丧失民事行为能力的，其他合伙人不得因此要求其退伙。

第八十条 作为有限合伙人的自然人死亡、被依法宣告死亡或者作为有限合伙人的法人及其他组织终止时，其继承人或者权利承受人可以依法取得该有限合伙人在有限合伙企业中的资格。

第八十一条 有限合伙人退伙后，对基于其退伙前的原因发生的有限合伙企业债务，以其退伙时从有限合伙企业中取回的财产承担责任。

第八十二条 除合伙协议另有约定外，普通合伙人转变为有限合伙人，或者有限合伙人转变为普通合伙人，应当经全体合伙人一致同意。

第八十三条 有限合伙人转变为普通合伙人的，对其作为有限合伙人期间有限合伙企业发生的债务承担无限连带责任。

第八十四条 普通合伙人转变为有限合伙人的，对其作为普通合伙人期间合伙企业发生的债务承担无限连带责任。

第四章 合伙企业解散、清算

第八十五条 合伙企业有下列情形之一的，应当解散：

（一）合伙期限届满，合伙人决定不再经营；

（二）合伙协议约定的解散事由出现；

（三）全体合伙人决定解散；

（四）合伙人已不具备法定人数满三十天；

（五）合伙协议约定的合伙目的已经实现或者无法实现；

（六）依法被吊销营业执照、责令关闭或者被撤销；

（七）法律、行政法规规定的其他原因。

第八十六条 合伙企业解散，应当由清算人进行清算。

清算人由全体合伙人担任；经全体合伙人过半数同意，可以自合伙企业解散事由出现后十五日内指定一个或者数个合伙人，或者委托第三人，担任清算人。

自合伙企业解散事由出现之日起十五日内未确定清算人的，合伙人或者其他利害关系人可以申请人民法院指定清算人。

第八十七条 清算人在清算期间执行下列事务：

（一）清理合伙企业财产，分别编制资产负债表和财产清单；

（二）处理与清算有关的合伙企业未了结事务；

（三）清缴所欠税款；

（四）清理债权、债务；

（五）处理合伙企业清偿债务后的剩余财产；

（六）代表合伙企业参加诉讼或者仲裁活动。

第八十八条 清算人自被确定之日起十日内将合伙企业解散事项通知债权人，并于六十日内在报纸上公告。债权人应当自接到通知书之日起三十日内，未接到通知书的自公告之日起四十五日内，向清算人申报债权。

债权人申报债权，应当说明债权的有关事项，并提供证明材料。清算人应当对债权进行登记。

清算期间，合伙企业存续，但不得开展与清算无关的经营活动。

第八十九条 合伙企业财产在支付清算费用和职工工资、社会保险费用、法定补偿金以及缴纳所欠税款、清偿债务后的剩余财产，依照本法第三十三条第一款的规定进行分配。

第九十条 清算结束，清算人应当编制清算报告，经全体合伙人签名、盖章后，在十五日内向企业登记机关报送清算报告，申请办理合伙企业注销登记。

第九十一条 合伙企业注销后，原普通合伙人对合伙企业存续期间的债务仍应承担无限连带责任。

第九十二条 合伙企业不能清偿到期债务的，债权人可以依法向人民法院提出破产清算申请，也可以要求普通合伙人清偿。

合伙企业依法被宣告破产的，普通合伙人对合伙企业债务仍应承担无限连带责任。

第五章 法律责任

第九十三条 违反本法规定，提交虚假文件或者采取其他欺骗手段，取得合伙企业登记的，由企业登记机关责令改正，处以五千元以上五万元以下的罚款；情节严重的，撤销企业登记，并处以五万元以上二十万元以下的罚款。

第九十四条 违反本法规定，合伙企业未在其名称中标明“普通合伙”、“特殊普通合伙”或者“有限合伙”字样的，由企业登记机关责令限期改正，处以二千元以上一万元以下的罚款。

第九十五条 违反本法规定，未领取营业执照，而以合伙企业或者合伙企业分支机构名义从事合伙业务的，由企业登记机关责令停止，处以五千元以上五万元以下的罚款。

合伙企业登记事项发生变更时，未依照本法规定办理变更登记的，由企业登记机关责令限期登记；逾期不登记的，处以二千元以上二万元以下的罚款。

合伙企业登记事项发生变更，执行合伙事务的合伙人未按期申请办理变更登记的，应当赔偿由此给合伙企业、其他合伙人或者善意第三人造成的损失。

第九十六条 合伙人执行合伙事务，或者合伙企业从业人员利用职务上的便利，将应当归合伙企业的利益据为己有的，或者采取其他手段侵占合伙企业财产的，应当将该利益和财产退还合伙企业；给合伙企业或者其他合伙人造成损失的，依法承担赔偿责任。

第九十七条 合伙人对本法规定或者合伙协议约定必须经全体合伙人一致同意始得执行的事务擅自处理，给合伙企业或者其他合伙人造成损失的，依法承担赔偿责任。

第九十八条 不具有事务执行权的合伙人擅自执行合伙事务，给合伙企业或者其他合伙人造成损失的，依法承担赔偿责任。

第九十九条 合伙人违反本法规定或者合伙协议的约定，从事与本合伙企业相竞争的业务或者与本合伙企业进行交易的，该收益归合伙企业所有；给合伙企业或者其他合伙人造成损失的，依法承担赔偿责任。

第一百条 清算人未依照本法规定向企业登记机关报送清算报告，或者报送清算报告隐瞒重要事实，或者有重大遗漏的，由企业登记机关责令改正。由此产生的费用和损失，由清算人承担和赔偿。

第一百零一条 清算人执行清算事务，牟取非法收入或者侵占合伙企业财产的，应当将该收入和侵占的财产退还合伙企业；给合伙企业或者其他合伙人造成损失的，依法承担赔偿责任。

第一百零二条 清算人违反本法规定，隐匿、转移合伙企业财产，对资产负债表或者财产清单作虚假记载，或者在未清偿债务前分配财产，损害债权人利益的，依法承担赔偿责任。

第一百零三条 合伙人违反合伙协议的，应当依法承担违约责任。

合伙人履行合伙协议发生争议的，合伙人可以通过协商或者调解解决。不愿通过协商、调解解决或者协商、调解不成的，可以按照合伙协议约定的仲裁条款或者事后达成的书面仲裁协议，向仲裁机构申请仲裁。合伙协议中未订立仲裁条款，事后又没有达成书面仲裁协议的，可以向人民法院起诉。

第一百零四条 有关行政管理机关的工作人员违反本法规定，滥用职权、徇私舞弊、收受贿赂、侵害合伙企业合法权益的，依法给予行政处分。

第一百零五条 违反本法规定，构成犯罪的，依法追究刑事责任。

第一百零六条 违反本法规定，应当承担民事赔偿责任和缴纳罚款、罚金，其财产不足以同时支付的，先承担民事赔偿责任。

第六章　附　　则

第一百零七条　非企业专业服务机构依据有关法律采取合伙制的，其合伙人承担责任的形式可以适用本法关于特殊的普通合伙企业合伙人承担责任的规定。

第一百零八条　外国企业或者个人在中国境内设立合伙企业的管理办法由国务院规定。

第一百零九条　本法自2007年6月1日起施行。

一、判断分析题

1. 国有独资公司、国有企业、上市公司以及公益性的事业单位、社会团体不得成为有限合伙人。（　　）

2. 必须是完全民事行为能力的自然人才能充当合伙人。（　　）

3. 合伙企业必须缴纳企业所得税。（　　）

4. 特殊的普通合伙企业与有限合伙企业并不存在区别。（　　）

5. 个人独资企业是由一个自然人投资，财产为投资人个人所有，投资人以其个人财产对企业债务承担无限责任的经营实体。（　　）

二、不定项选择题

1. 下列对普通合伙企业设立的论述，符合法律规定的是（　　）。

A. 公民张某与自己年仅13周岁的儿子成立一个合伙企业

B. 合伙人必须一次全部缴付出资，不可以约定分期出资

C. 公民甲、乙、丙、丁出资设立一个普通合伙企业，甲可以以劳务出资

D. 合伙企业名称中没有标明“普通”或是“有限”字样的，就视为是特殊普通合伙企业

2. 某普通合伙企业委托合伙人张某单独执行合伙企业事务，张某定期向其他合伙人报告事务执行情况以及合伙企业的经营和财务状况。对于张某在执行合伙企业事务期间产生的亏损，应当承担责任的是（　　）。

A. 张某　　B. 张某和有过错的第三人

C. 提议委托张某的合伙人　　D. 全体合伙人

3. 甲、乙、丙、丁成立一普通合伙企业，一年后甲转为有限合伙人。此前，合伙企业欠银行债务30万元，该债务直至合伙企业因严重资不抵债被宣告破产仍未偿还。对该30万元银行债务的偿还，下列选项正确的是（　　）。

A. 乙、丙、丁应按合伙份额对该笔债务承担清偿责任，甲无须承担责任

B. 各合伙人均应对该笔债务承担无限连带责任

C. 乙、丙、丁应对该笔债务承担无限连带责任，甲无须承担责任

D. 合伙企业已宣告破产，债务归于消灭，各合伙人无须偿还该笔债务

4. 2015 年 1 月，甲、乙、丙设立一普通合伙企业。2016 年 2 月，甲与戊结婚。2016 年 7 月，甲因车祸去世。甲除戊外没有其他亲人，合伙协议对合伙人资格取得或丧失未作约定。下列选项正确的是（　　）。

A. 合伙企业中甲的财产份额属于夫妻共同财产

B. 戊依法自动取得合伙人地位

C. 经乙、丙一致同意，戊取得合伙人资格

D. 只能由合伙企业向戊退还甲在合伙企业中的财产份额

5. 甲、乙、丙、丁欲设立一有限合伙企业，合伙协议中约定了如下内容，其中符合法律规定的是（　　）。

A. 甲仅以出资额为限对企业债务承担责任，同时被推举为合伙事务执行人

B. 丙以其劳务出资，为普通合伙人，其出资份额经各合伙人商定为 5 万元

C. 合伙企业的利润由甲、乙、丁三人分配，丙仅按营业额提取一定比例的劳务报酬

D. 经全体合伙人同意，有限合伙人可以全部转为普通合伙人，普通合伙人也可以全部转为有限合伙人

6. 除合伙协议另有约定外，普通合伙企业存续期间，下列行为中，不必经全体合伙人一致同意的是（　　）。

A. 合伙人之间转让其在合伙企业中的财产份额

B. 以合伙企业名义为他人提供担保

C. 聘任合伙人以外的人担任合伙企业的经营管理人员

D. 处分合伙企业的不动产

7. 普通合伙企业的协议未约定利润分配和亏损分担比例，如果协商不成且无法确定出资比例的，其利润分配和亏损分担的原则是（　　）。

A. 由各合伙人平均分配利润和分担亏损

B. 按各合伙人实际出资比例分配利润和分担亏损

C. 按各合伙人对合伙企业的贡献大小分配利润和分担亏损

D. 申请人民法院裁定利润分配和亏损分担比例

8. 甲为 A 普通合伙企业的合伙人，因故欠合伙企业以外的乙人民币 10 万元，无力用个人财产清偿。乙在不满足于用甲从 A 合伙企业分得的收益偿还其债务的情况下，可以采取的合法行为是（　　）。

A. 代位行使甲在 A 合伙企业的权利

B. 请求人民法院强制执行甲在 A 合伙企业的财产份额用于清偿

C. 要求抵销所欠 A 合伙企业的部分货款

D. 直接变卖甲在 A 合伙企业的财产份额用于清偿

9. 下列有关有限合伙企业设立条件的表述中，不符合《合伙企业法》规定的是（　　）。

A. 有限合伙企业至少应当有一个普通合伙人

B. 有限合伙企业中的合伙人一律不得以劳务作为出资

C. 有限合伙人可以用知识产权作价出资

D. 有限合伙企业登记事项中应载明有限合伙人的姓名或名称

10. 某甲提供资金1万元，某乙提供房屋5间，某丙提供自己的技术，共同开办一家修理厂，因资金不足，他们又向某丁借贷了1万元，这个厂的合伙人是（　　）。

A. 甲　　B. 乙　　C. 丙　　D. 丁

三、案例分析题

某年5月，甲、乙、丙、丁4人自愿组成一个合伙采石组，共同劳动，按劳取酬，并推举甲为负责人，但未签订书面协议。数日后，戊要求入伙，经甲、乙、丙、丁全体同意，戊也加入了采石组。此后，5人进行了2次分红。当年10月某日，5人在某工地进行爆破采石时，按照分工，由乙、丙、丁担任警戒，戊负责爆破，甲予以协助。因炮眼有渗水，戊决定采取先装导火索后装炸药的危险爆破法，甲说这样太危险，戊说只能这样了。为了赶时间，甲只好默认。当戊向炮眼装第四节炸药时，因炸药上已装导火索，戊刚装好，炸药爆炸，戊被炸伤双眼，经医治无效，左眼失明，并花去医药费近1万元。戊要求甲、乙、丙、丁赔偿其损失并承担生活费，被拒绝，戊诉至法院。问：该案应如何处理？

第七章

民事法律行为

导　学

本章通过讲授民事法律行为的基本原理，使学生能够熟练掌握其基本原理并规范和指导自己和他人的法律行为。本章从民事法律行为制度沿革和一般理论入手，层层递进，对民事法律行为进行了介绍。

本章内容可分为两个层面：第一个层面为民事法律行为基本理论范畴，主要包括民事法律行为制度的发展和意义，民事法律行为的概念及特征，民事法律行为的分类，民事法律行为的形式。

第二个层面是从实践的角度分析民事法律行为的成立和效力。民事法律行为成立的核心要素是意思表示。从技术层面上细分意思表示，可以更好地指导实践。民事法律行为的效力则是价值判断问题。其思路是首先须了解民事法律行为生效的条件，然后才能分析效力欠缺的民事法律行为。民事法律行为生效条件中的难点是：如何理解意思表示真实？判断意思表示是否真实主要是看意思与表示是否一致以及意思与表示是否自由。所以，本章采用类型化的方法对意思表示不真实的情形进行细化。由于社会生活的复杂性，效力欠缺的民事法律行为分为绝对无效的民事法律行为、可撤销法律行为、效力未定法律行为。本章结合我国现行的立法，以适应实践为原则，总结了这三类效力欠缺民事法律行为的适用情形。

本章知识体系

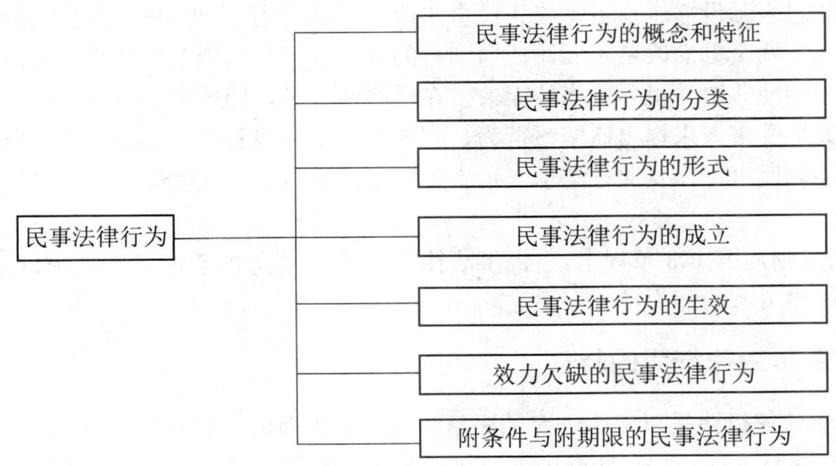

第一节 民事法律行为的概念和特征

一、民事法律行为的概念

（一）德国法学的界定

早期德国法学不严格区别法律行为概念和意思表示概念，往往将法律行为等同于意思表示。萨维尼在《现代罗马法体系》第三卷如此定义："行为人创设其意欲的法律关系而从事的意思表示行为，称法律行为。"

后期德国学者区分法律行为概念和意思表示，认为法律行为是一种法律事实构成或者法律要件，而意思表示则为构成法律行为的一种法律事实。法律行为的构成是复杂的，因其类别不同，可能是包含一个意思表示，也可能包含数个意思表示，还可能包含其他法律事实要素，但无论如何，意思表示是法律行为的本质要素。例如，当代法学家拉伦兹定义说："法律行为是一种目的旨在形成某种法律后果的意思表示行为。"

后期学者的定义，符合《德国民法典》的立场。对于法律行为，德国立法理由书作了以下具体解释，所谓法律行为，是指私人的、旨在引起某种法律效果的意思表示。此种效果之所以得依法产生，皆因行为人希冀其发生。可见，《德国民法典》制定时，区分了法律行为与意思表示两个概念，将意思表示当作法律行为的本质要素。在法律上，大多数情况下，孤立的意思表示往往不能产生它所追求的法律效果，而是处于一个原因要素的位置，是在更复杂更广泛的法律事实总和的内部，起着组成因素的作用。

各国民法学大都承继了《德国民法典》的法律行为概念，将意思表示视为法律行为一个本质要素。例如，日本权威法学家我妻荣教授就定义，法律行为是以意思表示为要素而成立的法律要件，根据该意思表示的结合形态，可区分单独行为、契约、共同行为三种。

（二）我国的界定

《民法通则》关于民事法律行为的概念，强调其应当具有合法性，该法第 54 条规定："民事法律行为是公民或者法人设立、变更、终止民事权利和民事义务的合法行为。"但《民法总则》并没有作出此种要求，该法第 133 条规定："民事法律行为是民事主体通过意思表示设立、变更、终止民事法律关系的行为。"由该规定可以看出，《民法总则》从以下两个方面改变了《民法通则》的规定。一是取消了合法性的要求，因为民事法律行为即便非法，也并非当然无效。在许多情况下，即便民事主体实施了欺诈等非法行为，如果受害人未提出撤销该行为，则该行为也应当有效。二是增加了意思表示的概念，即强调民事主体要通过意思表示实施民事法律行为，这就揭示了民事法律行为的本质特征。

《民法总则》第 133 条规定："民事法律行为是民事主体通过意思表示设立、变更、终止民事法律关系的行为。"

二、民事法律行为的特征

1. 民事法律行为是以发生一定的民事法律效果为目的的表意行为

民事法律行为这一特点使得民事法律行为区别于其他法律事实，如侵权行为。侵权行为虽然也产生一定的法律后果，但这个法律后果并非当事人自己主张，而是由法律规定的。

2. 民事法律行为以意思表示为核心要素

所谓意思表示，是表意人将其期望发生某种法律效果的内心意思以一定方式表现于外部的行为。正因为意思表示在法律行为中很关键，而意思表示的效力和主体的行为能力是否欠缺则密切联系在一起，所以一个五岁的孩子可以拾得无主物获得所有权，但是不能从事签定合同的法律行为。所以民事法律行为是私法自治的体现，同时也更具有复杂性，要考量很多因素。

3. 民事法律行为是一种民事性质的行为

民事法律行为最初源于对契约关系的理论抽象，后经《德国民法典》的创设，上升为民法总则中的基本制度，具有民事的性质。这表明民事法律行为是民事主体基于自由意志，在平等基础上为调整彼此间的财产关系和人身关系而实施的行为。它不同于具有强制性的刑事行为和体现隶属关系的行政行为，民事法律行为受到平等、意思自治等民法基本原则的约束并最终产生私法上的法律效果。充分把握民事法律行为的民事性质，有助于深刻理解民事法律行为，并在对民事法律行为的司法管辖、法律适用和效力认定上具有重大指导意义。

第二节 民事法律行为的分类

法律行为类型化理论是法律行为理论的重要部分，是其细化技术功能的表现之一。法学上关于法律行为的不同分类，从多角度揭示了法律行为的各种形态，很多成果直接被立法所吸收。

一、单方法律行为、多方法律行为

民事法律行为可以基于双方或者多方的意思表示一致成立，也可以基于单方的意思表示成立。

1. 单方法律行为

单方法律行为是根据一方当事人的意思表示就可成立的法律行为，其特点在于不需要他方当事人的同意就可发生法律效力。其存在的原因主要有两方面：其一多数单方法律行为是只给对方利益，不要求对方付出相应代价的行为，如订立遗嘱、抛弃继承权、免除债务等；其二由于行为人依法享有某种形成权。如撤销委托代理、追认无权代理等行为。

单方法律行为又可作进一步区分。一是须向特定人进行的单方法律行为，如行使法定解除权解除合同的行为、效力未定的合同中当事人行使追认权的行为等。进行此类单方法律行为的当事人常享有形成权，所以此类单方法律行为中包含的意思表示只有到达作为接收方的特定人，才能生效，否则会对特定人产生不利影响。二是无须向特定人进行的单方法律行为，又称狭义的单方法律行为，如抛弃所有权的行为，因为此类法律行为不给对方增加负担，所以该单方法律行为的意思表示一经作出，即可生效。

德国法上对于享有形成权作出的单方法律行为，一般无须诉讼。但某些情形须经诉讼，意味着国家的监督。主要内容如下。①形成权涉及第三人利益的领域。如解散无限公司、有限公司。②某些民事领域，出租人必须通过终止租赁合同之诉来终止房屋出租。③亲属法领域，婚姻无效的形成权必须以诉讼行使。这些形成之诉的判决，为形成判决，这种判决可以自动执行，即从取得既判力起，自动产生改变法律效果的效力，并不需要等待别人的执行或履行。

我国对基于形成权作出的单方法律行为，未制定出如此详细的规定，实践中也没有强调这类单方法律行为必须诉讼，一般是赋予形成权人选择权。但借鉴德国的做法，对于关涉善意第三人利益、影响社会公共利益、保护弱者权益的情况下，通过诉讼行使形成权有一定的必要性。

2. 多方法律行为

多方法律行为指由数方意思表示才可形成的法律行为，具体分为双方法律行为、共同法律行为和决议双方法律行为，是当事人双方相对应的意思表示达成一致才可成立的法律行为。合同行为是典型的双方法律行为。合同依创设的法律效果不同，又分亲属合同、债权合同、物权合同等。

共同法律行为，又称协定行为，是两个以上当事人并行的意思表示达成一致才可成立的法律行为。如两个以上的合伙人订立合伙合同的行为，即为多方法律行为。共同行为，又分对外的共同行为和章程行为。

对外的共同行为仅使共同行为人共同对外，发生或变更法律关系，并未建立参与人彼此内部关系。如合伙人的开除等。

章程行为，仅建立参与人彼此内部关系。它一般建立组织规则，即社团或财团基本法，以创设组织活动的法律基础。

决议是指多个民事主体在表达其意思表示的基础上依据表决原则作出决定。这里所谓多个民事主体通常是指法人或其他组织的成员以及法人或其他组织内部设立的机构。例如股份有限公司的股东代表大会、董事会等。这里所谓表决原则，可以采取全体同意原则，也可以采取多数通过原则。决议有两个特点。①决议是意思表示平行一致，但与共同法律行为不同，它有时以多数通过为原则。决议中，单个成员的意思表示的无效或撤销并不一定影响决议的效力。②决议对那些没有对决议表示同意的人也能产生拘束力。

二、单务法律行为和双务法律行为

单务法律行为是依法律行为的内容，一方只享有权利，不承担义务，而另一方则只承担义务不享有权利的法律行为，如赠与合同。双务法律行为是当事人双方均享受一定权利、均承担一定义务的法律行为，如买卖合同等。

区分单务法律行为与双务法律行为的意义在于：双务法律行为有着单务法律行为所没有的一些民事法律后果：①双务法律行为双方当事人享有同时履行抗辩权；②双务法律行为一方因不可抗力或意外事故不能履行自己的义务，丧失要求另一方履行的权利，同时对另一方已作的履行应予返还；③双务法律行为一方因过错没有履行义务时，另一方有解除法律行为并要求赔偿损失的权利。

三、有偿法律行为和无偿法律行为

偿，即报偿，对价给付的意思。有偿法律行为，是当事人一方享有利益，须向对方当事人支付相应代价的法律行为。有偿法律行为是商事法律行为的常态。如买卖合同，买受人取得出卖人的出卖物，必须向出卖人给付一定的价金，就是一种有偿法律行为。

无偿法律行为，是当事人一方从另一方取得某种利益无须为此向另一方作相应对价给付的法律行为。如赠与合同，受赠人取得赠与人的财产无须向赠与人为任何对价给付，就是一种无偿法律行为。

区分有偿法律行为和无偿法律行为的意义主要在于确定当事人权利的效力范围和承担责任的轻重。无偿法律行为中不享有对价的一方法律责任较有偿法律行为中义务人的责任轻。例如，无偿保管合同，保管人只在故意或重大过失情况下承担责任，赠与合同中，赠与人也只在故意或重大过失情况下才承担赠与物的瑕疵担保的责任。

四、诺成性法律行为和实践性法律行为

诺成性法律行为，指仅以意思表示一致为成立要件的法律行为。如买卖、租赁、承揽等。

实践性法律行为，又称要物行为，指除意思表示一致外，还须有一方当事人履行合同义务或交付标的物的行为才可成立的法律行为。如保管合同、自然人之间的借贷合同、定金合同、动产质押合同等。在法律没有明确规定或者当事人没有特别约定时，民事法律行为都是诺成性法律行为，即诺成性法律行为是常态，实践性法律行为是例外。

法律将某些法律行为规定为诺成性法律行为或实践性法律行为出于两种不同的原因。一是对某些无偿法律行为或某些虽为有偿但由一方先给对方以利益的法律行为，法律应当允许先给付利益的一方在未按意思表示交付标的物前反悔，如借用、民间借贷等；二是某些法律行为，须一方先交付标的物对方才能履行其义务，如保管。但是这两种情况也不是绝对的，因为市场经济是信用经济，我国合同法将运输合同、信贷合同、仓储保管合同等，均宣布为诺成合同。

五、要式法律行为和不要式法律行为

要式法律行为，指依法律规定或当事人的约定，应当采取一定形式或履行一定程序的法律行为。不要式法律行为，指法律没有特别规定或当事人没有特别约定采用特定形式，当事人可以自由选择一种形式的法律行为。

六、主法律行为和从法律行为

主法律行为，指在两个相互关联的法律行为中，不需要有其他法律行为的存在就可成立的法律行为。从法律行为，指两个相互关联的法律行为中从属于其他法律行为而存在的法律行为。例如，买卖合同与保证合同，前者为主法律行为，后者为从法律行为。从法律行为的成立和效力取决于主法律行为。主法律行为未成立，从法律行为无从成立；主法律行为无效，将导致从法律行为不能生效。

七、物权行为和债权行为

物权行为，是以物权关系发生、变更和终止为目的的法律行为。债权行为，是以债权关系发生、变更、终止为目的的法律行为。

八、有因行为和无因行为

有因行为，又称要因行为，是指行为与其发生原因在法律上相互结合不可分离的法律行为。如债权行为；无因行为，又称不要因行为，指行为与其发生原因可以分离，行为人在其意思表示中只需明确为某种给付，无须表明给付原因即能成立的法律行为。以金钱给付为内容的各种票据、以货物给付为内容的提单、仓单、运单，都是无因行为。

原则上，任何交易均有其目的，任何财产给付均有一定的原因，故法律行为本质上应为有因行为。但是出于交易安全的考虑，各国立法对无因行为也予以认可。无因行为是随着信用经济的发展，商品交易结算与商品交易本身相分离的产物。因此，无因行为并非是财产给付无经济上（如交易上）的原因的行为，而是法律有意抛开其给付原因，目的是使无因行为的效力不受其原因行为不成立、无效或被撤销的影响，从而维护商业流通的安全。

第三节　民事法律行为的形式

民事法律行为的形式，实际上是作为法律行为核心要素的意思表示的形式。现代民法对法律行为的形式，除了要式法律行为，原则上都采自由主义。《民法总则》第135条规定："民事法律行为可以采用书面形式、口头形式或者其他形式；法律、行政法规规定或者当事人约定采用特定形式的，应当采用特定形式。"

在我国民事法律行为的形式主要有如下种类。

一、口头形式

民事法律行为的口头形式是指通过语言这一媒介来表达意思的方式，包括当事人面对面交谈、通过电话联系等。口头形式具有简便迅速、容易理解等优点，但同时由于缺乏客观记载，一旦发生纠纷，日后难以取证。因此，大多适用于即时结清或标的数额小的交易。

二、书面形式

民事法律行为的书面形式是指用书面文字形式所进行的意思表示。合同书以及任何记载当事人权利、义务内容的文件，都属书面形式。我国《合同法》第11条规定："书面形式是指合同书、信件和数据电文（包括电报、电传、传真、电子数据交换和电子邮件）等可以有形地表现所载内容的形式。"书面形式可促使当事人深思熟虑后才实施法律行为，使权利义务关系明确化，并可保存证据，有助于预防和处理争议。书面形式主要适用于履行期限较长、交易规则复杂、标的数额较大的交易行为。

根据法律对书面形式是否有特殊要求，可将书面形式分为一般书面形式和特殊书面形式。一般书面形式中法律只一般地要求行为人用文字符号表达其意思，而特殊书面形式中除当事人用文字符号表达其意思外，还须经有关机关确认。常见的特殊书面形式如下所示。

（一）公证形式

公证是指公证机构根据当事人申请，依法定程序对当事人之间民事法律行为的真实性、合法性予以证明并出具公证文书的活动。公证形式是当事人将其意思表示用文字表达，并提请公证机关依法定程序对该意思的真实性和合法性进行确认取得公证文书的方式。

民事法律行为一旦公证则具有以下效力。

第一，法律规定或当事人约定不经公证行为无效的，公证是该行为的生效要件。

第二，行为真实性、合法性的证明效力。在诉讼中，经公证的行为或事实，法院可以直接采证，无须再进行核实。但公证的证明效力也不是绝对的，如果当事人能举证证明其不真实或不合法，法院便可作相反的认定。

第三，优先执行的效力。如按照我国继承法有关规定，公证遗嘱优先于其他遗嘱执行。

第四，域外效力。公证是国际上通行的证明形式，本国之公证不仅在本国具有证明效力，在国外也具有证明效力。

（二）鉴证形式

鉴证形式是指国家行政机关依职权对合同的真实性和合法性进行审查并证明的形式。现在实行鉴证的主要是劳动合同。但劳动合同鉴证不是法定的必要行为，是当事人双方的自愿行为。劳动合同鉴证的目的在于：一是促使双方依法律、行政法规规定认真签订劳动合同；二是督促双方严格履行劳动合同，防止和减少劳动争议。劳动合同鉴证不仅维护劳动关系双方的合法权益，还提高了劳动合同履约率，有利于加强劳动合同管理。

（三）认证形式

认证形式是指通过外交、领事机关对印鉴给予确认证明而进行意思表示的方式，多见于涉外法律文书之中，认证使相关法律文件具有域外证明力和较高的可信度。对于某些法律行为，法律规定必须采用认证形式，如依据收养法的规定，外国收养人提供的证明材料，应当经过其所在国外交机关或者外交机关授权的机构认证，并经过中华人民共和国驻该国使领馆认证。

（四）审核批准或登记的形式

审核批准或登记的形式是指当事人的书面形式的意思表示须经有关主管部门审核批准或登记，法律行为才成立或生效。例如，中外合资经营企业的合同或章程应报国家对外经济贸易主管部门或其授权的审批机关批准，经批准后生效。

（五）公告形式

公告形式是指有关机关对当事人的书面意思表示进行确认并予以公开宣告的形式，公告具有公示效力。例如，转让注册商标经核准后，予以公告。

（六）私证形式

私证是指无利害关系的第三人对当事人的民事法律行为或其他事实所作的证明。私证源远流长，是先于公证而产生的证明形式。法律行为之私证，一般由当事人自愿采用，但也有由法律直接规定的。例如，我国继承法规定，口头遗嘱、录音遗嘱和代书遗嘱必须两人以上见证，才具有法律效力，并对见证人的条件作了规定。此外，随着信息科学技术的发展，出现了以录音、录像等视听资料形式实施的法律行为，这类形式生动形象，信息量大，能够再现当时的情景，但也容易被伪造篡改，因此法律规定，对于以这类形式实施的法律行为的真实性、合法性，要有两个以上无利害关系人证明或有其他证据佐证。

三、推定形式

法律行为的推定形式是指当事人通过有目的、有意义的积极行为将其内在意思表现于外部，使他人可以根据常识、交易习惯或相互间的默契，推知当事人已作某种意思做表示。如租期届满后，承租人继续交纳房租，出租人接受之，由此可推知当事人双方有延长租期的意思。推定形式有难于查证、容易发生纠纷的缺陷，因而一般只适用在简单法律关系、能即时结清或延续性、惯例性的事项中。

四、沉默形式

法律行为的沉默形式是指既无语言表示又无积极行为表示的消极行为，在法律有特别规定的情况下，视为当事人的沉默才构成意思表示。通常情况下，内部意思之外部表达须借助于积极的表示行为，沉默不是表示行为，因此，沉默不是意思表示，不能成立法律行为。只有在法律有特别规定或当事人双方有特别约定时，当事人的消极行为才被赋予一定的表示意义，并产生成立法律行为的效果。法律作这种规定，是为了尽快了结正在进行的事务，制裁怠慢、懒惰者，其结果往往不利于沉默人。如在无权代理的情况下，本人知道他人以本人名义实施法律行为而不作否认表示的，视为同意。遗赠合同中，如果受赠人在继承发生后两个月未作出愿意继承的表示，则视为放弃继承。

第四节　民事法律行为的成立

一、民事法律行为成立概述

民事法律行为作为一种法律事实，其成立受到法律规制。法律依据一定的法律政策思考，从静态和动态两个角度设定法律行为成立条件：静的方面，至少须具备主体和意思表示二要素；动的方面，意思表示是人的一种特殊活动，从内在到外在表现，其完成须有一个过程，而且，不同类型的法律行为，其完成有的还须遵循一定方式和一定程序。

（一）民事法律行为成立的概念

民事法律行为的成立，是指某种法律行为符合法律行为构成要件的客观情况。

长期以来，我国民法理论并不将民事法律行为的成立要件和有效要件加以区别。实际上，确定民事法律行为是否有效的第一步，应是确定该民事法律行为是否已成立。民事法律行为的成立，属于事实判断问题。因此依据民事法律行为的成立要件，仅仅能得出民事法律行为成立或不成立的结论。事实构成齐备，民事法律行为即成立，可以进一步判断其是否具备生效条件，能否依照当事人预期产生相应的法律效力。

民事法律行为的生效，即一个民事法律行为能否被评价为一个具有合法性的民事法律行为，属于价值判断问题。如果说民事法律行为的成立要件主要归属于当事人得有所为的范畴，民事法律行为的生效要件就已超出了当事人所能控制的范围，体现了国家对民事法律行为的肯定或否定评价。

（二）民事法律行为的成立要件

1. 民事法律行为的一般成立要件

民事法律行为作为以意思表示为要素的人的行为，其完成或成立在民法上至少应符合两个条件：适格的主体和意思表示一致。静态上应具有一个民事法律行为的全部要素。

（1）行为主体。民事法律行为必须具备可确定的主体。为自己创设法律关系的法律行为是一般情形；为他人创设法律关系的法律行为是特殊情形，称代理行为。在代理行为中，代理人是法律行为主体，而不是被代理人，后者是法律关系主体。自然人都可以成为意思表示的主体。法人可否成为意思表示的主体，在不同国家观念不同。德国法采取拟制说，视法人机关为法人的代理机构，所以不承认法人直接成为法律行为的主体。瑞士和日本以及中国采用实在说，承认法人可以成为法律行为的主体。当然，根据意思表示的数量而形成的单方法律行为、多方法律行为，则法律行为的主体可能相应的有一个、两个或多个。

（2）意思表示。意思表示是法律行为的本质要素，法律行为的成立，必须具备意思表示。

2. 民事法律行为的特别成立要件

民事法律行为的特别成立要件，是指某些特别类型的法律行为的成立，除须具备一般要件外，还需具备特别的事实要素。如要物行为，该行为的成立除需具备法律行为的一般成立要件外，还需有一方当事人义务的履行行为或标的物的交付行为；又如，要式法律行为该种行为要求在具备法律行为的一般成立要件外，还需要采用法律规定或当事人约定的特定形式法律行为才能成立。

二、意思表示

（一）意思表示的概念和构成要素

意思表示是表意人将其期望发生某种法律效果的内心意愿以一定方式表现于外部的行为。由于要保护对方或善意第三人的信赖利益，意思表示对于表意人具有法律上的约束力。因此，判断意思表示是否成立就至关重要，一个未成立的意思表示当然不能约束表意人，而意思表示一旦成立，则表意人就必须为此负责。判断意思表示的成立，须从意思表示的构成要素入手。意思表示的构成要素包括目的意思、效果意思和表示行为。

1. 目的意思

目的意思是明确法律行为标的具体内容的意思要素，它是意思表示据以成立的基础。目的意思的内容根据其法律性质不同可以分为要素、常素和偶素。要素是指构成某种意思表示所必须具备的意思内容。如标的、数量条款作为买卖合同的必要条款，即属于买卖合同中意思表示的要素，缺少要素，既不存在目的意思，也不存在意思表示。常素是指由法律直接规定的意思表示的内容，如违约责任、瑕疵担保责任，表意人即使未表示，也仍适用。因此目的意思中可以不包含常素。偶素是指并非某种类型的意思表示必须或当然具有，而是完全由当事人自行添加的意思要素。如买卖合同当事人约定该合同必须使用蒙古族文字拟订，该项约定即属买卖合同中意思表示的偶素。偶素必须经由当事人的特别约定方可成为特定意思表示的内容。因此目的意思中未必都包含偶素。

2. 效果意思

效果意思是指当事人欲使其目的意思发生法律效力的意思要素。效果意思又常被称为效力意思、法效意思或设立法律关系的意图。具备了法效意思意味着行为人要有意识地追求设立、变更或终止某一特定民事法律关系的法律效果。例如，某果品公司向新疆某农场发出一份传真："我市市场西瓜脱销，不知贵方能否供应。如有充足货源，我公司欲购十个冷藏火车皮的西瓜。望能及时回电与我公司联系协商相关事宜。"农场立即组织十个冷藏火车皮的货物给果品公司发去，并随即回电：十个冷藏火车皮的货物已发出，请注意查收。判断果品公司是否应当承担责任，就要分析其意思表示是否成立，首先具有了目的意思，但是缺乏效果意思，该公司并没有使其目的意思发生法律效力的意思要素，所以才说与对方还要协商。据此就可以判断果品公司不承担责任。

3. 表示行为

表示行为是指行为人以一定方式将其内在的目的意思和效果意思表现于外部，并为相对人所知的行为。如张贴出租房屋的启事、将论文稿寄给某杂志社、书写一份处分死后遗产的遗书、与某律师事务所订立聘用常年法律顾问合同等行为，都是表示行为。

只有具备以上三要素，意思表示才能成立。例如，某人在拍卖会上招呼其朋友，被拍卖师误认为是举牌。该人虽有表示行为，但没有目的意思和效果意思，即不得认为存在意思表示。再如，甲将欲购买乙房产的目的意思用书面形式表达出来，但尚未最终决定是否将其作为要约发给乙。乙偶然发现这一目的意思，随即向甲作出承诺。此时，甲不承担责任，因为甲虽有目的意思，但无效果意思和表示行为，不得认定存在意思表示。

（二）意思表示的拘束力

1. 意思表示拘束力概述

意思表示的拘束力是指在法律行为的形成过程中，表意人的意思表示一旦形成，不管法律行为是否成立，表意人均受该意思表示的约束，非依法律不得随意撤回或变更其意思表示。

在单方法律行为中，意思表示对表意人发生拘束力的同时，亦发生法律行为的效力，引起在当事人之间民事权利义务关系的变动；在双方法律行为中，表意人的意思表示未经相对方承诺前，又欠缺法律行为其他成立条件，则意思表示只对表意人发生拘束力，不产生法律行为成立的效果；在附条件的法律行为中，附加条件成就前也只发生意思表示的拘束力，不发生法律行为成立的效力。意思表示拘束力表现在当事人不得恶意促成或阻碍条件的成就。

2. 意思表示拘束力的发生时间

正因为意思表示一经作出，表意人就要受意思表示的拘束，因此，意思表示自何时发生拘束力就成为一个由法律加以规定的重要问题。

1）有相对人的意思表示与无相对人的意思表示

有相对人的意思表示，受领意思表示的相对人须有受领能力。如相对人无受领能力，意思表示在到达其法定代理人之前，不发生效力。有相对人的意思表示，依其实施的方式不同，又可分为对话的意思表示与非对话的意思表示，二者的拘束力发生的时间是不相同的。对话的意思表示一经发出，便对表意人发生拘束力，同时相对人立即取得承诺的权利。非对话的意思表示是间接的意思表示，表意人为意思表示与相对人受领意思表示有一个距离。该意思表示自何时发生效力，学说上有四种不同的主义。第一种是表示主义，认为应以意思表示完成的时间作为拘束力发生的时间；第二种是发信主义。认为应以信函、电报交付邮局或使者的时间作为拘束力发生的时间；第三种是到达主义，认为应以信函、电报等到达相对人支配范围的时间作为拘束力发生的时间；第四种是了解主义，认为应以相对人了解信函、电报内容的时间作为拘束力发生的时间。

上述四种主义，各国立法一般采用到达主义，也有少数国家采用发信主义。立法上不采用表示主义和了解主义的原因是：无论是表示主义还是了解主义，在确定意思表示的拘束力的发生时间时，所使用的标准都是主观的标准，比较难证明。而到达主义和发信主义采用的是客观标准，均可由邮戳或作为使者的第三人客观地证明。到达主义和发信主义两者对比，到达主义更优越。因为到达主义把信函、电报遗失或迟到的风险分配给发信人，相比发信主义将此种风险分配给意思受领人而言，更为合理。由于各国立法一般采用到达主义，有必要对到达主义做进一步的说明，认识到达主义主要要注意以下两点。第一，到达的构成必须具备主客观两个要素。主观要素是表意人具有发送意思表示的意思。客观要素是意思表示客观地到达相对人的支配领域，即是指信函、电报进入相对人的支配领域。第二，信函、电报进入相对人支配领域后，便立即发生法律的拘束力，相对人未即时了解意思表示内容而耽误事情的风险由相对人自己承担。

无相对人的意思表示，由于不涉及意思表示的受领问题，因此一般自意思表示成立时发生拘束力，如果法律另外有规定的，依法律规定。例如，法律规定遗嘱自遗嘱人死亡时发生效力，因此遗嘱人死亡前可以撤销、变更及处分遗嘱中提到的财产。又如悬赏广告，法律一般规定自有人实施广告中所指定的行为起发生拘束力，那么自此时起悬赏广告人不得随意撤销广告，但在这之前可以撤销广告。

2）意思表示的撤回

意思表示撤回是指使意思表示从来都不发生效力，而意思表示撤销是指使已经发生效力的意思表示解除效力。无相对人的意思表示，不存在撤回问题，因为一般情况下，意思表示一旦作出就发生拘束力，但一定情形下允许向后解除，如上面提到的法律另有规定的情形，如对遗嘱的撤销。解除无相对人的意思表示时，不是否定原意思表示生效，但可使已经生效的意思表示失去效力。有相对人的意思表示之撤回，应进一步区分：在对话的意思表示由于意思表示一经作出，就已经完成，所以不发生撤回问题。非对话的意思表示，由于存在受领过程，在到达前往往有时间间隔，应当允许撤回，但撤回通知应先于或与表示通知同时到达。

（三）意思表示的解释

1. 意思表示的解释对象

关于意思表示的解释对象，历来存有争议，于是出现了意思主义理论、表示主义理论和折中主义理论之别。

1）意思主义

意思主义理论认为，意思表示的解释，重在解释行为人的内在意思。按照这一理论，意思表示的实质在于行为人的内心意思，法律行为本身不过是实现行为人意思自治的手段。因此，意思表示解释的目的仅在于发现或探求行为人的真意。在表示与意思不一致的情况下，法律行为应依据对行为人真意的解释而成立。

2）表示主义

表示主义理论认为，意思表示的解释，重在解释行为人所表示出来的意思。按照这一理论，法律行为的本质不是行为人的内在意思，而是行为人表示出来的意思。因此，表示主义理论主张对于意思表示的解释原则上采取客观性立场，在表示与意思不一致时，以外部的表示为准。对于有相对人的意思表示的解释，应以相对人足以客观了解的表示内容为准，以保护相对人的信赖利益。

3）折中主义

折中主义理论认为，当内在意思与表示出来的意思不一致时，或采用意思主义，或采用表示主义，以求审时度势，兼容并包意思主义理论和表示主义理论中的合理因素。

我国法律就意思表示的解释对象采用折中主义理论，即在区分意思表示类型的基础上，决定采用意思主义还是表示主义。对于无须受领的意思表示，如遗嘱等，通常采用意思主义。对于需受领的意思表示，如要约、承诺等通常应采用表示主义。但在表示人能够证明相对人知道或应当知道表示人真实意愿时，应采用意思主义。如果在当事人因欺诈、胁迫、乘人之危、错误等原因为意思表示时，也应采用意思主义理论。考虑到意思表示会对其他民事主体的利益产生直接或间接的影响，因此在类型化的基础上，采用折中主义理论能够较好地兼顾行为人与其他民事主体的利益。有时候对意思表示解释有歧义，还需要凭借解释方法进行判断。

2. 意思表示解释的方法

意思表示解释的方法很多，如根据我国《合同法》第125条第1款的规定："当事人对合同条款的理解有争议的，应当按照合同所使用的词句、合同的有关条款、合同的目的、交易习惯以及诚实信用原则，确定该条款的真实意思。"可见，我国对于意思表示进行解释的方法主要有以下几种。

1）文义解释

所谓文义解释，是指通过对意思表示所使用的文字词句的含义进行解释，以探求当事人的真实意思。由于意思表示是由语言文字构成的，欲确定意思表示的含义，必须先了解其所用的词句，确定其含义。因此，解释意思表示必须先由文义入手，其余的各种解释方法，最终都要落脚到文义解释。但考虑到语言文字大多具有多义性，而意思表示人运用语言的能力以及所具备的法律知识也各有不同，所以在进行文义解释时，不应拘泥于当事人所使用的文字。

2）体系解释

体系解释，又称整体解释，是指把意思表示的全部条款和构成部分看作一个统一的整体，从各个条款以及构成部分的相互关联、所处地位的总体联系上阐明当事人有争议的用语的含义。这种解释方法把意思表示看作一个整体，要理解其整体的意思必须准确理解其各个部分的意思；要理解各个部分的意思，也必须将各个部分置于整体之中，使其相互协调。体系解释得到各个国家和地区法律的认可，是被广泛采用的解释方法。

3）目的解释

所谓目的解释，是指当意思表示所使用的文字或某个条款可能有两种解释时，应采取最适合于意思表示目的的解释。当事人为意思表示都有一定的目的，该目的是当事人真意的核心，是决定意思表示内容的指针。因此，对于意思表示的解释应符合当事人所欲达成的目的。目的解释的结果可以验证文义解释、体系解释、习惯解释的结果是否正确。

4）习惯解释

所谓习惯解释，是指意思表示所使用的文字词句有疑义时，应参照当事人的习惯解释。习惯包括语言习惯、行为习惯、交易习惯等。运用习惯解释时，应注意以下问题：首先，习惯应当是客观存在的，主张习惯存在的当事人，负有当然的举证责任；其次，习惯必须合法，如果习惯违反法律的强行性规定，则不能作为解释的依据；最后，习惯应当是当事人双方已经知道或者应当知道而又没有明确排斥的。

5）诚信解释

所谓诚信解释，是指对意思表示进行解释时，应遵循诚实信用原则。诚信解释的主要功能在于，依据诚实信用原则对于运用前述几种解释方法所得出的结论进行检验。违反诚实信用原则的解释结论，不应被采纳。

下面根据一个案例来分析如何解释意思表示。某人用电报向一家旅馆预订了两间房三张床，他是想订两个房间，一个是两人间，另一个是单人间，一共加起来是两间房三张床。旅馆也只有两人间和单人间。但旅馆老板为他的客人预留了两间最大的房间，并在每间房间里加了一张床。客人来到时，只愿意支付三张床的价钱，因为，他认为自己只订了三张床位。客人的意思表示是多义的，如果简单地以表示主义来分析，根本不能直接得出结论，所以必须借助解释方法来分析，根据诚实信用原则，旅店老板理解的意思表示与表意人的意思表示可能会不同，旅店老板本应意识到这点，并对客人进行询问，以进一步明确，但旅店老板没有这样做。而且根据文义解释的方法，旅店老板能理解两间房是总和，那么三张床依常理也应是总和，而客人预订三张床位的表示是有效的，所以多出的三张床的费用应当由旅店老板自己承担。

第五节　民事法律行为的生效

一、民事法律行为生效的概念

所谓民事法律行为生效是指已经成立的民事法律行为产生当事人预期的法律效力。这里说的法律效力，并不是指法律行为能够像法律那样产生拘束力，而只是强调民事法律行为对特定当事人具有拘束力。民事法律行为之所以能够具有法律拘束力，并非单单是当事人自由意志之功，而是民事法律行为符合法律价值取向的结果。即被法律评价为合法的民事法律行为才能够产生当事人预期的法律效果。可见，民事法律行为的效力本身介入了国家意志。如果民事法律行为不符合国家意志，该民事法律行为即不得生效。

而不生效的民事法律行为虽然不能产生当事人预期的法律效果，但同样要受法律的约束，承担法律施加的不利后果。

二、民事法律行为的一般生效要件

民事法律行为的生效要件，是指民事法律行为能够按行为人意思表示的内容产生民事法律效果所应具备的条件。凡只具备成立要件而不具备有效要件的法律行为是效力欠缺的法律行为。法律行为的有效要件分为一般生效要件和特殊生效要件。

（一）行为人具有相应的民事行为能力

民事法律行为以当事人的意思表示为基本要素，具有健全的理智，是作出合乎法律要求的意思表示的基础。因此，行为人必须具有相应的民事行为能力。如果不具有相应的民事行为能力，便意味着行为人没有实施该行为的资格，其实施的行为在效力上也就存在法律上的障碍。下面以类型化的方法对行为人从事法律行为时的民事行为能力进行深入分析。

1. 自然人的民事行为能力

第一，完全行为能力人，可以为任何合法的法律行为。

第二，无行为能力人，不得为任何法律行为。无民事行为能力人也不是什么法律行为都不能实施。他们可以实施接受奖励、赠与、报酬等纯获利益的法律行为。除此之外，外国民法还规定无民事行为能力人可以实施处分零花钱的法律行为。我国民法虽无此规定，但依据习惯与法理，无民事行为能力人可以使用其零花钱购物。

第三，限制民事行为能力人只能从事与其年龄、智力和精神健康状况相适应的民事活动，其他法律行为的实施必须征得法定代理人的同意。除此之外，外国民法还有禁治产的规定，即经家人之申请，法院可以宣告吸毒者、酗酒者、浪费者为禁治产人，限制其处分家庭财产和个人财产的行为。当限制民事行为能力人超出其行为能力范围为法律行为时，如果是单方法律行为，为完全无效，如果是双方法律行为，构成效力未定，法定代理人可以拒绝或追认。

判断限制民事行为能力人从事的是与年龄、智力、精神状况相适应的民事活动，可以从行为与本人生活相关联的程度、本人的智力或能否理解其行为并预见相应的行为后果，以及行为标的数额等方面认定。各国判例和学理，就限制行为能力人具有相应行为能力，提出了以下类型范围。①日常生活所必需的行为。例如理发、购买零食等，只限于财产行为，不及于身份行为。②纯获利益的行为。是否为纯获利益，以利益行为的直接效果为准，即是否对该主体含有义务。如果是权利的附带约束，而不是一种独立义务，仍然属于纯获利益。如受赠的土地上附加税收等义务。③法定代理人事先允许的行为。包括：允许处分一定财产。限制行为能力人就处分财产所获得代替物原则上可再处分，如果代替物价值甚大，应排除限制行为能力人处分。如限制行为能力人用零花钱购买奖券中奖，奖金超过原允许处分财产范围，行为人便不能再处分。允许营业。该限制行为能力人即使有不胜任的情形，也不得对抗善意第三人。④限制行为能力人实施诈骗的行为。日本民法规定，限制行为能力人使用诈术，使人信其有行为能力或已得法定代理人允许者，就其因诈术所为法律行为，视为完全行为能力。其理由在于：限制行为能力人能使用诈术，智力不浅，无保护必要。德国法没有规定限制行为能力人因此可以获得行为能力，仅规定相对人在善意情形下可以行使撤销权。我国的立法与德国法类似。

2. 法人的民事行为能力

学理普遍认为法人超出经营范围的法律行为并不必然无效，如果没有违反法律、法规的强制性规定，基于对善意第三人的保护，一般对法人的民事行为能力作出从宽解释。

3. 特殊主体条件

在特殊法律行为场合，行为主体还需要符合特殊主体要件，法律行为才可生效。比如在处分行为中，由于涉及权利的现实转移问题，除了行为能力外，处分人还应具有对权利的处分权。如在代理行为中，由于涉及法律行为效果归属于被代理人的问题，代理人必须有代理权。

（二）当事人的意思表示真实

意思表示真实，是指行为人的意思表示是其内心意思的真实反映。它应包括两个方面的含义。一是指行为人的内心意思与外部表示行为相一致的状态。如心理保留、通谋虚伪表示、因误解而进行的意思表示以及表示错误，如口误、笔误、传达人错误、签字错误等就属于意思与表示不一致。二是指当事人是在意志自由的前提下，进行意思表示。所谓意思自由，是指行为人内心效果意思的形成与表示之决定是自由的，未受他人的不当干涉及妨碍。如在受欺诈、胁迫或乘人之危的情况下形成的意思就是意思不自由。民法把意思表示真实作为法律行为的有效要件是为了贯彻意思自治、公平、诚实信用原则。

判断行为人意思表示是否真实，需要借助对意思表示的解释方法，适用折中主义标准，分别从主客观方面分析引起意思表示不真实的原因。意思表示不真实的情形主要有以下类型。

1. 因行为人主观上的原因而致意思与表示不一致的法律行为

1）戏谑表示

戏谑表示又称游戏表示、非诚意表示，是指行为人作出的意思表示并非出于其真意，并预期他人可以认识其表示欠缺诚信，为游戏表示。如戏谑性的言谈、吹嘘或社交场合的不严肃的承诺。缺乏真意的表意人并不想永远欺骗受领人，而只是想开玩笑或令对方吃惊，或使对方陷入窘境。一般立于相对人立场，如果相对人能认清表意人非真意，则该法律行为无效；如果相对人是善意的，则表意人应当承担信赖利益的损失。

2）心理保留

心理保留又称真意保留、单独通谋虚伪表示，指表意人故意隐瞒其真意而表示其他意思的行为。与戏谑表示的区别在于表意人掩盖了自己的真正意图，并且是期望永久性掩盖。

心理保留虽然是意思表示不真实的法律行为，但各国民法均不以之为无效法律行为或可撤销法律行为，而是原则上规定心理保留不影响法律行为的效力，只有在意思表示当时，相对人明知或可得而知表意人的意思表示不真实的情况下，才例外规定法律行为无效。本书认为对心理保留应当具体分析：如果相对人即使知道对方不是真意，主观上并没有其他的过错，如没有诱导或恶意促成表意人作出表示等，而表意人又是故意欺骗，对比双方的主观恶性，确实应当保护相对人利益。所以如果法律行为发生有利于相对人，则相对人可以主张法律行为有效；如果法律行为发生并不有利于相对人，法律行为可以被认定为无效。

3）通谋虚伪表示

通谋虚伪表示是指表意人与相对人通谋而为虚假的意思表示。通谋虚伪表示与戏谑表示和心理保留既有相同之点，也有不同之点。其相同之点表现在都是不真实的意思表示，而且其不真实都是出于表意人隐匿其真意。其不同点是，戏谑表示和心理保留的表意人并未与相对人通谋，而通谋虚伪表示则是表意人与相对人串通为不真实的意思表示。关于通谋虚伪表示的效力问题，有以下几点原则性规定。

首先，通谋虚伪表示在当事人之间无效。由于通谋虚伪表示的当事人都无实现意思表示内容的真意。如果双方当事人事后改变主意，欲实现通谋虚伪表示的内容，应视为当事人之间成立新行为。

其次，通谋虚伪表示之无效，不能对抗善意第三人。这种情况最常见的是债务人与相对人通谋以欺骗债权人，如购货人与朋友订立虚假借款合同以骗取供货人的货物、招投标双方通谋进行虚假招标投标等。

最后，通谋虚伪表示所掩盖的隐藏行为的效力分析。通谋虚伪表示可能只是一个徒具形式的意思表示，也可能隐藏一个真实的意思表示。被通谋虚伪表示所掩盖的真实意思表示在学理上称为隐藏行为。隐藏行为的有效或无效应依据该隐藏行为所适用的法律来判断。如双方碍于旁人的看法，以买卖合同掩盖赠与，如果赠与符合相应的法律，则该赠与合同是有效的。

4）错误

错误指行为人由于某种错误认识或无意识而作出的意思与表示不一致的意思表示。错误虽然也是不真实的意思表示，但不是表意人有意或者与他人通谋所造成的，而是在无意中造成，表意人若在合理考虑情形，必定不会作出这种表示。

在传统民法上，严格区分错误和误解。前者指行为人非故意的表示与意思不一致；后者指相对人对于意思表示了解的错误。但是不管是狭义的错误还是误解，如果产生表示与内心意思不一致的情形，则最终效果应该统一。因为无论是最初的行为人还是相对人实际上都是法律关系的当事人，都处在表意人的地位。所以没有必要将错误和误解区分，可见本书的错误应当是广义的错误。我国民法也不作类似区分，在关于重大误解的规定中，涵盖了错误和误解所包含的内容，并将相应法律行为的效力规定为效力欠缺中的可撤销的法律行为。

根据错误的对象可将错误的意思表示分为动机错误和意思表示本身错误。各国民法一般都未将动机错误作为影响意思表示效力的因素。因为动机错误不是意思表示本身的错误，而是行为人为意思表示的原因的错误。例如，误认为铅笔遗失而去购买铅笔，误认为某种股票价格会上涨而去购买该股票。如果将这些错误作为影响意思表示效力的因素，势必损害交易安全。但是动机错误不影响意思表示的效力也不是绝对的，而是相对的。如果表意人将其动机作为其意思表示生效的条件纳入意思表示中，这时动机成为意思表示的内容，其错误则会影响意思表示的效力。

一般来说，错误具有以下特征。①错误是当事人内心意志的缺陷，即行为人对法律行为的基本要件形成了错误的概念或缺乏必要的认识。如果当事人了解真实情况，就不会进行该种意思表示。②错误只能于错误一方未受对方不法影响时才能存在。如果一方因相对方故意进行的错误陈述或其他欺骗行为而陷入错误认识并作出意思表示，则构成因受欺诈而为的法律行为。③错误必须是对法律行为各要素有关事项的认识错误。

本来表意人错误认识导致的意思与表示不一致是由于表意人自己过失造成的，而相对人没有过错，一般情况下应由表意人自己承担后果，表意人不能主张意思表示效力上的瑕疵。但是如果属于民法上的错误，即我们常说的重大错误，完全由表意人承担责任会显失公平，此时应兼顾表意人利益，允许以意思表示不真实为理由主张意思表示效力存在欠缺。因此，各国民法都规定，只有对于行为内容发生重大错误认识时，才能主张法律行为效力有瑕疵，具体而言，发生以下效果。①表示错误人享有撤销权。是否撤销，由表意人自己决定，一经撤销，法律行为从开始起就无效。②善意相对人可以主张信赖损害。表意人在撤销错误的意思表示后，对相对人为信赖赔偿，赔偿不以错误一方有过失为要件。但赔偿数额以不超过相对人或第三人于意思表示有效时所得利益为限。

2. 因相对人的恶意行为而致意思表示不自由的法律行为

因相对人的恶意行为而致意思表示不自由的法律行为，是指行为人在其意志自由受相对人欺诈、胁迫等恶意行为干扰、妨碍下实施的意思表示与其真实意愿不一致的法律行为。这与因行为人主观原因而致意思表示不真实的法律行为不同，意思表示有缺陷的原因并非出于行为人的心理保留、通谋虚伪表示或错误，而是出于相对人的欺诈、胁迫的恶意行为。这类法律行为包括以下三类。

1）欺诈

欺诈，指当事人一方故意编造虚假情况或者隐瞒真实情况，使对方陷入错误认识而违背自己真实意思表示的行为。受欺诈而为的法律行为属于意思表示不真实的法律行为。

2）胁迫

胁迫，指以给公民或其亲友的生命健康、荣誉、名誉、财产等造成损害或者以给法人的荣誉、名誉、财产等造成损失相要挟，迫使对方作出违背真实意愿的意思表示。受胁迫而为的法律行为亦属于意思表示不真实的民事行为。

哪些行为属于胁迫，对认定胁迫的法律行为很重要。对此须明确两点。首先，胁迫包括强迫和威胁。其次，胁迫是具有违法性的行为。一是逼迫的手段违法，如现实实施或扬言实施伤人身体、揭人隐私的行为；二是逼迫的目的违法，如以揭发犯罪要挟对方分给部分财务；三是逼迫的手段与目的结合起来违法。下面分析这样一个案例，某人尾随债务人追债，并扬言如不立即还清债务即请求法院强制执行债务人的财产。本案不构成对债务人的胁迫，因为手段、目的等并不违法。

3）乘人之危

乘人之危，指行为人利用对方当事人的急迫需要或危难境地，为牟取不正当利益，迫使对方作出违背真实意思的表示的行为。乘人之危所为的民事行为属于意思表示不真实的法律行为。

（三）不违反法律、行政法规或社会公共利益

有效法律行为要求行为人具有相应的行为能力、意思表示真实，这属于列举式的规

定，难以涵盖一切效力欠缺的法律行为。因此，特设法律行为不得违反法律、行政法规的概括式有效要件。例如，法律规定合伙人对外须承担连带责任，合伙人之间就不能协议免除，否则就是违法。

法律行为不违反社会公共利益是法律行为不违反法律和行政法规的补充。当违反社会公共利益的法律行为已落入法律具体规定禁止之列时，应依法律之具体规定进行处理。法律行为只有未落入法律具体规定禁止之列而又违反社会公共利益的，才作为违反社会公共利益的行为依社会之一般观念及维护社会公共利益的一般要求进行处理。

三、法律行为的特别有效要件

一般情况下，法律行为具备一般有效要件，即产生法律效力。但在特殊情况下，法律行为虽具备一般有效要件，但其效力仍不能发生，还须待某种特定条件具备，才能产生完全的法律效力。主要包括两种情形。一是基于法律或行政法规的规定。如取得房屋所有权必须要经过房地产部门的登记，则这里的登记手续就是物权法律行为的特别生效要件。如遗嘱的特别生效要件是遗嘱人死亡。二是当事人之间的约定必须符合一定条件，法律行为才生效。如附条件法律行为或附期限法律行为，该法律行为生效必须要等到条件或期限成就。

第六节　效力欠缺的民事法律行为

法律对民事法律行为的效力问题从正反两个方面进行了规定：一方面，从正面规定民事法律行为的有效要件，引导人们实施正常的行为；另一方面，民法对欠缺有效要件的民事法律行为，没有采取一刀切的简单做法规定一律无效，而是区别不同情况及原因，对其效力作出了不同的规定，把欠缺有效要件的法律行为分为无效民事法律行为、可撤销的民事法律行为和效力待定的民事法律行为。

一、无效民事法律行为

（一）概念

无效民事法律行为，是指欠缺民事法律行为根本性有效要件，绝对不能按照行为人设立、变更和终止民事法律关系的意思表示发生法律效力的民事法律行为。

其特征如下。

1. 无效民事法律行为是欠缺根本性有效要件的法律行为

在民事法律行为的三个一般有效要件中，哪些属于根本性有效要件，取决于立法者的主观认识和判断。合法性是法律行为的本质特征，因此民事立法把不违反法律行政法规强制性规定或社会公共利益作为法律行为的根本有效要件。对行为人欠缺行为能力的法律行为和意思表示不真实的法律行为，除个别情况规定为无效民事法律行为外，一般规定为可变更、可撤销的民事法律行为或效力未定的民事法律行为。

2. 无效民事法律行为不能发生法律效力

所谓法律行为的有效效力是指按行为人意思表示的内容在当事人之间设立、变更或终止民事权利义务关系。对无效民事法律行为中的无效二字应当理解为不能按行为人意思表示的内容产生法律效果，但是，可能还产生其他法律效果。如产生侵权后果或不当得利后果，如果构成对行政法或刑法的违反还可能产生行政法律后果或刑事法律后果。

3. 无效民事法律行为之无效是绝对的

无效民事法律行为的绝对无效实际上包括自始无效、当然无效、确定无效三层含义。自始无效是指自行为成立之日起即无效，而不是从法院判决确认之时起无效。当然无效是指无效法律行为既非出于当事人的撤销、也非出于法院的判决，而是出于其自身存在的无效原因，法院的判决只是对无效的确认。确定无效，是指无效确定无疑，不会变成有效。打个比喻说，这种无效犹如死产之儿，无法救治。

（二）无效民事法律行为的情形

我国《民法总则》规定了以下几种无效的民事法律行为：

（1）无民事行为能力人实施的民事法律行为无效；

（2）行为人与相对人以虚假的意思表示实施的民事法律行为无效。

《民法总则》第 146 条规定："行为人与相对人以虚假的意思表示实施的民事法律行为无效。以虚假的意思表示隐藏的民事法律行为的效力，依照有关法律规定处理。"本条第一款是关于虚假表示的规定，第二款是关于隐藏行为的规定。本条规定之虚假表示即通谋虚伪表示，是大陆法系民法采用的法律概念，尽管德、日、台湾地区等对其称谓表达各异，如虚伪表示、虚假行为等，但其内涵基本相同。其概念由台湾学者王泽鉴解释得较为简单明了："通谋虚伪表示，是指表意人与相对人通谋而为虚伪的意思表示。"通谋虚伪行为具体如下。

第一，须同时存在表意人与相对人，缺一不可。

第二，表意人须作出需受领的意思表示，而相对人须作出受领意思表示，双方达成合意。

第三，表意人与相对人主观上须有共同故意或有意思联络。

第四，表意人与相对人均须明知该意思表示是不真实的。

而第二款规定之隐藏行为是指隐藏在通谋虚伪行为中，当事人欲要真正从事的法律行为。通常情况下，当事人作出通谋虚伪行为背后都存在不良动机，系为掩盖当事人真正希望发生的隐藏民事法律行为，而并不真正希望发生表面的民事法律行为。即通谋虚伪行为无效是因为该表示系经通谋后被虚假作出，因此不值得被法律保护，但并不影响隐藏行为的效力，隐藏行为依其法律规定可能有效也可能无效，应当具体问题具体判断。

（3）恶意串通损害他人合法权益的民事法律行为无效。

《民法总则》第 154 条规定："行为人与相对人恶意串通，损害他人合法权益的民事法律行为无效。"恶意串通无效包括两个条件。一是主观条件，即合同双方当事人均希望通过订立合同来达到损害他人合法权益的目的，"恶意"表示明知该合同内容违反法律法规，并会损害国家、集体或者第三人利益，"串通"即说明双方当事人通谋，具有"共同的"意图。恶意串通可以表现为合同双方当事人事先就已达成协议，也可以是当事人一方作出意图订立合同的意思表示，对方当事人在明知该合同具有违法内容的情况下仍采取默示接受的方式与其达成该协议。它是合同双方当事人互相配合或共同作为的结果。二是客观条件。该民事法律行为损害了他人合法权益。若合同虽属恶意串通，但并未损害任何人的利益，则此时将合同认定无效。既损害了当事人从事民事法律行为的自由，又不利于鼓励交易的进行，因此该主观条件与客观条件缺一不可。

《民法总则》明确规定行为人与相对人恶意串通损害他人合法权益的行为一律是无效的行为。没有特别区分国家利益、集体利益和他人利益。

恶意串通无效行为与通谋虚伪表示无效是两种无效的情形，通谋虚伪表示中，当事人的意思表示是虚假的，而在恶意串通时，当事人的意思表示是真实的。另外，在恶意串通时，要求其主观目的是损害他人利益，而在通谋虚伪表示中，则无此要求。

（4）违反法律、行政法规的强制性规定的民事法律行为无效。

《民法总则》第153条第1款，违反法律、行政法规的强制性规定的民事法律行为无效，但是该强制性规定不导致该民事法律行为无效的除外。

（5）违背公序良俗的民事法律行为无效。

《民法总则》第153条第2款，违背公序良俗的民事法律行为无效。公序良俗是民法上传统的概念。在《民法通则》里没有用"公序良俗"的概念，而是用"社会公德"和"社会公共利益"。《民法总则》里直接规范为"公序良俗"。公序是指社会上的政治秩序、经济秩序等，是各种秩序的总和。良俗指的是社会生活中的道德、规则。《民法总则》里所指的"公序良俗"，是法律明文规定之外的公共秩序和善良风俗。违背公序良俗的民事法律行为无效，这集中体现了国家对意思自治、合同自由的限制，是对私权的一种限制。该条是民事法律行为无效的兜底条款。

二、可撤销的民事法律行为

（一）可撤销民事法律行为的概念

可撤销民事法律行为是指行为人的意思表示存在某种瑕疵，法律并不使之绝对无效，而是权衡当事人的利害关系，赋予表意人一方以变更、撤销权的法律行为。这种民事法律行为可以发生法律行为的效力，但是享有变更、撤销权的表意人如果为撤销的请求，则其效力溯及至法律行为成立时消灭。

（二）特征

与无效民事法律行为比较，可变更、可撤销民事法律行为显示出以下特征。

第一，就民事法律行为有效要件方面考察，可变更、可撤销民事法律行为所欠缺的有效要件是非根本性有效要件。所谓非根本性有效要件，是指法律并不因其欠缺而使民事法律行为绝对无效的要件。外国民法都把意思表示真实这一有效要件的欠缺作为民事法律行为可以变更、撤销的原因，并且不管其意思表示不真实的原因是出于行为人主观认识的错误或其意思自由客观受到非法干扰。我国《合同法》接受了这种理论。

第二，可变更、可撤销民事法律行为在撤销前已经生效。可变更、可撤销的法律行为在撤销前已经发生法律效力，在被撤销以前，其法律效果可以对抗除撤销权人以外的任何人；而无效的法律行为在法律上自始、确定当然无效，从一开始即不发生法律效力。

第三，主张权利的主体不同。可撤销民事法律行为的撤销，应由撤销权人以撤销行为为之，人民法院不主动干预；无效民事法律行为在内容上具有明显的违法性，故对无效民事法律行为的确认，司法机关和仲裁机构可以主动干预，宣告其无效。

第四，行为效果不同。可撤销民事法律行为的撤销权人对权利行使拥有选择权，当事人可以撤销其行为，也可通过承认的表示使撤销权消灭。可撤销民事法律行为一经撤销，其效力溯及于行为的开始，即自行为开始时无效；而无效民事法律行为的后果则为自始无效、绝对无效。

第五，行使时间不同。可撤销民事法律行为，其撤销权的行使有时间限制。如果超过一定期限，当事人才请求撤销的，人民法院不予保护；而在无效民事法律行为中，则不存在此种限制。

（三）可撤销民事法律行为的情形

1. 基于重大误解实施的民事法律行为

《民法总则》第 147 条规定："基于重大误解实施的民事法律行为，行为人有权请求人民法院或者仲裁机构予以撤销。"所谓基于重大误解实施的民事法律行为，是指一方因自己的过错而对民事法律行为的内容等发生误解而从事的某种民事法律行为。需要指出的是，依据《民法通则》第 59 条，行为人对行为内容有重大误解的民事法律行为和显失公平的民事法律行为，不仅可以请求撤销还可以请求变更，但是《民法总则》147 条否定了当事人的请求变更权。

2. 因欺诈实施的民事法律行为

1）欺诈的概念和构成要件

《民法总则》第 148 条规定："一方以欺诈手段，使对方在违背真实意思的情况下实施的民事法律行为，受欺诈方有权请求人民法院或者仲裁机构予以撤销。"

可撤销的因欺诈行为而实施的民事法律行为须具备以下条件。

第一，欺诈方具有欺诈的故意。所谓欺诈的故意，是指欺诈的一方明知自己告知虚假情况或隐瞒真实情况会使被欺诈人陷入错误认识，而希望或放任这种结果的发生。

第二，欺诈方实施欺诈行为。所谓欺诈行为，是指欺诈方将其欺诈故意表示于外部的行为，在实践中，大都表现为故意陈述虚假事实或故意隐瞒真实情况使他人陷入错误。

第三，被欺诈的一方因欺诈而陷入错误。如果欺诈人实施欺诈行为以后，受欺诈人未陷入错误或者发生的错误认识并不是欺诈造成的，则不构成欺诈。

第四，被欺诈人因错误而作出了意思表示。被欺诈人在因欺诈发生了错误认识以后，基于错误的认识作出了意思表示并实施了民事法律行为，这就表明欺诈行为与受害人的不真实的意思表示之间具有因果联系。

2）因第三人欺诈而实施的民事法律行为

《民法总则》第 149 条规定："第三人实施欺诈行为，是一方在违背真实意思的情况下实施的民事法律行为，对方知道或者应当知道该欺诈行为的，受欺诈方有权请求人民法院或者仲裁机构予以撤销。"

第三人欺诈，受欺诈方请求撤销民事法律行为，须受欺诈方的相对人知道或者应当知道该欺诈行为。比如，甲与乙签订合同，是由于第三人丙的欺诈，须乙知道或者应当知道丙的欺诈行为，甲的撤销权才能成立。

3. 因受胁迫而作出的民事法律行为

《民法总则》第 150 条规定："一方或者第三人以胁迫手段，使对方在违背真实意思的情况下实施的民事法律行为，受胁迫方有权请求人民法院或者仲裁机构予以撤销。”胁迫人可以是相对人，也可以是第三人。只有受胁迫人有撤销权。例如，甲胁迫乙与丙签订了合同，受胁迫人乙可以请求撤销该合同，甲和丙都没有撤销权。

自《民法通则》颁行以来，我国相关法律法规仅仅规定了当事人一方实施胁迫行为，而没有对第三人实施胁迫行为作出规定。比较法上普遍认可了第三人胁迫可以成为民事法律行为的撤销事由。我国《民法总则》借鉴比较法经验，第一次在法律上对第三人胁迫的规则作出了规定。

4. 显失公平的民事法律行为

《民法总则》第151条规定：“一方利用对方处于危困状态、缺乏判断能力等情形，致使民事法律行为成立是显失公平的，受损害方有权请求人民法院或者仲裁机构予以撤销。”只有受害方有撤销权。本条将乘人之危与显失公平合并，包括两种情况：一种是乘人之危造成自始显失公平；一种是利用缺乏判断能力等情形，造成自始显失公平。

(四) 撤销权

撤销权是指享有撤销权的当事人，能通过自己单方面的意思表示使民事法律行为的效力归于消灭的权利。撤销权为形成权，由权利人单方面行使即发生效力，无须相对人同意。

《民法总则》第152条规定：“有下列情形之一的，撤销权消灭：

(1) 当事人自知道或者应当知道撤销事由之日起一年内、重大误解的当事人自知道或者应当知道撤销事由之日起三个月内没有行使撤销权；

(2) 当事人受胁迫，自胁迫行为终止之日起一年内没有行使撤销权；

(3) 当事人知道撤销事由后明确表示或者以自己的行为表明放弃撤销权。

当事人自民事法律行为发生之日起五年内没有行使撤销权的，撤销权消灭。

对该条的理解需要注意以下三点：①将重大误解请求撤销的除斥期间减少为三个月；②受胁迫的除斥期间和最长撤销期间五年的起算标准不是以知道或者应当知道撤销之日起计算，而是适用客观标准；③五年为不变期间，是请求撤销的“最长时间”。

撤销权人的撤销法律行为，与享有解除权的人行使解除权一样，都会产生法律行为效力终止的后果，但两者存在明显的区别。第一，适用范围不同。撤销权既可以适用单方法律行为，也可以适用多方法律行为等；解除权主要针对双方法律行为。第二，产生条件不同。存在有当事人意思表示不真实的法律行为是撤销权产生的必要条件；而解除权则以存在确定生效的合同行为等为前提，一旦法律规定的条件成就，或者当事人事先约定的条件具备，方可产生。第三，行使权利产生的法律效果不同。撤销权的行使具有溯及效力，该权利行使后，法律行为通常自成立之时起不发生效力；解除权的行使可以有溯及力，也可以无溯及力。如《合同法》第97条规定，合同解除后，尚未履行的，终止履行；已经履行的，根据履行情况和合同性质，当事人可以要求恢复原状。

三、效力待定的民事法律行为

(一) 效力待定的民事法律行为的概念

效力待定的民事法律行为，是指法律行为虽已成立，但是否生效尚不确定，只有经过享有形成权的第三人以同意或拒绝的意思表示来确定的法律行为。效力待定的民事法律行为，既存在转变为不生效民事法律行为的可能性，也存在转变为生效民事法律行为的可能性。

（二）效力待定的民事法律行为的特征

效力待定的民事法律行为具有以下特征：①该民事法律行为的效力是不确定的，既非有效，也非无效，而是处于不确定状态；②该民事法律行为取决于享有形成权的第三人的行为，该第三人享有追认权；③该民事法律行为一旦经追认权人追认后，其效力确定地溯及于行为成立时；④该民事法律行为经追认权人拒绝后，该民事法律行为自始无效。

（三）效力待定的民事法律行为的类型

1. 限制民事行为能力人从事的依法不能独立实施的法律行为

《民法总则》第 145 条规定："限制民事行为能力人实施的纯获利益的民事法律行为或者与其年龄、智力、精神健康状况相适应的民事法律行为有效；实施的其他民事法律行为经法定代理人同意或者追认后有效。"此类效力待定法律行为，其效力最终由以下途径确定。

第一，法定代理人及时追认的，法律行为确定有效。法律行为未及时追认的，法律行为确定不发生效力。《合同法》第 47 条第 1 款规定，限制民事行为能力人订立的合同，经法定代理人追认后，该合同有效。法定代理人的追认，应向相对人为之，并应在合理期限内进行。《合同法》第 47 条第 2 款规定，相对人可以催告法定代理人在 1 个月内予以追认。即与限制民事行为能力人订立合同的相对人可以以催告的方式要求法定代理人在催告后的 1 个月内进行追认。在此期限法定代理人未作表示的，视为拒绝追认，法律行为确定不发生效力。

第二，善意相对人在法定代理人追认前行使撤销权，撤销其生效意思表示的，法律行为确定不发生效力。《合同法》第 47 条第 2 款规定，合同被法定代理人追认之前，善意相对人有撤销的权利。这里所谓善意相对人，是指不知道也不应当知道对方为限制民事行为能力人。善意相对人行使撤销权应在法定代理人追认之前，并应以通知的方式作出。善意相对人行使撤销权行为是单方法律行为，其撤销权的行使导致法律行为确定不发生效力。

2. 无权处分行为

无权处分行为是指当事人在对财产没有处分权的情况下，实施了以引起财产权利变动为目的的法律行为。

依据《合同法》第 51 条的规定，无权处分合同属于效力待定的法律行为。经权利人追认或无处分权的人订立合同后取得处分权的，该合同有效。如果权利人未进行追认且无处分权人在订立合同后也未能取得处分权的，法律行为确定不发生效力。这一结论也存有例外。比如，在当事人之间的无权处分行为符合动产善意取得制度构成要件的情况下，该无权处分行为也得成为生效的法律行为。

最高人民法院《关于审理买卖合同纠纷案件适用法律问题的解释》第 3 条规定："当事人一方以出卖人在缔约时对标的物没有所有权或者处分权为由主张合同无效的，人民法院不予支持。出卖人因未取得所有权或者处分权致使标的物所有权不能转移，买受人要求出卖人承担违约责任或者要求解除合同并主张损害赔偿的，人民法院应予支持。”可见，最高人民法院在该司法解释中将出卖他人之物的买卖合同确认为生效合同。

我国现行民事立法未对无权处分行为的单方法律行为专设规定，学界通说认为，该单方法律行为也应成为效力待定的法律行为。

3. **无权代理行为**

行为人没有代理权、超越代理权或者在代理权终止后，仍以被代理人的名义所实施的法律行为，只有经过被代理人的追认，代理行为才能生效。无权代理行为包括广义的无权代理行为和狭义的无权代理行为。广义的无权代理行为包括表见代理和狭义的无权代理。这里的无权代理仅指狭义的无权代理。狭义的无权代理属于效力待定的法律行为，其效力最终得经由如下途径最终确定。

第一，被代理人及时追认的，代理法律行为确定有效。被代理人未及时追认的，代理法律行为确定不发生效力，即不对被代理人发生效力。《合同法》第 48 条第 1 款规定，无权代理行为，经过被代理人追认后，该代理法律行为有效，对被代理人产生拘束力。被代理人的追认，应向相对人为之，并应在合理期限内进行。《合同法》第 48 条第 2 款规定，相对人可以催告被代理人 1 个月内追认。即与无权代理人订立合同的相对人可以通过催告的方式，要求被代理人在催告后的 1 个月内进行追认。在此期限内被代理人未作表示的，视为拒绝追认，代理法律行为确定不发生效力。

第二，善意相对人在被代理人追认前行使撤销权，撤销其生效意思表示，法律行为确定不发生效力。《合同法》第 48 条第 2 款规定，无权代理合同在被代理人追认之前，善意相对人有撤销其生效意思表示的权利。这里所谓善意相对人是指不知道也不应当知道对方为无权代理人，又不能举证证明其有理由相信对方有代理权的相对人。这就意味着相对人的“善意”须同时具备两项条件：一是依据“消极观念说”确定的善意判断标准，相对人为善意，既不知道也不应当知道；二是相对人不符合“积极观念说”确定的善意标准，即其不能举证证明有理由相信对方为有权代理人。之所以对善意相对人作如此烦琐的界定，是考虑到该款规定与《合同法》第 49 条的协调问题。依据《合同法》第 49 条的规定，相对人有理由相信无权代理人是有代理权的，即相对人符合“积极观念说”确定的善意标准，构成表见代理，该无权代理行为为有效法律行为，而非效力待定法律行为。

善意相对人行使撤销权应在法定代理人追认之前，并应以通知的方式作出。善意相对人行使撤销权的行为属于单方法律行为，其撤销权的行使导致法律行为确定不发生效力。总之，效力待定法律行为效力的确定得经由以下途径。

第一，特定当事人追认权的行使或不行使。追认权人行使追认权的，效力待定的法律行为即成为生效的法律行为。前述三种效力待定的民事行为的追认权分别为法定代理人、财产权人、被代理人所享有。追认权为形成权，其行使应采取明示的方式。权利人放弃追认权或在交易相对人确定的催告期内不为追认的明确表示的，效力待定的法律行为自始不生效力。

第二，相对人得行使催告权或撤销权。为衡平当事人之间的利益关系，法律也同时赋予了交易相对人以催告权和撤销权，使其有权于明了法律行为效力待定的缘由后，通过行使催告权或撤销权来明确该法律行为的效力。

四、无效民事法律行为，可撤销民事法律行为与效力待定民事法律行为的区别

（一）无效的条件和时间不同

无效民事法律行为的无效是自始无效，当然无效，绝对无效。可变更、可撤销民事法律行为与效力未定民事法律行为是相对无效，可撤销法律行为在撤销权人行使撤销权前是有效的，如果不行使撤销权，则继续有效；如果行使撤销权，则溯及既往，自始无效。效力未定民事法律行为在追认权人行使追认权之前效力不能确定，不追认则溯及既往，自始无效；追认后则溯及既往，自始有效。

（二）主张无效的人不同

对于无效民事法律行为，任何人均可主张无效。对于可撤销民事法律行为，仅有撤销权人可主张撤销。对于效力未定民事法律行为，仅有追认权人可进行追认或拒绝。

五、法律行为被确认无效或被撤销的法律后果

有效的民事法律行为能达到行为人所期望的法律效果。被确认无效和被撤销的民事法律行为也能引起一定的法律效果，但这种法律效果并不符合行为人的愿望。无效或被撤销的民事法律行为发生如下法律后果。

（一）返还财产

民事法律行为自成立至被确认无效或被撤销期间，当事人可能已根据该民事法律行为取得了对方的财产。民事法律行为被确认无效或被撤销后，当事人取得财产的法律根据已丧失，原物仍存在的，交付财产的一方可行使所有物返还请求权，请求受领财产的一方返还财产。原物不存在的，交付财产的一方可主张不当得利返还请求权，要求对方返还不当得利。只有一方交付财产的，作单方返还；双方皆交付财产的，作双方返还。

（二）赔偿损失

民事法律行为被确认无效或被撤销，如系由一方或双方的过错造成，皆发生赔偿损失问题，要由有过错的一方向无过错的一方赔偿因法律行为被确认无效或被撤销所造成的损失。在双方皆有过错的情况下，各自承担相应的责任。被确认无效或被撤销的法律行为为合同行为时，这种赔偿责任主要就是缔约过失责任，责任的承担是为了弥补信赖合同能够有效的当事人所受到的损害。

（三）其他法律后果

在当事人双方恶意串通，实施民事法律行为损害国家、集体、第三人利益时，追缴双方所取得的财产，收归国家、集体所有或返还给第三人。

第七节　附条件与附期限的民事法律行为

一、附条件的民事法律行为

（一）附条件的民事法律行为的概念

附条件的民事法律行为，指民事法律行为效力的开始或终止取决于将来不确定事实

的发生或不发生的法律行为。除个别法有明文规定的情况外，多数民事法律行为均可设定条件，以此来限制民事法律行为的效力，旨在使行为人的动机也获得法律意义或得以实现。如甲对乙说：你若从商，赠你一辆商务车，则甲之赠与行为的动机是鼓励乙经商，而真正的民事法律行为——赠与，仅是手段而已。

（二）附条件民事法律行为中条件的特点

民事法律行为所附条件，既可以是自然现象、事件，也可以是人的行为。但它应当具备下列特点。

1. 必须是将来发生的事实

作为条件的事实，必须是在实施民事法律行为时尚未发生的。过去的事实，不得作为条件。

2. 必须是将来发生与否不确定的事实

如甲与乙约定，甲父死亡之时，将房屋出租给乙。双方约定中“甲父死亡”属于一个将来事实，但该事实是确定会发生的事实，故不属条件，而属于期限。

3. 条件应当是双方当事人约定的

条件如果是法律规定的，如民事法律行为的成立条件、生效条件，不属于此处所谓的“条件”。

4. 条件必须合法

条件不得违反现行法律的规定。否则，视为民事法律行为未附条件。需要注意的是，这个条件必须决定整个民事法律行为的效力，如果条件不是决定民事法律行为的效力，而只是决定其他内容的，则不属于附条件的法律行为。如保留所有权买卖，虽然也以价款的付清作为所有权转移的条件，但是该条件并非决定买卖合同的效力，而只是决定所有权是否移转的效力，故不属于此处所说的“条件”。

（三）条件的种类

1. 延缓条件

延缓条件，《民法总则》则称之为“生效条件”，亦称“停止条件”，指民事法律行为中所确定的权利和义务要在所附条件成就时才生效的条件。

2. 解除条件

解除条件又称“消灭条件”，指民事法律行为中所确定的权利和义务在所附条件成就时失去法律效力。

（四）对附条件民事法律行为的保护

附条件的民事法律行为，是当事人基于意思自治原则，使行为人的动机获得法律表现的形式，因而受到法律的保护。按照法律的要求，作为条件的事实必须是因其自然进程发生或不发生的，不能受到任何一方当事人的影响，否则，都难免对他方当事人产生不公平的结果。因此，对当事人恶意促使条件成熟的，视为条件不成熟；恶意促使条件不成熟的，视为条件已成熟。

二、附期限的民事法律行为

（一）附期限的民事法律行为的概念

附期限的民事法律行为，是以一定期限的到来作为效力开始或终止原因的法律行为。期限与条件不同。任何期限都是确定地要到来的；而条件的成就与否具有不确定性。期限可以是日期，也可以是期间。甚至可以是表示时间的事实，如公路通车之日、房屋竣工之日等。民事法律行为附期限与民事法律行为的性质或公序良俗原则相悖的，则不得附期限，如收养行为不得附期限。

（二）期限的特征

第一，不能无终期。法律不允许对法律行为附加不能期限，所谓不能期限是指约定的期限过于久远，违背常情。

第二，期限是以将来确定发生的事实的到来为内容的附款，因为期限是必然到来的。

第三，期限是法律行为的一种附加条款，它与民事法律行为的其他条款一起共同构成附期限的法律行为，因此原则上是当事人自由约定，不包括法律规定的期限。

第四，期限是限制法律行为效力的附加条款。决定着民事法律行为效力的发生或消灭。

（三）期限的种类

根据期限对法律行为效力的作用，期限可以划分如下。①延缓期限，又称“始期”，即民事法律行为效力的发生以特定期限的到来为条件，该特定期限即为延缓期限。其作用是使已成立的法律行为推迟生效；②解除期限，又称“终期”，指业已生效的民事法律行为于特定期限到来时，效力终止，该特定期限即为解除期限。其作用是使已生效的民事法律行为失去效力。

法条链接

中华人民共和国民法总则（节选）

第六章　民事法律行为

第一节　一般规定

第一百三十三条　民事法律行为是民事主体通过意思表示设立、变更、终止民事法律关系的行为。

第一百三十四条　民事法律行为可以基于双方或者多方的意思表示一致成立，也可以基于单方的意思表示成立。

法人、非法人组织依照法律或者章程规定的议事方式和表决程序作出决议的，该决议行为成立。

第一百三十五条　民事法律行为可以采用书面形式、口头形式或者其他形式；法律、行政法规规定或者当事人约定采用特定形式的，应当采用特定形式。

第一百三十六条　民事法律行为自成立时生效，但是法律另有规定或者当事人另有约定的除外。

行为人非依法律规定或者未经对方同意，不得擅自变更或者解除民事法律行为。

第二节　意思表示

第一百三十七条　以对话方式作出的意思表示，相对人知道其内容时生效。

以非对话方式作出的意思表示，到达相对人时生效。以非对话方式作出的采用数据电文形式的意思表示，相对人指定特定系统接收数据电文的，该数据电文进入该特定系统时生效；未指定特定系统的，相对人知道或者应当知道该数据电文进入其系统时生效。当事人对采用数据电文形式的意思表示的生效时间另有约定的，按照其约定。

第一百三十八条 无相对人的意思表示，表示完成时生效。法律另有规定的，依照其规定。

第一百三十九条 以公告方式作出的意思表示，公告发布时生效。

第一百四十条 行为人可以明示或者默示作出意思表示。

沉默只有在有法律规定、当事人约定或者符合当事人之间的交易习惯时，才可以视为意思表示。

第一百四十一条 行为人可以撤回意思表示。撤回意思表示的通知应当在意思表示到达相对人前或者与意思表示同时到达相对人。

第一百四十二条 有相对人的意思表示的解释，应当按照所使用的词句，结合相关条款、行为的性质和目的、习惯以及诚信原则，确定意思表示的含义。

无相对人的意思表示的解释，不能完全拘泥于所使用的词句，而应当结合相关条款、行为的性质和目的、习惯以及诚信原则，确定行为人的真实意思。

第三节 民事法律行为的效力

第一百四十三条 具备下列条件的民事法律行为有效：

（一）行为人具有相应的民事行为能力；

（二）意思表示真实；

（三）不违反法律、行政法规的强制性规定，不违背公序良俗。

第一百四十四条 无民事行为能力人实施的民事法律行为无效。

第一百四十五条 限制民事行为能力人实施的纯获利益的民事法律行为或者与其年龄、智力、精神健康状况相适应的民事法律行为有效；实施的其他民事法律行为经法定代理人同意或者追认后有效。

相对人可以催告法定代理人自收到通知之日起一个月内予以追认。法定代理人未作表示的，视为拒绝追认。民事法律行为被追认前，善意相对人有撤销的权利。撤销应当以通知的方式作出。

第一百四十六条 行为人与相对人以虚假的意思表示实施的民事法律行为无效。

以虚假的意思表示隐藏的民事法律行为的效力，依照有关法律规定处理。

第一百四十七条 基于重大误解实施的民事法律行为，行为人有权请求人民法院或者仲裁机构予以撤销。

第一百四十八条 一方以欺诈手段，使对方在违背真实意思的情况下实施的民事法律行为，受欺诈方有权请求人民法院或者仲裁机构予以撤销。

第一百四十九条 第三人实施欺诈行为，使一方在违背真实意思的情况下实施的民事法律行为，对方知道或者应当知道该欺诈行为的，受欺诈方有权请求人民法院或者仲裁机构予以撤销。

第一百五十条 一方或者第三人以胁迫手段，使对方在违背真实意思的情况下实施的民事法律行为，受胁迫方有权请求人民法院或者仲裁机构予以撤销。

第一百五十一条 一方利用对方处于危困状态、缺乏判断能力等情形，致使民事法律行为成立时显失公平的，受损害方有权请求人民法院或者仲裁机构予以撤销。

第一百五十二条 有下列情形之一的，撤销权消灭：

（一）当事人自知道或者应当知道撤销事由之日起一年内、重大误解的当事人自知道或者应当知道撤销事由之日起三个月内没有行使撤销权；

（二）当事人受胁迫，自胁迫行为终止之日起一年内没有行使撤销权；

（三）当事人知道撤销事由后明确表示或者以自己的行为表明放弃撤销权。

当事人自民事法律行为发生之日起五年内没有行使撤销权的，撤销权消灭。

第一百五十三条 违反法律、行政法规的强制性规定的民事法律行为无效，但是该强制性规定不导致该民事法律行为无效的除外。

违背公序良俗的民事法律行为无效。

第一百五十四条 行为人与相对人恶意串通，损害他人合法权益的民事法律行为无效。

第一百五十五条 无效的或者被撤销的民事法律行为自始没有法律约束力。

第一百五十六条 民事法律行为部分无效，不影响其他部分效力的，其他部分仍然有效。

第一百五十七条 民事法律行为无效、被撤销或者确定不发生效力后，行为人因该行为取得的财产，应当予以返还；不能返还或者没有必要返还的，应当折价补偿。有过错的一方应当赔偿对方由此所受到的损失；各方都有过错的，应当各自承担相应的责任。法律另有规定的，依照其规定。

第四节 民事法律行为的附条件和附期限

第一百五十八条 民事法律行为可以附条件，但是按照其性质不得附条件的除外。附生效条件的民事法律行为，自条件成就时生效。附解除条件的民事法律行为，自条件成就时失效。

第一百五十九条 附条件的民事法律行为，当事人为自己的利益不正当地阻止条件成就的，视为条件已成就；不正当地促成条件成就的，视为条件不成就。

第一百六十条 民事法律行为可以附期限，但是按照其性质不得附期限的除外。附生效期限的民事法律行为，自期限届至时生效。附终止期限的民事法律行为，自期限届满时失效。

讨论交流

2006年4月1日，邢良坤在央视《乡约》节目中，展示了一件五层吊球陶艺作品，称该作品至今仍为“世界之谜”，接着说道：“如有人能仿制出来，我这个楼（指邢良坤艺术中心），3层2 000平方米，包括里面的资产都给他”节目播出后，洛阳陶艺爱好者孙震经过一年的摸索，终于作出了“五层吊球”，他致函邢良坤，并寄去制作的作品照片及DV短片，要求邢良坤对作品进行认可，邢良坤未作答复。2007年6月8日，孙震向洛阳市涧西区人民法院提交了民事起诉状，请求法院判决确认自己和邢良坤关于“五层吊球陶器制作悬赏广告合同”成立并生效。焦点争议：原告认为是悬赏广告，而被告认为这仅仅是戏谑行为。

（资料来源：http://www.cnr.cn/hnfw/zt/xmzt/hnwm/tpxw/200908/t20090813_505430151.html 洛阳小伙状告“世界陶王”二审有果）

阅读上述材料，请你分析一下悬赏广告和戏谑行为的区别。

一、判断分析题

1. 银行与某企业签订了贷款合同，该贷款合同只要意思表示达成一致就成立了，因为这是诺成合同。（　　）

2. 某公司答应给山区小学捐款100万元，后来又反悔，这是合法的。因为赠与合同是实践合同。（　　）

3. 买卖合同可以是无偿合同，作为卖方能主张不收取价金。（　　）

4. 无偿保管合同，如果保管人只是轻微过失导致标的物毁损，该保管人同样要承担责任。（　　）

5. 拾得遗失物是一种单方民事行为。（　　）

二、不定项选择题

1. 甲家鱼池与乙家鱼池相连，因暴雨甲家鱼池中的鱼进入乙家鱼池中，这一法律事实属于（　　）。

A. 事件　　B. 事实行为　　C. 民事行为　　D. 民事法律行为

2. 下列行为属于效力待定民事行为的是（　　）。

A. 小花（8岁）接受其叔叔5 000元赠与的行为

B. 江某以欺诈手段与王某签订的买卖钢材的合同

C. 小曹（12岁）与当代商城签订的购买一台价值1 800元的MP3的合同

D. 赵某基于重大误解与钱某签订的买卖大米的合同

3. 甲公司委托自然人乙代其在外地购买电脑，乙以甲的名义与丙签订电脑买卖合同后，发现当地有一种十分畅销又物美价廉的电扇，遂利用甲交给的盖有甲公司公章的空白合同书，以甲的名义与丁签订了一份电扇买卖合同。该电扇买卖合同（　　）。

A. 若甲进行追认方为有效　　B. 若甲接受丁履行方为有效

C. 若丁主张撤销方为无效　　D. 确定有效，丁无权主张撤销

4. 甲与乙签订了委托合同，甲委托乙进行买卖，由甲给付报酬，甲据此出具了授权委托书，该授权行为属于（　　）。

A. 单方法律行为　　B. 双方法律行为

C. 有偿法律行为　　D. 实践法律行为

5. 甲与乙相约如果明年甲结婚，乙将自己的一套住房租给甲使用。该行为是（　　）。

A. 附期限的法律行为　　B. 附条件的法律行为

C. 附始期的法律行为　　D. 附终期的法律行为

6. 甲与乙签订了一房屋买卖合同，但未办理房屋过户登记。下列判断正确的是（　　）。

A. 房屋买卖合同无效　　B. 房屋买卖合同有效

C. 房屋所有权已转移　　D. 房屋所有权未转移

7. 下列行为中属于有效行为的是（　　）。

A. 年满 8 周岁的未成年人接受奖励的行为

B. 年满 15 周岁的未成年人与他人签订的转让专利的行为

C. 某建筑公司超越经营范围出租建筑设备的行为

D. 某粮油公司超范围经营烟草的行为

8. 甲将房屋租与乙居住，双方约定甲的儿子从外地大学毕业后回来工作时租赁合同失效。这一约定属于（　　）。

A. 肯定条件　　B. 否定条件　　C. 延缓条件　　D. 解除条件

9. 甲与乙签订一份租房协议，协议规定，如果甲在三个月内与丙结婚，将租用乙的两居室。这一民事行为的性质认定为（　　）。

A. 是附条件的民事行为　　B. 是附期限的民事行为

C. 已成立但未生效　　D. 已成立并已生效

10. 下列关于可撤销行为中的撤销权的表述，正确的是（　　）。

A. 撤销权是支配权　　B. 撤销权是请求权

C. 债权人撤销权属形成权　　D. 撤销权不受诉讼时效期间的限制

三、案例分析题

甲商店采购员王某代商店去乙公司购买机械表 3 000 只，王某发现乙公司还有电子表可供，在乙公司说明电子表是正常进货渠道后，王某未请示商店领导就擅自在购销合同上增加了 2 000 只电子表，但在商店将两种表刚摆上柜台时，其 1 000 只电子表被海关以走私品没收。于是甲商店以乙公司故意提供走私品使合同无效为由，要求机械表和电子表全部退货并请求乙公司返还其支付的货款。

问：本案应如何处理，为什么？

第八章

代　　理

导　　学

代理是基于扩张主体自治能力的理念而设计的一种特殊法律行为。本章整体思路是从代理基本理论入手，重点了解代理权滥用和无权代理，从而指导自己行为和解决实际问题。

第一节首先介绍了代理制度的沿革，然后界定了代理的概念及特征，最后通过代理与类似制度的比较加深对代理的认识。为了进一步理解代理，第二节从不同角度对代理进行分类。代理的法律后果由被代理人来承担，法律必须规制代理权滥用，所以第三节在对代理权性质的理解基础上，主要从正反两方面介绍代理权行使的一般要求和对代理权的限制。正因为代理是一种特殊的法律行为，其效力的发挥建立在有效代理的基础上，所以第四节从一般要件和特殊要件两方面分析代理行为的生效，而其特别要件主要是具有代理权。可见有权代理是常态，而无权代理是非常态，也容易产生法律纠纷。第五节介绍了无权代理，包括狭义无权代理和表见代理。第六节介绍了代理关系的消灭。

本章知识体系

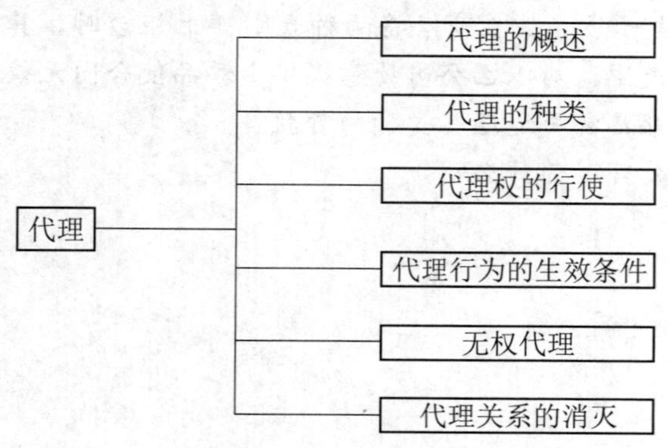

第一节　代理的概述

一、代理制度沿革

在大陆法系国家，民法的许多制度都可以追溯到古罗马法，但代理制度产生于资本主义社会。古罗马法没有代理制度，为求法律关系简单，反而以“非其本人不得订立契约”为原则。到罗马社会后期，虽然出现了假手他人从事商品经营活动的现象，但由于受传统的法律原则的约束仍未形成代理的观念，而是采用迂回曲折的途径来解决现实经济生活中出现的矛盾。如航驶之诉就是对航行中因过失造成的货物损失，既允许货物托运人向船舶所有人提起请求赔偿的诉讼，也允许货物托运人向船长提起请求赔偿的诉讼。这虽然有把船长视为代理人的含义，但并未从实体法上确认船舶所有人的被代理人地位与船长的代理人地位，而只是运用诉的方式来解决矛盾。

罗马法没有形成代理的原因有三。①罗马社会没有产生代理制度的经济条件。罗马社会的商品经济虽然比同时期其他国家发达，但仍处于简单商品经济阶段，简单商品经济以个体经济为基础，无假手他人进行经营活动的必要。②罗马社会是一个家长制的社会，只有家长才具有民法上的主体资格。家庭的其他成员的法律行为的效果自然归属于家长，无代理的必要。③罗马契约法采用形式主义，代理是不可想象的制度。所以代理制度是商品经济高度发展的产物。在罗马法上，尽管曾出现过类似于后世有关委托代理的相关规定，但一直没有形成较为完善的代理制度。到了资本主义社会，由于商业交易频繁，规模不断扩大，社会生活日趋广泛和复杂，迫切需要通过他人代为办理各项事务，这就使得代理制度的产生成为必要和可能。《法国民法典》将代理制度作为“委任契约”列入“取得财产的各种方法”，但代理还被视为委任契约的效力，只是实现了代理制度的初步立法化。《德国民法典》则将代理制度列入“法律行为”一章并规定在总则编中，从而建立起对各种代理都能适用的统一的代理制度。这被许多大陆法系国家和地区的立法所效仿。

二、代理的概念

代理，是代理人在代理权范围内，以被代理人的名义或自己的名义独立与第三人为法律行为，由此产生的法律效果直接或间接归属于被代理人的法律制度。

在代理制度中，以他人名义或自己名义为他人实施民事行为的人，称为代理人。由他人代为实施法律行为的人，称为被代理人，也称本人。与代理人实施法律行为的人，称为第三人。代理人的使命，在于代他人为法律行为，包括代他人作出或接受意思表示。在事实行为的实施中，不存在代理问题。因此，代理就是法律行为的代理，在这种意义上，代理制度属于法律行为制度的重要组成部分。

我国现行的民事立法上，明确规定了代理制度，并将代理区分为直接代理和间接代理。但是，《民法总则》仅规定了直接代理；《合同法》则改变了这种做法，在第二十一章设有两个条文，即第402条和第403条，规定间接代理关系及其消灭的特殊原因。第二十二章“行纪合同”专门就贸易活动中的间接代理关系设有特别规定。

三、代理的特征

(一) 代理人以作出或接受意思表示为职能

代理人实施代理行为，以代被代理人实施法律行为为使命，由于意思表示是法律行为的基本要素，因此，代理人以自己的技能为了被代理人的利益独立为意思表示，是代理人的职能。在这一点上，代理人既与使者不同，也区别于委托合同中的受托人。使者只传达他人的意思而不独立为意思表示。受托人接受委托，所处理的委托事务，既有法律行为，也有非法律行为。如代人保管物品、照看儿童等事实行为，这些行为尽管也出于他人委托，但受托人不必对第三人为意思表示，因而不是代理行为。

值得注意的是，某些具有严格的人身性质，必须由表意人亲自作出决定和进行表达的行为，尽管包含有意思表示的因素，也不得适用代理。具体体现在：①具有人身性质的法律行为。如设立遗嘱、婚姻登记、收养子女等；②与特定人的身份相联系的债务，这类债务通常与特定人的技能、专业水平、能力密切相关，不能由他人代为履行，如演出、绘画等；③当事人约定，必须由本人实施的民事法律行为。

严格说来，代理只能适用于法律行为，但为了保护当事人的合法权益，促进正常民事流转和维护社会经济秩序，允许将代理制度及有关规则扩展适用于法律行为以外的其他行为。主要有：申请行为，即请求国家有关部门授予某种资格或特许权的行为；申报行为，即向国家有关部门履行法定的告知义务和给付义务的行为；诉讼行为，即在民事诉讼、行政诉讼和刑事附带民事诉讼中，作为原告、被告或第三人的诉讼代理人参加诉讼。

（二）代理人得以被代理人的名义或自己的名义进行活动

代理有直接代理和间接代理之分。狭义的代理仅指直接代理，代理人须以被代理人的名义进行代理行为，大陆法系各国一般仅承认狭义的代理；广义的代理包括间接代理，代理人得以自己的名义代被代理人为法律行为。我国现行民事立法采用广义的代理。

（三）代理人在代理权限范围内为意思表示或受领意思表示

一般而言，法定代理人进行代理活动的独立程度较大，委托代理人进行代理活动的独立程度较小，因为法定代理的被代理人是无行为能力人或限制行为能力人，法定代理人进行代理活动除受法律的限制外，不受被代理人个人意志的限制。而委托代理的被代理人是有行为能力的人，所以代理活动独立性较小。

（四）代理行为的法律效果归属于被代理人

代理行为的法律效果归属于被代理人的方式，依直接代理和间接代理的不同而有所区别。在直接代理之情形，代理行为的法律效果直接归属于被代理人；在间接代理之情形，代理行为的法律效果间接地归属于被代理人，即该代理行为的法律效果先由代理人承担，然后再移转给被代理人。

第二节　代理的种类

一、委托代理、法定代理和指定代理

根据代理权产生的根据不同，可以将代理分为委托代理、法定代理和指定代理。

（一）委托代理

1. 概念

委托代理又称为意定代理，是基于被代理人的委托授权所发生的代理，是最常见、最广泛适用的一种代理形式。委托代理具有以下特征：①委托代理的代理权基于被代理

人的授权行为而发生；②委托代理人的人选及代理权限范围均由被代理人的自由意志确定。

2. 委托授权的基础法律关系与委托授权行为

委托授权的基础法律关系与委托授权行为皆为产生委托代理权的根据。委托授权的基础法律关系，是在委托授权之前就在委托人与受托人之间存在的法律关系。委托授权的基础法律关系主要有劳动关系、合伙关系、委托合同关系等。

委托授权行为是委托代理产生的直接根据。委托合同的成立和生效，并不当然地产生代理权，只有在委托人作出授予代理权的单方行为后，代理权才发生。因此，委托代理人取得代理权，要以委托合同这样的基础法律关系和委托授权行为同时有效存在为前提。

按现代的代理观念，委托授权与委托合同具有以下区别。

第一，委托授权与委托合同的成立条件不同。委托授权是单方法律行为，只要委托人一方有授权的意思表示，即告成立，不考虑受托人是否接受委托。而委托合同是双方法律行为，须当事人双方意思表示一致，合同才能成立。

第二，委托授权与委托合同的效力不同。委托合同是确定委托人与受托人双方权利、义务关系的法律形式，对第三人不发生法律效力。而委托授权的效力不仅及于委托人与受托人，而且及于与受托人为法律行为的第三人。

第三，委托授权与委托合同受民法不同法律规范调整，委托授权作为代理权发生的重要根据，受民法总则中的代理制度的调整，委托合同受合同法分则调整。

（二）法定代理

1. 概念

法定代理指基于法律的直接规定而发生的代理。

2. 法定代理权产生的基础法律关系

（1）监护关系。监护人职责中，包括代理被监护人实施民事法律行为。因此，监护人只要能用一定的方式证明其监护人身份，监护人就是被监护人的法定代理人。

（2）法定财产代管关系。自然人被宣告失踪后，其主要法律后果是为其设立财产代管人，财产代管人取代失踪人行使相应的财产权利和履行相应的财产义务。

（3）法律的其他规定。在特定条件下，工会、妇联等群众团体有权代理职工、妇女等的某些民事活动。

（三）指定代理

指定代理指基于法院或有关机关的指定行为发生的代理。“有关机关”指依法对被代理人的合法权益负有保护义务的组织，如未成年人所在地的居民委员会、村民委员会等。由于谁有权为他人指定代理人是由法律直接规定的，在绝大多数情况下，其代理权限也是由法律直接规定的，因此完全可以纳入广义法定代理的范畴。指定代理主要有以下类型。

1. 指定监护人的代理

对担任无民事行为能力人或限制民事行为能力人的监护人有争议的，由未成年人的父母所在单位或未成年人住所地的居民委员会、村民委员会或由精神病人的所在单位或住所地的居民委员会、村民委员会在近亲属中指定。对指定不服的，由法院裁决。

2. 指定财产代管人的代理

指定财产代管人的代理主要有以下三种情况：①法院为失踪人指定的财产代管人所为的代理；②法院或主管机关为破产、撤销、解散的企业指定的财产清算人所为的代理；③指定的遗嘱执行人所为的代理。

二、直接代理和间接代理

根据代理人进行代理活动的方式，可以将代理分为直接代理和间接代理。

(一) 直接代理和间接代理的概念

直接代理是指代理人在进行代理活动时以被代理人的名义从事民事活动，其法律效果直接由被代理人承受的法律制度。

间接代理是指代理人在进行代理活动时以自己的名义从事民事活动，其法律效果间接由被代理人承受的代理制度。

(二) 我国的立法

我国原有的民商立法及民法学说上，仅承认所谓的直接代理制度。但外贸经营活动中，长期存在外贸代理制度，也就是行纪。我国《合同法》以外贸代理为实践基础，又借鉴了大陆法系和英美法系的经验，正式承认间接代理制度，如《合同法》第402条，受托人以自己的名义，在委托人的授权范围内与第三人订立的合同，第三人在订立合同时知道受托人与委托人之间的代理关系的，该合同直接约束委托人和第三人，但有确切证据证明该合同只约束受托人和第三人的除外。同时根据《合同法》第403条规定，被代理人享有介入权，第三人享有选择权。

《合同法》第403条规定，受托人以自己的名义与第三人订立合同时，第三人不知道受托人与委托人之间的代理关系的，受托人因第三人的原因对委托人不履行义务，受托人应当向委托人披露第三人，委托人因此可以行使受托人对第三人的权利，但第三人与受托人订立合同时，如果知道该委托人就不会订立合同的除外。

受托人因委托人的原因对第三人不履行义务，受托人应当向第三人披露委托人，第三人因此可以选择受托人或者委托人作为相对人主张其权利，但第三人不得变更选定的相对人。

所谓介入权，是在代理人因第三人的原因对被代理人不履行义务的情况下，代理人有义务对被代理人披露第三人，被代理人因此处在代理人的地位直接对第三人行使权利的能力。介入权使真正的利害关系人显露出来，让他们直接解决权利义务关系，它客观上还有解脱无过错的代理人的作用。

所谓选择权，是在代理人因被代理人的原因对第三人不履行义务的情况下，代理人有义务对第三人披露代理人，第三人可以选择向代理人或被代理人主张权利的能力。

三、本代理和复代理

根据代理人代理权来源的不同，可以将代理区分为本代理和复代理。

(一) 本代理和复代理的概念

代理人的代理权来源于被代理人直接授予，或来源于法律的规定、有关机关的指定，这种代理称为本代理。复代理又称为再代理，是代理人为了实施代理权限内的全部或部分行为，以自己的名义选定他人担任被代理人的代理人，该他人称为复代理人，其代理行为产生的法律效果直接归属于被代理人。

（二）复代理的特征

第一，复代理权不是由被代理人直接授予的，而是由代理人委托的。

第二，复代理人的权限不得超过原代理人的权限。

第三，复代理人是被代理人的代理人，而不是代理人的代理人。

（三）复代理的条件

第一，必须是为了被代理人的利益。

第二，应当事先取得被代理人的同意。

第三，事先未取得被代理人同意的，转委托后应得到被代理人的追认。

第四，事先未取得被代理人同意，转委托后未得到被代理人的追认的，只有在发生紧急情况下，出于保护被代理人利益的目的，代理人才可不承担民事责任。所谓“紧急情况”，指由于急病、联络通信中断等特殊原因，代理人不能亲自处理代理事务，又不能与被代理人及时取得联系，如果不及时转托他人代理，会给被代理人的利益造成损失或者扩大损失的情形。

（四）复代理人与原代理人的关系

在发生复代理之后，复代理人并不取代代理人，代理人的地位不变，而只是由复代理人分担了他的部分职责。因此，选任复代理人之后，代理人仍可继续行使代理权。复代理人的行为，受代理人的监督。代理人对复代理人还享有解任权，可取消其代理权限。

四、单独代理和共同代理

在有数个代理人时，以代理权的行使方式为标准，可以将代理区分为单独代理和共同代理。各代理人得单独行使代理权的，为单独代理。数个代理人共同行使代理权的，为共同代理。如父母的法定代理权，原则上应共同行使。在委托代理中，若代理人有数人时，也应共同行使代理权。在共同代理中，若仅由其中一人行使代理权的，为无权代理，非经本人或其他共同代理人追认，通常不发生代理效力。

依据《民法通则司法解释》第 79 条第 1 款的规定，数个委托代理人共同行使代理权的，如果其中一人或数人未与其他委托代理人协商，所实施的行为侵害被代理人利益的，由实施行为的委托代理人承担民事责任。

五、概括代理和限定代理

以代理权的权限范围为标准，可以将代理区分为概括代理和限定代理。代理权范围无特别限定的代理，为概括代理，又称一般代理。代理权范围有特别限定的代理，为限定代理，又称特别代理。

第三节 代理权的行使

一、代理权的性质

代理制度重要的特征就是法律效果直接或间接归属于被代理人，而其重要的前提就是代理人具有代理权，所以代理权为代理关系的基础。

关于代理权的性质，有权利说、资格说、权力说三种不同见解。“权利说”认为代理权是一项民事权利。这种观点的缺陷在于：代理制度为被代理人的利益而设，这是众所周知的事实。若将代理人的法律地位解释为权利，必然得出代理制度为代理人的利益而设的结论，因为权利的最终落脚点为权利人所享有的某种利益，这种解释显然是于理不通的。

“资格说”，又称“能力说”，认为代理权是由于被代理人的委托行为而使代理人所具有的一种资格，代理人依靠这种资格可以为代理行为。“资格说”虽较“权利说”可取，但该说没有揭示代理权的自身特性。

“权力说”认为，代理权是一种权利义务关系，代理人被授予改变被代理人与第三人之间的法律关系的权力，被代理人承担接受这种被改变的关系的相应义务。所以代理人行使代理权，是为他人，而非为自己的利益，与权力本意相通；同时代理人有权排除他人对于处理代理事务的干扰。“权力说”一方面，克服了“资格说”的缺陷，将代理权看作是由法律授予的而非被代理人授予的，能很好地解释法定代理、指定代理以及表见代理现象；另一方面，代理人行使代理权，是为他人（被代理人）谋取利益，此亦与权力的本意相通。但该说不能很好解释委托代理中的代理权是否为法律上赋予的，有否定公法与私法之区别的缺陷，因为在民事主体之间，不应存在任何权力。

综上所述，对代理权性质的认识，目前尚未得到令人满意的学说。代理权与所谓的监护权颇为类似，是民法学中的两大有权利之名而无权利之实的现象，在概括这两种现象的共同特征后，建立一个能说明两者的抽象概念，或许可以取得对代理权性质的新认识。

二、代理权行使的概念

代理权的行使是指代理人依据代理权所赋予的资格，以被代理人的名义或以自己的名义独立实施法律行为，以达到被代理人所期望或客观上符合被代理人利益的法律效果。由于代理权具有权力的性质，代理权的行使，实质就是代理人义务的履行。

三、代理权行使的一般要求

代理人行使代理权，必须符合下列基本准则。

（一）为被代理人的利益实施代理行为

代理制度为被代理人的利益而设，被代理人设立代理的目的，是为了利用代理人的知识和技能为自己服务，代理人的活动是为了实现被代理人的利益。因此，代理人行使代理权，应从被代理人的利益出发，而不是从他自己的利益出发。

（二）亲自行使代理权

被代理人之所以委托特定的代理人为自己服务，是基于对该代理人知识、技能、信用的信赖。因此，代理人必须亲自实施代理行为，才合乎被代理人的愿望。除非经被代理人同意或有不得已的事由发生，不得将代理事务转委托他人处理。

（三）谨慎、勤勉、忠实地行使代理权

首先，代理人应谨慎、勤勉地行使代理权。代理人不履行勤勉义务，疏于处理代理

事务，使被代理人设定代理的目的落空，并遭受损失的，根据《民法总则》第164条第1款的规定，由代理人予以赔偿。

其次，代理人应向被代理人忠实报告处理代理事务的一切重要情况，以使被代理人知道事务的进展以及自己利益的损益情况。在代理事务处理完毕后，代理人还应向被代理人报告执行任务的经过和结果，并提交必要的文件材料。

最后，代理人在执行代理事务过程中或代理事务完成之后，应尽保密义务，对于其知晓的被代理人的个人秘密和商业秘密，不得向外界泄露，或利用它们同被代理人进行不正当竞争。代理人与第三人恶意串通，损害被代理人利益，被代理人由此受到的损失的，根据《民法总则》第164条第2款的规定，由代理人和第三人负连带赔偿责任。

四、代理权行使的限制

（一）自己代理之禁止

所谓自己代理，是指代理人在代理权限内与自己为民事行为。在这种情况下，代理人同时为代理关系中的代理人和第三人，交易双方的交易行为实际上只由一个人实施。由于交易皆是以对方利益为代价追求自身利益的最大化，很难避免代理人为自己的利益牺牲被代理人利益的情况，因此，自己代理，除非事前得到被代理人的同意或事后得到其追认，否则法律不予承认。

（二）双方代理之禁止

双方代理又称同时代理，是指一个代理人同时代理双方当事人事务而为民事行为的情况。在交易中，当事人双方的利益总是互相冲突的，通过讨价还价，才能使双方的利益达到平衡。而由一个人同时代表双方利益，难免顾此失彼，因此，对于双方代理，除非事先得到过双方当事人的同意或事后得到了其追认，法律应不予承认。

（三）代理人和第三人恶意串通

恶意串通代理又称代理人的诈害行为，是指代理人和第三人恶意串通，损害被代理人利益的行为。这种行为显然与代理制度的宗旨不符。根据我国法律规定，被代理人由此受到的损失，由代理人和第三人负连带责任。

第四节　代理行为的性质与生效条件

一、代理行为的性质

讨论代理行为的性质，是为了回答代理行为的法律效果为何直接或间接由被代理人承受。关于代理行为的性质，主要有以下学说。

第一，本人行为说。该说认为代理行为并非代理人的行为，而是本人的行为，该说实际上是将代理人的行为拟制为本人的行为。

第二，共同行为说。该说认为本人对于代理人的意思，以及代理人对于相对人的意思，互相结合方能产生法律效力，因此代理行为属于本人与代理人的行为。

第三，代理行为说。该说认为代理行为就是代理人的行为，但其法律效果依法律规定直接或间接归属于本人。

学界通说认为，代理行为说是比较妥当的学说，因为它既能解释委托代理，也能解释法定代理，同时符合现代代理制度的规范意旨，因为代理行为是扩张和补充被代理人的能力。

二、代理行为的生效条件

代理行为属代理人行使代理权进行的法律行为，须具备一般和特殊两个方面生效的要件。这里所称的“一般”要件，是指法律行为对行为人本人发生效力所应具备的条件。这里所称“特殊”要件，是指行为人实施的法律行为，能对被代理人产生法律效果所应具备的条件。

（一）代理行为生效的一般要件

1. 代理人具有相应的行为能力

1）法定代理人的行为能力问题

法定代理人代替无民事行为能力人或限制民事行为能力人实施法律行为，因此，他们必须具备完全的民事行为能力。

2）委托代理人的行为能力问题

《德国民法典》第165条规定，代理人所为意思表示的效力，不因代理人为限制民事行为能力人而受影响。《日本民法典》第102条规定，代理人无须为能力人。我国法律对此无明确规定。我国法律规定，限制民事行为能力人可以实施与其智力、年龄、精神、健康状况相适应的法律行为。可以推论委托代理人无须为完全民事行为能力人。

那么，应否要求委托代理人对其代理的法律行为具有相应的行为能力呢？从简单的逻辑联系出发，自然应当要求委托代理人具有相应的民事行为能力。但是本书认为，不要求委托代理人对其代理的行为具有相应的行为能力。其理由是：法律规定无民事行为能力人、限制民事行为能力人实施的法律行为无效或效力未定的目的，在于保护民事行为能力欠缺的人，使他们在交易中不因意识能力的欠缺而遭受损失。而代理行为的法律后果最终归属被代理人而不归属代理人，因此也就无要求代理人对其代理的法律行为具有相应的行为能力的必要。这样具有两个好处：第一，使成年的被代理人对其未成年人的代理人实施的代理行为不能轻易逃脱责任；第二，能鞭策被代理人谨慎选任代理人，防止成年人故意使用未成年人作为代理人而进行欺诈。

2. 代理行为的意思表示真实

代理行为的意思表示有无瑕疵，一般应就代理人考察，但是被代理人不得就自己已知的事项主张代理人不知，从而请求变更或撤销代理行为。因此，无论是被代理人怠于将自己知道的情况通知代理人，或者代理人受通知后没有给予应有的注意，其带来的不利益都由被代理人承受。

（二）代理行为生效的特殊要件

代理行为的特殊生效要件，是指代理人实施的法律行为的效果直接归属于被代理人，使被代理人受其约束的法律要件。代理行为发生代理效力应具备的特殊要件如下。

1. 须被代理人具有相应的行为能力

代理行为要发生代理的效力须被代理人具有行为能力，包括以下两个方面。①承受代理行为法律效果的权利能力。至于代理人是否具有承受该行为法律效果的能力则无须考虑。例如，有权利能力的本国人委托无权利能力的外国人实施的法律行为，可以发生代理的效力。②委托代理的被代理人须具有相应的行为能力。法定代理的被代理人，不必具有行为能力。而委托代理的被代理人，则需具有相应的行为能力。在委托代理中，被代理人的委托授权是单方法律行为，因此也就要求被代理人在实施该法律行为时具有行为能力。如果被代理人没有独立实施授权行为的资格，其授权行为便会因此而无效。被代理人的授权行为无效，代理行为就变成无权代理，不能发生代理的效力。那么，衡量被代理人对其授权行为有无行为能力，应以什么为标准？一般而言，本人可以实施的法律行为，也就可以授权他人代理。如果被代理人的年龄、智力或精神状况与该法律行为相适应，则应认定被代理人对委托他人实施该法律行为的授权行为，具有相应的行为能力。

2. 代理人具有代理权

代理行为在具备其他生效要件的情况下，代理人具有代理权是代理行为当然地、确定地、完全地发生代理效力的要件。所谓当然地发生代理的效力，是指无须被代理人追认即能发生代理的效力。所谓确定地发生代理效力是指代理行为的代理效力是无可争议的。所谓完全地发生代理的效力，是指该代理效力不仅约束被代理人，也同时约束代理人和相对人，如无权代理中的表见代理虽然无须被代理人的追认即能发生代理的效力，但此种代理的效力是不完全的，只拘束被代理人，不拘束相对人，也就是说，相对人可以选择被代理人或代理人来承担责任。

第五节 无权代理

一、无权代理概述

（一）无权代理的概念和特征

无权代理是指行为人无代理权而以他人名义为法律行为。由于大陆法系国家对无权代理的规定只着眼于代理人无代理权，因此，无权代理既不同于代理人有代理权而未明示成立代理行为的隐名代理，也不同于代理行为不具备法律行为一般有效要件或者被代理人不存在、不确定、不合格的无效代理。它具有以下特征。

第一，无权代理人以被代理人的名义为法律行为，代理行为已经成立。如果代理行为不成立，也就不发生有权代理和无权代理的问题。对于无权代理，代理行为已经成立，在一定条件下，如被代理人追认还可能产生代理的效力。

第二，无权代理行为是具备法律行为一般有效要件的行为。无权代理行为如不能对被代理人发生代理的效力，则可能对无权代理人自己发生本人行为的效力。也就是说，无权代理行为如果得不到被代理人的追认，无权代理行为如同相对人享有撤销权的本人行为，将依相对人是否撤销的选择，在无权代理人与相对人之间产生法律行为有效或无效的法律后果。

第三，在代理行为的特殊要件上，无权代理只欠缺代理权这一有效要件，并不欠缺被代理人存在、确定、合格等有效要件。无权代理这一特征，使无权代理区别于被代理人不存在、不确定、不合格的无效代理。在后一种情况，代理行为将因无合格的被代理人承受其法律效果，而绝对不能发生代理的法律效力。而无权代理，行为人所指称的被代理人确实存在。

正因为无权代理具有代理行为的形式，即标明了本人名义，所以不同于无因管理。无因管理是为本人利益的事务的管理行为，但是并不以本人名义为之，而且范围不限于法律行为，事实行为也可以为之。在无因管理中，不存在被代理人是否承认的问题。

在自然人领域，无权代理只发生在意定代理情形。法定代理由于法律授予了代理人一种不受具体限制的地位，所以不存在无权代理的问题，但可能发生滥用代理的情形。在法人领域，则非常复杂。我国和其他一些国家，采取一体说，在法人与法人机关之间，对外排除了代理的可能。当然法人机关基于法人对外事务代表的地位，可以授权他人代理法人活动，此时可能出现代理权问题。

（二）无权代理的表现情形

（1）根本未经授权的代理。

（2）超越代理权的代理。

（3）代理权已经终止后的代理。

（三）无权代理的种类

无权代理，根据其是否有使相对人误信无权代理人有代理权的表象，可区分为表见代理与非表见无权代理，即狭义的无权代理。

无权代理是只有代理形式而无代理实质的代理。如果按简单的逻辑推论，无权代理无论对于被代理人或相对人都不应发生代理的效力，只能在无权代理人与相对人之间基于无权代理人的非法行为发生损害赔偿的关系。但是鉴于经济生活的复杂性，无权代理发生原因的多元性，为维护代理制度的信用和善意第三人的利益，各国代理立法都没有从简单逻辑出发，而是对表见代理和非表见代理（狭义无权代理）分别赋予了不同的法律效果。

二、狭义的无权代理

狭义的无权代理是指不存在代理权表象的无权代理。狭义的无权代理的效力应从以下四个方面考察。

（一）未补正代理权期间的无权代理的法律效果

有效代理以有权代理为条件，所以无权代理的一般后果是不能构成有效代理，处于效力未定状态，暂时地不能发生预期效果。

1. 对被代理人的效力

1）享有追认权

通过被代理人行使追认权，可使无权代理所欠缺的代理权得到补足，转化为有权代理。被代理人追认权的行使，有明示和默示两种方式。所谓明示的方式，指被代理人以明确的意思表示对无权代理行为予以承认。所谓默示的方式，是指被代理人虽没有明确表示承认无权代理行为对自己的效力，但以特定的行为，如以履行义务的行为对无权代理行为予以承认。如本人知道他人以本人名义实施法律行为而不作否认表示的，视为同意。《合同法》第 48 条第 1 款也作了类似规定。追认无权代理行为有效的权利，是被代理人基于意思自治原则所享有的权利，其法律性质为形成权。

被代理人追认权的行使，可以向交易相对人作出，也可以向无权代理人作出。但在相对人已为催告时，只能向相对人为之。一经追认，无权代理行为即获得如同有权代理行为同样的法律效力。

2）享有拒绝追认的权利

本人可以明示拒绝，放弃追认权，结束效力不定状态，使无权代理自始不发生代理效力。不过，对单方法律行为，由于法律原则上不允许无代理权的代理，不发生追认等问题。

2. 对相对人的效力

1）催告权

在被代理人追认前，相对人可以向被代理人发出催告，要求其在相当期限内作出是否追认表示的权利。交易相对人催告被代理人在一定期间内行使追认权的，被代理人应及时行使，不及时行使的，视为拒绝追认。我国《合同法》第 48 条第 2 款规定，相对人可以催告被代理人在一个月内予以追认。被代理人未作表示的，视为拒绝追认。合同被追认前，善意相对人有撤销的权利，撤销应当以通知的方式作出。

2）撤销权

交易相对人撤销权的行使，应注意：首先，应于被代理人行使追认权之前行使；其次，被撤销的无权代理行为，被代理人不得再为追认；最后，相对人关于撤销的意思表示，一般应向被代理人作出。

（二）无权代理确定不能补足成有效代理的法律效果

当无权代理由于本人拒绝追认、追认权已经消灭或者相对人行使撤销权时，无权代理确定地不发生效力，被代理人不承担责任。但同时会发生以下特殊效果。

1. 代理人与相对人之间的效力

第一，相对人善意而代理人恶意时，相对人有权选择，由代理人赔偿损失或履行。这里的损失是履行损失而不是信赖损失。这里的履行是对无效法律行为的效力的一种特殊转换，从为他人的行为转化成为自己的行为处理。为弥补期待利益，可赋予相对人向无权代理人主张请求权。

第二，相对人和无权代理人都是善意，无权代理人仅承担赔偿信赖损害的责任，信赖赔偿额不得超过履行利益。

第三，相对人恶意而无权代理人善意，无权代理人无须承担责任。

第四，相对人和无权代理人都是恶意的，如果是双方恶意串通损害被代理人的利益，则双方应承担连带责任，该法律行为无效。如果并没有损害到被代理人的利益，则双方可以协商形成新的协议或解除该法律行为，依据过错相抵原则双方承担责任。

2. 被代理人与代理人之间的效力

狭义无权代理如果确定不能发生有效代理的效果，则会发生代理人对被代理人的责任。在代理人与被代理人之间存在基础法律关系时，如果无权代理人的行为同时构成违反内部义务，则由无权代理人对被代理人负相应的内部责任。反之，不存在基础法律关系时，无权代理确定无效后，如果无权代理人存在过错，则无权代理人要承担侵权责任。

三、表见代理

（一）概念

表见代理是指被代理人的行为足以使善意第三人相信无权代理人具有代理权，基于此项信赖与无权代理人为法律行为，由此造成的法律效果由被代理人承担的代理。

从实质上分析，表见代理是一种无权代理，但是与狭义的无权代理有明显的区别。

1. 表见代理与狭义的无权代理的目的不同

狭义的无权代理是为了保护本人的利益；表见代理制度的设立是为了保护善意无过失相对人的合法利益，维护交易安全。

2. 构成要件不同

从形式上看，表见代理具有有权代理的全部要件，相对人即使尽了充分注意的义务，仍然无法知道代理人所进行的代理是超越代理权、没有代理权或者代理权已经终止的行为。

3. 法律后果不同

表见代理发生有权代理的法律后果，被代理人必须对由此产生的效果承担责任；狭义的无权代理则属于效力未定的法律行为。

（二）表见代理的构成要件

1. 表见代理人不具有代理权

如果代理人实际拥有代理权，则为有权代理，不发生表见代理。因此，表见代理属于无权代理的范畴。

2. 须存在使相对人误信代理人有代理权的事由

这里所说的事由，是指使相对人相信行为人有代理权的现象，即代理权的外观。造成这种假象可能是被代理人单独造成的，可能是被代理人与代理人共同造成的，可能是代理人自己造成的。如果是代理人自己造成的代理假象，则是狭义的无权的代理。而表见代理要求造成这种假象必须要有本人的过错，即是因本人的行为使相对人相信代理存在，并且是有效的。因此表见代理的效力，不必要本人追认，本人就应当承担其法律后果。

3. 被代理人具有可归责性

本人尽一般注意义务，就可以防止行为人以代理人身份作为，但本人违反了这种注意义务，视为可归责，这是成立表见代理的必要条件。因为让无过失的被代理人为故意制造假象的无权代理人承担责任，是不公平的。如他人伪造本人授权委托书诈骗第三人，要被代理人承担责任，显然是不恰当的。而以被代理人有过失为表见代理的成立条件，让有过失的被代理人承担责任则是合理的。

4. 须相对人善意且无过失

所谓“相对人善意且无过错”，包括两个方面的含义：一方面，相对人不知道也不应该知道代理人所进行的代理行为不属于代理权限内的行为；另一方面，相对人并无过错，即相对人已尽了充分的注意，仍无法否认行为人的代理权。一般而言，相对人应对代理人有无代理权加以慎重地审查。如相对人因轻信代理人有代理权而为之，或者因疏忽大意而未对行为人的代理资格或代理权进行审查而相信行为人的代理权，不能成立表见代理，即本人对此不负授权人的责任。

（三）表见代理的类型

1. 授权表示形成的表见代理

此种表见代理表现如下。

第一，被代理人以明示或默示的方式向第三人表示委托他人为自己的代理人，而事实上他并未对该他人进行授权或未就特定法律行为对他人进行授权，交易相对人信赖被代理人的表示而与该他人进行交易。

第二，被代理人与代理人之间的委托合同不成立、无效或被撤销，被代理人尚未收回代理证书，交易相对人基于对代理证书的信赖，与行为人进行交易。

第三，代理关系终止后，被代理人未采取必要措施公示代理关系终止的事实并收回代理人持有的代理证书，造成第三人不知代理关系终止而仍与代理人为交易。

第四，行为人持有被代理人的介绍信、盖有合同专用章或盖有公章的空白合同书，但被代理人能够证明行为人持有的介绍信或空白合同书是盗用的，不发生表见代理的法律效果。

《合同法》第 49 条规定了表见代理，但是这一规定太抽象，不利于司法裁判。《最高人民法院在审理经济纠纷案件中涉及经济犯罪嫌疑若干问题的规定》的第 4～6 条对实践中应当注意的几个问题做了说明。

其一，个人借用单位的业务介绍信、合同专用章或者盖有公章的空白合同书，以出借单位的名义签订经济合同，骗取财物归个人占有、使用、处分或者进行其他犯罪活动，给相对人造成经济损失构成犯罪的，除依法追究借用人的责任外，出借业务介绍信、合同专用章或者盖有公章的空白合同书的单位，依法应当承担赔偿责任。但是，有证据证明被害人明知签订合同的对方当事人是借用行为，仍与之签订合同的除外。

其二，行为人盗窃、盗用单位的公章、业务介绍信、盖有公章的空白合同书，或者私刻单位的公章签订经济合同，骗取财物归个人占有、使用、处分或者进行其他犯罪活动的，单位对行为人该犯罪行为所造成的经济损失不承担民事责任。行为人私刻单位公章或者擅自使用单位公章、业务介绍信、盖有公章的空白合同书以签订经济合同的方法进行的犯罪行为，单位有明显过错，且该过错行为与被害人的经济损失之间具有因果关系的，单位对该犯罪行为所造成的经济损失，依法应当承担赔偿责任。

其三，企业承包、租赁经营合同期满后，按照规定应进行企业法定代表人的变更登记，而企业法人未采取有效措施收回其公章、业务介绍信、盖有公章的空白合同书，或者没有及时采取措施通知相对人，致原企业承包人、租赁人得以用原承包、租赁企业的名义签订经济合同，骗取财物据为己有构成犯罪的，该企业对被害人的经济损失，依法应当承担赔偿责任。但是，原承包人、承租人利用擅自保留的公章、业务介绍信、盖有公章的空白合同书以原承包、租赁企业的名义签订经济合同，骗取财物据为己有构成犯罪的，企业一般不承担民事责任。单位聘用人员解聘后，或者受单位委托保管公章的人员被解除委托后，单位未及时收回公章，行为人擅自用保留的原单位公章签订经济合同，骗取财物据为己有构成犯罪的，如给被害人造成经济损失，单位应当承担赔偿责任。

2. 授权不明而生的表见代理

委托书授权不明的，被代理人应当向第三人承担民事责任，代理人负连带责任，此种表见代理仅适用于委托代理。

3. 知道他人以其名义实施法律行为而不作否认表示的表见代理

我国《民法通则》第 66 条第 1 款对狭义的无权代理作了规定，同时在最后一句又规定，当无权代理的代理人实施代理行为时，本人知道该无权代理人以本人的名义实施民事行为而不作否认表示的，则不必本人追认而直接由本人承担民事责任，故此种表见代理成立。例如甲的女儿丙在支票背面签上其父甲之名，甲之妻以甲的印章在此支票上盖章时，甲在场而不表示反对的，甲应负背书人的责任。

（四）表见代理的法律效果

对表见代理的效力应从相对人、表见代理人、被代理人三方面考察。

1. 对相对人的效力

表见代理中的相对人，既可以主张其为狭义无权代理，也可以主张其为表见代理。如果主张狭义无权代理，则相对人可以行使善意相对人的撤销权，从而使得整个代理行为归于无效，并且要求表见代理人赔偿。当然也可以要求表见代理人履行其与相对人实施的法律行为。表见代理制度的目的，在于保护善意相对人的利益，所以被代理人不得基于表见代理而主动对相对人主张代理效果。

2. 对表见代理人与被代理人的效力

表见代理对于被代理人来说，产生与有权代理一样的效果，即在相对人与被代理人之间发生法律关系，代理行为的法律效果直接归属于被代理人。如果被代理人因此而受损失，有权向无权代理人请求赔偿。无权代理人不得以无权代理为抗辩，主张代理行为无效。

表见代理中，只有相对人能选择有权代理或狭义无权代理的效果，而在真正有权代理中，被代理人、相对人、代理人均可以主张代理的效力。

第六节　代理关系的消灭

一、代理关系消灭的原因

（一）委托代理关系消灭的原因

1. 代理期限届满或代理事务完成

期限届满或事务完成的时间，以代理证书的记载为准。

2. 被代理人取消委托或代理人辞去委托

代理关系以人身信任为存在基础，一旦这一基础丧失，在被代理人方面，可以取消委托；在代理人方面，可以辞去委托。代理人辞去委托时，应履行善后义务，在新的代理人继任前，继续处理代理事务。

3. 代理人死亡

代理关系是一种民事法律关系，它是以主体作为基本要素，基于一定的社会关系而成立。代理人死亡，致使代理关系的一方失去了主体，代理关系便终止。

但是，被代理人死亡并不必然产生代理权终止的法律后果。以下就是被代理人死亡而委托代理人继续实施的代理行为可以有效的情形：①代理人不知道被代理人死亡的；②被代理人的继承人均予以承认的；③被代理人与代理人约定到代理事项完成时代理权有终止的；④在被代理人死亡前已经进行，而在被代理人死亡后为了被代理人的继承人的利益继续代理的。

4. 代理人失去行为能力

代理人的活动条件是其具有行为能力，被代理人所要借助的，也是这种能力。代理人一旦失去行为能力，代理关系当然消灭。

5. **法人消灭**

被代理人或代理人为法人时，因法人消灭而使代理关系消灭。

（二）间接代理关系消灭的特别原因

1. **委托人的自动介入**

受托人作为代理人以自己的名义，在委托人的授权范围内与第三人订立合同，第三人在订立合同时，知道受托人与委托人之间的代理关系的，该合同直接约束委托人和第三人，此时代理关系消灭。但有确切证据证明该合同只约束委托人和第三人的除外。

2. **委托人行使介入权或者第三人行使选择权**

间接代理制度中，第三人与受托人订立合同的当时，不知道受托人与委托人之间的代理关系的，一旦受托人因第三人的原因对委托人不履行义务，受托人应当向委托人披露第三人，一旦委托人选择行使受托人对第三人的权利的，代理关系消灭。受托人因委托人的原因对第三人不履行义务的，受托人应当向第三人披露委托人，第三人一旦选择委托人作为相对人主张权利，代理关系也消灭。

（三）法定代理和指定代理的消灭原因

根据《民法总则》第 175 条的规定，有下列情形之一的，法定代理关系终止：①被代理人取得或者恢复民事行为能力；②被代理人或者代理人死亡；③代理人丧失民事行为能力；④法律规定的其他情形。

二、代理关系消灭的效果

代理关系消灭后将产生以下法律后果。

首先，代理关系消灭后，代理权归于消灭，代理人不得再以代理人的身份进行活动，否则即为无权代理。

其次，代理关系消灭后，代理人在必要和可能的情况下，应向被代理人或其继承人、遗嘱执行人、清算人、新代理人等，就其代理事务及有关财产事宜作出报告和移交。

最后，委托代理人应向被代理人交回代理证书及其他证明代理权的凭证。

法条链接

中华人民共和国民法总则（节选）

第七章　代　　理

第一节　一般规定

第一百六十一条　民事主体可以通过代理人实施民事法律行为。

依照法律规定、当事人约定或者民事法律行为的性质，应当由本人亲自实施的民事法律行为，不得代理。

第一百六十二条　代理人在代理权限内，以被代理人名义实施的民事法律行为，对被代理人发生效力。

第一百六十三条 代理包括委托代理和法定代理。

委托代理人按照被代理人的委托行使代理权。法定代理人依照法律的规定行使代理权。

第一百六十四条 代理人不履行或者不完全履行职责，造成被代理人损害的，应当承担民事责任。

代理人和相对人恶意串通，损害被代理人合法权益的，代理人和相对人应当承担连带责任。

第二节 委托代理

第一百六十五条 委托代理授权采用书面形式的，授权委托书应当载明代理人的姓名或者名称、代理事项、权限和期间，并由被代理人签名或者盖章。

第一百六十六条 数人为同一代理事项的代理人的，应当共同行使代理权，但是当事人另有约定的除外。

第一百六十七条 代理人知道或者应当知道代理事项违法仍然实施代理行为，或者被代理人知道或者应当知道代理人的代理行为违法未作反对表示的，被代理人和代理人应当承担连带责任。

第一百六十八条 代理人不得以被代理人的名义与自己实施民事法律行为，但是被代理人同意或者追认的除外。

代理人不得以被代理人的名义与自己同时代理的其他人实施民事法律行为，但是被代理的双方同意或者追认的除外。

第一百六十九条 代理人需要转委托第三人代理的，应当取得被代理人的同意或者追认。

转委托代理经被代理人同意或者追认的，被代理人可以就代理事务直接指示转委托的第三人，代理人仅就第三人的选任以及对第三人的指示承担责任。

转委托代理未经被代理人同意或者追认的，代理人应当对转委托的第三人的行为承担责任，但是在紧急情况下代理人为了维护被代理人的利益需要转委托第三人代理的除外。

第一百七十条 执行法人或者非法人组织工作任务的人员，就其职权范围内的事项，以法人或者非法人组织的名义实施民事法律行为，对法人或者非法人组织发生效力。

法人或者非法人组织对执行其工作任务的人员职权范围的限制，不得对抗善意相对人。

第一百七十一条 行为人没有代理权、超越代理权或者代理权终止后，仍然实施代理行为，未经被代理人追认的，对被代理人不发生效力。

相对人可以催告被代理人自收到通知之日起一个月内予以追认。被代理人未作表示的，视为拒绝追认。行为人实施的行为被追认前，善意相对人有撤销的权利。撤销应当以通知的方式作出。

行为人实施的行为未被追认的，善意相对人有权请求行为人履行债务或者就其受到的损害请求行为人赔偿，但是赔偿的范围不得超过被代理人追认时相对人所能获得的利益。

相对人知道或者应当知道行为人无权代理的，相对人和行为人按照各自的过错承担责任。

第一百七十二条 行为人没有代理权、超越代理权或者代理权终止后，仍然实施代理行为，相对人有理由相信行为人有代理权的，代理行为有效。

第三节 代理终止

第一百七十三条 有下列情形之一的，委托代理终止：

（一）代理期间届满或者代理事务完成；

（二）被代理人取消委托或者代理人辞去委托；

（三）代理人丧失民事行为能力；

（四）代理人或者被代理人死亡；

（五）作为代理人或者被代理人的法人、非法人组织终止。

第一百七十四条 被代理人死亡后，有下列情形之一的，委托代理人实施的代理行为有效：

（一）代理人不知道并且不应当知道被代理人死亡；

（二）被代理人的继承人予以承认；

（三）授权中明确代理权在代理事务完成时终止；

（四）被代理人死亡前已经实施，为了被代理人的继承人的利益继续代理。

作为被代理人的法人、非法人组织终止的，参照适用前款规定。

第一百七十五条 有下列情形之一的，法定代理终止：

（一）被代理人取得或者恢复完全民事行为能力；

（二）代理人丧失民事行为能力；

（三）代理人或者被代理人死亡；

（四）法律规定的其他情形。

《合同法》节选

第四十七条 限制民事行为能力人订立的合同，经法定代理人追认后，该合同有效，但纯获利益的合同或者与其年龄、智力、精神健康状况相适应而订立的合同，不必经法定代理人追认。

相对人可以催告法定代理人在一个月内予以追认。法定代理人未作表示的，视为拒绝追认。合同被追认之前，善意相对人有撤销的权利。撤销应当以通知的方式作出。

第四十八条 行为人没有代理权、超越代理权或者代理权终止后以被代理人名义订立的合同，未经被代理人追认，对被代理人不发生效力，由行为人承担责任。

相对人可以催告被代理人在一个月内予以追认。被代理人未作表示的，视为拒绝追认。合同被追认之前，善意相对人有撤销的权利。撤销应当以通知的方式作出。

第四十九条 行为人没有代理权、超越代理权或者代理权终止后以被代理人名义订立合同，相对人有理由相信行为人有代理权的，该代理行为有效。

第三百九十九条 受托人应当按照委托人的指示处理委托事务。需要变更委托人指示的，应当经委托人同意；因情况紧急，难以和委托人取得联系的，受托人应当妥善处理委托事务，但事后应当将该情况及时报告委托人。

第四百条 受托人应当亲自处理委托事务。经委托人同意，受托人可以转委托。转委托经同意的，委托人可以就委托事务直接指示转委托的第三人，受托人仅就第三人的选任及其对第三人的指示承担责任。转委托未经同意的，受托人应当对转委托的第三人的行为承担责任，但在紧急情况下受托人为维护委托人的利益需要转委托的除外。

第四百零一条 受托人应当按照委托人的要求，报告委托事务的处理情况。委托合同终止时，受托人应当报告委托事务的结果。

第四百零二条 受托人以自己的名义，在委托人的授权范围内与第三人订立的合同，第三人在订立合同时知道受托人与委托人之间的代理关系的，该合同直接约束委托人和第三人，但有确切证据证明该合同只约束受托人和第三人的除外。

第四百零三条 受托人以自己的名义与第三人订立合同时，第三人不知道受托人与委托人之间的代理关系的，受托人因第三人的原因对委托人不履行义务，受托人应当向委托人披露第三人，委托人因此可以行使受托人对第三人的权利，但第三人与受托人订立合同时如果知道该委托人就不会订立合同的除外。

受托人因委托人的原因对第三人不履行义务，受托人应当向第三人披露委托人，第三人因此可以选择受托人或者委托人作为相对人主张其权利，但第三人不得变更选定的相对人。

委托人行使受托人对第三人的权利的，第三人可以向委托人主张其对受托人的抗辩。第三人选定委托人作为其相对人的，委托人可以向第三人主张其对受托人的抗辩以及受托人对第三人的抗辩。

第四百零七条 受托人处理委托事务时，因不可归责于自己的事由受到损失的，可以向委托人要求赔偿损失。

第四百零八条 委托人经受托人同意，可以在受托人之外委托第三人处理委托事务。因此给受托人造成损失的，受托人可以向委托人要求赔偿损失。

第四百零九条 两个以上的受托人共同处理委托事务的，对委托人承担连带责任。

第四百一十四条 行纪合同是行纪人以自己的名义为委托人从事贸易活动，委托人支付报酬的合同。

第四百二十一条 行纪人与第三人订立合同的，行纪人对该合同直接享有权利、承担义务。

第三人不履行义务致使委托人受到损害的，行纪人应当承担损害赔偿责任，但行纪人与委托人另有约定的除外。

讨论交流

表见代理构成要件是否需要被代理人有过错，存在不同观点。请你结合立法、理论和实践对此进行分析。

复习题

一、判断分析题

1. 代理是代理人为了被代理人的利益，以自己的名义同第三人实施的其后果由被代理人承担的一种法律行为。（　　）

2. 被代理人死亡引起代理关系消灭，代理人即可停止一切代理行为。（　　）

3. 代理就是委托合同。（　　）

4. 授予代理权是双方法律行为。（　　）

5. 复代理人是代理人以被代理人的名义选任的。（　　）

二、不定项选择题

1. 下列行为中，属于代理行为的是（　　）。

A. 甲代替乙招待乙的朋友的行为

B. 传达室的张大爷将甲寄给乙的信送给乙的行为

C. 公司董事长以公司名义对外签约的行为

D. 公司的售票员向旅客卖票的行为

2. 下列各项中，不能当然引起委托代理关系终止的原因是（　　）。

A. 被代理人取消委托　　B. 被代理人死亡

C. 代理人辞去委托　　D. 代理人死亡

3. 以委托书授予代理权的，委托书授权不明的，则对第三人的民事责任应由（　　）。

A. 被代理人承担

B. 代理人承担

C. 被代理人承担主要责任，代理人承担次要责任

D. 被代理人、代理人承担连带责任

4. 司机吴某要出差到山东，李某委托他代买一箱苹果，吴见当地苹果物美价廉，就多买了一箱。此行为属于（　　）。

A. 没有代理权　　B. 有代理权　　C. 滥用代理权　　D. 超越代理权

5. 下列各项行为中，不属于代理的是（　　）。

A. 张甲委托赵乙代理民事诉讼

B. 李四受王五委托，以王五的名义与张三签订买卖合同

C. 马某受陈某委托办理货物托运

D. 甲公司法定代表人李某与乙公司签订购销合同

6. 下列行为可适用代理的是（　　）。

A. 某歌星的演出　　B. 某画家允诺为某学校作画一幅

C. 办理结婚登记　　　　　　　　　　　D. 办理房产登记

7. 根据我国法律的规定，代理包括下面几种类型（　　）。

A. 委托代理　　B. 法定代理　　C. 指定代理　　D. 表见代理

8. 在民事代理过程中，代理人负有以下义务（　　）。

A. 履行其代理职责

B. 不能同时代理双方当事人为同一法律行为

C. 不能与第三人恶意窜通损害被代理人的利益

D. 因故暂时无法履行代理职责，必须转托他人代理

9. 委托代理终止的原因有（　　）。

A. 代理事务完成

B. 被代理人死亡

C. 代理人死亡

D. 作为被代理人或者代理人的法人终止

10. 下列对无权代理人签订的合同的效力描述正确的是（　　）。

A. 非表见代理的，不产生任何法律后果

B. 一律无效

C. 相对人催告，本人在法定期间未作表示的视为追认

D. 构成表见代理的，本人应承担责任

三、案例分析题

甲某为采购员，经常在全国各地出差。乙某是其邻居，平时以采撷山药为生。乙某在山中挖到一名贵草药，正好甲某要到上海出差，于是乙某就委托甲某将草药带去卖掉。甲某却将草药带到邻村朋友家。朋友父亲丁某是老中医，他看了之后请甲某将草药卖与他，并表示愿给甲某200元的好处费。结果甲某以低于上海市场将近500元的价格把草药卖给丁某。双方约定，如果事后乙某来此处打听这种草药价格，丁某就说此草药现在已经大跌价，在上海也不值钱了。不想此事被在丁某家看病的乙某的一个远房亲戚听见，不久后告诉了乙某。乙某遂要求甲某和丁某赔偿自己的损失。

问题：

1. 甲某的代理行为是一种什么性质的行为？

2. 乙某是否有权要求甲某和丁某两人赔偿？

第九章

诉讼时效和期限

时间属于法律事实中的事件，其经过可能会带来权利的取得或权利的减损，前者是取得时效，后者是消灭时效。我国现行法律只规定了类似消灭时效的诉讼时效制度。所以本章重点介绍诉讼时效制度的基本问题。但是思维的路径是需要通过时效制度的简单介绍进入诉讼时效的基本概念和基本制度中，首先诉讼时效的概念和客体是进一步学习的基础，应掌握，但是我国对诉讼时效的客体仍有争议，所以该内容是探索。而诉讼时效期间是决定其法律效果的重要依据，本章以诉讼时效期间的概念、特征、种类为知识的铺垫，从技术层面上介绍了诉讼时效期间的起算以及中止、中断、延长的判断和运用，最后以其他国家诉讼时效期间届满的法律效果为比较，评点我国诉讼时效期间届满的法律效果，从而能对诉讼时效的实践价值有所感悟。

本章知识体系

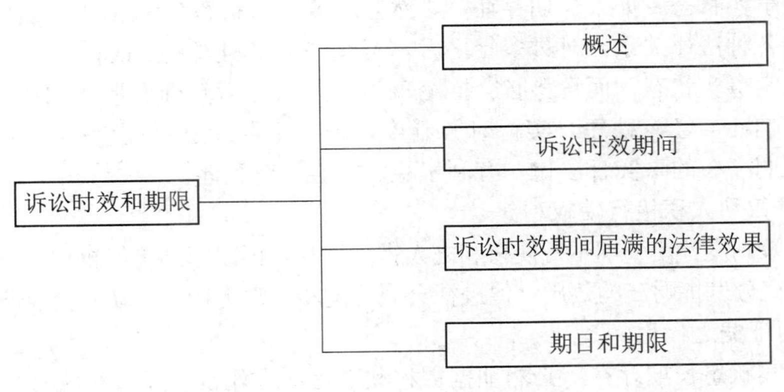

第一节 概 述

一、时效制度概述

(一) 时效的概念和性质

时效，指当事人对财产的占有或不行使权利的行为，经过一定的时间，发生当事人取得权利或权利效力减损法律效果的制度。因此，时效有两个要点：其一，时效是以经过一定期间为构成要素的法律事实；其二，其效果必须是导致某一权利发生、变更或消灭。

（二）时效的种类

根据引起时效发生的事实状态的不同以及由此导致的法律效果的不同，将时效区分为取得时效和消灭时效。

取得时效是指占有人以自己所有的意思，公开地、和平地持续占有他人财产经过法律规定的一定期间，即依法取得占有财产所有权的一种时效制度。承认取得时效的理由在于保护长期存在的事实状态，以谋求社会的安定。这是民法对真正权利人利益与社会信赖利益权衡后，选择了社会信赖利益的结果。

消灭时效是指权利人不行使权利经过法律规定的一定期间，引起权利效力减损的制度。法国、奥地利、日本等国民法建立统一的时效制度，将取得时效和消灭时效一并规定。德国将取得时效与消灭时效分立，将取得时效规定于物权篇，将消灭时效规定于总则篇。我国现行民事立法无取得时效制度，只在《民法通则》中规定了诉讼时效相关内容，属消灭时效。

从某种意义上说，时效在民法上，无论何种类型，对既有权利者来说，都具有限制效力。取得时效是指无权占有或持有状态经过一定期间，使无权利的占有人或持有人取得权利，既有权利人失去权利的制度；消灭时效是指权利人使权利的状态经过一定期间，相对人便取得对抗权利人请求权的抗辩权。广义上，除了取得时效、消灭时效外，除斥期间、合同履行期间等对权利均有限制意义。

（三）时效的意义

1. 稳定法律秩序

一定的事实状态，如果长期存在，必然会在该事实状态存续过程中发生以此事实状态为基础的各种法律关系，时过多年之后，若允许原权利人主张权利，则将不仅打破长期形成的稳定事实状态，而且势必会推翻多年以来以此为基础而形成的各种法律关系，从而容易影响社会经济秩序。实行时效制度，因法定期间已过而使原权利人的权利丧失，或使长期存在的事实合法化，有利于稳定社会经济秩序。

2. 促进权利人积极行使权利

实行时效制度，使长期不行使权利之人丧失权利，可以起到督促权利人行使权利的作用，有利于充分发挥财产的效用，促进社会经济流转正常进行，推动社会经济的发展。

3. 作为证据之代用

一定事实状态长期存在，必然证据资料湮没，证人死亡，此事实状态是否合法，实难证明。实行时效制度，凡时效期间届满，即认定不行使权利之人丧失权利，或占有他人财产之人取得财产，此乃以时效作为证据之代用，可以避免当事人举证及人民法院法庭调查之困难。

二、诉讼时效概述

（一）诉讼时效的概念

诉讼时效是指权利人在法定期间内不行使权利即导致义务人有权提出拒绝履行的抗

辩权的法律制度。

(二) 诉讼时效的特征

诉讼时效具有如下特征。

第一，诉讼时效是民法总则的一项重要制度。我国《民法总则》以专章（第九章）的形式对“诉讼时效”制度作出了规定，包括诉讼时效的适用范围、诉讼时效届满的法律后果、法院应否主动援引诉讼时效的规定进行裁判以及诉讼时效的中止、中断、延长等问题。

第二，诉讼时效是关于权利行使期限的规定。诉讼时效直接表现为一定的期间。

第三，诉讼时效体现了义务人的时效利益。所谓时效利益，是指诉讼时效期间届满以后，权利人丧失了请求法院依诉讼程序强制义务人履行义务的权利，义务人因此可以不履行义务，继而获得其本来不应该获得的利益。在时效期间届满以后，义务人所享有的时效利益受到法律的保护。

第四，诉讼时效的规定具有强制性。《民法总则》第 197 条规定：“诉讼时效的期间、计算方法以及中止、中断的事由由法律规定，当事人约定无效。当事人对诉讼时效利益的预先放弃无效。”从这些规定来看，诉讼时效制度具有强行法特点，这主要是因为时效规则不仅要保护当事人的时效利益，而且要维护法律秩序的稳定和交易安全，不能将时效视为私法自治的领域，允许当事人通过约定而改变或预先放弃时效利益。

第五，诉讼时效届满导致义务人产生抗辩权。

(三) 诉讼时效的客体

1. 诉讼时效主要适用于债权请求权

所谓诉讼时效的客体，是指诉讼时效制度所适用的范围。我国《民法总则》第 188 条第 1 款规定：“向人民法院请求保护民事权利的诉讼时效期间为三年。法律另有规定的，依照其规定。”该条款对诉讼时效作出了规定，但只是使用了“民事权利”这一表述，而没有对诉讼时效的适用范围作出明确界定。2008 年的《诉讼时效司法解释》第 1 条规定，“当事人可以对债权请求权提出诉讼时效抗辩”。该条实际上明确了诉讼时效的适用范围原则上限于债权请求权。债权请求权是特定的债权人请求债务人为一定的行为或不为一定行为的权利，如合同之债、侵权之债、无因管理之债、不当得利之债等。

物权请求权有适用诉讼时效的余地。

2. 不适用诉讼时效的请求权

并不是所有的请求权都可以适用诉讼时效，《民法总则》第 196 条规定：“下列请求权不适用诉讼时效的规定：①请求停止侵害、排除妨碍、消除危险；②不动产物权和登记的动产物权的权利人请求返还财产；③请求支付抚养费、赡养费或者扶养费；④依法不适用诉讼时效的其他请求权。”由此可见，以下几种请求权并不适用诉讼时效：

1）请求停止侵害、排除妨碍、消除危险

这三种情形都是物权受侵害的情形，不应当适用诉讼时效，因为在停止侵害、排除妨碍、消除危险的情形下，由于行为人的侵权行为一直处于持续状态，诉讼时效无法确定起算点，因而不应当适用诉讼时效。

2）不动产物权和登记的动产物权的权利人请求返还财产

依据《民法总则》第 196 条的规定，不动产物权和登记的动产物权的权利人请求返还财产的权利不适用诉讼时效。

我国对不动产物权采用登记要件主义，不动产物权的设立、变更、消灭都要办理登记，登记簿本身能够产生一定的公信力。交易第三人因信赖登记簿而进行交易的，相关的交易关系也受到法律保护。《民法总则》第196条并没有要求必须是已经登记的不动产，因此对不动产物权而言，即便没有登记，也不能适用诉讼时效。

登记的动产物权是指依据我国法律规定进行登记的动产。《物权法》第24条规定："船舶、航空器和机动车等物权的设立、变更、转让和消灭，未经登记，不得对抗善意第三人。"对于已经登记的动产和不动产登记一样，也会产生一定的公信力，第三人信赖该登记而与其发生交易，该信赖应当受到法律保护。

3）请求支付抚养费、赡养费或者扶养费

依据《民法总则》第196条的规定，请求支付抚养费、赡养费或者扶养费的权利不受诉讼时效的限制。这是因为支付抚养费、赡养费或者扶养费的权利关系到权利人的基本生活保障，如果受到诉讼时效的限制，则可能影响权利人的基本生活。另外，诉讼时效的主要功能是稳定财产秩序、保护当事人对相关财产秩序的合理信赖，但就支付抚养费、赡养费或者扶养费的权利而言，其并不涉及维持财产秩序、保护当事人合理信赖的问题。因此，上述请求权不应当受到诉讼时效的限制。

4）依法不适用诉讼时效的其他请求权

依据《民法总则》第196条的规定，如果存在依法不适用诉讼时效的其他请求权，则适用该规定。例如，《诉讼时效司法解释》第1条规定："当事人可以对债权请求权提出诉讼时效抗辩，但对下列债权请求权提出诉讼时效抗辩的，人民法院不予支持：（一）支付存款本金及利息请求权；（二）兑付国债、金融债券以及向不特定对象发行的企业债券本息请求权；（三）基于投资关系产生的缴付出资请求权；（四）其他依法不适用诉讼时效规定的债权请求权。"

另外，《最高人民法院关于贯彻执行〈中华人民共和国民法通则〉若干问题的意见》第170条规定："未授权给公民、法人经营、管理的国家财产受到侵害的，不受诉讼时效期间的限制。"对于这部分财产受到侵害后，如果采用时效限制，不利于对国有财产的保护。

第二节　诉讼时效期间

一、诉讼时效期间的概念和特点

诉讼时效期间即权利人因不行使权利而发生权利减损的法律效果所需经过的法定期间。该期间具有如下特点。

1. 法定性

诉讼时效期间一般由法律直接作出规定。

2. 可变性

诉讼时效期间在符合法律规定的条件下，可以中止、中断和延长。

3. 强制性

强制性一是指当事人不得通过约定排除诉讼时效制度的适用，此为完全强制性；二是指当事人可以约定缩短诉讼时效期间，但不得约定延长诉讼时效期间，此也为强制性。我国《最高人民法院关于审理民事案件适用诉讼时效制度若干问题的规定》第2条，当事人违反法律规定，约定延长或者缩短诉讼时效期间，预先放弃诉讼时效利益的，人民法院不予认可。

二、诉讼时效期间与除斥期间

我国现行法上，与诉讼时效类似的法律制度为除斥期间。除斥期间是法律规定的某种权利的存续期间，期间届满后，权利归于消灭。在使某种法律关系变动上，除斥期间与消灭时效效果一致，但两者仍明显存在如下区别。

第一，诉讼时效的期间是可变期间，可以中止、中断、延长；除斥期间为不变期间，不能中止、中断或延长。

第二，诉讼时效并不使没有得到及时行使的权利本身消灭，而只是导致权利效力减损；除斥期间使权利本身消灭。

第三，诉讼时效期间自权利人能行使请求权之时起算；除斥期间自权利成立之时起算。例外情况下也可以从权利行使之时起算。

第四，诉讼时效制度主要适用于请求权，除斥期间制度主要适用于形成权，如追认权、撤销权等。

第五，诉讼时效期间届满，允许义务人抛弃其获得的时效利益；除斥期间届满权利消灭，不存在抛弃相应利益的问题。

三、诉讼时效期间的种类

（一）普通诉讼时效

普通诉讼时效是指由民事基本法统一规定的，普遍适用于法律没有作特殊诉讼时效规定的各种民事法律关系的时效。除特别法另有规定外，所有的民事法律关系皆适用普通诉讼时效，《民法总则》第188条第1款规定了普通诉讼时效的期间为3年，该条改变了《民法通则》所规定的2年普通诉讼时效期间，更有利于保护权利人的利益。

（二）特别诉讼时效

特别诉讼时效是指由民事基本法或特别法就某些民事法律关系规定的短于或长于普通诉讼时效期间的时效。特别诉讼时效通常短于普通诉讼时效，是因为它处理的民事法律关系对确定性的要求较强，必须在更短的期间内予以确定。

《民法通则》第136条规定了下列民事法律关系的特别诉讼时效期间为1年：①身体受到伤害要求赔偿的；②出售质量不合格的商品未声明的；③延付或拒付租金的；④寄存财物被丢失或者损毁的。

另外，我国《合同法》第129条规定，因国际货物买卖合同和技术进出口合同发生纠纷，要求保护权利的诉讼时效期间为4年，《中华人民共和国食品卫生法》（以下简称《食品卫生法》）规定的诉讼时效期间为1年，《中华人民共和国海商法》（以下简称《海商法》）规定有关海上拖航合同的请求权、共同海损的请求权诉讼时效期间为1年，有关船舶发生油污损害的请求权，时效期间为3年，《环境保护法》规定的诉讼时效期间为3年，《保险法》规定的诉讼时效期间为5年。

在《民法总则》颁行以后，关于《民法通则》第136条所规定的短期时效是否仍然适用，存在两种观点。一种观点认为，既然《民法总则》没有规定短期时效，表明其不再认可这些短期时效，因而不应再适用。另一种观点认为，虽然《民法总则》没有规定上述短期时效，但是，上述短期时效的规则仍应当有效。对于该问题，未来民法典会给予回应。

（三）权利的最长保护期

《民法通则》第137条规定：诉讼时效期间从知道或者应当知道权利被侵害时起计算。但是，从权利被侵害之日起超过20年的，人民法院不予保护。其意思为，权利人不知或不应知道权利已被侵害，自权利被侵害之日起经过20年的，其权利也失去法律的强制性保护。对《民法通则》的这一规定，学说上解释不一。有人认为它是关于最长诉讼时效的规定，有人认为它是关于除斥期间的规定，还有人认为它是关于权利的最长保护期限的规定。本书认为第三种观点较为可采。

《民法通则》规定的20年期间之所以不是除斥期间，是因为它不是权利的存续期间，而是权利的保护期间，与除斥期间主旨不同。20年的期间届满后，义务人自愿履行的，权利人有权接受履行，并不构成不当得利。此外，除斥期间一般较短，以20年的期间为除斥期间，则违背除斥期间的性质和功能。

另外，《民法通则》规定的20年期间也不是诉讼时效期间，因为：第一，它与诉讼时效期间的起算点不同，它以权利发生之日为起算点，而诉讼时效期间以权利人知道或应当知道权利被侵害之时为起算点；第二，最长权利保护期限与诉讼时效的发生原因也不相同，后者是因权利人不行使权利发生的，而前者并不因权利人不行使权利所致，而是权利人不知自己的权利，无从行使；第三，最长权利保护期限不像诉讼时效期间那样可以中止、中断，而是持续进行，属于不变期间。

法律设置最长权利保护期限制度，是为了克服诉讼时效制度可能导致的无限期保护权利的缺点。因为依诉讼时效制度的本旨，权利人不知道或不应知道权利被侵害，诉讼时效期间不会开始计算。但如果权利人在任何期间一旦知道或应当知道权利被侵害，只要在两年内采取保护权利的措施，法院就应对权利予以保护，这样就可能产生与时效制度维护社会关系的确定性的目的相违背的情况。

四、诉讼时效期间的起算

诉讼时效期间的起算，指确定诉讼时效期间开始的时间点。《民法总则》第188条第2款规定："诉讼时效期间自权利人知道或者应当知道权利受到损害以及义务人之日起计算。法律另有规定的，依照其规定。但是自权利受到损害之日起超过二十年的，人民法院不予保护；有特殊情况的，人民法院可以根据权利人的申请决定延长。"该条对诉讼时效期间起算的一般规则作出了规定，即诉讼时效期间自权利人知道或者应当知道权利受到损害以及义务人之日起计算。

根据我国的法律规定和司法实践，结合各类民事法律关系的不同特点，诉讼时效起算有不同的情况。

第一，附条件的或附期限的债的请求权，从条件成就或期限届满之时起算。

第二，定有履行期限的债的请求权，从清偿期届满之时的第二天开始起算。

第三，未定有履行期限或者履行期限不明确的债的请求权，从债权人给予债务人清偿债务的宽限期届满之次日起算。

第四，因侵权行为而发生的赔偿请求权，从受害人知道或者应当知道其权利被侵害或者损害时起算。人身伤害损害赔偿的诉讼时效期间，伤害明显的，从受伤之日起算；伤害当时未发现，后经检查确诊的，从伤势确诊之日起算。

第五，请求他人不作为的债权的请求权，应当自义务人违反不作为义务时起算。

第六，国家赔偿的诉讼时效的起算，自国家机关及其工作人员行使职权时的行为被依法确认为违法之日起算。

在实践中，诉讼时效起算的各种情形非常复杂，法律很难作出一般性的规定。但是，在某些情况下，对于权利人是否知道其权利遭受损害，义务人很难举证，或者因为特定事由的存在，权利人需要受到特殊保护，因此，法律需要对各种特殊情形的时效起算作出规定。《民法总则》第 189 条专门规定了若干特殊情况下诉讼时效的起算，以便于法官操作。

1. 分期履行债务中的诉讼时效的起算

《民法总则》第 189 条规定："当事人约定同一债务分期履行的，诉讼时效期间自最后一期履行期限届满之日起计算。"

2. 无民事行为能力人或者限制民事行为能力人对其法定代理人的请求权

《民法总则》第 190 条规定："无民事行为能力人或者限制民事行为能力人对其法定代理人的请求权的诉讼时效期间，自该法定代理终止之日起计算。"法律之所以作出此种规定，主要是为了保护无民事行为能力人和限制民事行为能力人的利益。

3. 未成年人遭受性侵害的损害赔偿请求权

《民法总则》第 191 条规定："未成年人遭受性侵害的损害赔偿请求权的诉讼时效期间，自受害人年满十八周岁之日起计算。"该条主要是为了保护受害人的利益，因为在受害人成年前，其一方面难以判断其损害的具体程度，甚至不知道自己遭受了侵害；另一方面，在受害人成年前，应当由其法定代理人代为行使请求权，如果受害人在年满 18 周岁以后，对法定代理人的处理不满意，可以再次主张其请求权。

五、诉讼时效期间的中止、中断和延长

（一）诉讼时效期间的中止

1. 诉讼时效期间中止的概念

诉讼时效期间的中止，又称诉讼时效期间不完成，指在诉讼时效期间进行中，因发生一定的法定事由使权利人不能行使请求权，暂时停止计算诉讼时效期间，待阻碍时效期间进行的法定事由消除后，继续进行诉讼时效期间的计算。诉讼时效制度的目的，在于使怠于行使权利者承担不利后果。如果权利人不行使权利，并非出于怠惰，而是因为不得已的事由时，使权利人承担与怠于行使权利者同样的不利后果，未免有失公允。因此时效立法中有中止制度之设，以求衡平。

2. 诉讼时效期间中止的事由

中止诉讼时效必须有法定事由的存在。根据《民法总则》第 194 条规定，在诉讼时

效期间的最后六个月内，因下列障碍，不能行使请求权的，诉讼时效中止：①不可抗力；②无民事行为能力人或者限制民事行为能力人没有法定代理人，或者法定代理人死亡、丧失民事行为能力、丧失代理权；③继承开始后未确定继承人或者遗产管理人；④权利人被义务人或者其他人控制；⑤其他导致权利人不能行使请求权的障碍。

3. 诉讼时效期间中止的时间

根据《民法总则》第194条的规定，只有在诉讼时效期间的最后6个月内发生中止事由，才能中止诉讼时效的进行。如果在诉讼时效期间的最后6个月以前发生权利行使障碍，而到最后6个月时该障碍已经消除，则不能发生中止诉讼时效的效果。

4. 诉讼时效中止的效力

在诉讼时效中止的情况下，中止事由发生前已经经过的时效期限仍然有效，等到中止诉讼时效的原因消除后，前后期间合并计算。在民法规定的最长诉讼时效期间内，诉讼时效中止的持续时间没有限制。

（二）诉讼时效期间的中断

1. 诉讼时效期间中断的概念

诉讼时效期间的中断是指在诉讼时效进行期间，因发生一定的法定事由，使已经经过的时效期间统归无效，待时效期间中断的事由消除后，诉讼时效期间重新计算。

2. 诉讼时效中断的法定事由

根据《民法总则》第195条的规定，有下列情形之一的，诉讼时效中断，从中断、有关程序终结时起，诉讼时效期间重新计算：①权利人向义务人提出履行请求；②义务人同意履行义务；③权利人提起诉讼或者申请仲裁；④与提起诉讼或者申请仲裁具有同等效力的其他情形。

1）权利人提起诉讼

起诉的性质是为了保护权利人，基于这一性质，应对提起诉讼作扩张解释，使其不仅包括权利人向法院起诉的行为，而且包括权利人具有同样性质的其他行为，如向有关行政机关提出保护权利的请求；向法院申请强制执行；依督促程序向法院申请支付令；向仲裁机构申请仲裁；向人民调解委员会请求调解等。起诉表明权利人正在积极地行使自己的权利，使诉讼时效失去适用的理由，因而使诉讼时效期间中断。但权利人起诉后又自行撤诉，或因起诉不合法被法院驳回的，不构成提起诉讼，不能使诉讼时效期间中断。

2）权利人主张权利

权利人主张权利是指权利人向义务人、保证人、义务人的代理人或财产代管人主张权利或向清算人申报破产债权等。权利人主张权利是其行使权利的行为，不符合诉讼时效制度制裁怠于行使权利者的本旨，因而使诉讼时效期间中断。

3）义务人认诺

义务人认诺是指义务人对权利人表示承认其权利的存在，愿意履行义务。义务人对权利人的认诺表示，可以各种方式作出。以口头或书面方式对权利人或其代理人作出通知、请求延期给付、提供担保、支付利息或租金、清偿部分债务等义务人的行为，在法律上都构成认诺。

3. 诉讼时效中断的法律效力

根据《最高人民法院关于贯彻执行〈中华人民共和国民法通则〉若干问题的意见（试行）》第140条规定，诉讼时效因提起诉讼，当事人一方提出要求或者同意履行义务而中断。从中断时起，诉讼时效期间重新起算，即已经经过的诉讼时效期间失去意义。

如果诉讼时效期间届满，当事人就债务履行达成和解，例如延期清偿协议，不应看作诉讼时效的中断，而应视为新的法律关系成立。在这种情况下，只有当债务人到期不履行和解协议时，才开始诉讼时效的起算。

4. 诉讼时效期间中止与中断的区别

1）发生的事由不同

中止的法定事由为当事人的主观意志所不能决定的事实；中断的法定事由为当事人的主观意志所能左右的事实。

2）发生的时间不同

中止只能发生在时效期间届满前的最后6个月内；中断可发生于时效期间内的任何时间。

3）法律效果不同

诉讼时效期间中止的，不会将中止事由发生的时间计入诉讼时效期间，而是把中止事由发生前后经过的诉讼时效期间合并计算为总的诉讼时效期间；而中断的法律效果是指中断事由发生后，已经经过的诉讼时效期间全部作废，重新开始计算诉讼时效期间。

（三）诉讼时效期间的延长

通常情况下，权利人在诉讼时效期间内不行使权利，在时效期间届满后，向法院要求保护权利的，法院不予支持。但有的权利人在诉讼时效期间内未能行使权利的确有正当原因，其原因不包括在时效期间中止、中断的法定事由内，严格适用诉讼时效将造成不公。针对这种情况，依据《民法总则》第188条款规定，有特殊情况的，人民法院可以根据权利人的申请决定延长，以便保护特殊情况下权利人由于特殊原因未能及时行使的权利，避免造成不公平的结果。

诉讼时效期间的延长，是对诉讼时效期间的中止和中断的补充。由于诉讼时效期间中止和中断的事由倾向于采取法定主义，不可能包罗诸多使权利人不能及时行使权利，但又有正当理由的情况，法律特别设立诉讼时效期间的延长制度予以衡平，由法官行使自由裁量权弥补立法列举式规定的不足。

第三节　诉讼时效期间届满的法律效果

一、关于诉讼时效效力的诸学说

诉讼时效期间完成后的法律效果，即诉讼时效的法律效力，各国立法的认识颇不一致。《日本民法典》持权利消灭说。《日本民法典》第167条规定：“债权，因十年间不行使而消灭。债权或所有权以外的财产权，因二十年间不行使而消灭。”依此说，诉讼时效期间的完成，使权利人不及时行使的权利本身消灭，义务人履行而权利人接受履行的，构成不当得利，权利人应予返还。

《德国民法典》持抗辩权发生说。《德国民法典》第222条第1款规定：“时效完成后，义务人有权拒绝给付。”依此说，消灭时效的完成，并不使权利人不及时行使的权利归于消灭，但使义务人发生抗辩权，可以时效完成的抗辩对抗权利人的权利主张，而拒绝义务的履行。由于抗辩权同其他权利一样可以抛弃，义务人自愿履行义务的，法律不予置问，确认权利人的接受履行为合法。

《法国民法典》持诉权消灭说，《法国民法典》第2262条规定：“一切诉讼，无论是对物诉讼还是对人诉讼，时效期间均为30年……”依此说，消灭时效的完成，并不使权利人不及时行使的权利消灭，而只使附着于权利之上的诉权消灭。时效完成后，权利人向法院起诉要求保护权利的，法院将以丧失诉权为由驳回起诉。由于无诉权的权利为自然权利，诉权消灭后，自然权利依然存在，权利人仍可不通过法院向义务人主张其自然权利，义务人也可自愿履行，法律不加干预。

二、我国现行法上诉讼时效完成后的法律效果

（一）权利人的胜诉权消灭

权利为法律的保护对象，法律保护权利的途径为附着于权利之上的诉权。诉权即为请求法律保护权利之权，无诉权的权利为自然权利或裸体权利，没有法律的强制力为后盾。诉权包括起诉权和胜诉权，前者为权利人发动诉讼程序以保护权利之权；后者为在权利之存在经诉讼程序确认后，请求法院运用国家强制力使权利得以实现之权。在我国，诉讼时效完成后，不及时行使权利的权利人不丧失起诉权，仍可向法院请求发动诉讼程序；但在诉讼程序开始之后，法院经调查确认诉讼时效已经完成，权利人于时效期间内不行使权利无法定事由外的正当原因的，将驳回权利人的诉讼请求。

考虑到诉讼时效制度的适用，主要影响当事人的私益，国家无主动干预的必要。我们建议未来民法典的制定，可就诉讼时效完成后的法律效果，采抗辩权发生说。这样未来法院处理类似纠纷，即不必依职权主动进行审查。

（二）义务人的自愿履行

依《民法总则》第192条第2款的规定，诉讼时效期间届满后，义务人同意履行的，不得以诉讼时效期间届满为由抗辩；义务人已自愿履行的，不得请求返还。因此，在诉讼时效期间完成后，义务人自愿履行其义务的，权利人可受领其履行而不构成不当得利。义务人于履行后反悔的，不得诉请权利人返还其所得。

第四节 期日和期限

一、期限的概述

（一）期限的概念

期限，指权利义务产生、变更和终止的时间，分为期日和期间。期日指一定的时间点，如某年某月某日等。期间指一定的时间段，即从某一时间点始至某一时间点止的时间段。如从某年某月某日至某年某月某日。

（二）期限的种类

1. 法定期限

法定期限是指由法律直接规定的期限，如诉讼时效期间。

2. 指定期限

指定期限是指由法院或有关机关确定的期限。如法院或仲裁机关指定的债务履行期日或期间、宣告死亡的期日。

3. 约定期限

约定期限是当事人自行约定的期限，如附期限法律行为中所附的期限。

（三）期限的意义

任何民事法律关系的发生、变更和消灭都在一定的时间内进行。没有期限，即不能确知和确定权利义务的产生、变更、消灭和持续的时间，因此，期限在民法上具有重要意义。具体而言，期限具有以下法律意义：首先，期限是确定民事主体权利能力和行为能力开始和终止的尺度；其次，期限是作出法律推定的根据，如失踪人下落不明的期间，即为作出宣告死亡推定的根据；再次，期限是确定权利的取得或丧失的根据，诉讼时效期间即有这种作用；又次，期限是行使权利和履行义务的时间段，合同履行期限即属此种期限；最后，期限是法律行为效力的起点或终点。

二、期限的确定和计算

（一）期限的确定

第一，规定日历上的某一具体时刻为期限。

第二，规定一定的具体时间段为期限。

第三，规定某一必然发生的事件的发生时刻为期限。

第四，规定以当事人提出请求的时间为期限。

（二）期限的计算

期日为不可分的特定时间点，不发生计算问题。

期间为一定的时间段，存在计算方法问题。就期间的计算，有自然计算法和历法计算法两种方法。前者以实际的精确时间计算，以时、分、秒为计算单位；一天为 24 小时；后者以天为计算单位，以日历所定的日、月、年计算。依《民法总则》第 201 条的规定，我国民法的期间计算法兼采二者。

以日、月、年为单位的期间计算法。期间开始的当天不算入，从次日开始计算，期间的最后一天算至当日的第 24 时。有业务时间的，算至业务活动停止之时。最后一天为星期日和其他假日的，以其次日为期间的最后一天。若星期日和其他法定假日有变通，则以实际休假日的次日为期间的最后一天。

当事人非以月、年的第一天为起算点的，则一个月以 30 天计，一年以 365 天计。在期限的计算中，有“以上、以内”用语的，均包括本数；有“不满”“以外”用语的，均不包括本数。当事人对期间的起算时间有约定的，从其约定。

法条链接

中华人民共和国民法总则（节选）

第九章　诉讼时效

第一百八十八条　向人民法院请求保护民事权利的诉讼时效期间为三年。法律另有规定的，依照其规定。

诉讼时效期间自权利人知道或者应当知道权利受到损害以及义务人之日起计算。法律另有规定的，依照其规定。但是自权利受到损害之日起超过二十年的，人民法院不予保护；有特殊情况的，人民法院可以根据权利人的申请决定延长。

第一百八十九条　当事人约定同一债务分期履行的，诉讼时效期间自最后一期履行期限届满之日起计算。

第一百九十条　无民事行为能力人或者限制民事行为能力人对其法定代理人的请求权的诉讼时效期间，自该法定代理终止之日起计算。

第一百九十一条　未成年人遭受性侵害的损害赔偿请求权的诉讼时效期间，自受害人年满十八周岁之日起计算。

第一百九十二条　诉讼时效期间届满的，义务人可以提出不履行义务的抗辩。

诉讼时效期间届满后，义务人同意履行的，不得以诉讼时效期间届满为由抗辩；义务人已自愿履行的，不得请求返还。

第一百九十三条　人民法院不得主动适用诉讼时效的规定。

第一百九十四条　在诉讼时效期间的最后六个月内，因下列障碍，不能行使请求权的，诉讼时效中止：

（一）不可抗力；

（二）无民事行为能力人或者限制民事行为能力人没有法定代理人，或者法定代理人死亡、丧失民事行为能力、丧失代理权；

（三）继承开始后未确定继承人或者遗产管理人；

（四）权利人被义务人或者其他人控制；

（五）其他导致权利人不能行使请求权的障碍。

自中止时效的原因消除之日起满六个月，诉讼时效期间届满。

第一百九十五条　有下列情形之一的，诉讼时效中断，从中断、有关程序终结时起，诉讼时效期间重新计算：

（一）权利人向义务人提出履行请求；

（二）义务人同意履行义务；

（三）权利人提起诉讼或者申请仲裁；

（四）与提起诉讼或者申请仲裁具有同等效力的其他情形。

第一百九十六条　下列请求权不适用诉讼时效的规定：

（一）请求停止侵害、排除妨碍、消除危险；

（二）不动产物权和登记的动产物权的权利人请求返还财产；

（三）请求支付抚养费、赡养费或者扶养费；

（四）依法不适用诉讼时效的其他请求权。

第一百九十七条 诉讼时效的期间、计算方法以及中止、中断的事由由法律规定，当事人约定无效。

当事人对诉讼时效利益的预先放弃无效。

第一百九十八条 法律对仲裁时效有规定的，依照其规定；没有规定的，适用诉讼时效的规定。

第一百九十九条 法律规定或者当事人约定的撤销权、解除权等权利的存续期间，除法律另有规定外，自权利人知道或者应当知道权利产生之日起计算，不适用有关诉讼时效中止、中断和延长的规定。存续期间届满，撤销权、解除权等权利消灭。

第十章 期间计算

第二百条 民法所称的期间按照公历年、月、日、小时计算。

第二百零一条 按照年、月、日计算期间的，开始的当日不计入，自下一日开始计算。

按照小时计算期间的，自法律规定或者当事人约定的时间开始计算。

第二百零二条 按照年、月计算期间的，到期月的对应日为期间的最后一日；没有对应日的，月末日为期间的最后一日。

第二百零三条 期间的最后一日是法定休假日的，以法定休假日结束的次日为期间的最后一日。

期间的最后一日的截止时间为二十四时；有业务时间的，停止业务活动的时间为截止时间。

第二百零四条 期间的计算方法依照本法的规定，但是法律另有规定或者当事人另有约定的除外。

讨论交流

比较分析各国对诉讼时效适用范围的规定，大致有以下三种不同立法例：①规定诉讼时效的适用范围限于债权；②规定诉讼时效的适用范围为债权和所有权以外的财产权，或者虽然原则规定诉讼时效可适用于一切民事权利，但又以除外规定的形式排除了所有物返还请求权及其他一些权利对诉讼时效的适用；③规定诉讼时效原则上适用于一切请求权或实体诉权，但又以除外规定的形式限制了其适用范围，或原则地或具体地规定了一些不适用诉讼时效的请求权或实体诉权。

——李开国：《民法总则研究》，法律出版社，第 406 页。

阅读上述材料，你认为诉讼时效的适用范围包括哪些？

复习题

一、判断分析题

1. 在我国，诉讼时效期间完成后，意味着胜诉权消灭。（　）

2. 小王对超过诉讼时效期间的债务，先同意履行，后又翻悔，法律是允许的。（　）

3. 小王在诉讼时效期间最后6个月主张过自己的权利，诉讼时效中断。（　）

4. 对权利的最长保护期20年，实际就是除斥期间。（　）

5. 小王在路上拾到一块手表，即使他想尽一切办法也找不到失主，经过20年也不可以取得该手表的所有权。（　）

二、不定项选择题

1. 合同法规定撤销权人自知道撤销原因之日起1年内不行使撤销权，其撤销权消灭。该规定属于（　）。

A. 诉讼时效　　B. 除斥期间
C. 消灭时效　　D. 取得时效

2. 诉讼时效期间届满，当事人丧失（　）。

A. 实体权利　　B. 胜诉权利
C. 起诉权　　D. 起诉权和实体权利

3. 甲于5月10日同乙签订保管合同。5月12日甲将货物交给乙保管。5月14日，该货物被盗。5月25日，甲提货时得知货物被盗。甲请求乙赔偿损失的诉讼时效应于（　）届满。

A. 5月10日　　B. 5月12日
C. 5月14日　　D. 5月25日

4. 甲某将某物寄存火车站的小件寄存处。后来取物时，发现该物灭失。现甲某要求火车站承担赔偿责任的诉讼时效期间为（　）。

A. 1年　　B. 2年　　C. 3年　　D. 4年

5. 能引起诉讼时效中断的法定事由之一是起诉。根据司法解释，起诉的范畴不包括（　）。

A. 起诉后，被法院作不予受理或驳回的裁定或当事人自动撤诉的
B. 向人民调解委员会提起权利保护请求的
C. 向有关单位提起权利保护的
D. 向仲裁机关提起仲裁的

6. 债务人向债权人表示同意延期履行拖欠的债务，这将在法律上引起（　）。

A. 诉讼时效的中止　　B. 诉讼时效的中断
C. 诉讼时效的延长　　D. 改变法定的诉讼时效期间

7. 下列各项中能引起诉讼时效中断的是（　）。

A. 向人民法院提起诉讼　　B. 向仲裁机构申请仲裁
C. 向人民调解委员会提出请求　　D. 向债务人提出请求

8. 中断可适用于（　　）。

A. 最长诉讼时效　　B. 普通诉讼时效

C. 特别诉讼时效　　D. 除斥期间

9. 诉讼时效中止，必须具备下面条件（　　）。

A. 必须发生诉讼时效中止的事由

B. 中止诉讼时效的事由必须为不可抗力或者其他障碍不能行使请求权的事件

C. 发生诉讼时效中止的事由必须发生在诉讼时效期间的最后 6 个月

D. 中止时效的原因必须为不能预知，其发生与否不能确定

10. 关于除斥期间，下列说法正确的是（　　）。

A. 由法律直接规定

B. 法定期间经过实体权利消灭

C. 为不变期间

D. 不得中止、中断，但法院可酌情予以延长

三、案例分析题

甲出售一批奶牛给乙，双方约定，甲于 1999 年 11 月 4 日在其养牛场向乙交付奶牛，乙于一个月后向甲付款。一个月后，乙没有付款，而甲也忙于其他事物无暇顾及。2001 年 7 月 4 日甲因车祸受伤成了植物人，因对由谁担任其监护人发生争议，迟至 2001 年 8 月 4 日才确定由丙担任甲之监护人。2002 年 1 月 1 日丙清理甲的财产时，发现尚有乙的欠款没有追回，遂向乙主张权利，因乙认为该债务诉讼时效期间已过不愿偿还而发生纠纷。

第二编

人身权

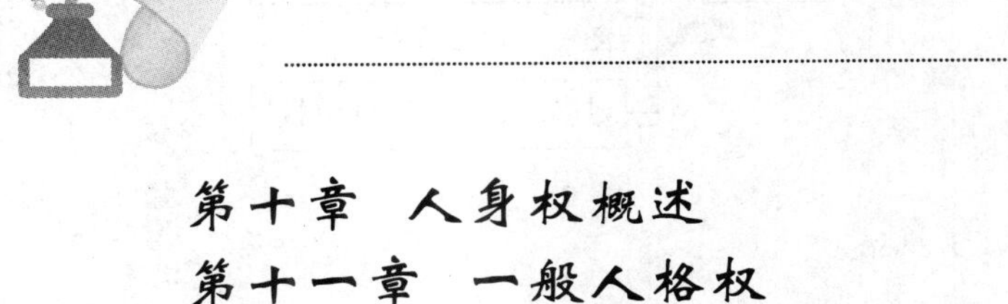

第十章　人身权概述
第十一章　一般人格权
第十二章　具体人格权和身份权

导　学

位于民法分论首编的人身权编无论在形式上还是实质内容上都具有举足轻重的地位。所以人身权制度是现代各国民法的一项重要内容，对人身权的立法的完善与否体现了一个国家民法的发展程度，更反映了人的主体性价值的意义。人身权制度是通过对各种人身权的规定来调整人身关系。人身权分为人格权与身份权。人格权所保护的是民事主体的人格利益，即与人身紧密相连的利益，主要包括以下几个方面：生命、健康、身体等利益，名誉、隐私等精神利益，肖像、名称等识别性利益。私法中的身份权主要见之于婚姻家庭法规定的亲属身份权，其次是知识产权法对作者、发明人、发现人规定的身份权。因此，民法人身权制度规定的人身权主要为人格权，包括身体、生命、健康不受侵害的权利，以及姓名（法人名称）、肖像、名誉等精神权利不受侵害的权利。

本编知识体系

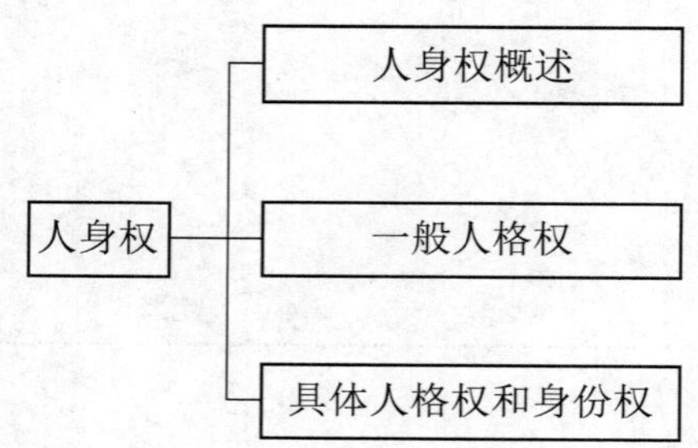

第十章

人身权概述

人身权作为民事主体重要的民事权利，包括人格权和身份权。该权利与民事主体的人身不可分离，无直接财产内容。该章通过对人身权基本问题的把握，从而勾勒出人身权的基本理论。

本章知识体系

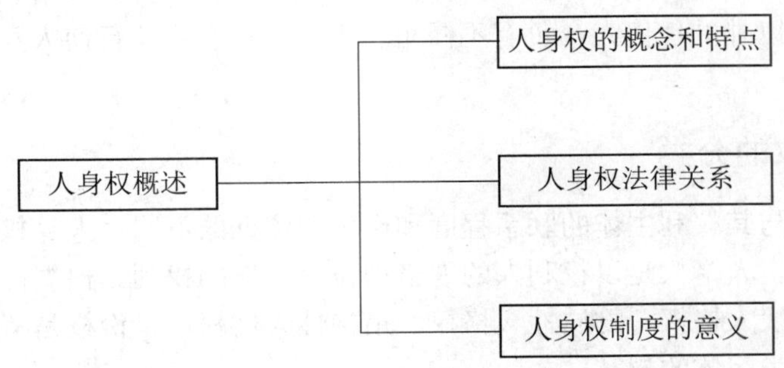

第一节　人身权的概念和特点

一、人身权的概念

人身权是指民事主体依法享有与其自身不可分离的，以在人格关系和身份关系上所体现的没有直接财产内容的民事权利。人身权是与财产权相对应的一种民事权利，它和财产权共同构成民法的两大支柱，是民法赋予民事主体的两项基本民事权利。人身权作为民事主体依法享有的基本民事权利，是人在社会上生存发展的基本条件。一个人可能因为各种原因不享有具体的财产权利，但不可能不享有人身权利。

二、人身权的特征

人身权的特征是与财产权相比较而言的，人身权具有以下法律特征。

(一) 人身权与权利主体的人身密不可分

人身权是以民事主体人身为依托、与人身相伴而生的一种民事权利。自然人从出生到死亡，法人从成立到消灭，自始至终他们都享有人身权。人身权的存在与享有，与民事主体的意志无关，无论民事主体个体是否意识到自己的民事权利，人身权都客观存在。

（二）人身权没有直接的财产内容

人身权是保障民事主体的精神利益得以实现的法律形式，它直接体现与维护的是民事主体的社会价值和公众评价。因而，与财产权相比，人身权并不直接体现经济内容，也不由民事主体的财产利益所决定。人身权不具有直接财产利益的这一特点，也决定其无法用金钱价值来衡量，如体现精神利益的人的情操、社会价值观、自由、尊严等。

（三）人身权可以有间接财产内容或体现财产利益

人身权虽不直接体现财产内容或财产利益，但它可以有间接财产内容或体现财产利益。事实上，在具体的人身权中，有些权利没有财产内容或财产利益，如隐私权、姓名权等。大多数人身权不同程度地体现财产内容或财产利益，甚至有些权利不仅有财产内容，还有明显的财产利益，如肖像权。

（四）人身权具有绝对性与支配性

人身权普遍是一种绝对权，其权利主体是特定的，其义务主体则是除权利主体外的任何人。权利人所享有的人身权受法律保护，权利人对自己身份人格利益享有直接支配权，除权利主体以外的任何人，负有不侵犯、不妨害权利主体行使人身权与自由支配人身权的义务。

三、人身权的分类

根据人身权与其权利主体的联系程度和产生的依据的不同，人身权通常分为人格权与身份权两大类。人格权是以权利人的人格利益为客体的权利。根据性质的不同，人格权又可分为：一般人格权、物质性人格权、精神性人格权。身份权是特定民事主体以主体身份上的利益为客体的权利。

人格权与身份权的区别主要表现如下。①权利主体不同。自然人与法人均可享有人格权；身份权一般仅为自然人所享有。②客体不同。人格权以人格利益为客体，包括自然人应享有的生命、健康利益，自然人、法人获得的良好社会评价利益等；身份权的客体是基于一定身份关系形成的身份。③权利的取得方式不同。人格权的取得不需要权利人实施一定的行为，因自然人的出生或法人的依法成立而产生；身份权的取得需借助权利人实施一定的行为。④权利的存续期间不同。人格权存在于权利人存续的全过程，无特别期限限制；身份权以身份的存续为权利存续的前提。

第二节　人身权法律关系

一、人身权法律关系的三要素

人身权法律关系是一种民事法律关系，由主体、内容和客体三个要素组成。

（一）人身权主体

人身权中的主体就是人身权法律关系的主体，是指在人身权民事法律关系中享有权利和承担义务的自然人等其他主体。

人身权法律关系中，一方为权利主体，即人身权的权利人；另一方为义务主体，即人身权的义务人。自然人作为人身权法律关系中的权利主体毫无疑问，但行为能力欠缺的自然人也可以具有人身权义务主体的资格。而只是在他们违反义务时，应由他们的监护人承担民事责任，当他们自己有财产时，还须以他们自己的财产承担责任。

自然人是主要的人身权的主体，法人和非法人组织仅仅具有个别的人身权，如企业的名称权、荣誉权。而且法人、非法人组织的人身权与自然人的人身权本质上是不同的，后者的人身权是建立在人的尊严和自由的人格价值基础上，而前者是为了社会的便利和效率而设置，即使承认法人实在说的学说也不能将自然人的人身权与法人的人身权同等视之。

（二）人身权的内容

人身权的内容是指人身权法律关系中主体享有的权利和承担的义务。人身权的主体所享有的权利是指权利人可以为某种行为或不为某种行为的可能性。但人身权中的人格权在事实上已经成为一类民事权利，法律技术上的权利化也早已不成为问题，但在理论意义上证明人格权仍然具有很大的争议。换言之，是否可以证明人格权为一种人对于自己的生命、身体、名誉乃至人格尊严的权利？此项疑惑伴随着人格权理论的成长，至今挥之不去。有学者从哲学上主体与客体关系的逻辑出发，认为权利是人与外在于人的事物的法律上的连接。如果权利的客体是内在于人的，那么就意味着权利将反指主体本身，或者承认人格为权利，则必然要将生命、身体、自由等人格利益作为权利客体，这样必然造成人是权利主体又是权利客体的混乱现象。哲学上对主体和客体的探讨对人身权的内容有一定的冲击，但是法律关系中的三要素与哲学上的主体、客体并不完全一致。从法律关系的角度看，只要某项利益处于法律加以调整和保护的范围之内，就有承认其为权利的可能与必要，而不论该利益所附着的客体是在人之外，还是在人之内。

（三）人身权的客体

人身权的客体是人身权法律关系中的权利、义务所共同指向的对象。一般认为人身权的客体就是人格利益与身份利益。该类型利益不能以其外在的实体形态而感知，不是以物、行为等方式表现出来，而是体现为与人格、身份有密切关系、没有实体形态的利益。这些无形利益必须属于民法上的人格利益和身份利益。另外只有法律保护的人格利益和身份利益才是人身权的客体。

二、人身权的权能

人身权的权能是权利的具体表现形式，主要体现为以下四种权能。

（一）控制权能

这种权能是民事主体以自己的意思对自身的权利客体进行控制的权利。例如自然人对自己姓名、肖像等人格利益的控制，通过对身体、健康、生命的控制享受生命、身体安全的利益。控制权既是人身权的权利主体积极行使其权利的表现，又是权利主体行使人身权其他权能的基础。权利主体行使控制权，以维护其人格利益和身份利益，使自己的意志支配于这些利益，同时也只有行使控制权才能行使其他权能。

（二）利用权能

该种权利是指权利主体以自己的意志去利用人身权的客体，从事各种活动，以满足自身需要的权利。利用权与使用权是否具有本质的差别，似难断言，但由于人身权客体的非物质性，使用利用权这样的称谓，更为妥当，也便于与所有权的使用权权能相区别。

利用权首先表现为利用自己人身权的客体，体现个体活动的特征、特点以区别于他人，体现个人存在的价值。如利用姓名、名称于社会活动和商业活动中，以区分个体的标志，利用肖像于身份证、护照以及其他证明身份的场合，以区分个体的形象标志等。

利用权还表现为利用人身权的客体，以满足自身的需要。公民享有隐私权，任何人不得侵害。但是，公民利用个人生活情报资料撰写小说、报告文学、回忆录，从事文学创作活动；利用自己的形象进行绘画、摄影、录像，从事艺术活动等，都是利用自己的人身权客体满足自身的需要。

（三）有限转让权

人身权的转让权是其利用权的部分的、有限制的延伸，是权利主体对其部分权利客体的利用，可以适当转让他人。例如，将自己的肖像利用权部分地转让给他人，以使用该肖像；又如将自己个人的生活情报资料告知他人，由他人进行文学创作。以名称权的转让权最为特殊，不仅可以转让使用权，还可以把整个名称权全部让与他人。

人身权的转让权并非普遍的权能，而是受权利客体性质的限制。人身自由权、姓名权、名誉权、亲权、荣誉权等专属于个人的权利，不能转让，而肖像、名称等，则可以转让。即使是可以转让的权利客体，除名称权以外，其转移的也只能是部分权能，而不是全部权能。

有限转让人身权客体的利用权能，应依有效的民事法律行为进行，通常权利人与利用受让人以合意的方式进行。转让行为是否有偿，应依当事人约定，双方当事人无约定而就是否有偿发生争议，应依权利人的意志确定，利用权的受让人通常应当给予适当报酬。

（四）人身利益处分权

人身利益处分权是权利人对于自己享有的人身利益进行自主支配的权利。很多学者反对人身权具有处分权的权能，而认为其有活动自由权的权能。这两种提法，内容有相同之处，但亦有不同之处。活动自由权是指人身权主体在权利范围内的自由活动；人身利益处分权实际上是支配权，是指权利人在权利范围内不仅有自由活动的权利，而且具有对某些人身利益的支配权利，进行适当的处分。因而，用人身利益处分权的概念更为准确。

人身利益处分权并不是绝对的，也具有有限性的特点。这种有限性表现在：一是处分的人身利益范围的有限性，并不是所有的人身利益都可以自由处分，如自由、名誉等，不得抛弃、转让；二是处分内容的有限性。例如对于生命利益的支配，如自杀、安乐死等并不是法律允许的。

第三节　人身权制度的意义

对于人身权的认识，不是从来就有的，人类社会的人身权观念与理论经历了从无到有，从欠缺到完善的发展过程。在古代罗马法中，法律赋予自由人以独立人格，按罗马法的规定，罗马市民权主体资格取决于罗马“自由民”身份，立法强调这种权利，以使自由人享有做人的资格。可见，在古代罗马法已有“人格”这一十分重要的概念。在资产阶级革命初期建立的近代民法，实现了从身份到契约的转变。契约观念广泛扩张，当时的观念认为：人格平等是交易和占有财产要求的产物，从实质而论，“人格权本质上就是物权”。这一时期夸大财产权的同时，“人格”这一概念的内涵也发生了一些变化。这种观念强调了财产权的重要性，却忽视了人身权的地位。随着历史的发展，人们终于认识到这种观念的偏狭，发现人身权固有的价值，提出普遍人格权观念。普遍人格权观念引导人们重新认识人身权，为现代人身权观念的确立奠定了基础，同时“人格”的内涵与外延都发生了深刻的变化。在此基础上，民法人身权的地位得到肯定。现代民法的人格尊严、人格独立、人格自由价值得以体现，生命、身体、健康、自由、姓名、肖像、名誉、隐私、信用、身份等人身权利成为人们应当享有的基本权利，民事主体丧失了这些权利，就丧失了做人的资格与基本价值，就无法从事正常的民事活动和享有其他权利。因此，人身权既是民事主体依法享有的最基本的民事权利，又是民事主体享有各项民事权利的重要前提。民事主体可能因某些原因不享有某些具体的财产权，但不可能不享有人身权。不具有人身权的人是不存在的。

因此，我国的民事立法把人身权法和物权法、债权法和知识产权法并列。《民法通则》在民事权利一章将物权、债权和知识产权与人身权并列编排，这基本上体现了其独立的地位，也为将来民法典的编纂设计出了蓝图。

知识延伸

1. 人格权法在民法典中的地位思考？

梁慧星教授认为：人格权与人格两者密不可分，人格权是自然人作为民事主体资格的题中应有之意，人格权法无须独立成编，有关人格权的规定放在民法典总则民事主体制度中即可。王利明教授认为人格权法应当独立成编，人格作为主体资格与具体的权利是两个完全不同的概念。同样，人格权与作为主体资格的人格是两个不同的范畴，不能相互混淆。尹田教授认为，人格作为一个历史范畴，表现的是人的一种法律地位，应称为人的宪法地位，人格权从来就不是一种由民法典创制的权利。

2. 连体婴儿分离所涉及的法律难题。

具体而言，包括以下几个问题：①高风险的分离手术是否允许；②牺牲性的分离是否合法；③谁有权决定分离。

复习题

一、判断分析题

1. 人身权具有直接的财产利益。 （ ）

2. 赔礼道歉和恢复名誉是人身权保护的特有救济手段。 （ ）

3. 人身权的权利主体可以转让其人身利益。（　　）
4. 法人享有名称权。（　　）
5. 无民事行为能力人和限制行为能力人不具有相应的行为能力，因此不享有身份权。（　　）

二、不定项选择题

1. 下列关于身份权的说法正确的是（　　）。
A. 身份权不可让与，也不可剥夺　B. 亲权的客体是未成年子女
C. 有些身份权中包含义务成分　D. 亲属权的客体是成年子女
2. 下列权利中属于人格权的是（　　）。
A. 荣誉权　B. 名誉权　C. 亲权　D. 配偶权
3. 下列法律关系中属于民法调整的身份关系的是（　　）。
A. 继承关系　B. 雇主与雇工的关系
C. 父母与成年子女的关系　D. 受奖人对其荣誉证书的关系
4. 下列民事权利中，属于公民享有的身份权是（　　）。
A. 生命健康权　B. 姓名权　C. 名誉权　D. 荣誉权
5. 下列有关人格权与身份权的说法错误的是（　　）。
A. 自然人的人格权基于出生而取得，各主体的人格权是相同的；身份权基于主体具有的特定身份而产生，各主体的身份权往往不同
B. 人格权是支配权，而身份权具有支配权、请求权等多种成分
C. 人格权的利益只归属于权利人自身，有些身份权则主要为相对人的利益而存在
D. 人格权是无期限的，甚至可以延伸到权利人死后，身份权则以特定身份的存在为存续前提
6. 人身权具有何种属性？（　　）
A. 不能转让　B. 可以转让
C. 不可以转让，但法律另有规定的除外　D. 可以转让，但法律另有规定的除外
7. 人身权不具有财产内容，所以（　　）。
A. 人身权损害不能用金钱赔偿
B. 任何一项人身权都不得有偿转让
C. 对人身权造成损害不会影响主体的财产利益
D. 侵害人身权的民事责任不以损害赔偿为原则
8. 下列说法错误的是（　　）。
A. 人身权是每个民事主体都享有的　B. 人身权不是每个民事主体都享有的
C. 公民和法人的人身权范围是一样的　D. 死人的名誉可以任意损害
9. 下列民事权利中，不属于人格权系列的有（　　）。
A. 生命权、身体权、健康权、隐私权　B. 生命权、健康权、亲属权、名誉权
C. 身体权、健康权、监护权、名誉权　D. 姓名权、肖像权、监护权、名誉权

10. 依据我国《民法通则》的规定，公民的（　　）受到侵害的，有权要求侵害人赔偿损失。
A. 姓名权　B. 肖像权　C. 名誉权　D. 荣誉权

第十一章

一般人格权

一般人格权是与具体人格权相对应的概念。所谓一般人格权，是指民事主体依法对其全部人格利益享有的总括性的权利。一般人格权包含具体人格权所没有包含的人格利益。一般人格权是人的基本权利，是人生存与发展的基本价值需要。一般人格权被各国民法确认之后，成为各国保护民事主体人格权利的保护机制，其制度价值得到充分的肯定与尊重。

本章知识体系

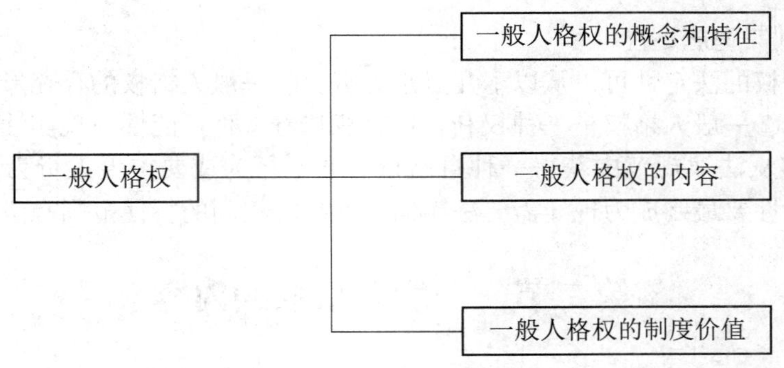

第一节　一般人格权的概念和特征

一、一般人格权的概念

一般人格权作为一个与具体人格权相对的概念，它具有很高的抽象性与概括性，它体现的人格利益相应处于更高层次。因此，一般人格权是指自然人与法人享有的，概括了人格独立、人格自由、人格平等、人格尊严的全部内容，并决定具体人格权的一种基本权利。

二、一般人格权的特征

一般人格权的具体特征如下。

（一）主体具有普遍性

一般人格权的主体是普遍主体，一般人格权的主体既包括自然人也包括法人。现代法律中，所有的自然人平等地享有一般人格权。一般人格权已经是人真正作为社会一员存在所必需的权利。同时，法人也有一般人格权，法人名称权、商誉权、荣誉权等具体人格权也是在体现人格独立、人格平等、人格尊严的一般人格权基础之后产生的。所有主体享有的一般人格权在法律上一律平等，不论主体的性质、政治地位、身份与能力如何，都平等地、普遍地享有一般人格权，权利的享有都应受充分尊重与保护。

（二）权利客体具有高度概括性

一般人格权是人格权的高度抽象与概括，客体就是包括人格独立、人格自由、人格平等、人格尊严全部内容的一般人格利益。这种人格利益不是具体的人格利益，而具有高度概括性。其概括性体现在以下两个方面：一方面，一般人格利益本身具有概括性，人格独立、人格自由、人格尊严都不能转化成具体的人格利益，也不能成为具体人格权的客体；另一方面，一般人格利益是对所有具体人格权的客体的概括，任何一种具体人格权的客体，都可以概括在一般人格利益之中。

（三）权利内容具有广泛性

一般人格权包含具体人格权没有包含的人格利益。一般人格权不仅是具体人格权的集合，也是补充与完善具体人格权的法律依据，它大大拓展了人格权的范围。当人们的人格利益受侵害，而具体人格权立法也无相应规定时，可以依据一般人格权的法律规定获得法律保护。

（四）权利具有法定性

一般人格权的法定性可以从以下几点来理解。①一般人格权的存在形式，表现为一种法律规定。②一般人格权是一种权利，这就意味着一种可能性与现实性，这种可能性表示主体能够从法律规范中获得一种自己行为和不行为或要求他人行为与不行为的能力。这种可能性要最终成为现实需要法律的认定。③权利的行使范围有法律上的限制。

第二节　一般人格权的内容

一般人格利益表现虽多种多样，十分广泛，但其基本构成要素仍体现在人格独立、人格自由和人格尊严三个方面。

一、人格独立

人格独立是一般人格权的首要内容，是民事主体享有人格权的前提条件。没有人格的独立，主体就无人格自由可言，主体的生命、自由、名誉等权利根本无法实现，人格尊严更无从谈起。就其基本含义，人格独立是指民事主体对人格独立地享有，即人人都有平等的权利，民事主体的人格生而平等、生而独立，对人格民事主体有独立的支配权。任何他人不得支配、干涉和控制民事主体的人格，支配、干涉、控制他人一般人格权的行为都属侵权行为。

二、人格自由

人格自由是一般人格权的另一项重要内容，是主体享有人格权的必要条件，权利主体丧失人格自由就无法行使任何权利。一般人格权的人格自由既不是私法上具体的人身自由权，也不是公法上的政治自由，而是仅指私法上经过高度抽象与概括的人格不受约束、不受控制和不受支配的状态。基于此，我们认为，人格自由从内容上至少包括保持人格自由与发展人格自由两个方面。

1. 保持人格的自由

人格自由是一种权利，更是一种地位，民事主体人人都有保持自己人格自由的权利。保持人格的自由，就是主体保持自己做人的自由。任何人企图将他人变成私人的财产，就是侵害保持人格的自由。

2. 发展人格的自由

人格与人不可分离，主体可以发展自己的人格。主体在其生存期间，可以采取各种方法，例如接受教育、不断深造、加强锻炼、接受治疗等，发展自己的人格、完善自己的人格，使自己成为更完善的人，提高自己的社会地位、资历、经验、知名度等，使自己的生活更加美好，为社会作出更多的贡献。在这些方面，权利主体享有充分的自由，禁止他人接受教育、限制他人接受治疗等行为，都限制、干预了权利主体发展人格的自由，为侵害一般人格权的侵权行为。

三、人格尊严

人格尊严是指民事主体基于自己所处的社会环境、地位、声望、工作环境、家庭关系等各种客观条件而对自己或他人的人格价值或社会价值的认识和尊重。据此，人格尊严与人格独立、人格自由相比，性质与内容都不相同。具体来说，人格独立体现人的客观地位，人格自由体现人的主观状态，人格尊严则体现主观认识与客观评价的结合。作为一般人格权基本内容之一的人格尊严，体现了人格权最重要的利益，从而成为一般人格权三项内容的核心，因此，人格尊严又被当作一般人格权的代名词。

人格尊严是主观认识与客观评价的结合，可从以下三个方面认识这一点。

首先，人格尊严具有主观的因素。民事主体基于自己的社会地位和自身价值形成自己的人格尊严观念。因此，人格尊严是一种民事主体对自身价值的认识，它有主观的因素。

其次，人格尊严又具有客观的因素。这种客观因素是指他人、社会对特定主体的价值评价，这种价值评价的内容不具善恶意义，而仅是对一个人所应有的尊重，这种尊重是最基本的尊重。因而，无论公民职业、职务、政治立场、宗教信仰、文化程度、财富状况、民族、种族、性别有无差别，其人格尊严是相同的，绝无高低贵贱之分。

最后，完整的人格尊严是人的主观认识与客观评价的结合，它既包括自身认识的主观因素，也包括社会和他人对人的客观评价与尊重。

那么，人格尊严等不等同于名誉权呢？事实上，就名誉而言，它是客观的社会评价而非主体的自我评价。人格尊严是主体自我评价与他人客观评价的结合，二者区别显见。

第三节　一般人格权的制度价值

基于社会的发展和人的生存与发展的基本价值的需要，在民法中，继已有的身体权、健康权、生命权、名誉权、贞操权等具体人格权之后，新的具体人格权相继产生，如姓名权、信用权、隐私权、肖像权等，随着社会的发展，新的具体人格权还会不断被法律所确认，可以这样说，具体人格权的发展是无限的，我们不可能言尽其内容。但是，众多的具体人格权中都体现着一个最基本的价值和权利，即一般人格权所包含的人格独立、人格自由、人格尊严。因此，一般人格权是人的基本权利，是人生存与发展的基本价值需要。一般人格权被各国民法确认之后，成为各国保护民事主体人格权利的保护机制，其制度价值得到充分的肯定与尊重，具体而言，制度价值体现在以下几个方面。

一、解释功能

一般人格权是具体人格权的母权，一般人格权决定和滋生着各项具体的人格权。因此，一般人格权对各项具体人格权具有指导意义，并且决定着各项具体人格权的基本性质与具体内容，这就意味着对具体人格权的确认与保护，必须以一般人格权的基本原理与基本特征为标准，对于不符合一般人格权基本原理与基本特征的“人格权利”及司法解释，均应属无效。

二、创造功能

人格权是一个不断发展的概念。尤其到近现代社会，人的价值受到国家意志的更多确认与保护，各种具体人格权大量地在民法中确立起来，这些权利的产生，无一不是依据一般人格权而创造出来的。在成文法国家，一般人格权的创造功能体现尤为明显。在成文法国家任何权利都必须由法律明文规定，无规定则无权利，这在人格权立法上是有局限性的，而一般人格权的创造功能恰好弥补了这一局限，使人格权的确认与保护更趋合理。

三、补充功能

一般人格权是具有高度概括性与抽象性的权利，因此，一般人格权也是一种弹性权利，它既可以概括现有的具体人格权，又可以创造新的人格权，还可以对尚未得到法律确认与保护的人格利益发挥其补充功能，将这些人格利益概括在一般人格利益之中，以一般人格权进行保护，当这些没有被具体人格权所概括的人格利益受到侵害时，可依侵害一般人格权确认其为侵权行为，依法追究行为人的侵权责任，使受害人受损的人格利益得到救济。

知识延伸

一般人格权的性质思考？

对于一般人格权的确认，使之作为具体人格权的“母权”，在不断衍生新型具体人格权的同时，使民事主体的人格利益受到广泛、周密的保护。但一般人格权虽有权利之称，也仅仅是框架性权利，其内涵和外延还需要不断地充实与完善。

复习题

思考题

1. 一般人格权的功能有哪些?
2. 一般人格权的特点是什么?
3. 在实践中如何运用一般人格权保护民事主体的合法权益?

第十二章
具体人格权和身份权

具体人格权，是指民事主体依法对其特定的人格利益享有的权利。它以一般人格权为基础。一般而言，具体人格权包括如下几种：身体权、生命权、健康权、自由权、隐私权、姓名权和名称权、肖像权、名誉权。身份权是指民事主体因其特定的地位或资格而享有人身利益的权利。身份权主要包括配偶权、亲权、亲属权等。

本章知识体系

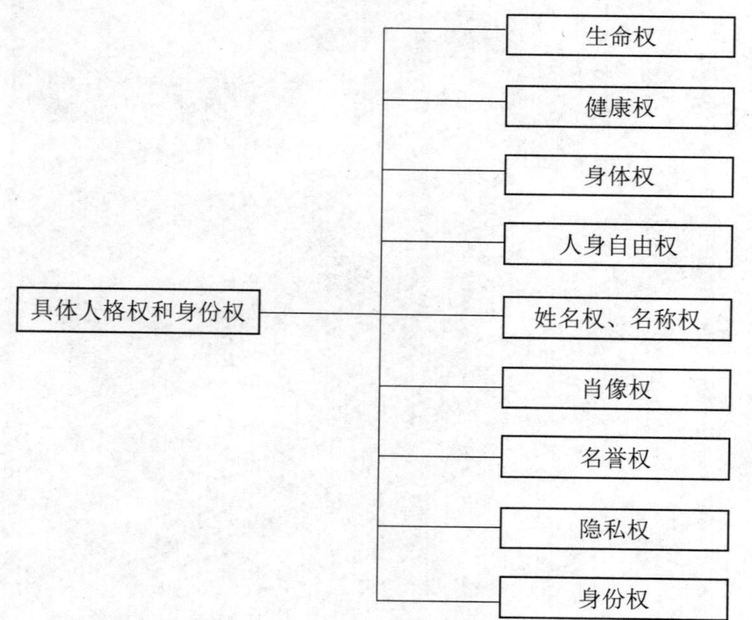

第一节 生 命 权

一、生命权的概念

生命权法律概念的界定，是一个最基本的问题，尽管不同的学者对生命权的界定不同，但都强调了生命权是以生命安全利益为内容的人格权。它不同于生存权，生存权强调的是公民生存的权利，因此，我们可以给生命权下这样的定义：生命权是以自然人的生命安全利益为内容的权利。生命权是最基本的人身权。《民法总则》第 110 条第 1 款规定："自然人享有生命权、身体权、健康权、姓名权、肖像权、名誉权、荣誉权、隐私权、婚姻自主权等权利。"生命权作为一项独立的人格权已被广泛采纳。

二、生命权的内容

生命权的内容包括权利主体依法维护自己生命安全的权利、支配自己生命利益的权利和权利受侵害时寻求司法保护的权利。

（一）维护自己的生命安全权

维护自己的生命安全权，简称生命安全维护权。这项权利是生命权的基本内容。生命是人最基本的人格利益，也是人最高的人格利益。维护生命安全就是维护人的生命延续，生命安全维护权的实质就是充分尊重人的生命延续，使人的生命延续按照人体的客观规律进行，禁止非法剥夺生命，当有非法侵害生命行为和危害生命的危险发生时，为防止生命危害发生，生命权人有权采取正当防卫、紧急避险等一系列必要措施，维护自己的生命安全。同时，生命安全维护权赋予权利人改变生命危险环境的权利。即当环境对生命构成危险，但该危险尚未发生时，生命权人有权要求改变环境、消除危险，改变环境可以由权利人自行改变，也可要求危险环境的管理人、所有人改变。当负改变生命危险环境责任的人不予改变时，权利人有权拒绝进入该危险环境或拒绝在该环境内作业、生活等。生命危险环境包括一切危险场合、处所与物件。

（二）司法保护请求权

该权利包括两项具体内容。

1. 请求司法机关依法消除威胁生命安全的危险的权利

该权利是生命权中司法保护请求权的一项重要内容。《最高人民法院关于贯彻执行〈中华人民共和国民法通则〉若干问题的意见（试行）》第 154 条规定："从事高度危险作业，没有按有关规定采取必要的安全防护措施，严重威胁他人人身、财产安全的，人民法院应当根据他人的要求，责令作业人消除危险。"第 162 条规定："在诉讼中遇有需要停止侵害、排除妨碍、消除危险的情况时，人民法院可以根据当事人的申请或者依职权先行作出裁定。"在其他法律中，也有关于危及公民生命健康权可以请求司法机关排除危险的规定。根据《中华人民共和国刑法》规定，对于危害公共安全，侵害公民人身安全，尚未造成严重后果的犯罪行为，受危险威胁之人可以向公安机关控告，追究其刑事责任，消除危险状态；对于不构成犯罪的上述行为，可以要求公安机关对行为人依法予以治安处罚，以消除危险。

2. 申请司法机关依法消除危害生命危险的请求权

申请司法机关依法消除危害生命危险的请求权，请求司法机关依法救济生命损害，是生命权法律保护的重要内容。权利人可依法自行行使这一权利，也可以依法请求司法机关对生命损害予以救济。由于请求司法机关依法救济生命损害是生命权遭受侵害后的法律救济，因此侵害生命权与侵害身体权、侵害健康权的行为不同，侵害生命权，会导致生命的丧失，生命一经丧失，主体资格消失，因而，后一项权利的实际行使者是生命权人的近亲属或继承人。

（三）生命利益支配权

生命利益支配权包含的内容较为广泛，概括起来有这样一些内容：为他人提供血液以救死扶伤，提供自己的人体、器官作医学试验和其他科学实验，捐助自己的器官供他人移植等。

生命权的上述权利内容已成共识，现在的问题是生命利益支配权是否包括生命权人处分自己生命的权利。对此，学界颇有争议，传统理论持否定态度，立法也大多认为自然人无权处分自己的生命，这种观点有一定的合理性，因为一旦肯定自然人有权处分自己的生命，就给自杀提供了合法的根据，这有违人性。但现实社会给了我们这样的启示：为社会公共利益、他人利益或个人气节而慷慨赴死的人在现实生活中存在，并且还受到社会肯定。安乐死制度的施行涉及权利人对其生命利益的支配或处分，事实是社会对以上两种情况都有不同程度的认同。因此，生命利益支配权应包括生命权人处分自己生命的权利，只不过此项权利应有严格的限制。在立法上，确认生命利益支配权为有限权利，其适用严格限于特定场合，权利人可以作出放弃生命利益的决定，这一点表现在安乐死中，就是严格依照安乐死的构成事件执行安乐死，权利人放弃生命利益是完全合法的，应受法律保护，执行安乐死的人不承担法律责任。

第二节　健　康　权

一、健康权的概念

在现代汉语中，健康是个医学术语，指人体生理机能、发育、体质等综合发展状况。现代医学上，也有将心理状况作为人体健康因素的，并且视精神性疾病患者和心理痛苦、精神受创伤者为心理不健康的人，这种提法若不加以科学界定易造成认识模糊。实际上，精神性疾病是生理健康范畴，而精神创伤和痛苦是人的头脑在反映客观现实过程中的不良状态，不属于健康损害范畴，因此，健康应有准确的界定。民法上的健康，是健康权的客体，民法意义的健康只能是人的生理健康，即指维持人体生命活动的生理机能的正常运行和功能的完善发挥。生理机能的正常运行与功能的完善发挥是健康的构成要素，二者协调一致发挥作用，才能维持与实现人体生命活动的目的。

从法律意义上有了对健康的认识，健康权就可以界定为：自然人为维护其机体生理机能正常运作和功能完善发挥，据以维持人体生命活动的利益为内容的人格权。

二、健康权的内容

健康权的内容是权利主体依法享有（支配）自身肌体的生理功能，不受他人非法妨碍。体现为健康维护权和劳动能力，具体表现如下。

（一）健康维护权

健康维护权是健康权的基本内容，有了该权利，一方面，自然人就享有保持自身健康的权利。权利人可以通过各种文体活动维持与提高自己的健康水平、维护自己的生命、提高生活质量、追求体格与精神的完善状态。当健康状况出现不正常状况时，有请求医疗、接受医治的权利，这些权利的行使不应受到任何人的干涉或强迫。另一方面，自然人在健康受到非法侵害时，可请求侵害人排除侵害、赔偿损失，并可请求司法机关追究侵害人的法律责任。

（二）劳动能力

关于劳动能力，它是一项独立的人格权或是健康权的基本内容，学界对此有两种主张。肯定劳动能力是一项独立人格权的学者认为：劳动能力是自然人以其脑力和体力功能利益为内容的物质性人格权。在侵权行为侵害身体导致劳动能力损害或丧失的场合，侵害的标的除身体权外，也应有劳动能力权。因此，该主张认为，劳动能力应是一项独立的物质性人格权。该主张有欠妥之处。自然人的物质性人格权只包括健康权、身体权和生命权。这三种人格权已广泛概括了自然人在物质性人格权上的全部需要，再规定劳动能力为物质性人格权不妥，因为劳动能力完全可以包含于生命权、健康权、身体权之中，保护这三项权利，劳动能力就能得到妥善保护。基于这种认识，也有学者主张，劳动能力是健康权的基本内容，它体现的是一种包含于健康权之中的人格利益，因而，该主张认为：劳动能力是自然人从事创造物质财富和精神财富活动的脑力和体力的总和，是公民健康权的一项基本人格利益。

我们认为后一种观点有其合理性，劳动能力以自然人生命延续、机体组织功能完善、身体权不受侵害为基础，因此，劳动能力在形式上是包含于生命权、身体权、健康权三种自然人物质性人格权之中的。当然，劳动能力对于生命权和身体权来说：生命丧失，劳动能力必然丧失，侵害身体权是以不破坏公民机体组织功能完善为必要限度，越此界限，侵害的是健康权，侵害身体权一般来讲并不导致劳动能力的减少或丧失。因此，在生命权与身体权内讨论劳动能力无实际意义，因而劳动能力完全包含于健康权之中，只要自然人机体组织功能完善，自然人就保持了健康，有健康就保持有劳动能力。

第三节　身　体　权

一、身体权的概念

身体，从汉语语义学的角度上说，不分人和动物，其躯体均为身体。英语中的身体专指人的身体，是人的肉体整个构造或附属于身体的所有部分。法律意义上的身体概念吸纳了英语的身体语义，专指自然人的身体，具体而言是指自然人的生理组织的整体，即躯体。身体包括两部分：一为主体部分，主体部分是人的头颅、躯干、肢体的总体构成，包括肢体、器官和其他组织，是身体的基本内容；二为附属部分，是人的毛发、指（趾）甲等附着于身体的其他组织。随着现代医学科学的发展，器官移植与其他人体组织移植手术越来越多，移植以后的器官和组织与受移植人成为一体，构成自然人身体整体的一部分。因此，破坏了身体的完整与完全，就是破坏了身体的有机构成。据此，不难给身体权下这样的定义：身体权是指自然人依法维护其身体完全、支配其肢体器官和其他组织的具体人格权。

二、身体权的特征

（一）身体权的客体是自然人的身体及其利益

身体权的客体显然有别于健康权，健康权的客体是人的生理机能。身体权以身体及其利益为客体，最主要的是保持权利人身体的完整性。没有公民的身体这一物质基础，生命不存在，公民也不可能具备法律上的人格，更无任何权利可言。

（二）身体权是自然人对自己身体组成部分的肢体、器官与其他组织的支配权

随着科学技术的发展和现代法律观念的确立，权利人将属于自己身体组成部分的血液、皮肤、器官部分转让给他人，已为大众所接受，这种支配转让的权利也为法律所确认。同时，法律也规定了只有权利人本人对自己的身体享有支配权，任何人无权干涉权利人权利的合理行使。有违权利人的意志，索取、使用其身体的组成部分，就侵害了权利人对身体组成部分的支配权。

（三）身体权是独立的一项具体人格权

人格权的物质性要素包括生命、健康与身体，身体权体现的就是权利人对身体这一物质要素的不可转让性支配，身体权支配的是自身的身体。身体权虽是一种支配权，但它是一种人格权，是一项基本人格权，它具有独立性。在我国传统民法理论中，大多否定身体权的独立性，认为自然人享有生命权、健康权就涵盖了身体权的内容，身体权无独立存在的理由，以此为依据，我国《民法通则》没有规定身体权，只规定了生命权、健康权，但是生命权健康权并不能代替身体权。《民法总则》将身体权作为独立的权利进行了规定，《民法总则》第 110 条第 1 款规定：“自然人享有生命权、身体权、健康权、姓名权、肖像权、名誉权、荣誉权、隐私权、婚姻自主权等权利。”

确认自然人身体权，并非我国独创。早在《德国民法典》问世之时，就宣告了身体权是自然人的基本民事权利。现代人的身体的保护观念已发生重大变化，德国联邦法院自 20 世纪 90 年代以后极力扩张人身权的保护范围。根据其主要理由，认为，传统观念中，人身体的一部分一旦脱离人体，即变成权利的客体，也就是说，人对脱离部分享有所有权。但在科技发展的今天，人身体的部分从人身分离后，依然对人具有重要意义，侵害他人的已脱离部分如同侵害他人人身。

第四节　人身自由权

一、自由权与人身自由权

自由权是指公民在法律规定的范围内，按照自己的意志和利益进行行动和思维，不受约束、控制或妨碍的权利。权利人有资格在社会生活中依法自由地实现自己的意志。“自由”的东西就是意志。“意志没有自由，只是一句空话；同时，自由只有作为意志，作为主体，才是现实的。”由于社会生活性质的不同，自由权包括两部分：一是政治自由权；二是民事自由权。前者由国家《宪法》规定，属国家法的范畴；后者由国家《宪法》作出原则规定，由民法作出具体规定，属民法范畴。由此，把民法上人格权的自由权称为人身自由权。所谓人身自由权，是指权利人依法自主支配行动和精神的权利。

二、人身自由权的内容

人身自由权的内容包括自然人身体自由权和自然人精神自由权。

（一）身体自由权

身体自由权是人身自由权的一项基本内容之一，是指自然人按照自己的意志和利益，依法作为和不作为的权利。它包含的是自然人自由支配自己外在身体运动的权利；非法限制自然人行动，拘禁自然人，利用被害人的羞耻、恐怖心理，妨碍其行为等，即为侵害身体自由权的行为。

（二）精神自由权

在相当长的时间里，学界一般认为身体自由权即为人身自由权。然而，精神自由权同样是人身自由权的一项基本内容。精神自由权是自然人按照自己的意志和利益，依法自主支配自己内在思维活动的权利。非法妨碍限制自然人的精神自由，即为侵害精神自由权的行为，当依法承担侵权责任。

第五节 姓名权、名称权

一、姓名权

（一）姓名权的概述

姓名是自然人借以相互识别的文字符号系统的总称。姓名有广义和狭义之分，狭义的姓名指户籍册上登记之姓名，称为登记姓名或正式姓名；广义的姓名除登记姓名外，还包括本名、原名、别名、笔名、艺名、化名，以及字、号，甚至小名、乳名。

姓名在法律上意义重大，姓名的意义主要体现在两个方面。一方面，姓名是使自然人特定化的社会标志。自然人是独立的民事主体，得以自己的名义享受权利和承担义务。自然人在具体的民事法律关系中通过姓名相互标识和区别，彼此作为独立的人格而对待，特定的姓名，代表特定的民事主体，从而使姓名成为民事主体资格的外在表现。另一方面，姓名是自然人维持其个性所必不可少的要素，其性质与生命、名誉、肖像、隐私等一样，是自然人作为人所必须具备的人格利益。人不仅有基于生存本能而产生的物质利益，更有着精神利益。人格利益是人的精神利益的主要方面，姓名都对应着个体，姓名包含的精神利益也是相对应个体的人格利益。因此，姓名权就是自然人依法享有的决定、变更和使用自己的姓名并排除他人干涉或非法使用的权利。

为了保护自然人对自己姓名所享有的利益，进而维护社会正常的生活秩序，各国法律都确认自然人的姓名权，对自然人的姓名予以保护。我国《民法通则》第 99 条规定：“公民享有姓名权，有权决定、使用和依照规定改变自己的姓名，禁止他人干涉、盗用、假冒。”这一规定明确了权利主体依法享有的权利。

（二）姓名权的内容

姓名权的内容主要体现为以下几个方面。

1. 姓名决定权

姓名决定权又称命名权，是指自然人决定其姓名的权利。为自己命名，是自然人享有的基本人格权利。人不仅有权决定随父姓、母姓或采用其他姓，有权决定自己的名字；而且可以决定自己的别名、笔名、艺名等其他名字。自然人的命名权应依法行使。根据《中华人民共和国户口登记条例》第 7 条，婴儿出生后 1 个月以内，由户主、亲属、抚养人或者邻居向婴儿常住地户口登记机关申报出生登记，并将其姓名记入户籍簿。姓名一经登记，就应成为该人的正式姓名。

2. **姓名变更权**

姓名变更权又称姓名改动权，是指自然人依法改变自己姓名的权利。姓名变更权是自然人命名权的自然延伸，自然人无论出于何种原因而改变姓名，只要是在法律允许的范围之内，都应当给予允许。但是，由于姓名权人在未改名前已经以其原姓名参与各种法律关系，其姓名的改变会影响到他人和社会的利益，所以变更姓名必须按有关规定办理，而且需要在户籍登记机关办理更名手续。

3. **姓名使用权**

姓名使用权，是指自然人依法使用自己姓名的权利。自然人设立姓名的目的是表现其个人特征，并与社会其他成员相区别。同时，只有以自己的姓名从事法律行为，才能为自己取得权利和设定义务。因此，自然人使用自己的姓名，是其姓名权的基本内容。姓名使用权包括积极的权能和消极的权能两个方面。在自己的物品上标示自己的姓名、向他人介绍自己的姓名，这都属于姓名权的积极行使；而不署名、不介绍自己的姓名等则是姓名权权能的消极行使。法律无另外规定，两种作用方式都受到法律的保护。

（三）姓名权的限制

姓名权的行使并不是任意、不受任何限制的，在一定情况下姓名权的行使要受到限制，主要体现在以下几个方面。

第一，任何人在从事重要法律行为时，都负有使用其在户籍上登记的正式姓名的义务。每个人都可以自由选择使用多个名字，但记载于户籍簿上的正式姓名只能有一个。当自然人参与各种重要的民事法律关系并行使权利承担义务时，必须使用其正式姓名，否则必然会导致法律关系的混乱，使权利义务主体不明确，从而影响社会经济秩序和公民的个人利益。

第二，自然人不得基于不正当目的而取与他人相同的名字，不得故意造成姓名权的冲突。所谓姓名权冲突，是指两个以上自然人使用相同姓名并且因此导致的在姓名权行使上的相互妨碍。导致姓名权冲突的直接原因是重名，重名的存在一般也不会直接造成社会生活的混乱，因为即使姓名相同，人们也可以借助相貌、年龄等其他特征相互识别，所以正常的重名不应受到法律的禁止。相互影响太大的，可由当事人协商更名。但是，如果基于不正当的目的，故意取与他人相同的姓名，并且造成他人利益损害的，则此种行为结果已超出了合理的姓名权冲突范围，从而构成侵权行为。

第三，不得滥用姓名权。权利人有充分行使自己权利的自由，但是权利的行使和处分不应损及他人的合法权益，姓名权的行使也不例外。滥用姓名权的行为有多种表现，如基于不正当目的而改名换姓、随意更改姓名造成权利义务关系混乱、以违背公序良俗方式而允许他人使用自己的姓名、非法转让姓名等。

二、名称权

（一）名称权的概念

名称，是特定团体区别于其他团体的文字符号。名称权，即特定团体依法享有的决定、使用、变更及依照法律规定转让自己的名称，并得以排除他人的非法干涉及不当使用的权利。

根据《民法总则》第110条的规定，自然人享有姓名权，法人、非法人组织享有名称权。名称与姓名是两个概念，名称权和姓名权最显著的区别有两点。第一，法律对团体的命名有较严格的要求。对于自然人决定使用什么姓名，国家一般不予干预。但法律对团体的名称尤其是企业法人名称的确定，则规定了严格的审批程序。第二，自然人的姓名权具有不可让与性，姓名不得随意转让；而团体的名称依法可以转让。对于从事营利性经营活动的团体如企业法人、合伙组织而言，名称本身是一项无形财产，因此可以作为财产出售，转让方可以通过转让名称而获取经济收益。名称的转让，并不导致让与人权利的丧失，转让名称的协议生效后，受让人须按照登记的规定或当事人的约定使用受让的名称，超出范围使用的仍构成名称权的侵害。

名称和字号、商号也有区别。《民法总则》第54条规定："自然人从事工商业经营，经依法登记，为个体工商户。个体工商户可以起字号。"字号的确立，可以经登记也可不登记。商号又称商业名称，广义上与企业名称同义。商号的主要特征在于，首先，商号是表现营业本身的标志；最后，商号须经依法登记。由上述比较可知，字号、商号均为名称的一种，而不是名称的全部。

（二）名称权的内容

1. 名称设定权

特定团体或社会组织享有决定自己名称的权利，这是名称权的最基本内容。名称权主体可以按照自己的意愿选取名称，他人不得强制干预。由于名称的设定及其使用是一个社会化的行为，关乎国家及社会公共利益，因此法律对不同的团体或组织的名称设定有各不相同的具体要求。

2. 名称使用权

名称权主体对其名称享有独占使用的权利，任何他人不得干涉和非法使用。当然，名称权人在行使其独占使用权时也要受到一定的限制。这些限制主要包括以下几个方面。

第一，禁止使用持不正当目的使公众误认是他人营业的名称。我国《企业名称登记管理规定》有此规定。

第二，禁止使用有可能对公众造成欺骗或误解的名称。这主要指的是有可能使人误解为政府机构、公益团体等具有特殊地位的社会组织的名称，我国《企业名称登记管理规定》对于可能对公众造成欺骗或者误解的名称，明令不准使用，包括相同或近似名称的情况，也包括不符合条件而使用"中国""中华""国际"等名称的情况。同时还规定，政党名称、党政军机关名称、群众组织名称、社会团体名称及部队番号等均不得用作企业名称。

第三，禁止使用外国国家（地区）名称、国际组织名称。

3. 名称变更权

登记使用的名称在使用过程中可以依法变更。名称变更可以是部分的，也可以是全部的。变更名称必须依法进行变更登记，其程序与设定名称相同。名称一经变更登记后，原登记的名称视为撤销，不得继续使用。

4. 名称转让权

名称使用权转让可分为名称使用权部分转让和名称权让与。名称使用权部分转让，指当事人双方以协议方式准许受让人在特定范围内使用名称的行为。名称权人将自己的名称使用权部分地转让给使用人后，使用人即可在双方约定的范围内使用该名称。名称权人将其享有的名称权全部转让他人，并因此丧失名称权的行为，即为名称权让与。名称权让与属于名称的绝对转让，名称权人在转让其名称时，必须与其营业一起转让或在营业终止时转让。名称权让与后，转让人即丧失该名称权，在该名称登记的地区，转让人不得再使用该名称，也不得再重新登记该名称，否则构成侵权。若仅为名称权部分权能的让与，则可依名称使用权部分转让处理。

第六节 肖 像 权

一、肖像与肖像权

肖像是指以一定的物质形态表现出来的自然人的形象，它是通过绘画、照相、雕像、录像、电影艺术等形式使自然人外貌在物质载体上再现的视觉形象。据此，法律意义上的肖像首先是自然人的外貌形象，是自然人所具有的客观的、实在的物质实体的外在形态，因此法人没有肖像。其次，自然人的外貌形象并非是肖像，自然人的外貌只有经过再现，即经过一种转换而得到的视觉的形象才是肖像。

从法律意义上讲，肖像是自然人的人格利益。因此，肖像权是指自然人可以依自己的意志同意或禁止他人拍摄、展出、传播、复制及使用本人肖像的权利。

二、肖像权的特征

（一）肖像权的主体只是特定自然人

肖像权只由自然人所享有，法人不享有肖像权。同时，肖像是自然人的外貌属性，它具有特定性，由特定人享有。

（二）肖像权是自然人专有的民事权利

自然人可以依自己的意志同意或禁止他人取得自己的肖像，自然人也可以依自己的意志处分自己的肖像使用权。肖像权人对肖像有专有权，以偷拍、偷画、偷录等方式取得他人肖像，未经肖像人同意擅自使用肖像，都会侵犯肖像权人的肖像权。

（三）肖像权的基本利益是精神利益

法律保护自然人的肖像权，最主要的是保护肖像权所体现的精神利益，肖像一旦受歪曲、毁损、玷污，肖像权人的人格尊严就会受到侵害。因此，法律保护自然人的肖像权，就是尊重与保护自然人的人格尊严，保护肖像权所体现的这种精神利益。

（四）肖像权也体现一种经济利益

肖像权本身无财产属性，但与财产密切相关。从美学意义上讲，肖像具有美学价值，这种美学价值往往能够转化为财产上的利益。肖像权人对肖像的利用可以产生一定的经济利益，即肖像权的利用常伴随着财产利益。在市场经济条件下，这种伴生的财产利益越来越明显与重要，保护公民的肖像权，就应尊重它所体现的物质内容。

三、肖像权的内容

（一）形象利用权

自然人对自己的形象有专有权利，自然人可以决定以何种形式表现自己的形象，也可以要求他人正确地表现自己的形象，同时自然人有权要求他人不得以任何形式表现自己的体貌特征。

（二）肖像使用权

肖像在一定条件下可以产生经济利益。因此，肖像对于肖像权人和社会都具有利用价值，因而，自然人有权支配其肖像，肖像权人对自己的肖像有权以任何方式加以有效利用。例如，自然人可以复制自己的肖像，也可以用作广告宣传画，自然人也可以无偿或有偿转让其肖像使用权，将肖像使用价值转让他人使用。同时，肖像的使用权还意味着任何人未经本人同意而对其肖像进行使用，就侵犯了肖像权人的肖像使用权。当然，在理论与实践中，对侵害肖像权是否以营利目的为要件有一定的争议。就法律保护肖像权的本意出发，以营利目的为要件实有欠妥之处。

（三）利益维护权

肖像权是绝对权，除权利人之外，任何人都负有不侵害的义务。权利人对恶意毁损、玷污、丑化自然人肖像，不经本人同意以营利为目的使用他人肖像的行为，有请求行为人停止侵害的权利，权利人也可以直接请求司法保护，要求人民法院保护自己的肖像利益，救济所受到的损害。但是，对自然人肖像权的保护也受到一定的限制，为了社会公共利益的需要，或为了科学艺术的目的，或为了宣传报道而制作和使用公民肖像的，可以不征得自然人的同意，但是不应侵害自然人的合法权利。为了职务上的目的或者公共利益而依法制作、使用他人肖像的，则无须通过本人同意，如通缉逃犯、张贴寻人启事等。

第七节　名　誉　权

一、名誉与名誉权

从法律意义上讲，名誉是一个自然人或法人的品行、才干、道德、信义及其他素质的社会综合评价。它体现的是社会对自然人或法人自身价值的认可，一个自然人或法人名誉的好坏直接影响其在社会上的地位、尊严、信用，从而进一步影响其参与民商事活动的机会和实施效果。名誉权是指自然人或法人依法对其名誉所享有的不受他人侵害的人格权利。

二、名誉权的特征

（一）名誉权的主体包括自然人和法人

在具体人格权中，大多数权利的主体只能是自然人，比如，生命权、健康权、身体权、肖像权、隐私权等，少数权利的主体包括自然人和法人，名誉权是其中之一。

（二）名誉权的客体是名誉

名誉权往往是主体从事正常经济活动、与他人发生广泛民商事关系的前提。信誉好可取信于人，信誉不好或信誉受损害的主体就难以实施广泛的民商事活动。因此，名誉权的本质在于权利人有权要求他人对其名誉进行客观公正的评价。名誉就是名誉权的客体。值得注意的是，作为名誉权客体的名誉具有极易受伤害的特点。在社会生活中，名誉十分脆弱，略有不慎都可能受到伤害。恶意侵害行为可以伤害名誉权，过失行为或是无过失行为都可能会对他人名誉造成损害，这就要求法律应对名誉权进行全面的保护。

三、名誉权的内容

（一）名誉保有权

权利人有权维护自己的名誉，要求他人对自己进行客观公正的评价。由于名誉是一种社会评价，权利人无法以主观的力量去支配它，只能对已获得的名誉予以保有，即权利人有权保持自己的名誉不降低、不丧失或者在知道自己的名誉状况不佳时，以自己的实际行动改进它，以获取客观、公正的社会评价。

（二）名誉维护权

权利人有权排斥他人对其名誉权的侵害。当他人毁损权利人的名誉，导致权利人社会评价降低，名誉权人基于维护权，可以请求侵害人停止侵害并承担相应的民事责任，也可以请求司法保护，要求司法机关对侵权人进行民事制裁。侵害权利人名誉权的行为主要有：①以侮辱方式侵害他人名誉，即以口头、书面或暴力方式，对他人进行人身攻击、贬损他人人格；②以诽谤方式侵害他人名誉，即以隐瞒真相、捏造事实并加以传播的方式诋毁他人名誉、损害他人尊严。权利人的名誉权受到侵害的，有权要求停止侵害，恢复名誉，消除影响，赔礼道歉，并可以要求赔偿损失，同时权利人因名誉权受到损害的还可以提起精神损害赔偿。

（三）名誉利益支配权

名誉是与人身不可分开的权利，权利人可以对名誉权所体现的利益进行支配。具体而言，权利人可以利用自己良好的名誉，与他人广泛地进行民商事活动，以实现更好的效益。但是，由于名誉权是一种专属的权利，它是主体所固有的。因此权利人不能将名誉利益任意抛弃、转让和继承。

四、名誉权与其他相关权利

（一）名誉权与肖像权

名誉权与肖像权都是重要的具体人格权，侵害肖像权常会导致对名誉权的侵害。但名誉权与肖像权是差异较大的两项人格权，区别主要体现如下。

1. 主体不同

名誉权的主体既包括自然人，也包括法人，即任何主体均享有名誉权；而肖像权的主体只能由自然人享有。因为肖像是自然人的人格标志，反映的是人的自然属性，只能由自然人享有对肖像的权利，法人作为社会组织是不可能像自然人那样享有肖像权的。法人成员的集体摄影等也不是法人的肖像。

2. 客体不同

名誉权的客体是名誉，而肖像权的客体则是反映个人外部形象的肖像，肖像一般是通过照相艺术反映出来的，并必须真实地再现肖像人的形象。肖像作品与肖像人进行比较，一般人应能清晰地辨认为某人，如从肖像上难以辨认为某人，则不能认为是某人的肖像。肖像的人格标志和功能使其必须与肖像人密切联系在一起，从而使肖像权与名誉权相比较，客体与主体的联系性更为密切。

3. 转让上的区别

名誉权只能由名誉权人享有，其内容是不可转让的，转让名誉权的任何一方面的内容，都是违背社会公共道德的。但是，肖像权却不同，尽管肖像权本身不能完全转让给他人所有，但肖像权的部分内容，如肖像的使用是可以转让的，因为肖像不仅对肖像人本人有利用的价值，对其他人乃至社会都具有可利用的价值。所以公民有权无偿地或有偿地允许他人根据不同的需要使用其肖像。

(二) 名誉权与人格尊严

《民法通则》第101条规定："公民、法人享有名誉权，公民的人格尊严受法律保护，禁止用侮辱、诽谤等方式损害公民、法人的名誉。"该条文把人格尊严包括于名誉权之中，这种规定给名誉权的确认与保护带来了一些困难。就其实质论，名誉权和人格尊严应是两种不同的人格权，体现于以下几个方面。

1. 主体范围不同

名誉权的主体包括自然人与法人，人格尊严的主体仅限于自然人。

2. 内容与客体不完全相同

侵害自然人名誉权的行为，都会损害自然人的人格尊严，但侵害人格尊严的行为，未必造成对受害人的社会评价的降低，因而不能认定为侵害名誉权。

3. 责任形式不同

侵害自然人的人格尊严，不一定就贬损了受害人的名誉，因此，侵害人往往不承担恢复名誉的责任，而侵害他人名誉权的侵害人必须承担恢复名誉的责任。

《民法总则》通过两个条文分别规定了名誉权与人格尊严，《民法总则》第109条规定："自然人的人身自由、人格尊严受法律保护。"《民法总则》第110条规定："自然人享有生命权、身体权、健康权、姓名权、肖像权、名誉权、荣誉权、隐私权、婚姻自主权等权利。法人、非法人组织享有名称权、名誉权、荣誉权等权利。"

第八节 隐 私 权

一、隐私与隐私权

不同国家、不同民族对隐私有不同的认识，其代名词有个人生活、私生活等。对隐私如何界定，至今尚无公认的定义。能达成共识的是：隐私至少应包含"私"与"隐"两个条件。作为社会成员，自然人的生活可分为两部分：一部分是与公共利益、群众利益无关的生活；另一部分是与公共利益、群众利益相关的生活。前者是纯个人的"私"的范畴，是隐私的本质所在。与此同时，从心理学角度来说，每个人都有隐"私"意识，当事人不愿个人私事被人知晓或按正常人的心理和道德不便让人知道或不愿他人干涉、侵入自己的纯个人私生活等。基于对隐私的此种认识，所谓隐私权，是自然人享有的对其个人的、与公共利益无关的个人信息、私人活动和私人领域进行支配的一种人格权。

二、隐私权的特征

隐私权的特征如下。

（一）隐私权的主体只能是自然人

隐私权主体，仅限于自然人，法人无隐私权。隐私权的产生及存在依据，是基于人的精神活动而发生的某种利益需求。法人无精神活动可言，故法人无法享有隐私权。

（二）隐私权的内容具有真实性和隐秘性

隐私权是以事实不被公开为内容的权利，一经公开即受侵害。隐私的内容，不论具体情况如何，都是客观存在的事实。对当事人而言，隐私权的内容表现为法定的人格利益。所以，在侵害隐私权的案件中，加害人并不能以其所公开的事情是真实的而主张免责。

（三）隐私权的保护范围受公共利益的限制

隐私的内容以真实性和隐秘性为主要特征，但这并不意味着有关隐私内容的判断可以不顾及其是否合法、是否合乎道德规范。任何个人隐私都必须局限在法律的、合乎公共道德准则和社会需要的范围内。对任何违反法律和社会公共利益的行为，他人都有权予以揭露和干预。隐私权在本质上要保护纯粹个人的、与公共利益无关的事情。然而，在人类社会里，所谓个人事情与公共事务之间并不存在截然分明的界限。隐私，实际上是因人、因时、因事而异的。

（四）隐私权是一项独立的具体人格权

隐私权在我国经历了由不被确认到逐步确认的过程，最初在《最高人民法院关于贯彻执行〈中华人民共和国民法通则〉若干问题的意见（试行）》第 140 条中规定："以书面、口头等形式宣扬他人的隐私……应当认定为侵害公民名誉权的行为。"可见，在当时，侵害隐私权的行为是作为侵害名誉权来处理的。2001 年《最高人民法院关于确定民事侵权精神损害赔偿责任若干问题的解释》确立了隐私利益应受保护；2010 年《中华人民共和国侵权责任法》明确规定了隐私权。

三、隐私权的内容

隐私是一个深受文化影响的概念，不同国家与不同民族都有自己的隐私概念，因此，隐私权的内容比较广泛。但总的来说至少应包括以下具体内容。

（一）个人生活安宁权

权利主体能够按照自己的意志从事或不从事某种与社会公共利益无关或无害的活动，不受他人的干涉、破坏或支配。

（二）个人生活情报保密权

个人生活情报，包括所有的个人信息和资料，诸如身高、体重、女性三围、病历、信仰等私人信息，权利主体有权禁止他人非法利用个人生活情报资料。

（三）个人通信秘密权

权利主体有权对个人信件、电报、电话、传真及谈话的内容加以保密，禁止他人非法窃听或窃取。隐私权制度的发展在很大程度上是与现代通信的发达联系在一起的。信息处理及传输技术的飞速革新，使得个人通信的内容可以轻而易举地被窃听或窃取，因而，保障个人通信的安全，已成为隐私权的一项重要内容。

（四）个人隐私利用权

权利主体有权依法按自己的意志利用其隐私，以从事各种满足自身需要的活动。如利用个人的生活情报资料撰写自传、利用自身形象或形体供绘画或摄影的需要等，对这些活动不能非法予以干涉。值得注意的是，隐私的利用不得违反法律的强制性规定和基本的社会道德准则。

四、隐私权与名誉权的比较

隐私权与名誉权是两种不同的具体人格权，表现在以下几个方面。

（一）主体不同

名誉权的主体除了自然人个人之外，也包括法人，法人名誉的好坏直接影响它的对外交往及经济利益；而由于隐私权的宗旨是保护个人的私人事情不受搅扰，法人则不存在这个问题。

（二）性质不同

名誉权是权利主体就自己的社会评价所享受利益的权利；而隐私权则主要是指权利主体的个人信息不被非法获取和公开、私人生活不受非法干扰、个人私事的决定不受非法干涉的权利。

（三）侵权方式不同

侵害名誉权的行为一般是采取无中生有、侮辱、诽谤等方式贬损他人的人格，从而使其名誉受到损害；而侵害隐私权的行为则多为非法获取、扩散有关他人私生活的事实，干涉他人私生活等，从而使他人的内心安宁受到打扰。前者散布的是虚假的情节，后者披露的则是真实的情况。

（四）侵权结果不同

对他人名誉的侵害，肯定会造成其人格的贬损、名誉的降低；而对他人隐私的侵害，则未必造成名誉的降低，有时甚至可能会提高他的声誉。

（五）处置权不同

隐私权包括个人信息不被非法获悉或公开，个人生活不受外界非法侵扰，个人私事的决定不受非法干涉三项内容，其中有关个人信息的保密并非绝对的，当事人可自行将其公之于众，也可以授权他人公开发表，也就是说当事人可以放弃这部分隐私权；而名誉权的中心内容是社会对当事人的评价，这一权利是不可放弃的。

（六）保护方法不同

名誉权的保护除可以通过停止侵害、赔礼道歉、赔偿损失的方法进行以外，还可以通过消除影响、恢复名誉的方法加以弥补；但一般而言，对隐私权的保护则只能通过停止侵害、赔礼道歉和赔偿损失的方法进行，这是由隐私权的特点所决定的。当事人的私生活秘密一旦被传扬出去，由此造成的不良影响是无法消除的，由此造成的名誉损害也难以恢复。

第九节 身 份 权

一、身份权概述

（一）身份与身份权

民法上的身份是指在法律规定的人格平等基础上建立的社会成员间的相互关系以及由此产生的利益。它包含以下两个内容。一方面，身份是一种地位与资格。从本质来看，身份是人们基于各种事实或行为所产生的相互影响、相互作用的状态。身份是一种社会关系。不同历史时期、不同社会，表现的身份关系不同。在人类社会初期，氏族、部族身份关系是人在社会中地位与资格的表现形式。发展到后来，在实现"从身份到契约"的转变前，基于婚姻、亲子、家长、家属及其他亲属而生的身份关系是最主要、最基本的身份关系。完成"从身份到契约"的转变之后，传统民法最终确立了"夫妻关系、亲子关系、家长亲属关系和亲属关系"四种身份关系。其他身份关系都转化为纯粹财产关系，比如师徒关系、主仆关系等。另一方面，身份是特定人身利益的体现。随着社会的发展，传统民法身份的含义有了进一步的发展，在身份关系中，某些特定的人身利益被社会与法律所确认与重视。比如以夫妻关系为例，除财产关系之外，夫妻之间还有一种身份关系。一对男女一旦建立了配偶关系，双方就有同居、忠诚、生活互助等一系列特定的人身利益，这些是纯粹的身份利益，它们成为身份的重要组成部分。

基于上面对身份的认识，身份权可以定义为：民事主体因其特定的地位或资格而享有人身利益的权利。

（二）身份权的特征

"随着人格含义的演变，人格权逐渐凸现，而这一切，是以身份权中传统内容的转变为条件之一的，人格自觉导致身份权中人身支配因素的消亡，其结果是触发现代身份权的嬗变而生。"现代身份权与人格权处于相互作用、相互影响和此消彼长的关系中，与人格权相比较，身份权有如下特征。

1. 身份权的主体广泛

不同主体享有的身份权有别。在身份权中，基于亲属身份而产生的身份权只有自然人可以享有，而法人与其他团体所享有的身份权只是非基于亲属身份权而产生的权利中的一部分。

2. 身份权的客体是身份利益

身份关系中身份利益是基于伙伴型社会关系而产生的，在这一关系中，各成员的情感与信任是伙伴型关系得以维持的保证。因此，身份利益所体现的主要是伙伴关系间信任与亲情的情感，身份权法所要确认与保护的也是这种精神利益，而非财产利益。

二、配偶权

（一）配偶权的概念与特征

配偶权是指夫妻之间相互享有的基本身份权，它是一种配偶间身份利益的专属支配权，即其他任何人均对此种身份利益负不侵犯的义务。其法律特征如下。

1. **配偶权的权利主体是配偶双方**

配偶权是配偶双方的共同权利。因此，双方都是配偶权的权利主体。这种共同的权利包含两重含义：一是配偶双方都享有支配权，任何一方都不能单独决定配偶的配偶利益；二是配偶双方互享权利、互负义务、权利义务完全一致，任何一方均不享有高于或低于对方的权利。

2. **配偶权的客体是配偶利益**

配偶权为基本身份权，其客体是夫妻配偶关系中的身份利益，从本质上讲是配偶利益。

3. **配偶权的性质是绝对权**

虽然配偶权的权利主体为夫妻二人，但它的性质不是夫妻之间的绝对权，不是一方对另一方的绝对支配，而是配偶共同享有的对世权，这种权利性质意味着该配偶建立配偶关系之后，其他任何人均不能与其成为配偶。

4. **配偶权具有支配权的属性**

配偶权是一种支配权，现代意义的配偶关系是建立在民主、平等基础之上的。因此，配偶权的支配是对配偶间身份利益的支配，而不是对对方配偶人身的支配。它体现的是夫妻共同对配偶身份利益的支配，是一种平等的支配权。

（二）配偶权的内容

配偶权的内容，是配偶权的派生身份权。关于配偶权的内容包括哪些派生身份权，学界观点不一。基于配偶权是一方因配偶关系而享有的权利，不同社会、不同经济条件下权利内容不同，配偶权的内容至少应包括：①夫妻姓氏决定权；②住所决定权；③同居义务；④忠实义务；⑤学习、职业和社会活动自由权；⑥日常事务代理权；⑦互相扶养、扶助权；⑧计划生育的义务。

三、亲权

（一）亲权的概念

亲权是父母亲对未成年子女的身份权。亲权是从传统的父权演变而来的。从形式意义上看，亲权代替父权是权利主体的扩大，从实质看，这种变化体现的是现代亲权对父权的否定。现代亲权体现了自然人人格平等的精神，它确定了男女平等、夫妻平等观念，也确认了父母与未成年子女人格平等的原则，体现了现代民法精神。

（二）亲权的客体

亲权的客体是亲权的身份。亲权法律关系当事人是父母和未成年子女，父母是权利人，未成年子女在形式上是义务人。未成年子女是亲权法律关系中形式上的义务主体，不是权利客体。父母作为亲权人，通过支配自己的身份，行使自己的亲权。未成年子女作为形式上的义务人，不得侵犯父母的身份，妨碍父母行使亲权。但由于未成年子女以父母的意志为自己的意志，现代亲权法律关系中义务的实际履行人是父母。这意味着亲权和父母对未成年子女的义务不可分离。从本质看，在现代亲权法律关系中，父母可以支配未成年子女，但这种支配以维护未成年子女的利益为宗旨，父母通过这种支配，履行自己对未成年子女的义务，实现未成年子女的人格和权利。这种以实现支配对象的人格和利益为宗旨和内容的支配不是主体对客体的支配。父母作为权利人，通过支配自己的身份，行使自己的权利。同时，父母作为形式上的义务人，通过支配自己的身份，履行自己的义务。权利主体和义务主体的共同客体，是父母和未成年子女的身份关系。

（三）亲权的内容

亲权的内容是父母行使对未成年子女的人身监护权和财产监护权。

第一，人身监护权是指保护和管教未成年子女的权利，包括：决定其住所；必要的惩戒；决定送收养；同意补正或撤销未成年子女的身份行为和其他民事行为，如从事营业活动或者买卖贵重物品的追认和撤销；代理诉讼等。

第二，财产监护权是指父母为维护未成年子女利益而保护、管理未成年子女财产的权利，包括以下几点。①代理财产行为。如未成年子女与他人签订演出合同，必须由父母代理。一切有损未成年子女利益的财产代理行为无效，如放弃继承，放弃遗赠，不接受财产赠与等。②使用收益权。父母行使此项权利，以不损害未成年子女利益为前提。收益除支付管理费用和抚养未成年子女外，可适当贴补家用。③处分权。行使此项权利以维护未成年子女利益为宗旨，有损其利益之处分无效。

（四）亲权与监护权

亲权与监护权同为身份权，都表明人与人之间的身份关系，亲权表明父母与未成年子女的身份关系，而监护权则表明监护人与被监护人之间的身份关系；亲权与监护权的客体都具有身份利益的性质。但在大陆法系中，亲权与监护权是两个不同的概念，有严格的区别。在英美法系中，亲权与监护权不加以区别，统称监护权。在我国现行立法中，亲权与监护权是有区别的，亲权的有关内容规定在《婚姻法》第23条中。关于亲权与监护权的区别具体体现如下。

1. 具体属性不同

亲权与监护权虽然同为身份权，但二者在其具体属性上，仍有严格区别。亲权确定的是父母与未成年子女之间的身份权，属于亲属法上的身份权，规定在婚姻家庭之中，是亲属法的具体内容。监护权在我国的立法体例上，属于身份权，但不是亲属法上的身份权，而是亲属法外的身份权，是我国民事立法关于民事主体制度的组成部分，它确定的是监护人与被监护人之间的权利义务关系。

2. 主体范围不同

亲权仅限于父母对未成年子女的教养保护权，既不包括亲属以外的其他人对未成年子女的权利义务，也不包括父母以外的其他亲属对其未成年子女的权利义务。因而，亲权的权利主体是有限的，主体单一。监护权的权利人范围较宽泛，包括祖父母、外祖父母，兄、姐，配偶，子女，其他亲属、朋友，所在单位、居民委员会、村民委员会或民政部门。二者相比，监护权的权利主体范围远远超过亲权的权利主体范围。

3. 权利范围不同

亲权的权利范围仅限于对未成年子女的教养和保护的权利。监护权的权利范围不包括父母对未成年子女的身份利益支配权，但包括对其他无民事行为能力人或限制民事行为能力人的身份利益支配权。对成年的无民事行为能力人或限制民事行为能力人即使是有这种支配权也不是亲权，而是监护权。

4. 权利内容不同

亲权的内容包括对未成年子女的教养和保护权。包括住所指定权、子女交还请求权、惩戒、职业许可权、法定代理权和同意权。监护权的权利范围虽宽于亲权，但其内容只具保护权，而不具有教养权的内容。因而，在权利内容上，监护权窄于亲权。

四、亲属权

（一）亲属权的概念

亲属权是指除配偶、未成年子女以外的其他亲属间的基本人身权。亲属之间对亲属的身份利益互有专属享有权与支配权，其他任何人均负有不侵犯的义务。

（二）亲属权特征

1. 亲属权是一种独立的身份权

身份权意义的亲属，实际上是指近亲属，其中分为配偶身份关系、亲子身份关系和其他近亲属关系。其中配偶身份关系产生的是配偶权，亲子身份关系产生的是亲权，这两种权利都是独立的基本身份权。在近亲属中除了配偶身份关系和亲子身份关系以外的其他近亲属关系，也是一种身份关系，这同样具有特定的身份利益和特定的权利义务关系，与配偶之间和亲子之间的权利义务并不相同，具有独立的特征，是一种独立的亲属法上的身份权。可以说，亲属权与配偶权和亲权三位一体，共同构成完整的亲属法上的身份权。因而，亲属权具有身份权的一切法律性质，如绝对权、专属权、支配权的属性。

2. 亲属权的客体是亲属关系中特定的身份利益

其他一般亲属虽为亲属，但无明显的亲属身份利益，他们只具有法律上的亲属地位，法律并未赋予其特定的权利义务关系。在近亲属中，配偶的身份利益由配偶权调整，未成年子女与父母的身份利益，由亲权调整。除此之外的近亲属，包括父母与成年子女、祖父母外祖父母与孙子女外孙子女、兄弟姐妹之间的身份利益，就是亲属权的客体。

3. 亲属权具有绝对权和相对权的双重属性

亲属权首先是绝对权，这种权利性质表明亲属之间对亲属身份利益的独占权，除了特定身份关系的近亲属之外，其他任何人都负有不作为的义务。亲属权又是相对权，其近亲属之间的亲属身份利益，总是存在于相对的亲属之中，权利义务由相对的近亲属享有和承担。离开相对的其他近亲属，不存在亲属权。

五、荣誉权

（一）荣誉权的概念

荣誉权是指民事主体依法享有、保持、支配基于其在社会生产、社会活动中有突出表现或突出贡献而受到政府、单位、团体或其他组织积极的正式评价及其利益的基本身份权。

（二）荣誉权的特征

荣誉权不同于名誉权，荣誉权的基本属性是身份权。其特征表现如下。

第一，荣誉权的来源不是与生俱来的固有权，而是基于一定事实受到表彰奖励后取得的身份权。人格权的基本属性之一，是固有权，是民事主体基于出生或成立的事实而取得的权利，从始至终由民事主体所享有，不得撤销或剥夺，因为民事主体丧失了人格权，就丧失了做人的资格。而荣誉权不具有固有权的属性，权利人自愿放弃自己的荣誉，或者不再有资格享有荣誉而丧失荣誉权，都不影响其主体资格的存在，荣誉权不是人格权而是身份权。

第二，荣誉权的基本作用是维护民事主体的身份利益。人格权的基本作用，是维护民事主体的人格，表明人为人的资格。荣誉权的作用不是维护人格，而是维护民事主体的身份利益，即该荣誉及其利益为该民事主体的身份利益，他人不得享有或侵犯。非法剥夺荣誉权造成荣誉权的损害，从本质上说，损害的是身份利益。荣誉利益与荣誉权人相分离，使民事主体丧失荣誉及其利益，荣誉权人的人格权并不一定受损害。荣誉权的客体是身份利益，而非人格利益。荣誉权的基本作用是维护主体的身份利益。

（三）荣誉权的内容

荣誉权的主要内容包括以下几个方面。

1. 荣誉保持权

荣誉保持权包括：对获得的荣誉保持归己享有；要求权利人以外任何他人负有不侵害的义务。

2. 精神利益支配权

权利人对其获得荣誉中的精神利益有自主支配权。这些精神利益是荣誉利益所组成的部分之一，由荣誉权人专属享有，其他人不得分享。

3. 物质利益获得权

荣誉本身带有物质利益时，权利人对该物质利益享有获得权，其他人或组织不得非法剥夺权利人的权利。

4. 物质利益支配权

权利人对已获得的物质利益有支配权。若权利人享有荣誉的物质利益所有权，权利人可以完全占有、使用、收益、处分自己的物质利益，而不受非权利人的非法干涉。

自然人、法人都可享有荣誉权，禁止非法剥夺公民、法人的荣誉称号。公民、法人荣誉权受到侵害时，有权要求停止侵害，恢复名誉，消除影响，赔礼道歉，并可以要求赔偿损失。

（四）荣誉权与名誉权

首先，荣誉权与名誉权是性质不同的两种权利，前者为身份权，后者为人格权。区别明显，性质不同。荣誉权只能由那些在某一方面取得突出成绩和作出贡献并获得荣誉称号的主体所享有。而名誉权是每个公民和法人所普遍享有的权利。因此名誉权是始终由主体享有的、具有专属性，任何主体均不得缺少名誉权，此种权利是维护主体人格所必备的权利，一旦丧失名誉权，主体的独立人格就难以继续存在。但荣誉权则不同，主体不享有荣誉权并不会影响其主体资格，即使主体的行为表明他不应当继续享有某种荣誉称号，或违背了有关授予其荣誉称号的规定，行政机关和社会组织可以依法剥夺其荣誉称号，此种剥夺尽管导致主体对该项荣誉权的丧失，但并不否定该主体独立人格的存在。

其次，客体不同。荣誉权是主体对国家或社会组织授予其荣誉称号所享有的权利。而名誉权则是主体对其品行、能力等方面的良好社会评价所享有的权利。名誉是对人格价值的全面评价、是社会公众的评价而不是某个行政机关和社会组织作出的评价；而荣誉则是因国家机关或社会组织对某一主体在某方面的成绩或贡献作出的评价，是在授予该主体一定的荣誉称号之后所产生的。

最后，取得的方式不同。荣誉权是主体依据法律规定，根据自己的劳动贡献，并经国家机关或社会组织授予以后才能取得。荣誉权必须是主体作出一定的行为和贡献以后，依规定的程序被授予荣誉称号方可取得。而名誉权则是法律规定每个主体所享有的权利。它是主体产生或成立时就应当享有的，而不需要主体作出一定的行为即可取得之权利。

法条链接

宪法（节选）

第三十七条　中华人民共和国公民的人身自由不受侵犯。

任何公民，非经人民检察院批准或者决定或者人民法院决定，并由公安机关执行，不受逮捕。

禁止非法拘禁和以其他方法非法剥夺或者限制公民的人身自由，禁止非法搜查公民的身体。

第三十八条　中华人民共和国公民的人格尊严不受侵犯。禁止用任何方法对公民进行侮辱、诽谤和诬告陷害。

中华人民共和国民法总则（节选）

第一百零九条　自然人的人身自由、人格尊严受法律保护。

第一百一十条　自然人享有生命权、身体权、健康权、姓名权、肖像权、名誉权、荣誉权、隐私权、婚姻自主权等权利。

法人、非法人组织享有名称权、名誉权、荣誉权等权利。

第一百一十一条　自然人的个人信息受法律保护。任何组织和个人需要获取他人个人信息的，应当依法取得并确保信息安全，不得非法收集、使用、加工、传输他人个人信息，不得非法买卖、提供或者公开他人个人信息。

第一百一十二条　自然人因婚姻、家庭关系等产生的人身权利受法律保护。

最高人民法院关于贯彻执行《中华人民共和国民法通则》若干问题的意见（试行）（节选）

139. 以营利为目的，未经公民同意利用其肖像做广告、商标、装饰橱窗等，应当认定为侵犯公民肖像权的行为。

140. 以书面、口头等形式宣扬他人的隐私，或者捏造事实公然丑化他人人格，以及用侮辱、诽谤等方式损害他人名誉，造成一定影响的，应当认定为侵害公民名誉权的行为。

以书面、口头等形式诋毁、诽谤法人名誉，给法人造成损害的，应当认定为侵害法人名誉权的行为。

141．盗用、假冒他人姓名、名称造成损害的，应当认定为侵犯姓名权、名称权的行为。

146．侵害他人身体致使其丧失全部或部分劳动能力的，赔偿的生活补助费一般应补足到不低于当地居民基本生活费的标准。

147．侵害他人身体致人死亡或者丧失劳动能力的，依靠受害人实际扶养而又没有其他生活来源的人要求侵害人支付必要生活费的，应当予以支持，其数额根据实际情况确定。

148．教唆、帮助他人实施侵权行为的人，为共同侵权人，应当承担连带民事责任。

教唆、帮助无民事行为能力人实施侵权行为的人，为侵权人，应当承担民事责任。

教唆、帮助限制民事行为能力人实施侵权行为的人，为共同侵权人，应当承担主要民事责任。

149．盗用、假冒他人名义，以函、电等方式进行欺骗或者愚弄他人，并使其财产、名誉受到损害的，侵权人应当承担民事责任。

150．公民的姓名权、肖像权、名誉权、荣誉权和法人的名称权、名誉权、荣誉权受到侵害，公民或者法人要求赔偿损失的，人民法院可以根据侵权人的过错程度、侵权行为的具体情节、后果和影响确定其赔偿责任。

151．侵害他人的姓名权、名称权、肖像权、名誉权、荣誉权而获利的，侵权人除依法赔偿受害人的损失外，其非法所得应当予以收缴。

最高人民法院关于确定民事侵权精神损害赔偿责任若干问题的解释

第一条 自然人因下列人格权利遭受非法侵害，向人民法院起诉请求赔偿精神损害的，人民法院应当依法予以受理：

（一）生命权、健康权、身体权；

（二）姓名权、肖像权、名誉权、荣誉权；

（三）人格尊严权、人身自由权。

违反社会公共利益、社会公德侵害他人隐私或者其他人格利益，受害人以侵权为由向人民法院起诉请求赔偿精神损害的，人民法院应当依法予以受理。

第二条 非法使被监护人脱离监护，导致亲子关系或者近亲属间的亲属关系遭受严重损害，监护人向人民法院起诉请求赔偿精神损害的，人民法院应当依法予以受理。

第三条 自然人死亡后，其近亲属因下列侵权行为遭受精神痛苦，向人民法院起诉请求赔偿精神损害的，人民法院应当依法予以受理：

（一）以侮辱、诽谤、贬损、丑化或者违反社会公共利益、社会公德的其他方式，侵害死者姓名、肖像、名誉、荣誉；

（二）非法披露、利用死者隐私，或者以违反社会公共利益、社会公德的其他方式侵害死者隐私；

（三）非法利用、损害遗体、遗骨，或者以违反社会公共利益、社会公德的其他方式侵害遗体、遗骨。

第四条 具有人格象征意义的特定纪念物品，因侵权行为而永久性灭失或者毁损，物品所有人以侵权为由，向人民法院起诉请求赔偿精神损害的，人民法院应当依法予以受理。

第五条 法人或者其他组织以人格权利遭受侵害为由，向人民法院起诉请求赔偿精神损害的，人民法院不予受理。

第六条 当事人在侵权诉讼中没有提出赔偿精神损害的诉讼请求，诉讼终结后又基于同一侵权事实另行起诉请求赔偿精神损害的，人民法院不予受理。

第七条 自然人因侵权行为致死，或者自然人死亡后其人格或者遗体遭受侵害，死者的配偶、父母和子女向人民法院起诉请求赔偿精神损害的，列其配偶、父母和子女为原告；没有配偶、父母和子女的，可以由其他近亲属提起诉讼，列其他近亲属为原告。

第八条 因侵权致人精神损害，但未造成严重后果，受害人请求赔偿精神损害的，一般不予支持，人民法院可以根据情形判令侵权人停止侵害、恢复名誉、消除影响、赔礼道歉。

因侵权致人精神损害，造成严重后果的，人民法院除判令侵权人承担停止侵害、恢复名誉、消除影响、赔礼道歉等民事责任外，可以根据受害人一方的请求判令其赔偿相应的精神损害抚慰金。

第九条 精神损害抚慰金包括以下方式：

（一）致人残疾的，为残疾赔偿金；

（二）致人死亡的，为死亡赔偿金；

（三）其他损害情形的精神抚慰金。

第十条 精神损害的赔偿数额根据以下因素确定：

（一）侵权人的过错程度，法律另有规定的除外；

（二）侵害的手段、场合、行为方式等具体情节；

（三）侵权行为所造成的后果；

（四）侵权人的获利情况；

（五）侵权人承担责任的经济能力；

（六）受诉法院所在地平均生活水平。

法律、行政法规对残疾赔偿金、死亡赔偿金等有明确规定的，适用法律、行政法规的规定。

第十一条 受害人对损害事实和损害后果的发生有过错的，可以根据其过错程度减轻或者免除侵权人的精神损害赔偿责任。

第十二条 在本解释公布施行之前已经生效施行的司法解释，其内容有与本解释不一致的，以本解释为准。

知识延伸

声音权性质的思考。

在现实生活中，一个确定无疑的事实是：一个人的声音可以和姓名、肖像一样起到人格标识的作用。在姓名和肖像分别作为文字类人格标识和视觉类人格标识之后，声音也可以因为科技的迅速发展而上升为听觉类的人格权——声音权的客体，即听觉类人格标识。在比较法上，加拿大魁北克省、美国部分州、德国等对声音的保护都作出了明确的规定。在学理上确认一个人格利益能否构成一个人格权还存在争议，其关键的标准是该人格利益是否具有独立的属性，是否能被其他具体人格权所概括，所涵盖。

复习题

一、判断分析题

1. 企业也享有肖像权。（ ）
2. 亲权与监护权是不同的两种权利。（ ）
3. 祖孙之间在一定条件下相互享有抚养权。（ ）
4. 身体权具有独立存在的价值。（ ）
5. 侵犯隐私权必须是在给对方造成名誉权的侵害时才可以请求救济。（ ）

二、不定项选择题

1. 某大学对严重违反校纪、非法同居的大学生甲、乙予以勒令退学处分，并将处分决定以内部文件形式传达到校属有关单位。师生们对此议论纷纷。对该大学行为应如何定性？（ ）。

A. 侵犯甲乙的隐私权

B. 侵犯甲乙的名誉权

C. 侵犯甲乙的受教育权

D. 是行使教育管理权的正当行为，不构成侵权行为

2. 赵某系全国知名演员，张某经多次整容后外形酷似赵某，此后多次参加营利性模仿秀表演，承接并拍摄了一些商业广告。下列选项正确的是（ ）。

A. 张某故意整容成赵某外形的行为侵害了赵某的肖像权

B. 张某整容后参加营利性模仿秀表演侵害了赵某的肖像权

C. 张某整容后承接并拍摄商业广告的行为侵害了赵某的名誉权

D. 张某的行为不构成对赵某人格权的侵害

3. 某市国土局一名前局长、两名前副局长和一名干部因贪污终审被判有罪。薛某在当地晚报上发表一篇报道，题为“市国土局成了贪污局”，内容为上述四人已被法院查明的主要犯罪事实。该国土局、一名未涉案的副局长、被判缓刑的前局长均以自己名誉权被侵害为由起诉薛某，要求赔偿精神损害。下列说法正确的是（ ）。

A. 三原告的诉讼主张均能够成立

B. 国土局的诉讼主张成立，副局长及前局长的诉讼主张不能成立

C. 国土局及副局长的诉讼主张成立，前局长的诉讼主张不能成立

D. 三原告的诉讼主张均不能成立

4. 某影楼与甲约定：“影楼为甲免费拍写真集，甲允许影楼使用其中一张照片作为影楼的橱窗广告。”后甲发现自己的照片被用在一种性药品广告上。经查，制药公司是从该影楼花500元买到该照片的。下列说法正确的是（　　）。

A. 某影楼侵害了甲的肖像权

B. 某影楼享有甲写真照片的版权

C. 某影楼的行为构成违约

D. 制药公司的行为侵害了甲的隐私权

5. 下列人身权中，可以转让的是（　　）。

A. 名誉权　　B. 配偶权

C. 企业法人的名称权　　D. 荣誉权

6. 我国《民法通则》规定，企业法人有权转让其（　　）。

A. 营业执照　　B. 荣誉　　C. 名称　　D. 名誉

7. 法人、个体工商户也享有人身权，包括（　　）。

A. 姓名权和名誉权　　B. 名誉权和经营权

C. 经营权和隐私权　　D. 名称权和名誉权

8. 下列行为中属于侵犯姓名权的有（　　）。

A. 干涉　　B. 盗用

C. 假冒　　D. 父母为未成年子女取名字

9. 下列行为中属于侵犯他人名誉权的是（　　）。

A. 到处宣扬某未婚男女有两性关系

B. 捏造某人是私生子并在其单位散步

C. 为侮辱他人而在大庭广众下进行谩骂

D. 在争吵中将某人被判有期徒刑的事实张扬出去

10. 一般人格权的特征有（　　）。

A. 概括性　　B. 普遍性　　C. 专属性　　D. 法定性

三、案例分析题

某杂志社在揭露社会上假文凭泛滥现象的一则报道中，刊登了一幅照片，照片上有一张假文凭的正照，旁边有说明性文字；照片的背景中有一位女士（甲），约占照片三分之一版面，面目清晰可见。第二天上班时，有人把杂志给大家看，见到其中的照片，同事纷纷向甲投来诧异的目光。甲女士非常气愤，也不知道自己怎么被拍入了这样一幅照片的。后来才明白，原来自己在路上走路时被无意中摄入了镜头。据调查，该批杂志刚刚售出一小部分。甲向人民法院提起诉讼。请问该杂志社侵犯了甲哪些权利？甲可以采取哪些权利保护自己？

第三编

物　　权

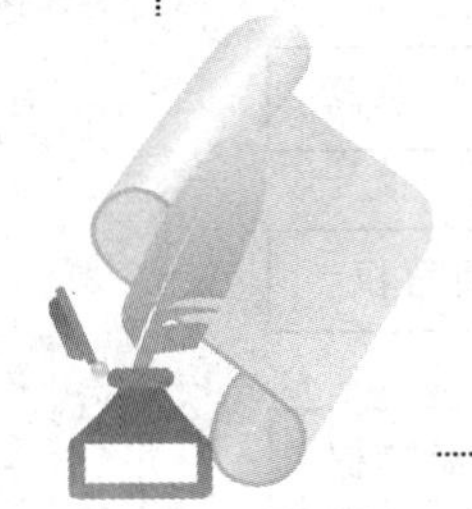

导　学

《物权法》于2007年3月16日正式通过，标志着我国物权法的研究又向前发展了一步。本编在充分吸收德国物权法的立法和理论的基础上，结合我国《物权法》的内容，主要介绍了物权方面的基本知识和基本理论，包括：物权的基本概念（主要简述物权的特点、物权的基本原则、分类、效力、变动等）；所有权（主要简述所有权的特点、权能、取得和消灭、土地所有权、房屋所有权、建筑物区分所有权、相邻关系、善意取得、先占、遗失物、发现埋藏物、添附等）、用益物权（主要简述用益物权的特点、建设用地使用权、土地承包经营权、地役权、宅基地使用权等）、担保物权（主要简述担保物权的特点和种类、抵押权、质权、留置权）、共有、占有。由于本编涉及的法律规范较多，应当注意相关规定。

本编知识体系

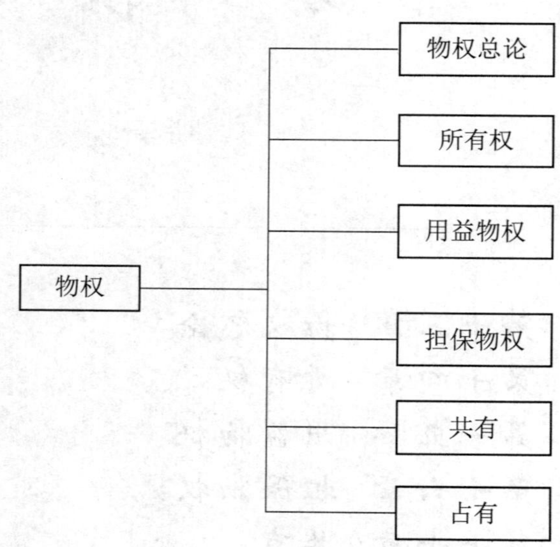

第十三章

物权总论

遵循民法先概括再具体的思路，物权法总论就是物权法篇的概括章。本章先对物权进行一个整体静态的概括介绍，称之为“物权性质论”，让学生有一个初步、基本的印象。然后再从“动态”来阐释物权，因为物权时时处于设定、变更、移转、消灭的运动状态，而物权变动的规则具有鲜明的特点，并构成物权制度中的重大而基本的问题之一。与此同时，物权行为无因性、物权的公示公信原则都是物权制度的重要内容。

本章知识体系

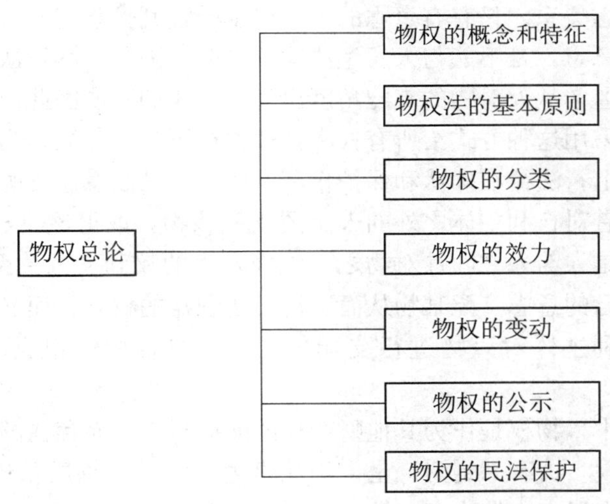

第一节 物权的概念和特征

一、物权

（一）物权的概念

物权是民事主体依法对特定的物进行管领、支配并享受物之利益的排他性财产权利。所有权、使用权、地上权、永佃权、地役权、抵押权、质权、留置权等都是物权。

物权一词，是由中世纪注释法学派首先提出来的，但在法律上正式使用这一概念则始于1811年制定的《奥地利民法法典》。该法典第307条规定："物权是属于个人的财产上的权利，可以对抗任何人。"1896年制定的《德国民法典》以"物权"作为其第3编的编名，系统地规定了所有权、地上权、用益权、地役权、抵押权、质权等物权。自此之后，大陆法系各国纷纷仿效《德国民法典》，在自己的民法典中规定符合本国国情的物权制度。世界上第一部社会主义类型的民法典——列宁主持制定的1922年《苏俄民法典》也曾以"物权"为编名，并规定了所有权、建筑权（相当于其他国家民法典中的地上权）、抵押权三类物权。我国第十届全国人民代表大会第五次会议通过了《物权法》，该法第2条第3款规定："本法所称物权，是指权利人依法对特定的物享有直接支配和排他的权利，包括所有权、用益物权和担保物权"。

（二）物权的性质和地位

物权是法律调整物的占有关系的结果，表现为人支配物的权利。但这是否意味着物权所体现的是人与物的关系呢？对此问题，在西方国家曾长期存在不同意见的争论。一种观点认为物权是人支配物的财产权，是人与物的关系，而非人与人的关系；另一种观点认为物权与债权同为人与人的关系，所不同的仅仅在于前者为对抗一般人的权利，后者为对抗特定人的权利；第三种观点认为物权的积极方面是人对物的支配权，是人与物的关系；而消极方面为排除他人干涉的权利，则是人与人的关系。

按照马克思主义的观点，物权关系和其他法律关系一样，是一种人与人之间的具有权利义务内容的意志关系。只有有意志的人才能享受权利，承担义务，在彼此之间发生法律关系。物没有意志，是不能与人发生法律关系的，因此，尽管法律在给所有权和各种他物权下定义时通常从人对物的支配角度出发，但我们不能因此而把物权关系看作人与物的关系。法律采用这种方式给所有权和其他物权下定义，只是为了直观地表达物权内容之方便。实际上，法律在确认和保护权利主体以自己的意志支配物从而取得物之利益的同时，亦意味着对权利主体之外的人企图支配该物，取得该物利益的意志的限制。因此，物权实际上是人与人之间针对物之支配而发生的权利义务关系。在这种关系中，权利主体享有以自己的意志支配某物从而取得某物利益的权利，而义务主体则负有不侵害该物，不妨碍权利主体对该物进行支配的义务。二者相辅相成，共同构成物权的内容。

在财产权体系中，物权是作为其他财产权的前提与归宿而存在的。物权是财产占有关系在法律上的表现。占有一定财产是人们从事生产活动的物质基础，在一个社会中，人们以什么关系占有财产直接决定着社会的交换关系和分配关系，这就决定了反映财产占有关系的物权在财产权体系中的地位和作用。

物权在财产权体系中的地位和作用，是通过物权与其他财产权的关系表现出来的。在物权与债权的关系中，物权是债权发生的基础和前提，没有对某物的物权，也就不能以转让某物的物权为条件，取得请求对方为对价给付的债权。而人们设立债权的目的，又在于实现商品的交换，取得对自己所需要的财产的物权。在物权与继承权的关系中，被继承人生前对遗产享有财产所有权或法律允许继承的他物权，也是继承人取得遗产继承权的基础和前提。在遗嘱继承和遗赠中，遗嘱继承人的继承权和受遗赠人的受遗赠权的发生，还直接体现遗嘱人的意志。而继承人和受遗赠人接受继承和遗赠的目的，则在于取得对遗产的所有权或他物权。物权是债权、继承权的出发点，也是债权、继承权的归宿点。相对于物权来说，债权和继承权是作为取得物权的手段而存在的。

（三）物权的特征

一事物的特征，即它的质的规定性，是它区别于其他事物而独立存在的基础。而要考察一事物的特征，又往往需要运用相反的逻辑方法，把它与类似的其他事物加以比较才能发现。物权与其他财产权比较，特别是与它联系最为密切的债权比较，具有以下特征。

1. 物权是绝对权

绝对权，又称对世权，是指以不特定的任何人为义务主体的民事权利。物权是权利主体对特定物进行管领、支配，享受其利益的排他性权利。物权的内容包括有机联系的两个方面：①物权人有权在法律规定的范围内按自己的意愿对物进行支配，包括对物进行占有、使用、收益或处分；②物权人也有权排除他人对自己支配之物所施加的侵害和对自己行使物权的行为造成的干涉和妨碍。由物权后一方面的内容所决定，物权主体以外的其他任何人也就相应的负有不予侵害和干涉、妨碍之不作为义务。与物权不同，债权是相对权（或称对人权），其义务主体是特定的债务人。

2. 物权以物为客体

物权是权利主体对物进行直接支配的权利，自然应以物为客体。这里所说的物，是指具有稀缺性、使用价值并且能被人所控制的对象，包括生产资料、生活资料，自然物、劳动产品，流通物、限制流通物，有体物及光、热、电、气等无体物。除物质资料外，其他事物，包括行为和智力成果，均不能作为物权的客体。这是物权区别于债权、知识产权的一个特征。

作为物权客体的物须具备以下条件。

第一，须是特定物。债权的客体既可以是特定物，也可以是种类物，而物权的客体则只能是特定物。种类物是不能作为物权的客体的。因为物权是物之支配权，其客体如不特定就无从支配。而且，就实际生活情形来看，在物权人支配范围之内之物，也总是与其他物区别开来的、具体而特定之物。

第二，须是独立物。传统民法要求作为物权客体之物须是独立物。这一要求是合理的，问题是对独立物做何解释。如按传统民法解释为空间上能够个别地、单独地存在的物，则不适应现实经济生活的要求；如解释为在经济上、法律上具有独立意义之物，则是与现实经济生活相一致的。例如，已划定界限并单独登记的地块虽与其他土地连成一片，但具有独立的法律意义，可单独作为物权的客体。同样的道理，与土地相连的房屋、树林、庄稼，一幢楼房里的各个单元，亦可单独作为物权的客体。相反，安装在房屋上的门窗，没有独立的经济意义和法律意义，则不能与房屋分开单独作为物权的客体。另外，由多数单一物集合而成的集合物，按传统民法的观点，不为独立物，不能作物权的客体。但这一观点已不适应现实经济生活的要求，应当认为集合物中的各个物可以作为物权的客体，其集合体只要具有独立的经济意义和法律意义，如包括动产、不动产在内的企业法人的综合财产，也可以作为物权的客体。

第三，原则上须为有体物。这就是说，物权的客体一般应为有体物，但并不排除某些无体物作为物权客体的可能性。例如，已为人所掌握、控制并加以利用的光、热、电、气等无体物，就可以作为物权的客体。权利，除有价证券记载的权利，因与证券融为一体，可以作为所有权、质权的客体外，其他权利，包括一般债权（非证券化债权）、知识产权、使用权等，则只能作为抵押权或质权的客体，不能作为其他物权的客体，例如不能作为所有权的客体。如果以这些权利作为所有权的客体，就会出现债权的所有权、使用权的所有权等，其结果不仅没有实际意义，还会使问题复杂化，把本来清楚明白的问题搞得模糊不清。

3. 物权以对物进行支配并享受物的利益为内容

所谓支配，是指对物进行占有、使用、收益或处分。物权为支配权，物权人可以在法律规定的范围内以自己的意志和行为直接支配物。但是物权种类不同，其权利人支配物的范围则有所不同。除所有人得对物进行全面的管领和支配外，其他物权人都只能在法定范围内对物进行有限之支配，如使用权人只能对物进行占有、使用、收益，抵押权人只能就物的价值优先受偿等。但是，无论全面支配还是有限支配，得对物进行支配则是一切物权的共性。仅有请求权没有支配权的债权则与此不同，债权人不能直接支配债的标的物，只能请求债务人交付标的物并转移其物权。

直接享受物的利益是物权的经济内容。对物进行支配，不是物权人的目的而是物权人的手段，物权人的目的在于通过对物的支配而取得物的利益。在现代商品经济条件下，享受物的利益通常表现为两个方面。①利用物的使用价值满足生产经营和日常生活的需要；②利用物的交换价值进行信用担保，取得生产、生活所急需的货币资金。在民法保护下，直接享受物的使用价值和交换价值所带来的各种利益是物权的本质和核心，是物权区别于其他财产权的最基本的特征。其他财产权，无论债权、知识产权、继承权，都不具有这一特征。例如，债权受法律保护的利益就不是直接享受物的利益，而是通过商品交换获取物质资料、精神产品、劳动力和各种服务的利益。

4. 物权具有排他性

物权的排他性具体表现在两个方面：①物权具有排除他人侵害、干涉、妨碍的性质；②内容相同的物权之间具有相互排斥的性质，即同一物上不容两个以上相同内容的物权并存。

内容相同的物权，包括内容完全相同的物权和内容基本相同的物权。内容完全相同的物权系指类型相同的物权。类型相同的物权因其对物的支配完全相同而互相排斥，因此不能在同一物上数个并存。例如，不能在同一物上设立两个所有权或两个使用权。双重所有权理论所主张的绝对所有权与相对所有权的并存，日耳曼法容许的在同一物上设立各种所有权，以及一物为多数人共有，同一物上设立数个抵押权等，都不是物权不互相排斥的例证。因为双重所有权理论中的绝对所有权和相对所有权，以及日耳曼法允许的在同一物上并存的各种所有权，都不是同一意义上的物权，它们都各有其内涵与外延。而数人共有一物是对所有权的量的分割而非质的分割。数人共有一物，不是共有人对该物各自享有单独的所有权，而是平等地或是按份额共同享有一个所有权。一物之上设立数个抵押权也是对抵押物交换价值的量的分割而非质的分割。例如，某套房屋价值100万元，甲在其上设定了一个抵押权担保60万元的债权，那么对剩余的40万元价值，乙就可以再设定一个抵押权。如果该房屋为甲担保的债权是100万元，那么在甲的债权受清偿前，乙就因为甲抵押权的排斥力而不能就该抵押房屋的价值受偿。类型不同的物权，如其内容基本相同，也会因互相排斥而不能在同一物上并存。例如，一块国有土地，如国家已将其划拨给甲国有企业使用，就不能再出让给乙企业使用。

当然，物权具有排他性，也不是说什么物权都互相排斥，不能在同一物上并存。有如下例外：①他物权是由所有权派生出来的，可与所有权在同一物上并存；②就不同方面对物进行支配的他物权，也可以在同一物上并存。例如，用益物权是就物的使用价值方面对物进行支配，担保物权是就物的交换价值进行支配，它们就可以同时并存于同一物上。

二、物权法

（一）物权法的概念

物权法是调整物质资料占有关系的法律规范的总和。马克思说："私有财产的真正基础即占有，是一种事实，一个不可解释的事实，而不是权利。只是由于社会赋予实际占有以法律的规定，实际占有才具有合法占有的性质，才具有私有财产的性质。"在这里马克思深刻地揭示了占有关系、物权法、物权三者之间的关系。

在占有关系与物权之间，是先有占有关系，后有物权。在人类漫长的远古时代，曾经只有对物的事实占有，而无保护这种占有的公共权力机构——国家，以及由国家认可或制定的物权法。因为由自然法则所决定，占有一定物质资料是人生存的基本条件。远古时代的人不可能等到有了国家和物权法，再依物权法的规定去占有物质资料，必须先占有物质资料以维持群体及个人的生存。但那时维持占有的手段与现代截然不同。那时没有国家和法律，也就不可能运用法律来规定占有关系，运用国家这种公共权力来保护占有关系，占有关系的维持也就只能凭借占有者的私力。一个原始人群对一定地域的占有是如此，一个单个的个人对某物的占有也是如此。当一个原始人群面临一个更为强大的原始人群的入侵时，他们就会丧失对原地域的占有；当一个人对某物的占有面临另一更为强壮的个人的侵夺时，他也会丧失对该物的占有。

随着生产力的发展，在人类社会的某一发展阶段出现了剩余产品。剩余产品的出现，一方面刺激了原始人对能生产出剩余产品的土地等生产资料的私有欲；另一方面，也使聪明的原始人意识到把战俘杀死不如强迫他们从事生产劳动对自己更为有利。于是人类社会开始阶级分化，出现了同时占有土地等生产资料和奴隶，并利用奴隶劳动力为他们生产剩余产品的奴隶主。当奴隶主为镇压奴隶和平民的反抗而结成同盟时，也就在一定地域范围内出现了凌驾于全社会之上的公共权力机构——国家。而当奴隶主阶级利用其掌握的国家机构，用法的形式来确认和保护奴隶主对土地等生产资料和奴隶的占有关系时，也就产生了人类社会最初的物权法。尽管那时的物权法对占有关系的规定还很不完善，甚至没有表现为制定的成文法，而仅仅表现为国家公共权力机构确认的占有习惯，但是实质意义上的物权法是确确实实地产生了。而当人对物的事实占有关系受到物权法的确认之后，这种事实上的占有关系才同时具有了法权关系的性质。在这种法权关系中，物的占有人不仅可以运用私力来排除他人对其占有的侵害和妨碍，还可以运用国家公共权力来排除他人对其占有的侵害或妨碍，这时人对物的占有也就不再是单纯的事实，而同时成了一种权利，即物权。

（二）物权法的调整对象

物权法的调整对象是物的占有关系。物的占有关系是物质资料在特定的民事主体的掌握、控制、支配下而发生的财产关系。物的占有关系与商品交换关系、遗产继承关系不同，属于静态财产关系，存在于生产领域和消费领域。在现代社会，无论是以私有制为基础的资本主义社会，还是以公有制为基础的社会主义社会，都存在两类占有关系：①物的归属关系；②物的利用关系。我国《物权法》第 2 条规定："因物的归属和利用而产生的民事关系，适用本法"。本条所称"因物的归属和利用而产生的民事关系"，按马克思对"占有"的论述，可概括为"物的占有关系"，其中因物的归属而生的民事关系，即物的归属关系；因物的利用而生的民事关系，即物的利用关系。此两类关系都是物权法的调整对象。

物的归属关系，是指特定的物质资料归特定民事主体所有的财产关系。物的归属关系具有以下特征。①在物的归属关系中，占有人对物的占有为自主占有，即以所有的意思占有标的物，处于物之主人即所有人的地位。②在物的归属关系中，由物所生的经济利益归属于物的所有人。物的所有人为实现物的经济价值，可以对物为任意的支配。他可以自己使用物以满足自己生产、生活的需要，也可以将物交他人使用以取得对价。③在物的归属关系中，当标的物由他人占有、使用时，成立所有人的间接占有，物的归属不变，所有人仍以所有的意思间接掌握控制标的物。

物的归属关系是人类社会生活的重要财产关系，人类社会自从有了国家和法律，物的归属关系便成为法律规定和调整的重要对象。法律规定和调整物的归属关系的规范的总和，构成物权法的重要制度——所有权制度。

物的利用关系，是指物的所有人基于其意思，将其所有物交他人有限利用而发生的财产关系。在现代社会中，物的所有人对物的利用有两种不同的情况：①自主利用，即由所有人将其所有物用于自己的生产与生活；②他主利用，即由所有人将其所有物交他人进行有限的利用，以取得对价。在第一种情况下，物的利用为物的归属所包容，并不形成新的财产关系，唯第二种情况才形成新的财产关系。

物的利用关系具有以下特征：①在物的利用关系中，标的物上存在两个占有人。在物的利用关系中，形成利用人对标的物的他主占有，同时所有人并不因标的物由他人利用而丧失其自主占有，他仍然保持其所有人的地位，并对标的物具有一定的支配力。②在物的利用关系中，存在两个层面的财产关系：一是自主占有人（所有人）与他主占有人之间的财产关系；二是自主占有人和他主占有人与社会一般人的财产关系。

物的利用关系，也是现今人类社会重要的财产关系，直接涉及物尽其用、充分发挥物质财富的社会经济效益问题。在当今世界，无论资本主义社会还是社会主义社会，都存在物的他主利用的社会必然性。因此，调整物的利用关系也就成为物权法的另一重要任务。物权法调整物的利用关系的法律规范的总和，构成物权法的另一重要制度——他物权制度。在物权法中，他物权制度是比所有权制度更为复杂的法律制度。

法条链接

中华人民共和国物权法（节选）

第二条 因物的归属和利用而产生的民事关系，适用本法。

本法所称物，包括不动产和动产。法律规定权利作为物权客体的，依照其规定。

本法所称物权，是指权利人依法对特定的物享有直接支配和排他的权利，包括所有权、用益物权和担保物权。

第二节 物权法的基本原则

根据我国《物权法》的规定及物权法的相关原理，我国《物权法》有以下几项基本原则。

一、坚持社会主义基本经济制度的原则

我国《物权法》第 3 条规定："国家在社会主义初级阶段，坚持公有制为主体、多种所有制经济共同发展的基本经济制度。国家巩固和发展公有制经济，鼓励、支持和引导非公有经济的发展。"全国人民代表大会常务委员会副委员长王兆国在《关于〈中华人民共和国物权法（草案）〉的说明》中指出："物权法草案把坚持国家基本经济制度作为物权法的基本原则……这一基本原则作为物权法的核心，贯穿并体现在整部物权法的始终。"

我国《物权法》为什么要把坚持社会主义基本经济制度作为其基本原则，主要有以下两点理由。

第一，我国现阶段的以公有制为主体、多种所有制经济共同发展的基本经济制度，是我国 20 多年经济体制改革的结晶。我国经济体制改革所取得的举世瞩目的成就证明，这一基本经济制度是适应我国现阶段生产力发展水平要求的，是有利于促进我国经济发展的，必须继续坚持。

第二，根据马列主义的所有制学说，一个国家的所有制形态构成该国的基本经济制度，而物权法是所有制在法律上的表现。我国以公有制为主体、多种所有制经济共同发展的基本经济制度，其实就是我国的以公有经济为主体的多种经济成分并存的所有制形态。根据所有制决定物权法，物权法是所有制在法律上的体现。我们既然要坚持我国现阶段的基本经济制度，即所有制形态，就必然要求我国物权法把坚持我国现阶段的基本经济制度作为其基本原则，全面、准确地反映我国的基本经济制度，为巩固和发展我国的基本经济制度服务。

二、平等保护原则

我国《物权法》第 3 条第 3 款规定："国家实行社会主义市场经济，保障一切市场

主体的平等法律地位和发展权利。”第4条规定：“国家、集体、私人的物权和其他权利人的物权受法律保护，任何单位和个人不得侵犯。”这两条结合起来，明确了平等保护国家、集体、私人物权的原则。平等保护基于以下几点理由。

第一，民法平等原则的要求。物权法属于民法，民法平等原则在物权法上的体现就是平等保护国家、集体和私人的物权。

第二，社会主义市场经济的要求。市场经济的基础就是平等，因此平等保护原则体现了社会主义市场经济的要求。

第三，平等保护国家、集体和私人的物权，与公有制经济的主体地位不矛盾。在我国《物权法》上，对公有经济主体地位和国有经济主导地位的维护，主要体现在重要物质资料的物权配置上。例如，我国《物权法》根据我国社会主义基本经济制度，给国家配置了对矿产资源、水资源、城乡土地资源的所有权，给农民集体组织配置了农村土地的所有权，而对集体和私人则只配置了用益物权。对自然资源物权的这种配置就已经体现了对公有经济主体地位和国有经济主导地位的维护。而在对自然资源物权作这种体现公有经济主体地位、国有经济主导地位的配置后，就应当按照所有权、用益物权的本来性质对所有权和用益物权给予保护，不能再提优位保护国家、农民集体的所有权，劣位保护集体和私人的用益物权；就应当实行用益物权人不能侵害国家、集体的所有权，国家、集体也不能干涉、妨碍用益物权人行使用益物权的平等原则。

所谓物权法上的平等保护原则，是指物权的主体在法律地位上是平等的，依法享有相同的权利，遵守相同的规定。其物权受到侵害以后，应当受到物权法的平等保护。平等保护原则包括如下几个方面的内容：一是法律地位的平等，即所有的市场主体在物权法中都具有平等的地位；二是适用规则的平等性，这就是说，除了法律有特别规定的情况外，任何物权主体在取得、设定和移转物权时，都应当遵循共同的规则；三是保护的平等性，即在物权受到侵害之后，各个物权主体都应当受到平等保护。《物权法》第4条规定：“国家、集体、私人的物权和其他权利人的物权受法律保护，任何单位和个人不得侵犯。”

平等保护是物权法的首要原则，也是我国《物权法》中国特色的鲜明体现。因为在西方国家，物权法以维护私有财产为其主要功能，所以没有必要对所有权按照主体的不同进行类型化，并在此基础上提出平等保护的问题。但是，在我国，由于实行的是以公有制为主体、多种所有制共同发展的基本经济制度，因此在法律中尤其是《物权法》中确立平等保护原则，对于维护社会主义基本经济制度具有重要意义。

平等保护原则作为物权法中的首要原则，它是物权法基本目的的集中体现。该原则的价值表现在如下几个方面。第一，平等保护是社会主义基本经济制度的固有内容，也是促进我国多种所有制经济共同发展的基本原则。第二，平等保护是建立和完善社会主义市场经济体制的必然要求。因为公平竞争、平等交易、优胜劣汰是市场经济的基本法则，平等保护原则是这些基本要求在法律上的反映。第三，平等保护体现了对民生的最大关注。该原则不仅要求保护公民财产权，而且要求将公民财产和集体财产、国家财产置于同等地位予以保护，体现了对公民财产权的充分保护。第四，平等保护是促进社会财富增长的需要。

三、物权法定原则

物权法定原则，即物权的类型、各类物权的内容及创设方式，均由法律直接规定，禁止任何人创设法律没有规定的物权和不按法律有关物权内容及创设方式的规定创设法律已作规定的物权。换言之，按物权法定原则的要求，人们只有遵循法律有关物权类型、内容及创设方式之规定而实施法律行为时，才能创设物权；否则，其法律行为便不能产生创设物权的法律效果。物权法定原则是大陆法系各国物权法通行的一项原则。此项原则不仅间接地体现在各国物权法的立法精神之中，有的国家还在其民法典物权编的第 1 条开宗明义地提出了此项原则。例如《日本民法典》第 175 条（其物权编第 1 条）规定："物权，除本法及其他法律所规定外，不得创设。"我国《物权法》第 5 条规定："物权的种类和内容，由法律规定。"亦明确肯定了物权法定原则。

按物权法定原则的精神，如果当事人的法律行为不符合物权法定的要求，便不能产生创设物权的法律效果，那么该法律行为是不是就不能产生任何民事法律效果呢？按民法原理，物权法定原则仅是一项限制人们以法律行为创设物权的法律原则，其规范范围仅限于物权的创设，不能延伸至债权之创设。债权法不实行法定原则，人们可以任意创设法律不禁止的债权。因此，不符合物权法定要求的法律行为，虽然不能产生创设物权的效果，但它可能产生债法上的效果，在当事人之间创设债权债务关系。现按不符合物权法定原则的三种不同情形分述如下。

第一，违反法定物权类型之情形。当事人的法律行为，如意欲创设法律没有规定的物权，不产生创设物权的法律效果。但是，按法律行为可以转换的原理，如该法律行为具备债权行为的有效条件（即行为人具有相应的行为能力、意思表示真实、其交易内容不为法律所禁止、于客观上有履行的可能），即可产生债法上的效果，在当事人之间设定债权债务关系。如果发生纠纷，应按债法有关债的履行与不履行的规定进行处理。

第二，违反法定物权内容之情形。当事人的法律行为意欲创设法律规定的物权，但其约定的内容有悖于法律对该种物权所定内容者，该法律行为可以产生创设该种物权的法律效果，但其法律行为中有悖于该种物权法定内容的部分无效。如抵押合同约定债务履行期届满，抵押物即归债权人所有，此约定有悖于抵押权的法定内容，即应归于无效。

第三，不遵守创设或移转物权之法定方式之情形。此种情形应按物权行为与债权行为相区分原则进行处理。

物权法实行物权法定原则的原因如下。①因为物权反映的是社会的所有制关系，如允许人们自由创设物权，就会危及社会的经济基础。②物权是绝对权，具有对世性，必须受到每一个人的尊重。但是必须采用某种方式，使物权公示出来，才不至于使第三人侵犯，采用的方式便是实行物权法定主义。③物的交易在法律上直接表现为物权交易，实行物权法定原则，由法律统一规定物权的种类和内容，才能为物权交易提供便捷之条件。

物权法实行物权法定原则，在一定程度上限制了人们任意创设物权的自由，从而使物权法具有了一定的强行性，这一点与不采用法定主义、不具有强行性的债法显然有所区别。但是，物权法的强行性也不等同于基于直接的行政权力而导致的行政法的强行性。物权法要求人们在以法律行为创设物权时必须遵守法律有关物权种类、内容及创设形式的要求，但是物权法并不强制人们创设这种物权而不创设那种物权。在法律规定的各种物权范围内，人们仍然有根据自己生产、生活的需要任意选择创设某种物权的自由。同时，实行物权法定原则也没有使物权法成为封闭的法律。物权法与债法一样，仍然是开放的法律。①禁止个人创设法律没有规定的物权，并不意味着物权法不能规定新的物权。恰恰相反，物权法可以根据社会经济发展的客观要求，规定新的物权种类，发展物权体系，以满足人们在物权创设问题上对自由的需要。②物权法也不限制人们以债的形式来调整相互间的财产占有关系。当人们不满意于现行任何物权形式时，他完全可以选择债权形式来调整相互间的财产占有关系，如传统的租赁形式、借用形式及其他创新的债权形式。以债权形式调整相互间的财产占有关系和以物权形式调整相互间的财产占有关系，二者之间的区别仅仅在于：以债权形式调整相互间的财产占有关系，其效力仅限于当事人双方，即只能约束双方当事人，不能对抗第三人；以物权形式调整相互间的财产占有关系，其效力则不限于双方当事人，它既可以约束当事人双方，又可以对抗第三人。从以上分析可以看出，实行物权法定原则虽然在一定程度上限制了人们任意创设物权的自由，但是在物权法定原则之下人们仍然享有较为充分的财产自由，实行物权法定原则并不妨碍民法意思自治原则在物权法领域的贯彻。

四、一物一权原则

一物一权原则是指大陆法系国家物权法奉行的在同一物上只能成立一个所有权，不能同时成立两个所有权的立法原则。大陆法系国家物权法奉行一物一权原则的目的，在于明确物的最终归属，确立物的所有人对物进行全面支配的地位，在此基础上建立以所有权为中心、以用益物权和担保物权为两翼的系统化的物权体系。在按一物一权原则建立起来的物权体系中，所有权被视为自物权、完全物权，所有人对其所有物被赋予总括的、无所不包的管领力。除所有人外，其他人对所有人的所有物都只能成立他物权，对所有人的所有物为有限的支配。他物权被视为有限物权，他物权的成立只构成对所有权的限制，并不引起所有权的消灭；即使所有物已由他物权人实际支配，所有人对其所有物仍然具有这样那样的管领力。当他物权消灭，所有权所受限制除去，所有权又会恢复其圆满状态。

一物一权原则仅为继受罗马法的大陆法系国家所实行，继受日耳曼法的英美法系国家并不实行一物一权原则。在英美法系国家，调整财产占有关系的法律被称为“财产法”。在英美财产法上，没有所有权与他物权之区分，“财产权”“产权”或“所有权”是一个相当模糊的概念，凡对物的支配权，都可以称之为“财产权”“产权”或“所有权”。例如，英国信托法把受托人对受托财产的支配权称为“法定所有权”，而把信托人的权利称为“收益所有权”。信托是信托人依信托契约把财产交受托人经营管理，其经营管理的收益则归信托人或信托人指定的第三人。如依大陆法系国家物权法观念，显然信托财产的所有权应归属于信托人，而受托人的支配权仅为经营管理权。

五、公示公信原则

在物权法上，不仅存在一个公示问题，而且存在一个公信问题，二者紧密联系，密不可分，应当成为一项统一的物权法原则。此项原则不仅贯穿于物权变动制度之中，而且贯彻于物权之善意取得等制度之中。公示公信原则具有密切联系的两个方面的基本内容。

（一）公示原则

按公示原则的要求，物权的存在和变动都应当具有法定的公示形式。物权存在（或者说物权享有）的公示，为物权的静态公示。按各国物权法的规定，占有是动产物权存在的公示形式，国家不动产物权登记簿上所作的登记是不动产物权的公示形式。物权变动的公示，为物权的动态公示。按各国物权法的规定，动产物权变动以交付作为其公示形式，不动产物权变动则以登记作为其公示形式。物权的这两种公示都应得到物权法理论的承认，那种只承认物权动态公示而不承认物权静态公示的看法是片面的。如果物权法不先以占有作为动产物权存在的公示形式，又哪能以交付作为动产物权接转的公示形式呢？如果物权法不先以国家物权登记簿上的登记记载作为不动产物权存在的公示形式，又哪能以登记（包括初始登记、变更登记及注销登记）作为不动产物权变动的公示形式呢？按公示原则，如果物权之存在（即某人对某物实际享有物权）不具有法定的公示形式，便不能对抗善意第三人；如果物权的变动不采用法定的公示形式，视法律的不同规定，或者不发生物权变动的法律效果，或者其变动后的物权不能对抗善意第三人。

我国《物权法》第 6 条规定："不动产物权的设立、变更、转让和消灭，应当依照法律规定登记。动产物权的设立和转让，应当依照法律规定交付。"本条系对物权变动公示形式的规定。我国《物权法》第 16 条规定："不动产登记簿是物权归属和内容的根据。"本条规定亦可视为系对不动产物权静态公示形式的规定。但是，我国《物权法》没有对动产物权之静态公示形式作出规定，是一遗憾。

（二）公信原则

按公信原则，法律推定动产占有人对其占有的动产享有物权，不动产物权的登记名义人享有登记于其名下的不动产物权。依此推定，法定的物权公示也就具有了社会的公信力。如公示错误，即公示的物权名义人不是真正的物权人，因相信物权公示而与公示的物权名义人为交易的善意第三人受法律的保护。物权静态公示形式的推定效力和公信效力既是物权法要求动产物权变动须采用交付形式、不动产物权变动须采用登记形式的依据，也是物权法规定物权善意取得制度的依据。按物权法的善意取得制度的规定，如善意第三人向登记的房屋所有人购买房屋，即使该登记名义人不是房屋的真正所有人，该购买人自办完房屋所有权移转登记之时即取得购买房屋的所有权。真正所有人的所有权消灭，只能请求登记名义人返还不当得利或赔偿损失，不能请求善意买受人返还原物。

物权法实行公示公信原则的目的，在于维护物的占有秩序，确保交易的安全。因为物权是绝对权，对物权人的物权任何人都负有不得侵犯、不得干涉、不得妨碍的义务。要使社会一般人都负起这一义务，物权必须具有可识别性。而要使物权具有可识别性，法律就必须规定物权的公示方法，并要求物权人按法定公示方法进行公示。既然物权公示是依法进行的，法律也就应当赋予物权公示以社会的公信力，使与公示名义人为交易的善意第三人的利益受到法律保护。因此，通过公示使物权具有可识别性，通过赋予物权公示以公信力使与公示名义人进行交易的善意第三人受到法律的保护，公示公信原则也就可以实现其维护占有秩序和交易安全的价值目标。

六、区分原则

对区分原则，在我国民法学界，以是否赞成德国物权行为独立性理论为分水岭，有两种不同的解释。不赞成德国物权行为独立性理论的学者将其解释为物权变动与其原因行为相区分的原则；而赞成德国物权行为独立性理论的学者则将其解释为物权行为与债权行为相区分的原则。我们持第二种解释意见。我们认为，区分原则是在法律上将一个物质商品交易区分为债权行为与物权行为两个民事法律行为。当事人订立交易合同的行为（如买卖合同、土地使用权出让或转让合同、抵押合同、质押合同等）为债权行为；而当事人按交易合同的要求接着实施的、以标的物的交付或登记为形式、以物权变动合意为内容的行为则为物权行为。

区分原则的基本精神有三条。①债权行为（交易合同）的成立与有效，均不以标的物的交付或登记为条件（交付或登记是物权行为成立的条件，而不是债权行为成立或有效的条件），也不发生物权变动的法律效果。债权行为为负担行为，其依法成立仅在当事人之间产生设定债权债务关系的法律效果。②交付或登记是物权行为成立的形式要件，唯物权合意与交付或登记之结合，才能成立物权行为。物权行为为财产处分行为，物权行为依法成立，即产生物权变动的法律效果。如果当事人仅有物权合意，而其合意不具有交付或登记之形式者，物权行为不成立，不能发生物权变动的法律效果，其合意只能拘束当事人双方，不能对抗第三人。③在交易关系中，以物权合意为内容，以交付或登记为形式的行为，既是物权行为，同时又是债的履行行为，如果当事人不按交易合同的要求实施物权行为，取得物权变动的法律效果，达成交易的目的，即构成合同之债的不履行，依法应当承担违约责任。

在民事立法上，由不实行区分原则到实行区分原则表现得最为明显的，当推俄罗斯民法。前苏俄民法典不实行区分原则，仅用一个条文规定住宅交易的形式及效力。而新俄罗斯民法典实行区分原则，用两个条文分别对不动产交易中的债权行为的形式与效力、物权行为的形式与效力作了不同的规定。现将两个法典的有关条文罗列于下，以兹比较。

《苏俄民法典》第239条（住宅买卖合同的形式）：城市或城镇住宅（部分住宅）买卖合同，应当公证证明，如果即使一方是公民，还应当在区、市劳动人民苏维埃执行委员会登记。不遵守本条规定，则合同无效。

《俄罗斯联邦民法典》第550条（不动产出卖合同的形式）：不动产出卖合同以双方在一份文件上签字的书面形式签订；不遵守不动产出卖合同的形式将导致合同无效。第551条（不动产所有权移转的国家登记）：①根据不动产出卖合同而将不动产所有权移转给买受人时，应当进行国家登记。②在对所有权移转的国家登记完成前，对不动产出卖合同的履行不构成对抗第三人的原因。③当一方拒绝对不动产所有权的移转办理国家登记时，法院有权作出所有权国家登记的裁定。无合法根据而拒绝对不动产所有权移转进行登记的一方应当赔偿另一方因登记迟延而发生的损失。

苏联当时将国家登记作为住宅买卖合同形式和生效条件的立法目的，在于加强对私有住宅买卖的限制。按苏联当时的住宅立法，苏联公民只能拥有一套住宅和一套别墅，而且其面积由法律加以限制。苏联当时的住宅立法更严格禁止倒卖住宅牟取“剥削”收入。按苏联当时住宅立法的有关私有住宅买卖的规定，苏联公民只能出卖因继承等原因而取得的多余的私有住宅，也只能在没有私有住宅或私有住宅未达法定面积时才能购买私有住宅。为贯彻执行住宅法有关私有住宅买卖的这些立法精神，法律赋予国家登记机关对私有住宅买卖进行实质审查的权力，凡不符合有关规定的私有住宅买卖合同，登记机关均有权拒绝登记。在苏联当时那种政治、经济条件下，未获登记的私有住宅买卖合同，自然归于无效。由此可见，将登记作为住宅买卖合同形式要求及有效条件的立法规定，是高度集中的计划经济体制的产物。这种过分严格干预住宅交易的立法自然不能适应市场经济的要求，因此当苏联解体，俄罗斯由计划经济体制走向市场经济体制时，改弦易辙，实行区分原则，放开不动产交易市场，也就自属当然了。

我国的情况与俄罗斯存在惊人的相似之处。过去我们曾照搬《苏俄民法典》第 239 条的规定，将登记作为房屋买卖合同的生效条件，直到 2007 年 3 月 16 日公布《物权法》，才有了改弦易辙的新规定：“当事人之间订立有关设立、变更、转让和消灭不动产物权的合同，除法律另有规定或者合同另有约定外，自合同成立时生效；未办理物权登记的，不影响合同效力。”将本条规定与《物权法》第 9 条的规定联系起来思考，我们不难看出本条所称“不影响合同效力”，是指不影响合同的债权效力。

区分原则既是物权法的原则，又是合同债法的原则，准确地说是物权法和合同债法共同的原则。在物权法范围内，它要求将物权行为独立出来，将物权合意与物权公示——交付或登记结合起来，作为物权变动的条件。以此让国家对商品交易，特别是不动产交易保持适度的干预。在合同债法范围内，它又告诫立法者不能将交付或登记作为交易合同的形式或有效条件。以此维护交易的自由、诚信和安全。在理论上，它使我们划清了物权法和合同债法之间的界限，分清了物权法与合同债法对商品交换关系各自的作用范围。在司法实务上，它对公平合理地处理因无权处分、一物二卖而引起的纠纷具有重要的实践价值。它还可以类推适用于知识产权交易、股权交易以及在建项目转让等，对公平合理地处理有关纠纷发挥重要作用。

上述六项原则的性质是并不相同的。根据其性质的不同，可区分为以下两类原则：第一类原则属政策性原则，包括坚持社会主义基本经济制度的原则和平等保护原则。这两条原则是从我国具体国情出发，按照社会主义初级阶段理论和社会主义市场经济理论的要求提出的指导原则，目的在于确定中国特色社会主义物权法调整我国物质资料占有关系的特殊政策目标。第二类原则属技术性原则，包括物权法定原则、一物一权原则、公示公信原则、区分原则等四项原则。这四项原则是从物质资料占有关系区别于物质资料交换关系的特殊性出发，为实现物权法既维护好财产静态安全（即财产支配上的安全），又维护好财产动态安全（即财产交易上的安全）的一般价值目标而提出的指导原则，目的是要解决好物权立法的技术问题，即物权法如何调整好物质资料占有关系的问题。这四项原则具有传统性，是以德国为代表的大陆法系国家的物权法所一直坚持的原则。

法条链接

中华人民共和国物权法（节选）

第四条 国家、集体、私人的物权和其他权利人的物权受法律保护，任何单位和个人不得侵犯。

第五条 物权的种类和内容，由法律规定。

第十五条 当事人之间订立有关设立、变更、转让和消灭不动产物权的合同，除法律另有规定或者合同另有约定外，自合同成立时生效；未办理物权登记的，不影响合同效力。

第三节 物权的分类

根据物权法定原则，各国民法都规定了与自己的经济条件和历史传统相适应的多种物权。《德国民法典》规定的物权多达12种，包括占有权、所有权、地上权、地役权、用益权、先买权、土地负担、抵押权、土地债务、定期金债务、动产质权、权利质权。《日本民法典》规定了占有权、所有权、地上权、永佃权、地役权、留置权、先取特权、质权、抵押权等9种物权。我国《物权法》，也规定了所有权、土地承包经营权、建设用地使用权、宅基地使用权、地役权、抵押权、质权、留置权等物权类型。对民法规定的各种物权进行科学的分类，有利于帮助我们了解各种物权的性质和特征，加深对物权制度的认识。

在学理上，物权可以按不同标准进行以下分类。

一、所有权与他物权

根据物权的权利主体是否为财产的所有人，可以把物权分为所有权与他物权。所有权是财产所有人对自己所有的财产依法进行全面支配的物权。他物权是非财产所有人根据法律的规定或所有人的意思对他人所有的财产享有的进行有限支配的物权。他物权一词中的“他”字含义十分丰富：①“他”表明他物权是所有人以外的其他人享有的物权；②“他”也表明他物权是对他人之物享有的物权；③“他”还表明他物权是所有权以外的其他物权。区分所有权与他物权的意义在于正确处理财产所有人与他物权人的关系，公平保护财产所有人与他物权人的合法利益，充分发挥物质财富在生产中的效用，促进商品经济的发展，满足人们的物质需求。

所有权与他物权的区别表现在：所有权为自物权，即财产所有人对自己的财产享有的物权，他物权为他主物权，是非所有人对他人财产享有的物权；所有权为原始的物权，他物权为派生物权，是所有权部分权能与所有权分离的结果；所有权是完全物权，他物权是限定物权；所有权是无期限物权，他物权一般为有期限物权。

二、用益物权与担保物权

根据设立目的的不同，他物权还可以进一步分为用益物权与担保物权。用益物权是以物的使用收益为目的而设立的物权。外国民法规定的地上权、地役权、永佃权等，都是用益物权；我国《物权法》规定的土地承包经营权、建设用地使用权、宅基地使用权以及海域使用权、探矿权、采矿权、取水权和使用水域、滩涂从事养殖、捕捞的权利等也是用益物权。担保物权是以保证债务的履行、债权的实现为目的而设立的物权。抵押权、质权、留置权都是担保物权。一般他物权的设立，或就物的使用价值进行利用，或就物的交换价值保证债的履行，通常追求一种目的，其属于用益物权或担保物权是十分清楚的。唯我国历史上形成的典权是一个特殊的例外，它同时追求物的使用收益和保证借款偿还两个目的，具有用益物权和担保物权的双重性质。

基于不同的设立目的，用益物权与担保物权呈现出以下几点区别。

第一，用益物权与担保物权虽同为物之支配权，但两者对物进行支配的主要方面有所不同。用益物权主要就物的使用价值方面对物进行支配；而担保物权主要就物的交换价值方面对物进行支配。但是用益物权与担保物权的这一区别只是相对的而非绝对的。一般来说，担保物权的权利主体只能就标的物的价值优先受偿，不能对标的物进行使用收益。而用益物权则不限于对物的使用收益，有的用益物权的权利主体除对物进行使用收益外，也可以将标的物出让或用于信用担保。例如，我国《物权法》第143条明确规定了建设用地使用权人转让建设用地使用权和用建设用地使用权进行抵押的权利。这源于用益物权本身也具有一定价值。

第二，用益物权具有独立性，担保物权则具有从属性。用益物权根据法律的规定或与当事人的约定独立存在，不以用益物权人对财产所有人享有其他财产权利为前提。而担保物权的存在则以担保物权人对担保物的所有人或其关系人享有债权为前提，债权消灭，担保物权亦随之而消灭。

第三，用益物权的行使须以占有标的物为前提，因为用益物权人如不占有标的物就无法对标的物进行使用收益。而担保物权人可以直接占有标的物，也可以不直接占有标的物，只要从法律上明确主体对标的物享有担保物权即可。随着商品经济和信用制度的发展，为同时发挥物之使用价值和交换价值的效益，不转移物之占有的担保（包括动产）日益成为物的担保的普遍形式。

第四，担保物权具有物上代位性，而用益物权则不具有这一性质。担保物权的标的物灭失，如担保人（即担保物的所有人）能够因此而获得赔偿请求权，担保物权就该赔偿请求权而继续存在。而用益物权的标的物灭失，无论其灭失的原因如何，均导致用益物权的消灭。

三、动产物权与不动产物权

按物权的客体是动产还是不动产，可以将物权分为动产物权与不动产物权。动产物权是以能够移动的财产为客体的物权，不动产物权是以土地、房屋等不能移动的财产为客体的物权。由于不动产（特别是其中的土地）在经济生活中具有特别重要的地位，人类社会针对不动产的矛盾历来十分尖锐、激烈，以至酿成一个阶级推翻另一个阶级的暴力革命。因此，如何调整不动产的占有关系（包括归属与利用两个方面），历来为各国统治阶级所重视。现代各国为缓和社会矛盾，稳定社会经济秩序，不仅在民法典物权编设有专章、专节或专门条文对不动产物权进行专门规定，还于民法典之外专门制定单行法律对基于土地、房屋等不动产而发生的各种社会关系进行综合调整，并设立土地、房屋行政机关以强化房地产的行政管理。由此也就形成了不动产物权与动产物权的一系列差别。

第一，不动产与动产设立的物权类型不同。除不动产和动产均可以设立所有权外，不动产与动产设定他物权则有很大差别。为解决不动产（特别是土地）所有权与不动产实际利用存在的矛盾，以满足那些不享有不动产所有权的社会成员对不动产的需要，各国民法对不动产都规定了多种用益物权，如地上权、永佃权、使用权、用益权、相邻权、地役权，等等，以至我们可以说，如不为解决不动产利用的社会问题，就根本不可能有用益物权乃至整个他物权制度的出现。而动产，除依法、德民法典之规定和我国《民法通则》之规定，可以与不动产一起成为用益权或经营权的客体外，一般则不能成为其他用益物权的客体。同样为了不动产的有效利用，各国民法典均规定就不动产设立担保物权时不转移占有，而就动产设立担保物权时则一般应当转移占有。

第二，不动产物权与动产物权的公示方法不同。为强化不动产的行政管理，各国都对不动产物权的设立、转让、消灭建立了相应的登记制度。而对动产物权（轮船、航空器、机动车等重要动产除外）则没有这样的登记制度，由此也就形成了不动产物权与动产物权公示方法的差别。不动产物权的设立及转让以国家主管机关的登记作为向社会公示的方法，如果不进行登记，即使实际占有了不动产，亦不能产生对抗善意第三人的法律效力。而动产物权的享有和转让则以占有和交付作为向社会进行公示的方法，对动产的占有和交付也就具有了对抗第三人的法律效力。

第三，动产物权和不动产物权所受限制不同。由于动产物权的取得与行使对社会公共利益影响不大，因此无论社会主义国家还是资本主义国家，法律对动产物权的取得与行使一般都没有特别的限制。而不动产物权的取得与行使由于直接关系社会公共利益，法律则设有种种特别的限制。特别是对以土地为客体的物权，法律限制极严，以至地权限制成为各国土地法的基本准则。①在土地所有权问题上，社会主义国家禁止私人取得土地所有权。资本主义国家虽不禁止私人拥有土地，但为打破封建大地主对土地的垄断，对私人土地所有权一般也都规定了一定的限制。②实行土地私有制的国家的法律均宣布，凡不归私人所有的土地均归国家所有，对土地不适用无主物的先占原则。不动产物权的行使也受法律的许多限制。例如土地所有权与使用权的行使除受民法规定的相邻权制度的限制外，还受土地行政管理法规所规定的种种限制。对土地、房屋，国家还可以根据社会公共利益的需要进行强制征收。

四、本权与占有

占有是指对物直接进行掌握控制之事实。相对于占有而言，民法规定的所有权、各种用益物权与担保物权，以及承租人、借用人基于债的关系而对物进行占有、使用的权利，皆称本权。对占有，有人认为是一种单纯的事实，也有人认为是一种权利，但占有无论为权利还是事实，将它与本权加以区别，并以此为基础在物权法中对占有作出专门的规定，建立相应的保护占有的法律制度，对稳定物之现实占有关系，维护物之动态安全，均有重要的意义。

五、普通物权与准物权

普通物权是指由民事基本法——民法典或者物权法规定的物权。准物权是指由矿业法、渔业法等特别法规定的具有物权性质的财产权，如矿业法规定的探矿权、采矿权，渔业法规定的捕捞权、养殖权。这些物权，由于不是民法典规定的，且其取得与行使受行政限制较大，因此传统民法理论称之为“准物权”。我国立法把传统民法理论视为准物权的三种财产权——采矿权、捕捞权、养殖权，在民事基本法——《民法通则》和《物权法》中加以规定。在这种立法体例下是否应当继续把这三种物权视为准物权，有待商榷。

第四节 物权的效力

按传统民法学的观念，物权的效力，是指物权基于物权人对物的支配和物权的排他性而产生的特殊法律效力。物权的效力与物权的权能——占有权能、使用权能、收益权能、处分权能有关，但并非物权权能本身，而是物权权能进一步发挥作用的结果。

一、物上请求权效力

物上请求权是指物权人对物的支配因受到他人妨碍而出现缺陷时，为恢复其对物的圆满支配状态而产生的请求权。物上请求权基于物权的支配权受到妨碍而发生，法律赋予物权人以物上请求权的目的在于维护物权人对物的圆满支配状态。物上请求权包括返还原物请求权、排除妨碍请求权、恢复原状请求权。依物上请求权的目的，这些请求权都只能在恢复物之原有支配状态有实现的可能时才能行使。关于物上请求权的性质，理论上有三种不同的见解：①认为物上请求权为独立的请求权；②认为物上请求权纯为债权，不承认物上请求权与债权请求权的差别；③认为物上请求权是依附物之支配权的附从权利。我们认为第三种见解较为妥当。首先，物上请求权与债权请求权不能同日而语，二者存在许多差别。①两者发生的根据不同。债权请求权发生的根据是合同、无因管理、不当得利、侵权损害等；而物上请求权发生的根据是物之支配权受到侵害。物上请求权即使与后一种债权（侵权损害赔偿之债）请求权相比，也有很多差异。②两者的目的不同。首先债权请求权的目的在于满足债权人获得物质资料、知识产品、劳动力、服务等利益的要求；而物上请求权的目的在于恢复物权人对物的原有支配状态，满足物权人享受物的各种利益的要求。其次，债权请求权的目的在于维护物的动态安全，即流通的安全；而物上请求权的目的则在于维护物的静态安全，即占有、支配上的安全。③两者的后果不同。债权请求权的行使产生消灭债权关系的后果；而物上请求权的行使则产生恢复物之支配权，使之能继续顺利行使的后果。

但是，在物上请求权与物之支配权的关系上，物上请求权也不是独立于物之支配权的独立权利，而是附从于物之支配权的权利。这表现在两个方面。①物上请求权的发生以物之支配权受侵害为前提条件，只有支配权存在才有产生物上请求权的可能性，支配权消灭，产生物上请求权的可能性就随之而消灭。②物上请求权服务于物之支配权。返还原物请求权服务于物之占有权能，排除妨碍请求权、恢复原状请求权则共同服务于物之使用、收益、处分三项权能。

鉴于物上请求权与物之支配权的上述关系，物上请求权只能在物之支配权遭受侵害与妨碍时发生，也只有在恢复物之支配原状有可能时才能行使。如果物权标的物毁损灭失，恢复物权人对原物的支配已无可能，则物权人不能行使物上请求权，只能依损害赔偿之债的规定请求加害人赔偿经济损失。

物上请求权与损害赔偿请求权也是有重大区别的，不容混淆。物上请求权与损害赔偿请求权的主要区别有。①物上请求权为物权之效力，损害赔偿请求权为债权的效力。②损害赔偿请求权以致害行为具有违法性并造成实际损失为要件；而物上请求权则不以此为要件，只要行为人的行为对物权人正当行使物之支配权构成了妨碍，即使行为人的行为并不违法，也未给物权人造成实际损失，物权人也可提出物上请求。例如，物之所有人可以基于合理需要向物之合法使用人请求返还原物；土地所有人或使用人如有正当原因，可以请求原已允许通行其土地的人停止通行或改道通行。

二、优先效力

物权的优先效力，主要是指物权优先于债权的效力。物权的优先效力仍源于物权的支配性和排他性。法律赋予物权以优先效力，有利于维护既存的财产占有关系，充分发挥物质财富的效用。物权的优先效力主要表现在以下几个方面。

（一）物权破除债权

就债权的特定标的物成立物权时，该物权可基于其优先效力破除债权，使已成立的债权不能实现。在这种情况下，债权人不能请求物权人交付原债的标的物，只能请求原债务人承担违约责任。例如，甲作为出卖人以自己所有的某特定物为标的与乙订立了买卖合同，但未将该标的物交付给乙。几天后，甲又以该物为标的与丙订立买卖合同，并依合同将该标的物交付给了丙。如丙与甲订立买卖合同为善意，按《物权法》第 106 条的规定，丙便取得了该标的物的所有权。由于物权的效力优先于债权，乙便不能以先订立买卖合同为由，要求丙交出该标的物，而只能请求甲承担不履行债务的违约责任。

（二）优先受偿权

这里所称优先受偿权，是指享有担保物权的债权人可就担保物优先于其他债权人受清偿。基于担保物权的优先受偿权，当企业破产时担保物权人享有别除权，即将担保物从破产财产中别除由担保物权人单独受偿。待担保物权人全部受清偿后再将剩余财产列入破产财产，由其他债权人受偿。当担保物被其他债权人申请强制执行时，担保物权人可向法院提起执行异议。

（三）优先购买权

优先购买权，是指财产所有人出卖其财产时，就该项财产与财产所有人存在物权关系的人在同等条件下可优先于其他人购买。我国《民法通则》第 78 条第 3 款和《物权法》第 101 条规定按份共有人之一出卖其财产份额时，其他共有人在同等条件下享有优先购买权。租赁权具有物权化属性，因此《最高人民法院关于贯彻执行〈中华人民共和国民法通则〉若干问题的意见（试行）》第 118 条又规定了房屋承租人的优先购买权。

当共有人与承租人均对同一物行使优先购买权时，应先保障共有人的优先购买权。

三、追及效力

物权的追及效力，是指物权的标的物无论辗转落入何人之手，除法律另有规定外，物权人均可追及至物之所在地行使物权的法律效力。

物权的追及效力主要表现在以下两种情况。①当标的物由无权处分人转让给第三人时，除法律另有规定外，物权人有权向第三人请求返还原物。物权在此种情况下所具有的追及效力属于物上请求权的一种形式。②当抵押人擅自转让抵押物给第三人时，抵押权人得追及至抵押物之所在行使抵押权。

物权的追及效力不是绝对的，而是相对的。物权法为维护交易安全，保护善意第三人的利益，对物权的追及效力设有若干限制。①善意第三人对标的物的占有受即时取得制度和时效取得制度的保护。当善意第三人按即时取得制度或时效取得制度取得标的物所有权时，原所有人无权请求善意第三人返还原物，只能请求无权处分人赔偿损失。②物权未按法定方式公示者，不具有对抗善意第三人的法律效力，即对善意第三人不具有追及效力。例如，未经登记的抵押权，如抵押人将抵押物擅自让与第三人，抵押权人不得追及至第三人行使抵押权。③物权登记错误时，与登记名义人进行交易的善意第三人受登记公信力的法律保护，真权利人对善意第三人无追索力。

第五节　物权的变动

一、物权变动概述

（一）物权变动的概念

物权变动是指物权的取得、变更、消灭。物权就特定主体而发生，谓之物权取得。物权取得包括原始取得和继受取得。物权的变更有广义和狭义之分。广义的变更包括物权主体的变更、物权内容的变更和物权客体的变更；狭义的变更则不包括物权主体的变更，仅包括物权内容和客体的变更。因为物权主体的变更，同时引起原物权人物权的消灭和新物权人物权的取得，可分别归入物权的取得和消灭之中。物权消灭指物权与特定主体分离，包括绝对消灭与相对消灭两种情况。

物权变动是物权法上的一种民事法律效果。和其他民事法律效果一样，物权的变动也是由一定民事法律事实引起的。能引起物权变动的民事法律事实有两类。

1. 物权法律行为

物权法律行为简称物权行为，包括双方行为与单方行为。双方物权行为又称为物权契约或物权合同。

2. 物权行为以外的法律事实

物权行为以外的法律事实包括生产、收益（仅限天然孳息之收取，法定孳息之收取为法律行为）、继承、时效、先占、添附、遗失物之拾得、埋藏物之发现、国有化、征收、没收、法院强制执行、标的物消费、标的物灭失、混同、存续期限届满（限有期限物权）、债务清偿（限担保物权）等。

（二）物权的取得

物权取得是指物权就特定主体而发生。物权之取得，以是否基于他人之权利与意志为标准，划分如下。

1. 原始取得

原始取得指非基于他人权利与意志而取得物权。物权之原始取得方法通常有：①通过生产而取得产品的物权；②通过收益而取得物之天然孳息的物权；③国家通过税收、国有化、征收、征用、没收而取得物权；④国家按法定程序取得无人继承的遗产、无人认领的遗失物和所有人不明的埋藏物、隐藏物的所有权；⑤集体组织取得其成员的无人继承的遗产的所有权；⑥在法律允许之范围内通过先占取得无主动产的所有权；⑦取得添附物的物权；⑧通过时效制度取得物权；⑨通过即时取得制度取得物权。

2. 继受取得

继受取得指基于他人的权利和意志而取得物权。物权之继受取得可再分为以下几个方面。①移转之继受取得，指原物权人的物权完整地移转给新物权人。发生此种继受取得的原因有买卖、互易、赠与、遗赠、继承等。②创设之继受取得，指所有权人为他人创设所有权以外的物权。此种继受取得的方法有民事与行政两种方法。民事方法系指所有权人通过与他人订立契约的方式为他人创设他物权，如订立地上权契约、永佃权契约、地役权契约、土地使用权出让契约、抵押权契约等。行政方法，指国家行政主管机关通过划拨或特许为法人、自然人创设他物权，如创设土地使用权、采矿权、水产养殖权、水产资源捕捞权、取水权、狩猎权等。

（三）物权的消灭

物权消灭是指特定主体的物权不复存在。物权消灭有广义和狭义之分。广义的物权消灭包括以下两种情况。

1. 物权的绝对消灭

物权的绝对消灭是指物权与特定主体分离，而他人又未取得其权利。物权标的物灭失、物权人抛弃其物权、他物权与所有权混同等，都能引起物权的绝对消灭。

2. 物权的相对消灭

物权的相对消灭是指物权与原主体分离而归于新主体。例如转让人因转让而丧失物权。

狭义的物权消灭，仅指物权的绝对消灭，不包括物权的相对消灭。因为物权的相对消灭从另一角度观察，可归于物权之继受取得与物权主体的变更。

二、物权行为

物权行为是指以发生、变更、消灭物权为目的的法律行为。在物权行为与物权发生、变更、消灭的相互关系上，物权行为是物权发生、变更、消灭的原因，而物权的发生、变更、消灭则是物权行为引起的法律效果。物权行为包括双方行为与单方行为。双方物权行为又称为物权契约，是最主要的物权行为。

（一）物权行为的基本原理

"物权行为"之概念和理论，均属德国法学的创造。德国学者萨维尼指出，履行买卖契约之交付并不是一种单纯的事实行为，而是包含着一项以转移所有权为目的的物权契约。交付一方面包括占有的现实转移；另一方面亦包括移转所有权的意思表示。按德国学者对物权行为的肯定主义看法，于债权行为之外，不仅有物权行为之存在，而且物权行为还具有独立性、无因性之特点。所谓物权行为的独立性，是说物权行为与债权行为完全分离，独立存在。例如，交付与交付中包含的转移所有权的合意与作为债权契约的买卖契约分离。物权行为的独立性建立在这样的理论基础之上：物权与债权是性质不同的两种财产权，其发生、变更、消灭要求不同的法律行为。债权行为的效力在于使双方当事人享有债权和负担债务，并不能发生物权变动的法律效果。要发生物权变动的法律效果，则有赖于独立于债权行为之外、以直接发生物权变动为目的的物权行为。物权行为的无因性是说，物权行为的效力不受相应的债权行为——买卖、赠与、互易等债权契约的影响，当相应的债权行为无效或被撤销时，以物权合意与交付或登记构成的物权行为并不当然无效，仍能产生物权变动的法律效果，只是此时由于交付或登记失去了法律上的原因，收受财产的一方应按不当得利返还财产。

（二）各国立法对物权行为所持的不同立场

立法上，各国对物权行为存在肯定主义、否定主义与折中主义三种不同的立场。

1. 肯定主义立场

德国立法对物权行为持肯定主义立场。《德国民法典》第 873 条规定："为了让与土地所有权、为了对土地设定权利，以及为了让与此种权利或对此种权利设定其他权利，除法律另有规定外，应有权利人与相对人对于权利变更的协议，并将权利变更登入土地登记簿册。"该法典第 929 条规定："为让与动产所有权必须由所有人将物交付于受让人，并就所有权的移转由双方成立合意。"这些规定均未把转让所有权或设定他物权的合意以及登记、交付等与其原因行为——买卖、赠与、租赁等债权行为相联系，而是直接把当事人间有关物权的合意与交付或登记作为引起物权变动的法律事实，充分反映了德国学者物权行为独立性和无因性的理论观点。

2. 否定主义立场

法国立法对物权行为持否定主义的立场。《法国民法典》在第 3 编"取得财产的各种方法"的总则中规定："财产所有权，得因继承、生前赠与、遗嘱以及债的效果而取得或转移"（第 711 条）。在该编"买卖"章中该法典还规定："当事人就标的物及其价金相互同意时，即使标的物尚未交付，买卖即告成立，而标的物的所有权即依法由出卖人移转于买受人"（第 1583 条）。这些规定把物权变动直接与债相联系，归结为债的效力，既不认为于债权契约之外有物权契约之存在，也不以交付或登记作为物权变动的要件。在《法国民法典》的起草者看来，买卖、赠与等契约，不但直接发生债的效果，亦同时直接发生物权变动的效果。把物权变动完全系于契约合意的这种意思主义立法，充分体现了《法国民法典》中的自由主义思想和意思自治的原则。

苏联民法对物权行为也持否定立场。1964 年《苏俄民法典》第 135 条规定："按合同取得财产所有权（国家组织是经营管理权），如果法律或合同没有其他规定，自财产交付之时起产生。如果转让物的合同需要登记，则所有权自登记之时起转移。"与此同时，该法典第 239 条又直接将登记规定为房屋买卖合同的生效要件。把《苏俄民法典》第 135 条与第 239 条结合起来考察可以看出，苏联民法虽然和德国民法一样，把交付或登记作为物权变动的要件，但是并没有把交付或登记视为债权合同之外的独立行为，而是把交付或登记直接视为买卖等债权合同的有机组成部分。

3. **折中主义立场**

瑞士立法对物权行为持折中主义的立场。他们不否认物权行为的存在，但是认为债权行为与物权行为密切联系，不赞成物权行为具有无因性的看法。他们把原因行为（债权行为）、登记承诺（物权行为）与登记结合起来，作为发生物权变动效力的根据。《瑞士民法典》第963条规定："不动产登记，须依不动产所有人的书面声明做成。"在这里，立法不以所有权转移契约为登记的依据，而以所有人的书面声明——登记承诺为登记的依据，显然把登记承诺看成区别于债权契约的独立行为。该法典第974条规定："凡无法律原因或依无约束力的法律行为而完成的登记，为不正当。"在这里，立法又把物权变动与法律原因或原因行为相联系，明确否定了物权行为无因性理论。

《瑞士民法典》物权编的上述规定表明，在瑞士民法中，不动产物权变动效力的发生须具备三个要件。①要有法律上的原因或原因行为。原因行为包括转移不动产所有权的契约和设立不动产他物权的契约。②要有不动产所有人的登记承诺。③要有国家主管机关根据不动产所有人的登记承诺所作的登记。由此可见，瑞士民法既没有把不动产物权的变动单纯系于主体的债权行为，也没有把不动产物权的变动单纯系于主体的物权行为，而是把不动产物权变动的根据看作是由原因行为（债权行为）、登记承诺（物权行为）、登记相结合的法律事实构成。这就表明，在物权行为问题上，瑞士民法所持的立场是介于德国肯定主义与法国否定主义之间的折中主义的立场。

（三）对肯定主义、否定主义、折中主义三种立法的比较

比较前述肯定主义、否定主义、折中主义三种不同立法，瑞士的折中主义立法更符合我国实践。

第一，以物权行为作为物权变动的法律事实之一（尚有许多非法律行为之事实能引起物权之变动，如先占、添附、善意取得、时效取得等）在理论上是能成立的。物权为物之支配权，债权为债权人对债务人的请求权，两种财产权性质不同，其发生、变更、消灭要求不同的法律事实（特别是对非法律行为一类事实，两种权利所要求者迥然有异）。债权效果由债权行为引起，物权效果由物权行为引起，顺理成章。特别是当法律以交付或登记作为物权变动之要件时，不仅在性质上可察觉物权行为与债权行为的区别，在外观上亦可看出其区别。

第二，否定物权行为之立法主义，无论是法国的意思主义，或是苏联的形式主义（把登记作为不动产买卖合同生效的形式要件），不仅在理论上有物权效果与债权效果不分之嫌，在实践上还有欠公允，且不利于维护交易的安全和稳定现实的财产占有关系。法国的意思主义立法，把所有权转移这样一个重大的实际问题系于当事人间的抽象的合意，易生所有权的享有与物的现实支配脱节的弊端。同时，依法国的意思主义立法，买卖合同一经订立，不管买受人是否交付了价金，即当然取得标的物的所有权，使买受人既受债权的保护又受物权的保护，而出卖人则只能依其债权请求买受人交付价金，这对出卖人利益的保护显然有失公平。按苏联的形式主义立法，不动产的买受人又被置于毫无法律保障的地位，问题更加严重。例如，1964年《苏俄民法典》第239条规定："城市或城镇的住宅（部分住宅）买卖合同，应当公证证明，即使一方是公民，也应当在区、市劳动人民代表苏维埃执行委员会登记。"由于不承认物权行为的缘故，在这里法

律直接把登记作为买卖合同生效的形式要件来对待。依此规定，即使买受人根据他与房屋所有人的书面协议付清了价款，占有了房屋，房屋买卖合同仍未有效成立，买受人对其占有的标的物仍然既不享有物权也不享有债权，处于毫无法律保障的地位。若干年过去后，如果出卖人索要房屋，买受人还只得听凭出卖人的背信弃义行为。这不仅对买受人显失公平，且有损交易的安全和财产现实占有关系的稳定。

第三，德国学者主张的物权行为无因性理论，忽视了物权与债权的联系，存在理论脱离交易实际的缺陷，同时对出卖人利益的维护也有欠公允。在现实生活中，买卖是一个订立合同与履行合同的连续过程。买卖合同订立后，出卖人交付标的物并移转标的物所有权的行为，一方面是引起物权变动的物权行为；另一方面亦为出卖人履行买卖合同的行为。在这里，物权行为的实施以债权行为的效力为基础，二者的联系十分清楚、明显。而物权行为无因性理论，孤立看待物权行为，也就否定了物权行为与债权行为实际存在的这种有机联系，脱离了交易的实际。同时，按物权行为无因性理论，当买卖合同无效或被宣布撤销后，依买卖合同而为的交付或登记并不随之而无效，出卖人不受所有权制度的保护而仅受不当得利制度的保护，这对出卖人利益的保护也显然有失公平。

第四，瑞士既承认物权行为、又不承认物权行为具有无因性的折中主义观点，在理论上可补德国学说脱离实际的缺陷，在实践上则可同时弥补德国立法、法国立法和苏联立法有失偏颇的缺陷。按瑞士的折中主义立法，交易被分为相互联系的两道程序。①签订买卖合同。此道程序完成后，债的关系发生，使双方均受债权制度的约束，可有效预防双方以后背信弃义的行为的发生，避免苏联立法把登记视为买卖合同成立要件所产生的那种弊端，稳定交易关系。②交付或登记。此种程序完成，才发生物权变动的效果。这道程序对双方当事人来说，都是维护他们各自利益的有效屏障。在出卖方，如买方不给付价金，他可通过拒绝交付标的物或承诺登记来维护自己的利益；在买受方，他可以以对方交付标的物或承诺登记作为自己交付价金的条件来维护自己的利益。通过这两道程序，交易的安全便有了可靠的保障。与此同时，在两道程序上双方都处于同等的法律地位，都受同样的法律保护，也非常公道。

我国民法在过去由于受 1964 年《苏俄民法典》的影响，对物权行为理论长期持否定主义立场。但是，与《俄罗斯联邦民法典》所发生的变化一样，我国 2007 年 3 月 16 日制定的《物权法》采取了折中主义立场，其具体表现是《物权法》第 6 条、第 9 条和第 23 条的规定。

第六节　物权的公示

一、物权公示概述

（一）物权公示的概念

物权的公示是指物权享有及变动的可取信于社会公众的外部表现形式。物权的公示问题，是物权法中的重要问题。物权是绝对权，具有排他性。要发挥物权的排他作用，防止他人对物的争夺，对他人财产的侵犯，法律就必须明定物权的公示方法，使人通过一定的外部形态（外观）一见而知某人对某物享有物权，某物的物权在某人之间发生了移转。因此建立科学的物权公示制度，对维护物的占有秩序和交易安全均具有重要的意义。正是基于公示制度的意义，现代各国物权立法都实行公示公信原则，在民法典物权编中以专章、专节或专门条文规定物权的公示方法，并辅之以有关单行法律、法规，以建立完善的物权公示制度。例如《德国民法典》物权编第 1 章占有和第 2 章关于土地权利的通则，就集中规定了动产物权与不动产物权的公示制度。我国《民法通则》第 72 条也对所有权转移的公示问题作出了原则性的规定。2007 年 3 月 16 日公布的《物权法》更进一步对物权变动的公示问题作了专章规定。

（二）物权公示制度的基本内容

物权公示制度的基本内容是规定物权公示的方法和物权公示的效力。

1. 物权公示的方法

根据各国物权法的规定，物权公示的方法因不动产物权与动产物权的不同而有所区别：不动产物权以登记与登记变更作为其享有与变更的公示方法；动产物权以占有作为其享有的公示方法，以交付作为其变更的公示方法。法律赋予登记、登记变更、占有、交付以公信力，社会公众也就可以通过登记、登记变更、占有、交付等了解物权的享有及变动情况。

2. 物权公示的效力

登记、登记变更、占有、交付等法定物权公示的效力如何，世界各国有 3 种不同的立法主义。

1）成立要件主义

成立要件主义不仅赋予法定公示方法以社会的公信力，还把登记与交付作为物权变动的要件之一。按照此种立法主义，仅有当事人的物权变动的意思表示，而无法定的公示方法，其物权变动的意思表示不仅不发生社会的公信力，也不具有物权变动的法律效果。

2）对抗要件主义

对抗要件主义只赋予法定公示方法以社会的公信力，不把它作为物权变动的要件。按照此种立法主义，当事人形成变动的意思表示，即发生物权变动的法律效果，只是在未依法进行公示前，不具有社会的公信力，不能对抗善意第三人，即不知情的第三人可以以当事人未公示为理由，否认其物权变动的效果。

3）折中主义

折中主义，是兼采成立要件主义与对抗要件主义的一种立法主义。但是在兼采两种立法主义的同时，往往有所偏重，或以成立要件主义为原则、以对抗要件主义为例外，或以对抗要件主义为原则、以成立要件主义为例外。

我国《民法通则》第 72 条第 2 款规定：“按照合同或者其他合法方式取得财产的，财产所有权从财产交付时起转移，法律另有规定或者当事人另有约定的除外。”此规定在原则上以交付作为物权变动要件的同时，也允许例外，在物权公示立法上采取的是以成立要件主义为原则、以对抗要件主义为例外的折中主义。我国《物权法》第 9 条规定“不动产物权的设立、变更、转让和消灭，经依法登记，发生效力；未经登记，不发生效力，但法律另有规定的除外。”《物权法》第 23 条规定：“动产物权的设立和转让，自交付时发生效力，但法律另有规定的除外。”《物权法》也采纳了以成立要件主义为原则、以对抗要件主义为例外的折中主义。通过前述三种立法主义的分析，我们可以看出，成立要件主义、对抗要件主义虽有是否以物权公示作为物权变动要件的区别，但它们都同样规定了物权的公示方法并赋予了法定物权公示以公信力。因此，规定物权公示方法并赋予其公信力，是物权公示制度的两个基本点。

二、不动产物权的公示

登记是不动产物权的公示方法。不动产物权的种类繁多，占有关系十分复杂。为明确设立于不动产上的各种物权，世界各国都不以占有和交付作为不动产物权的公示方法，而以国家登记机关的登记作为不动产物权的公示方法。以登记作为公示形式的物权，不限于不动产物权，还包括国家纳入登记管理范围的交通运输工具这类动产物权。但是，这类动产物权登记的公示意义与不动产物权登记的公示意义并不完全相同。我国《物权法》亦将其纳入"动产交付"一节予以规定，因此，本处只分析不动产物权的登记问题，而交通运输工具的登记问题将纳入下一个问题"动产物权的公示：占有与交付"中进行分析。

根据《物权法》第 2 章第 1 节的规定，对不动产物权的登记须分析研究以下几个问题。

（一）不动产物权登记概述

1. 不动产物权登记的概念

不动产物权登记，是指不动产登记机关根据申请人的申请或者依职权将不动产物权设立、变更、消灭等情况记载于其专门设置的登记簿上。

2. 不动产物权登记机关及其职责

我国《物权法》没有明确规定不动产物权登记的主管机关，其第 10 条仅对不动产登记机关作了如下原则规定："不动产登记，由不动产所在地的登记机构办理。国家对不动产实行统一登记制度。统一登记的范围、登记机构和登记办法，由法律、行政法规规定。"其第 246 条还规定："法律、行政法规对不动产统一登记的范围、登记机构和登记办法作出规定前，地方性法规可以依照本法有关规定作出规定。"

根据《物权法》第 12 条的规定，不动产物权登记机关负有以下职责：①查验申请人提供的权属证明和其他必要材料；②就有关登记事项询问申请人；③如实、及时登记有关事项；④法律、行政法规规定的其他职责。申请登记的不动产的有关情况需要进一步证明的，登记机构可以要求申请人补充材料，必要时可以实地查看。为防止不动产物权登记机构谋取部门利益，针对我国不动产物权登记机构当前存在的一些问题，《物权法》第 13 条和第 22 条作出了如下规定："登记机构不得有下列行为：①要求对不动产进行评估；②以年检等名义进行重复登记；③超出登记职责范围的其他行为。""不动产登记费按件收取，不得按照不动产的面积、体积或者价款的比例收取。具体收费标准由国务院有关部门会同价格主管部门规定。"为督促登记机构认真履行职责，防止错误登记的出现，维护当事人的合法权益，《物权法》第 21 条第 2 款还规定了登记机构的赔偿责任："因登记错误，给他人造成损害的，登记机构应当承担赔偿责任。登记机构赔偿后，可以向造成登记错误的人追偿。"

3. **不动产物权登记的性质**

不动产物权登记是不动产物权登记机关的一种行政行为。但是，在根据当事人（民事主体）的申请而进行登记时，其登录的又是当事人变动不动产物权的意思表示，而不是登记机关变动不动产物权的意思表示。因此，不动产物权登记可以作为当事人变动不动产物权的意思表示的外在形式，即不动产物权行为的形式。

4. **不动产登记与不动产权属证书之间的关系**

对不动产登记与不动产权属证书之间的关系，《物权法》第 17 条作了如下规定："不动产权属证书是权利人享有该不动产物权的证明。不动产权属证书记载的事项，应当与不动产登记簿一致；记载不一致的，除有证据证明不动产登记记载确有错误外，以不动产登记簿为准。"不动产权属证书是不动产登记机构在根据当事人的申请对某特定不动产的物权登记后，以所在地人民政府的名义发给权利人的不动产物权证明文件（如房屋所有权证、土地使用权证），其记载事项在通常情况下与登记簿上的记载是一致的，出现不一致的情况很少。

（二）不动产物权登记的分类

对不动产物权登记可按不同标准进行分类。这里简要介绍以下几种分类。

1. **总登记与变动登记**

从登记管理角度可以把不动产物权登记分为总登记与变动登记。总登记又称静态登记，是不动产行政管理机关为新立、更换不动产物权证书，建立或健全不动产物权管理秩序，在对某种不动产的物权进行普遍清理、清查的基础上进行的全面登记。变动登记又称动态登记，是不动产登记机关日常进行的就不动产物权的设立、变更、消灭等事项进行的登记。在普遍清理、清查的基础上对不动产物权实施总登记的情况很少，因此不动产物权登记通常是指不动产物权变动登记。

2. **应申请人的申请进行的登记与登记机关依职权进行的登记**

根据不动产物权登记是否以申请人的申请为基础，对不动产物权登记可以分为登记机关应申请人的申请进行的登记与登记机关依职权进行的登记。就前一种登记，《物权法》第 11 条对登记申请人提出了如下要求："当事人申请登记，应当根据不同登记事项提供权属证明和不动产界址、面积等必要材料。"第 21 条还规定："当事人提供虚假材料申请登记，给他人造成损害的，应当承担赔偿责任。"

3. **不动产所有权登记与不动产他物权登记**

根据不动产物权的类型可以把不动产物权登记分为不动产所有权登记与不动产他物权（包括用益物权与担保物权）登记。根据《物权法》第 9 条第 2 款的规定，除"依法属于国家所有的自然资源，所有权可以不登记"外，其他不动产物权都应依法进行登记。

4. **房地产登记与其他资源登记**

根据不动产类型的不同，可以把物权登记分为土地物权登记、房屋物权登记、矿权登记、水权登记、渔权登记、林权登记等。

5. **初始登记、新设登记、移转登记、注销登记、更正登记、异议登记、预告登记**

根据登记的目的和内容，可以将不动产物权登记分为初始登记（如新建房屋所有权的登记）、新设登记（如在房屋上设定抵押权的登记）、移转登记（如房屋所有权、土地使用权移转登记)、注销登记、更正登记与异议登记、预告登记。对后两种登记,《物权法》第19条与第20条分别作了规定。《物权法》第19条对更正登记与异议登记所作的规定是:"权利人、利害关系人认为不动产登记簿记载的事项错误的,可以申请更正登记。不动产登记簿记载的权利人书面同意更正或者有证据证明登记确有错误的,登记机构应当予以更正。不动产登记簿记载的权利人不同意更正的,利害关系人可以申请异议登记。登记机构予以异议登记的,申请人在异议登记之日起十五日内不起诉,异议登记失效。异议登记不当,造成权利人损害的,权利人可以向申请人请求损害赔偿。"异议登记因过了起诉期限而失效,当事人提起民事诉讼,请求确认物权归属的,应当依法受理。《物权法》第20条对预告登记的规定是:"当事人签订买卖房屋或者其他不动产物权的协议,为保障将来实现物权,按照约定可以向登记机构申请预告登记。预告登记后,未经预告登记的权利人同意,处分该不动产的,不发生物权效力。预告登记后,债权消灭或者自能够进行不动产登记之日起三个月内未申请登记的,预告登记失效。"买卖不动产物权的协议被认定无效,被撤销、被解除,或者预告登记的权利人放弃债权的,应当认定为债权消灭。

(三)物权登记的效力

对物权登记的效力,各国立法规定不尽一致。相比之下,根据登记原因的不同而赋予登记不同效力的做法最为合理。

1. 成立要件主义

基于当事人的民事法律行为而变动不动产物权者,非经登记不生效力。这里所说的法律行为,包括买卖、赠与、互易及在不动产上设定他物权的行为。这里所称变动包括不动产物权的继受取得、不动产他物权的设定以及不动产物权的变更、丧失等。非经登记不生效力是说必须将当事人的法律行为与国家主管机关的登记结合起来,才能产生物权变动的法律效果。

我国《物权法》第9条规定:"不动产物权的设立、变更、转让和消灭,经依法登记,发生效力;未经登记,不发生效力,但法律另有规定的除外。"如地役权的设定、土地承包经营权的设定,登记就不是成立要件。

2. 对抗要件主义

基于其他法律事实变动不动产物权者,非经登记不得处分。这里所称其他法律事实,是指继承、没收、征收、法院判决、强制执行、土地恢复、附合、房屋新建等法律事实。德国民法规定,基于这些法律事实而变动不动产物权者,非经登记不得处分。依此规定,登记的法律效力是产生不动产物权取得人的处分权。

我国过去有关不动产物权登记的一些立法,可能出于理论上的不清楚,并未区别不动产物权变动的原因,一律规定非经登记不发生物权变动的效力。我国2007年3月16日公布的《物权法》区分了两种不同情况:《物权法》第9条可视为系对基于民事法律行为的不动产物权变动的规定,而第28条至第31条则可视为系对基于其他法律事实变动不动产物权的规定,且其立法精神基本上与德国民法典的立法精神相同。

三、动产物权的公示

动产物权,除法律另有规定外,以占有与交付为其公示方法。《物权法》第23条规定："动产物权的设立和转让，自交付时发生效力，但法律另有规定的除外。"《物权法》第24条规定："船舶、航空器和机动车等物权的设立、变更、转让和消灭，未经登记，不得对抗善意第三人。"船舶、航空器、机动车等特殊动产，交付和登记都是其公示方法，但交付是物权变动的成立要件，登记是其物权变动的对抗要件。

(一) 占有的公示意义

占有是享有动产物权的公示形式。所谓占有，是指人对物的掌握与控制。占有可分为直接占有与间接占有。直接占有是对标的物的直接掌握与控制；而间接占有则是对标的物未直接掌握、控制，而仅仅依据其与直接占有人的法律关系而对标的物有间接控制力的占有。在直接占有与间接占有中，唯直接占有具有昭示于外的形态，故可以作为动产物权享有的公示形式。而间接占有，由于其依存于间接占有人与直接占有人的内部法律关系之中，无昭示于外的形态，故不能作为动产物权享有的公示形式。

占有所公示的物权为何种物权，视占有人的占有意思而定：以所有的意思占有者，其公示的物权为所有权；以经营管理的意思占有者，其公示的物权为经营权；以行使质权的意思占有者，其公示的物权为质权；以扣留债务人的财产以保证债权实现的意思占有者，其公示的物权为留置权。占有还可以作为享有具有物权性质的债权的公示手段。例如，承租人的占有可以作为其享有租赁权的公示手段，借用人的占有可以作为其享有借用权的公示手段。占有所公示的物权为何种物权由占有人的占有意思来确定，那么占有人的占有意思又如何确定呢？在他主占有（非所有人占有）时，占有人的占有意思根据他主占有人与所有人就他主占有所形成的合意来确定。占有人的占有为他主占有或自主占有的意思不明时，推定为自主占有。

(二) 交付的公示意义

1. 交付是让与动产物权的公示方法

我国《物权法》第23条规定："动产物权的设立和转让，自交付时发生效力，但法律另有规定的除外。"依此规定，交付是设立和让与动产物权的公示手段。交付与登记不同，登记可以作为不动产物权一切变动形式的公示手段，而交付则不能作为动产物权一切变动形式的公示手段，只能作为以民事法律行为让与动产物权的公示手段。这里所说的民事法律行为，包括以让与动产物权为目的的双方法律行为与单方法律行为（如遗赠）、诺成法律行为与实践法律行为、有偿法律行为与无偿法律行为；这里所说的设立，系指动产质权的设立；这里所说的让与系指所有权的转让。动产物权的其他变动形式都不以交付为其公示手段。例如，以原始取得方式和继承方式取得动产所有权，就不以交付为其公示手段。因为以这些取得方式取得动产所有权，或者不发生交付（如以收益、添附、先占、时效取得等方式取得动产所有权），或者交付在其中不具有法律意义（如以继承方式取得动产所有权）。留置权是债权人先占有债务人的财产，在债务人到期不履行债务时才发生的，因此交付也不是取得留置权之公示。实际上，只有在以民事法律行为让与动产所有权与设定质权时，交付才是动产物权变动的公示手段。

2. 交付及交付方式

交付是指当事人一方将物之占有移转给另一方，包括移转物的直接占有与间接占有。但是单纯的交付只能表示物之占有的转移，不能表示物权之让与，因此交付作为动产物权让与的公示方法，须以交付人让与动产物权的意思为前提。交付人让与动产物权的意思，通常通过交付人单方的民事法律行为或交付人与受交付人双方的民事法律行为表现出来。

交付的方式有以下几种。

1）现实交付

现实交付包括：①在约定的时间和地点由转让人与受让人直接交接物品，此种交付在受让人验收后完成；②根据受让人的指示将物品托运或邮寄，此种交付自转让人办完托运或邮寄手续时完成。

2）简易交付

简易交付即根据当事人的协议，将受让人原先之他主占有变为自主占有。此种交付自转让所有权的协议达成之时，或者协议约定的时候到来之时，或者协议约定的条件成就之时完成。

3）占有改定

占有改定即依双方的协议将转让人的自主占有改为他主占有。此种交付自占有改定的协议达成时或协议约定的时间到来时完成。

4）返还财产请求权的让与

所有人在转让由第三人占有的财产时，可以将返还财产请求权转让给受让人。例如出租人转让出租物的所有权，就可以用这种方式进行交付。

以上几种交付方式，在我国《物权法》中都得到了肯定，我国《物权法》第23条、第25～27条还规定了在不同交付方式下动产物权的变动时间。

3. 交付的效力

交付的效力如何，有生效要件主义与对抗要件主义两种不同的立法模式。采取生效要件主义的立法，以《德国民法典》为代表，把交付作为让与动产物权的要件，非经交付不发生动产物权让与的法律效果。采取对抗要件主义的立法，以《法国民法典》为代表，规定动产物权依当事人的意思而让与，当事人让与动产物权的意思表示直接具有移转动产物权的法律效力，交付只是对抗第三人的要件。我国《民法通则》和《物权法》系以生效要件主义为原则、以对抗要件主义为例外的立法。

四、非基于法律行为的物权变动

所谓非基于法律行为的物权变动，是指因为法律规定的原因，如继承、法院生效判决、征收等事实，导致物权的产生、变更和消灭。

（一）关于法院、仲裁委员会的生效法律文书对物权变动的影响

《物权法》第28条规定：“因人民法院、仲裁委员会的法律文书或者人民政府的征收决定等，导致物权设立、变更、转让或者消灭的，自法律文书或者人民政府的征收决定等生效时发生效力。”一旦判决或者裁定生效，新的权利人在没有办理登记的情况下也享有物权，可以基于该物权对抗原权利人和原权利的债权人，也可以基于其享有物权的事实要求登记机关变更登记。而原权利人尽管是登记记载的权利人，但实际上不再享有任何权利。

（二）继承和受遗赠取得物权

《物权法》第29条规定：“因继承或者受遗赠取得物权的，自继承或者受遗赠开始

时发生效力。”根据物权法的规定，法定继承开始后，就会发生物权变动的效力，即继承人取得继承财产的所有权和其他物权，成为新的物权人。遗嘱继承生效时就发生物权变动的效力，在遗赠人死亡时，遗赠开始，遗赠的财产也发生物权的变动。

（三）合法建造房屋、拆除住房等事实行为

《物权法》第 30 条规定：“因合法建造、拆除房屋等事实行为设立或者消灭物权的，自事实行为成就时发生效力。”所谓事实行为是指不以行为人的意思表示为要素，但是由于法律的规定，会引起一定民事法律后果的行为。合法建造房屋、拆除住房等行为都是事实行为，只要建造房屋的行为完成，或者房屋已经被拆除，即使没有办理登记，也可以事实上发生物权变动。

需要指出的是，非基于法律行为所发生的物权变动，在没有办理登记之前，已经变动的物权仍然不是完全的物权。《物权法》第 31 条规定：“依照本法第二十八条至第三十条规定享有不动产物权的，处分该物权时，依照法律规定需要办理登记的，未经登记，不发生物权效力。”

五、物权公示的公信力

（一）物权登记的公信力

1. 公信力的概念

物权登记的公信力，指物权登记机关在其物权登记簿上所作的各种登记，具有使社会公众相信其正确、全面的效力。基于物权登记的公信力，即使登记错误或有遗漏，因相信登记正确、全面而与登记名义人（指登记簿上记载的物权人）进行交易的善意第三人，其所得利益受法律保护。

2. 受登记公信力保护的善意第三人

受登记公信力保护的善意第三人包括自登记名义人取得物权的人和向登记名义人履行给付义务的人。

1）自登记名义人取得物权的人

自登记名义人取得物权的人受以下法律保护。①自登记名义人取得所有权者，如登记名义人并非真正的所有人，取得人仍确定地取得其名义下登记的所有权，真权利人并因此而丧失其所有权。例如，某房屋的真所有人为甲，然而房管机关的房产登记簿上错误地将乙登记为该号房屋的所有人，丙自乙处买受该房屋，如在办理所有权过户登记时，丙仍不知乙为假所有人，丙确定地取得该房屋的所有权，真所有人甲并因此而丧失该房屋的所有权。对此项保护，我国《物权法》第 106 条作了明确的规定。②自登记名义人处取得财产所有权者，如果该财产上存在没有登记的抵押权，视该财产上不存在抵押权，取得人取得不负抵押权负担的所有权。③自处分权受到限制的登记名义人（如登记名义人受有破产宣告的限制）处受让物权者，如此种限制未记载于物权登记簿，受让人受让的物权不受登记名义人所受限制的影响，仍能确定地取得受让的物权。

2）向登记名义人履行给付义务的人

例如，登记名义人并非真权利人，然而第三人基于登记信其享有权利而向他履行给付义务，第三人所作的履行有效，真权利人不得再请求第三人履行，只能请求登记名义人返还不当得利。

法律赋予登记公信力，旨在保护善意第三人的利益，如错误登记使第三人不利，则此错误登记对第三人的利益不产生影响。例如，在善意第三人受让的财产上错误地登记了实际上并不存在的抵押权，则视为没有此项错误登记，善意第三人取得无抵押权负担的财产所有权。

3. 第三人受登记公信力保护的条件

第三人受登记公信力的保护须具备以下条件。

1）须登记之错误不能从登记簿上发现

登记错误，是指登记与权利的实际情况不一致。此种不一致须不能从登记簿上发现，第三人方能受登记公信力的保护。如登记没有错误，或登记之错误能就登记簿发现，都不发生第三人受登记公信力保护的问题。

2）第三人须为善意

所谓善意，指第三人不知及不应知登记错误，如第三人明知或依当时之情形应知登记错误，则为恶意，不受登记公信力的保护。第三人须为善意的时间界限是权利自登记名义人移转于第三人之时，即第三人取得权利之时；第三人取得权利之后是否知道原登记错误，则在所不问。

3）第三人取得权利须基于法律行为

此法律行为除登记名义人实际上无处分权外，在其他方面须具备法律规定的有效条件。非基于法律行为，或法律行为在其他方面存在无效原因者，均不受登记公信力的保护。例如，基于继承而自错误的登记名义人处取得财产者，其取得不受登记公信力的保护。登记的公信力旨在保护交易的安全，而继承不是交易。

4）须无异议登记

错误登记虽未获更正，然已有人提出异议并记载于登记簿上，此异议具有阻止登记公信力的效力。

4. 对真权利人的保护

法律赋予错误登记以公信力，旨在维护善意第三人的利益，确保交易的安全，并非将错就错，置真权利人的利益于不顾。法律对真权利人的利益，采取了如下保护措施。

（1）善意第三人自登记名义人取得权利前，真权利人有权向登记名义人提起诉讼，请求法院否定登记名义人的权利，确认自己的权利。诉讼获胜后，真权利人有权以法院判决为依据，请求登记机关更正错误登记。在此之前，真权利人还可以向登记机关提出异议登记，阻止错误登记的公信力。

（2）善意第三人自登记名义人取得权利后，真权利人的权利虽然因此而丧失，但真权利人有权请求登记名义人赔偿损失。如登记机关对错误登记有过失，真权利人还有权请求登记机关赔偿损失。我国《物权法》第 21 条规定："当事人提供虚假材料申请登记，给他人造成损害的，应当承担赔偿责任。因登记错误，给他人造成损害的，登记机构应当承担赔偿责任。登记机构赔偿后，可以向造成登记错误的人追偿。"

（二）动产占有的公信力

法律规定动产物权的享有以占有为其公示手段。依此规定，动产物权占有也就具有了使社会公众相信占有人对其占有的动产享有物权的公信力。基于占有的这种公信力，即使占有人对其占有的动产无处分权，自占有人处受让动产的善意第三人的利益亦受法律的保护。为保护善意第三人的利益，维护交易的安全，现代各国都从占有的公信力出发，在其物权法中规定了善意取得制度。按善意取得制度的规定，自无权转让人处受让动产的第三人，在具备法律规定的条件时，可取得其受让动产的权利（所有权或质权），原权利人的权利消灭。对动产的善意取得，我国《物权法》第 106 条也作了规定。

对占有的公信力，须特别注意的问题是，对船舶、航空器和机动车的占有并不具有公信力。按我国《物权法》第 2 章第 2 节的规定，以船舶、航空器、机动车为客体的物权，其变动虽可适用该节关于交付的规定（即是说，以船舶、航空器、机动车为客体的物权，可以自交付时变动），但是这些物权的存在并不以占有作为其公示形式，而以登记作为其公示形式，因此我国《物权法》第 24 条规定："船舶、航空器和机动车等物权的设立、变更、转让和消灭，非经登记，不得对抗善意第三人。"这即是说，受让人虽可自船舶、航空器、机动车交付时取得转让人转让的物权，但是这种转让、受让如果未进行登记，登记簿上记载的物权人仍然是转让人，受让人对船舶、航空器或机动车的占有并不发生公信力，其未经登记的物权不能对抗善意第三人。

法条链接

中华人民共和国物权法（节选）

第六条 不动产物权的设立、变更、转让和消灭，应当依照法律规定登记。动产物权的设立和转让，应当依照法律规定交付。

第九条 不动产物权的设立、变更、转让和消灭，经依法登记，发生效力；未经登记，不发生效力，但法律另有规定的除外。

依法属于国家所有的自然资源，所有权可以不登记。

第十条 不动产登记，由不动产所在地的登记机构办理。

国家对不动产实行统一登记制度。统一登记的范围、登记机构和登记办法，由法律、行政法规规定。

第十一条 当事人申请登记，应当根据不同登记事项提供权属证明和不动产界址、面积等必要材料。

第十二条 登记机构应当履行下列职责：

（一）查验申请人提供的权属证明和其他必要材料；

（二）就有关登记事项询问申请人；

（三）如实、及时登记有关事项；

（四）法律、行政法规规定的其他职责。

申请登记的不动产的有关情况需要进一步证明的，登记机构可以要求申请人补充材料，必要时可以实地查看。

第十三条 登记机构不得有下列行为：

（一）要求对不动产进行评估；

（二）以年检等名义进行重复登记；

（三）超出登记职责范围的其他行为。

第十四条 不动产物权的设立、变更、转让和消灭，依照法律规定应当登记的，自记载于不动产登记簿时发生效力。

第十五条 当事人之间订立有关设立、变更、转让和消灭不动产物权的合同，除法律另有规定或者合同另有约定外，自合同成立时生效；未办理物权登记的，不影响合同效力。

第十六条 不动产登记簿是物权归属和内容的根据。不动产登记簿由登记机构管理。

第十七条 不动产权属证书是权利人享有该不动产物权的证明。不动产权属证书记载的事项，应当与不动产登记簿一致；记载不一致的，除有证据证明不动产登记簿确有错误外，以不动产登记簿为准。

第十八条 权利人、利害关系人可以申请查询、复制登记资料，登记机构应当提供。

第十九条 权利人、利害关系人认为不动产登记簿记载的事项错误的，可以申请更正登记。不动产登记簿记载的权利人书面同意更正或者有证据证明登记确有错误的，登记机构应当予以更正。

不动产登记簿记载的权利人不同意更正的，利害关系人可以申请异议登记。登记机构予以异议登记的，申请人在异议登记之日起十五日内不起诉，异议登记失效。异议登记不当，造成权利人损害的，权利人可以向申请人请求损害赔偿。

第二十条 当事人签订买卖房屋或者其他不动产物权的协议，为保障将来实现物权，按照约定可以向登记机构申请预告登记。预告登记后，未经预告登记的权利人同意，处分该不动产的，不发生物权效力。

预告登记后，债权消灭或者自能够进行不动产登记之日起三个月内未申请登记的，预告登记失效。

第二十一条 当事人提供虚假材料申请登记，给他人造成损害的，应当承担赔偿责任。

因登记错误，给他人造成损害的，登记机构应当承担赔偿责任。登记机构赔偿后，可以向造成登记错误的人追偿。

第二十二条 不动产登记费按件收取，不得按照不动产的面积、体积或者价款的比例收取。具体收费标准由国务院有关部门会同价格主管部门规定。

第二十三条 动产物权的设立和转让，自交付时发生效力，但法律另有规定的除外。

第二十四条 船舶、航空器和机动车等物权的设立、变更、转让和消灭，未经登记，不得对抗善意第三人。

第二十五条 动产物权设立和转让前，权利人已经依法占有该动产的，物权自法律行为生效时发生效力。

第二十六条 动产物权设立和转让前，第三人依法占有该动产的，负有交付义务的人可以通过转让请求第三人返还原物的权利代替交付。

第二十七条 动产物权转让时，双方又约定由出让人继续占有该动产的，物权自该约定生效时发生效力。

最高人民法院关于适用《中华人民共和国物权法》若干问题的解释（一）（节选）

第三条 异议登记因物权法第十九条第二款规定的事由失效后，当事人提起民事诉讼，请求确认物权归属的，应当依法受理。异议登记失效不影响人民法院对案件的实体审理。

第四条 未经预告登记的权利人同意，转移不动产所有权，或者设定建设用地使用权、地役权、抵押权等其他物权的，应当依照物权法第二十条第一款的规定，认定其不发生物权效力。

第五条 买卖不动产物权的协议被认定无效、被撤销、被解除，或者预告登记的权利人放弃债权的，应当认定为物权法第二十条第二款所称的“债权消灭”。

第六条 转让人转移船舶、航空器和机动车等所有权，受让人已经支付对价并取得占有，虽未经登记，但转让人的债权人主张其为物权法第二十四条所称的“善意第三人”的，不予支持，法律另有规定的除外。

第七节　物权的民法保护

物权的民法保护，是指国家运用各种法定方法保护物权人对其财产进行管领和支配的各种权利。物权是所有制在法律上的表现，对物权的侵犯事关统治阶级的安危。因此，自从人类社会出现国家和法律以来，统治阶级为维护有利于自己的财产占有秩序，不仅以法律的形式确定所有权和其他物权，而且总是运用其能运用的一切法律手段保护物权。

在我国，保护以多种经济成分并存和多种财产（主要指公有生产资料）利用方式并用为基础的物权，是我国刑法、行政法、民法等各个部门法的共同任务。我国刑法通过对抢劫、抢夺、盗窃、诈骗、敲诈勒索、贪污、挪用、故意毁坏财物等侵犯财产的犯罪行为施以刑罚的方法来保护国家、集体和私人依法享有的物权。我国行政法则通过不动产登记管理，森林、草原、水、矿藏等自然资源的行政管理，社会治安管理及禁止政府机关滥用职权进行非法摊派及非法干预企业、个人行使财产所有权、经营权及其他物权的方法来保护国家、集体和个人依法享有的物权。我国刑法和行政法对物权的保护因其有特殊的手段，是十分重要的，不可忽视。

与刑法、行政法比较，民法对物权的保护更为直接，具有恢复物权或给物权人所受损害以经济补偿的作用。对物权的民法保护，我国《物权法》第 3 章作了全面的规定，既规定了保护的途径，又规定了保护的措施。关于保护的途径，《物权法》第 32 条作了这样的规定：“物权受到侵害的，权利人可以通过和解、调解、仲裁、诉讼等途径解决。”关于保护的措施，《物权法》第 3 章对受侵害的物权人规定了确认物权、返还原物、排除妨害、恢复原状、赔偿损害五项救济性请求权。这五项救济性请求权如以诉讼的方式提出，分别为确认之诉、物权之诉、债权之诉。其中，请求确认物权，以在法律上重新明确物权人享有的权利为目的，属于确权之诉（或称确认之诉）中的一种诉讼；请求返还原物、请求排除妨害、请求恢复原状则构成给付之诉中的一类独立诉讼——物权之诉；请求赔偿损害，以请求损害赔偿之债的债务人履行债务为目的，则属于给付之诉中的另一类诉讼——债权之诉中的一种诉讼。

一、请求确认物权

《物权法》第 33 条规定：“因物权的归属、内容发生争议的，利害关系人可以请求确认权利。”请求确认物权，由于其争执直接涉及本权（实体权）之是否存在及其归属问题，与其他不涉及本权之是否存在及归属问题的请求不同，通常不能在当事人之间解决，只能由有权确认物权之国家机关解决。特别是不动产物权，由于建有严格的登记管理制度，只能由法院或主管国家机关解决。

请求确认物权，包括请求确认所有权和请求确认他物权。请求确认所有权之争执通常在物之真正所有人与非所有人之间发生。而请求确认他物权之争执，则通常在他物权人与所有人或他物权人与其他人之间发生。在我国，随着经济体制改革的深入，使用权、土地承包经营权等他物权制度建立，使得有关他物权的争执日益增多，有时所有权的争执还与他物权的争执交织在一起。例如，农户之间对竹林、树林的争执，就包含着对竹林、树林所有权的争执和林地使用权的争执。

确认物权是保护物权的一种独立方法。这是因为，当几个人就一项财产的所有权或他物权发生争执时，就会使真正的物权人的物权处于不稳定状态，影响其正常行使物权。只有通过法院或其他有权确认物权的国家机关在法律上重新明确物权人的物权，排除其他人的争执后，真正的物权人才能正常地行使物权。在某些情况下，确认物权还是给物权以其他法律保护的前提。

二、请求返还原物

我国《物权法》第 34 条规定：“无权占有不动产或者动产的，权利人可以请求返还原物。”为维护商品交易的安全，稳定某些既成的占有关系，现代各国物权法均对请求返还原物设有若干限制。因此，请求返还原物问题，并不像《物权法》第 34 条的规定那样简单，似乎物权人可以向任何“无权占有人”请求返还原物。请求返还原物须遵循一些基本准则，这里按《物权法》的相关规定及有关原理对请求返还原物应当遵循的基本准则做些介绍。

第一，请求返还原物是保护物之占有权能的方法，因此无论所有人或其他合法占有人，均可依物权法有关请求返还原物的规定请求不法占有人返还原物。

第二，请求返还原物之必要前提，是原物须为特定物而且必须存在。如原物为种类物，没有请求返还原物之必要。原物虽为特定物，如已经灭失，失去了返还的可能，也不能请求返还原物，只能请求赔偿损失。

第三，如不法占有人系直接由所有人或合法占有人处非法取得占有之人（相对于所有人或合法占有人而言，我们称之为第二人），如小偷、遗失物拾得者、不当得利者等，所有人或合法占有人请求其返还原物和请求其返还原物之收益，不受任何限制。

第四，如不法占有人系由无权转让人处取得占有的第三人，所有人或合法占有人向其请求返还原物及收益，须受善意取得制度的限制。

其基本精神是：如第三人系知道或应当知道转让人为无权转让人的恶意受让人，所有人或合法占有人在任何情况下均能请求其返还原物及收益。如第三人系不知道亦不可能知道转让人为无权转让人的善意受让人，须进一步区分两种不同情况：①如非法转让人系依所有人的意思取得物之占有的占有人，所有人不能请求善意第三人返还原物及收益，只能请求非法转让人赔偿损失；②如非法转让人系非依所有人或合法占有人之意思而取得物之占有的不法占有人（如小偷、遗失物拾得者），所有人或合法占有人在法律规定的除斥期间内，可请求善意第三人返还原物（但不能请求返还收益）。如善意第三人是在公开市场上受让财产的，所有人或合法占有人在请求返还原物时，须补偿其受让时所付的价金；如善意第三人受让的财产为金钱或有价证券，所有人或合法占有人则不能请求其返还。

三、请求排除妨害

当他人的行为非法妨害物权人行使物权或者对物权人行使物权造成妨害危险时，物权人可以请求妨碍人排除妨害。由于请求排除妨害的事实依据是他人行为构成了对物权人行使物权的妨害或妨害的危险（即对物进行使用、收益的妨害或妨害的危险），因此排除妨害之请求，不仅直接占有物的所有人可以提出，直接占有物的用益物权人也可以提出。

我国《物权法》第35条规定："妨害物权或者可能妨害物权的，权利人可以请求排除妨害或者消除危险。"本条中所称"请求排除妨害"与传统民法中的"请求排除妨害"是有所区别的。在传统民法中，"妨害"之事实不仅包括对物权人行使物权的"妨碍"，还包括对物权客体的"侵害"，即对物权标的物所致之损坏。而在本条中，由于《物权法》第36条单独规定了物权人请求恢复物之原状的请求权，因此，本条中所称"妨害"仅指对物权人行使物权的"妨碍"（在《民法通则》第134条中就称"排除妨碍"），不包括对物权客体的"侵害"。这是研究本条中的"排除妨害"时不能不分辨清楚的。对本条中所称"排除妨害"，不能与传统民法中的"排除妨害"作同一解释。

请求排除妨害，既包括请求除去已构成之妨害，也包括请求防止可能出现的妨害。前一种请求于存在实际妨害之时提出，其目的在于除去已存在之妨害，可称为"请求除去妨害"。后一种请求于出现妨害之虞时提出，即存在妨碍危险时提出，其目的在于预防可能的妨害，可称为"请求防止妨害"，《物权法》第35条从除去妨害危险之角度称"消除危险"也是可以的。例如，某工厂的有毒废水注入了某承包户承包的鱼塘，现实地造成了承包户使用鱼塘之妨碍，承包户得向厂方提出除去妨害之请求。假如工厂的废水尚未注入鱼塘，而只是开始向鱼塘方向挖沟，此时工厂的行为虽不构成对鱼塘使用之现实妨害，但根据事物发展的逻辑，得认为工厂的行为已造成妨害鱼塘使用的危险，因此鱼塘承包户得请求工厂停止向鱼塘方向挖沟，以防止妨害的发生。

除去妨害的费用（如前例治理废水的费用）和防止妨害的费用（如前例工厂向其他

方向开沟增加的费用），自不必说，应由妨害人负担。

四、请求恢复原状

当物权的标的物因他人的侵权行为而损坏时，如果能够修复，物权人可以请求侵权行为人加以修理以恢复物之原状。恢复原状的请求，可以由物之所有人基于物之所有权提出（不管所有人是否直接占有其所有物），也可以由物之合法占有人（如质权人、保管人）与使用人（如承租人、承包经营人）提出。因为这些人对所有人负有维持其物的完整性的义务。请求恢复原状的目的，在于恢复物之完好状态。

恢复原状之请求的提出，须具备以下条件。

第一，须有财产损坏之事实存在。

第二，须财产之损坏出于他人之违法行为，包括故意损坏财产的行为和因使用不当而致财产损坏的行为。财产在使用过程中因自然磨损而造成的损坏，除非使用人为非法使用人，或者法律另有规定，所有人不得请求使用人修理。

第三，须损坏的财产有修复的可能。如已无修复的可能，物权人只能请求侵权行为人赔偿损失。

请求恢复原状是保护财产不受他人非法损坏的方法，无论其构成条件或请求的目的，均与请求排除妨碍有所区别，因此我国民法把它作为保护物权的一种独立方法，是不无道理的。

民法关于请求恢复原状的理论已如上述，但是《物权法》第36条作了这样的规定：“造成不动产或者动产毁损的，权利人可以请求修理、重作、更换或者恢复原状。”这一规定存在两点不妥。①我国民法学界一般认为，《民法通则》第134条第1款第6项规定的“修理、重作、更换”是出卖人或承揽人承担物的瑕疵担保责任的方式，将其移用于物权的保护方法，不无疑问。因为造成物权标的物（物权客体）毁损的加害人，一般都不是同类物的生产者或销售者，要求他重作一个同类物或者以另一个同类物来更换，都显得苛刻，而且也无此必要。②将恢复原状与修理、重作、更换并列，于逻辑上不无问题。重作和更换是以另一物来替换物权原标的物，恢复原状在本条规定中是指恢复被毁损的物权原标的物的原状。即使认为可以将标的物的替换作为物权的保护方法，从而形成恢复原状与重作、更换的逻辑并列关系，但是恢复原状与修理绝不构成逻辑并列关系，因为修理与恢复原状的关系是手段与目的的关系。

五、请求赔偿损失

《物权法》第37条规定：“侵害物权，造成权利人损害的，权利人可以请求损害赔偿，也可以请求承担其他民事责任。”本条前段规定是指，当他人侵害物权的行为造成物权人经济损失时，物权人可以请求侵害人赔偿损失。本条后段规定主要是指，当侵害物权的人从其侵权行为中获有利益时，物权人可以请求侵权行为人返还不当得利。例如，他人无权处分所有人的所有物，物的受让人根据善意取得制度的规定取得了标的物的所有权，原所有人即可以请求无权处分人返还其所获得的不当利益。

《物权法》第38条第1款规定：“本章规定的物权保护方式，可以单独适用，也可以根据权利被侵害的情形合并适用。”本条所称“合并适用”主要有以下两种情形：

①请求确认物权与请求返还原物或者请求赔偿损失的合并适用；②请求返还原物、请求排除妨害、请求恢复原状与请求赔偿损失的合并适用。

物权保护的上述五种方式是单独适用或者合并，正如《物权法》第 38 条之规定，得依物权被侵害的具体情形而定。例如，当物权人请求无权占有人返还原物时，如果占有人对物权的归属不提出争议，运用返还原物一种方式即可保护物权；如果占有人对物权的归属提出争议，则需运用确认物权和返还原物两种方式才能保护物权。再如，当侵害人的行为致物权标的物灭失，物权人不能通过行使返还原物请求权而恢复其物权时，物权人得单独提出损害赔偿之请求。当采用排除妨害、恢复原状、返还原物等保护方法仍不能完全挽回物权人所受之损害时，物权人可以在行使排除妨害、恢复原状、返还原物等物上请求权的同时，请求侵害人赔偿损失。

法条链接

中华人民共和国物权法（节选）

第三十二条 物权受到侵害的，权利人可以通过和解、调解、仲裁、诉讼等途径解决。

第三十三条 因物权的归属、内容发生争议的，利害关系人可以请求确认权利。

第三十四条 无权占有不动产或者动产的，权利人可以请求返还原物。

第三十五条 妨害物权或者可能妨害物权的，权利人可以请求排除妨害或者消除危险。

第三十六条 造成不动产或者动产毁损的，权利人可以请求修理、重作、更换或者恢复原状。

第三十七条 侵害物权，造成权利人损害的，权利人可以请求损害赔偿，也可以请求承担其他民事责任。

第三十八条 本章规定的物权保护方式，可以单独适用，也可以根据权利被侵害的情形合并适用。

侵害物权，除承担民事责任外，违反行政管理规定的，依法承担行政责任；构成犯罪的，依法追究刑事责任。

最高人民法院关于适用《中华人民共和国物权法》若干问题的解释（一）（节选）

第一条 因不动产物权的归属，以及作为不动产物权登记基础的买卖、赠与、抵押等产生争议，当事人提起民事诉讼的，应当依法受理。当事人已经在行政诉讼中申请一并解决上述民事争议，且人民法院一并审理的除外。

第二条 当事人有证据证明不动产登记簿的记载与真实权利状态不符、其为该不动产物权的真实权利人，请求确认其享有物权的，应予支持。

第七条 人民法院、仲裁委员会在分割共有不动产或者动产等案件中作出并依法生效的改变原有物权关系的判决书、裁决书、调解书，以及人民法院在执行程序中作出的拍卖成交裁定书、以物抵债裁定书，应当认定为物权法第二十八条所称导致物权设立、变更、转让或者消灭的人民法院、仲裁委员会的法律文书。

第八条 依照物权法第二十八条至第三十条规定享有物权，但尚未完成动产交付或者不动产登记的物权人，根据物权法第三十四条至第三十七条的规定，请求保护其物权的，应予支持。

知识延伸

物权请求权的性质？

物权请求权是大陆法系特有的一种物权保护制度，起源于罗马法，正式确立于《德国民法典》中。不过，值得一提的是，物权请求权还有另一种提法——物上请求权。但已有学者指出，这两个概念不能等同。首先，物权请求权这一概念表明它是基于"物权"而产生的请求权，而物上请求权则是基于"物"而产生的请求权。因而，物上请求权的范围要宽于物权请求权，如基于占有而享有的占有保护请求权亦可称之为物上请求权。其次，物权请求权正好与债权请求权相对应，而物上请求权则无法表达这层含义。最后，物上请求权的范围较物权请求权宽泛，用在此处易引起混淆。故使用物权请求权这一概念更为妥帖。要明晰物权请求权是否适用诉讼时效，必须准确划分物权请求权的类型，然后分别阐述。

复习题

一、判断分析题

1. "买卖不破租赁"体现了物权优先于债权。（　　）
2. 如果当事人创设了新的物权类型，基于物权法定原则，该合同是无效的。（　　）
3. 不动产必须通过登记才能取得物权。（　　）
4. 物权平等原则是物权法的基本原则。（　　）
5. 物权是支配权、绝对权。（　　）

二、不定项选择题

1. 关于"物权"中的"物"，说法错误的是（　　）。

   A. 原则上为有体物，也可以是无体物　　B. 包括知识产权

   C. 须是特定物　　D. 须是独立物

2. 下列属于主物权的是（　　）。

   A. 留置权　　B. 地役权　　C. 地上权　　D. 抵押权

3. 下列情形违背一物一权原则的是（　　）。

   A. 所有权与他物权并存

B. 在同一物上设立数个内容相同的担保物权
C. 甲以取得的出让土地使用权向乙银行设定抵押权以取得贷款
D. 甲乙共有一台笔记本电脑

4. 下列选项中取得所有权是基于公信原则的有（　　）。
A. 甲在垃圾堆拾取他人抛弃的旧物
B. 甲从市场上以正常价格买到一件赃物
C. 甲从乙处买得一台电脑
D. 甲误将乙的房登记为自己的房，后甲将此房转让给丙，甲丙之间办理房屋过户手续，丙取得该房所有权

5. 甲在乙的画展上看中一幅画，并提出购买，双方以5万元成交。甲同意待画展结束后，再将属于自己的画取走。此种交付方式属于（　　）。
A. 现实交付　　B. 简易交付　　C. 指示交付　　D. 占有改定

6. 下列各项中，属于物权法上物的是？（　　）。
A. 无线电频谱　　B. 水流　　C. 海域　　D. 空气

7. 建设用地使用权从其法律性质讲，属于（　　）。
A. 自物权　　B. 用益物权　　C. 他物权　　D. 限制物权

8. 下列权利中，属于物权的是（　　）。
A. 李某对自己所有的房屋所享有的权利
B. 刘某对自己承包地所享有的权利
C. 张某对于王某签订合同享有的请求王某支付价款的权利
D. 谢某对自己出资设立的公司所享有的权利

9. 某宾馆为了8月8日的开业庆典，于8月7日向电视台租借一台摄像机。庆典之日，工作人员不慎摔坏摄像机，宾馆决定按原价买下，以抵偿电视台的损失，遂于8月9日通过电话向电视台负责人表明此意，对方表示同意。8月15日，宾馆依约定向电视台支付了价款。摄像机所有权何时转移？（　　）。
A. 8月7日　　B. 8月8日
C. 8月9日　　D. 8月15日

10. 物权与债权的区别是（　　）。
A. 权利性质有区别　　B. 客体有区别
C. 权利设定的方式有区别　　D. 效力有区别

三、案例分析题

老王家大女儿被房产部门错误登记为房屋的所有者，老王可以通过什么途径保护自己的权利？如果老王的大女儿又伪造产权证将房屋卖给不知情的张某，老王是否可以要求张某返还房屋的所有权？

第十四章

所　有　权

导　学

所有权是物权法中最充分、最完整的权利。它既是派生其他权利的原始物权，也是具有弹性力、回归力的自物权；它既是发生其他财产权的前提，也是行使其他财产权的结果，对社会定纷止争有着重要的作用。本章先介绍所有权的一般理论，然后分别介绍不动产所有权中的土地所有权和建筑物区分所有权。动产所有权类型非常多，本章不具体介绍动产所有权的类型。接着介绍两个或两个以上相互毗邻的不动产的所有人或使用人，在行使不动产的所有权或使用权时，因相邻各方应当给予便利和接受限制而发生的权利义务关系，即相邻关系。

本章知识体系

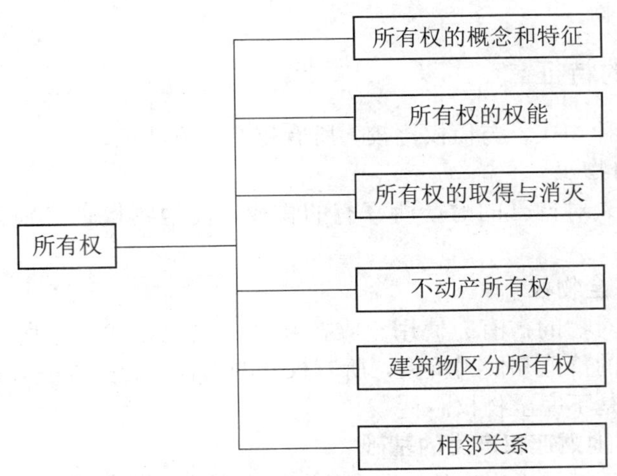

第一节　所有权的概念和特征

一、所有权的概念

(一) 对所有权的理解

对所有权可以从不同角度理解。

1. **体现一种民事法律关系**

所有权是所有人对其财产享有的权利以及非财产所有人承担的不得侵犯他人所有权的义务相结合而形成的权利义务关系。如房屋所有权法律关系。

2. **体现一种民事权利**

所有权是所有人依法对自己的财产所享有的管领、支配并排除他人非法干涉的权利。如财产所有权。

3. **体现一种法律制度**

所有权是一定社会中所有制在法律上的反映，是国家用法律手段确认和保护一定社会所有制关系的法律规范的总和。如社会主义公有制、资本主义私有制的划分即以此为标准。

通常情况下，民法是作为一种民事权利来使用所有权的概念的。根据《民法通则》第 71 条之规定，财产所有权是指所有人依法对自己的财产享有占有、使用、收益和处分的权利。

（二）所有权与所有制的联系和区别

所有权作为一项法律制度，是所有制的法律表现，二者既有联系，又有区别。其联系表现在：①所有权是建立在一定所有制基础之上的，所有制的类别和形式决定所有权的性质和内容；②在国家和法律存在的社会条件下，有什么样的所有制就有与之相适应的所有权。随着所有制的变动，所有权也必然发生变动，但所有权并非消极被动的，它也积极地、能动地为一定的所有制服务。

其区别表现在：①所有制属于经济范畴，是指社会中生产资料归谁占有和怎样支配的经济关系，属于经济基础中的社会物质关系；所有权属于法律范畴，属于上层建筑领域中的思想社会关系；②所有制存在于人类历史的各个发展阶段中，而所有权是历史发展到一定阶段的产物。

二、所有权的特征

所有权作为一种物权，与债权比较，所有权有以下特征。

1. **所有权是自物权**

所有权是所有人对自己的财产所享有的物权，而他物权是对别人的财产所享有的权利。

2. **所有权是完全物权**

所有权人拥有对物的占有、使用、收益和处分的完全权利，所有权人独占其所有物，独享其所有物的价值和使用价值，所有权外的物权则只是在一定范围内、在一定程度上对物的支配，是不完全物权。

3. **所有权是其他财产权产生的基础**

他物权是由所有权派生出来的，是所有权的权能与所有权分离的结果。所有权是原始物权，是法律直接确认财产归属关系的结果。不仅其他物权是由所有权派生出来，债权的产生也必须以所有权为基础，继承权的产生也是以被继承人的所有权为前提的。

4. **所有权具有弹力性**

所有人在其所有权上设立限制物权时，所有人全面支配所有物将受到限制而缩减，当该限制物权解除时，所有权仍然恢复其圆满状态。

5. **所有权是永久性权利**

所有权除因标的物灭失、取得时效、抛弃及其他法定事由而消灭外，以永久存续为本质，当事人之间不得约定对所有权存续期间进行限定。

第二节　所有权的权能

所有权的权能即所有权的内容，就是指权利人在实现自己所有权时所能实施的行为。根据《物权法》第 39 条的规定，所有权的权能包括：占有、使用、收益和处分四项权能。

一、占有

占有是指占有人对物的实际管领或控制。占有，是一种事实状态。依据不同的标准，可对占有作以下分类。

第一，以是否在所有人自己支配之下为根据，可以分为自主占有和他主占有。自主占有主要指所有人对自己的财产的占有，这种占有受法律保护，是所有权权能之一。他主占有是指非所有人对财产的占有，如保管。

第二，以占有是否有合法的根据，可以分为合法占有和非法占有。合法占有指依据法律规定或所有人的意志而由非所有人占有所有人的财产。如保管人、承运人对保管物、承运货物的占有。非法占有是非所有人没有法律上的根据，或者未经所有权人的同意而占有所有人的财产，如小偷占有偷盗物等。

第三，非法占有根据占有人主观状态的不同，可以分为善意占有和恶意占有。善意占有是指占有人不知道或不应知道其占有财产是非法而占有的财产。恶意占有则是指占有人知道或应当知道其占有财产为非法时，仍然占有他人财产。

二、使用

使用是指权利主体对财产的运用、发挥和实现财产的使用价值。使用是直接作用于所有权上的权能，所以不难看出使用权能和占有权能的关系是：占有权能是使用权能的前提，有使用权能就必然有占有权能。使用可分为所有权人使用和非所有权人使用，非所有权人使用又可分为合法使用和非法使用，即非所有人享有使用权能，只能是在非所有人依法律规定或者与当事人约定的条件下而使用标的物，否则就是非法使用。

三、收益

收益是通过财产的占有、使用、经营、转让而取得的经济效益。收益通常与使用联系着，使用的目的是为了取得收益。但在转让使用权以后仍然可以取得利益，如租金、利息。

收益权能一般是由所有人自己行使，即使他人使用物时，除法律或合同另有规定外，物的收益权能仍归所有人。当然，也并不能排除所有人可以将自己的一部分或全部收益权能转让给他人。

四、处分

处分是财产所有人对其财产在事实上和法律上的最终处置。处分权能是所有权内容的核心，是所有权最基本的权能。处分涉及财物的命运和所有权的发生、变更和终止问题，而占有、使用、收益，通常并不发生所有权的根本改变。

由于处分权能是涉及财产命运的一种权能，所以，这项权能通常只能由所有人自己行使，非所有人不得随意处分他人所有的财产，除非依法律规定或者所有人的意思享有处分权。

法条链接

中华人民共和国物权法（节选）

第三十九条 所有权人对自己的不动产或者动产，依法享有占有、使用、收益和处分的权利。

第四十条 所有权人有权在自己的不动产或者动产上设立用益物权和担保物权。用益物权人、担保物权人行使权利，不得损害所有权人的权益。

第三节 所有权的取得与消灭

一、所有权的取得

所有权的取得，是指民事主体获得所有权的合法方式和根据。《物权法》第 7 条明确规定："物权的取得和行使，应当遵守法律，尊重社会公德，不得损害公共利益和他人合法权益。"根据《物权法》的规定，所有权的取得必须是合法的，否则，不受法律的承认与保护。所有权的合法取得方式可以分为原始取得与继受取得两种。

（一）原始取得

原始取得，是指根据法律规定，最初取得财产的所有权或不依赖于原所有人的意志而取得财产的所有权。原始取得的根据主要包括以下几个部分。

1. 劳动生产、收益

指民事主体通过自己的劳动生产活动获取劳动产品，以及通过扩大再生产取得其所创造的劳动产品。

收益主要是指收取孳息。孳息是指由原物所生的物或收益，换言之，是指民事主体通过合法途径而取得的物质利益，包括天然孳息和法定孳息。天然孳息，是指原物因自然规律而产生的，或者按物的用法而收获的物，如母鸡生蛋、树上结果。依据《物权法》第 116 条的规定，天然孳息由所有人取得。天然孳息在没有与原物分离之前，属于原物的成分，只能由原物所有人所有。在孳息（天然的、法定的）产生以后，如果法律或合同没有特别规定，则应由原物所有人所有。如果既有所有权人又有用益物权人的，应当由用益物权人取得。法定孳息，是指根据法律的规定，由法律关系所产生的收益，如出租房屋的租金、借贷的利息。法定孳息是由他人使用原物而产生的。《物权法》第 116 条第 2 款规定："法定孳息，当事人有约定的，按照约定取得；没有约定或者约定不明确的，按照交易习惯取得。"

2. 征收

所谓征收就是指国家基于公共利益通过行使征收权，在依法给予补偿的前提下，将单位或者个人的财产移转给国家所有。我国《宪法》第10条规定:“国家为了公共利益的需要,可以依照法律规定对土地实行征收或者征用并给予补偿。”《物权法》第42条第1款规定:“为了公共利益的需要,依照法律规定的权限和程序可以征收集体所有的土地和单位、个人的房屋及其他不动产。”据此可见,征收具有以下几个法律特征。

1)征收的目的必须是为了公共利益

所谓公共利益,就是指有关国防、教育、科技、文化、卫生等关系国计民生的利益。为了防止政府行政权侵害公民和集体的财产权,法律要求政府行使征收权必须符合公共利益的需要。事实上,政府之所以可以不通过磋商谈判方式而征收个人或集体的财产,根本原因在于征收是为了公共利益的需要。所以,公共利益是行使征收权的正当性和合法性的前提。

2)征收的主体是国家

征收是一种国家的强制行为,是政府行使征收权的行政行为,征收的主体是国家,只有国家才能利用公共权力对集体或私人财产进行干预,甚至将其强制性地移转给国家。除国家之外,任何组织和个人都不享有公共权力,因而也不享有征收权。尽管《物权法》第42条没有规定征收行为的主体,但由于物权法有关征收的规定,本身构成对政府行使行政权的规范,因而征收是政府依法所实施的行为。

3)征收是移转所有权的行为

在《物权法》中,第42条和第44条分别规定了有关征收和征用的内容。征收和征用具有重要区别。表现在:征收将导致集体或者个人的所有权移转,而征用仅仅发生使用权的移转。从实践来看,只要不发生所有权移转,将不会发生征收问题,例如,严格限制公民砍伐自己栽种的树木,就属于所有权的限制。又如,属于个人所有的住宅,但受到文物法的保护,所有权人不得自行拆除,这些都属于对所有权的限制。

4)征收必须依法作出补偿

为了防止行政权对公民财产权的侵害,法律要求征收必须以补偿为前提,而不能在不支付任何补偿的情况下强制性地移转公民的所有权。我国物权法为了充分保障公民和法人的合法权益,区分了农村土地的征收和城市房屋的拆迁,分别规定了不同的补偿标准。关于农村集体土地的征收补偿,《物权法》第42条第2款规定:“征收集体所有的土地,应当依法足额支付土地补偿费、安置补助费、地上附着物和青苗的补偿费等费用,安排被征地农民的社会保障费用,保障被征地农民的生活,维护被征地农民的合法权益。”关于城市房屋拆迁补偿,《物权法》第42条第3款规定:“征收单位、个人的房屋及其他不动产,应当依法给予拆迁补偿,维护被征收人的合法权益;征收个人住宅的,还应当保障被征收人的居住条件。”此外,根据《物权法》第132条和第121条的规定,因征收集体的土地而导致承包经营权消灭的,对承包经营权应当单独补偿。

5)征收的对象主要是不动产

依据我国《物权法》第42条的规定,征收的对象主要包括两类:一是集体所有的土地以及集体所有土地之上的土地承包经营权和宅基地使用权等;二是单位和个人的房屋以及其他不动产。根据《物权法》第132条的规定,用益物权也可以成为征收的对象。根据《物权法》第148条的规定,为了公共利益的需要,提前收回建设用地使用权,地上建筑物也会发生征收的问题。但是,原则上征收不包括动产,因为动产通常是可以替代的物，如果国家出于公共利益要获得公民的动产，可以从市场中购买或者协商购买，而不必要通过征收的方式直接发生所有权的变动。

3. **善意取得**

善意取得，又称为即时取得，是指无处分权人将其动产或不动产转让给受让人，如果受让人取得该动产是出于善意，则受让人将依法取得对该动产的所有权或其他物权。可见，善意取得包括了所有权的取得与其他物权的取得两方面的内容。作为适应现代商品经济发展需要而产生的一项法律规则，该制度旨在保护交易安全、维护市场交易的正常秩序。《物权法》第 106 条规定："无处分权人将不动产或者动产转让给受让人的，所有权人有权追回；除法律另有规定外，符合下列情形的，受让人取得该不动产或者动产的所有权：①受让人受让该不动产或者动产时是善意的；②以合理的价格转让；③转让的不动产或者动产依照法律规定应当登记的已经登记，不需要登记的已经交付给受让人。"据此，善意取得的构成要件包括以下四项。

1）无处分权人处分他人财产

所谓无权处分，是指没有处分权而处分他人的财产。换言之，即权利人无处分权而从事了法律上的处分行为。此处所说的"处分"是指法律上的处分，而不包括事实上的处分。在无权处分人转让他人财产以后，此种行为在性质上属于效力待定的行为。依据我国《合同法》第 51 条的规定，如果真正权利人拒绝追认，该行为无效。但如果依据《合同法》第 51 条来处理，则善意取得制度就完全没有适用的余地了。我们认为，在符合善意取得的其他要件的情况下，要排除《合同法》第 51 条的适用。因为与《合同法》第 51 条相比，善意取得制度属于特别规定，应当优先适用。故而，只要当事人的行为符合善意取得制度的规定，就要优先适用该特别规定，而不能适用《合同法》第 51 条的一般规定。

2）受让人取得财产时出于善意

善意取得制度的核心在于保护受让人的合理信赖，因此其核心要件就是受让人在取得财产时必须是善意的。受让人受让不动产或者动产时，不知道转让人无处分权，且无重大过失的，应当认定为受让人为善意。真实权利人主张受让人不构成善意的，应当承担举证证明责任。对于不动产买卖而言，善意的判断标准是比较简单的。只要受让人在受让该不动产时，有合理的理由信赖登记，就是善意的。但是，在通常情形下，判断受让人是否信赖了登记，可以采取排除的方法。也就是说，在以下几种情况下，受让人是恶意的。

（1）原权利人有足够的证据证明受让人在受让不动产时已经明知登记是错误的。例如，受让人知道转让人是采用欺骗的手段将财产记载在自己的名下。

（2）转让人和受让人恶意串通。例如，转让人在转让时明确告知受让人登记财产并非归其所有，其转让财产是为了规避真正权利人的返还请求权，而受让人仍然愿意购买。

（3）如果在存在异议登记的情况下，第三人仍然与登记权利人进行交易并办理了登记，就不能认定其是善意之人，他就要为自己的过错行为所造成的不利后果负责。除了上述情况之外，可以认为，受让人都有合理的理由信赖登记。

对于动产的买卖而言，受让人善意的判断较为复杂。一般来说，确定其是否为善意时要考虑如下因素。

（1）第三人在交易时是否已知道转让人为无权处分人。如果第三人以前曾与转让人进行过系列交易或与转让人非常熟悉，同样表明其知道或应当知道转让人对交易的财产不具有处分权，因此在转让时不能认为其有善意。

(2) 要考虑转让的价格。如果受让人受让物品的价格，与同类物品的当地市场价格相比较明显过低，一个合理的交易当事人不可能以同样价格出售该财产，那么这样的转让人有可能是无权处分人。

(3) 要考虑交易的场所和环境。如果受让人是在公开市场上购买的商品，且出具了发票或办理了相应的手续，可以认为第三人是善意的。但如果是在非公开市场，尤其是在“黑市”购买的二手货，则表明第三人可能是非善意的。

(4) 要考虑转让人在交易时是否形迹可疑。如果是形迹可疑的，则往往表明其是非善意的。

(5) 要考虑转让人与受让人之间的关系。如果两者之间具有亲属关系，则受让人可能是非善意的。

3) 以合理的价格有偿转让

这就是说，善意取得必须适用于有偿的交易。对于无偿的行为，并不适用善意取得。所谓支付合理的价格，应当根据市场价格来判断，即大体上是符合市场价格的。而且适用善意取得，原则上必须以实际支付为要件，如果仅仅只是达成了协议，不能认为已经符合了善意取得的构成要件。

4) 完成了法定的公示方法

《物权法》第 106 条第 1 款第 3 项规定，完成公示是善意取得的要件之一，即“转让的不动产或者动产依照法律规定应当登记的已经登记，不需要登记的已经交付给受让人”。这就意味着善意取得的构成必须以公示方法的完成为要件。一是，需要登记的必须已经办理登记。例如，甲将他人的房屋通过各种违法手段办理了登记过户记载在自己名下，然后将该房屋转让给他人，受让人因为相信登记而与之完成了这一交易，支付了价款并办理完毕了登记过户手续。在此情况下，就可能适用善意取得制度。如果仅仅只是支付了价款甚至已经交付了房屋，还没有办理完登记过户手续，仍然不能适用善意取得制度。例外的是：船舶、航空器和机动车已交付给受让人，应当认定符合物权法规定的善意取得的公示条件。二是，不需要登记的已经交付，对于动产原则上不需要登记，但需要交付。适用动产善意取得制度，必须发生占有的移转，亦即转让人向受让人实际交付了财产，受让人实际占有了该财产。

善意取得是原始取得，一旦因善意取得而导致标的物之上的所有权和其他物权消灭，取得人完全取得一个新的物权，而原权利人的所有权将因此发生消灭。原权利人不得向善意的受让人主张返还原物，而只能要求转让人赔偿损失或者承担其他法律责任。另外，《物权法》第 108 条规定：“善意受让人取得动产后，该动产上的原有权利消灭，但善意受让人在受让时知道或者应当知道该权利的除外。”例如，甲在动产上设定了抵押，未办理登记，然后将该动产转让，而受让人乙在受让动产时，如果事先知道在动产之上设定了抵押，那么乙就是恶意的，即使符合了善意取得的条件，可以发生善意取得的效果。但因为他对动产抵押权的设立是知情的，因而当抵押权人追及该动产时，基于善意取得的所有权不能对抗抵押权。但如果受让人在受让该动产时，确实不知道其上有抵押权，他在取得动产以后，该动产之上的抵押权消灭。

4. 添附

1）附合

附合是指两个或两个以上不同所有人的有形财产相互结合而形成的一种新的独立财产的添附方式。附合主要有动产与动产的附合、动产与不动产的附合两种行为。

（1）动产与动产的附合。这是指不同所有人的动产相互结合而形成一种新的独立财产。从我国的司法实践分析，动产与动产的附合应当由原所有人按照其动产的价值，共有合成物体。如果可以区别主物或从物，或者一方动产的价值显然高于他方的动产，则应当由主物或价值较高的物的所有人取得合成物的所有权，并给予对方补偿。

（2）动产与不动产的附合。这是指动产附合于不动产，成为不动产的组成部分。在我国司法实践中，动产与不动产的附合，由不动产所有人取得所有权，但应当给原动产所有人以补偿。

2）混合

混合，是指两个或者两个以上不同所有人的动产，互相混杂合并，不能识别，形成一种新的添附形式。它与动产的附合的不同在于：动产的附合的数个动产在形体上可以识别、分割，只是分离后要损害附合物的价值，出于社会利益考虑不许分割；而混合则是数个动产混合在一起，在事实上不能也不易区别，各国民法大多规定混合准用附合的规定，即混合物为各所有人共有；如果混合的动产形成了主物与从物的关系，则由主物所有人取得所有权。

3）加工

加工指对属于他人的动产进行加工改造，形成具有更高价值的新的财产。对于加工物所有权的归属问题，各国民法采取不同的做法：法国民法典及日本民法典采用加工物属于材料所有人为原则。而在加工所增加的价值远超过材料的价值时，才属于加工人为例外；德国民法典规定，加工他人动产者，以由加工人取得加工物所有权为原则，在加工的价值显然少于材料的价值时，由材料所有人取得加工物所有权为例外。

我国司法实践的一般做法是，加工物的所有权原则上归原物的所有人，并给加工人以补偿。但是，当加工增加的价值大于材料的价值时，加工物可以归加工人所有，但应当给原物的所有人以补偿。

5. 没收

国家可以根据法律、法规采取强制手段，剥夺违法犯罪分子的财产归国家所有。

6. 遗失物的拾得

遗失物，是指他人丢失的动产。换言之，遗失物并不是无主物，也不是所有人抛弃的或因他人的侵害而丢失的物，而是因所有人、占有人不慎所丢失的动产。遗失物的认定，必须满足以下几个条件。第一，必须是占有人不慎丧失占有的动产。遗失物与抛弃物的根本区别就在于，遗失物并不是他人抛弃的动产，而是他人不慎丢失的财产，权利人并没有抛弃其所有权的意思。第二，必须是无人占有的动产。如果某人占有某物以后，又丢失了该物，则不能认为其占有了遗失物，只能认为遗失物为实际的占有人所占有。第三，必须是拾得人拾得的动产。所谓拾得，包括发现和占有两个要素。所谓发现，是指已经知道或确定遗失物及其地点；所谓占有，是指已经基于占有的意思而占有。仅仅只是发现而没有占有，不构成拾得。

遗失物并非无主财产，它在法律上具有明确的归属。根据我国《物权法》，遗失物的所有权归于失主。拾得遗失物，应当返还权利人。拾得人应当及时通知权利人领取，或者送交公安等有关部门。有关部门收到遗失物，知道是权利人的，应当及时通知其领取；不知道的，应当及时发布招领公告。通过发布招领公告使失主知道应在何处领取其遗失物。根据《物权法》第 113 条的规定："遗失物自发布招领公告之日起六个月内无人认领的，归国家所有。"这就是说，一方面，《物权法》并不允许遗失物超过招领期限后归拾得人所有；另一方面，《物权法》规定遗失物自发布招领公告之日起 6 个月内无人认领的，归国家所有。

7. 漂流物的拾得、埋藏物和隐藏物的发现

所谓漂流物，是指在水上漂流的动产。所谓埋藏物，通常是指埋藏于地下，而所有权人不明的动产。所谓隐藏物，就是指隐匿于他物之中的物。只要从表面上不能发现的物，且归属不明，都应当纳入隐藏物的范畴。严格地说，埋藏和隐藏是有区别的，通常埋藏是指将物埋藏于他人的土地之中，而隐藏是指将物藏于他物之中。如果某物不是藏于他物之中，具有显而易见性，则属于遗失物或抛弃物，拾得人拾得该物后，应当按照遗失物的归属或先占规则处理。在发现埋藏物和隐藏物以后，就需要确定所有权的归属。我国《物权法》第 114 条规定："拾得漂流物、发现埋藏物或者隐藏物的，参照拾得遗失物的有关规定。文物保护法等法律另有规定的，依照其规定。"据此，漂流物、埋藏物和隐藏物的权属按照如下规则确定：首先，在拾得或发现漂流物、埋藏物和隐藏物以后，应当作为遗失物，及时返还失主，或者交给有关部门。有关部门应当及时交还失主或者发出招领公告，拾得人或有关部门应当妥善保管漂流物、埋藏物和隐藏物。如果自发布招领公告之日起 6 个月内无人认领的，归国家所有。

8. 收取孳息

孳息是指由原物滋生、增殖、繁衍出来的财产，包括天然孳息和法定孳息。天然孳息，是基于自然属性而产生的孳息；法定孳息，是基于法律规定而产生的孳息，如银行利息等，除法定情形外，孳息归属原物所有人。

9. 先占

先占，是指占有人以所有的意思，占有无主动产而取得所有权的法律事实。对于先占的性质，综合世界各国立法，通常都要求先占人以其所有的意思占有无主动产而取得，但并不是强调意思为效果意思。这就是说，依先占取得所有权，并非基于先占人的意思表示，而是由于法律赋予了先占事实以取得所有的效果而已。因此，先占并非法律行为，而是事实行为。先占的成立，应当具备以下条件。

1）先占的标的物须是无主物

无主物就是指现在不属于任何人所有的物，不管其是从来没有为人所有的物还是过去曾有主。某物是否为无主物，不以先占人的主观认识为标准，而应以先占时的客观情况为依据。

2）先占的标的物须为动产

无主不动产不能依先占而取得所有权，而只能归国家所有。但是，值得注意的是，先占并不适用于所有的无主动产，法律禁止适用先占的物，如文物等不适用先占。

3）占有人须以所有的意思占有

它指的是先占人在占有物品时有客观上足以使他人认为先占人有据为己有的意思表示。

（二）继受取得

继受取得，又称传来取得，是指根据所有人的意思接受原所有人移转之所有权。继受取得与原始取得不同，它是以所有人的所有权和原所有人转让所有权的意志为根据的。包括以下几种。

1. 买卖

买卖是指一方出让标的物所有权以换取价金，他方以价金为对价换取标的物所有权的双方民事法律行为。

2. 互易

互易是双方民事法律行为，是互相继受取得对方财产所有权的方法。

3. 赠与

赠与是一方无偿转让财产所有权给另一方的双方民事法律行为。

4. 继承与遗赠

这类所有权的取得方式以死者生前的财产所有，以死者生前处分死后遗产的意志及这种意志的推定为根据。

5. 取得法人终止后遗留的财产

法人的债权人和法人的出资人取得法人终止后遗留的财产，都是以他们与法人之间的民事法律关系为依据的。因此，都属于继受取得。

6. 其他继受取得的方法

如完成一定工作，提供一定劳务，转让智力成果等方式取得财产所有权也都属于继受取得。

二、所有权的消灭

所有权的消灭，即所有权的终止，是指因一定的法律事实而使所有人丧失其所有权。所有权的消灭可以分为绝对消灭和相对消灭两种。

（一）绝对消灭

所有权的绝对消灭是指所有权不仅与原所有人脱离，而且不再属于其他民事主体。所有权的绝对消灭，导致所有权在客观上不再存在。所有权的绝对消灭因所有权客体的消失而发生。

（二）相对消灭

所有权的相对消灭是指所有权由原所有权人转移至新所有权人手中，即仅是所有权主体的变更而非所有权自身的灭失。所有权相对消灭的原因是：

第一，所有权的转让，如买卖、互易、赠与等；

第二，所有权的抛弃，所有权的抛弃是一种单方民事法律行为，一经作出即丧失所有权；

第三，强制程序，即因判决、行政命令等的强制执行而导致所有权的转移；

第四，所有权主体的消灭，包括自然人的死亡和法人的解散。

法条链接

中华人民共和国物权法（节选）

第一百零六条 无处分权人将不动产或者动产转让给受让人的，所有权人有权追回；除法律另有规定外，符合下列情形的，受让人取得该不动产或者动产的所有权：

（一）受让人受让该不动产或者动产时是善意的；

（二）以合理的价格转让；

（三）转让的不动产或者动产依照法律规定应当登记的已经登记，不需要登记的已经交付给受让人。

受让人依照前款规定取得不动产或者动产的所有权的，原所有权人有权向无处分权人请求赔偿损失。

当事人善意取得其他物权的，参照前两款规定。

第一百零七条 所有权人或者其他权利人有权追回遗失物。该遗失物通过转让被他人占有的，权利人有权向无处分权人请求损害赔偿，或者自知道或者应当知道受让人之日起二年内向受让人请求返还原物，但受让人通过拍卖或者向具有经营资格的经营者购得该遗失物的，权利人请求返还原物时应当支付受让人所付的费用。权利人向受让人支付所付费用后，有权向无处分权人追偿。

第一百零八条 善意受让人取得动产后，该动产上的原有权利消灭，但善意受让人在受让时知道或者应当知道该权利的除外。

第一百零九条 拾得遗失物，应当返还权利人。拾得人应当及时通知权利人领取，或者送交公安等有关部门。

第一百一十条 有关部门收到遗失物，知道权利人的，应当及时通知其领取；不知道的，应当及时发布招领公告。

第一百一十一条 拾得人在遗失物送交有关部门前，有关部门在遗失物被领取前，应当妥善保管遗失物。因故意或者重大过失致使遗失物毁损、灭失的，应当承担民事责任。

第一百一十二条 权利人领取遗失物时，应当向拾得人或者有关部门支付保管遗失物等支出的必要费用。

权利人悬赏寻找遗失物的，领取遗失物时应当按照承诺履行义务。

拾得人侵占遗失物的，无权请求保管遗失物等支出的费用，也无权请求权利人按照承诺履行义务。

第一百一十三条 遗失物自发布招领公告之日起六个月内无人认领的，归国家所有。

第一百一十四条 拾得漂流物、发现埋藏物或者隐藏物的，参照拾得遗失物的有关规定。文物保护法等法律另有规定的，依照其规定。

第一百一十五条 主物转让的，从物随主物转让，但当事人另有约定的除外。

第一百一十六条　天然孳息，由所有权人取得；既有所有权人又有用益物权人的，由用益物权人取得。当事人另有约定的，按照约定。

法定孳息，当事人有约定的，按照约定取得；没有约定或者约定不明确的，按照交易习惯取得。

最高人民法院关于适用《中华人民共和国物权法》若干问题的解释（一）（节选）

第十五条　受让人受让不动产或者动产时，不知道转让人无处分权，且无重大过失的，应当认定受让人为善意。

真实权利人主张受让人不构成善意的，应当承担举证证明责任。

第十六条　具有下列情形之一的，应当认定不动产受让人知道转让人无处分权：

（一）登记簿上存在有效的异议登记；

（二）预告登记有效期内，未经预告登记的权利人同意；

（三）登记簿上已经记载司法机关或者行政机关依法裁定、决定查封或者以其他形式限制不动产权利的有关事项；

（四）受让人知道登记簿上记载的权利主体错误；

（五）受让人知道他人已经依法享有不动产物权。

真实权利人有证据证明不动产受让人应当知道转让人无处分权的，应当认定受让人具有重大过失。

第十七条　受让人受让动产时，交易的对象、场所或者时机等不符合交易习惯的，应当认定受让人具有重大过失。

第十八条　物权法第一百零六条第一款第一项所称的“受让人受让该不动产或者动产时”，是指依法完成不动产物权转移登记或者动产交付之时。

当事人以物权法第二十五条规定的方式交付动产的，转让动产法律行为生效时为动产交付之时；当事人以物权法第二十六条规定的方式交付动产的，转让人与受让人之间有关转让返还原物请求权的协议生效时为动产交付之时。

法律对不动产、动产物权的设立另有规定的，应当按照法律规定的时间认定权利人是否为善意。

第十九条　物权法第一百零六条第一款第二项所称“合理的价格”，应当根据转让标的物的性质、数量以及付款方式等具体情况，参考转让时交易地市场价格以及交易习惯等因素综合认定。

第二十条　转让人将物权法第二十四条规定的船舶、航空器和机动车等交付给受让人的，应当认定符合物权法第一百零六条第一款第三项规定的善意取得的条件。

第二十一条　具有下列情形之一，受让人主张根据物权法第一百零六条规定取得所有权的，不予支持：

（一）转让合同因违反合同法第五十二条规定被认定无效；

（二）转让合同因受让人存在欺诈、胁迫或者乘人之危等法定事由被撤销。

第四节　不动产所有权

不动产所有权是指不动产所有人依法对自己的不动产享有的占有、使用、收益和处分的权利。不动产所有权主要包括土地所有权和房屋所有权。

一、土地所有权

（一）土地所有权的概念和特征

土地所有权就是土地所有人独占性地支配其所有的土地的权利。它具有以下特征：①客体的特定性，土地所有权的客体是土地；②主体的限定性，由于土地所有权是公共所有权，所以，所有权主体就限定在国家或农村集体组织；③交易的禁止性，我国法律严禁任何形式的土地所有权交易；④权能的分离性，在我国享有土地所有权的国家或农村集体组织一般不直接行使土地所有权，而是将土地所有权的权能予以分离。

（二）土地所有权的范围

《民法通则》以及《土地管理法》等法律确认了土地所有人的独占性支配权。虽然法律没有明确规定其效力范围，但从法律的宗旨及其实践来看，土地所有权的效力范围，在横的方面是以地界为限，在纵的方面，不仅包括地面，还包括地上及地下。但是，我国土地所有权的这种及于地上地下的效力，并不是漫无限制的。这种限制主要包括以下两个方面。①内在的限制。土地所有权的客体，以人力所能支配并满足所有人的需要为要件。也就是说，土地所有权的支配力，仅限于其行使受到法律保护的利益的范围。对此范围外他人在其地上及地下的干涉，土地所有人不得排除之。②法律的限制。法律对土地所有权的限制很多，除了相邻关系的规定外，还有国防、电信、自然资源、环境保护、名胜古迹等方面的限制。

（三）国家土地所有权

国家土地所有权是指国家对于自己所有的土地依法享有占有、使用、收益和处分的权利，这是我国最重要的土地所有权形式。国家土地所有权具有如下特征。①国家土地所有权的主体为国家，并且是唯一主体。②国家土地所有权的客体为城市土地以及法律规定为国有的城市市区以外的其他土地。主要包括以下几种土地：城市市区的土地；农村和城市郊区中已经依法没收、征用、收购为国有的土地；国家依法征用的土地；依法不属于集体所有的林地、草原、荒地、滩涂及其他土地；农村集体组织全部成员转为城镇居民后原属于其成员集体所有的土地；因国家组织移民、自然灾害等原因，农民成建制地迁移后不再使用的原属于迁移农民集体所有的土地。③国家土地所有权实行土地使用权制度，即各级人民政府的土地管理部门依法将土地交给企业、事业单位、军队使用，而国家享有所有权。

（四）集体土地所有权

集体土地所有权是指各个独立的集体组织对于自己所有的土地依法享有的占有、使用、收益和处分的权利。根据《土地管理法》第 8 条的规定，属于集体所有的土地，是指除由法律规定属于国家所有的土地以外的农村和城市郊区的土地。其特征如下。①集体土地所有权的主体是集体组织。包括以下三类：村农民集体；如果村范围内的土地已经分别属于村内两个或两个以上农业集体经济组织所有的，可以属于各农业集体经济组织的农民集体所有；土地如果已经属于乡（镇）农民集体所有的，可以属于乡（镇）农民集体所有。②集体土地所有权利的客体为除由法律规定属于国家所有的土地以外的农村和城市郊区的土地。③集体土地所有权主要实行土地承包制度。

二、房屋所有权

（一）房屋所有权的概念

房屋所有权以房屋为标的物，它是房屋所有人独占性地支配其所有的房屋的权利。房屋所有人在法律规定的范围内可以对其所有的房屋进行占有、使用、收益和处分，并可排除他人的干涉。房屋所有权具有以下特征。

1. 客体的特定性

房屋所有权的客体是房屋，包括生活用房、商业用房等。

2. 主体的广泛性

国家、法人、社会团体以及自然人都能成为房屋所有权的主体，较土地所有权的主体而言，房屋所有权的主体范围宽了很多。

3. 交易的自由性

按照法律的规定，房屋可以作为流通物进行自由交易，但是不得进行非法交易。

（二）房屋所有权的种类

在我国，房屋所有权的种类很多，主要可以分为如下两类。

第一，根据房屋所处的土地性质和位置的差异，可以将房屋所有权分为城镇房屋所有权和农村房屋所有权。城镇房屋所有权是我国房屋管理的重点，普遍实行了房屋产权设立登记、变更登记和消灭登记制度，较之农村房屋的管理要完善得多。

第二，根据房屋的归属关系，房屋所有权可以分为公有房屋所有权和私有房屋所有权。公有房屋所有权则是产权为国家的房屋所有权，而私有房屋所有权则是产权为私人所有的房屋所有权。

法条链接

中华人民共和国物权法（节选）

第四十五条 法律规定属于国家所有的财产，属于国家所有即全民所有。

国有财产由国务院代表国家行使所有权；法律另有规定的，依照其规定。

第四十六条 矿藏、水流、海域属于国家所有。

第四十七条 城市的土地，属于国家所有。法律规定属于国家所有的农村和城市郊区的土地，属于国家所有。

第四十八条 森林、山岭、草原、荒地、滩涂等自然资源，属于国家所有，但法律规定属于集体所有的除外。

第四十九条 法律规定属于国家所有的野生动植物资源，属于国家所有。

第五十条 无线电频谱资源属于国家所有。

第五十一条 法律规定属于国家所有的文物，属于国家所有。

第五十二条 国防资产属于国家所有。

铁路、公路、电力设施、电信设施和油气管道等基础设施，依照法律规定为国家所有的，属于国家所有。

第五十三条 国家机关对其直接支配的不动产和动产，享有占有、使用以及依照法律和国务院的有关规定处分的权利。

第五十四条 国家举办的事业单位对其直接支配的不动产和动产，享有占有、使用以及依照法律和国务院的有关规定收益、处分的权利。

第五十五条 国家出资的企业，由国务院、地方人民政府依照法律、行政法规规定分别代表国家履行出资人职责，享有出资人权益。

第五十六条 国家所有的财产受法律保护，禁止任何单位和个人侵占、哄抢、私分、截留、破坏。

第五十七条 履行国有财产管理、监督职责的机构及其工作人员，应当依法加强对国有财产的管理、监督，促进国有财产保值增值，防止国有财产损失；滥用职权，玩忽职守，造成国有财产损失的，应当依法承担法律责任。

违反国有财产管理规定，在企业改制、合并分立、关联交易等过程中，低价转让、合谋私分、擅自担保或者以其他方式造成国有财产损失的，应当依法承担法律责任。

第五十八条 集体所有的不动产和动产包括：

（一）法律规定属于集体所有的土地和森林、山岭、草原、荒地、滩涂；

（二）集体所有的建筑物、生产设施、农田水利设施；

（三）集体所有的教育、科学、文化、卫生、体育等设施；

（四）集体所有的其他不动产和动产。

第五十九条 农民集体所有的不动产和动产，属于本集体成员集体所有。

下列事项应当依照法定程序经本集体成员决定：

（一）土地承包方案以及将土地发包给本集体以外的单位或者个人承包；

（二）个别土地承包经营权人之间承包地的调整；

（三）土地补偿费等费用的使用、分配办法；

（四）集体出资的企业的所有权变动等事项；

（五）法律规定的其他事项。

第六十条 对于集体所有的土地和森林、山岭、草原、荒地、滩涂等，依照下列规定行使所有权：

（一）属于村农民集体所有的，由村集体经济组织或者村民委员会代表集体行使所有权；

（二）分别属于村内两个以上农民集体所有的，由村内各该集体经济组织或者村民小组代表集体行使所有权；

（三）属于乡镇农民集体所有的，由乡镇集体经济组织代表集体行使所有权。

第六十一条 城镇集体所有的不动产和动产，依照法律、行政法规的规定由本集体享有占有、使用、收益和处分的权利。

第六十二条 集体经济组织或者村民委员会、村民小组应当依照法律、行政法规以及章程、村规民约向本集体成员公布集体财产的状况。

第六十三条 集体所有的财产受法律保护，禁止任何单位和个人侵占、哄抢、私分、破坏。

集体经济组织、村民委员会或者其负责人作出的决定侵害集体成员合法权益的，受侵害的集体成员可以请求人民法院予以撤销。

第六十四条 私人对其合法的收入、房屋、生活用品、生产工具、原材料等不动产和动产享有所有权。

第六十五条 私人合法的储蓄、投资及其收益受法律保护。

国家依照法律规定保护私人的继承权及其他合法权益。

第六十六条 私人的合法财产受法律保护，禁止任何单位和个人侵占、哄抢、破坏。

第六十七条 国家、集体和私人依法可以出资设立有限责任公司、股份有限公司或者其他企业。国家、集体和私人所有的不动产或者动产，投到企业的，由出资人按照约定或者出资比例享有资产收益、重大决策以及选择经营管理者等权利并履行义务。

第六十八条 企业法人对其不动产和动产依照法律、行政法规以及章程享有占有、使用、收益和处分的权利。

企业法人以外的法人，对其不动产和动产的权利，适用有关法律、行政法规以及章程的规定。

第六十九条 社会团体依法所有的不动产和动产，受法律保护。

第五节　建筑物区分所有权

一、业主的建筑物区分所有权的概念

《物权法》第70条对业主的建筑物区分所有权进行了定义：“业主对建筑物内的住宅、经营性用房等专有部分享有所有权，对专有部分以外的共有部分享有共有和共同管理的权利。”这是我国法律第一次对建筑物区分所有权的概念作出规定。该定义的特点如下。首先，该概念明确了建筑物区分所有权的主体是业主，业主之外的房屋承租人、借用人、管理人等不是业主，这些人也被称为“专有部分占有人”，而专有部分占有人并不是所有权人，而是非所有权人，因此不能被称为业主。其次，确认了区分所有权是在对建筑物进行纵向和横向区分的基础上，由业主所享有的专有部分的所有权、共有权和共同管理权三项权利所组成的一种复合的权利。建筑物区分所有权是一个集合的权利，三种权利是紧密结合成为一个整体的且不可分割，权利人不能对建筑物区分所有权中的不同权利进行分割行使、转让、抵押、继承或抛弃。最后，区分所有权的客体主要是建筑物，但也不限于建筑物，业主区分所有权的范围已经从建筑物拓展到整个小区。

例如，小区规划范围内的绿地、道路等，按照《物权法》的规定，属于全体业主共同所有。《物权法》之所以采用建筑物区分所有权的概念，主要是因为建筑物区分所有权的主体部分仍然是建筑物内的财产，即业主对建筑物内专有部分享有的财产权。

二、专有权

（一）专有权的概念

所谓专有部分所有权，简称为专有权，是指区分所有人对其建筑物内的住宅、经营性用房等专有部分所享有的单独所有权。所谓专有部分，是指具有构造上及使用上的独立性，并能够成为分别所有权客体的部分。专有部分所有权的特点在于：第一，专有部分所有权具有所有权的效力。当然，从共同生活需要考虑，《物权法》第 71 条规定：业主行使专有部分所有权，不得危及建筑物的安全，不得损害其他业主的合法权益。因此，有必要对专有部分所有权的行使作出必要的限制。例如，关于民宅商用的问题，《物权法》第 77 条规定："业主不得违反法律、法规以及管理规约，将住宅改变为经营性用房。业主将住宅改变为经营性用房的，除遵守法律、法规以及管理规约外，应当经有利害关系的业主同意。"这就是说，民宅改为商用，一方面，要符合法律、法规以及管理规约的规定。如果管理规约中对住宅改为经营性用房有禁止性的规定，那么必须按照管理规约的规定，不得将住宅改为经营性用房。另一方面，要经过有利害关系的业主同意。这主要是指住宅改为商用以后利益所可能受影响的业主。第二，专有权的客体具有特殊性。一般所有权的客体是特定的动产或不动产。而区分所有权的专有权的客体，不可能是独立的不动产，而只能是建筑物经分割后形成的具有一定独立性和可公示性的"专有部分"。第三，专有部分的所有权居于主导地位。尽管业主享有的建筑物区分所有权，是由多种权利构成的，但在各项权利中，专有部分的所有权居于主导地位，其他权利都是由专有部分的所有权决定的。基于专有部分的所有权，才决定了共有部分的持有比例，决定了共有权中的使用和收益范围，决定了在行使共同管理权时的管理权的大小等。

（二）专有部分所有权的客体

专有权的客体是建筑物内的住宅、经营性用房等专有部分。关于专有部分范围的确定，在实践中，一般都是指售房合同中确定的套内面积。有关套内面积的确定，在合同中都应当有规定。在区分所有的情况下，专有部分要成为区分所有权的客体，必须要具备以下几个条件。

1. 必须具有构造上的独立性

构造上的独立性又称为"物理上的独立性"，各个部分在建筑物的构造上可以被区分开，可与建筑物其他部分完全隔离，也只有这样才能客观地划分不同部分并为各个所有人独立支配。如一排房屋以墙壁间隔成户。法律要求具备构成上的独立性的原因如下。一方面，由于区分所有是要将建筑物分割为不同部分而为不同所有者单独所有，因此单独所有权的支配权效力所及的客体范围必须明确。要明确划分范围就必须以墙壁、楼地板、大门等作间隔和区分的标志；另一方面，只有在客体范围十分明确的情况下，才能确定权利范围，同时准确地判断他人的行为是否构成对某一专有权的损害，如果各个权利的客体都不能区分开，也就很难判定某人的权利是否受到侵害。

2. 必须具有使用上的独立性

建筑物被区分为各个部分以后，每一部分都可以被独立地使用或具有独立的经济效用，不需借助其他部分辅助即可利用，如区分的部分可以用来住人，用作店铺、办公室、仓库、停车场等。假如区分为各个房间以后，该房间并无独立的出入门户，必须借助相邻的出入单位门户才能出入，则该房间并不具有使用上的独立性，从而不能成为区分所有的客体。

3. 可以登记予以公示并表现出法律上的独立性

构造上和使用上的独立性，乃是经济上的独立性。而法律上的独立性可以通过登记使被分割的各个部分在法律上形成各个所有权的客体。如果被分割的各个部分登记为各个主体所有，则建筑物作为整体不能再作为一个独立物存在。应当指出的是，通过登记表现出来的法律上的独立性，是以构造上和使用上的独立性为基础的，如果构造上或使用上的独立性不复存在，则法律上的独立性也难以存在。例如原区分所有的两部分同属于一人，间隔除去后，两部分合二为一，则各部分失去其构造上的独立性或使用上的独立性，应解释为一个所有权。

三、共有权

（一）共有权的概念

所谓建筑物区分所有人对共有部分的共有权，是指区分所有人依据法律、合同以及区分所有人之间的规约，对建筑物的共用部分、基地使用权、小区的公共场所和公共设施等所共同享有的财产权利。例如，区分所有人对小区的绿地、道路所享有的共有权。

在建筑物区分所有的状态下，区分所有人所享有的共有权与其对专有部分所享有的单独所有权是密切联系在一起的，共有权是由专有部分所决定的，并从属于专有部分的所有权。在区分所有的条件下，共有部分不能独立存在，也不能单独转让和继承。只有在取得了专有部分的所有权之后才能相应的取得共有权。正是由于共有部分附随于专有部分，因此区分所有权中的共有，既不同于按份共有，也不同于共同共有，可以将其看作为一种特殊的共有形态。

共有权在类型上具有多样性。在区分所有中，共有的类型比较复杂：一是可以根据共有产生的原因，将共有分为法定共有和约定共有；二是根据共有的客体是财产还是权利，可以将共有分为一般共有和准共有；三是根据共有人的范围，可以将共有分为小区内全体业主的共有、某一栋建筑物内全体业主的共有、特定单元或者特定几个业主的共有。对不同类型的共有的确定需要根据不同的财产情况来考虑。

（二）共有权的行使

《物权法》第 72 条第 1 款规定："业主对建筑物专有部分以外的共有部分，享有权利，承担义务；不得以放弃权利不履行义务。"这就是说，业主对共有财产享有共有权，并因此享有共同管理权。但是，业主不得以放弃权利不履行义务。例如，业主不得为了拒绝支付共有财产维护、维修义务和责任，而要求放弃对共有财产的权利。因为共有部分和专有部分是不可分离的，业主不得在保留专有部分的情况下放弃其共有部分的权利。更不能以放弃共有部分的权利为理由，而拒绝履行支付物业费等义务。

《物权法》第 80 条规定："建筑物及其附属设施的费用分摊、收益分配等事项，有约定的，按照约定；没有约定或者约定不明确的，按照业主专有部分占建筑物总面积的比例确定。"这就是说，涉及建筑物及其附属设施的费用分摊、收益分配等事项，首先要由业主在管理规约或合同中明确规定。如果没有规定或者约定不明，按照业主专有部分占建筑物总面积的比例确定。这实际上是确定了共有人在没有约定的情况下，应采取持有份的方式享有权利并承担义务。业主的专有部分占建筑物总面积的比例越大，其所享有的收益越大，则其所应当承担的费用分摊等义务也就越大；反之，则越小。

（三）法定共有的范围

法定共有，是指依照法律规定由全体业主对于共有部分享有的共有权。例如，规划范围内道路、绿地等归业主共有。法定共有的特点在于，该规定属于强行法，一旦法律规定之后，当事人不得在购房合同中通过约定变更归属。开发商也不能通过合同来处分这些法定共有的财产。法定共有也是附随于专有权的，一旦业主取得了房屋的专有权，同时也取得共有权。法定共有的类型主要有以下几种。

1. 绿地

《物权法》第 73 条规定："建筑区划内的道路，属于业主共有，但属于城镇公共道路的除外。建筑区划内的绿地，属于业主共有，但属于城镇公共绿地或者明示属于个人的除外。建筑区划内的其他公共场所、公用设施和物业服务用房，属于业主共有。"根据该条规定，除属于城镇公共绿地或者明示属于个人的以外，业主对小区内的绿地享有共有权。绿地应当作为共有财产属于全体业主共有，不能由开发商保留所有权。

2. 道路

道路是指小区内没有经过市政规划的用于通行的道路。依据《物权法》第 73 条第 1 款规定："建筑区划内的道路，属于业主共有，但属于城镇公共道路的除外。"这就是说，如果是规划确定的公共道路，就应当属于公有物，属于国家所有。在实践中，有些小区面积很大，小区内有的道路是市政道路，有的是业主共有的道路，因此在规划的时候应明确加以区分。凡是规划确定的市政道路，任何人都有权使用，业主不得妨害他人的通行。城镇公共道路之外的道路，则应由业主共有。虽然道路、绿地必须归业主共有，但业主也不能随意改变这些道路、绿地的规划用途，如不能在此之上私盖建筑等。如果其他小区的业主有必要通行，则应当按照相邻关系的有关规定处理。

3. 物业服务用房

物业服务用房是指物业公司为管理整个小区内的物业而使用的房屋。《物权法》第 73 条规定，建筑区划内的其他公共场所、公用设施和物业服务用房，属于业主共有。因为物业服务用房是向小区提供物业服务所必需的，没有物业服务用房，物业服务企业等就无法为业主提供必要的物业服务。

4. 维修资金

所谓维修资金，就是指由业主支付的专门用于住宅的共有部分、共有设施和设备维修所需的资金，如电梯、水箱等共有部分的维修费用。《物权法》第 79 条规定："建筑物及其附属设施的维修资金，属于业主共有。经业主共同决定，可以用于电梯、水箱等共有部分的维修。维修资金的筹集、使用情况应当公布。”这就是说，维修资金在归属上必须属于业主共有，而且，维修资金必须要用于特定的目的。此外，维修资金的使用还必须由全体业主经过法定的程序决定。根据《物权法》第 76 条第 5 项的规定，维修资金的使用必须要全体业主共同决定，且应当经其专有部分占建筑物总面积三分之二以上的业主且占总人数三分之二以上的业主同意。

5. 建筑区划内的其他公共场所和公用设施

《物权法》第 73 条规定：“建筑区划内的其他公共场所、公用设施和物业服务用房，属于业主共有。”所谓其他公共场所和公用设施，就是指除绿地、道路之外的公共场所和公用设施。公共场所包括广场、园林、走廊、门庭、大堂等。公用设施包括各种健身设施、消防设施、围墙、大门、自行车车棚、外墙、配电箱，各种供电、热水、气管线等。

（四）车位车库的归属

所谓车库，是指隶属于整个小区、具有独立的空间、以存放车辆为目的的附属建筑物。车库又常常被称为地下车库，但不仅仅限于地下车库，因为在有些建筑物内，地上一层或者二层也可能兴建车库，这也涉及其归属问题。车库本身四周是封闭的，其可以通过登记表彰权利的范围。所谓车位，是指车库中的停车位，以及规划用于停车的具体地点。《物权法》第 74 条第 2 款规定：“建筑区划内，规划用于停放汽车的车位、车库的归属，由当事人通过出售、附赠或者出租等方式约定。”这就是说，关于车位、车库的归属，应当由当事人在购房合同中加以确定，如果开发商在合同中保留了车位、车库的所有权，那么，车位、车库就归开发商所有。如果其将车位、车库赠与业主，就由业主享有所有权。如果开发商将其出售给业主，业主在支付了价款之后取得所有权。如果开发商将车位、车库出租给业主，开发商仍然享有所有权，但业主享有使用权。根据《物权法》第 74 条规定，开发商在修建了车位、车库之后，首先应当满足业主的需要。所谓首先满足业主需要，就是指开发商在修建了车位、车库之后应当首先将其出租、出售给业主，而不能高价卖给第三人。如果业主有能力购买，则应当予以出售；如果业主没有能力购买，则应当予以出租。为了首先满足业主的需要，不管业主以外其他人是否提出了比业主更高的条件，开发商都不能首先将车位、车库卖给其他人。当然，满足业主需要只能是合理的需要，合理需要就是说，只要满足业主基本的停车需要，就认为已经满足。问题在于，如果没有满足需要，开发商将车位、车库高价转让给业主以外的其他人，业主可否请求确认出卖车位的合同无效？对于此行为应当认定为无效。因为在没有满足业主合理需要的情况下，就损害了业主依法应当享有的权益，如果业主不能主张合同无效，相应的立法目的就无法实现。所以，《物权法》第 74 条规定，在性质上属于强制性规定，违反了该规定而订立的合同，都应当被宣告无效。

四、管理权

（一）管理权的概念

根据《物权法》第 70 条的规定，区分所有权包括业主的共同管理权，这就确认了业主对其共有财产和公共事务的管理权。所谓管理权，是指业主基于专有部分的所有权从而依法享有对业主的共同财产和共同事务进行管理的权利。管理权是专属于业主的权利。区分所有权中的管理权是法律赋予业主专门管理业主的共有财产和共司事务的权利。也就是说，一方面，业主取得了专有部分的所有权，因而享有对建筑物及其小区内共有设施的共有权，对共有财产享有共有权；另一方面，由于全体业主在一起共同生活，因而对共有的生活也享有共同管理的权利，但这种管理权是专属于业主的权利。管理权在性质上是由业主享有的专有部分所有权所决定的，或者说是以各个业主享有的单独的所有权为基础的。任何人取得了专有部分所有权，自然取得了管理权。如果转让了专有部分所有权，其管理权也随之丧失，并由受让人取得成员资格。管理权有时是确保专有部分所有权和共有权实现的手段。所以管理权不能与区分所有分割而单独行使。业主所享有的管理权的范围也要受到单独所有权部分的制约。例如，业主在就重大事项投票时，要考虑到其专有部分的面积及其在整个建筑物总面积中的比例。

（二）管理规约

所谓管理规约，又称为规约、业主公约、住户规约，是由全体业主通过业主大会就物业的管理、适用、维护与所有关系等各方面所制订的规则，也是指由业主制定的有关如何管理、使用和维护共有财产以及规范其相互之间的关系的协议。《物权法》第 83 条第 1 款规定："业主应当遵守法律、法规以及管理规约"，这就强调了管理规约的重要性。管理规约是业主自治的产物。业主自治实际上是私法自治的具体体现。通常来说，管理规约基本上包括两部分。一方面，针对物的管理。特别是对建筑物及其附属设施的使用和维护等问题，需要制定管理规约加以确定。例如，小区内是否禁止将住宅改为经营性用房等都必须通过管理规约加以确定。另一方面，针对业主行为作出的规范。这就是说，管理规约要具体针对业主的共同生活作出规定，例如，禁止滥搭滥建、禁止业主携带危险物品进入社区、禁止饲养危险的动物、禁止利用专有部分的所有权从事违法活动、业主依法缴纳物业费和其他费用等。管理规约应当经过法定的程序来制订和修改。根据《物权法》第 76 条的规定，制定和修改建筑物及其附属设施的管理规约，应当经专有部分占建筑物总面积过半数的业主且占总人数过半数的业主同意。只要管理规约是全体业主共同意思的表示，没有违反法律的强制性规定以及公序良俗，则管理规约经过法定的程序制定后，就应当生效，对全体业主产生拘束力。

（三）物业管理

所谓物业管理，就是指由业主自行或者委托物业服务机构以及其他管理人，对业主共有财产和共同事务进行管理和服务的行为。它包括了对建筑物的保存、改良、利用、处分以及对区分所有权人共同生活秩序的维持等内容。物业管理是由业主的共同管理权所派生出来的，它既可以是业主自行管理，也可以由业主委托给物业服务企业和其他管理人来管理。业主对于物业管理享有以下权利。

1. 自行管理权

业主不仅是专有部分的所有权人，也是共有财产的共有人。所有人有权自行管理自己的财产是理所当然的。因此，业主对物业完全可以自行管理，而不需要聘请物业服务机构或者其他管理人管理，从而减少不必要的管理费用。

2. 自主聘任权

依据《物权法》第 81 条，业主可以委托物业服务企业或者其他管理人管理。这就赋予了业主对物业服务机构或者其他管理人的自主聘任权。虽然在业主购买房屋并召开业主大会之前，开发商可以代业主指定物业服务机构，但是一旦业主陆续搬入之后能够召开业主大会，应当由业主按照法定程序决定是否继续聘用开发商指定的物业服务机构。需要指出的是，业主不仅有权自主聘任物业服务机构提供物业服务，还可以自主聘任物业服务机构之外的其他管理人管理。

3. **解聘权**

所谓解聘权，就是指在开发商前期聘任了物业服务机构之后，业主也可以通过一定的程序解聘开发商前期选聘的物业服务机构。根据《物业管理条例》的有关规定，在房地产开发过程中，在业主、业主大会选聘物业服务机构之前，开发商首先要为业主选聘物业服务机构，这对于做好物业的前期管理是必要的。但是，开发商选聘物业服务机构之后，并不是说业主就只能服从其选聘，而丧失了自主聘任和解聘物业服务机构的权利。《物权法》第81条规定，“对建设单位聘请的物业服务企业或者其他管理人，业主有权依法更换”。

4. **监督权**

《物权法》第82条规定：“物业服务企业或者其他管理人根据业主的委托管理建筑区划内的建筑物及其附属设施，并接受业主的监督。”物业服务企业或者其他管理人提供物业服务与管理的权限，来自于业主的委托。对于超出业主委托范围的事项，业主有权基于违约提起诉讼。尤其是物业服务企业或者其他管理人应当自觉接受业主监督，对于各种管理事项、费用支出等事务，要通过适当方式予以公示，方便业主行使监督权。

五、业主大会和业主委员会

（一）业主大会

1. **业主大会的概念**

《物权法》第75条规定：“业主可以设立业主大会，选举业主委员会。”业主大会是指全体业主成立的、管理其共有财产和共同生活事务的自治组织。业主大会的特点在于：首先，业主大会是业主的意思形成机构。业主的共同意志是通过业主大会的决议表现出来的，只有通过业主大会的决议，才能使法律赋予业主的权利能够得到具体实现。其次，业主大会是业主依据法定的程序行使共同管理权的组织。一方面，业主大会是一个所有人的联合体；另一方面，法律赋予全体业主所享有的共同管理权，需要通过业主大会才能得以行使。在建筑物区分所有的情况下，无论是否成立业主委员会，一般都应当设立业主大会，并通过业主大会来管理业主的各项共同事务。最后，业主大会是一个自治组织，即全体业主所组成的管理其共同财产和共同事务的自治组织。它是一个所有人的联合体，性质上既不是国家机关，也不是事业单位，更不是营利性的机构，只不过是依照法律和规约而由业主组织起来的组织体。

2. **业主大会的职权**

业主大会的职权是指业主大会依据法律、法规和管理规约的规定所享有的管理业主共同事务和共有财产的各种权利。业主大会作为全体业主的最高权力机构，作为代表业主行使对共有财产权利的机构，其职权主要是代表业主管理共同财产和共同事务，并就业主共同生活事项制定共同规则。业主大会的职权是由法律、法规的规定以及管理规约的规定来决定的。这就是说，如果法律、法规直接规定了业主大会的职权，应当依据法律法规的规定。《物权法》第 76 条第 1 款规定："下列事项由业主共同决定：①制定和修改业主大会议事规则；②制定和修改建筑物及其附属设施的管理规约；③选举业主委员会或者更换业主委员会成员；④选聘和解聘物业服务企业或者其他管理人；⑤筹集和使用建筑物及其附属设施的维修资金；⑥改建、重建建筑物及其附属设施；⑦有关共有和共同管理权利的其他重大事项。"尽管该条是对业主管理权的规定，但是这些依法应由业主共同决定的事项，必须通过召开业主大会的形式才能作出最终决定。从这个意义上说，第 76 条的规定也可以说是对业主大会职权的规定。有关业主大会的职权，除了法律规定之外，还可以通过管理规约来特别决定。《物权法》第 76 条第 2 款特别规定："决定前款第五项和第六项规定的事项，应当经专有部分占建筑物总面积三分之二以上的业主且占总人数三分之二以上的业主同意。决定前款其他事项，应当经专有部分占建筑物总面积过半数的业主且占总人数过半数的业主同意。"因此，《物权法》采取了协调面积和人数投票的方式，作出这种规定主要是为了协调不同业主之间的利益，保障程序的公正性。

关于业主大会的诉讼主体资格问题，考虑到业主大会没有自身的独立财产，从而没有责任财产。一旦判决败诉，如果业主拒不接受判决结果，判决就难以得到执行，据此，我国《物权法》没有规定业主大会及业主委员会是否可以基于业主的委托或代表业主在法院起诉应诉。

（二）业主委员会

业主委员会是业主大会的执行机构，受业主大会委托来管理全体业主的共有财产或者共同生活事务。业主委员会的特点如下。第一，业主委员会是业主大会的执行机构。业主委员会本身不能独立于业主大会而存在。它是业主大会的常设机构。在业主大会闭会期间，业主委员会要依据业主大会的授权而具体执行业主大会的各项决定。业主可以设立业主委员会，也可不设立业主委员会。第二，业主委员会是由业主依据法定的程序所组成的。一方面，只有业主才能有资格被选举为业主委员会的成员，非业主不可能成为业主委员会的成员。因为毕竟业主委员会是业主进行自主管理的一种形式，它不需要也不可能由非业主参与其事务的管理。另一方面，业主委员会必须由业主大会经一定的民主程序选举产生。依据我国《物权法》第 76 条的规定，选举业主委员会或者更换业主委员会成员，应当经专有部分占建筑物总面积一半以上的业主且占总人数一半以上的业主同意。第三，业主委员会的主要职责是维护全体业主的权益。其作为共同行使共有财产共有权和共同事务管理权的自治组织，所负有的职责主要是基于法律法规和业主的委托，维护全体业主的共同利益。一方面，业主委员会必须维护业主享有的各种合法权益；另一方面，业主委员会也要维护全体业主的共同利益，如对共有部分的养护、管理和使用，必要情况下，它可以对个别业主违反管理规约处置其专有部分的行为进行制止。

业主委员会的职权来自于法律法规的规定和业主的授权。我国《物权法》并没有对业主委员会的职权作出规定，主要就是考虑到业主委员会的职权应由业主决定，不宜由基本法律直接规定，但《物业管理条例》对业主委员会的职权进行了规定。通常业主委员会的职权主要来自于业主的授予，其主要职责是维护业主的权利。具体来说，包括召集业主大会、报告有关物业管理情况、受业主大会的委托与物业服务企业签订合同、及时了解业主的意见和建议、提出有关物业管理和维修维护的建议、监督和协助物业服务企业履行物业服务合同、监督有关财务等的公开等。

《物权法》第78条规定:“业主大会或者业主委员会的决定,对业主具有约束力。业主大会或者业主委员会作出的决定侵害业主合法权益的,受侵害的业主可以请求人民法院予以撤销。”因为此种决定经过了规定的程序而作出,获得二分之一或者三分之二以上的票数同意,所以应当具有拘束力。但是,要产生此种拘束力,还需要注意如下问题。第一,必须要经过严格的程序作出此种决定。在作出决定时,不管是法定的程序,还是业主规定的程序,都必须遵守,违反这些公证的程序不能够产生拘束力。第二,必须要在规定的权限内作出决定。不应该由业主委员会作出决定的事项,如《物权法》第76条所规定的事项,业主委员会无权作出决定。第三,决定应当公示,以便于新入住的业主了解决定的内容,从而有助于保护业主的利益。第四,决定一旦作出,对业主具有约束力。

为了防止业主大会或者业主委员会违反法律或规约的规定作出决定,避免少数业主委员会成员受利益驱使作出危害大多数业主的行为,《物权法》第78条第2款规定:“业主大会或者业主委员会作出的决定侵害业主合法权益的,受侵害的业主可以请求人民法院予以撤销。”这就赋予了受侵害的业主以撤销权。这种撤销权的行使必须符合三个条件:一是业主大会或者业主委员会作出的决定是违反有关规定的,例如,没有按照法定的程序作出决定。二是该决定侵害了业主的利益。例如,业主委员会作出决定,将明示归个人的某块绿地申请改变规划用途作为车位,这就损害了业主的专有部分所有权。三是主张撤销权的业主应当是权益受到侵害的业主,也就是受害人,非受害人不能请求法院撤诉。

《物权法》第83条规定:“业主应当遵守法律、法规以及管理规约。业主大会和业主委员会,对任意弃置垃圾、排放污染物或者噪声、违反规定饲养动物、违章搭建、侵占通道、拒付物业费等损害他人合法权益的行为,有权依照法律、法规以及管理规约,要求行为人停止侵害、消除危险、排除妨害、赔偿损失。业主对侵害自己合法权益的行为,可以依法向人民法院提起诉讼。”该条规定的大部分内容实际上规定了业主在侵害相邻关系情况下的责任。根据该规定,首先,业主大会和业主委员会针对侵害相邻关系的行为,有权要求行为人停止侵害、消除危险、排除妨害、赔偿损失。这实际上是由法律授权业主大会和业主委员会采取必要的行动。如果业主组织能够采取一定的行动来制止侵害行为的话,这就可以实现纠纷解决的效率性,而无须启动司法程序去解决。其次,业主大会和业主委员会在提出请求时,应当依据法律、法规以及管理规约的规定。业主大会和业主委员会在解决纠纷的时候,可以直接依据管理规约来制止业主的各种侵害行为。实际上,业主大会和业主委员会是管理规约的“执法者”和业主共同利益的维护者。最后,业主对侵害自己合法权益的行为,可以依法向人民法院提起诉讼。此处所说的业主,是指单个的业主。因为一方面,我国物权法没有规定业主大会和业主委员会的诉讼主体资格;另一方面,在侵害相邻关系的情况下,某个或某些业主可能遭受实际的损害或妨害,这些业主也应当享有相应的物权请求权或侵权请求权,从而请求法院予以保护。

法条链接

中华人民共和国物权法（节选）

第七十条 业主对建筑物内的住宅、经营性用房等专有部分享有所有权，对专有部分以外的共有部分享有共有和共同管理的权利。

第七十一条 业主对其建筑物专有部分享有占有、使用、收益和处分的权利。业主行使权利不得危及建筑物的安全，不得损害其他业主的合法权益。

第七十二条 业主对建筑物专有部分以外的共有部分，享有权利，承担义务；不得以放弃权利不履行义务。

业主转让建筑物内的住宅、经营性用房，其对共有部分享有的共有和共同管理的权利一并转让。

第七十三条 建筑区划内的道路，属于业主共有，但属于城镇公共道路的除外。建筑区划内的绿地，属于业主共有，但属于城镇公共绿地或者明示属于个人的除外。建筑区划内的其他公共场所、公用设施和物业服务用房，属于业主共有。

第七十四条 建筑区划内，规划用于停放汽车的车位、车库应当首先满足业主的需要。

建筑区划内，规划用于停放汽车的车位、车库的归属，由当事人通过出售、附赠或者出租等方式约定。

占用业主共有的道路或者其他场地用于停放汽车的车位，属于业主共有。

第七十五条 业主可以设立业主大会，选举业主委员会。

地方人民政府有关部门应当对设立业主大会和选举业主委员会给予指导和协助。

第七十六条 下列事项由业主共同决定：

（一）制定和修改业主大会议事规则；

（二）制定和修改建筑物及其附属设施的管理规约；

（三）选举业主委员会或者更换业主委员会成员；

（四）选聘和解聘物业服务企业或者其他管理人；

（五）筹集和使用建筑物及其附属设施的维修资金；

（六）改建、重建建筑物及其附属设施；

（七）有关共有和共同管理权利的其他重大事项。

决定前款第五项和第六项规定的事项，应当经专有部分占建筑物总面积三分之二以上的业主且占总人数三分之二以上的业主同意。决定前款其他事项，应当经专有部分占建筑物总面积过半数的业主且占总人数过半数的业主同意。

第七十七条 业主不得违反法律、法规以及管理规约，将住宅改变为经营性用房。业主将住宅改变为经营性用房的，除遵守法律、法规以及管理规约外，应当经有利害关系的业主同意。

第七十八条 业主大会或者业主委员会的决定，对业主具有约束力。

业主大会或者业主委员会作出的决定侵害业主合法权益的，受侵害的业主可以请求人民法院予以撤销。

第七十九条 建筑物及其附属设施的维修资金，属于业主共有。经业主共同决定，可以用于电梯、水箱等共有部分的维修。维修资金的筹集、使用情况应当公布。

第八十条 建筑物及其附属设施的费用分摊、收益分配等事项，有约定的，按照约定；没有约定或者约定不明确的，按照业主专有部分占建筑物总面积的比例确定。

第八十一条 业主可以自行管理建筑物及其附属设施，也可以委托物业服务企业或者其他管理人管理。

对建设单位聘请的物业服务企业或者其他管理人，业主有权依法更换。

第八十二条 物业服务企业或者其他管理人根据业主的委托管理建筑区划内的建筑物及其附属设施，并接受业主的监督。

第八十三条 业主应当遵守法律、法规以及管理规约。

业主大会和业主委员会，对任意弃置垃圾、排放污染物或者噪声、违反规定饲养动物、违章搭建、侵占通道、拒付物业费等损害他人合法权益的行为，有权依照法律、法规以及管理规约，要求行为人停止侵害、消除危险、排除妨害、赔偿损失。业主对侵害自己合法权益的行为，可以依法向人民法院提起诉讼。

第六节 相邻关系

一、相邻关系的概念和特征

相邻关系是指两个或两个以上相互毗邻不动产的所有人或使用人在对各自所有的或使用的不动产行使权利时，因相互间依法应当给予方便或接受限制而发生的权利义务关系。相邻关系从本质上讲是财产所有人或使用人的财产权利的延伸，同时又是他人财产所有权或使用权的限制。例如，不动产所有人或使用人在行使不动产所有权或使用权时应当注意防止对邻人的损害；水源地所有人或使用人应当允许邻人使用其水源；低地所有人或使用人应当允许高地所有人或使用人通过其土地排放积水。土地所有人或使用人应当为邻人之方便在法律规定的范围内允许邻人使用其土地，相邻各方在设置分界墙、分界沟、分界篱时应依法处理好有关关系。最近几年来出现了如“观景权”“眺望权”等各种各样的权利关系，究其实质，都属于相邻关系的范畴。

相邻关系具有以下特征。

1. 相邻关系的主体具有多数性

相邻关系发生在两个或者两个以上的不动产相互毗邻的所有人或者使用人之间。相邻人可以是自然人，也可以是法人；可以是财产所有人，也可以是非财产所有人。

2. 相邻关系的客体具有特殊性

相邻关系的客体并不是财产本身，而是由行使所有权或使用权时所引起的和相邻人有关的经济利益或其他利益，对于财产本身并不发生争议。

3. 相邻关系的标的物具有相邻性

相邻关系是在两个或者两个以上所有人或使用人的财产相互毗邻的情况下发生的。

4. 相邻关系的内容具有复杂性

相邻关系的内容具有复杂性，主要表现在积极作为和消极的不作为方面，具体表现在：相邻任何一方都要以自己的财产为对方提供某种必要的便利，相邻各方在行使权利时，不得损害他方的合法权益。

二、处理相邻关系的原则

相邻人因相邻不动产的权利的行使必然会发生这样或者那样的关系，如果处理不好，就会发生矛盾，发生纠纷，从而影响正常的社会秩序。根据《民法通则》的规定，结合我国的司法实践，在处理相邻关系的时候，应当坚持以下原则。

1. 有利于生产和方便生活的原则

相邻关系是人们在平时的生产、生活中因行使相邻不动产权利而产生的权利义务关系。为了维护正常的社会秩序，各相邻不动产的权利人在行使自己权利的时候，应正确对待相邻关系，本着有利于生产和方便生活的原则，不得损害他人的合法权益。

2. 团结互助和公平合理的原则

相邻各方在行使自己的权利的时候，应该团结互助，为他人提供便利。当然获得便利的一方，也应本着公平合理的原则给予对方适当的补偿。

3. 尊重历史和习惯的原则

由于不动产形成的特殊性，在处理相邻关系的时候，应尊重历史和习惯。

三、相邻关系现实表现

现实生活中，相邻关系的体现较为广泛、复杂，依据相邻关系有关立法，主要表现如下。

1. 相邻土地通行、使用关系

一方必须在另一方使用的土地上通行的，应当予以准许。通行人应寻找既必要又损失少的路径，并应对因通行给邻地造成的损失给予适当的补偿。对于历史上形成的一方所有或者使用的建筑物范围内的必经通道，所有权人或者使用人不得堵塞。相邻一方因施工需要临时占用他方使用的土地时，须选择对于邻人损害最小处使用，相邻他方应当允许。

2. 相邻排水、用水关系

相邻人应当保持水的自然流向，在需要改变流向并影响相邻他方用水时，应征得他方的同意，并对由此造成的损失给予适当的补偿；对于地下水，相邻各方应当合理开发利用，不得为自己的利益乱开凿水井；对于自然排水，高地所有人或使用人有权向低地排水；对于人工排水，高地所有人原则上没有使用低地排水的权利，不得设置屋檐或者其他工作物，使雨水直接泻于相邻的不动产之上。

3. **相邻管线设置关系**

相邻人因埋设管道、架设线路，需要经过他方的土地时，他方应当允许。但相邻人应当选择损害最小的地点及方法安设。相邻人还应对所占土地及施工造成的损失给予对方补偿，并于事后清理现场。

4. **相邻环保关系**

相邻一方排放“三废”和堆放放射性物质时，应当与邻地建筑物保持一定距离，“三废”的排放应达到国家标准，或者采取预防措施和安全装置。相邻他方在对方未尽到此义务的情况下，有权要求排除妨害，赔偿损失。同时，相邻各方应当注意环境清洁卫生，不得以高音、噪声、喧嚣、震动等妨害邻人的工作、生产和生活。否则，邻人有权请求停止侵害。

5. **通风、采光关系**

相邻人在建造建筑物时，应当与邻人的建筑物隔有适当距离，以免影响邻人建筑物的通风和采光。

法条链接

中华人民共和国物权法（节选）

第八十四条 不动产的相邻权利人应当按照有利生产、方便生活、团结互助、公平合理的原则，正确处理相邻关系。

第八十五条 法律、法规对处理相邻关系有规定的，依照其规定；法律、法规没有规定的，可以按照当地习惯。

第八十六条 不动产权利人应当为相邻权利人用水、排水提供必要的便利。

对自然流水的利用，应当在不动产的相邻权利人之间合理分配。对自然流水的排放，应当尊重自然流向。

第八十七条 不动产权利人对相邻权利人因通行等必须利用其土地的，应当提供必要的便利。

第八十八条 不动产权利人因建造、修缮建筑物以及铺设电线、电缆、水管、暖气和燃气管线等必须利用相邻土地、建筑物的，该土地、建筑物的权利人应当提供必要的便利。

第八十九条 建造建筑物，不得违反国家有关工程建设标准，妨碍相邻建筑物的通风、采光和日照。

第九十条 不动产权利人不得违反国家规定弃置固体废物，排放大气污染物、水污染物、噪声、光、电磁波辐射等有害物质。

第九十一条 不动产权利人挖掘土地、建造建筑物、铺设管线以及安装设备等，不得危及相邻不动产的安全。

第九十二条 不动产权利人因用水、排水、通行、铺设管线等利用相邻不动产的，应当尽量避免对相邻的不动产权利人造成损害；造成损害的，应当给予赔偿。

知识延伸

如何看待建筑物中的车库归属问题？

根据《物权法》第 74 条规定，车库应优先考虑业主的需要，既可以是出租也可以是出售，不能对此作歧视性限制。根据该条第 1 款，开发商可以把车库向外出售，但小区又是由业主共有的，造成物权排他原则的适用困境。满足业主需要是现实的需要还是潜在的需要？若理解为现实需要，那么后来买车的业主怎么处理？该条第 2 款涉及车库的归属问题，若开发商没有和业主约定车库归属，此时车库属谁所有，没有规定。从逻辑上看应属于开发商所有。但有一种观点是看车库是否计入了公摊，若计入了公摊属于业主共有，否则属于开发商所有。因此该问题还存在争议。

复习题

一、判断分析题

1. 善意取得属于继受取得。 （　　）
2. 我国《物权法》明确规定了国家所有权、集体所有权、私人所有权。 （　　）
3. 业主使用建筑物的维修资金应当经专有部分占建筑物总面积过半数的业主同意。 （　　）
4. 业主大会或者业主委员会侵害业主合法利益的，受侵害的业主可以请求人民法院撤销。 （　　）
5. 盗窃物适用善意取得制度。 （　　）

二、不定项选择题

1. 甲将自己收藏的一幅名画卖给乙，乙当场付款，约定 5 天后取画。丙听说后，表示愿出比乙高的价格购买此画，甲当即决定卖给丙，约定第二天交货。乙得知此事，诱使甲 8 岁的儿子从家中取出此画给自己。该画在由乙占有期间，被丁盗走。此时该名画的所有权属于（　　）。

A. 甲　　B. 乙　　C. 丙　　D. 丁

2. 下列属于所有权继受取得的是（　　）。

A. 甲通过遗嘱继承其兄房屋一间　　B. 乙的 3 万元存款得利息 1 000 元
C. 丙购来木材后制成椅子一把　　D. 丁拾得他人搬家时丢弃的旧电扇一台

3. 甲有天然奇石一块，不慎丢失。乙误以为无主物捡回家，配以基座，陈列于客厅。乙的朋友丙十分喜欢，乙遂以之相赠。后甲发现，向丙追索。下列选项正确的是（　　）。

A. 奇石属遗失物，乙应返还给甲　　B. 奇石属无主物，乙取得其所有权
C. 乙因加工行为取得奇石的所有权　　D. 丙可以取得奇石的所有权

4. 甲购买手机一部，交给同事乙请其代为上号。乙将该手机赠与其亲戚丙，丙受赠时并不知道手机不为乙所有，后小偷将此手机偷走了。问手机应该归（　　）。

A. 甲　　B. 乙　　C. 丙　　D. 小偷

5. 以下能够产生抛弃效力的是（　　）。

A. 将疯狗丢弃在闹市区中心　　B. 将城里老房闲置

C. 农村承包经营户的承包经营权　　D. 将疯狗丢弃在荒山野岭

6. 甲出资15万元，分别从乙、丙等处采办材料，并招聘丁建筑公司，盖了一栋楼房，经登记取得楼宇产权证。甲取得该楼宇所有权的体例是（　　）。

A. 原始取得　　B. 继受取得　　C. 加工　　D. 附合

7. 王某把自己的自行车卖给了丁某。但就王某在该车上所另装的车灯之归属，双方出现争执。则该车灯（　　）。

A. 归王某所有　　B. 归丁某所有

C. 由二人共有　　D. 归丁某所有，但应给王某恰当抵偿

8. 所有人不明的文物归（　　）。

A. 国家所有　　B. 个人所有　　C. 集体所有　　D. 发现人所有

9. 相邻地界上的竹木，如所有权无法确定时，应如何处置？（　　）

A. 推定为相邻方共同共有　　B. 推定为无主财富

C. 推定为相邻方按份共有　　D. 推定为区分所有

10. 王三购来的一块玉石，好朋友孙四借去赏识，因孙四擅长雕刻，遂将其刻成一尊工艺精湛的佛像，价值较以前大为增加，佛像应归谁所有的下列表述，正确的是（　　）。

A. 佛像应由王三、孙四共有

B. 佛像应归王三所有

C. 佛像应归孙四所有

D. 佛像归孙四所有，但他应对王三进行抵偿

三、案例分析题

某甲有山羊一只，因看管不善走失，某乙发现后将山羊牵至公安机关招领。招领期满后，公安部门依法对该山羊进行拍卖，某丙购得。后该山羊被小偷偷去，丁从小偷处购得此山羊后不久又遗失，被人发现送公安机关。公安机关招领失物时，某甲、某乙、某丙、某丁均到公安机关认领该山羊，四人发生争议，诉请法院。

第十五章

用益物权

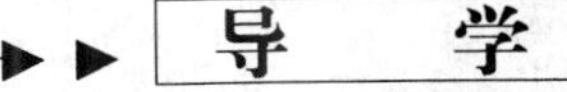

导　学

用益物权是对物的使用价值进行利用的物权，它体现了不仅要注重财产归属还要注重财产利用价值的理念。本章与下一章担保物权构成两大他物权体系，这样就形成了以所有权为核心，用益物权与担保物权为两翼的物权制度。基于物权法定主义，典型的用益物权包括：土地承包经营权、建设用地使用权、宅基地使用权和地役权。

本章知识体系

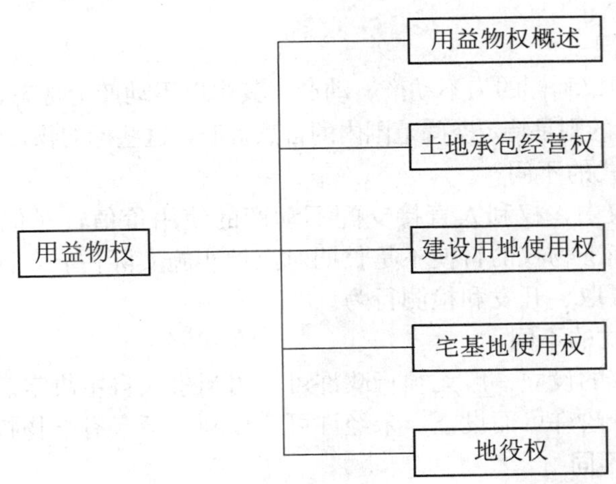

第一节　用益物权概述

一、用益物权的含义

用益物权是对他人之物在一定范围内使用、收益的限制物权。我国《物权法》第117条规定：“用益物权人对他人所有的不动产或者动产，依法享有占有、使用和收益的权利。”

第一，用益物权以不动产、动产为权利客体。传统民法认为，动产物权以占有为公示方法，无从将不同的用益内容表示于外，在动产公示技术没有障碍，动产价值日渐增加的情况下，以动产设定用益物权必将为实践所需。

第二，用益物权以占有、使用、收益为其权利内容。

第三，用益物权是在他人所有之物上设立的权利，是一种他物权。在用益物权设定之后，所有权人受自己意思的拘束，不得再直接对物的使用价值加以支配。

第四，用益物权的权能并不完全，它是一种限制物权。因为用益物权是在他人之物上行使的物权，受所有权限制。

二、准物权

（一）准物权概述

准物权，是指自然人、法人或者其他组织依法享有的对特定空间内的自然资源进行开发和利用的权利，包括海域使用权、探矿权、采矿权、取水权、养殖权、捕捞权等。由于这些权利的设定、流转、内容和效力等大多通过《中华人民共和国海域使用管理法》（以下简称《海域使用管理法》）、《中华人民共和国矿产资源法》（以下简称《矿产资源法》）、《中华人民共和国水法》（以下简称《水法》）、《中华人民共和国渔业法》（以下简称《渔业法》）等特别法加以规定，因此也被称为特别法上的物权，也有学者基于其需要通过行政许可的方式取得，而称之为特许物权。

与我国《物权法》中规定的建设用地使用权等普通用益物权相比，准物权有其特殊之处，具体表现如下。

1. 权利标的不同

普通用益物权的权利标的为不动产、动产，其中以不动产为常态，在法律上视为不可消耗物。准物权的标的则是特定空间范围内的自然资源，这些标的物在法律上视为消耗物。

2. 权利行使方式的不同

普通的用益物权中，权利人直接支配不动产的使用价值，对他人的不动产加以占有、使用、收益。而准物权的行使不是长期对土地实施实际占有，而是在土地上进行有目的的、可间断的摄取、开发和检测行为。

3. 权利取得方式的不同

普通的用益物权的设立一般无须行政许可，由当事人自主决定。而准物权依相应自然资源主管部门的行政许可而设立，未经许可，权利人不享有准物权。

4. 权利行使上不同

虽然用益物权人行使权利，应当遵守法律有关保护和合理开发利用资源的规定，但一般来说，普通的用益物权具有更多的私权特征，法律对其权利行使的限制较少；但准物权通常涉及自然资源的开发和利用，准物权的行使往往具有较高的危险性，因此对权利人的资质以及权利的行使方式，法律往往加以强制性规定。

（二）海域使用权

海域使用权，是指依法经批准取得的对国家所有的某一特定海域在一定期限内排他性持续使用并享受其利益的权利。根据我国《海域使用管理法》的规定，海域具体包括我国内水、领海的水面、水体、海床和底土，属于国家所有。

1. 海域使用权的取得

海域使用权的初始取得，包括使用人申请审批、招标取得和拍卖取得三种。在签订

《海域使用权出让合同》之后，使用人应当交付海域出让金，然后持合同及海域使用金缴付凭证办理登记。自取得海域使用权证书之日起，使用人即取得海域使用权。

海域使用权的继受取得包括转让及其他方式取得。海域使用权的转让除了履行审批手续之外，还应办理海域使用权变更登记，换发海域使用权证书。海域使用权继受取得的其他方式包括因企业合并、分立或者与他人合资、合作经营而取得海域使用权；因依法继承而取得海域使用权；因行政机关的调解或人民法院的判决、裁定、调解等原因而取得海域使用权。这些方式均应履行相应手续。

2. 海域使用权的效力

海域使用权设立后，海域使用权人可以占有、使用该海域并可从中获益，还可以依法出租、转让海域使用权。此外，出于公共利益或国家安全的需要，国家可以依法收回海域使用权，但应当对海域使用权人予以相应的补偿。

海域使用权人在享有权利的同时，还应依法缴纳海域出让金，按规定用途合理使用海域，发现所使用海域的自然资源和自然条件发生重大变化时，及时向海洋行政主管部门报告。同时，海域使用权对他人非排他性用海负有容忍义务，海域使用权终止后还应恢复原状。

3. 海域使用权的消灭

海域使用权因期满、征用以及填海等原因而终止。海域使用权的最高期限按照用途分别确定，具体如下：①养殖用海 15 年；②拆船用海 20 年；③旅游、娱乐用海 25 年；④盐业、矿业用海 30 年；⑤公益事业用海 40 年；⑥港口、修造船厂等建设工程用海 50 年。

海域使用权期限届满，海域使用权人需要继续使用海域的，应当至迟于期限届满前 2 个月向原批准用海的人民政府申请续期。除根据公共利益或者国家安全需要收回海域使用权的以外，原批准用海的人民政府应当批准续期。海域使用权终止后，原海域使用权人应当拆除可能造成海洋环境污染或者影响其他用海项目的用海设施和构筑物。被征用的情况下，国家应当给予相应补偿。因填海而终止的情况下，填海形成的土地，属于国家所有；海域使用权人有权凭海域使用权证书，提出土地登记申请，确认土地使用权。

（三）矿业权

矿业权是探矿权和采矿权的合称，是指依法在已经登记的特定矿区或者工作区内勘探、开采矿产资源，取得矿产品，并排除他人干涉的权利。

1. 矿业权的取得

矿业权的取得有以下几种方式：第一，依申请取得，即由矿山企业等向矿产管理部门提出取得探矿权或采矿权的申请，该管理部门对其申请进行审查，对符合条件的予以矿业权登记，并颁发矿产资源勘查许可证或采矿权许可证；第二，以招标、拍卖方式取得；第三，以转让方式取得，探矿权人有权在特定勘查作业区内进行规定的勘查活动，在其完成规定的最低勘查投入后，经依法批准可以将探矿权转让给他人。采矿权人因企业合并、分立，与他人合资、合营，或者因企业资产出售及其他情形需要变更采矿权主体的，经依法批准也可将采矿权转让他人。具体的转让条件和程序应当适用相关法律法规的规定。

2. 矿业权的效力

探矿权人的权利主要表现在：①按照矿产资源勘查许可证规定的区域、期限、工作对象进行勘查，并排除他人干涉；②在勘探区及相邻区域架设供电、供水、通信的管线、通行或运输有关勘探设施；③优先取得勘查工作区内新发现矿种的探矿权和勘查工作区内矿产资源的采矿权；④除非法律另有规定，探矿权人可以取得并自行销售经勘探开采所获取的矿产品；⑤依法转让探矿权。探矿权人在完成规定的最低勘查投入后，经依法批准可以将探矿权转让给他人。

探矿权人的义务有：①在矿产资源勘查许可证规定的期限内完成勘查工作；②向勘查登记管理部门报告开工等情况，以便有关部门进行监督管理；③在查明主要矿种的同时，对共生、伴生的矿产资源进行综合勘查、综合评价；④按照规定缴纳各种税费；⑤进行勘探活动时，遵守环境保护、劳动安全的有关法律规定；⑥勘查作业不得阻碍或损害航运、灌溉、防洪等活动或设施。在探矿活动结束时，及时采取各项安全措施，进行土地复垦。

采矿权人的权利主要表现有：①在特定矿区开采矿产资源；②获得开采矿产所有权并自行销售，但法律或许可证另有规定的除外；③在矿区或工作区内建设采矿所需的生产和生活设施；④依法转让采矿权。已取得采矿权的矿山企业，因企业合并、分立，与他人合资、合作经营，或者因企业资产出售以及有其他变更企业资产产权的情形需要变更采矿权主体的，经依法批准可以将采矿权转让他人。

采矿权人的义务主要有：①在采矿许可证规定的期限和范围内开采矿产资源；②有效保护、合理开采、综合利用矿产资源；③依法缴纳各种税费；④遵守国家有关劳动安全、水土保持、土地复垦和环境保护的法律规定；⑤接受矿业行政主管部门的监督管理；⑥取得矿区土地使用权时要依法缴纳土地使用权出让金。

（四）取水权

取水权，是指依照法律的规定开采、利用地下水和地表水以满足生产、生活需要的权利。我国实行水资源国家所有制度，水资源的所有权由国务院代表国家行使。农村集体经济组织的水塘和由农村集体经济组织修建管理的水库中的水，归各该农村集体经济组织使用。

1. 取水权的取得

取水权的取得有以下几种方式。第一，直接取得。即无须申请取水许可证而直接取得取水权的情况，包括：农村集体经济组织及其成员使用本集体经济组织的水塘、水库中的水；为家庭生活、畜禽饮用取水；为农业灌溉少量取水；用人力、畜力或者其他方法少量取水。为农业抗旱应急必须取水的，为保障矿井等地下工程施工安全和生产安全必须取水的，为防御和消除对公共安全或者公共利益的危害必须取水的，免予申请取水许可证。第二，依申请取得。即自然人、法人或其他组织取得取水权应当通过审批。取水权的取得情况，应载入取水许可登记簿，并定期公告。第三，依转让方式取得。

2. 取水权的效力

取水权人有权按有关主管机关核定的取水量、在确定的取水地点以及取水期限等范围内，直接从江河、湖泊或者地下取用水资源，并加以使用。取水权人的义务主要包括及时缴纳水资源费，保护水资源不受污染，维护水源附近的生态平衡和自然环境，不得进行破坏性的开采。

(五) 渔业权

渔业权，是指自然人、法人或其他组织依法在一定水域从事养殖或者捕捞水生动植物的权利，包括养殖权和捕捞权。

1. 渔业权的取得

渔业权的取得方式有以下几种。第一，直接取得。娱乐性游钓和在尚未养殖、管理的滩涂手工采集零星水产品的，不必申请捕捞许可证。第二，依申请取得。养殖权通过权利人向渔业行政主管部门申请取得渔业经营者养殖证的方式设定；捕捞权依权利人向有关部门提出申请取得捕捞权许可证的方式设定。第三，以转让方式取得。应当注意的是，我国《渔业法》明确规定，捕捞许可证不得买卖、出租和以其他形式转让，不得涂改、伪造、变造。由此可见，渔业权无法因转让而取得。

2. 渔业权的效力

养殖权人的权利主要表现如下。①使用特定水域从事养殖业。②捕捞权。该项捕捞权能随养殖权的产生而自然具有，不是一项独立的权利，其捕捞方式可由养殖权人自行决定，并且该项权能不得单独转让。③对养殖的水产品和合法捕捞的水产品享有所有权。

养殖权人的义务主要有：①养殖权人应当依法缴纳养殖水域、滩涂的使用费；②按照养殖许可证规定的条件从事养殖生产或捕捞作业活动；③养殖权人无正当理由不得使养殖水域、滩涂荒芜；④养殖权人负有保护和合理使用水域、滩涂的义务。

捕捞权人的权利主要表现为在特定渔场从事捕捞作业。捕捞权人有在捕捞许可证规定范围内进行捕捞作业的权利，并对捕捞的水产品享有所有权。

捕捞权人的义务主要有：①捕捞权人应当依法缴纳渔业资源税；②捕捞权人应当按照捕捞许可证规定的场所、时限、渔具数量等进行捕捞作业；③不得使用破坏渔业资源的方法进行捕捞作业，不得在禁渔区、禁渔期进行捕捞；④不得出卖、出租和以其他方式转让捕捞许可证，不得涂改、伪造、变造捕捞许可证。

法条链接

中华人民共和国物权法（节选）

第一百一十七条 用益物权人对他人所有的不动产或者动产，依法享有占有、使用和收益的权利。

第一百一十八条 国家所有或者国家所有由集体使用以及法律规定属于集体所有的自然资源，单位、个人依法可以占有、使用和收益。

第一百一十九条 国家实行自然资源有偿使用制度，但法律另有规定的除外。

第一百二十条 用益物权人行使权利，应当遵守法律有关保护和合理开发利用资源的规定。所有权人不得干涉用益物权人行使权利。

第一百二十一条 因不动产或者动产被征收、征用致使用益物权消灭或者影响用益物权行使的，用益物权人有权依照本法第四十二条、第四十四条的规定获得相应补偿。

第一百二十二条 依法取得的海域使用权受法律保护。

第一百二十三条 依法取得的探矿权、采矿权、取水权和使用水域、滩涂从事养殖、捕捞的权利受法律保护。

第二节 土地承包经营权

一、土地承包经营权概述

我国《宪法》第8条规定："农村集体经济组织实行家庭承包经营为基础、统分结合的双层经营体制……参加农村集体经济组织的劳动者，有权在法律规定的范围内经营自留地、自留山、家庭副业和饲养自留畜。"《中共中央关于完善社会主义市场经济体制若干问题的决定》中也明确指出："土地家庭承包经营是农村基本经营制度的核心，要长期稳定并不断完善以家庭承包为基础、统分结合的双层经营体制，依法保障农民对土地承包经营的各项权利。"《物权法》第124条重申了这一基本体制，规定："农村集体经济组织实行家庭承包经营为基础、统分结合的双层经营体制。农民集体所有和国家所有由农民集体使用的耕地、林地、草地以及其他用于农业的土地，依法实行土地承包经营制度。"而土地承包经营权就是以家庭承包经营为基础、统分结合的双层经营体制在民事法律中的具体体现。

土地承包经营权，又称农村土地承包经营权，是指农业生产经营者以从事农业生产为目的，对集体所有或国家所有的由农民集体使用的土地进行占有、使用和收益的权利。

（一）土地承包经营权的主体是农业生产经营者

《中华人民共和国农村土地承包法》（以下简称《农村土地承包法》）规定，农村集体经济组织成员有权依法承包本集体经济组织发包的农村土地，农村土地承包，妇女与男子享有平等的权利。但我国亦允许非本集体组织成员的单位或个人承包集体所有的土地，但须履行一定的程序。根据我国《土地管理法》和《农村土地承包法》的规定，经本集体经济组织成员的村民会议三分之二以上成员或者三分之二以上村民代表的同意，并报乡（镇）人民政府批准，集体经济组织以外的单位或者个人亦可承包农村土地。同时，《农村土地承包法》不仅允许权利人通过转让、互换等方式移转其权利，而且允许对荒山、荒沟、荒丘、荒滩等"四荒"土地通过招标、拍卖等公开竞价方式直接取得土地承包经营权。而对转让时的受让人、"四荒"土地公开竞价时的竞买人，法律并未限制为本集体经济组织的成员，而只是要求其具有农业开发经营能力即可。

（二）土地承包经营权的客体是集体所有或国家所有由农民集体使用的农用地

土地根据土地用途的不同可分为农用地、建设用地和未利用地。所谓农用地，是指直接用于农业生产的土地，包括耕地、林地、草地等。土地承包经营权人承包土地是为了从事农业生产，因而其客体为农用地。

（三）土地承包经营权的目的是在他人土地上从事农业生产

农业生产主要包括种植、养殖和畜牧。其中，种植是指利用农用地从事植物栽培并为收获；养殖是利用水面、滩涂等养殖并收获水产品；畜牧是指利用草原等放牧和饲养牲畜等。农业生产经营者应当维持土地的农业用途，不得将土地用于非农建设。此点与建设用地使用权、宅基地使用权亦在土地上下建造、保有建筑物、构筑物和附属设施，明显不同。即使在进行农业生产的过程中可能需要建造一定的构筑物，例如农田水利设施等，但此种建造本质上是附属辅助于农业生产的。

二、土地承包经营权的取得

土地承包经营权的取得有两种方式：基于法律行为取得和基于法律行为以外的原因而取得。其中前者主要通过订立土地承包经营合同而取得，后者主要依继承方式而取得，以下分述之。

（一）土地承包经营权的设定

当事人通过订立土地承包经营合同而设定土地承包经营权。这是目前取得土地承包经营权的最主要的方式。

1. 土地承包经营权合同

我国《物权法》第127条第1款规定："土地承包经营权自土地承包经营权合同生效时设立。"土地承包经营权合同的主体是发包方和承包方。其中，农民集体所有的土地依法属于村农民集体所有的，由村集体经济组织或者村民委员会发包；已经分别属于村内两个以上农村集体经济组织的农民集体所有的，由村内该农村集体经济组织或者村民小组发包；承包方是本集体经济组织的农户，承包方是以"户"的名义，而不是以个人的名义与发包方签署合同。这里的"农户"，与我国《民法通则》上的农村承包经营户意义相同。

土地承包经营合同由发包方和承包方平等协商订立。土地承包经营权合同应当采用书面形式，一般应包括以下条款。①发包方、承包方的名称，发包方负责人和承包方代表的姓名、住所。②承包土地的名称、坐落、面积、质量等级。③承包期限和起止日期。为了稳定农村土地承包关系，鼓励农民增加对土地的投入，切实保障农民的土地承包经营权，我国法律对土地承包经营权规定了较长的承包期限，当事人的约定不得违反法律的规定。我国《物权法》第126条规定："耕地的承包期为三十年。草地的承包期为三十年至五十年。林地的承包期为三十年至七十年；特殊林木的林地承包期，经国务院林业行政主管部门批准可以延长。前款规定的承包期届满，由土地承包经营权人按照国家有关规定继续承包。"④承包土地的用途。⑤发包方和承包方的权利和义务。尽管我国《物权法》和《农村土地承包法》对发包方和承包方的权利义务有所规定，但双方当事人可以做更为明确的约定。⑥违约责任。

2. 土地承包经营权的确认

关于当事人通过土地承包合同设定土地承包经营权是否应当进行登记，我国《农村土地承包法》未作出明确规定，但是该法第22条规定："承包合同自成立之日起生效，承包方自承包合同生效时取得土地承包经营权。"这一条文说明土地承包经营权的取得不以登记为要件，但是为了对土地承包经营权进行确认和管理，第23条规定，县级以上地方人民政府应当向土地承包经营权人颁发土地承包经营权证或者林权证等证书，并登记造册，确认土地承包经营权。同时规定，颁发土地承包经营权证或者林权证等证书，除按规定收取证书工本费外，不得收取其他费用。这说明土地承包经营权的登记仅仅是一种行政确认行为，不具有一般的物权登记的性质。以上内容在《物权法》中得到了进一步的确认，我国《物权法》第127条明确规定："土地承包经营权自土地承包经营权合同生效时设立。县级以上地方人民政府应当向土地承包经营权人发放土地承包经营权证、林权证、草原使用权证，并登记造册，确认土地承包经营权。”

（二）土地承包经营权的流转

土地承包经营权的流转是指土地承包经营权人将土地承包经营权或其中的部分权能转移给他人的行为。我国《物权法》第128条规定：“土地承包经营权人依照农村土地承包法的规定，有权将土地承包经营权采取转包、互换、转让等方式流转。流转的期限不得超过承包期的剩余期限。未经依法批准，不得将承包地用于非农建设。”该条完全沿袭了《农村土地承包法》的规定。

1. 土地承包经营权流转的原则

根据《农村土地承包法》的规定，土地承包经营权的流转应当遵循下列原则：①平等协商、自愿、有偿，任何组织和个人不得强迫或者阻碍承包方进行土地承包经营权流转；②不得改变土地所有权的性质和土地的农业用途；③流转的期限不得超过承包期的剩余期限；④受让方须有农业经营能力；⑤在同等条件下，本集体经济组织成员享有优先受让权。

2. 土地承包经营权流转的方式

依现行规则，土地承包经营权流转的方式主要有转包、出租、互换、转让。转包是指土地承包经营权人将土地承包经营权以一定期限转给本集体经济组织的成员从事农业生产经营的行为。转包合同时存在发包方与承包方、转包方与受转包方两个法律关系，原土地承包关系并不改变。受转包方依转包合同的约定从事农业生产经营活动，获取承包土地的收益，并向转包方支付转包费。转包无须经发包方同意，但转包合同需向发包方备案。

出租是指承包方将其承包的土地以一定期限租赁给本集体经济组织以外的人从事农业生产经营的行为。出租后原土地承包关系不变，承包方继续享有土地承包经营合同规定的权利，承担土地承包经营合同规定的义务。承租人依租赁合同的约定取得农村土地的租赁权，并向承包方支付租金。出租无须经发包方同意，但出租合同需向发包方备案。出租和转包颇为类似，它们的区别如下。①土地承包经营权出租，承租人取得的是租赁权；土地承包经营权转包，受转包方取得的是承包权。②土地承包经营权出租的，承租人多为本集体经济组织以外的人；土地承包经营权转包的，受转包方多为本集体经济组织成员。③土地承包经营权出租是有偿行为，承租人须支付租金；土地承包经营权转包是有偿行为，但也存在无偿转包的情形。

互换是指同一集体经济组织内部的承包方将各自的土地承包经营权进行交换，其结果是当事人丧失原有的土地承包经营权，而取得对方的土地承包经营权。双方达成互换合同后，尚须与发包方变更原土地承包合同。

转让是指土地承包经营权人将其土地承包经营权让渡给他人，由该人成为土地承包关系的主体，原承包人退出土地承包关系的行为。根据我国《农村土地承包法》的规定，承包方有稳定的非农职业或者有稳定的收入来源的，经发包方同意，可以将全部或者部分土地承包经营权转让给其他从事农业生产经营的农户，由该农户同发包方确立新的承包关系，原承包方与发包方在该土地上的承包关系即行终止。

3. 土地承包经营权流转合同

土地承包经营权流转，当事人双方应当签订书面合同。土地承包经营权流转合同一般包括以下条款：①双方当事人的姓名、住所；②流转土地的名称、坐落、面积、质量等级；③流转的期限和起止日期；④流转土地的用途；⑤双方当事人的权利和义务；⑥流转价款及支付方式；⑦违约责任。

4. 土地承包经营权流转的公示

我国《物权法》第129条规定："土地承包经营权人将土地承包经营权互换、转让，当事人要求登记的，应当向县级以上地方人民政府申请土地承包经营权变更登记；未经登记，不得对抗善意第三人。"我国《物权法》对土地承包经营权的流转（仅限于互换、转让方式）采取了登记对抗主义，主要基于以下理由。第一，我国农村基本上处于典型的熟人社会，土地承包经营权的流转主要在农村集体经济组织内部进行，依占有事实即可周知土地承包经营权的权属状况，从而减少了通过登记而公示的必要性。第二，目前我国的土地承包经营权登记制度还很不健全，而农户承包的土地数量庞大，地块分散，短期之内建立比较完备的土地承包经营权登记制度难度很大。第三，以登记作为土地承包经营权变动的生效要件势必增加土地承包经营权的变动程序，增加一定的登记费用，加重农民的负担。

（三）土地承包经营权的继承

我国《农村土地承包法》对于土地承包经营权的继承采取了两种不同的规定。第一，对于家庭承包的，只有林地承包的承包人死亡，其继承人才可以在承包期内继续承包，而耕地或草地等农用地上的土地承包经营权不能继承。第二，对于其他方式的承包，在承包期内，承包人死亡的，其继承人可以继续承包。理由在于，其他方式的承包通常是以承包人个人的名义而非农户进行的承包，因此，承包人死亡时，其继承人自然可以继承。但是，《农村土地承包法》实际上将土地承包经营权作为物权进行规定，《物权法》更是明确规定，土地承包经营权为用益物权的情况下，不允许土地承包经营权的继承，有失妥当。

三、土地承包经营权的效力

土地承包经营权取得后即发生一定的效力，既排除他人的非法侵害，又约束承包方与发包方。一般而言，土地承包经营权的效力是指承包方与发包方之间的权利义务关系。

（一）土地承包经营权人的权利

1. 占有、使用及收益权

土地承包经营权作为一种用益物权，主要价值在于土地承包经营权人对承包地进行占有、使用、收益，这是土地承包经营权对承包方最主要的效力。土地承包经营权人对承包地的使用应当按照承包地的自然属性和承包合同约定的用途，对承包地进行使用。所谓自然属性，是指承包地的具体农业性质，具体包括耕地、林地、草地以及其他依法用于农业的土地。所谓约定用途，是指承包方与发包方在承包合同中约定的用途。

2. 自主经营权

承包方有权自主组织农业生产经营活动，自主决定种植什么作物、种植多少面积或者安排什么种植、养殖项目，只要不改变农业用地，不建造永久性建筑，不影响邻人的经营和邻人的种植，任何人都不得以所谓"规模经营""特色经营""一县一品""一乡一品”为由干涉农民的经营。

3. **依法流转权**

土地承包经营权属于用益物权，具备流转的法律基础。在稳定家庭承包经营的基础上，允许土地承包经营权的合理流转，是农业发展的客观要求，是农村经济发展、农村劳动力转移的必然结果。

4. **有权依法获得相应的补偿的权利**

承包地被依法征收的，有权依法获得相应的补偿。我国《物权法》第 132 条规定：“承包地被征收的，土地承包经营权人有权依照本法第 42 条第 2 款的规定获得相应补偿。”根据《土地管理法》的规定，原来的土地是耕地的，按耕地的标准补偿；原来是林地的，按林地的标准补偿；原来是草地的，按草地的标准补偿。关于补偿范围，《物权法》第 42 条第 2 款规定：“征收集体所有的土地，应当依法足额支付土地补偿费、安置补助费、地上附着物和青苗的补偿费等费用，安排被征地农民的社会保障费用，保障被征地农民的生活，维护被征地农民的合法权益。”

5. **法律、行政法规规定的其他权利**

例如，发包方或者其他组织和个人针对承包地收取法律、法规规定以外的费用，或者违法进行集资、摊派、罚款等，承包方有权拒绝。

（二）土地承包经营权人的义务

1. **维持土地的农业用途**

我国实行土地用途管制制度，严格限制农用地转为建设用地。承包方应维持土地的农业用途，未经依法批准，不得将承包地用于非农建设。

2. **依法保护和合理利用土地**

承包方在承包经营的过程中，应当保持承包地的土地生态及其环境的良好性能和质量。在利用土地、提高土地生产能力的同时，注意采取相应的措施，保护土地的质量和生态环境，防止水土流失和盐碱化等，保护和提高地力，不得给土地造成永久性损害。

3. **法律、行政法规规定的其他义务**

例如，为了充分发挥耕地的效用，避免耕地的闲置和浪费，确保国家的粮食安全，我国法律禁止耕地承包方的抛荒行为。《土地管理法》第 37 条第 3 款规定：“承包经营耕地的单位或者个人连续两年弃耕抛荒的，原发包单位应当终止承包合同，收回发包的耕地。”

（三）土地承包经营权发包方的权利

土地承包经营权发包方享有以下权利。

第一，发包本集体所有的或者国家所有依法由本集体使用的农村土地。

第二，监督承包方依照承包合同约定的用途合理利用和保护土地。

第三，制止承包方损害承包地和农业资源的行为。

第四，在特定情况下收回承包地。①承包期内，承包方全家迁入设区的市，转为非农业户口的，应当将承包的耕地和草地交回发包方。承包方不交回的，发包方可以收回承包的耕地和草地。②承包方连续两年弃耕抛荒的，发包方应当终止承包合同，收回发包的耕地。

第五，在特定情况下调整承包地。我国《物权法》第 130 条第 2 款规定：“因自然灾害严重毁损承包地等特殊情形，需要适当调整承包的耕地和草地的，应当依照农村土地承包法等法律规定办理。”《农村土地承包法》第 27 条第 2 款规定：“承包期内，因自然灾害严重毁损承包地等特殊情形，对个别农户之间承包的耕地和草地需要适当调整的，必须经本集体经济组织成员的村民会议三分之二以上成员或者三分之二以上村民代表的同意，并报乡（镇）人民政府和县级人民政府农业等行政主管部门批准。承包合同中约定不得调整的，按照其约定。”

(四) 土地承包经营权发包方的义务

土地承包经营权发包方应履行以下义务。

第一，维护承包方的土地承包经营权，非因特定情形，承包期内不得调整或收回承包地。

第二，尊重承包方的生产经营自主权，不得干涉承包方依法进行正常的生产经营活动。

第三，依照承包合同约定，为承包方提供生产、技术、信息等服务。

第四，执行县、乡（镇）土地利用总体规划，组织本集体经济组织内的农业基础设施建设。

第五，法律、行政法规规定的其他义务。例如《农村土地承包法》第 63 条规定：“本法实施前已经预留机动地的，机动地面积不得超过本集体经济组织耕地总面积的百分之五。不足百分之五的，不得再增加机动地。本法实施前未留机动地的，本法实施后不得再留机动地。”这是一种法律规定的发包方的其他义务。

四、土地承包经营权的消灭

(一) 土地承包经营权的消灭原因

（1）土地承包经营权的提前收回。

在土地承包经营合同约定的承包期限届满之前，发包人在发生特定事由时将承包地提前收回，使土地承包经营权归于消灭。发包方提前收回承包地的情形已如前述。此外，《农村土地承包法》明确规定在以下情形下不得收回承包地：①承包期内，妇女结婚，在新居住地未取得承包地的，发包方不得收回其原承包地；②妇女离婚或者丧偶，仍在原居住地生活或者不在原居住地生活但在新居住地未取得承包地的，发包方不得收回其原承包地；③承包期内，土地所有权人不得单方面解除承包合同，不得假借少数服从多数强迫承包方放弃或者变更土地承包经营权，不得以划分“口粮田”和“责任田”等为由收回承包地搞招标承包，不得将承包地收回抵顶欠款。

（2）土地承包经营权的提前交回。

承包期内，承包方在特定情况下将承包地交回发包方，其土地承包经营权归于消灭。根据《农村土地承包法》的规定，土地承包经营权的提前交回分为两种情形。①在承包期内，承包方全家迁入设区的市，转为非农业户口的，应当将承包的耕地和草地交回发包方。②在承包期内，承包方可以自愿将承包地交回发包方，这在性质上属于土地承包经营权的抛弃。承包方自愿交回承包地的，应当提前半年以书面形式通知发包方。承包方在承包期内交回承包地的，在承包期内不得再要求承包土地。

（3）土地承包经营权的期限届满未继续承包。

（4）承包地被征收。

（5）承包地灭失或严重毁损无法继续从事农业生产。

(6) 承包方死亡无继承人或继承人放弃继承。

土地承包经营权的存续必须以承包方的存在为前提，如果作为权利主体的承包方死亡且无继承人的，其所享有的土地承包经营权也随之消灭。土地承包经营权原则上是为本集体的成员而存在，如果承包方（农户）的成员全部死亡，则土地承包经营权归于消灭，而不是由最后一个死亡的家庭成员的继承人予以继承。

（二）土地承包经营权消灭的法律后果

(1) 承包方返还土地的义务。

(2) 承包方的取回权。

在土地承包经营权消灭后，承包方有权取回其在土地上的青苗、竹木以及相关附属设施，并负有恢复土地原状的义务。如果上述工作物不能取回，或者取回有损其使用价值，并且继续留存对土地利用有利的，承包方可不予取回，而要求发包人按价补偿。如果发包人希望获得这些工作物，应当以市场价格购买，发包人提出购买要求时承包人不得拒绝。

(3) 特别改良费用或有益费用的补偿。

承包方为增加地力或为促进土地利用的便利，而支出的特别改良费用或其他有益费用，发包方知道或应当知道，没有立即反对的，在承包期届满而没有续期时，承包方有权向发包方提出返还请求。返还的数额，以现存的价值增加额予以计算。

五、"四荒"土地承包经营权

农村土地承包原则上采取农村集体经济组织内部的家庭承包方式，以本集体经济组织的农户作为承包人。但是，对于不宜采取家庭承包方式的荒山、荒沟、荒丘、荒滩（简称"四荒"）等农村土地，也可以采取招标、拍卖、公开协商等方式承包（简称"其他方式的承包"）。我国《农村土地承包法》对以其他方式取得的土地承包经营权有一些特别的规定。

（一）"四荒"土地承包经营权的承包地

家庭承包的对象主要是耕地、林地、草地，而其他方式承包的对象主要是荒山、荒沟、荒丘、荒滩以及果园、茶园、桑园、养殖水面等不适宜采取家庭承包方式的土地。

（二）"四荒"土地承包经营权的承包方

家庭承包是一种内部承包，由本集体经济组织的农户作为承包方，而其他方式承包的承包方不以内部承包为限，本集体经济组织以外的单位或个人也可作为承包方。法律这样规定的理由主要如下。一方面，"四荒"土地属于未利用地，并不当然具有农业生产条件，因此可能需要进行特别的投入之后，方可用于耕作或种植。如果强行将其平均分配给农村集体经济组织成员进行开发，则有的农户未必具有相应的资金、技术、劳动力等开发能力。另一方面，"四荒"土地的开发，通常需要支付较大的开发成本，这就需要以一定的规模为基础，从而才能在合理的期限内收回投资。如果将"四荒"土地平均分配给农村集体经济组织成员进行开发，则可能无法实现规模效益，从而得不偿失。

本集体经济组织以外的人担任承包方受到以下三项限制：①以其他方式承包农村土地，在同等条件下，本集体经济组织成员享有优先承包权；②发包方将农村土地发包给本集体经济组织以外的人承包，应当事先经本集体经济组织成员的村民会议三分之二以上成员或者三分之二以上村民代表的同意，并报乡（镇）人民政府批准，③由本集体经济组织以外的人承包的，应当对承包方的资信情况和经营能力进行审查后，再签订承包合同。

（三）“四荒”土地承包经营权发包的程序和方式

对于“四荒”土地承包经营权，我国《农村土地承包法》规定了两种发包程序。①直接通过招标、拍卖、公开协商等方式对外发包。②将土地承包经营权折股分给本集体经济组织成员后，再实行承包经营或者股份合作经营。以其他方式进行承包的，承包合同应当通过招标、拍卖、公开协商等方式订立。以招标、拍卖方式进行承包的，应当依照《中华人民共和国拍卖法》（以下简称《拍卖法》）和《中华人民共和国招标投标法》（以下简称《招标投标法》）的规定，详细约定土地承包合同，确保招标、拍卖能够为有竞买意向者尤其是本集体经济组织成员所知悉。而所谓公开协商，从实践中的情况来看，主要是强调承包的方法、程序、过程和结果，应当进行公开，尤其是向本集体经济组织成员公开，从而避免少数人操纵之下的私自承包。在通过招标、拍卖及公开协商方式确定承包人之后，应当签订承包合同。承包合同生效时，土地承包经营权同时成立。

（四）“四荒”土地承包经营权的内容

1. 承包费

家庭承包具有一定的福利性，本集体经济组织的成员取得土地承包经营权通常无须支付承包费或支付很低的承包费。而其他方式的承包，承包方应按照市场规则支付相应的承包费。如果以招标、拍卖的方式承包，则承包费通过公开竞标、竞价确定；如果以公开协商等方式承包，则承包费由发包方与承包方双方协商确定。

2. 承包期限

我国法律对耕地、林地、草地的承包期有强制性规定，对“四荒”土地的承包期则未予明确规定。不过，国务院办公厅发布的《关于治理开发农村“四荒”资源 进一步加强水土保持工作的通知》《关于进一步做好治理开发农村“四荒”资源工作的通知》中均强调“四荒”土地承包的期限最长不超过50年。因而，在其他方式的承包中，承包期限可以由当事人自由约定，但最长不得超过50年。

（五）“四荒”土地承包经营权的流转

通过招标、拍卖、公开协商等方式承包荒地等农村土地，依照《农村土地承包法》等法律和国务院的有关规定，其土地承包经营权可以转让、入股、抵押或者以其他方式流转。“四荒”土地承包经营权的流转较为灵活，不仅可以转让，而且可以抵押、入股，而以家庭承包方式取得的土地承包经营权不能以抵押、入股的方式流转。

（六）“四荒”土地承包经营权的继承

以家庭承包的方式取得的土地承包经营权原则上不得继承（林地承包除外）；但以其他方式取得的土地承包经营权在承包方死亡后，可以由承包方的继承人继续承包。

法条链接

中华人民共和国物权法（节选）

第一百二十四条 农村集体经济组织实行家庭承包经营为基础、统分结合的双层经营体制。

农民集体所有和国家所有由农民集体使用的耕地、林地、草地以及其他用于农业的土地，依法实行土地承包经营制度。

第一百二十五条 土地承包经营权人依法对其承包经营的耕地、林地、草地等享有占有、使用和收益的权利，有权从事种植业、林业、畜牧业等农业生产。

第一百二十六条 耕地的承包期为三十年。草地的承包期为三十年至五十年。林地的承包期为三十年至七十年；特殊林木的林地承包期，经国务院林业行政主管部门批准可以延长。

前款规定的承包期届满，由土地承包经营权人按照国家有关规定继续承包。

第一百二十七条 土地承包经营权自土地承包经营权合同生效时设立。

县级以上地方人民政府应当向土地承包经营权人发放土地承包经营权证、林权证、草原使用权证，并登记造册，确认土地承包经营权。

第一百二十八条 土地承包经营权人依照农村土地承包法的规定，有权将土地承包经营权采取转包、互换、转让等方式流转。流转的期限不得超过承包期的剩余期限。未经依法批准，不得将承包地用于非农建设。

第一百二十九条 土地承包经营权人将土地承包经营权互换、转让，当事人要求登记的，应当向县级以上地方人民政府申请土地承包经营权变更登记；未经登记，不得对抗善意第三人。

第一百三十条 承包期内发包人不得调整承包地。

因自然灾害严重毁损承包地等特殊情形，需要适当调整承包的耕地和草地的，应当依照农村土地承包法等法律规定办理。

第一百三十一条 承包期内发包人不得收回承包地。农村土地承包法等法律另有规定的，依照其规定。

第一百三十二条 承包地被征收的，土地承包经营权人有权依照本法第四十二条第二款的规定获得相应补偿。

第一百三十三条 通过招标、拍卖、公开协商等方式承包荒地等农村土地，依照农村土地承包法等法律和国务院的有关规定，其土地承包经营权可以转让、入股、抵押或者以其他方式流转。

第一百三十四条 国家所有的农用地实行承包经营的，参照本法的有关规定。

第三节 建设用地使用权

一、建设用地使用权概述

建设用地使用权，是指自然人、法人或其他组织依法享有的在国有土地上、下建造建筑物、构筑物及其附属设施的用益物权。

第一，建设用地使用权的客体为国家所有的土地，不包括集体所有的农村土地。我国《物权法》第151条规定："集体所有的土地作为建设用地的，应当依照土地管理法等法律规定办理。”同时，建设用地使用权可以在土地的地表、地上或者地下分别设立。

第二，建设用地使用权的目的是建造并保有建筑物、构筑物及其附属设施。建筑物，是指定着于土地之上或地面之下，具有顶盖、梁柱、墙壁，供人居住或使用的建造物，主要是指房屋；构筑物是指人们一般不直接在里面进行生产和生活活动的建造物，如桥梁、沟渠；附属设施是指与建筑物、构筑物不可分割的各种配套设施，包括电梯、水暖、除尘、通风、通信线路、输电线路、水电管道等。建设用地使用权人对土地的支配，并非是对土地使用价值的全面概括支配，而是在建设用地特定用途内的支配。根据《物权法》第135条的规定，这种特定用途内的支配主要是“利用该土地建造建筑物、构筑物及其附属设施”。

第三，建设用地使用权的内容具有限制性。建设用地使用权作为一种用益物权，其对标的土地的支配不仅在范围上限于对土地使用价值的支配，而且这种支配也是有期限的。根据《中华人民共和国城镇国有土地使用权出让和转让暂行条例》第12条的规定，建设用地使用权出让最高年限按下列用途确定：①居住用地70年；②工业用地50年；③教育、科技、文化、卫生、体育用地50年；④商业、旅游、娱乐用地40年；⑤综合或其他用地50年。

二、建设用地使用权的设立

出让与划拨是设立建设用地使用权的两种基本方式。我国实行国有土地有偿使用制度，划拨的适用被严格限制。

（一）以出让方式设立建设用地使用权

1. 建设用地使用权出让的含义

以出让方式设立建设用地使用权，是指国家以土地所有人的身份将建设用地使用权在一定期限内出让给土地使用人，由土地使用人向国家支付土地出让金的行为。与划拨相比，出让有以下几个特点。①交易性。与划拨带有行政性不同，出让是国家作为土地所有权人与土地使用人之间的交易行为，须以书面合同形式完成。②有偿性。交易性决定了出让的有偿性，土地使用人取得建设用地使用权均须缴纳土地出让金。③期限性。以出让方式取得建设用地使用权均有期限限制。

出让与转让存在较大区别。①性质不同。出让是设立建设用地使用权的行为，而转让是移转建设用地使用权的行为。从受让人的角度来讲，前者是建设用地使用权的初始取得，而后者是建设用地使用权的继受取得。②主体不同。在出让法律关系中，一方为土地所有人，一方为土地使用人，而在转让法律关系中，双方当事人均为土地使用人。③是否有偿不同。建设用地使用权的出让必定是有偿行为，受让人应支付出让金，而建设用地使用权的转让既可能是有偿的，也可能是无偿的。

2. 建设用地使用权出让的方式

依现行规则，建设用地使用权出让的方式主要有以下四种。

1）协议出让

协议出让是指国家以协议方式将建设用地使用权在一定年限内出让给土地使用者，由土地使用者向国家支付土地出让金的行为。协议出让即意味着在建设用地使用权出让合同的订立过程中，只有作为出让人的国家和作为受让人的特定土地使用者双方参与。虽然这种出让方式操作简便、灵活、交易成本低廉，但是交易不够透明，缺乏竞争，容易导致暗箱操作，滋生腐败，损害国家利益。为了防止协议出让方式的弊端，我国现行法律严格限制了以协议方式出让的土地的范围，禁止对商业、旅游、娱乐和商品住宅等经营性用地通过协议方式出让。对其他用地，如果同一地块有两个或者两个以上意向用地者的，也不得采用协议方式出让。此外，以协议方式出让时，出让金不得低于按国家规定所确定的最低价。

2）拍卖出让

拍卖出让是指出让人发布拍卖公告，由出让人在指定时间、地点以公开竞价的形式将建设用地使用权出让给最高应价者的行为。如果对于土地使用者、土地的用途等无特殊要求，单纯以最大限度获取土地出让金为目的，那么采取拍卖的方式是一种理想的选择。

3）招标出让

招标出让是指出让人发布招标公告，邀请特定或者不特定的自然人、法人和其他组织参加建设用地使用权投标，根据投标结果确定建设用地使用权人的行为。如果在获取较高的土地出让金外，还具有其他综合性的目标或某些特殊要求，采取招标的方式比较合适。

4）挂牌出让

挂牌出让是指出让人发布挂牌公告，按公告规定的期限将拟出让土地的交易条件，在指定的土地交易场所挂牌公布，接受竞买人的报价申请并更新挂牌价格，根据挂牌期限截止时的出价结果确定建设用地使用权人的行为。

上述四种方式中，协议出让属于非公开竞价的方式，其他三种属于公开竞价的方式。考虑到公开竞价更能保证建设用地使用权出让的公开、公平、公正，《物权法》第137条第2款规定："工业、商业、旅游、娱乐和商品住宅等经营性用地以及同一土地有两个以上意向用地者的，应当采取招标、拍卖等公开竞价的方式出让。"

3. 建设用地使用权出让合同

采取出让方式设立建设用地使用权的，当事人应当采取书面形式订立建设用地使用权出让合同。建设用地使用权出让合同一般包括下列条款：①当事人的名称和住所；②土地位置、面积等；③建筑物、构筑物及其附属设施占用的空间；④土地用途；⑤使用期限；⑥出让金等费用及其支付方式；⑦解决争议的办法。

（二）以划拨方式设立建设用地使用权

1. 建设用地使用权划拨的含义

建设用地使用权的划拨，是指县级以上人民政府依照相关法律规定的权限和审批程序，将国有土地无偿地交付给符合法律规定条件的土地使用者使用，土地使用者因此取得建设用地使用权的行为。与出让不同，划拨是国家为了维护国家利益和社会公共利益需要，依照严格的法律程序授予用地者土地使用权，本质上是一种非市场化的建设用地使用权设定方式。

建设用地使用权的划拨具有以下特点。①公益目的性。以划拨方式设立建设用地使用权必须以公益为目的，如国防、基础设施建设等。②无偿性。国家将土地划拨给土地使用人，土地使用人无须向国家支付土地出让金。这里的“无偿性”是建设用地使用权人对国家而言的，并不意味着建设用地使用人不支付任何费用。在有些情况下权利人仍需支付补偿费、安置费，但此种费用的性质在法律上并非合同对价，也远远低于土地出让金，不能以此否定划拨的无偿性。③无期限性。建设用地使用权的划拨没有最高年限的限制，这是由以划拨方式设立建设用地使用权的公益性所决定的。④限制流通性。以划拨方式设立的建设用地使用权，原则上不得进入市场进行交易。以划拨方式设立建设用地使用权的，转让房地产时，应当按照国务院规定，报有批准权的人民政府审批。有批准权的人民政府准予转让的，应当由受让方办理建设用地使用权出让手续，并依照国家有关规定缴纳土地出让金。以划拨方式设立建设用地使用权的，转让房地产报批时，有批准权的人民政府按照国务院规定决定可以不办理建设用地使用权出让手续的，转让方应当按照国务院规定将转让房地产所获收益中的土地收益上缴国家或者作其他处理。

2. 建设用地使用权划拨的适用范围

以划拨的方式设立建设用地使用权存在不少弊端，因而对划拨方式的适用范围应予以限制。《物权法》第137条第3款明确规定：“严格限制以划拨方式设立建设用地使用权。采取划拨方式的，应当遵守法律、行政法规关于土地用途的规定。”根据《中华人民共和国城市房地产管理法》（以下简称《城市房地产管理法》）的规定，下列建设用地使用权，确属必需的，可以由县级以上人民政府依法批准划拨：①国家机关用地和军事用地；②城市基础设施用地和公益事业用地；③国家重点扶持的能源、交通、水利等项目用地；④法律、行政法规规定的其他用地。

（三）建设用地使用权的登记

我国《物权法》第139条规定：“设立建设用地使用权的，应当向登记机构申请建设用地使用权登记。建设用地使用权自登记时设立。登记机构应当向建设用地使用权人发放建设用地使用权证书。”

三、建设用地使用权的流转

我国《物权法》第143条规定：“建设用地使用权人有权将建设用地使用权转让、互换、出租、赠与或者抵押，但法律另有规定的除外。”以上五种转移方式均为建设用地使用权主体的变更。确认建设用地使用权人有权对其权利进行依法处分，既是肯定和保护权利人合法权益的需要，也可以使土地这一重要生产要素向更能产生价值的方向流动，从而提高土地利用效率并促进土地资源市场化。

（一）建设用地使用权的转让

建设用地使用权的转让，是指建设用地使用人不改变权利的客体和内容，将其权利以合同方式再行转移的行为，包括转让（狭义的）、互换、出资、赠与等形式。

1. 建设用地使用权转让合同

建设用地使用权转让合同必须以书面形式订立，一般包括下列条款：①当事人的名称和住所；②土地界址、面积等；③建筑物、构筑物及其附属设施占用的空间；④土地用途；⑤使用期限；⑥转让价款的数额及其支付方式；⑦解决争议的方法。

2. 以出让方式设立的建设用地使用权转让的条件

根据《城市房地产管理法》第39条的规定，以出让方式设立的建设用地使用权的转让应具备以下条件：①按照出让合同约定已经支付全部土地使用权出让金，并取得土地使用权证书；②按照出让合同约定进行投资开发，属于房屋建设工程的，完成开发投资总额的25%以上，属于成片开发土地的，形成工业用地或者其他建设用地条件。

3. 关于未取得建设用地使用权证的转让方订立的建设用地使用权转让合同的效力

建设用地使用权证书的取得是建设用地使用权转让必须具备的条件，转让方只有取得建设用地使用权证书，才可就此表明其为该出让建设用地使用权的权利主体，才依法享有处分该建设用地使用权的权利。未取得建设用地使用权证书的转让方即为无处分权人，其与受让方订立合同转让建设用地使用权的行为即为无权处分行为，该无权处分行为在转让方取得出让建设用地使用权证书或者有批准权的人民政府批准之前属于效力待定的法律行为。但该无权处分行为的效力待定不是无期限的，在当事人向人民法院起诉前，如转让方仍未取得出让建设用地使用权证书或者有批准权的人民政府没有批准，不仅其转让行为无效，而且其所订立的转让合同也应认定为无效；如转让方取得出让建设用地使用权证书或者经有批准权的人民政府批准，则转让行为溯及行为成立时有效，随即应当认定转让合同有效。

关于未达到法定投资开发条件的建设用地使用权转让合同的效力。《城市房地产管理法》作为行政性法律，其规范调整的主要是房地产开发经营行为，其第39条所规定的第二个条件的立法本意也只是对土地使用权人“炒地”行为的限制，属于政府土地行政管理部门对土地转让的一种监管措施，而非针对转让合同这种债权行为所作的禁止性规定。因此，《城市房地产管理法》第39条规定的第二个转让条件，即转让的土地没有达到法定投资开发条件不得转让，仅仅是从行政管理的角度，规定转让的土地不符合法定投资开发条件的，不得办理建设用地使用权变更登记手续，对建设用地使用权转让合同的效力不发生影响。

4. 以划拨方式设立的建设用地使用权转让的条件

以划拨方式设立的建设用地使用权的转让须经有批准权的人民政府审批，并办理建设用地使用权出让手续。根据最高人民法院《关于审理涉及国有土地使用权合同纠纷案件适用法律问题的解释》的规定，建设用地使用权人未经有批准权的人民政府批准，与受让方订立合同转让划拨建设用地使用权的，应当认定合同无效。但起诉前经有批准权的人民政府批准办理建设用地使用权出让手续的，应当认定合同有效。建设用地使用权人与受让方订立合同转让划拨建设用地使用权，起诉前经有批准权的人民政府决定不办理建设用地使用权出让手续，并将该划拨建设用地使用权直接划拨给受让方使用的，建设用地使用权人与受让方订立的合同可以按照补偿性质的合同处理。

5. 建设用地使用权转让的变更登记

变更登记是建设用地使用权发生变动的要件，亦即，未经变更登记，建设用地使用权转让不生效力，受让人并未取得建设用地使用权。但是，是否办理变更登记手续对建设用地使用权转让合同的效力没有影响。建设用地使用权人作为转让方与受让方订立建设用地使用权转让合同后，当事人一方以双方之间未办理建设用地使用权变更登记手续为由，请求确认合同无效的，不予支持。

6. 建设用地使用权“一地数转”问题处理

建设用地使用权人作为转让方就同一出让建设用地使用权订立数个转让合同，在转让合同有效的情况下，受让方均要求履行合同的，按照以下情形分别处理：①已经办理建设用地使用权变更登记手续的受让方，请求转让方履行交付土地等合同义务的，应予支持；②均未办理建设用地使用权变更登记手续，已先行合法占有投资开发土地的受让方请求转让方履行建设用地使用权变更登记等合同义务的，应予支持；③均未办理建设用地使用权变更登记手续，又未合法占有投资开发土地，先行支付土地转让款的受让方请求转让方履行交付土地和办理建设用地使用权变更登记等合同义务的，应予支持；④合同均未履行，依法成立在先的合同受让方请求履行合同的，应予支持。未能取得建设用地使用权的受让方请求解除合同、赔偿损失的，按照《合同法》的有关规定处理。

（二）建设用地使用权的抵押

建设用地使用权的抵押，是指抵押人以其建设用地使用权向抵押权人提供债务履行担保的行为，债务人不履行到期债务或出现当事人约定的实现抵押权的条件时，抵押权人有权依法从抵押的建设用地使用权的变价款中优先受偿。

设立建设用地使用权抵押权应当订立书面合同，并应办理抵押登记，抵押权自登记时设立。建设用地使用权抵押时，其地上建筑物、其他附着物也随之抵押。根据“房随地走”和“地随房走”的规则，《物权法》第 182 条规定：“以建筑物抵押的，该建筑物占用范围内的建设用地使用权一并抵押。以建设用地使用权抵押的，该土地上的建筑物一并抵押。抵押人未依照前款规定一并抵押的，未抵押的财产视为一并抵押。”

（三）建设用地使用权的出租

建设用地使用权的出租，是指建设用地使用人作为出租人，将建设用地使用权随同地上建筑物、其他附着物租赁给承租人使用，由承租人向出租人交付租金的行为。

从我国现行立法看来，对建设用地使用权出租的客体是有一定限制的。根据《城镇国有土地使用权出让和转让暂行条例》第 28 条第 2 款规定：“未按土地使用权出让合同规定的期限和条件投资开发的、利用土地的，土地使用权不得出租。”

建设用地使用权出租时，出租人与承租人应当签订书面租赁合同。租赁期限应由当事人协商确定，但不得超过建设用地使用权的剩余期限。

（四）建设用地使用权流转中的“房随地走”“地随房走”

按照建设用地使用权和建筑物所有权的主体保持一致的原则，我国法律要求建设用地使用权与建筑物所有权一并处分。例如《城市房地产管理法》第 32 条明确规定：“房地产转让、抵押时，房屋的所有权和该房屋占有范围内的土地使用权同时转让、抵押。”《物权法》第 146 条与第 147 条分别规定：“建设用地使用权转让、互换、出资或者赠与的，附着于该土地上的建筑物、构筑物及其附属设施一并处分。”“建筑物、构筑物及其附属设施转让、互换、出资或者赠与的，该建筑物、构筑物及其附属设施占用范围内的建设用地使用权一并处分。”也就是说，房产和地产在交易中，必须共同作为交易标的，不能分别对待。建设用地使用权及其地上建筑物所有权均不能单独转移、抵押和出租，必须同时转移、抵押和出租。这就是通常人们所说的“房随地走”或“地随房走”。

四、建设用地使用权人的权利和义务

建设用地使用权人对作为权利客体的土地，享有占有、使用、收益的权利，有权利用该土地建造并经营建筑物、构筑物及其附属设施。以出让方式设立的建设用地使用权，权利人还可依法转让、互换、出资、赠与或抵押。

建设用地使用权人的义务如下。

1. 支付出让金等费用

《物权法》第141条规定："建设用地使用权人应当依照法律规定以及合同约定支付出让金等费用。"支付出让金是建设用地使用权人的义务，并非建设用地使用权的成立要件。

2. 按土地用途使用土地

土地用途关系到城市的规划，关系到建设用地使用权的期限和出让金的多少，建设用地使用权人应严格按照约定或规定的用途使用土地。需要改变土地使用权用途的，应当依法经有关行政主管部门批准，且应变更建设用地使用权出让合同，并相应调整出让金的数额。

3. 恢复土地原状

在建设用地使用权期限届满，建设用地使用权人取回地上建筑物或者其他附着物时，其负有恢复土地原状的义务。

五、建设用地使用权的消灭

（一）建设用地使用权消灭的事由

依现行规则，建设用地使用权消灭的事由主要包括以下几个方面。

1. 存续期间届满

建设用地使用权作为一项用益物权是有期限限制的。住宅建设用地使用权期间届满，则自动续期；非住宅建设用地使用权期间届满，其续期依照相关法律规定办理。换言之，非住宅建设用地使用权期间届满后也可续期，但其续期的期限、条件、程序等则有待相关法律或行政法规作出具体规定。

2. 国家因公共利益征收土地

《物权法》第148条规定："建设用地使用权期间届满前，因公共利益需要提前收回该土地的，应当依照本法第四十二条的规定对该土地上的房屋及其他不动产给予补偿，并退还相应的出让金。"

3. 土地灭失

在土地全部灭失的情况下，建设用地使用权的标的已经不复存在，权利也应当消灭；在部分灭失的情况下，建设用地使用权就剩余的部分继续存在。

4. 建设用地使用权被收回

在以下两种情况下建设用地使用权会被土地所有权人收回：第一，建设用地使用权人违反按照约定用途使用土地的义务，经所有权人请求停止仍不停止，或已经造成土地永久性损害的，土地所有权人可以收回建设用地使用权；第二，建设用地使用权人未按合同约定开发土地达一定程度（满2年未动工开发的），国家可以无偿收回建设用地使用权。

5. 其他消灭事由

建设用地使用权还可以因权利人的抛弃、国家受让建设用地使用权从而发生混同而消灭。但此时，如果该权利为他人权利的标的，则建设用地使用权不能消灭，如该建设用地使用权上设定了抵押。

（二）建设用地使用权消灭的法律后果

建设用地使用权消灭的法律后果，除了办理注销登记，收回权利证书外，最主要的问题还是如何处理该土地上的房屋以及其他不动产。对此，《物权法》确立了以下规则。

1. 因公共利益的需要提前收回土地

此时，应对该土地上的房屋及其他不动产给予补偿，并退还相应的土地出让金。

2. 建设用地使用权期满而未续期的

根据《物权法》第149条的规定："住宅建设用地使用权期间届满的，自动续期。非住宅用地使用权期间届满后未续期的，该土地上的房屋及其他不动产的归属，有约定的，按照约定；没有约定或者约定不明确的，依照法律、行政法规的规定办理。"

法条链接

中华人民共和国物权法（节选）

第一百三十五条 建设用地使用权人依法对国家所有的土地享有占有、使用和收益的权利，有权利用该土地建造建筑物、构筑物及其附属设施。

第一百三十六条 建设用地使用权可以在土地的地表、地上或者地下分别设立。新设立的建设用地使用权，不得损害已设立的用益物权。

第一百三十七条 设立建设用地使用权，可以采取出让或者划拨等方式。

工业、商业、旅游、娱乐和商品住宅等经营性用地以及同一土地有两个以上意向用地者的，应当采取招标、拍卖等公开竞价的方式出让。

严格限制以划拨方式设立建设用地使用权。采取划拨方式的，应当遵守法律、行政法规关于土地用途的规定。

第一百三十八条 采取招标、拍卖、协议等出让方式设立建设用地使用权的，当事人应当采取书面形式订立建设用地使用权出让合同。

建设用地使用权出让合同一般包括下列条款：

（一）当事人的名称和住所；

（二）土地界址、面积等；

（三）建筑物、构筑物及其附属设施占用的空间；

（四）土地用途；

（五）使用期限；

（六）出让金等费用及其支付方式；

（七）解决争议的方法。

第一百三十九条 设立建设用地使用权的，应当向登记机构申请建设用地使用权登记。建设用地使用权自登记时设立。登记机构应当向建设用地使用权人发放建设用地使用权证书。

第一百四十条 建设用地使用权人应当合理利用土地，不得改变土地用途；需要改变土地用途的，应当依法经有关行政主管部门批准。

第一百四十一条　建设用地使用权人应当依照法律规定以及合同约定支付出让金等费用。

第一百四十二条　建设用地使用权人建造的建筑物、构筑物及其附属设施的所有权属于建设用地使用权人，但有相反证据证明的除外。

第一百四十三条　建设用地使用权人有权将建设用地使用权转让、互换、出资、赠与或者抵押，但法律另有规定的除外。

第一百四十四条　建设用地使用权转让、互换、出资、赠与或者抵押的，当事人应当采取书面形式订立相应的合同。使用期限由当事人约定，但不得超过建设用地使用权的剩余期限。

第一百四十五条　建设用地使用权转让、互换、出资或者赠与的，应当向登记机构申请变更登记。

第一百四十六条　建设用地使用权转让、互换、出资或者赠与的，附着于该土地上的建筑物、构筑物及其附属设施一并处分。

第一百四十七条　建筑物、构筑物及其附属设施转让、互换、出资或者赠与的，该建筑物、构筑物及其附属设施占用范围内的建设用地使用权一并处分。

第一百四十八条　建设用地使用权期间届满前，因公共利益需要提前收回该土地的，应当依照本法第四十二条的规定对该土地上的房屋及其他不动产给予补偿，并退还相应的出让金。

第一百四十九条　住宅建设用地使用权期间届满的，自动续期。

非住宅建设用地使用权期间届满后的续期，依照法律规定办理。该土地上的房屋及其他不动产的归属，有约定的，按照约定；没有约定或者约定不明确的，依照法律、行政法规的规定办理。

第一百五十条　建设用地使用权消灭的，出让人应当及时办理注销登记。登记机构应当收回建设用地使用权证书。

第一百五十一条　集体所有的土地作为建设用地的，应当依照土地管理法等法律规定办理。

第四节　宅基地使用权

一、宅基地使用权概述

（一）宅基地使用权的含义

宅基地使用权，是指以建造住宅及附属设施为目的，对集体所有的土地进行占有和使用的权利。《物权法》第 152 条规定：“宅基地使用权人依法对集体所有的土地享有占有和使用的权利，有权依法利用该土地建造住宅及其附属设施。”宅基地使用权是我国特有的一种用益物权形式，专为解决农民的居住问题而设。宅基地使用权具有如下特性。

第一，宅基地使用权的主体具有特定性，原则上限于农村居民。宅基地使用权人是符合申请宅基地条件的农村集体经济组织成员。

值得注意的是，至今仍然有效的《村庄和集镇规划建设管理条例》（国务院令第116号）第18条规定，城镇非农业人口居民，回原籍村庄、集镇落户的职工、退伍军人和离休、退休干部以及回乡定居的华侨、港澳台同胞，亦可成为宅基地使用权的主体。这一规定沿袭了1988年《土地管理法》第27条的规定，但现行《土地管理法》已将其删除。这些人如果已加入农村集体经济组织，成为其中一员，自可申请取得宅基地使用权，否则，依我国《立法法》所确立的下位法不得超越上位法的法治原则，这些人将无从取得宅基地使用权。

第二，宅基地使用权的客体具有特定性，限于集体所有土地。农村居民建住宅，应当符合乡（镇）土地利用总体规划，并尽量使用原有的宅基地和村内空闲地。

第三，宅基地使用权的内容具有特定性，仅限于依法建造并保有个人住宅及其附属设施，包括农村村民所建住房以及与住房的居住生活有关的其他建筑物和设施，例如住房、车库、厕所、沼气池、牛棚、猪圈等。

第四，宅基地使用权的初始取得具有无偿性。宅基地使用权是一种带有社会福利性质的权利，由集体成员无偿取得，无偿使用。

第五，宅基地使用权没有期限限制。我国现行法律没有对宅基地使用权的期限进行限制性规定，宅基地使用权不因期限届满而消灭。因此，宅基地使用权是没有使用期限限制的用益物权。

（二）宅基地使用权与相关权利的比较

1. 宅基地使用权与土地承包经营权

两者虽同属在集体所有的土地之上所设定的用益物权，但两者之间仍有不同。①内容不同。宅基地使用权是在集体土地上建造住宅及其附属设施，而土地承包经营权是在集体土地上从事农业生产经营活动。②存续期限不同。宅基地使用权没有期限限制，而土地承包经营权有期限限制，承包期届满未继续承包的，土地承包经营权归于消灭。

2. 宅基地使用权与建设用地使用权

宅基地使用权与建设用地使用权都是利用他人土地从事建造活动，但两者仍属性质不同的用益物权。①权利主体的身份限制不同。宅基地使用权的主体只能是自然人，且限于集体经济组织的成员。建设用地使用权的主体则基本上没有限制，自然人、法人和其他组织均无不可。②权利内容不同。例如，宅基地使用权不能转让、抵押或投资入股，而建设用地使用权则可以转让、抵押及出资。③取得方式不同。宅基地使用权的取得采取审批的方式，而建设用地使用权的取得则通过出让或划拨方式。④设立要件不同。宅基地使用权无须登记即可设立，而建设用地使用权以登记作为生效要件。⑤是否有偿不同。宅基地使用权由本集体经济组织成员无偿取得，而以出让方式设立建设用地使用权时，必须缴纳土地出让金。⑥存续期限不同。宅基地使用权没有期限限制，而建设用地使用权则有明确的期限，且不得超过法定的最高期限。

二、宅基地使用权的取得

（一）宅基地使用权的设立

依他物权取得的原理，他物权的设立大多依赖于设定他物权的合同。宅基地使用权的设立不是通过交易行为，而是基于农民作为农村集体经济组织一员，有使用集体所有的一定土地建造住宅及附属设施的权利。

1. 设立宅基地使用权的条件

目前，农户申请宅基地使用权应具备的条件由各地根据实际情况自行制定，并没有全国统一的标准。根据各省制定的农村宅基地管理办法，一般来说，农村村民有下列情形之一的，可以申请设立宅基地使用权：①因子女结婚等原因确需分户，缺少宅基地的；②外来人口落户，成为本集体成员，没有宅基地的；③因发生或者防御自然灾害、实施村庄和集镇规划以及进行乡村公共设施和公益事业建设，需要搬迁的。农村村民有下列情形之一的，通常不予批准使用宅基地：①非本集体的农村村民；②已拥有一处达到规定标准面积的宅基地；③农村村民转让住房后，再申请宅基地的。

2. 设立宅基地使用权的程序

依现行规则的规定，宅基地使用权的设立按照下列程序进行。①农户申请。准备建房的农户向本集体经济组织提出用地申请。②农村集体经济组织讨论。农村集体经济组织对农户的申请进行讨论，如果同意，则将其申请递交给乡（镇）人民政府。③乡（镇）人民政府审核。乡（镇）人民政府应对农户的申请进行审核，提出审核意见，报送县级人民政府批准。④县级人民政府批准。县级人民政府依法对农户的申请进行审批，经审查符合条件的，予以批准。⑤县级人民政府批准后，由农村集体经济组织向宅基地申请者无偿提供宅基地使用权。

3. 设立宅基地使用权的限制

依现行规则，农村村民一户只能拥有一处宅基地，其面积不得超过省、自治区、直辖市规定的标准。

由于继承关系的存在以及宅基地使用权在本集体经济组织之间流转的可能，客观上有可能存在一户多宅。对此存在着两种以上的观点。一种观点认为，既然现行法律禁止公民拥有一处以上宅基地，因此对于多出的宅基地，应当由集体收回。另一种观点认为，公民只要是通过合法的方式取得宅基地，集体不能予以收回，否则等于禁止公民的房屋进行继承和买卖。

（二）宅基地使用权的流转

我国不允许宅基地使用权的单独流转，但是农村村民私有房屋的流转并不为法律所禁止，因此，宅基地使用权也可以通过房屋转让而一并取得。宅基地使用权随房屋转让后，原权利人不得再次申请宅基地。此外，我国法律承认私有房屋为继承的标的，宅基地使用权也可因房屋的继承而取得。

（三）宅基地使用权的登记

宅基地使用权属于不动产权利，依《物权法》规定，不动产权利以登记为其公示方法。但是宅基地使用权主体在现行法下仅限于本集体经济组织成员，他们彼此相识，甚至是本家，乃至亲属，加之现行法严格限制宅基地使用权的流转，本村村民占有宅基地之上的房屋即足以公示其对相应范围内的宅基地享有使用权。因此，就宅基地使用权而言，可以以占有为其公示方法。

三、宅基地使用权的效力

（一）宅基地使用权人的权利

1. 权利人有权在宅基地上建造房屋和其他附属物

经法定审批程序取得宅基地后，权利人有权在宅基地上建造住宅和其他附属物，这是宅基地使用权设立的主要目的。在宅基地以外的空地上，权利人还有权种植树林。

2. 权利人有权处分宅基地使用权

我国虽然禁止宅基地使用权的流转，但农村居民对宅基地上的房屋享有所有权并得自由处分。根据“房地一体”的规则，尽管宅基地使用权本身不可以转让，但可以随着房屋一同转让，宅基地使用权人在经过本集体经济组织同意后，可以将建造的住房转让给本集体内符合宅基地使用权分配条件的农户，住房转让的同时，宅基地使用权随之一并转让。同时，由于房屋可以继承，所以宅基地使用权实质上也可以继承。

（二）宅基地使用权人的义务

宅基地使用人的义务主要是按照规定的用途使用宅基地。宅基地是用以建造村民住宅的，宅基地使用权人不得擅自将宅基地挪作他用，如利用宅基地建设厂房、旅馆、酒店等。但考虑我国农村的实际情况，农村村民如果只是利用自家住房附带地从事小规模、家庭式的生产经营活动，则不属于改变宅基地的用途。

四、宅基地使用权的消灭

宅基地使用权因以下事由而消灭。

1. 宅基地因自然原因灭失

如由于洪水等自然灾害导致宅基地灭失，宅基地使用权也应随之消灭。出现这种情况时，应当对原宅基地使用权人重新分配宅基地。但是，如果只是宅基地上的房屋灭失，则不会影响宅基地使用权的继续存在。

2. 宅基地的收回和调整

土地所有权人根据城镇或者乡村的发展规划，必要时可以收回宅基地使用权或者对宅基地使用权进行调整，调整后权利人原来的宅基地使用权消灭。土地所有权人收回或调整宅基地使用权的，应当及时另行批准相应的宅基地使用权，以保证农户的生活需要。

3. 宅基地被征收

国家为了社会公共利益的需要，可以征收集体所有的土地，包括征收农村居民的宅基地。国家征收宅基地时，应当对于宅基地上的房屋及其他建筑物给予相应的补偿。宅基地被征收的，宅基地使用权消灭。

4. 其他原因

如宅基地使用权人抛弃权利，宅基地使用权无人继承等。

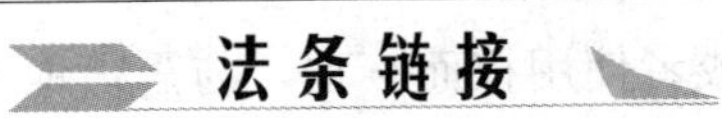

中华人民共和国物权法（节选）

第一百五十二条 宅基地使用权人依法对集体所有的土地享有占有和使用的权

利，有权依法利用该土地建造住宅及其附属设施。

第一百五十三条 宅基地使用权的取得、行使和转让，适用土地管理法等法律和国家有关规定。

第一百五十四条 宅基地因自然灾害等原因灭失的，宅基地使用权消灭。对失去宅基地的村民，应当重新分配宅基地。

第一百五十五条 已经登记的宅基地使用权转让或者消灭的，应当及时办理变更登记或者注销登记。

第五节 地 役 权

一、地役权概述

（一）地役权的含义

地役权是指不动产权利人为某特定不动产的便利而使用他人不动产，使其负一定负担的物权。地役权产生于两个不动产之间，其中享受使用便利的不动产称为需役地，提供便利的不动产则称为供役地。相应的，享有地役权的人称为地役权人，供役地权利人则称为供役地人。地役权具有如下属性。

1. 地役权是存在于他人土地之上的物权

地役权的标的主要是土地，但随着现代社会不动产利用方式市场化程度的提高，地役权的标的逐步多样化，现实生活中在房屋和其他附属物之上设立地役权的独立价值已得到体现，因此对地役权中的“地”的含义应当做扩大的理解。

2. 地役权是为需役地便利而设的物权

这里所指的便利，不以经济价值或者财产价值为限，也包括精神上或情感上的利益，如为需役地上视野宽阔而设定的眺望地役权。

3. 地役权是使供役地负一定负担的物权

从供役地的角度看，地役权是对他人不动产设定的一定负担。这些负担的内容和范围非常广泛，包括允许他人通行于自己的土地，对自己行使土地的权利进行某种限制，放弃部分使用的权利，容忍他人对自己土地实施某种程度上的损害，等等。供役地人的负担主要表现为容忍和不作为义务，但不负一定作为的积极义务。

（二）地役权的特征

与其他用益物权相比，地役权具有如下特征。

1. 从属性

地役权的从属性，是指地役权依附于需役地所有权或者使用权而存在，与需役地不可分离。地役权基于其特定的设立目的，其存在就是为便于需役地所有人或者使用人利用需役地，因此具有从属性。从属性是地役权的固有属性，也是其与其他用益物权的本质区别。其他用益物权虽然由所有权派生而来，但其一经设定即具有独立性，不依附于其他权利而存在。地役权则不同，它是为特定需役地的便利而设定的，其存续需以需役地存在为前提，与需役地同命运。

2. 不可分性

地役权的不可分性，是指地役权存在于需役地和供役地的全部，不能被分割为各个部分或仅仅以一部分单独存在。地役权是为需役地便利而设的，在地役权设定目的范围内，自然须利用供役地的全部，否则无法达到目的。

（三）地役权制度的价值

首先，地役权是对物权法定原则的补充。由于地役权的适用范围广泛，权利内容不确定，权利创设目的随意，给予当事人更大的自由空间，双方可根据实际情况来设定地役权的内容，从而保护新型的权利，在一定程度上弥补了物权法定原则的不足。

其次，地役权可经济地利用不动产，提高土地资源的利用效率。土地利用权的获得可通过取得建设用地使用权或设定债的关系，但是取得建设用地使用权成本高，还要受到法律法规、城市规划等因素影响，风险较大；而设定债的关系，只能拘束当事人，一旦邻地权属易手或被强制执行，该约定无法对抗受让方，风险仍不能排除。如果是通过设定地役权来获得土地的使用，则有助于稳固相邻不动产的利用关系，同时地役权人支付一定的对价给供役地所有人或使用人，使得需役地创造的价值高于供役地减少的价值，提高了土地资源的利用效率。

最后，地役权可弥补相邻关系的不足。相邻关系只是对相邻不动产利用过程中所生冲突的最小限度的调节，只能满足为方便自己的土地使用而利用邻人土地的最小限度的需要。对于超出最低限度的需要，特别是在需役地有特殊需要的情形，通过相邻关系是不能解决的。而地役权则能更大限度地协调不动产权利人之间的矛盾和冲突。

二、地役权的取得

（一）地役权的设立

1. 地役权合同

地役权通常由需役地权利人与供役地权利人之间以合同方式设定。我国《物权法》第157条规定："设立地役权，当事人应当采取书面形式订立地役权合同。"

2. 地役权的登记对抗主义

我国《物权法》第158条规定，地役权自地役权合同生效时成立。但未经登记，不得对抗善意第三人。

（二）地役权的转让

地役权是一种从属性权利，因此地役权不能够被单独地转让，我国《物权法》第164条即规定，地役权不得单独转让。这里的单独转让，是指地役权脱离了供役地和需役地的关系，而成为单独的转让标的。我国《物权法》第164条后段规定："土地承包经营权、建设用地使用权等转让的，地役权一并转让，但合同另有约定的除外。"但须强调，《物权法》第164条有前后两段，可以特约排除的只是后段，即如果当事人约定用益物权等权利移转而地役权不随之移转的，此约定有效。但是，如果出现第164条前段的情况，即当事人约定单独将地役权移转的，此约定无效。

三、地役权的效力

（一）地役权人的权利

1. 使用供役地的权利

地役权是权利人为其土地的方便和利益而利用他人土地的权利，因此，地役权的实现必须以使用供役地为条件。地役权人可以按照地役权设定合同约定的使用目的、范围和方法，行使其使用供役地的权利。我国《物权法》第159条规定："供役地权利人应当按照合同约定，允许地役权人利用其土地，不得妨害地役权人行使权利。"地役权人对供役地的利用，不必是独占性的利用。

2. 从事附属行为的权利

地役权人为实现其权利，可以在供役地上为必要的附属行为，例如地役权人为实现其取水权，需要从供役地上通行，对于此种通行，供役地人也应当允许。

3. 设置附属设施的权利

地役权人为了实现其权利，可以在供役地上修建一些必要的附属设施。例如，为了取水可以在供役地上修建水泵等设施，为了通行可以在供役地上修建道路等。对于这些附属设施，可以由地役权人自行修建，也可以由地役权人与供役地人共同修建，双方协商确定出资比例和管理方式。

（二）地役权人的义务

1. 合理使用供役地的义务

地役权人必须按照地役权的内容使用供役地，不得随意扩大其使用范围。地役权是供役地为需役地所承受的负担，因此，地役权人应当采取对供役地损害最小的使用方法，地役权人使用供役地时，不能脱离需役地的需要而使用。

2. 支付费用的义务

地役权设立如果是有偿的，地役权人应当按照约定的数额、期限和支付方式，向供役地人支付费用。

3. 维持工作物或设置物的正常状态和对供役地权利人使用工作物的容忍义务

地役权人应维持工作物或设置物的正常状态，以防损害供役地的利用。在供役地上设置的工作物，在不妨碍地役权人便利使用的前提下，地役权人应当允许供役地权利人的合理使用。当然，如果当事人之间有另行约定的，则依约定。

（三）供役地权利人的权利

1. 对附属设施的共同使用权

供役地人对于地役权人所设置的附属设施，如道路、取水设备、排水设施等，在不妨碍地役权人权利行使和实现的前提下，有共同使用的权利。

2. 费用支付请求权

如果地役权设立时双方当事人约定了数额、期限和支付方式的，则供役地权利人有权按照约定要求地役权人支付。如果地役权人长期拖欠租金费用，供役地权利人有权依法解除地役权设定合同，终止地役权。

3. 利用场所及方法的变更请求权

地役权设立之后，供役地人对其土地的主体利用权依然存在。在供役地人使用其土地的过程中，如果产生了变更既存地役权行使或者实现方法的需要时，在不影响既存地役权设立的前提下，为了实现整个社会利益的最大化，可以请求需役地人予以变更。

(四) 供役地权利人的义务

1. 允许地役权人利用土地

供役地权利人应当按照地役权设立的目的、范围和方式，允许地役权人使用其土地。对于双方需共同使用的，在设立地役权时约定了使用方式的，供役地权利人应按照约定允许地役权人使用。

2. 分担共用设施的维持费用

如果供役地权利人在不妨碍地役权行使的范围内而使用地役权人修建的附属设施的，供役地权利人应当在其受益的范围内负担该设施的保养和维护费用。如果在地役权设立时对共用设施的维护费用另有约定的，可以根据该约定执行。

四、地役权的消灭

(一) 地役权消灭的事由

地役权是一种不动产物权，不动产物权的一般消灭事由（如期限届满、抛弃、混同、约定的消灭事由发生）当然适用于地役权。地役权消灭的特殊事由如下。

1. 供役地或需役地的灭失

地役权的存在，以存在需役地与供役地两块分属不同主体的土地（包括建筑物）为前提，因此地役权不仅因需役地与供役地两块土地的全部灭失而消灭，而且两块土地中的一块灭失时，地役权亦随之消灭。

2. 地役权的目的事实上已不能实现

由于客观情况的变化，导致设定地役权的目的已不能实现，地役权的继续存在对地役权人已经没有价值时，地役权应归于消灭。例如，汲水地役权因供役地水源枯竭而消灭。

3. 供役地人依法解除合同

《物权法》第168条规定："地役权人有下列情形之一的，供役地权利人有权解除地役权合同，地役权消灭：①违反法律规定或者合同约定，滥用地役权；②有偿利用供役地，约定的付款期间届满后在合理期限内经两次催告未支付费用。"在发生法定事由的情况下，供役地权利人可以行使合同解除权，该解除权属于形成权的一种。

(二) 地役权消灭的法律后果

地役权消灭的法律后果，主要表现在如下方面。

1. 办理注销登记

《物权法》第169条规定："已经登记的地役权变更、转让或者消灭的，应当及时办理变更登记或者注销登记。"由于《物权法》对地役权的设立采取的是"登记对抗主义"，因此实践中就可能存在未办理设立登记的地役权，对于这些并未办理设立登记的地役权，自然也无所谓注销登记。

2. 取回工作

地役权消灭后，地役权人应当将设置在供役地上的工作物取回，恢复供役地原状。

法条链接

中华人民共和国物权法（节选）

第一百五十六条 地役权人有权按照合同约定，利用他人的不动产，以提高自己的不动产的效益。

前款所称他人的不动产为供役地，自己的不动产为需役地。

第一百五十七条 设立地役权，当事人应当采取书面形式订立地役权合同。

地役权合同一般包括下列条款：

（一）当事人的姓名或者名称和住所；

（二）供役地和需役地的位置；

（三）利用目的和方法；

（四）利用期限；

（五）费用及其支付方式；

（六）解决争议的方法。

第一百五十八条 地役权自地役权合同生效时设立。当事人要求登记的，可以向登记机构申请地役权登记；未经登记，不得对抗善意第三人。

第一百五十九条 供役地权利人应当按照合同约定，允许地役权人利用其土地，不得妨害地役权人行使权利。

第一百六十条 地役权人应当按照合同约定的利用目的和方法利用供役地，尽量减少对供役地权利人物权的限制。

第一百六十一条 地役权的期限由当事人约定，但不得超过土地承包经营权、建设用地使用权等用益物权的剩余期限。

第一百六十二条 土地所有权人享有地役权或者负担地役权的，设立土地承包经营权、宅基地使用权时，该土地承包经营权人、宅基地使用权人继续享有或者负担已设立的地役权。

第一百六十三条 土地上已设立土地承包经营权、建设用地使用权、宅基地使用权等权利的，未经用益物权人同意，土地所有权人不得设立地役权。

第一百六十四条 地役权不得单独转让。土地承包经营权、建设用地使用权等转让的，地役权一并转让，但合同另有约定的除外。

第一百六十五条 地役权不得单独抵押。土地承包经营权、建设用地使用权等抵押的，在实现抵押权时，地役权一并转让。

第一百六十六条 需役地以及需役地上的土地承包经营权、建设用地使用权部分转让时，转让部分涉及地役权的，受让人同时享有地役权。

第一百六十七条 供役地以及供役地上的土地承包经营权、建设用地使用权部分转让时，转让部分涉及地役权的，地役权对受让人具有约束力。

第一百六十八条 地役权人有下列情形之一的，供役地权利人有权解除地役权合同，地役权消灭：

（一）违反法律规定或者合同约定，滥用地役权；

（二）有偿利用供役地，约定的付款期间届满后在合理期限内经两次催告未支付费用。

第一百六十九条 已经登记的地役权变更、转让或者消灭的，应当及时办理变更登记或者注销登记。

复习题

一、判断分析题

1. 建设用地使用权出让，必须采取拍卖、招标的方式。 （ ）

2. 建设用地使用者可以改变土地使用权出让合同约定的土地用途。 （ ）

3. 农村土地承包只能采取农村集体经济组织内部的家庭承包方式。 （ ）

4. 小王没有考上大学，回到农村，但由于土地有限，则不享有农村土地的承包经营权。 （ ）

5. 承包合同自成立之日起生效，承包方自承包合同生效时取得土地承包经营权。 （ ）

二、不定项选择题

1. 为避免绕远，与邻人协商通过其土地直接到达自己的土地，该项权利属于（ ）。

A. 相邻权 B. 地役权 C. 地上权 D. 土地使用权

2. 依照我国法律规定，国有土地使用权出让合同的出让方应有（ ）。

A. 企业法人 B. 事业单位法人 C. 社会团体法人 D. 国家

3. 在地役权法律关系中，下列表述不正确的有（ ）。

A. 地役权是为特定人设定的 B. 地役权是为供役地设定的

C. 地役权可以是有偿取得的 D. 地役权也可以是无偿取得的

4. 某村民委员会与该村村民张某签订的土地承包合同中约定，张某对该村集体所有的一块10亩耕地享有土地承包经营权，张某有权在该土地上开办生产鸡饲料的饲料厂。下列说法错误的是（ ）。

A. 张某在承包的土地上开办饲料厂的约定不符合法律规定

B. 张某不能取得这块耕地的土地承包经营权

C. 该土地承包合同有效

D. 该土地承包合同产生物权法的效力

5. 下列各项物权不属于用益物权的有（ ）。

A. 土地承包经营权 B. 地役权

C. 相邻权 D. 建设用地使用权

6. 下列属于建设用地使用权人的权利的有（ ）。

A. 占有和按照约定使用土地 B. 在其地基范围内营造建筑物

C. 进行转让、抵押、出租等处分 D. 在一定期限内使用土地

7. 设立下列建设用地使用权，应当采取的出让方式有（　　）。

A. 设立商业建设用地使用权　　B. 设立娱乐建设用地使用权

C. 设立商品住宅建设用地使用权　　D. 设立旅游建设用地使用权

8. 依照《中华人民共和国土地承包法》，承包方对取得的土地承包经营权享有流转的权利，该权利包括（　　）。

A. 转包权　　B. 出租权　　C. 互换权　　D. 转让权

9. 依照《中华人民共和国土地承包法》，不宜采取家庭承包的“四荒”农村土地，其土地承包经营权依法可采取流转的流转方式有（　　）。

A. 转让　　B. 出租　　C. 入股　　D. 抵押

10. 甲公司系一房地产开发企业，甲公司与临海市土地局签订土地使用权出让合同，约定甲公司以出让方式取得该市郊区的一块土地用于修建住宅楼。如甲公司将土地使用权转让给乙公司，乙公司决定将该土地用于修建高尔夫球场，乙公司改变该土地用途需要采取的措施有（　　）。

A. 必须取得临海市土地局的同意

B. 必须取得该市规划行政主管部门的同意

C. 必须签订土地使用权出让合同变更协议或重新签订土地使用权出让合同

D. 必须相应调整土地使用权出让金

三、案例分析题

甲、乙、丙依次比邻而居。甲为修房向乙提出在其院内堆放建材，乙不允。甲遂向丙提出在其院内堆放，丙要甲付费 200 元，并不得超过 20 天，甲同意。修房过程中，甲搬运建材须从乙家门前经过，乙予以阻拦。请问乙是否可以阻拦，为什么？甲和乙分别享有什么权利？

第十六章
担保物权

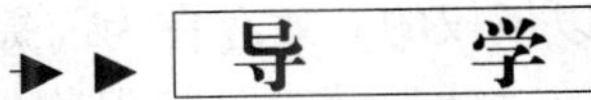

担保物权是对物的交换价值利用的权利。从某种意义上担保物权是联系物权与债权的桥梁，因为担保物权是在债权无法实现的情形下，担保物权人通过拍卖、变卖、折价担保物等方式优先受偿。担保物权和用益物权体现了对物在时间和空间利用上的分离，现代社会，对物利用的方式越多元化，创造的社会财富才能越多。本章分别介绍了抵押权、质权、留置权三类担保物权。

本章知识体系

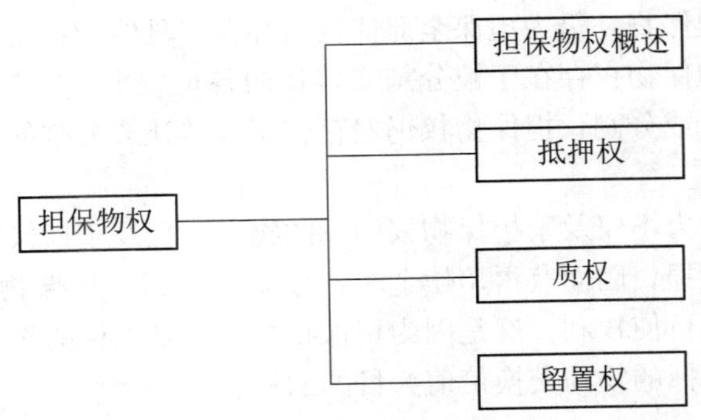

第一节　担保物权概述

一、担保物权的概念

担保物权是指以确保债务清偿为目的，而在债务人或第三人的特定的财产上所设定的具有变价权和优先受偿权为内容的一种他物权。其法律特征如下。

第一，是一种他物权，是在他人之物上设定的。担保物权人一般为债权人，担保人一般为债务人或第三人。担保法律关系的当事人是担保物权人和担保人，即担保物权人、担保人和不特定的任何人。是一种定限物权，担保物权人的权利是受限制的。

第二，是在债务人或第三人的特定财产上设定的。特定的财产包括特定物或特定权利。以不特定的财产作担保，不是担保物权而是保证。

第三，是以确保债务的清偿为目的。担保物权以担保债务清偿为使命，侧重物的交换价值。

二、担保物权的特性

（一）从属性

担保物权是以确保债权清偿为目的的价值权，必从属于债权而存在。在担保物权实行时，须存在合法的被担保债权。如无合法的被担保债权存在，自然不产生担保债权履行问题，称为担保物权的从属性，以债权的有效存在为前提。债权不成立，担保物权也不成立；债权无效，担保物权也无效；债权消灭，担保物权也消灭。如为赌债作担保；债务已清偿。

（二）变价性和优先受偿性

债务人不如期履行债务，债权人可以对标的物进行折价、变价、拍卖，从所得价款中受偿。注意：当事人不得约定流质，即当事人约定，当债务人到期不能清偿债务时，担保物直接归债权人所有。但当事人可以约定，到期以担保物折价归担保权人所有。

（三）不可分性

被担保债权在未受全部清偿前，担保权人可就担保标的物的全部行使其权利，称为担保物权的不可分性。因此，受担保债权即使被分割、被部分清偿或者部分灭失，担保物权仍为担保各部分的债权或剩余债权而存在，担保标的物即使被分割或部分灭失，各部分担保物或余存担保物，仍为担保全部债权而存在。具体指：①与债权不可分，当债权被分割或转让，担保物权存在于被分割或转让的各债权上；②与担保标的物不可分，当担保标的物被转让或分割，担保物权仍然存在于被转让或分割的担保标的物上。

（四）物上代位性

指担保物权的效力不仅及于担保物权的标的物，而且及于担保物的替代物。担保物权的标的物灭失、毁损，因而获得赔偿金时，该赔偿金即为担保物权标的物之替代物。担保权人得就赔偿金行使权利。这是因为担保物权，不是以标的物本身之利用为目的的权利，而是专以取得标的物的交换价值为目的的权利。

三、担保物权与用益物权的区别

（一）对标的物进行支配的方面有所不同

用益物权是以占有和利用标的物之实体为目的的权利，它主要就物的使用价值方面对标的物进行支配，因此又称为实体物权。而担保物权不以取得对物的实体利用为目的，而是以取得物所蕴含的交换价值为目的，因此它主要就物的交换价值方面对物进行支配，是一种价值权。

（二）是否为独立物权有所不同

用益物权为一种独立物权，它依当事人之约定或法律的直接规定而发生，不以用益物权人对财产享有其他财产权利为前提。而担保物权则为从属物权，债权一旦消灭，担保物权也随之消灭。

（三）权利实现的时间不同

用益物权人取得用益物权之时即可实现对标的物使用收益的权利。可见，用益物权之取得与实现同时进行，二者之间无时间间隔。而在担保物权，担保物权人取得担保物权后，并不能当即实现其权利，而只有在该担保物权所担保的债权已届履行期而未受清偿时，担保物权人可以行使变价受偿权。

（四）占有在权利行使中的地位不同

用益物权之行使以占有标的物为前提，因为用益物权人如不占有标的物即无法对标的物进行使用收益。而担保物权之行使，像抵押权就可不直接占有标的物，不移转物之占有的担保日益成为物之担保的主流。

（五）二者在物上代位性上存在不同

担保物权由其性质所决定，具有物上代位性。而对于用益物权，无论其标的物灭失的原因如何，均将用益物权确定地、终局性地归于消灭，此时用益物权人不得请求所有人以其他物替补。

法条链接

中华人民共和国物权法（节选）

第一百七十条 担保物权人在债务人不履行到期债务或者发生当事人约定的实现担保物权的情形，依法享有就担保财产优先受偿的权利，但法律另有规定的除外。

第一百七十一条 债权人在借贷、买卖等民事活动中，为保障实现其债权，需要担保的，可以依照本法和其他法律的规定设立担保物权。

第三人为债务人向债权人提供担保的，可以要求债务人提供反担保。反担保适用本法和其他法律的规定。

第一百七十二条 设立担保物权，应当依照本法和其他法律的规定订立担保合同。担保合同是主债权债务合同的从合同。主债权债务合同无效，担保合同无效，但法律另有规定的除外。

担保合同被确认无效后，债务人、担保人、债权人有过错的，应当根据其过错各自承担相应的民事责任。

第一百七十三条 担保物权的担保范围包括主债权及其利息、违约金、损害赔偿金、保管担保财产和实现担保物权的费用。当事人另有约定的，按照约定。

第一百七十四条 担保期间，担保财产毁损、灭失或者被征收等，担保物权人可以就获得的保险金、赔偿金或者补偿金等优先受偿。被担保债权的履行期未届满的，也可以提存该保险金、赔偿金或者补偿金等。

第一百七十五条 第三人提供担保，未经其书面同意，债权人允许债务人转移全部或者部分债务的，担保人不再承担相应的担保责任。

第一百七十六条 被担保的债权既有物的担保又有人的担保的，债务人不履行到期债务或者发生当事人约定的实现担保物权的情形，债权人应当按照约定实现债权；没有约定或者约定不明确，债务人自己提供物的担保的，债权人应当先就该物的担保实现债权；第三人提供物的担保的，债权人可以就物的担保实现债权，也可以要求保证人承担保证责任。提供担保的第三人承担担保责任后，有权向债务人追偿。

第一百七十七条 有下列情形之一的，担保物权消灭：

（一）主债权消灭；

（二）担保物权实现；

（三）债权人放弃担保物权；

（四）法律规定担保物权消灭的其他情形。

第一百七十八条 担保法与本法的规定不一致的，适用本法。

第二节 抵押权

一、抵押权的概念和特征

抵押权是指债权人对于债务人或者第三人不移转占有而提供担保的财产，在债务人不履行债务时，依法享有就担保的财产变价并优先受偿的权利。

抵押权具有以下特征。

第一，抵押权是一种担保物权，是以确保债务的履行为目的的担保物权，具有从属性、不可分性和物上代位性。

第二，抵押权是不移转标的物占有的担保物权。是否移转标的物的占有是抵押权与质权的重要区别。由于抵押权的设定不需要移转占有，因此，抵押权的设定不能采用占有移转的公示方法，而必须采用登记或其他方法进行公示。

第三，抵押的标的物为债务人或者第三人提供的不动产和其他动产。

第四，抵押权是以抵押财产的变价从而优先受偿的权利。即当债务人不履行债务时，抵押权人有权依照法律规定以抵押财产折价或者以拍卖、变卖该财产的价款优先于其他债权人而受偿。这种优先受偿不是指在债务人不履行债务时直接移转抵押物的所有权，而是指在债务人不履行债务时，将抵押物变价拍卖、变卖，使抵押权人享有优先于其他债权人就抵押物变价后的价值的受偿权。

二、抵押权的设定

（一）抵押权设定方式

抵押权主要为约定抵押权，因此双方当事人应当签订抵押合同。抵押合同应当采用书面形式，内容包括：被担保的主债权种类、数额、债务人履行债务的期限、抵押物的名称、数量、质量、状况、所在地、所有权权属或者使用权权属、抵押担保的范围、当事人认为需要约定的其他事项。抵押合同不具备上述内容的，可以由当事人补正。

（二）抵押当事人

抵押当事人包括抵押人和抵押权人。抵押权人就是指债权人，因为抵押权是因担保主债权而存在的，所以只有被担保的主债权中的债权人才能成为抵押权人。抵押人即抵押财产的所有人，既可能是债务人，也可能是第三人。由于抵押在性质上是处分他人财产的行为，因此抵押人必须对设定抵押的财产享有所有权或处分权。

（三）抵押物

1. 概述

抵押物又称为抵押财产，它是抵押权的标的物或客体，是指抵押人用以设定抵押权的财产。对抵押物应当注意以下问题。①抵押物必须是可以转让的物，凡是法律禁止流通或被强制执行的财产不得作为抵押物。②抵押标的物必须特定。如果抵押标的物没有约定或者约定不明，当事人可以对抵押合同进行补正，无法补正的，抵押合同不成立。③抵押权设定前为抵押物的从物的，抵押权的效力及于抵押物的从物。但是，抵押物与其从物为两个以上的人分别所有时，抵押权的效力不及于抵押物的从物。④抵押物因附合、混合或者加工使抵押物的所有权为第三人所有的，抵押权的效力及于补偿金；抵押物所有人为附合物、混合物或者加工物的所有人的，抵押权的效力及于附合物、混合物或者加工物；第三人与抵押物所有人为附合物、混合物或者加工物的共有人的，抵押权的效力及于抵押人对共有物享有的份额。

2. 可以抵押的财产范围

《物权法》第 180 条规定如下："债务人或者第三人有权处分的下列财产可以抵押：①建筑物和其他土地附着物；②建设用地使用权；③以招标、拍卖、公开协商等方式取得的荒地等土地承包经营权；④生产设备、原材料、半成品、产品；⑤正在建造的建筑物、船舶、航空器；⑥交通运输工具；⑦法律、行政法规未禁止抵押的其他财产。"该条最后也规定，抵押人可以将前款所列财产一并抵押。

3. 不得用于抵押的财产范围

根据《物权法》第 184 条规定，下列财产不得抵押。

（1）土地所有权。在我国，土地归国家所有和集体所有，而不能为私人财产。土地所有权不得抵押，也就是不能以国家或集体所有的土地抵押，否则抵押合同无效。

（2）耕地、宅基地、自留地、自留山等集体所有的土地使用权，但是法律另有规定的除外。这里的例外有两处。一是抵押人依法承包并经发包方同意抵押的荒山、荒沟、荒丘、荒滩等荒地的土地使用权可以抵押。二是乡（镇）、村企业的土地使用权不得单独抵押，但是以乡（镇）、村企业的厂房等建筑物抵押的，其占用范围内的土地使用权可以同时抵押。当然只能"地随房走"，不能"房随地走"，而且以这两种财产进行抵押的，在实现抵押权后，未经法定程序不得改变土地集体所有和土地用途。

（3）学校、幼儿园、医院等以公益为目的事业单位、社会团体的教育设施、医疗卫生设施和其他社会公益设施。

（4）所有权、使用权不明或者有争议的财产。所有权、使用权不明或者有争议，无法确定是否有处分权，因此不得抵押。

（5）依法被查封、扣押、监管的财产。但是已经设定抵押的财产，被采取查封、扣押等财产保全或者执行措施的，不影响抵押权的效力。

（6）依法不得抵押的其他财产，如违法、违章建筑，公司不得接受本公司的股票作为抵押权的标的等。

三、抵押权的效力

（一）抵押权所担保的债权的范围

我国《物权法》第173条规定："担保物权的担保范围包括主债权及其利息、违约金、损害赔偿金、保管担保财产和实现担保物权的费用。当事人另有约定的，按照约定。"则抵押担保的范围应包括主债权、利息、违约金和赔偿金、保管费用、实现抵押权的费用。但抵押人所担保的债权超出其抵押物价值的，超出的部分不具有优先受偿的效力。

（二）抵押当事人的权利义务

1. 抵押人的权利

1）抵押物的占有权

抵押设定以后，除法律和合同另有约定以外，抵押人有权继续占有抵押物，并有权取得抵押物的孳息。因此原则上抵押权的效力不及于抵押物的孳息。但是，根据《物权法》第197条规定："债务人不履行到期债务或者发生当事人约定的实现抵押权的情形，致使抵押财产被人民法院依法扣押的，自扣押之日起抵押权人有权收取该抵押财产的天然孳息或者法定孳息，但抵押权人未通知应当清偿法定孳息的义务人的除外。"

2）抵押人对抵押物的处分权

抵押设定以后，抵押人并不丧失对抵押物的所有权，抵押人有权将抵押物转让给他人，但抵押人处分财产的权利受到限制。《物权法》第191规定："抵押期间，抵押人经抵押权人同意转让抵押财产的，应当将转让所得的价款向抵押权人提前清偿债务或者提存。转让的价款超过债权数额的部分归抵押人所有，不足部分由债务人清偿。"

3）抵押人对抵押物设定多项抵押的权利

抵押人可以就同一抵押物设定多个抵押权，但不得超出余额部分。在同一抵押物上有数个抵押权时，各个抵押权人应按照法律规定的顺序行使抵押权。

4）抵押人对抵押物的收益权

抵押权设定以后，由于抵押物仍然归抵押人占有，因此抵押人有权将抵押物出租。这里需要注意抵押权与出租之间的关系。一是如果抵押权设定在先，出租在后，抵押权实现后，租赁合同对受让人不具有约束力。抵押人将已抵押的财产出租时，如果抵押人未书面告知承租人该财产已抵押的，抵押人对出租抵押物造成承租人的损失承担赔偿责任；如果抵押人已书面告知承租人该财产已抵押的，抵押权实现造成承租人的损失，由承租人自己承担。二是如果出租在先，抵押在后，租赁合同在有效期内对抵押物的受让人继续有效。

2. 抵押人的义务

抵押人的主要义务是妥善保管抵押物。在抵押期间，抵押人继续占有抵押物，故抵押人负保管义务，并应采取必要措施防止抵押物的毁损、灭失和价值减少。因抵押人的行为足以造成抵押物价值减少时，抵押人有义务恢复抵押物的价值，或者提供与减少的价值相当的担保。抵押权人的请求遭到拒绝时，抵押权人可以请求债务人履行债务，也可以请求提前行使抵押权。

3. **抵押权人的权利**

1）保全抵押物

在抵押期间，抵押权人虽未实际占有抵押物，但法律为了抵押权人的利益 赋予其保全抵押物的权利。如果抵押物受到抵押人或第三人的侵害，抵押权人有权要求停止侵害、恢复原状、赔偿损失。如果因抵押人的行为使抵押物价值减少，抵押权人有权要求抵押人恢复抵押物的价值，或者提供与减少的价值相当的担保。

2）优先受偿权

在债务人不履行债务时，抵押权人有权以抵押财产折价或者以拍卖、变卖抵押物的价款优先于普通债权人受偿。抵押物折价或者拍卖、变卖该抵押物的价款不足清偿债权的，不足清偿的部分由债务人按普通债权清偿。

四、抵押物的登记

（一）抵押物登记的效力

抵押物登记的效力有两种情形。

1. **登记是抵押权的生效条件**

根据《物权法》，下列财产抵押的，应当办理抵押物登记，未经登记，不得产生抵押权。①建筑物和其他土地附着物；②建设用地使用权；③以招标、拍卖、公开协商等方式取得的荒地等土地承包经营权；④正在建造的建筑物；⑤乡（镇）、村企业的厂房等建筑物抵押的。以登记作为生效条件的抵押应当注意以下几点。

第一，对上述财产进行抵押的，必须履行登记手续，才能设立抵押权。未经登记，抵押合同虽能生效，但抵押权不能产生。

第二，抵押物登记记载的内容与抵押合同约定的内容不一致的，以登记记载的内容为准。

第三，当事人办理抵押物登记手续时，因登记部门的原因致使其无法办理抵押物登记，抵押人向债权人交付权利凭证的，可以认定债权人对该财产有优先受偿权。但是，未办理抵押物登记的，不得对抗第三人。

2. **登记具有对抗第三人的效力**

当事人以上述必须进行登记的财产以外的财产进行抵押的，可以自愿办理抵押物登记，抵押合同自签订之日起生效。当事人亦未办理抵押物登记的，不得对抗第三人。因而对这些财产是否进行抵押登记，完全由当事人决定。抵押合同自签订之日起成立并生效，并对当事人产生拘束力。只是如果没有登记，不能对抗第三人。

（二）抵押物的登记机关

抵押物的登记机关主要包括以下几种类型：

第一，以建设用地使用权抵押的，为核发土地使用权证书的土地管理部门；

第二，以城市房地产或者乡（镇）、村企业的厂房等建筑物抵押的，为县级以上地方人民政府规定的部门；

第三，以林木抵押的，为县级以上林木主管部门；

第四，以航空器、船舶、车辆抵押的，为运输工具的登记部门；

第五，以企业的设备和其他动产抵押的，为财产所在地的工商行政管理部门；

第六，在当事人自愿办理抵押物登记的情形下，登记部门为抵押人所在地的公证部门。

五、抵押权的实现

所谓抵押权的实现，是指抵押物所担保的债权已到清偿期而债务人未履行债务时，抵押权人可以行使抵押权，以抵押物的价值优先受偿。抵押权实现的情形。①必须债务人的债务已到清偿期。债务人履行债务期限未到的，债务人无履行责任，债权人也不能要求债务人履行，也就不能确定债务人是否会履行债务。②发生当事人约定的实现抵押权的情形。

（一）抵押权实现的方法

在债务履行期届满债权人未受清偿的，债权人可以主张抵押权。抵押权的实现方式一般有以下三种。

1. 折价

折价指在债权清偿期届满后，抵押权人与抵押人达成协议，将抵押物折价用于清偿债务，并使抵押权人取得抵押物的所有权。但需要注意的是，以抵押物折价的协议，必须是债务人不能清偿债务后签订。如果在订立抵押合同时，抵押权人和抵押人便在合同中约定，在债务履行期届满，抵押权人未受清偿时，抵押物的所有权移转归债权人所有，这样的条款在法律上称为"流质条款"，应被宣告无效。该条款的无效不影响抵押合同其他部分的效力。

2. 拍卖

拍卖即公开地以竞争方式出卖，一般由国家的执行机关或专门的拍卖机构进行。拍卖抵押物所得的价金必须先扣除拍卖费用以后才能用以清偿债务。

3. 变卖

从广义上讲，拍卖也属于变卖的方式，但此处所说的变卖主要是指由抵押权通过一般的买卖或者以招标转让等方式而实现的变卖。

处分抵押物所获得的价款，抵押权人享有优先受偿的权利。优先受偿权主要针对多个债权而言，即设定抵押权的债权与其他普通债权并存时，抵押物处分后获得的价值优先清偿设定抵押权的债权，普通债权只能就优先受偿后剩余的价值受偿。

（二）多个物权并存时的清偿顺序

如果在同一物上并存数个抵押权或并存数个物权（包括一项抵押权），也产生优先受偿权的顺序问题，这就是物权相互间的优先效力。关于优先受偿权位序，采取法定主义，由法律明确规定。

1. 多个抵押权并存时的清偿顺序

同一财产向两个以上债权人抵押的，拍卖、变卖抵押物所得的价款按照以下规定清偿。

（1）抵押权登记产生的，按照抵押物登记的先后顺序清偿；顺序相同的，按照债权比例清偿。如果当事人同一天在不同的法定登记部门办理抵押物登记的，视为顺序相同。因登记部门的原因导致抵押物进行了连续登记的，以第一次登记的时间为准，确定抵押顺序。

(2) 顺序在先的抵押权与该财产的所有权归属一人时，该财产的所有权人可以以其抵押权对抗顺序在后的抵押权。

(3) 抵押合同自签订之日起生效的，按照下列原则清偿：登记的优先于未登记的受偿；都登记的，按照登记的先后顺序清偿；均未登记的，按照债权比例清偿。

(4) 顺序在后的抵押权所担保的债权先到期的，抵押权人只能就抵押物价值超出顺序在先的抵押担保债权的部分受偿。

2. 与其他物权并存时的清偿顺序

当抵押权与其他物权并存时，也存在顺序问题。

(1) 抵押权与质权并存。同一财产法定登记的抵押权与质权并存时，抵押权人优先于质权人受偿。

(2) 抵押权与留置权并存。同一财产抵押权与留置权并存时，留置权人优先于抵押权人受偿。

(3) 抵押权与其他权利并存。如果同一财产有抵押权与《合同法》第 286 条规定的优先受偿权并存时，《合同法》第 286 条规定的优先受偿权优先于抵押权。

(三) 抵押权实现的期限

抵押权是用来担保债权的，因此当抵押权所担保的债权诉讼时效已经过期，如何处理担保物权的法律效力就成为一个问题。根据《物权法》第 202 条："抵押权人应当在主债权诉讼时效期间行使抵押权；未行使的，人民法院不予保护。"

六、最高额抵押

(一) 最高额抵押的概念及特征

最高额抵押指抵押人与抵押权人协议，在最高债权额限度内，以抵押物对连续发生的债权（主要为连续发生的借款合同或者商品交易合同）作担保。最高额抵押具有如下特征。

1. 最高额抵押是为将来发生的债权作担保

一般抵押，必须是先有债权，然后才能设定抵押权。债权不存在，抵押权也不存在，这是由担保物权的从属性决定的。但最高额抵押权的设定不以债权的已经存在为前提，而是对将来发生的债权作担保。

2. 担保债权的不特定性

一般抵押所担保的债权都是特定的，即债权类型特定，债权数额特定。但最高额抵押担保的债权则不特定，即将来的债权是否发生、债权类型是什么、债权额多少，均不确定。最高额抵押只有到决算期时，才能确定担保的债权。

3. 担保债权具有最高限额

一般抵押在设定时债权已经确定，故不存在限额问题。最高额抵押在担保设定时债权不确定，但抵押物特定，抵押物价值确定。因此对抵押所担保的未来债权应当设定最高限额，以保护债权人和抵押人的利益。

4. 对一定期限内连续发生的债权作担保

最高额抵押是对一定期限内连续发生的债权作担保，它适用于连续发生的债权法律关系，不适用于发生一个独立债权的情况。最高额抵押所担保的债权主要为连续发生的借款合同和商品交易合同。

5. 最高额抵押担保的债权确定前，部分债权转让的，最高额抵押权不得转让

《物权法》第204条规定："最高额抵押担保的债权确定前，部分债权转让的，最高额抵押权不得转让，但当事人另有约定的除外。"

（二）最高额抵押的实现

最高额抵押的实现，必须具备两个条件：一是抵押权担保的债权数额已确定；二是债权已到履行期。故当事人除规定决算期外，还应当规定债的履行期限。只有债权数额确定，同时债务已届清偿期，抵押权人才能实现抵押权。如果抵押合同中未明确规定履行期限，则应根据当事人约定的抵押权的存续期或决算期确定。

抵押权人实现最高额抵押权时，如果实际发生的债权余额高于最高限额的，以最高限额为限，超过部分不具有优先受偿的效力；如果实际发生的债权余额低于最高限额的，以实际发生的债权余额为限，对抵押物优先受偿。

法条链接

中华人民共和国物权法（节选）

第一百七十九条 为担保债务的履行，债务人或者第三人不转移财产的占有，将该财产抵押给债权人的，债务人不履行到期债务或者发生当事人约定的实现抵押权的情形，债权人有权就该财产优先受偿。

前款规定的债务人或者第三人为抵押人，债权人为抵押权人，提供担保的财产为抵押财产。

第一百八十条 债务人或者第三人有权处分的下列财产可以抵押：

（一）建筑物和其他土地附着物；

（二）建设用地使用权；

（三）以招标、拍卖、公开协商等方式取得的荒地等土地承包经营权；

（四）生产设备、原材料、半成品、产品；

（五）正在建造的建筑物、船舶、航空器；

（六）交通运输工具；

（七）法律、行政法规未禁止抵押的其他财产。

抵押人可以将前款所列财产一并抵押。

第一百八十一条 经当事人书面协议，企业、个体工商户、农业生产经营者可以将现有的以及将有的生产设备、原材料、半成品、产品抵押，债务人不履行到期债务或者发生当事人约定的实现抵押权的情形，债权人有权就实现抵押权时的动产优先受偿。

第一百八十二条 以建筑物抵押的，该建筑物占用范围内的建设用地使用权一并抵押。以建设用地使用权抵押的，该土地上的建筑物一并抵押。

抵押人未依照前款规定一并抵押的，未抵押的财产视为一并抵押。

第一百八十三条 乡镇、村企业的建设用地使用权不得单独抵押。以乡镇、村企业的厂房等建筑物抵押的，其占用范围内的建设用地使用权一并抵押。

第一百八十四条 下列财产不得抵押：

（一）土地所有权；

（二）耕地、宅基地、自留地、自留山等集体所有的土地使用权，但法律规定可以抵押的除外；

（三）学校、幼儿园、医院等以公益为目的的事业单位、社会团体的教育设施、医疗卫生设施和其他社会公益设施；

（四）所有权、使用权不明或者有争议的财产；

（五）依法被查封、扣押、监管的财产；

（六）法律、行政法规规定不得抵押的其他财产。

第一百八十五条 设立抵押权，当事人应当采取书面形式订立抵押合同。

抵押合同一般包括下列条款：

（一）被担保债权的种类和数额；

（二）债务人履行债务的期限；

（三）抵押财产的名称、数量、质量、状况、所在地、所有权归属或者使用权归属；

（四）担保的范围。

第一百八十六条 抵押权人在债务履行期届满前，不得与抵押人约定债务人不履行到期债务时抵押财产归债权人所有。

第一百八十七条 以本法第一百八十条第一款第一项至第三项规定的财产或者第五项规定的正在建造的建筑物抵押的，应当办理抵押登记。抵押权自登记时设立。

第一百八十八条 以本法第一百八十条第一款第四项、第六项规定的财产或者第五项规定的正在建造的船舶、航空器抵押的，抵押权自抵押合同生效时设立；未经登记，不得对抗善意第三人。

第一百八十九条 企业、个体工商户、农业生产经营者以本法第一百八十一条规定的动产抵押的，应当向抵押人住所地的工商行政管理部门办理登记。抵押权自抵押合同生效时设立；未经登记，不得对抗善意第三人。

依照本法第一百八十一条规定抵押的，不得对抗正常经营活动中已支付合理价款并取得抵押财产的买受人。

第一百九十条 订立抵押合同前抵押财产已出租的，原租赁关系不受该抵押权的影响。抵押权设立后抵押财产出租的，该租赁关系不得对抗已登记的抵押权。

第一百九十一条 抵押期间，抵押人经抵押权人同意转让抵押财产的，应当将转让所得的价款向抵押权人提前清偿债务或者提存。转让的价款超过债权数额的部分归抵押人所有，不足部分由债务人清偿。

抵押期间，抵押人未经抵押权人同意，不得转让抵押财产，但受让人代为清偿债务消灭抵押权的除外。

第一百九十二条 抵押权不得与债权分离而单独转让或者作为其他债权的担保。债权转让的，担保该债权的抵押权一并转让，但法律另有规定或者当事人另有约定的除外。

第一百九十三条 抵押人的行为足以使抵押财产价值减少的，抵押权人有权要求抵押人停止其行为。抵押财产价值减少的，抵押权人有权要求恢复抵押财产的价值，或者提供与减少的价值相应的担保。抵押人不恢复抵押财产的价值也不提供担保的，抵押权人有权要求债务人提前清偿债务。

第一百九十四条 抵押权人可以放弃抵押权或者抵押权的顺位。抵押权人与抵押人可以协议变更抵押权顺位以及被担保的债权数额等内容，但抵押权的变更，未经其他抵押权人书面同意，不得对其他抵押权人产生不利影响。

债务人以自己的财产设定抵押，抵押权人放弃该抵押权、抵押权顺位或者变更抵押权的，其他担保人在抵押权人丧失优先受偿权益的范围内免除担保责任，但其他担保人承诺仍然提供担保的除外。

第一百九十五条 债务人不履行到期债务或者发生当事人约定的实现抵押权的情形，抵押权人可以与抵押人协议以抵押财产折价或者以拍卖、变卖该抵押财产所得的价款优先受偿。协议损害其他债权人利益的，其他债权人可以在知道或者应当知道撤销事由之日起一年内请求人民法院撤销该协议。

抵押权人与抵押人未就抵押权实现方式达成协议的，抵押权人可以请求人民法院拍卖、变卖抵押财产。

抵押财产折价或者变卖的，应当参照市场价格。

第一百九十六条 依照本法第一百八十一条规定设定抵押的，抵押财产自下列情形之一发生时确定：

（一）债务履行期届满，债权未实现；

（二）抵押人被宣告破产或者被撤销；

（三）当事人约定的实现抵押权的情形；

（四）严重影响债权实现的其他情形。

第一百九十七条 债务人不履行到期债务或者发生当事人约定的实现抵押权的情形，致使抵押财产被人民法院依法扣押的，自扣押之日起抵押权人有权收取该抵押财产的天然孳息或者法定孳息，但抵押权人未通知应当清偿法定孳息的义务人的除外。

前款规定的孳息应当先充抵收取孳息的费用。

第一百九十八条 抵押财产折价或者拍卖、变卖后，其价款超过债权数额的部分归抵押人所有，不足部分由债务人清偿。

第一百九十九条 同一财产向两个以上债权人抵押的，拍卖、变卖抵押财产所得的价款依照下列规定清偿：

（一）抵押权已登记的，按照登记的先后顺序清偿；顺序相同的，按照债权比例清偿；

（二）抵押权已登记的先于未登记的受偿；

（三）抵押权未登记的，按照债权比例清偿。

第二百条 建设用地使用权抵押后，该土地上新增的建筑物不属于抵扣财产。该建设用地使用权实现抵押权时，应当将该土地上新增的建筑物与建设用地使用权一并处分，但新增建筑物所得的价款，抵押权人无权优先受偿。

第二百零一条 依照本法第一百八十条第一款第三项规定的土地承包经营权抵押的，或者依照本法第一百八十三条规定以乡镇、村企业的厂房等建筑物占用范围内的建设用地使用权一并抵押的，实现抵押权后，未经法定程序，不得改变土地所有权的性质和土地用途。

第二百零二条 抵押权人应当在主债权诉讼时效期间行使抵押权；未行使的，人民法院不予保护。

第二百零三条 为担保债务的履行，债务人或者第三人对一定期间内将要连续发生的债权提供担保财产的，债务人不履行到期债务或者发生当事人约定的实现抵押权的情形，抵押权人有权在最高债权额限度内就该担保财产优先受偿。

最高额抵押权设立前已经存在的债权，经当事人同意，可以转入最高额抵押担保的债权范围。

第二百零四条 最高额抵押担保的债权确定前，部分债权转让的，最高额抵押权不得转让，但当事人另有约定的除外。

第二百零五条 最高额抵押担保的债权确定前，抵押权人与抵押人可以通过协议变更债权确定的期间、债权范围以及最高债权额，但变更的内容不得对其他抵押权人产生不利影响。

第二百零六条 有下列情形之一的，抵押权人的债权确定：

（一）约定的债权确定期间届满；

（二）没有约定债权确定期间或者约定不明确，抵押权人或者抵押人自最高额抵押权设立之日起满二年后请求确定债权；

（三）新的债权不可能发生；

（四）抵押财产被查封、扣押；

（五）债务人、抵押人被宣告破产或者被撤销；

（六）法律规定债权确定的其他情形。

第二百零七条 最高额抵押权除适用本节规定外，适用本章第一节一般抵押权的规定。

第三节 质 权

一、质权的概念和特征

所谓质权，指债务人或者第三人将其动产或权利移交债权人占有，将该财产作为债的担保，当债务人不履行债务时，债权人有权依法以该财产变价所得优先受偿。

质权是一种担保物权，因此同样具备担保物权的特征，即从属性、不可分性、物上代位性。但与抵押权相比，有一定的区别。

第一，抵押的标的物既可以是动产也可以是不动产；质权的标的物则不包括不动产，质权分为动产质权和权利质权，用于质权的标的物（以下简称质物）可以是动产或者权利。

第二，抵押权的设定不要求移转抵押物的占有；质权的设定必须移转标的物占有。

第三，抵押权设定不移转抵押物的占有，因此抵押人可以继续对抵押物占有、使用、收益；由于质权移转标的物的占有，因此出质人虽然享有对标的物的所有权，但不能直接对质权物进行占有、使用、收益。

二、动产质权

动产质权，是以动产作为标的物的质权。《物权法》第208条规定："为担保债务的履行，债务人或者第三人将其动产出质给债权人占有的，债务人不履行到期债务或者发生当事人约定的实现质权的情形，债权人有权就该动产优先受偿。"

（一）动产质权的设立

1. 动产质权合同

出质人和质权人应当以书面形式订立质权合同。质权合同的内容应当包括如下条款：被担保的债权种类和数额；债务人履行债务的期限；质押财产的名称、数量、质量、状况；质权担保的范围；质物移交的时间；当事人认为需要认定的其他事项。质权合同不完全具备上述内容时，当事人可以事后补正，不能宣告合同无效。

2. 动产质权的标的物

动产质权的标的物必须具备下列条件。①可让与性。法律禁止流通的物，不能作为质权的标的。②特定化。动产质权的标的物必须特定化。因此如果将金钱以特户、封金、保证金等形式特定化后，也可以作为动产质权的标的物。③出质人有处分权。出质人以其不具有所有权但合法占有的动产出质的，法律保护善意质权人的权利。善意质权人行使质权给动产所有人造成损失的，由出质人承担赔偿责任。

3. 移转动产的占有

动产质权，仅有质权合同的成立并不能发生质权，质权合同自质物移交给质权人占有生效。因此，只有出质人将出质的动产移交给债权人占有，债权人才能取得质权。在质权期间，质权人也必须控制质权物的占有。对于动产质权中标的物移转占有要注意以下几点。

第一，标的物的占有移转是动产质权合同的生效条件，也是质权产生的条件。

第二，债务人或者第三人未按质权合同约定的时间移交质物的，质权不成立，由此给质权人造成损失的，出质人应当根据其过错承担赔偿责任。

第三，出质人代质权人占有质物的，质权合同不生效。质权成立后质权人将质物返还于出质人后，不得以其质权对抗第三人。

第四，因不可归责于质权人的事由而丧失对质物的占有，质权人可以向不当占有人请求停止侵害、恢复原状、返还质物。

第五，出质人以间接占有的财产出质的，书面通知送达占有人时视为移交。占有人收到出质通知后，仍接受出质人的指示处分出质财产的，该行为无效。

第六，质权合同中对质权的财产约定不明，或者约定的出质财产与实际移交的财产不一致的，以实际交付占有的财产为准。

4. 流质条款无效

和抵押合同一样，出质人和质权人不得在合同中约定在债务履行期届满质权人未受清偿时，质物的所有权转移为质权人所有。但该条款无效不影响质权合同其他部分的效力。

（二）动产质权的效力

1. 动产质权担保的范围

我国《担保法》第 67 条规定："质权担保的范围包括主债权及利息、违约金、损害赔偿金、质物保管费用和实现质权的费用。质权合同另有约定的，按照约定。"因此，质权担保的范围由合同约定，如果合同没有约定，则应当包括主债权及利息、违约金、损害赔偿金、质物保管费用和实现质权的费用。动产质权的效力及于质物的从物。但是从物未随同质物移交质权人占有的，质权的效力不及于从物。

2. 出质人的权利和义务

动产出质后，出质人仍享有质物的所有权，仍然有权处分已经出质的财产。但出质人行使处分权时，不得影响质权的效力。

出质人的主要义务是不得妨害质权人享有并行使对质物的权利。如果质物有隐蔽瑕疵造成质权人其他财产损害的，应由出质人承担赔偿责任，但质权人在质物移交时明知质物有瑕疵而予以接受的除外。债务履行期届满，出质人请求质权人及时行使权利，而质权人怠于行使权利致使质物价格下跌的，由此造成的损失，质权人应当承担赔偿责任。

3. 质权人的权利和义务

（1）占有质物。对质物的占有，既是质权的成立要件，也是质权的存续要件。在主债务清偿以前，质权人有权留置质物。

（2）收取质物的孳息。如果在质权合同中当事人没有特别约定质物的孳息收取，则质权人有权收取质物所生的孳息。质权人收取孳息，并非取得孳息所有权，而是将孳息作为质权标的。

（3）质物转质权。质权人在债权存续期间，为了对自己的债务提供担保而在该质物上设定新的质权，并将质物移转占有给第三人，这种情况称为转质。由于转质涉及出质人的处分权的行使，因此应当经过出质人的同意。经过同意的转质，只能在原质权担保的债权范围内设定，超过的部分不具有优先受偿的效力。转质权的效力优于原质权。未经同意的转质如果第三人是善意的，不得对抗善意第三人。

（4）质物有损坏或者价值明显减少的可能，足以危害质权人权利的，质权人可以要求出质人提供相应的担保。出质人不提供的，质权人可以拍卖或者变卖质物，并与出质人协议将拍卖或者变卖，所得的价款用于提前清偿所担保的债权或者向与出质人约定的第三人提存。

（5）优先受偿权。质权人有权就质物卖得的价金，优先受偿，从而实现其债权。

（6）债务履行期届满质权人未受清偿的，质权人可以继续留置质物，并以质物的全部行使权利。出质人清偿所担保的债权后，质权人应当返还质物。

质权人的主要义务是妥善保管质物。如果质权人未尽注意义务，导致出质人受到损害的，应负损害赔偿责任。债务人债务履行完毕或者出质人提前清偿所担保的债权的，质权人应当返还质物。质权人在质权存续期间，未经出质人同意擅自使用、出租、处分质物，因此给出质人造成损失的，由质权人承担赔偿责任。

（三）动产质权的实现

动产质权的实现，是指质权人在债务人到期不履行债务时，而对通过折价拍卖和变卖方式所获得的价款优先受偿。

三、权利质权

权利质权指以可转让的权利出质而设定的担保物权。

（一）权利质权的标的

权利质权的标的为权利，但不是任何权利都可以为权利质权的标的。能够作为权利质权的标的，应当具备下列条件。①必须是财产权。人格权、身份权不得作为权利质权的标的。②必须是可以让与的权利。设定权利质权的目的在于就该权利受偿，因此，如果权利不能让与，则不能设定权利质权。

根据我国《物权法》第 223 条："债务人或者第三人有权处分的下列权利可以出质：①汇票、支票、本票；②债券、存款单；③仓单、提单；④可以转让的基金份额、股权；⑤可以转让的注册商标专用权、专利权、著作权等知识产权中的财产权；⑥应收账款；⑦法律、行政法规规定可以出质的其他财产权利。"可以出质的其他权利，如公路桥梁、公路隧道或者公路渡口等不动产收益权，普通的债权等。

（二）权利质权的生效

1. 有价证券的质权

以汇票、支票、本票、债券、存款单、仓单、提单出质的，应当在合同约定的期限内将权利凭证交付质权人。质权合同自权利凭证交付之日起生效，没有权利凭证的，质权自有关部门办理出质登记时设立。对于这类权利质权，注意以下几点。①必须在汇票、支票、本票上背书记载"质权"字样，否则不能对抗善意第三人；②必须在公司债券上背书记载"质权"字样，否则不得对抗公司和第三人；③以存款单出质的，签发银行核押后又受理挂失并造成存款流失的，应当承担民事责任；④以票据、债券、存款单、仓单、提单出质的，质权人再转让或者再出质则是无效的行为；⑤以载明兑现或者提货日期的汇票、支票、本票、债券、存款单、仓单、提单出质，如果兑现或者提货日期先于债务履行期的，质权人可以在债务履行期届满前兑现或者提货，并与出质人协议将兑现的价款或者提取的货物用于提前清偿所担保的债权或者向与出质人约定的第三人提存。如果兑现或者提货日期后于债务履行期的，质权人只能在兑现或者提货日期届满时兑现款项或者提取货物。

2. 依法可以转让的股份、股票的质权

对于这类权利质权，注意以下几点。①必须是依法可以转让的股份、股票。而且质权的效力及于股份、股票的法定孳息。②以依法可以转让的股票出质，质权合同自向证券登记机构办理出质登记之日起生效。股票出质后，不得转让，但经出质人与质权人协商同意的可以转让。③以股份有限公司的股份出质的，适用《公司法》有关股份转让的规定。《物权法》第226条："以基金份额、股权出质的，当事人应当订立书面合同。以基金份额、证券登记结算机构登记的股权出质的，质权自证券登记结算机构办理出质登记时设立；以其他股权出质的，质权自工商行政管理部门办理出质登记时设立。"

3. 知识产权的质权

依法可以转让的商标专用权、专利权、著作权中的财产权可以设定质权。对于这类权利质权，注意以下几点。①有的知识产权的内容既包括财产权，也包括人身权，但设定质权的知识产权仅限于可以转让的财产权。以知识产权中的人身权设定质权无效。这些财产权分别为：商标专用权、专利权中的财产权、著作权中的财产权。②设定质权后，未经质权人同意不得转让或者许可他人使用。未经许可转让或者许可他人使用，应当认定为无效。因此给质权人或者第三人造成损失的，由出质人承担民事责任。③以知识产权设定质权，应当向有关管理部门办理出质登记才能使得质权生效。④以附着知识产权的物品出质时，要注意区分是属于动产质权，还是权利质权。如果是权利质权，必须经过登记程序。

4. 应收账款质权

应收账款质权，是指权利人因提供一定的货物、服务或者设施而获得的要求义务人付款的权利。应收账款的设定应履行以下程序：首先，当事人应当订立书面合同；其后，质权自信贷征信机构办理出质登记时设立。目前信贷征信机构是中国人民银行征信中心。

5. 依法可以出质的其他权利

除上述权利可以出质外，依法可以出质的权利也可为质权的标的。这类权利应是一般债权，但下列情形例外：第一，以法律规定的或其性质决定不可转让的债权；第二，当事人约定不得让与的债权。

法条链接

中华人民共和国物权法（节选）

第二百零八条 为担保债务的履行，债务人或者第三人将其动产出质给债权人占有的，债务人不履行到期债务或者发生当事人约定的实现质权的情形，债权人有权就该动产优先受偿。

前款规定的债务人或者第三人为出质人，债权人为质权人，交付的动产为质押财产。

第二百零九条 法律、行政法规禁止转让的动产不得出质。

第二百一十条 设立质权，当事人应当采取书面形式订立质权合同。

质权合同一般包括下列条款：

（一）被担保债权的种类和数额；

（二）债务人履行债务的期限；

（三）质押财产的名称、数量、质量、状况；

（四）担保的范围；

（五）质押财产交付的时间。

第二百一十一条 质权人在债务履行期届满前，不得与出质人约定债务人不履行到期债务时质押财产归债权人所有。

第二百一十二条 质权自出质人交付质押财产时设立。

第二百一十三条 质权人有权收取质押财产的孳息，但合同另有约定的除外。

前款规定的孳息应当先充抵收取孳息的费用。

第二百一十四条 质权人在质权存续期间，未经出质人同意，擅自使用、处分质押财产，给出质人造成损害的，应当承担赔偿责任。

第二百一十五条 质权人负有妥善保管质押财产的义务；因保管不善致使质押财产毁损、灭失的，应当承担赔偿责任。

质权人的行为可能使质押财产毁损、灭失的，出质人可以要求质权人将质押财产提存，或者要求提前清偿债务并返还质押财产。

第二百一十六条 因不能归责于质权人的事由可能使质押财产毁损或者价值明显减少，足以危害质权人权利的，质权人有权要求出质人提供相应的担保；出质人不提供的，质权人可以拍卖、变卖质押财产，并与出质人通过协议将拍卖、变卖所得的价款提前清偿债务或者提存。

第二百一十七条 质权人在质权存续期间，未经出质人同意转质，造成质押财产毁损、灭失的，应当向出质人承担赔偿责任。

第二百一十八条 质权人可以放弃质权。债务人以自己的财产出质，质权人放弃该质权的，其他担保人在质权人丧失优先受偿权益的范围内免除担保责任，但其他担保人承诺仍然提供担保的除外。

第二百一十九条 债务人履行债务或者出质人提前清偿所担保的债权的，质权人应当返还质押财产。

债务人不履行到期债务或者发生当事人约定的实现质权的情形，质权人可以与出质人协议以质押财产折价，也可以就拍卖、变卖质押财产所得的价款优先受偿。

质押财产折价或者变卖的，应当参照市场价格。

第二百二十条 出质人可以请求质权人在债务履行期届满后及时行使质权；质权人不行使的，出质人可以请求人民法院拍卖、变卖质押财产。

出质人请求质权人及时行使质权，因质权人怠于行使权利造成损害的，由质权人承担赔偿责任。

第二百二十一条 质押财产折价或者拍卖、变卖后，其价款超过债权数额的部分归出质人所有，不足部分由债务人清偿。

第二百二十二条 出质人与质权人可以协议设立最高额质权。

最高额质权除适用本节有关规定外，参照本法第十六章第二节最高额抵押权的规定。

第二节　权利质权

第二百二十三条 债务人或者第三人有权处分的下列权利可以出质：

(一）汇票、支票、本票；

（二）债券、存款单；

（三）仓单、提单；

（四）可以转让的基金份额、股权；

（五）可以转让的注册商标专用权、专利权、著作权等知识产权中的财产权；

（六）应收账款；

（七）法律、行政法规规定可以出质的其他财产权利。

第二百二十四条 以汇票、支票、本票、债券、存款单、仓单、提单出质的，当事人应当订立书面合同。质权自权利凭证交付质权人时设立；没有权利凭证的，质权自有关部门办理出质登记时设立。

第二百二十五条 汇票、支票、本票、债券、存款单、仓单、提单的兑现日期或者提货日期先于主债权到期的，质权人可以兑现或者提货，并与出质人协议将兑现的价款或者提取的货物提前清偿债务或者提存。

第二百二十六条 以基金份额、股权出质的，当事人应当订立书面合同。以基金份额、证券登记结算机构登记的股权出质的，质权自证券登记结算机构办理出质登记时设立；以其他股权出质的，质权自工商行政管理部门办理出质登记时设立。

基金份额、股权出质后，不得转让，但经出质人与质权人协商同意的除外。出质人转让基金份额、股权所得的价款，应当向质权人提前清偿债务或者提存。

第二百二十七条 以注册商标专用权、专利权、著作权等知识产权中的财产权出质的，当事人应当订立书面合同。质权自有关主管部门办理出质登记时设立。

知识产权中的财产权出质后，出质人不得转让或者许可他人使用，但经出质人与质权人协商同意的除外。出质人转让或者许可他人使用出质的知识产权中的财产权所得的价款，应当向质权人提前清偿债务或者提存。

第二百二十八条 以应收账款出质的，当事人应当订立书面合同。质权自信贷征信机构办理出质登记时设立。

应收账款出质后，不得转让，但经出质人与质权人协商同意的除外。出质人转让应收账款所得的价款，应当向质权人提前清偿债务或者提存。

第二百二十九条 权利质权除适用本节规定外，适用本章第一节动产质权的规定。

第四节 留置权

【案例】某家具厂为某招待所加工家具，由招待所提供木材，约定1个月后加工完毕，招待所取得家具时付清加工费50 000元。一个月后，招待所来家具厂取家具，招待所认为加工费太贵，拒绝支付。于是，家具厂便扣留了该批家具，并告知招待所2个月内必须付清加工费，否则变卖家具折价。到2个月后，招待所一直没能偿付加工费，家具厂将家具变卖，价款100 000元，以50 000元折抵加工费，其余退还招待所。

本案涉及留置权的构成条件及行使问题。

一、留置权的概念和特点

留置权是指债权人按照合同约定占有债务人的动产，债务人不按照合同约定的期限履行债务的，债权人有权依法留置该财产，以该财产折价或者以拍卖、变卖该财产的价款优先受偿。

留置权具有如下特征。①留置权属于担保物权。因此具有担保物权的从属性、不可分性和物上代位性等担保物权的特征。②留置权属于法定的担保物权。留置权只有在符合法律规定的条件时产生，并非依当事人约定产生，但当事人可以通过合同约定排除留置权的适用。③留置权占有动产是基于主债权合同占有，质权是基于质权合同占有，而抵押权成立无须占有抵押物。

二、留置权的成立条件

留置权作为法定的担保物权必须符合法定的条件才能成立。留置权的成立条件如下。

（一）债权人占有债务人的动产

债权人占有债务人的动产，是留置权成立的最基本的要件，只有如此，才有发生留置权的可能。①留置权的标的必须是动产。对不动产不能产生留置权。因此《合同法》第286条规定的优先受偿权不属于留置权。②债权人占有债务人的动产。占有不仅要求直接占有，而且应当是合法占有。③该财产为债务人所有。第三人的动产，不能充当留置物。当债权人合法占有债务人交付的动产时，不知债务人无处分该动产的权利，法律保护债权人的利益，债权人可以行使留置权。④留置权的标的，除了留置物本身以外，还包括从物、孳息和代位物。留置的财产为可分物的，留置物的价值应当相当于债务的金额。留置物为不可分物的，留置权人可以就其留置物的全部行使留置权。

（二）占有的动产与债权属于同一法律关系

占有的动产与债权属于同一法律关系，如果债权人的债权并非基于留置财产上的关系而产生，则不得留置该财产，但企业之间留置的除外。可见同一法律关系针对的是民事留置，不包括商事留置。

（三）债权已届清偿期且债务人未按规定期限履行义务

只有在债权已届清偿期，债务人仍不能履行义务时，债权人才可以留置债务人的动产。

（四）当事人在合同中没有相反的约定，也不得与债权人的义务相抵触

如果当事人在合同中事先约定不得留置，债权人依据合同不得留置债务人的财产，否则将承担违约责任。例如，承运人有将货物运送到指定地点的义务，在运送途中，不得以未付运费而留置货物。

三、留置权的效力

(一) 留置担保的债权范围

《担保法》第 83 条规定："留置担保的范围包括主债权及利息、违约金、损害赔偿金，留置物保管费用和实现留置权的费用。"依此规定，与质押担保的范围一样，留置担保的债权范围包括主债权及利息、违约金、损害赔偿金、留置物保管费用和实现留置权的费用。但是由于留置权是一种法定担保物权，所以关于担保范围不需要双方当事人约定。

(二) 留置权人的权利和义务

1. 留置权人的主要权利

(1) 占有权。留置权人占有权包括两个方面的内容：一方面，可以对抗债务人即留置物的所有人或原占有人；另一方面，可以对抗该合同关系以外的第三人，当其留置物被第三人非法侵夺时，留置权人有权行使占有物返还之诉请求返还。

(2) 留置物孳息收取权。留置权人在占有留置物期间内，有权收取留置物的孳息。如果孳息是金钱，则可直接以其冲抵债务；如果孳息是其他财产，留置权人享有以其变价优先受偿的权利。

(3) 优先受偿权。留置权人在留置债务人的财产后，债务人逾期仍不履行的，债权人可以与债务人协议以留置物折价，也可以依法拍卖、变卖留置物。留置权人有权就留置财产变价所得优先受偿。

2. 留置权人的主要义务

(1) 妥善保管留置物。因保管不善致使留置物灭失或毁损的，留置权人应当承担民事责任。

(2) 返还留置物。在留置权所担保的债权消灭或者债务人另行提供担保时，债权人应当返还留置物。

(三) 债务人的权利和义务

留置权成立以后，债务人仍然享有留置物的所有权。但是，债务人对留置物的权利要受到很多的限制，如不能直接行使对留置物的占有、使用、受益的权利，也不能将该财产出质等。债务人的主要义务是在留置权发生后，不得干扰、阻碍留置权人行使留置权，并应偿付因留置物而支出的必要的费用。

留置权的效力有两个层次的意义：第一为留置标的物，即债权人在其债权没有得到清偿时，有权留置债务人的财产，并给债务人确定一个履行期限。根据《物权法》第 236 条，该履行期限应当为两个月以上。第二为优先受偿，即债务人超过规定的期限仍不履行其债务时，留置权人可依法以留置物折价或拍卖、变卖的价款优先受偿。

四、留置权的消灭

留置权消灭的原因主要如下。①主债权消灭。担保物权作为主债权的从权利，随主权利的消灭而消灭。留置权所担保的债权消灭，如债权已经清偿、债权已经抛弃等，留置权也归于消灭。②留置权实现。③留置物灭失。④债务人另行提供担保并被债权人接受。

上述案例符合留置权的构成要件，家具厂的行为是合法的。

法条链接

中华人民共和国物权法（节选）

第二百三十条 债务人不履行到期债务，债权人可以留置已经合法占有的债务人的动产，并有权就该动产优先受偿。

前款规定的债权人为留置权人，占有的动产为留置财产。

第二百三十一条 债权人留置的动产，应当与债权属于同一法律关系，但企业之间留置的除外。

第二百三十二条 法律规定或者当事人约定不得留置的动产，不得留置。

第二百三十三条 留置财产为可分物的，留置财产的价值应当相当于债务的金额。

第二百三十四条 留置权人负有妥善保管留置财产的义务；因保管不善致使留置财产毁损、灭失的，应当承担赔偿责任。

第二百三十五条 留置权人有权收取留置财产的孳息。

前款规定的孳息应当先充抵收取孳息的费用。

第二百三十六条 留置权人与债务人应当约定留置财产后的债务履行期间；没有约定或者约定不明确的，留置权人应当给债务人两个月以上履行债务的期间，但鲜活易腐等不易保管的动产除外。债务人逾期未履行的，留置权人可以与债务人协议以留置财产折价，也可以就拍卖、变卖留置财产所得的价款优先受偿。

留置财产折价或者变卖的，应当参照市场价格。

第二百三十七条 债务人可以请求留置权人在债务履行期届满后行使留置权；留置权人不行使的，债务人可以请求人民法院拍卖、变卖留置财产。

第二百三十八条 留置财产折价或者拍卖、变卖后，其价款超过债权数额的部分归债务人所有，不足部分由债务人清偿。

第二百三十九条 同一动产上已设立抵押权或者质权，该动产又被留置的，留置权人优先受偿。

第二百四十条 留置权人对留置财产丧失占有或者留置权人接受债务人另行提供担保的，留置权消灭。

知识延伸

《物权法》关于担保物权相较于《担保法》有哪些变化。

1.《物权法》明确了担保合同与担保物权的效力区分。

2.《物权法》新增了浮动抵押制度。

3. 在物的担保与人的担保并存时，《物权法》对债务人提供的物的担保与第三人提供的物的担保的法律效力作了区分，这既有利于保护债权的实现，也避免了程序的烦琐和费用的扩大。

4.《物权法》对于抵押财产擅自转让，规定得更加严格。

5.《物权法》新增加了最高额质权制度。

6. 权利质权的适用范围扩大，特别增加了应收账款质押。

7. 留置权的适用范围扩大，不再局限于个别合同。但是对于留置动产与债权的关系限制为同一法律关系。

总之，《物权法》对于担保物权还作出了很多新的规定，这里不一一列举。

一、判断分析题

1. 担保合同被确认无效后，债务人、担保人、债权人有过错的，应当根据其过错各自承担相应的民事责任。（　）

2. 企业以现有的以及将有的生产设备、原材料、半成品、产品抵押的，即使已经登记，也不得对抗正常经营活动中已经支付合理价款并取得抵押财产的买受人。（　）

3. 同一财产既有抵押权，又有留置权，抵押权已经登记的可以对抗留置权人。（　）

4. 应收账款具有不稳定性，不能设定担保。（　）

5. 抵押权与质权的不同在于抵押权的标的物是不动产，质权的标的物是动产。（　）

二、不定项选择题

1. 甲乙（均为某村村民）订立借款合同一份，作如下约定：甲借给乙 10 万元，乙交付甲一件黄金饰品作担保，3 年后乙归还本金，甲归还该饰品，如乙无力还款，则该饰品归甲所有。对此，下列说法中正确的是（　）。

A. 甲乙之间关于“如乙无力还款，则该饰品归甲所有”的约定无效

B. 因甲乙之间关于“如乙无力还款，则该饰品归甲所有”的约定无效，故担保合同无效

C. 因甲乙之间的担保合同无效，故其借款合同无效

D. 担保合同的全部条款有效，故甲乙之间的借款合同有效

2. 下列财产中不得抵押的财产是（　）。

A. 国有土地使用权　　B. 个人享有的房屋产权

C. 企业所有的汽车　　D. 个人承包的耕地使用权

3. 甲分别有债权人乙丙丁。丁为了使自己的债务得到清偿，许诺甲将其全部财产抵押给丁后，为其办理出国手续。甲便与丁签订了抵押合同，并办理了相关手续。因乙丙的债权得不到清偿引起纠纷。对此，下列表述正确的是（　）。

A. 甲与丁签订的抵押合同不具有效力

B. 甲与丁签订的抵押合同具有效力，且具有不可撤销性

C. 甲与丁签订的抵押合同具有效力，但乙丙可请求人民法院撤销

D. 甲与丁签订的抵押合同为效力未定

4. 甲向乙借款，约定以自己的皇冠车抵押与乙。双方为此签订了抵押合同，但在抵押登记时，登记为甲的奥迪车抵押给乙。因甲未能及时还款，乙欲行使抵押权。下列表述正确的是（　　）。

A. 乙只能对甲的皇冠车行使抵押权

B. 乙只能对甲的奥迪车行使抵押权

C. 乙是对皇冠车还是对奥迪车行使抵押权，由乙决定

D. 乙是对皇冠车还是对奥迪车行使抵押权，由甲决定

5. 抵押权所担保的范围包括（　　）。

A. 原债权　　B. 原债权的利息

C. 抵押权实现的费用　　D. 违约金或损害赔偿金

6. 甲向乙借款，将自己所有的受孕母牛出质于乙，质押期间，母牛产下牛犊。对于该牛犊下列表述正确的是（　　）。

A. 牛犊所有权归甲享有

B. 牛犊所有权归乙享有

C. 甲可基于牛犊所有权享有牛犊占有返还请求权

D. 甲对牛犊虽享有所有权，但不享有牛犊占有返还请求权

7. 甲向乙借款，并将自己的汽车出质于乙。乙将该车存于丙之车库，费用一千元。对此，以下表述正确的是（　　）。

A. 对存车费一千元应由甲承担　　B. 存车费一千元应由乙承担

C. 无约定时，存车费一千元由甲乙平摊　　D. 有约定时，存车费承担依约定

8. 通过行政划拨方式取得的土地使用权不得擅自（　　）。

A. 转让　　B. 出租　　C. 抵押　　D. 继承

E. 正常使用

9. 向国家支付土地使用费取得土地使用权的是（　　）。

A. 土地使用权转让　　B. 土地使用权划拨

C. 土地使用权出让　　D. 土地使用权买卖

10. 下列权利中，可以设立质押的有（　　）。

A. 依法可以转让的商标专用权　　B. 依法可以转让的股票

C. 债券　　D. 应收账款

三、案例分析题

2015年12月，严某携带一台收音机到某维修部修理，并约好一周后交费取货。一周后，严某来取收音机，维修部让严某交修理费20元，严某认为收费太高，双方协商不成，严某只好说："要不这样，我还有一台电视机要修，一起给你修，但一定要少收费。"谁知严某拿来电视机，修理部不但不修，反而扬言要扣下其电视机。因为收音机没人买，但旧电视还是有销路的。严某无奈，只好向法院起诉。

问：1. 修理部扣留电视机的行为是否合法？

2. 留置权有哪些成立要件？

第十七章

共　　有

共有权是指两个或两个以上的民事主体对同一项财产所共同享有的所有权。共有权的最主要特点在于，对外是一个完整的所有权关系，对内按照不同的共有类型，共有人之间享有不同的权利、承担不同的义务。共有权不是所有权的基本类型，而是一类特殊的复合型权利。共有权在物权体系中占有重要地位。共有权分为按份共有、共同共有和准共有。

本章知识体系

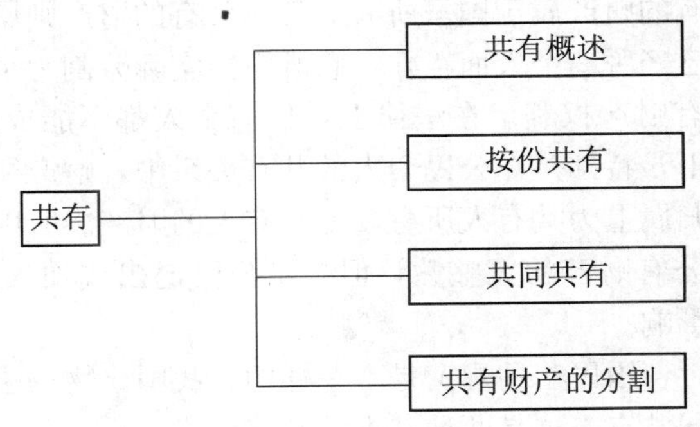

第一节　共有概述

一、共有的概念和特征

财产的所有形式可分为单独所有和共有两种形式。单独所有是指所有权的主体是单一的，即一个人单独享有对某项财产的所有权。所谓共有，是指某项财产由两个或两个以上的权利主体共同享有所有权，《物权法》第93条规定："不动产或者动产可以由两个以上单位、个人共有。"例如，两个人共同所有一间房屋，三人共同所有一台机器。共有的主体称为共有人，客体称为共有财产或共有物。各共有人之间因财产共有形成的权利义务关系，称为共有关系。共有具有以下特征。

首先，共有的主体不是一个而是两个或两个以上的自然人或法人。但是，多数人共同所有一物，并不是说共有是多个所有权，在法律上，共有财产只有一个所有权，而由多人享有。

其次，共有的客体即共有物是特定的，它可以是独立物，也可以是集合物（如共同继承的遗产）。共有物在共有关系存续期间不能分割，不能由各个共有人分别对某一部分共有物享有所有权。每个共有人的权利及于整个共有财产，因此共有不是分别所有。

最后，在内容方面，共有人对共有物按照各自的份额享有权利并承担义务，或者平等地享有权利、承担义务。每个共有人对共有物享有的占有、使用、收益和处分的权利，不受其他共有人的侵犯。在行使共有财产的权利，特别是处分共有财产时，必须由全体共有人协商，按全体共有人的意志行事。

共有是多个权利主体基于共同的生活、生产和经营目的，将其财产联合在一起而产生的财产形式。共有既可以是同一种类型的所有权的联合，如集体组织所有权的联合；也可以是不同类型的所有权的联合，如集体组织所有权与公民个人所有权之间的联合。在前一种情况下，共有反映特定的所有制关系的性质，而在后一种情况下，则具有所谓“混合所有制”关系的性质。

共有和公有不同。“公有”一词具有双重含义，一是指社会经济制度，即公有制；二是指一种财产形式。共有可以是公有制在法律上的表现形式，也可以是个人或私人所有制在法律上的反映。就公有财产权来说，它和共有在法律性质上也是不同的，表现在：第一，共有财产的主体是多个共有人，而公有财产的主体是单一的，在我国为国家或集体组织。全民公有的财产属于国家所有，集体公有的财产则属于某一个集体组织所有。第二，公有财产已经脱离个人而存在，它既不能实际分割为个人所有，也不能由个人按照一定的份额享有财产权利。在法律上，任何个人都不能成为公有财产的权利主体。而在共有的情况下，特别是在公民个人的共有关系中，财产往往并没有脱离共有人而存在。共有财产在归属上为共有人所有，是共有人的财产。所以，单个公民退出或加入公有组织并不影响公有财产的完整性，但是，公民退出或加入共有组织（如合伙），就会对共有财产产生影响。

对于共有的形式，各国民法的规定是不一样的。我国《物权法》确认了两种共有形式，即按份共有和共同共有，这是两种基本的共有形式。

二、准共有

所谓准共有，是指两个以上单位、个人共同享有用益物权、担保物权等权利。《物权法》第105条规定：“两个以上单位、个人共同享有用益物权、担保物权的，参照本章规定。”例如，三个人共同购买一块土地的使用权，而对该土地使用权享有共有权，此种共有属于准共有。准共有与一般共有不同，其特点如下。

1. 准共有是所有权之外的共有

准共有的客体并不是物和所有权，而是各种用益物权和担保物权。所以，准共有与一般共有的区别就表现在：一般共有是指数人对某一特定物享有所有权；而准共有是指数人对他物权共同享有权利。

2. 准共有的客体主要包括各种他物权

我国《物权法》第105条所承认的准共有只限于对他物权的共有。在实践中最常见的是数人共同对土地享有使用权或对宅基地享有使用权。

3. 准共有的有关规则可以参照法律关于共有的规定

参照只是说可以准用，并不是说所有的条款都可以适用于准共有。有些关于共有的规定是不能适用于准共有的。例如，关于共有的实物分割并不适用于准共有，因为准共有不是对所有权的共有。

三、因共有财产而产生的共同债务

所谓因共有财产而产生的共同债务，就是指因共有的不动产和动产所产生的债权债务关系。通常，此种债务主要包括侵权之债和违约之债。例如，共有的房屋倒塌造成他人的财产或人身损失；共有的财产在出租之后因为重大瑕疵致承租人的损害。《物权法》第 102 条规定："因共有的不动产或者动产产生的债权债务，在对外关系上，共有人享有连带债权、承担连带债务，但法律另有规定或者第三人知道共有人不具有连带债权债务关系的除外；在共有人内部关系上，除共有人另有约定外，按份共有人按照份额享有债权、承担债务，共同共有人共同享有债权、承担债务。偿还债务超过自己应当承担份额的按份共有人，有权向其他共有人追偿。"

《物权法》第 102 条规定共有财产产生的债务，共有人对外承担连带责任，这对于保护受害人利益具有十分重要的作用，有利于受害人提出请求。因为共有人之间事先确定的份额，通常只是在共有人内部之间约定的，对外部第三人来说，往往并不知道其内部约定的份额情况，如果完全根据其份额来承担责任，对受害人的保护是十分不利的。另外，在连带责任的情况下，受害人通过一次诉讼就可以解决救济的问题；而在份额责任的情况下，受害人可能要提起两次甚至多次诉讼，才能解决其赔偿问题。

共有人在承担连带责任之后，还应当根据按份共有和共同共有的不同情况来确定共有人责任的分担，这主要分为两种情况。一是按份共有。在共有人对外承担连带债务之后，每个按份共有人对内应当按照共有份额来分担责任。凡是偿还债务超过自己应当承担份额的按份共有人，都有权向其他共有人追偿。二是共同共有。共同共有人对外承担连带债务之后，应当共同分担责任。这就是说，即使在对内关系上，每个共有人也应以整个共有财产来承担责任。

不过，在因共有财产造成他人损害的情况下，共有人也有可能免于承担连带责任。《物权法》规定了连带责任的两项免除条件。一是法律有特别规定。主要是指针对共有财产产生的债务，法律规定了不同于连带责任的规则。二是第三人知道共有人不具有连带债权债务关系。所谓第三人知道，是指在发生损害之前，第三人已经确切了解共有人之间的责任分担情况。例如，在租赁合同中，已经明确规定了共有人的份额，所以，因租赁财产造成损害，可以认为承租人知道了共有人之间的责任分担份额。

第二节　按份共有

一、按份共有的概念

按份共有，又称分别共有，是指两个或两个以上的共有人按照各自的份额分别对共有财产享有权利和承担义务的一种共有关系。《物权法》第 94 条规定："按份共有人对共有的不动产或者动产按照其份额享有所有权。”例如，甲、乙合购一幢房屋，甲出资100万元，乙出资50万元，甲、乙各按出资的份额对房屋享有权利。

按份共有的法律特征如下。第一，各个共有人对共有物按份额享有不同的权利。各个共有人的份额，又称为应有份，其数额一般由共有人事先约定，或按照出资比例决定。在按份共有关系产生时，法律要求共有人应明确其应有的份额，按份共有人对共有的不动产或者动产享有的份额，没有约定或者约定不明确的，按照出资额确定；不能确定出资额的，视为等额享有。第二，各个共有人对共有财产享有权利和承担义务是依据其不同的份额确定的。换言之，各个共有人对共有物持有多大的份额，就要对其共有物享有多大权利和承担多大义务。份额不同，各个共有人对共有人的共有财产的权利和义务是各不相同的。第三，尽管在按份共有的情况下，各个共有人要依据其份额享受权利并承担义务，但按份共有并不是分别所有，在按份共有中，各个共有人的权利不是局限在共有财产的某一部分上，或就某一具体部分单独享有所有权，而是各共有人的权利均及于共有财产的全部。当然，在许多情况下，按份共有人的份额可以产生和单个所有权一样的效力，如共有人有权要求转让其份额，但是各个份额并不是一个完整的所有权，如果各共有人分别单独享有所有权，则共有也就不复存在了。

二、按份共有人的权利和义务

（一）按份共有人的权利

1. 占有、使用和收益权

按份共有人有权依其份额对共有财产享有占有、使用和收益权。《物权法》第94条规定：“按份共有人对共有的不动产或者动产按照其份额享有所有权。”

2. 有权按照约定管理其共有财产的权利

关于共有物的利用，物权法没有规定共有物究竟应当如何利用。对此，法律实际上是委诸当事人自由确定的。《物权法》第96条规定：“共有人按照约定管理共有的不动产或者动产；没有约定或者约定不明确的，各共有人都有管理的权利和义务。”如何管理共有财产，需要由共有人达成协议；同样，如何利用共有财产，也必须要由全体共有人通过约定来确定。

3. 物权请求权

物权请求权是基于物权而产生的为了恢复物权的圆满状态的权利。物权请求权的主体是物权人。按份共有人作为物权人的一种，对于共有财产遭受侵害或妨害的情况下，也享有物权请求权，包括返还原物请求权、排除妨害请求权和消除危险请求权。

4. 处分其份额的权利

按份共有人对应有份额具有所有权的效力，可以由按份共有人自由处分。《民法通则》第78条规定：“按份共有财产的每个共有人有权要求将自己的份额分出或者转让。”《物权法》第101条规定：“按份共有人可以转让其享有的共有的不动产或者动产份额。”所谓分出，是指按份共有人退出共有，将自己在共有财产中的份额分割出去。在分出份额时，通常要对共有财产进行分割。

所谓转让，是指共有人依法将自己在共有财产中的份额转让给他人。共有人可以自由参加或退出共有。为了保护共有人的权益，应允许共有人自己转让其共有份额。但共有人转让其份额，不得损害其他共有人的利益。如果共有是合伙形式的，则共有人退出共有和转让份额，都要受合伙合同的约束。

5. **优先购买权**

为防止某一按份共有人转让其份额造成对其他共有人的损害，《物权法》第 101 条规定，共有人转让其份额，其他共有人在同等条件下，有优先购买的权利。“同等条件”，应当综合共有份额的转让价格、价款履行方式及期限等因素确定。这就是说，某一共有人出售其份额时，应告知其他共有人。在出价大体相等的情况下，其他共有人可以优先于非共有人购买所出售的份额。例如，甲、乙、丙三人合建一房屋，各占三分之一的份额，在丙欲出让其份额时，甲、乙二人有权优先于他人购买该份额。但共有份额的权利主体因继承、遗赠等原因发生变化时，其他按份共有人主张优先购买的，不予支持，按份共有人之间另有约定的除外。

6. **全体共有人有权处分共有财产**

我国《物权法》第 97 条规定：“处分共有的不动产或者动产以及对共有的不动产或者动产作重大修缮的，应当经占份额三分之二以上的按份共有人或者全体共同共有人同意，但共有人之间另有约定的除外。”这就规定了对处分共有财产或对共有财产作重大修缮的程序。所谓处分共有财产，就是指共有人依据法定的程序将共有物转让或设置抵押等处分行为。所谓对共有财产作重大修缮，是指对共有物进行重大改良或重大维修。一般来说，对共有财产的维护，不属于重大修缮的范畴。在重大修缮的情况下，需要对财产进行改良，并作出较大的投资，对共有财产的简单修补，不属于重大修缮。按照物权法的上述规定，处分共有的不动产或者动产以及对共有的不动产或者动产作重大修缮的，应当经占份额三分之二以上的按份共有人或者全体共同共有人同意，但共有人之间另有约定的除外。

（二）按份共有人的义务

按份共有人按照各自的份额，对共有财产分享权利，同时也要按各自的份额分担义务，按份共有人持有的份额越大，其承担的因经营共有财产所产生的义务和责任也就越大，反之则越少。《物权法》第 98 条规定：“对共有物的管理费用以及其他负担，有约定的，按照约定；没有约定或者约定不明确的，按份共有人按照其份额负担，共同共有人共同负担。”该条实际上是对共有人义务的确定。这就是说，共有人在依据份额行使权利的同时，必须要承担相应的义务。该义务主要是承担对共有物的管理费用以及其他负担。例如，两人共同出资购买了两辆汽车搞运输，其中任何一辆被损坏或者肇事造成他人损失，各共有人都应承担责任。

三、约定不明视为按份共有

《物权法》第 103 条规定：“共有人对共有的不动产或者动产没有约定为按份共有或者共同共有，或者约定不明确的，除共有人具有家庭关系等外，视为按份共有。”因为按份共有较之于共同共有，对物的利用更加有效，按份共有对物的分割更加方便，对共有物的管理也比较灵活，在按份共有的情况下，对共有物的处分比较便利。所以，推定为按份共有，有利于有效率地管理和利用共有财产。

依据《物权法》第 104 条的规定：“按份共有人对共有的不动产或者动产享有的份

额，没有约定或者约定不明确的，按照出资额确定；不能确定出资额的，视为等额享有。”因此，对份额的确定，首先，要考查当事人之间是否具有具体约定，虽然具有约定，但约定无效或者当事人之间发生争议，无法举证证明原有约定的效力，则视为没有约定，推定为份额相等，即等额按份共有。其次，在没有约定的情况下，按照出资额确定。例如，甲乙丙三方各出资三分之一购买了某项财产，但没有就该财产的性质作出约定，在此情况下，可以依据先前的出资额确定共有的份额。最后，如果不能根据出资额确定份额，则推定为等额享有。如果不能根据出资额来确定份额，基于民法的公平原则，各个共有人等额享有是比较合理的。

第三节　共同共有

一、共同共有的概念和特征

共同共有是共有的另一种形式。《物权法》第 95 条规定：“共同共有人对共有的不动产或者动产共同享有所有权。”共同共有是指两个或两个以上的公民或法人，根据某种共同关系而对某项财产不分份额地共同享有权利并承担义务。共同共有的特征如下。

第一，共同共有根据共同关系而产生，以共同关系的存在为前提。例如，因夫妻关系、家庭共同劳动而形成的夫妻财产共有关系和家庭财产共有关系。

第二，在共同共有中，共有财产不分份额。只要共同共有存在，共有人对共有的财产就不划分各人的份额。只有在共同共有关系终止以后，才能确定各共有人的份额，以分割共有财产。这是共同共有与按份共有的主要区别。

第三，在共同共有中，各共有人平等地享受权利和承担义务。就是说，各共有人对整个共有财产享有平等的占有、使用、收益和处分的权利，同时对整个共有财产平等地承担义务。由于共同共有人的权利和义务都是平等的，因而较之于按份共有，共同共有人之间具有更密切的利害关系。

二、共同共有人的权利和义务

共同共有人对共有财产享有平等的占有、使用权。对共有财产的收益，不是按比例分配，而是共同享用。对共有财产的处分，必须征得全体共有人的同意。《民法通则》司法解释第 89 条规定，在共同共有关系存续期间，部分共有人擅自处分共有财产的，一般认定无效。但是第三人善意、有偿取得该财产的，应当维护第三人的合法权益，对其他共有人的损失，由擅自处分共有财产的人赔偿。根据法律规定或依据共有人之间的协议，可以由某个共有人代表或代理全体共有人处分共有财产。无权代表或代理的共有人擅自处分共有财产的，如果其他共有人明知而不提出异议，视为其同意。

共同共有人对共有财产共同承担义务。《物权法》第 98 条规定：“对共有物的管理费用以及其他负担，有约定的，按照约定；没有约定或者约定不明确的，按份共有人按照其份额负担，共同共有人共同负担。”因而在共同共有的情况下，因对共有财产进行维护、保管、改良等所支付的费用由各共有人共同分担。各共有人因经营共同事业对外发生债务或对第三人造成损害的，由全体共有人承担连带责任。

三、共同共有的形式

在我国，共同共有的基本形式有两种，即夫妻共有财产和家庭共有财产。

（一）夫妻共有财产

夫妻在婚姻关系存续期间所得的财产，归夫妻共同所有。夫妻对共同所有的财产，有平等的处理权。所谓婚姻关系存续期间，是指从男女双方登记结婚之日起，至双方离婚或一方死亡之日止的期间。夫妻的婚前财产属于个人所有，不是夫妻共同财产。

根据《最高人民法院关于适用〈中华人民共和国婚姻法〉若干问题的解释（三）》（以下简称《婚姻法解释三》）的规定，夫妻一方个人财产在婚后产生的收益，除孳息和自然增值外，应认定为夫妻共同财产。婚后由一方父母出资为子女购买的不动产，产权登记在出资人子女名下的，可按照婚姻法第 18 条第 3 项的规定，视为只对自己子女一方的赠与，该不动产应认定为夫妻一方的个人财产。由双方父母出资购买的不动产，产权登记在一方子女名下的，该不动产可认定为双方按照各自父母的出资份额按份共有，但当事人另有约定的除外。

（二）家庭共有财产

家庭共有财产是指家庭成员在家庭共同生活关系存续期间，共同创造、共同所得的财产。例如，家庭成员交给家庭的财产，家庭成员共同受赠的财产，以及在此基础上购置和积累起来的财产等。概言之，家庭共有财产是家庭成员的共同劳动收入和所得。

家庭共有财产以维持家庭成员共同的生活或生产为目的，每个家庭成员都对其享有平等的权利。除法律另有规定或家庭成员间另有约定外，对于家庭共有财产的使用、处分或分割，应取得全体家庭成员的同意。家庭共有财产只有在家庭共同生活关系终止以后，才能进行分割。

第四节　共有财产的分割

一、共有财产分割的概念和原则

（一）共有财产分割的概念

所谓共有财产的分割，就是在共有关系存续期间内，共有人请求按照一定的份额或者均等地分割共有财产为每个共有人所有。共有财产的分割，必须要由共有人主张。按照私法自治原则，法院不能够在共有人没有提出分割的情况下，就直接通过裁判分割共有财产。无论是按份共有，还是共同共有，共有人都依据法律和合同的规定享有分割请求权。分割是共有人针对共有物，请求分割自己应得的部分，即请求分割应有份额。分割共有财产，有可能导致整个共有关系的解体，如果共有财产的分割将导致共有关系的消灭，在物权法上称为共有消灭的特殊原因。但也可能在分割共有财产之后，仅仅使得某一个或某些共有人退出共有关系。其他共有人如果愿意继续留在共有关系之中，这些共有人还可以继续维持共有关系。

（二）共有财产分割的原则

1. 按份共有人可以请求分割

一般情况下，按份共有人可以请求分割，但是共有人约定不得分割的应遵守约定。《物权法》第99条规定，“共有人约定不得分割共有的不动产或者动产，以维持共有关系的，应当按照约定，但共有人有重大理由需要分割的，可以请求分割”。根据该条的规定，在按份共有人订立了禁止分割的约定之后，并非绝对不能请求分割。因为在共有关系存续期间，也可能因为情况发生变化而需要分割共有财产。因此，《物权法》第99条规定，“共有人有重大理由需要分割的，可以请求分割”。如何理解重大理由？重大理由通常是指不分割共有物会严重损害共有人的利益。主要包括：一是共有出现重大亏损，如果不分割将使共有人蒙受损害；二是从管理和利用方面考虑，共有财产如果不分别管理可能会发生重大损害，这必须要通过分割而实行分别管理；三是如果因各方面的原因共有难以继续维持，出现这些情况，即使有不得分割的协议，也可以主张分割共有物。比如，尽管甲乙丙三人继承了祖传的房屋，但是，甲因为生重病无钱医治，需要分割共有财产。如果不允许其分割，将严重影响其生产或生活。此种情况应当认为属于“重大理由”。《物权法》规定的重大理由，可以理解为情势变更原则在《物权法》中的运用。这就是说，按份共有人在订立禁止分割的协议之后，如果确实出现了重大理由，可以认为发生了情势变更，而不考虑该协议，要求分割共有财产。

2. 共同共有人在共有的基础丧失或者有重大理由需要分割时可以请求分割

《物权法》第99条规定，“共同共有人在共有的基础丧失或者有重大理由需要分割时可以请求分割”。根据该条规定，不允许共同共有人在共同关系存续期间随时请求分割共有财产，除非是因为共有的基础丧失或者有重大理由需要分割，否则不得请求分割共有财产。因此共同共有人只有在例外的情况下才可以请求分割。例外的情况包括两种。

一是共有的基础丧失。所谓共有的基础丧失，是指共同共有赖以产生的特殊关系，如合伙关系、夫妻关系等已经不存在。如果合伙解散、夫妻离婚，可以认为共有的基础丧失，共同共有人有权请求分割。共同关系是共同共有产生和消灭的基础。也就是说，有共同关系存在，才能产生共同共有；一旦共同关系消灭，共有财产也必须分割。

二是必须有重大理由需要分割。所谓重大理由，是指出现了可以分割的事由，如果不分割可能对共有人的利益产生重大影响，或者某个或某几个共有人要脱离家庭共同生活。例如，某个或几个家庭成员要与家庭分开，单独生活，家庭关系虽不解体，但对共有财产要实行分割。根据《婚姻法解释三》的规定，婚姻关系存续期间，夫妻一方请求分割共同财产的，如果有下列重大理由且不损害债权人利益的可以分割：①一方有隐藏、转移、变卖、毁损、挥霍夫妻共同财产或者伪造夫妻共同债务等严重损害夫妻共同财产利益行为的；②一方负有法定扶养义务的人患重大疾病需要医治，另一方不同意支付相关医疗费用的。

二、分割的效力

共有财产分割以后，共有关系归于消灭。不管是就原物进行分割还是变价分割，各共有人就分得的份额取得单独的所有权。《物权法》第100条第2款规定：“共有人分割所得的不动产或者动产有瑕疵的，其他共有人应当分担损失。”这就是说，分割以后某个共有人的财产由于分割以前的原因而为第三人追索或发现有瑕疵的，原共有人都要承担责任。因为原共有人有义务担保各人分得的共有财产不受第三人的追索，对原共有财产负有瑕疵担保责任。

法条链接

中华人民共和国物权法（节选）

第九十三条 不动产或者动产可以由两个以上单位、个人共有。共有包括按份共有和共同共有。

第九十四条 按份共有人对共有的不动产或者动产按照其份额享有所有权。

第九十五条 共同共有人对共有的不动产或者动产共同享有所有权。

第九十六条 共有人按照约定管理共有的不动产或者动产；没有约定或者约定不明确的，各共有人都有管理的权利和义务。

第九十七条 处分共有的不动产或者动产以及对共有的不动产或者动产作重大修缮的，应当经占份额三分之二以上的按份共有人或者全体共同共有人同意，但共有人之间另有约定的除外。

第九十八条 对共有物的管理费用以及其他负担，有约定的，按照约定；没有约定或者约定不明确的，按份共有人按照其份额负担，共同共有人共同负担。

第九十九条 共有人约定不得分割共有的不动产或者动产，以维持共有关系的，应当按照约定，但共有人有重大理由需要分割的，可以请求分割；没有约定或者约定不明确的，按份共有人可以随时请求分割，共同共有人在共有的基础丧失或者有重大理由需要分割时可以请求分割。因分割对其他共有人造成损害的，应当给予赔偿。

第一百条 共有人可以协商确定分割方式。达不成协议，共有的不动产或者动产可以分割并且不会因分割减损价值的，应当对实物予以分割；难以分割或者因分割会减损价值的，应当对折价或者拍卖、变卖取得的价款予以分割。

共有人分割所得的不动产或者动产有瑕疵的，其他共有人应当分担损失。

第一百零一条 按份共有人可以转让其享有的共有的不动产或者动产份额。其他共有人在同等条件下享有优先购买的权利。

第一百零二条 因共有的不动产或者动产产生的债权债务，在对外关系上，共有人享有连带债权、承担连带债务，但法律另有规定或者第三人知道共有人不具有连带债权债务关系的除外；在共有人内部关系上，除共有人另有约定外，按份共有人按照份额享有债权、承担债务，共同共有人共同享有债权、承担债务。偿还债务超过自己应当承担份额的按份共有人，有权向其他共有人追偿。

第一百零三条 共有人对共有的不动产或者动产没有约定为按份共有或者共同共有，或者约定不明确的，除共有人具有家庭关系等外，视为按份共有。

第一百零四条 按份共有人对共有的不动产或者动产享有的份额，没有约定或者约定不明确的，按照出资额确定；不能确定出资额的，视为等额享有。

第一百零五条 两个以上单位、个人共同享有用益物权、担保物权的，参照本章规定。

最高人民法院关于适用《中华人民共和国物权法》若干问题的解释（一）（节选）

第九条 共有份额的权利主体因继承、遗赠等原因发生变化时，其他按份共有人主张优先购买的，不予支持，但按份共有人之间另有约定的除外。

第十条 物权法第一百零一条所称的“同等条件”，应当综合共有份额的转让价格、价款履行方式及期限等因素确定。

第十一条 优先购买权的行使期间，按份共有人之间有约定的，按照约定处理；没有约定或者约定不明的，按照下列情形确定：

（一）转让人向其他按份共有人发出的包含同等条件内容的通知中载明行使期间的，以该期间为准；

（二）通知中未载明行使期间，或者载明的期间短于通知送达之日起十五日的，为十五日；

（三）转让人未通知的，为其他按份共有人知道或者应当知道最终确定的同等条件之日起十五日；

（四）转让人未通知，且无法确定其他按份共有人知道或者应当知道最终确定的同等条件的，为共有份额权属转移之日起六个月。

第十二条 按份共有人向共有人之外的人转让其份额，其他按份共有人根据法律、司法解释规定，请求按照同等条件购买该共有份额的，应予支持。

其他按份共有人的请求具有下列情形之一的，不予支持：

（一）未在本解释第十一条规定的期间内主张优先购买，或者虽主张优先购买，但提出减少转让价款、增加转让人负担等实质性变更要求；

（二）以其优先购买权受到侵害为由，仅请求撤销共有份额转让合同或者认定该合同无效。

第十三条 按份共有人之间转让共有份额，其他按份共有人主张根据物权法第一百零一条规定优先购买的，不予支持，但按份共有人之间另有约定的除外。

第十四条 两个以上按份共有人主张优先购买且协商不成时，请求按照转让时各自份额比例行使优先购买权的，应予支持。

知识延伸

如何理解《物权法》中的共有规定？

《物权法》第97条规定，对共有物的重大处理，只要达到三分之二的共有人即可，改变了过去重大修缮时，共同共有必须经过所有共有人同意，因为重大修缮使物的使用价值和交换价值大为提高。《物权法》第99条增加了“重大理由需要分割的，可以请求分割”的规定，更加符合实际。总之，《物权法》对共有的规定还有许多新的变化。

复习题

思考题

1. 共有的财产分割应当遵循哪些原则？
2. 夫妻共同共有包括哪些范围？
3. 按份共有与共同共有存在哪些区别？

第十八章

占　有

占有是以罗马法的占有为基础。大陆法系国家根据本国经济社会发展的需要大都确立了占有制度。占有可以理解为：第一，占有是对物的一种事实上的管领或控制；第二，占有人必须具有占有的意思；第三，占有人事实上控制或管领了某物。占有按不同的标准分为：自主占有与他主占有；有权占有与无权占有；单独占有与多数人占有；善意占有与恶意占有。其中，善意占有的有关规定是基于法律的价值选择，为维护社会秩序而给予占有事实一定的保护。占有的效力是指法律赋予占有的一定法律效力。占有效力的主要内容：权利推定的效力、即时取得的效力、取得时效的效力、占有人的物上请求权，占有人对返还原物请求人的权利义务等方面。

本章知识体系

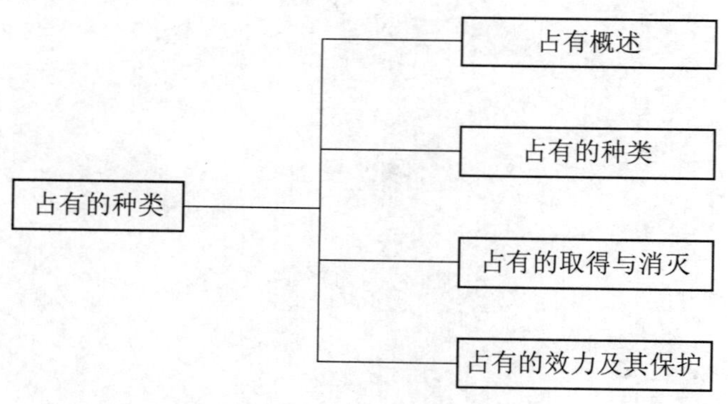

第一节　占有概述

一、占有的概念与特征

占有是指占有人对物的实际控制和管领。从本质上说，占有是一种事实，而不是一种权利，它反映的是人对物的支配管领关系，并不是反映某种权利关系。在占有法律关系中，管领物的人称为占有人，被管领的物称为占有物。

占有具有如下特征。

1. 占有的客体是物

占有是一种事实，反映的是一种人对物的管领关系。所以占有的客体以物为限。这里的物与作为物权客体的物的范围并无不同，也包括动产和不动产。作为占有客体的物，并不以独立物为限，物的一部分或构成部分亦可成为占有的客体。例如，房屋的墙壁不能成为物权的客体，但可以作为占有的客体，如将墙壁出租于他人供广告之用等。

2. 占有具有某种为外人所认识的外观

物之支配关系，需要以某种为外人所识别的方式加以表现，这种外观一般通过如下两方面来表现。一是物之空间位置。置于某人住宅之内的物，通常认为属于住宅占有人或使用人占有。二是物之法律地位。如某物虽由承租人使用、收益，但依该物的法律地位仍应认定其与所有人之间存在间接占有关系。

3. 占有须是占有人对物有事实上的管领力

占有属于人与物的关系，它表现为人对物有事实上的控制力，无论占有人对物的控制是否具备据为已有的意思，只要形成客观上的控制状态，即可成立占有。

二、占有与相关概念的比较

（一）占有与持有

占有与持有都是指对物的一种事实状态，但作为不同的概念，二者有以下区别。

第一，占有是一项重要的法律制度；持有仅是对事实状态的简单描述，不发生法律效力。

第二，占有可以形成双重占有，即直接占有和间接占有，其物出租于承租人，承租人对物形成直接占有，出租人则成立间接占有；而持有只是一种实际控制状态，形式单一化，不存在双重形态。

第三，占有的客体为民法上的物，不包括法律绝对禁止的流通物，如毒品等；但持有不要求持有对象必须为法律所允许。

第四，占有具有权利推定的效力，即法律推定占有人对占有享有合法的权利；而持有则不具有类似的效力。

第五，占有依法定事实可以产生，能够发生让与和继承，即使被转让人和继承人不知情，并也未形成对物的事实控制之时，仍能取得该物的占有。另外，占有还可以通过现实交付、简易交付或占有改定等方式发生占有的让与；而持有人一旦不能实际控制其物时，就丧失持有，故持有是不可转让的。

（二）占有与所有

占有与所有具有密切的联系。从古代民法开始，占有就是取得所有的重要条件，或者通过占有事实推定占有人对占有物享有所有权，在这个意义上，占有成为所有的外部表现形式。在现代民法中，二者的关系表现如下。

第一，在一般情况下，所有与占有发生重合。在所有人占有其物时，所有人亦即占有人，所有只有从占有开始，才能从客观权利变成主观权利，也只有当占有回复到所有人手中时，所有权才恢复其圆满状态。

第二，物脱离所有人为他人占有（合法占有或非法占有），所有与占有发生分离。

第三，所有人之外的占有人在特定情况下可以依法取得对占有物的所有权，如根据动产善意取得制度，善意受让人可以取得对受让物的所有权；根据占有时效制度，占有人和平、公然、持续地占有某物，经过时效期间，可以依法取得对该物的所有权。

第四，所有人的财产受到侵害时，所有人可提起所有之诉，也可提起占有之诉寻求保护，尤其在所有权本身发生争议之时，提起占有之诉对所有人更为有利。

（三）占有与占有权

占有是一种事实状态，因此与作为权利存在的占有权存在明显区别。占有权是物之占有人根据占有的事实依法享有的权利，从概念中可推知二者存在以下关系。

第一，占有是占有权形成的基础和前提。如果某主体不能占有某物，便当然不能享有占有权。

第二，占有本身并不等同于占有权，因为在现实中人的控制方式多种多样，只有合法占有能够形成法律上的权利，而非法占有则不一定形成占有权，如窃贼对盗窃物的控制也属占有，但不享有占有权。所以，占有这一事实状态，有时具有合法依据，有时则完全不具法律依据，也正是基于这一特征，理论上才把其列为类物权制度，独立于所有权制度和他物权制度之外，成为一项独立的制度。

第二节　占有的种类

一、有权占有与无权占有

这是以占有是否依据本权所作的分类。所谓本权，是指基于法律上的原因，可对物进行占有的权利，如所有权、地上权、典权、质权、留置权等。有权占有即指有本权的占有，如地上权人依地上权对土地的占有；无权占有是指没有本权的占有，如拾得人对于遗失物的占有。

区分有权占有与无权占有的意义在于：无权占有人在本权人请求返还原物时，有返还的义务；另外，作为留置权要件的占有，限于有权占有。

二、善意占有与恶意占有

这是根据无权占有人的主观状态的不同所作的分类。

善意占有是指占有人不知道或不应知道无占有的权利而进行的占有；恶意占有是指占有人知道或应当知道无占有的权利而仍进行的占有。

区分善意占有和恶意占有的意义主要如下。①在时效取得中，善意占有与恶意占有的期间有所不同。如日本民法规定，不动产时效取得的期间为 20 年，但占有之始为善意且无过失的，期间为 10 年。②动产的善意取得以善意占有为要件，受让人恶意占有的，不发生善意取得问题。③占有人对于回复请求人的权利义务，因善意占有或恶意占有而有所不同。

三、自主占有与他主占有

这是根据占有人是否以所有的意思进行占有为标准所作的分类。自主占有是指占有人以所有的意思对标的物进行的占有，如所有人对所有物的占有等。他主占有是指占有人非以所有的意思对标的物进行的占有，如承租人、借用人、保管人、土地使用权人、典权人、质权人等对标的物的占有。这里“所有的意思”，是指无须依法律行为取得所有权的意思，而只需事实上对物具有与所有人为同样管领的意识即可构成。所以，自主占有不以标的物为占有人所有为必要，标的物虽非占有人所有，但其以所有的意思而占有的，亦为自主占有。如误认他人之物为自己之物进行占有，盗窃者对盗窃物的占有等，都属于自主占有。

区分自主占有和他主占有的意义在于：适用取得时效、先占及占有人的责任范围不同。根据各国民法规定，只有自主占有人才能依据取得时效和先占取得所有权，他主占有人不能依取得时效和先占而取得所有权。

四、直接占有与间接占有

这是以占有人在事实上是否占有物为标准所作的分类。直接占有是指在事实上对物的占有，如居住房屋、穿着衣服，都是直接占有。间接占有是指基于一定法律关系，对于事实上占有物的人有返还请求权，因而间接对物管领的占有。间接占有必须与直接占有同时存在，不能独立存在。而间接占有人与直接占有人之间也必须存在一定的法律关系，否则，就不可能产生间接占有。

区分直接占有与间接占有的意义在于：维护间接占有人的利益，以使其与直接占有人同样受到占有制度的法律保护。

第三节　占有的取得与消灭

一、占有的取得

占有的取得方式，因占有是直接占有还是间接占有而不同，主要表现如下。

（一）直接占有的取得

1. 原始取得

直接占有是事实上对物的管领、控制，因此，只要并非是继受他人的占有而对物具有事实上的支配力时，就是原始取得对物的占有。例如对无主物的先占，对遗失物、漂流物的拾得，都属于直接占有的原始取得。

由于直接占有的原始取得纯属于事实行为，不是法律行为，因此不要求取得这种占有的人具有相应的行为能力，无行为能力人也可以依其行为直接取得对物的占有。另外，这种占有的取得方法并不一定是要求对物直接施加自己的力量，只要将物置于自己的控制范围内，即可认为取得了对物的占有。

2. 继受取得

继受取得是指由他人的移转而取得的占有。其主要原因有让与和继承。让与是依当事人移转占有的行为而取得的占有。占有的让与，当事人须有让与占有的意思，而且经常伴有其他法律关系，即经常与所有权或其他占有物的权利（如典权、地上权、质权）的设定或让与同时进行。占有的让与，还必须有占有物的交付，主要是现实交付，也可以是简易交付、占有改定。由于占有是对物的事实的支配，因此不论是动产还是不动产，都是依交付而移转占有，不动产占有的移转也不存在登记的问题。

占有可以依继承关系由被继承人移转于继承人。依继承取得的占有，是权利义务概括继承的结果，因此继承人取得的占有，在种类、状态、瑕疵等方面，都与被继承人的占有相同。

（二）间接占有的取得

1. 原始取得

它是指创设取得间接占有。创设方法有以下几种。①直接占有人为自己创设间接占有。直接占有人可以将其占有移转给他人，从而为自己创设间接占有。例如，所有人为他人设定典权、地上权、质权、租赁使用权，由典权人、地上权人、质权人、承租人取得对物的直接占有，而所有人自己享有对物的返还请求权，成为间接占有人。②直接占有人为他人创设间接占有。这种创设的间接占有，多是依占有改定的方式进行的，例如，甲把自己的自行车卖给乙，但甲还需要使用该自行车，于是与乙订立借用或租赁合同，使乙取得对自行车的间接占有。

2. 继受取得

它是指基于他人的移转而取得的占有，主要有让与和继承两种方式。间接占有的让与是依指示交付的方式，将其间接占有让与他人。例如出借人（间接占有人）将借用物的所有权转让给他人时，不需要将物取回后再将物交付于受让人，只要将对于借用人的返还请求权让与受让人即可，这时受让人就继受取得其间接占有。间接占有是一种占有，自然也可以依继承取得，但继承人同时应继承占有的瑕疵。

二、占有的消灭

占有的消灭，是指占有人丧失了对物的事实上的管领、控制。但这里的消灭，应指确定地丧失了对物的占有。如果仅仅是一时不能实行其管领、控制，如物被他人侵夺，占有并不丧失。

占有的消灭，应当以占有人是否仍然有事实上的管领、控制为依据。所以，如果基于占有人的意思，例如，将物交付给他人、抛弃对物的占有，或者非基于占有人的意思，例如占有物被盗，占有人丧失了对物的管领、控制，占有即归于消灭。

占有物消灭，占有人事实上的支配已无所凭借，占有也消灭。至于间接占有，在占有人丧失了对物的返还请求权时，其占有消灭。

第四节　占有的效力及其保护

一、占有的效力

（一）权利推定效力

权利推定效力是指用占有事实来推定所有人或他物权人。占有人于占有物上行使的权利，推定为占有人依法享有。至于占有人是否真正享有此权利，在第三人举证破除法律所作推定之前则有所不同。在我国司法实践中，对未经登记的不动产也以占有事实推定所有人。

法律赋予占有人以权利推定的效力，旨在给占有以法律保护，从而稳定现实的占有关系。具体考察，权利推定有以下特征。①权利推定适用于一切占有，包括自主占有和他主占有、善意占有与恶意占有、有权占有与无权占有等。②权利推定可适用于占有人于占有物上行使的所有权利，这些权利均可推定为合法享有。③权利推定可把占有人的占有推定为以所有的意思，善意、和平与公开占有。④权利推定既适用于现在的占有，也适用于过去的占有。⑤权利推定主要适用于动产，有时也及于不动产。由此可见，权利推定适用的范围虽十分广泛，且效力多重，但在根本上它只是法律事实所作出的假定之推理，当占有与本权背离时，真正权利人完全可以通过反证将其推翻，在这个意义上，权利推定并不会对真正权利人的利益造成损害。

（二）对占有物的使用、收益效力

善意占有如被推定为具有合法的权利时，善意占有人可依其误信而享有权利，对占有物进行使用、收益，并且于返还原物时，不负返还孳息及使用对价的义务。并非所有的善意占有人均享有使用、收益权，判定其是否享有该权利应依其受让占有时误信享有权利之范围而定。例如，误信他人的财产为自己的财产而占有，占有人一般可以使用占有物，并可获得孳息，在返还财产时，可仅返还原物而不返还孳息。

善意占有人的使用、收益权始于占有受让之时，终于善意占有转为恶意占有之时，一般而言，善意占有人知道或应当知道其为不法占有之时，以及本权诉讼中败诉的占有人提起起诉时，为善意丧失，从而使用权、收益权消灭。

（三）占有的物上请求效力

占有人享有以维护占有为目的的各种物上请求权，包括占有物的返还请求权、占有排除妨害请求权、占有防止妨害请求权等。

占有物的返还请求权是指占有人在其占有被侵夺时，可请求返还其占有物。占有以事实上对物控制、管领为必要，占有物的返还请求权关系到占有能否继续存在的问题，因此，法律赋予占有人以返还请求权。占有物被侵夺是指占有人已完全失去对占有物的管领力，如动产被抢劫，不动产被霸占等情形均可视为占有物已被侵夺。占有返还请求权的主体为占有人，并不以有本权为必要，包括直接占有人和间接占有人，相对人为侵夺占有物之人与其继承人。因违法行为侵占他人占有之物的人，不享有物权的抗辩权。

占有排除妨害请求权指占有被妨害时，占有人请求除去妨害的权利。占有被妨害指以侵夺以外的方法妨碍占有人顺利占有的行为，占有人虽未失去占有，妨害人也未取得占有，但妨害人的行为阻碍了占有人行使占有，如占有人之机动车因住宅专有通路上被他人堆满木材无法开动即属占有被妨害，占有人有权请求妨害人排除妨害，排除妨害请求权的主体为占有人，被请求人指妨害人，包括因其行为妨害占有之人和因其状态存在而妨害占有之人。

占有防止妨害请求权，指占有面临被妨害的危险时，占有人享有请求防止妨害的权利。该权利的请求对象是尚未发生，但有将来发生之可能的危险行为，如邻家一大树因大风将歪倒至自家房屋之上，房屋之占有人则有请求大树的主人排除危险的权利。

（四）占有人对回复请求权人的权利义务

1. 善意占有人的权利义务

在不当得利的返还上，善意占有一般只返还现存的利益，而对已经灭失的利益不负返还的义务。返还原物时，善意占有人可请求所有人返还其为保管、保存占有物支付的必要费用和因改良占有物所支出的有益费用，但已经在占有物上所获得的孳息不负返还义务。

2. 恶意占有人的权利义务

在不当得利的返还上，恶意占有人除应返还现存的占有物外，还应就已经灭失或毁损的占有物负全部赔偿责任。所谓全部赔偿责任包括所受损害和所失去的可得利益。此外，恶意占有人还负有返还孳息的义务，其孳息如已消费或因其过失而毁损或怠于收取而浪费的，恶意占有人有返还其孳息价金的义务。恶意占有人对其为保管占有物所支付的一切费用，则无权请求返还。

二、占有的保护

占有人对于非法行为的侵害，有自力救济权和占有保护请求权。

（一）占有人的自力救济权

占有人在其占有受到侵害时，如果侵害人没有比占有人更强的权利，则占有人有权依其占有进行自力救济。占有人的自力救济权包括以下几个方面。

1. 自力防御权

占有人对于侵夺或妨害其占有的行为，例如侵入占有人的房屋，占有人可以以自己的力量进行防御，例如将侵入者驱逐出房屋。自力防御权的保护，重在占有的事实状态，因此只有直接占有人可以行使，间接占有人无此权利。

2. 自力取回权

即占有人对于被他人侵夺的占有物，有权取回。例如占有人的动产，被他人非法侵夺时，占有人可以当场或追踪取回。

（二）占有保护请求权

占有保护请求权是占有人的占有被非法侵害时，占有人可直接对侵害人，也可向法院提起保护其占有的请求权。该请求权主要有以下两项。

1. 占有物返还请求权

占有人在其占有被侵夺时，有权请求返还其占有物。

2. 占有妨害排除请求权

占有人在其占有受到妨害而无法完全支配其占有物时，有权请求排除妨害。在他人的行为还没有对占有人造成现实的妨害，只是有妨害的可能时，占有人也可以请求预防这种妨害的发生。

占有人依据其占有保护请求权提起的诉讼称为占有之诉，它以维护占有人对物的事实的支配为目的。与占有之诉不同，本权之诉则以确定权利、义务关系为目的。因此占有之诉与本权之诉互不相妨，即占有人如果是有权占有，可以提起占有之诉，也可以提起本权之诉。二者可以分别提起，也可以同时提起。但本权之诉属于终局的保护，它在某种情况下具有决定性的作用。例如，在本权之诉中，已经确认了他人对物的占有权，占有人就不能再提起占有之诉。

法条链接

中华人民共和国物权法（节选）

第二百四十一条 基于合同关系等产生的占有，有关不动产或者动产的使用、收益、违约责任等，按照合同约定；合同没有约定或者约定不明确的，依照有关法律规定。

第二百四十二条 占有人因使用占有的不动产或者动产，致使该不动产或者动产受到损害的，恶意占有人应当承担赔偿责任。

第二百四十三条 不动产或者动产被占有人占有的，权利人可以请求返还原物及其孳息，但应当支付善意占有人因维护该不动产或者动产支出的必要费用。

第二百四十四条 占有的不动产或者动产毁损、灭失，该不动产或者动产的权利人请求赔偿的，占有人应当将因毁损、灭失取得的保险金、赔偿金或者补偿金等返还给权利人；权利人的损害未得到足够弥补的，恶意占有人还应当赔偿损失。

第二百四十五条 占有的不动产或者动产被侵占的，占有人有权请求返还原物；对妨害占有的行为，占有人有权请求排除妨害或者消除危险；因侵占或者妨害造成损害的，占有人有权请求损害赔偿。

占有人返还原物的请求权，自侵占发生之日起一年内未行使的，该请求权消灭。

知识延伸

占有制度作为民事法律体系的重要制度，构建完善的占有制度对于完善民事法律、维护交易安全、促进我国市场经济发展具有十分重要的意义；其中如何科学地规定占有制度，仍是一个重大的课题，虽然我国物权法将占有制度单独作为一编予以简单规定，但是还是存在着一些不足，应把占有制度予以细化和完善。

思考题

1. 如何理解占有的效力？
2. 试述占有的分类及法律意义。

第四编

债权总论

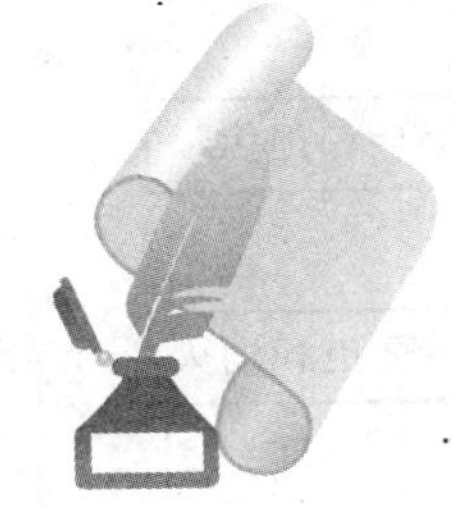

第十九章　债的概述
第二十章　债的发生原因
第二十一章　债的履行
第二十二章　债的保全和担保
第二十三章　债的移转变更和消灭

导　学

债是特定人之间的权利义务关系，债权总论就是对各种债的一般性问题进行归纳和总结，主要包括：债的概述、债的发生原因、债的履行、债的保全和担保、债的移转变更和消灭。

本编知识体系

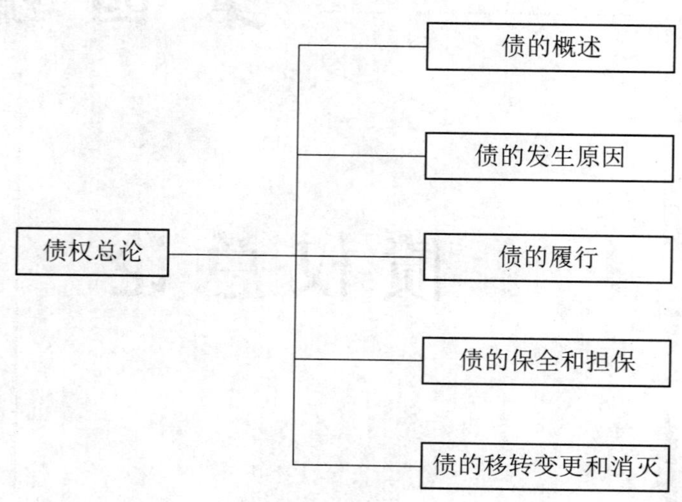

第十九章

债的概述

导　　学

本章对债做了概览式的介绍，使初学者认识债权，首先对债进行界定，从而体现出债的相对性、平等性、任意性的特征，接着对债的主体、权利和义务进行总括性介绍，便于认识债的法律关系，最后对债的种类进行介绍，为从不同角度理解债打下了基础。

本章知识体系

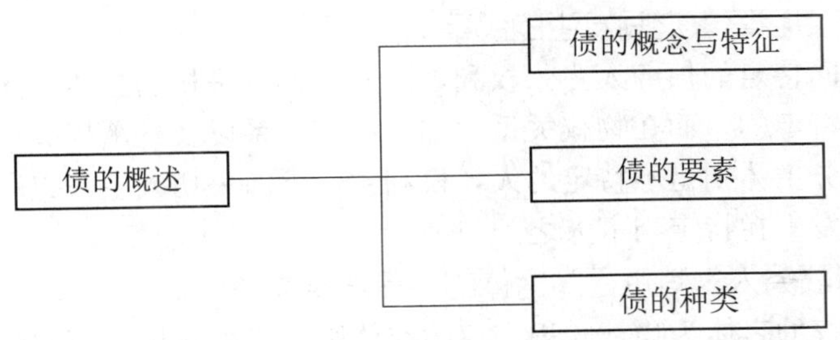

第一节　债的概念与特征

一、债的概念

随着商品经济的发展，商品交换不再局限于物物交换和即时结清方式，债成为民事主体参加经济交往的一种重要手段，可见，债的形成是社会经济生活的重要反映。一方面，债确认让渡商品与实现价值之间存在时间差距的合理性，也即确认当事人经济利益暂时不平衡的合理性；另一方面，又保证这种差距可以消除，即保证这种经济利益的不平衡状态趋于平衡，这样便保证了商品交换的顺利进行。因此债的本质能被认为是法律上可期待的信用，而当事人利用信用手段的目的也正是为了实现其特定利益。

无论债是通过何种途径产生，只要债的关系一经依法成立，即在当事人之间产生以给付为标的的权利义务关系。但债权人的目的，并不在于债务人实行其给付行为，而在于通过债务人的给付行为达到给付效果，使自己的利益得到满足。债的关系的存在，意味着债权人的利益尚未得到满足，而当债权人的利益得到满足之时，也正是债的关系消灭之时。在这个意义上，债权对于债权人来说，尚非一种现实的利益。另外，债权人特定利益的实现，有赖于债务人履行义务。债的作用就在于确认债务人负有并应给付义务，债务人违反给付义务时，即给予法律上的强制。

债是指特定当事人之间得请求为特定行为的法律关系。我国《民法通则》第84条规定："债是按照合同的约定或者依照法律的规定，在当事人之间产生的特定的权利和义务关系。享有权利的人是债权人，负有义务的人是债务人。"债权人有权请求债务人为特定行为。债务人有义务满足债权人的请求而为特定行为，债权人享有的权利为债权，债务人所负担的义务为债务。

二、债的法律特征

（一）债反映财产流转关系

与人身权不同，无论是债权，还是债务，均可用一定的货币对债的关系进行衡量评价，因此，债是一种财产法律关系。依财产法律关系形态，可将其分为财产归属利用关系和财产流转关系，前者为静态的财产关系，后者为动态的财产关系。物权关系、知识产权关系反映财产的归属和利用关系，其目的是保护财产的静态的安全。而债的关系反映的是财产利益从一个主体转移给另一主体的财产流转关系，其目的是保护财产的动态的安全。

（二）债是特定当事人之间发生的民事法律关系

债权人只能向特定的债务人主张权利，因此，无论是权利主体，还是义务主体，债的主体都只能是特定的。而在物权关系、知识产权关系以及继承权关系中，只有权利主体是特定的，义务主体则是不特定的人，权利主体可向一切人主张权利。可见，债这种民事法律关系仅发生在特定当事人之间。

（三）债是以债务人为特定行为客体的民事法律关系

原则上，物权的客体为物，知识产权的客体则为智力成果。而债的客体是给付，即债务人应为给付这一特定行为，给付的标的是物、智力成果、劳务等。

（四）债的目的须通过债务人的特定行为才能实现

物权关系、知识产权关系的权利人通过自己的行为就可实现其权利，无须借助于义务人的行为来实现法律关系的目的，而债是当事人实现其特定利益的法律手段，债的目的是一方从另一方取得某种财产利益，这一目的只能通过债务人的给付才能实现，没有债务人的特定行为也就不能实现债权人的权利。

（五）债的发生具有任意性和多样性

只有依合法行为才能取得物权、知识产权，并且其类型也具有法定性，当事人不能任意自行设定法律上没有规定的物权、知识产权。而债可因合法行为发生，也可因不法行为而发生。对于合法行为设定的债权，法律并不特别规定其种类，也即当事人可依法自行设定任意债。

（六）债具有平等性和相容性

物权具有优先性和不相容性，在同一物上不能成立内容不相容的数个物权关系，同一物上有数个物权关系时，其效力有先后之分。而在同一标的物上不仅可成立内容相同的数个债，并且债的关系相互间是平等的，不存在优先性和排他性。

第二节　债的要素

债的要素，是指构成债所必须具备的因素。作为一种法律关系，债包括债的主体、债的内容与债的客体三要素。下面介绍前两个要素。

一、债的主体

债的主体是指参加债的法律关系的当事人，包括债权人与债务人，它是债的关系中的基本要素之一。债的主体可分为权利主体和义务主体，权利主体是指债权人，义务主体是指债务人。债权人是指在债的关系中享有权利的一方当事人，债务人是指在债务关系中负担义务的一方当事人。债的主体具有一般民事主体的特点，同时也因债的关系的特殊性而与其他民事主体不同，具有以下特点。

(一) 债的主体是特定的

严格说来，在债的关系中，债的当事人与债的主体有一定的区别，债的主体只有债权人与债务人双方，而债的当事人可以是两个以上的人，例如多数人之债。但是，无论如何，债是发生在特定民事主体之间的一种法律关系，主体特定化是债的关系的一个重要特征。无论是债权人还是债务人，也不论当事人一方或双方是单独之债还是多数人之债，债的主体均为特定的人。

(二) 债的主体双方在利益上具有对应性

在债的关系中，债权人享有的权利，正是债务人负有的义务。债务人履行义务使债权人的债权得以实现。债务人不履行义务，债权人的债权就无从实现。在某些债的关系中，债的当事人互为债权人和债务人，当事人一方在享有权利的同时也负有应当履行的义务，如双方互负有为特定行为的对待之债。而在某些债的关系中，债的当事人的法律地位却是单纯的，一方为债权人，只享有权利。另一方为债务人，只负有义务，如属于单务合同的赠与合同之债。

(三) 债的主体应具备相应的民事能力

民事能力包括民事权利能力、民事行为能力和民事责任能力。在民事权利能力方面，包括自然人、法人或非法人组织在内的任何民事主体均可成为债的主体。国家作为一种特殊的民事主体，仅在特殊的情况下，如因发行国债而成为债务人，在国家赔偿责任中作为民事责任的承担者。在民事行为能力方面，并非一切民事主体均可以成为债的主体，债的关系的当事人一般应当具备相应的行为能力。例如，在合同之债中，合同当事人应当具备相应的缔约能力，无民事行为能力人所订立的合同为无效合同，限制民事行为能力人订立的合同，经法定代理人追认方为有效。但无民事行能力人和限制行为能力人所进行的与其年龄、智力、精神健康相适应的简单、小额的民事行为，如购置学习用品或简单的生活用品应认为有效。无民事行为能力人和限制行为能力人接受他人赠与后，赠与人或他人不得以受赠人无民事行为能力或限制民事行为能力为由而主张赠与无效。在民事责任能力方面，侵权人的责任能力是其承担损害赔偿责任的重要前提，也是决定其是否可以作为侵权行为之债的义务主体的一个因素。无民事行为能力人、限制民事行为能力人造成他人损害的，由监护人承担民事责任。有财产的无民事行为能力人、限制民事行为能力人造成他人损害的，从本人财产中支付赔偿费用。不足部分，由监护人赔偿。据此，没有财产的无民事行为能力人、限制民事行为能力人不能作为因侵权行为而发生的债的关系的义务主体。

二、债的内容

债的内容包括债权和债务。

（一）债权

债权是指债权人请求债务人为或不为一定行为的权利。民事权利可分为财产权与人身权两大类，债权属于财产权，主要表现如下。其一，债权的内容是请求他人为特定给付，该给付的内容具有财产利益，债权人通过债务人的给付行为实现自己的财产利益。其二，债权本身可以作为财产进行交易流通，债权可在不同主体间移转，可与债务抵销，可设定权利质押等。

债权和物权是民法中最基本的财产权，与物权相比，债权具有以下特征。

第一，债权为相对权。传统民法理论根据民事权利效力范围将民事权利分为绝对权（对世权）和相对权（对人权）。物权为绝对权，权利主体特定，义务主体不特定，物权人可向一切人主张物权。而债权为相对权，其存在于特定当事人之间，债权人只能向特定债务人主张债权。

第二，债权是一种请求权。传统民法理论根据民事权利的不同作用，将民事权利分为支配权、请求权、形成权和抗辩权。物权为支配权，物权人可对物直接支配并排除他人干涉。债权为请求权，债权人不能直接支配其权利所体现的财产利益，只能请求并借助于债务人的给付行为来实现债权。

第三，权利设定的任意性。除法定之债外，合同之债的设定采取任意主义。由于债权为相对权，仅存在于特定当事人之间，较少涉及第三人，当事人一般可自由设定债权。由于物权具有排他性，义务主体不特定，故采取法定主义，物权种类及内容均由法律规定，不允许当事人自由创设。

第四，债权具有不同于物权的效力。主要表现如下。

（1）相容性。物权具有排他性，即同一标的物上，不允许有两个或两个以上内容不相容的物权同时存在。如同一物上不得同时存在两个所有权。而债权不具排他性，具有相容性，同一标的物上可以同时存在两个或两个内容相同的债权，虽然可能只有一个债权得以实现，但其他债权并不因此失效，如一物二卖的场合，两个买主中只有一个能获得标的物的所有权，另一个未获得标的物所有权的买主仍享有债权，只是其债权内容转化为违约金或损害赔偿请求权而已。

（2）平等性。物权具有优先性，即同一标的物上有两个或两个不同内容或性质的物权存在时，成立在先的物权效力优先于成立在后的物权。而债权具有平等性，当数个债权人对同一债务人产生数个债权时，其效力一律平等，并不因成立先后有优劣之分，如在破产还债程序中，当债务人财产总额不足以清偿同一顺序的数个债权时，只能按债权比例清偿，不能以债权成立先后定其效力。

（3）无追及性。物权具有追及力，即无论标的物发生何种变动，无论被何人占有，物权人均有权追及物之所在地请求返还，但法律另有规定除外。而债权不具追及力，债权标的物的所有权在转移于债权人之前，若债务人将其转让给他人，则债权人对他人无权请求返还标的物，而只能向债务人请求履行给付或要求其承担违约责任。

（二）债务

债务，即根据当事人的约定或法律的规定，债务人向债权人为特定行为的义务。债权与债务相互依存，没有债务就无所谓债权；没有债权，债务就失去了法律依据。债务的本质是一种不利益，当债务人依约或依法履行了义务，则债权人的债权得以实现，债务人也因此失去了既有利益，因此，债对于债权人而言是一种利益，对于债务人而言，则是一种不利益，正是这种利益的转换，债的目的得以实现。

债务与责任既相互区别又相互联系。债务是一种义务，是债务人依照合同约定或法律规定应履行的义务，而责任则是一种法律后果，是债务人不履行义务而应承担的否定性的法律后果。责任在债务设定时，是债务履行的担保；在债务不履行时，是债务履行的法律强制。责任加之于债务才使债务关系具有法律拘束力，责任只有在债务不履行时才能实现。债务与责任虽具有一定的关联性，但并非存在必然的因果关系，如在已达诉讼时效的自然债务中，债权人失去请求法院保护的胜诉权，债务人债务已不具有法律强制履行性，因此，此时债务人仅有债务而无责任。

第三节 债的种类

把不同的债按其特点进行分类，不仅是立法必需的技术性要求，而且便于司法适用，有利于人们区别不同的法律规定，确定其权利义务关系。根据不同的分类标准，可以从不同角度对债进行分类。

一、特定之债与种类之债

依照债的客体所指向的标的物在债成立时是否特定化，债可分为特定之债与种类之债。特定之债，是指于债成立时，债的标的物即已特定。债一经成立，该标的物就不能为其他物所替代，债务人履行债务，应交付该特定物，不得以其他物代替交付，否则就是履行不当。种类之债，是指债成立时以未加特定的种类物为标的物的债。由于种类物具有可替代性，因此同一种类的物可替代给付，债权人不得拒绝受领。

区分特定之债与种类之债的法律意义如下。其一，确定债务人是否实际履行。特定之债中，债务人应交付特定物，不能以其他物替代，否则为不完全履行。种类之债中，债务人以交付符合规定的同种类的标的物，即为履行。其二，确定标的物所有权的转移时间及风险责任的分担。由于所有权的取得只能针对特定财产，因此除法律另有规定外，特定之债的当事人可以约定标的物所有权的转移时间及风险责任的分担，而种类之债的标的物的所有权只能自交付时转移，标的物因意外灭失的风险在标的物特定即交付前，由债务人承担。其三，确定标的物灭失后债务人的履行义务。特定之债以特定物为履行标的，若该物灭失，则发生履行不能，债务人的履行义务灭失，但债务人对此负有责任的，仍应承担债务不履行的责任。在种类之债中，由于标的物可以替代，因而除非债务人的所有种类物全部灭失，一般不发生履行不能，债务人仍负有交付替代物的实际履行义务。

二、简单之债与选择之债

依据债的标的物有无选择性，可将债分为简单之债与选择之债。

简单之债，是指债的标的只有一个，当事人只能就该标的请求履行而无选择余地的债。选择之债，是指债的标的为数种给付，当事人可以从中自由选择确定一种给付进行履行的债。在选择之债成立时，虽然债权只有一个，但标的物有数种可供选择，主要表现为：给付标的物不同，如给付照相机或手机；给付形态不同，如给付财物或给付劳务；给付方式不同，如现金支付或支票支付；履行期限、履行地点、履行方式不同等。

区分简单之债与选择之债的法律意义在于：简单之债的标的物为特定的一种，比较简单，选择之债的标的物相对不特定，由当事人行使选择权。选择权的归属若有法律规定的，则按照法律规定。有当事人约定的，则按照当事人的约定。若既无法律规定又无当事人约定的，原则上选择权应当归属于债务人。

三、单一之债和多数人之债

按照债的主体的数量是否单一，债可分为单一之债和多数人之债。单一之债，是指债的主体双方均为一个人的债。多数人之债，是指债的一方或双方为两个以上的债，可能是债权人一方为多数人，或债务人一方为多数人，也可能是债权人和债务人双方均为多数人。区分单一之债和多数人之债的法律意义在于：有助于确定债的主体间的权利义务关系。单一之债的主体双方各为一人，仅涉及双方的权利义务关系，较为简单。多数人之债则因债的主体一方或双方为两人以上，不仅涉及债权人与债务人之间的关系，而且涉及多数债权人或多数债务人间的内部关系，较为复杂。

四、连带之债和按份之债

在多数人之债中，按照债的多数主体之间相互的权利义务关系，债可分为按份之债和连带之债。

（一）按份之债

按份之债，是指债的多数主体各自按照自己确定的份额享有债权或承担债务的债。其中，数个债权人各自按照自己的份额享有请求债务人履行的权利，为按份债权；数个债务人只就各自的债务份额承担债务，为按份债务。《民法通则》第 86 条即为按份之债的规定："债权人为二人以上的，按照确定的份额分享权利。债务人为二人以上的，按照确定的份额分担义务。"按份之债的成立一般须具备以下条件：第一，按份之债为多数人之债的一方或双方为数人。第二，债的标的具有可分性。可分，是指该标的分割后并不损害其价值或性质，若标的不可分，数当事人不可能分享权利、分担义务。第三，多数债权人分享权利或多数债务人分担债务的份额，在按份之债成立时就已确定。

（二）连带之债

连带之债，是指多数人一方当事人之间有连带关系的债，即多数人一方的各债权人或各债务人有要求对方履行全部债务的权利或有向对方履行全部债务的义务。若债权人一方为多数且有连带关系，则为连带债权，若债务人一方为多数且有连带关系，则为连带债务。《民法通则》第 87 条即为连带之债的规定："债权人或者债务人一方人数为二人以上的，依照法律的规定或当事人的约定，享有连带权利的每一个债权人，都有权要求债务人履行义务；负有连带义务的每个债务人，负有清偿全部债务的义务，履行了义务的人，有权要求其他连带义务的人偿付他应当承担的份额。"

法条链接

中华人民共和国民法通则（节选）

第八十四条 债是按照合同的约定或者依照法律的规定，在当事人之间产生的特定的权利和义务关系，享有权利的人是债权人，负有义务的人是债务人。

债权人有权要求债务人按照合同的约定或者依照法律的规定履行义务。

第八十五条 合同是当事人之间设立、变更、终止民事关系的协议。依法成立的合同，受法律保护。

第八十六条 债权人为二人以上的，按照确定的份额分享权利。债务人为二人以上的，按照确定的份额分担义务。

第八十七条 债权人或者债务人一方人数为二人以上的，依照法律的规定或者当事人的约定，享有连带权利的每个债权人，都有权要求债务人履行义务；负有连带义务的每个债务人，都负有清偿全部债务的义务，履行了义务的人，有权要求其他负有连带义务的人偿付他应当承担的份额。

复习题

一、判断分析题

1. 债权人的权利原则上只对债务人发生效力。（　　）

2. 债的主体在任何情况下都是特定的。（　　）

3. 种类之债的标的只有在交付时才能特定。（　　）

4. 将债区分为特定物之债和种类物之债，其法律意义主要在于债的标的物在履行前灭失的法律责任不同。（　　）

5. 在多数人之债中，几个债权人中的任何一人都有权请求债务人向其清偿全部债务，多数债务人中的任何一人都有义务向债权人清偿全部债务。（　　）

二、不定项选择题

1. 债的客体是（　　）。

A. 物　　B. 人　　C. 行为　　D. 不一定

2. 甲与乙签订了一份大米买卖合同，甲为卖方，乙为买方。同时约定：甲将大米发货给丙，因为乙与丙签订一份大米购销合同，乙为卖方，丙为买方。现甲发给丙的大米存在质量问题，为此引起纠纷。丙应向（　　）。

A. 甲追究违约责任　　B. 乙追究违约责任

C. 甲和乙追究违约责任　　D. 甲或乙追究违约责任

3. 某演出公司与“黑胡子”四人演唱组和订立演出合同，约定由该组合在某晚会上演唱自创歌曲2～3首，每首酬金2万元。由此成立的债的关系属何种类型？（　　）。

A. 特定之债　　B. 单一之债　　C. 选择之债　　D. 法定之债

4. 农民张某与邻居王某向邻村吴某分别购买大豆以供各自使用，双方商定购买大豆500千克，每千克1元，一个月内支付价款。当日下午张某和王某就将大豆拉回家，各半分用。此后，张某和王某没有按期付款。吴某多次讨款未成，遂于同年向法院起诉，要求张某和王某偿还购买大豆款500元。下列选项正确的是（　　）。

A. 张某和王某各付250元的债务

B. 张某和王某负连带责任

C. 如果张某对吴某偿还了500元，王某对吴某的债务即行消失

D. 如果张某对吴某偿还了500元，吴某对张某负250元的不当得利之债

5. 依照民法原理，连带债务的债权人（　　）。

A. 只能向债务人中的主要责任者请求其履行全部债务

B. 只能向全体债务人请求履行全部债务

C. 不能向债务人中的某一人请求其履行全部债务

D. 可以向债务人中的一人或数人请求其履行全部或部分债务

6. 下列关于债权的描述正确的是（　　）。

A. 债权人不能直接支配标的物

B. 债权人不能直接支配债务人的行为

C. 债权人只能向债务人主张权利，而不能向债务人以外的任何人主张权利

D. 所有债权都可以任意设定

7. 北京甲厂和北京乙厂都需要柴油，两厂与锦州丙燃料公司签订了一份合同，约定锦州燃料公司在1个月内供给9号柴油1 000吨，每吨价格为1 600元。在柴油运到后，甲厂与乙厂再按4∶6分配。该合同之债属于（　　）。

A. 多数人之债　　B. 按份之债　　C. 选择之债　　D. 种类之债

8. 下列各项中是债的分类的为（　　）。

A. 特定物之债和种类物之债　　B. 按份之债与连带之债

C. 财物之债与劳务之债　　D. 简单之债与复杂之债

9. 债权是债权人享受的权利，包括（　　）等项权利。

A. 相对权　　B. 请求权　　C. 支配权　　D. 受领权

10.（　　）的债务人或债权人肯定都为二人以上的多数人。

A. 多数人之债　　B. 按份之债　　C. 连带之债　　D. 简单之债

三、案例分析题

甲厂因急需柴油，与乙厂签订了一份买卖合同。双方商定，乙厂在一个月内筹集0号或10号柴油10吨供给甲厂，每吨单价为1 200元。合同生效后，甲厂按照合同约定支付了2 000元定金。乙厂也在合同生效后的第25天，依约定向某厂发运了0号柴油10吨。因当时气温下降，0号柴油无法投入使用，故甲厂要求乙厂改供10号柴油，或者退货。乙厂认为其所供0号柴油符合国家质量标准和合同规定，既不应换货，也无货可换；同时要求甲厂依约支付货款，不能退货。

问：(1) 本案合同所生之债为简单之债还是选择之债？

(2) 本案乙厂的做法是否适当？甲厂要求乙厂换货或退货的理由是否成立？为什么？

第二十章

债的发生原因

导 学

引起债发生的根据包括行为和事件，本章重点介绍行为引起的债的发生。行为包括法律行为与事实行为，法律行为又包括单方行为、双方行为与多方行为，事实行为包括不当得利、无因管理、拾得遗失物、侵权行为等。由于侵权行为在现代社会成为十分重要的调整内容，因此将侵权从债法中单独出来具有一定的必要性，但是也不能抹杀侵权与债之间的联系。

本章知识体系

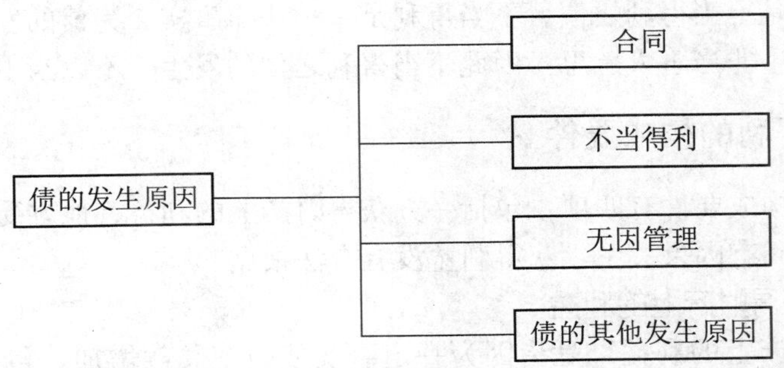

债的发生，是指债的关系的原始产生。债的发生有原始的发生和继受的发生。原始的发生，是特定当事人直接依据合同约定或法律规定而形成的原始的债权债务关系。继受的发生，是已有的债权债务关系由新的当事人承受而在新当事人之间产生的权利义务关系。前者通常称为债的发生，后者通常称为债的移转，属于债的变更。债作为一种民事法律关系，同其他民事法律关系一样，因一定的法律事实而发生。引起债的关系发生的法律事实，称为债的发生原因或发生依据。大陆法系国家民法普遍将合同、无因管理、不当得利和侵权行为作为引起债的发生的法律事实。

第一节 合 同

一、合同

(一) 合同的概念

合同，又称为契约，指当事人之间设立、变更、终止民事权利义务关系的协议。依法成立的合同在当事人之间发生债的关系。合同之债是债的发生最主要、最常见的法律事实。

（二）合同的特征

合同之债具有以下特征。其一，合同为双方法律行为，由双方当事人意思表示一致而成立，合同双方当事人地位平等，因而合同之债须遵循当事人意思自治原则。其二，合同之债中的债权债务相互对应。当事人双方既为债权人又为债务人，一方的债务实际上就是另一方的债权。其三，合同之债具有任意性。合同之债的产生取决于法律允许范围内的双方当事人的自由意思，合同法上关于合同的内容、形式的规定多为任意性规范，当事人可以以约定的方式排除其适用。合同法十分重要，一般有单独的教材进行介绍，本教材对此不做重点介绍。

第二节 不当得利

一、不当得利的概念

不当得利是指没有法律上的根据也没有约定的原因，使他人受到损失而自己获得利益。由于不当得利没有法律上的根据和约定的原因，因此不当利益应返还给受损失的人，这种义务就是不当得利之债。不当得利是一种法律事实，为债的发生根据之一。不当得利之债的产生非当事人意思，因此不当得利之债的发生，不以当事人过错为要件。

二、不当得利的构成要件

不当得利的构成要件有四项：包括一方获得财产上的利益、他方受到损失、获得利益和受到损失之间有因果关系、获得利益没有合法根据。

（一）一方获得财产上的利益

所谓获得财产上的利益，是指因为一定事实使财产总额增加，包括财产的积极增加和财产的消极增加。财产的积极增加，如财产权利的取得；占有的取得；财产权的扩张及效力的增强等。财产的消极增加，如：本应支出费用而没有支出；本应负担债务而未负担或少负担等。获得利益的方法，可以是法律行为，也可以是事实行为；可以是受益人的行为，也可以是受害人的行为，还可以是第三人的行为；也可以是自然事实。

（二）他方受到损失

他方受到损失是不当得利成立的要件之一。如果一方获得利益，他方并没有因此受到任何损失，不构成不当得利。损失也包括现有财产利益的减少的积极损失和财产利益应当增加而没有增加的消极损失。

（三）获得利益和受到损失之间有因果关系

所谓获得利益和受到损失之间有因果关系，是指他方的损失是因一方获得利益造成。因果关系有多种含义，不当得利的因果关系采取非直接因果关系说的观点，即获得利益的原因事实不必与受到损失的原因事实相同，只要社会观念认为获得利益和受到损失有牵连关系，就可认定两者之间有因果关系。当所取得的利益与所受的损失不一致时，利益小于损失的，以利益为准；利益大于损失的，以损失为准。

(四) 没有法律上的根据

如果有法律上的根据，即使获得利益，使他方受到损失，也不发生不当得利之债。无法律上的根据，包括自始没有根据、取得利益时有根据但嗣后合法根据消灭两种类型。

三、不当得利之债的效力

不当得利之债发生后，受害人有权请求受益人返还不当得利，受益人负有返还不当得利的义务。在受益人死亡的情况下，可依继承法的规定，由其继承人负返还不当得利的义务。

（1）受益人为善意，即在受益人取得利益时不知道没有合法根据，其返还利益的范围以利益存在的部分（现存利益）为限；如利益已不存在，则不负返还义务。所谓现存利益不限于原物的固有形态，如果形态改变，其财产价值仍然存在或者可以代偿，仍然属于现存利益。

（2）受益人为恶意，即在取得利益时明知没有合法根据，其返还利益的范围应是受益人取得利益时的数额，即使该利益在返还之时已经减少甚至不复存在，不免除返还义务。

（3）受益人在取得利益时为善意，嗣后为恶意的，其返还范围应以恶意开始之时存在的利益为准。

（4）善意受益人将所受利益无偿让与第三人，从而使得利益不存在而减免返还义务时，获得利益的第三人负返还义务。

第三节 无因管理

一、无因管理的概念

无因管理，是指没有法定的或约定的义务，为避免他人利益受损失，自愿管理他人事务或为他人提供服务的行为。管理他人事务的人为管理人。事务被管理的人为本人。无因管理之债发生后，管理人享有请求本人偿还因管理事务而支出的必要费用的债权，本人负有偿还该项费用的债务。无因管理是一种法律事实，为债的发生根据之一。无因管理之债的产生是基于法律规定，而非当事人意思。

二、无因管理的构成要件

无因管理的构成要件有三：为他人管理事务，有为他人谋利益的意思，没有法定或约定义务。

(一) 为他人管理事务

管理他人事务，就是为他人进行管理或者服务。无因管理之事务，可以是有关财产的事项，也可以是非财产的事项，但应当是适宜成为债的客体的事务。下列事项不能成为无因管理的对象：违法事项，如代为清偿赌债；不能发生债的关系的纯宗教、道德或公益性质的事项，如抢救落水儿童、代友接待客人；依照法律规定必须由本人亲自办理或经本人授权才能办理的事项，如结婚登记、不作为事项等。

管理的事务必须是他人的事务，如将自己的事务误认为他人的事务而管理，即使目的是为他人避免损失，也不能构成无因管理。

（二）有为他人谋利益的意思

为他人谋利益的意思，简称为管理意思，是构成无因管理的主观要件。为他人谋利益的意思，其典型形态是专为本人谋利益的意思。但也允许管理人在有为本人谋利益的意思同时，为自己的利益实施管理或服务行为。这里的利益，既包括无因管理行为使本人取得某种权益而直接受益，也包括本人得以避免或减少损失而间接受益。此处为他人谋利益，应根据一般社会常识判断。如果按照一般情况认为属于谋利益之行为，而实际结果并未使得本人获得利益，仍构成无因管理，本人仍得支付管理人为管理事务所支出的费用。

（三）没有法定或约定义务

无因管理中所谓“无因”，就是指“没有法定或约定义务”。没有法定或约定义务是无因管理成立的重要条件。衡量管理人有无法定或约定义务，应以客观标准确定，不以管理人的主观认识为标准。如果负有义务而管理人认为没有义务，其管理事务不能构成无因管理。如果本无义务而管理人误认为有义务，其管理事务照样构成无因管理。

三、无因管理之债的效力

（一）管理人的义务

1. 适当管理义务

1）管理人不应违背本人的管理意思

管理人在进行事务管理时，不得违背本人明示的或可推知的管理意思。但管理人为本人尽公益上的义务或为其履行法定抚养义务时，尽管违反本人明示或可推知的意思，仍为适当管理。

2）管理人应以有利于本人的方法进行管理

管理人在管理事务时应当尽到善良管理人的义务。

2. 通知义务

管理人应将管理事务的事实及时通知给本人，这是管理人的从属义务。管理开始时，除管理人确实无法通知本人之外，均应及时通知本人。通知后，除有紧迫情况外，应听候本人的指示。

3. 报告、计算义务

报告、计算义务主要包括以下内容：及时报告管理事务的进行状态，管理关系终止时，明确报告其始末；管理事务所取得的物品、钱款及孳息交付本人。管理人违反上述管理义务时，应分不同情况处理。第一，无因管理成立，但是管理人在具体的管理方法、措施方面不当，给本人造成损害，若管理人有故意或重大过失的，应负赔偿责任；若管理人有轻微过失的，则应免除或减轻管理人的责任。第二，管理人员有管理意思，但其管理事务违反本人的管理要求或社会常识，使管理效果不利于本人，则不构成无因管理。管理人如有过错，应按侵权行为负赔偿责任。

（二）管理人的权利

在无因管理成立时，管理人有权要求本人：①偿还管理人管理事务所支出的必要费用及其利息；②管理人为本人负担必要的债务时，本人应清偿该债务；③管理人因管理事务而遭受损失时，本人负责赔偿。

第四节　债的其他发生原因

一、侵权行为

侵权行为，是指不法侵害他人财产权和人身权，给他人造成损害的行为。不法行为人有义务赔偿给他人造成的损害，受害人有权请求侵害人赔偿，据此，因侵权行为而在特定受害人和侵害人之间产生的债权债务关系，构成侵权行为之债。侵权行为之债是合同之债以外又一常见的债的发生原因。其与合同之债相比，具有以下特征。其一，侵权行为之债由侵害人的不法行为引起。侵权行为之所以能够在特定当事人之间产生债的关系，在于行为人违反法律不得侵害他人人身、财产的法定义务，行为具有不法性，因而应受到法律的强制性干预。而合同之债只能由当事人之间的合法行为引起，不法行为不能成为合同之债的发生原因。其二，侵权行为之债由侵害人的单方行为引起，与受害人的行为、意思无关，受害人只是被动地受到侵害。而合同之债是双方当事人意思表示一致的产物。其三，侵权行为之债是法定之债。侵权行为之债的发生并非出于行为人的意思，而是基于法律的直接规定。侵权行为的构成要件及内容均由法律明确规定，当事人不得预先以约定排除法律的适用。而合同之债是意定之债，依据当事人的约定而发生。其四，侵权行为之债中，侵权人的责任不以财产责任为限，还包括消除影响、恢复名誉、赔礼道歉等非财产责任。合同之债往往具有直接的经济内容，违约责任多限于财产责任。

虽然侵权之债属于传统民法上的债，但是侵权之债具有很多特点，因此我国把侵权之债独立出来，以《侵权责任法》专门调整。

二、缔约过失

近年来，在一些国家的民事立法、判例和学说中，缔约过失、单方允诺也被认为是债的发生原因。缔约过失，即当事人在缔约过程中具有过失，导致合同不成立、无效或被撤销，从而使对方遭受损害的情形。因缔约过失而应承担的民事责任称为缔约过失责任。缔约过失责任的理论依据是建立在诚信原则基础上的先契约义务，当事人在为缔结合同而接触、磋商之际，依诚信原则负有协力、通知、保护、忠实等附随义务，因一方当事人的过失违反附随义务，而给对方当事人造成损害的，即应承担损害赔偿责任。《合同法》第 42 条、43 条即被认为是关于缔约过失责任的规定。

三、单方允诺

单方允诺是指表意人向不特定的相对人作出为自己设定某种义务，使相对人取得某种利益的意思表示，如悬赏广告等。单方允诺虽是一种单方行为，但对作出允诺的表意人具有相应的约束力，当不特定的相对人实施了指定的行为后，就在允诺人和相对人之间形成某种特定给付的债权债务关系，因而单方允诺也是债的发生原因之一。如甲在旅游期间丢失行李，甲于是在当地报纸刊登悬赏广告，声明谁拾到失物将奖励其1 000元。三天后，乙将失物交至甲处，并要求甲支付允诺的1 000元。甲反悔，只支付500元。甲在报纸上刊登了悬赏广告后，即在甲与作出该指定行为的乙之间产生特定的债权债务关系，甲支付1 000元报酬的允诺应受法律约束，故甲的行为得不到法律支持。

合同、不当得利、无因管理、缔约过失是债的发生的主要原因。除此之外，其他的法律事实也会引起债的发生。例如，拾得遗失物会在拾得人与遗失物的所有人之间产生债权债务关系；遗赠会在受赠人与遗嘱执行人之间产生债权债务关系等。

法条链接

中华人民共和国民法通则（节选）

第九十二条 没有合法根据，取得不当利益，造成他人损失的，应当将取得的不当利益返还受损失的人。

第九十三条 没有法定的或者约定的义务，为避免他人利益受损失进行管理或者服务的，有权要求受益人偿付由此而支付的必要费用。

最高人民法院关于贯彻执行《中华人民共和国民法通则》若干问题的意见（试行）（节选）

131. 返还的不当利益，应当包括原物和原物所生的孳息。利用不当得利所取得的其他利益，扣除劳务管理费用后，应当予以收缴。

132. 民法通则第九十三条规定的管理人或者服务人可以要求受益人偿付的必要费用，包括在管理或者服务活动中直接支出的费用，以及在该活动中受到的实际损失。

复习题

一、判断分析题

1. 侵权行为不能产生债。（　　）
2. 合同之债体现了意思自治的基本原则。（　　）
3. 缔约过失可以产生债的法律关系。（　　）
4. 无因管理也是无权代理。（　　）
5. 不当得利只有在侵权行为发生时才能存在。（　　）

二、不定项选择题

1. 下列事实中，能发生不当得利的是（　　）。

A. 债务人清偿还未到期的债务　　B. 给付因赌博而欠的钱

C. 养子女给其生父母的赡养费　　D. 顾客多付售货员的货款

2. 在下列情形中，属于无因管理的是（　　）。

A. 在加工合同中，承揽人管理定作人提供的原材料

B. 买方无正当理由拒收卖方交付的货物，卖方对该货物进行管理

C. 甲拾得乙丢失的牛，在积极寻找失主的同时，对该牛进行管理

D. 超市对进入超市的顾客的皮包进行管理

3. 甲拾得乙遗失的钱包，内有人民币500元，甲欲交给公安失物招领部门，但在前往失物招领部门的公共汽车上，甲自己钱包和拾得钱包一起被盗，则甲（　　）。

A. 对拾得钱包被盗不承担责任　　B. 对拾得钱包被盗承担全部责任

C. 对拾得钱包被盗承担部分责任　　D. 依公平原则，对乙给予适当补偿

4. 甲厂与乙厂签订一份水泥买卖合同，甲厂向乙厂购买水泥10吨，双方约定在乙厂所在地交货。在乙厂装货时，乙厂工作人员装了12吨，甲厂提货员也未发觉。在返回甲厂途中。汽车翻入河中，水泥全部灭失，甲厂应向乙厂支付（　　）吨水泥的价款。

A. 12吨

B. 10吨

C. 6吨

D. 甲厂无须支付价款，标的物风险尚未转移

5. 下列行为中构成不当得利的是（　　）。

A. 甲将其子乙交丙收养，后甲年迈，乙向甲每月给付赡养费200元

B. 甲对乙负有债务，已过诉讼时效，甲不知而为清偿

C. 甲明知对乙没有债务而为清偿

D. 某银行业务员因失误多支付给客户1万元

6. 甲将对乙的10万债权转让给丙，在乙获得让与通知前，乙将10万元清偿于甲，甲接受，则丙得（　　）。

A. 向甲请求返还10万元　　B. 向乙请求给付10万元

C. 请求甲、乙连带负责　　D. 请求甲通知乙给付

7. 陈宅不慎失火，幼子被困于室内，其父陈某从院内铁丝上揭取邻家晾晒的毛毯浸湿后冲入屋内救出孩子，毛毯被烧坏。邻居要求赔偿损失100元，陈某以紧急避险为由拒赔。邻居起诉，法院应（　　）。

A. 判决陈某赔偿100元　　B. 驳回邻居请求

C. 判决陈某和邻居各承担50元　　D. 判决陈某赔偿50元

8. 甲捡到一条金项链并戴着出门，被失主乙认出，甲否认，拒不返还。乙于是向人民法院提起诉讼，人民法院应当按照（　　）处理。

A. 合同之诉　　B. 侵权之诉　　C. 不当得利之诉　　D. 无因管理之诉

9. 下列属于债的发生原因的有（　　）。

A. 某商场为吸引顾客，宣布在每月1日12～13时在该商场购物的顾客可以抽取幸运奖

B. 某甲与某孤儿院签订协议，收养了一个孤儿王某

C. 某乙未经他人允许擅自把他人的肖像用在自己企业生产的产品包装袋上

D. 某丙拾到某公司的价值100万元的支票一张，拒不返还

E. 乙举家在外经商，其邻居甲为防止乙的房屋被台风刮倒，未经乙同意而在台风来临前自己花钱对乙的房屋进行加固

10. 不当得利的成立，必须具备下列条件（　　）。

A. 一方取得利益　　B. 一方受到损害

C. 取得利益和受损害间有因果关系　　D. 取得利益没有合法依据

E. 取得利益拒不返还

三、案例分析题

甲乙为邻居。一日甲突发急病，乙见状忙找到一辆出租车将甲送医院抢救，乙随车同去，花去车费50元，向医院垫交押金3 000元。乙因此而耽误上班被扣发津贴50元。事后乙要求甲偿还其为甲所付的钱款，甲仅付了3 000元，而乙主张应付3 100元。依《民法通则》规定，乙有权要求偿还多少？为什么？

第二十一章
债的履行

债的履行是指债务人按照约定或法定的要求履行义务的行为。本章重点解决的问题就是债务人在什么情况下应承担债的不履行的义务。首先需要了解债的履行的基本要求，然后对债的不履行的具体表现进行分析，从而清晰认识债的履行应符合的基本规则。

本章知识体系

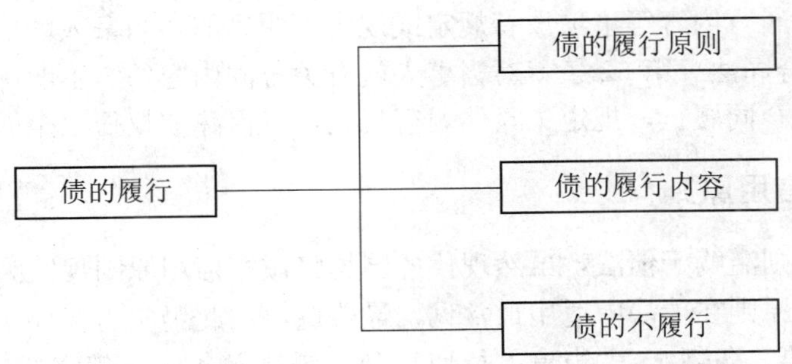

债的履行，是指债务人依照合同的约定或按照法律的规定，履行自己的义务，使债权人的债权得以实现的行为。《中华人民共和国民法通则》第 84 条第 2 款规定："债权人有权要求债务人按照合同的约定或者依照法律的规定履行义务。"债是特定当事人间的特定的债权债务关系，只有通过债的履行，债的内容才得以实现，当事人的经济目的才能达到，因此债的履行是债的法律效力的表现和必然结果，正是在这个意义上，许多国家的立法都将债的履行规定于债的效力中。

债的履行与给付、清偿既有联系又有区别，就其联系而言，三者均是指当事人按照债的规定完成一定的行为，从而使债的目的得以实现。但三者的侧重点不同，债的履行侧重于债的效力，履行是债最主要的法律效力；给付则侧重于行为本身，指债的客体，包括作为与不作为；清偿侧重于结果，指债的消灭，是债消灭的主要原因。

第一节　债的履行原则

【案例】甲会计师事务所长期为乙企业提供财会金融方面的服务，2002 年，双方由于服务报酬等事项发生纠纷，结束了服务合同。之后，甲会计师事务所接受了乙企业竞争对手丙企业的会计结算业务，在向丙企业提供服务期间，甲会计师事务所将其得知的乙企业的大量商业秘密提供给丙企业，给乙企业带来巨大的经济损失。甲会计师事务所的行为违反了债的履行的何种原则？

债的履行原则，是指债的履行主体在履行债务时必须遵循的准则，依照《民法通则》《合同法》的有关规定，债的履行应遵循如下原则。

一、全面履行原则

全面履行原则，是指债务人履行债务时，必须严格按照合同的约定或法律的规定全面履行其所承担的义务。《合同法》第60条第1款规定："当事人应当按照约定全面履行自己的义务。"这体现了合同之债中的全面履行原则。

全面履行是债的本质及目的要求使然，当事人往往通过债的关系达到一定经济目的，只有通过债的全面履行，当事人预期的经济目的才能实现，经济交易才会正常进行。债的履行涉及履行主体、履行标的、履行期限、履行地点、履行方式等内容，债的履行要求当事人严格按照债所规定的履行主体、履行标的、履行期限、履行地点、履行方式等履行其所承担的债务，不得违背债的内容，否则即使其已经交付标的物，也只能是债的不履行，而承担一定的消极法律后果。当事人对债的标的的质量、价款、履行地点、履行期限、履行内容等事项没有规定或规定不明确的，当事人就应当按照法律规定履行其义务。《合同法》第62条就对当事人就有关合同内容约定不明确，事后又未能达成补充协议时的合同履行，规定了具体履行规则，以保障债权得以全面履行。

二、诚实信用原则

诚实信用原则滥觞于债法，虽然现代各国均将诚实信用原则规定为整个民法的基本原则，但无疑该原则在债法中适用最常见、最普遍，因此仍应为指导债的履行的基本原则。《合同法》第6条规定："当事人行使权利、履行义务应当遵守诚实信用原则。"该原则在债务履行上，不仅适用于债务人，而且适用于债权人，若债权人拒绝受领，则构成债权人迟延，须承担迟延受领的责任。诚实信用原则要求债的主体双方在履行其各自义务时，应诚实、守信，严格依照约定或法律规定全面履行其债务，无论履行债务还是接受债务，债的主体既应考虑自身的利益又应兼顾对方利益和社会公共利益，不得为自己利益损害对方和第三人利益。

诚实信用原则将道德原则和法律原则合为一体，兼具法律调节和道德调节的双重功能，使法律条文具有极大弹性，法官借此拥有较大的自由裁量权，能够排除当事人意思自治，直接调整当事人的权利义务关系。债务人除依诚实信用原则履行债所规定的义务外，为辅助债权人实现其权利，还应当履行依此原则而产生的附随义务，此种义务并非自始确定，而是随着债的关系的发展，在个别情况下要求当事人一方有所作为或不作为的义务。《合同法》第60条第2款规定"当事人应当遵守诚实信用原则，根据合同的性质、目的和交易习惯履行通知、协助、保密等义务。"一般来说，依诚实信用原则产生的附随义务主要包括：注意义务、通知义务、照顾义务、说明义务、保密义务、协助义务、忠实义务等内容。

如上述案例中所述，甲会计师事务所虽然与乙企业结束了服务合同法律关系，乙企业不能追究甲会计师事务所的违约责任，但基于诚实信用，甲会计师事务所仍负有保密、忠实等义务，甲会计师事务所将其得知的乙企业的大量商业秘密提供给丙企业的行为，有违于诚实信用原则，是对附随义务的违反，应承担损害赔偿责任。

第二节 债的履行内容

【案例】2003 年 8 月甲公司同乙公司签订了商品买卖合同，合同约定甲公司向乙公司出售规格为 WP－200 的零件 3 万件，货款 6 万元，见货即付，交货期为 2003 年 11 月 30 日，双方当事人对哪方承担托运费用的义务并未有明确规定。甲公司办理托运后，要求乙公司承担托运费用，遭到乙公司拒绝。

问：货物的托运费用应由何方承担?

如前所述，全面履行要求履行主体、履行标的、履行期限、履行地点、履行方式严格按照债的规定，以下分述之。

一、履行主体

履行主体，是指履行给付债务的人与接受给付债务的人。履行主体与债的当事人是不能等同的两个概念，一般来讲，债在多数情况下，是由债权人、债务人本人亲自履行而实现的，这时履行主体与债的主体等同。但是，有些情况下，债的主体在合乎法律规定的条件下，也可以责成第三人代为履行，如由第三人代为交付货物，或由第三人代为接受价款。此时，债的主体与履行主体则分属于不同的人。

除法律规定或当事人约定必须由当事人履行的外，债可以经由当事人约定由第三人代为履行或接受履行。第三人履行有两种情况。一是第三人代债务人履行债务，二是第三人代债权人接受履行。在一般情况下，债权人都可以指定债务人向其指定的第三人履行给付，但债权人指定由第三人代为接受履行的，不得因此增加债务人的费用。第三人履行时，第三人只是履行主体，而非债的当事人，第三人代为履行或代为接受履行，不等于其已加入到债的关系中来。因此，应由债的当事人对第三人的履行后果承担责任，而不应将责任扩大到第三人。《合同法》第 64 条、65 条规定：“当事人约定由债务人向第三人履行债务的，债务人未向第三人履行债务或者履行债务不符合约定，应当向债权人承担违约责任。当事人约定由第三人向债权人履行债务的，第三人不履行债务或者履行债务不符合约定，债务人应当向债权人承担违约责任。”

第三人代为履行合同与第三人利益合同不同，在第三人代为履行合同中，替债权人接受履行的第三人并非是债的当事人，因而无权请求债务人履行，而在第三人利益合同中，第三人虽不是合同当事人但其有权请求债务人支付合同利益。例如，投保人在与保险公司签订保险合同中，指定了受益人，当发生保险事故时，保险公司应当向受益人支付保险金，倘若保险公司拒绝支付的，受益人有权向人民法院提起诉讼要求保险公司向其支付。

第三人履行与债的转让也不同。在债的转让中，债权人将其权利转让给第三人，或债务人将其债务转让给第三人，债权人、债务人从而脱离于债的关系。债的转让一旦生效，第三人即取代原债权人、债务人成为债的一方当事人，其对债务的履行为主体的履行，而非第三人的履行。

二、履行标的

债的履行标的，是指债务人履行债务所针对的对象，表现为债务人应当提供给债权人的利益。因债的内容不同，债的履行标的有所不同。主要包括：物、智力成果，也可以是完成一定工作、提供劳务等。

债的履行标的是由合同约定或由法律规定的，当事人须按照债的内容正确履行。其中最重要的就是标的的质量。关于标的的质量，债的内容有明确规定的，应当按照债的内容严格履行；若债的内容规定不明确，当事人事后对此达成补充协议的，则按照补充协议的内容履行；若当事人事后并未达成补充协议的，须按照合同有关条款或交易习惯确定质量内容；如果仍不能确定的，《合同法》第 62 条第 1 款规定："有国家标准、行业标准的，应当按照国家质量标准、行业质量标准履行，没有国家标准、行业标准的，按照通常标准或是符合合同目的的特定标准履行。"

履行标的是否适当，还包括标的的数量、价款等内容。关于标的的价款和报酬，债有明确规定的，依规定履行；若规定不明确，当事人可事后达成补充协议；不能事后达成补充协议的，按照合同有关条款或交易习惯确定；仍无法确定的，则《合同法》第 62 条第 2 款规定："价款或者报酬不明确的，按照订立合同时履行地的市场价格履行，依法应当执行政府定价或政府指导价的，按照规定履行。"

三、履行期限

履行期限，是指债务人向债权人履行债务和债权人接受债务人履行的时间。债的履行期限应明确规定，当事人须按照履行期限履行债务，接受债务，任何一方不得无故迟延。当履行期限不明确时，债务人可以随时向债权人履行债务，债权人也可以随时要求债务人履行债务，但应当给对方必要的准备时间。

债的履行期限不适当主要有两种情况：一为迟延履行；二为提前履行。迟延履行是指当事人在履行期限届满后的履行，包括债务人迟延给付及债权人迟延受领。提前履行，是在履行期限到来之前的履行。法律规定或合同约定不得提前履行的，当事人不得提前履行，但并非所有的债均不可提前履行，只要提前履行并不损害债权人利益，债务人就可以提前履行。因为债的履行期限从某种意义上对债务人来说，是一种利益，即履行期限越长对债务人越有利，如果债务人放弃这种利益，提前清偿债务，又不损害债权人利益，法律应当允许。《合同法》第 71 条就规定："债权人可以拒绝债务人提前履行债务，但提前履行债务不损害债权人利益的除外。债务人提前履行债务给债权人增加的费用，由债务人负担。"

四、履行地点

履行地点，是指债务人履行债务和债权人接受债务的场所。履行地点有明确规定的，依规定；无明确规定的，由当事人协议补充；若当事人未达成补充协议的，则依合同有关条款、交易习惯确定，如在买卖合同中，当事人双方可按照交付方式确定履行地点，合同规定由卖方送货的，应以买方所在地为履行地点；合同规定由买方自提的，则由卖方所在地为履行地点；合同规定由卖方代办运输的，则由卖方所在地为履行地点；如依合同有关条款、交易习惯仍不能确定的，依据《合同法》第 62 条第 3 款，给付货币的，在接受货币一方所在地履行；交付不动产的，在不动产所在地履行，其他标的在交付义务一方所在地履行。

五、履行方式

履行方式，是指债务人履行债务的方法。履行方式包括：一次全部履行与多次分批履行、直接交付或托运、邮寄交付等。如对债务的履行方式不明确的，依《合同法》第 62 条第 5 款的规定，应按照有利于实现合同目的的方式履行，即只要有利于实现合同目的，债务人都可以选择，债权人不得拒绝，这也要求债务人须遵循诚实信用原则，如债务人代为办理邮寄时，对贵重物品应办理挂号，若未办理挂号，虽为邮寄，仍为方式不适当。

履行方式如果没有法律规定，亦没有合同约定，债务人可否按部分履行？只要债务人按部分履行不损害债权人利益并且由债务人承担履行费用，债务人部分履行应为法律所允许。《合同法》第 72 条规定："债权人可以拒绝债务人部分履行债务，但部分履行不损害债权人利益的除外。债务人部分履行债务给债权人增加的费用，由债务人承担。"

六、履行费用

履行费用，是指债务履行时必要的支出，如运费、包装费、技术保密费等。债的内容对履行费用规定不明确的，《合同法》第 62 条第 6 款规定：应由履行义务一方承担。如在双务合同中，合同当事人互为债务人，应各自承担其所负的履行费用。由第三人代为履行时，该第三人代为履行所增加的费用，仍由债务人承担。如上述案例中所述，双方当事人对哪方承担托运费用的义务并未有明确规定，根据《合同法》第 62 条第 6 款规定，应由履行义务一方承担，故应由债务人甲公司承担，甲公司无权请求乙公司承担该履行费用。

第三节　债的不履行

【案例】甲从乙处购买两匹马，买回后将此两匹马同甲原有的三匹马一同圈养，不料买回后第五天三匹马出现疫情，甲花去医药费 2 000 元，事后查知原来是乙所卖马中有一匹患有传染病所致。

问：乙的行为构成何种债务不履行？乙应当承担何种法律责任？

债的不履行，是指债的履行主体没有按照债的内容履行所承担的义务，即债的内容没有按照原来的规定实现，债权人的权利没有得到完全适当的满足。债的不履行是债的履行的对称，债是一种受法律保护的法律关系，债权人有权请求债务人清偿债务，有权接受给付，债务人有清偿债务的义务。这是债的效力的法律体现，因此债的当事人应当按照债的内容，遵循债的原则，正确适当地履行义务，只要履行主体履行自己的义务不符合法律或合同的要求，不符合债的履行原则，就是不履行债或违反债。

债一旦不履行，债权人的权利就得不到满足，债的内容就得不到实现，就破坏了社会经济秩序和交易安全，因此债的不履行违反法律目的，就需要追究不履行者的民事责任。债的不履行责任一般须具备以下要件：其一，履行主体不履行债务的行为；其二，当事人不履行债主观上存在过错，即主观上存在故意或过失，没有过错不承担责任。故意是指，明知其行为可能产生债务不履行的后果而有意使其发生，或预见其发生并不违背其意愿的主观心理状态。过失则为应注意能注意而没注意的状态，过失一般分为重大过失、具体轻过失与抽象轻过失三种。重大过失是指欠缺一般人的注意；具体轻过失是指欠缺与处理自己事务同一的注意；抽象轻过失是指欠缺善良管理人的注意。在债的不履行中，仅对故意和重大过失负责者，法律对其要求最低；对具体轻过失负责者，法律对其要求偏高；对抽象轻过失负责者，法律对其要求更高；对意外事件及不可抗力负责者，法律对其要求最高。

债的不履行有各种表现：有的学者将债的不履行分为全部不履行、部分不履行和不正确履行；有的分为债的不履行（包括履行不能与拒绝履行）及不适当履行；有的分为给付不能、给付迟延及不完全给付。本书认为，履行不能、履行拒绝、履行迟延与履行不当是债的不履行的基本类型。我国学者所称的不完全履行或不适当履行，含义较广，多指不履行之外的一切违反履行义务的情况，其中既含有数量上的一部分履行、质量上的瑕疵履行，还包括时间上的迟延履行，这里将一部分履行包含在迟延履行中，瑕疵履行为履行不当中的一种，不按标的地点、方式等履行的，债务人能补正的，属于履行迟延，不能补正的，属于不当履行。分述如下。

一、履行不能

履行不能，是指债务人由于某种情况，事实上已不可能再履行债务。在理论上常将履行不能分为自始不能与嗣后不能，客观不能与主观不能。自始不能，是指在债务成立之时已发生的履行不能；嗣后不能，是指在债务成立后才发生的履行不能；客观不能，是指世界上无任何人可以为此种给付的不能；主观不能，是指债务人主观上不能为给付的履行。一般认为，是否为履行不能应依社会普遍观念确定。凡是社会普遍观念认为债务事实上已无法强制履行的，即属于履行不能，即使尚有履行可能，但若履行而不得不付出巨大代价或冒重大生命危险或因此而违反重大义务等，应认定为履行不能。履行不能依不同标准又可分为：全部不能与部分不能、永久不能与一时不能、事实不能与法律不能等。

二、拒绝履行

拒绝履行是指债务人能够履行债务而拒绝履行。拒绝履行的意思表示，既可以在清偿期到来之前为之，也可以在清偿期届至时或已经产生履行迟延后为之。有学者认为，在清偿期到来之前，债权人不享有债务履行请求权，此时并不发生债务人不履行债务的民事责任问题，在清偿期到来之后，债务人拒绝履行，与迟延履行无异，因此，拒绝履行不应作为违反履行义务的一种形态。但我们认为，拒绝履行具有独立出来作为违反履行义务的一种形态的必要。第一，若债务人在清偿期前表示拒绝履行债务，则债权人没有必要一定要等到清偿期届至后才去追究债务人违反履行义务的民事责任，否则，对保护债权甚为不利；第二，债务人于清偿期后表示拒绝履行债务，虽然也可表现为迟延履行，但在迟延履行的情况下，仍有债务人的履行行为，只是此种履行违反了时间要求，但债务仍然能够履行。而在拒绝履行中，债务人已明确表示拒绝履行债务，故不存在履行问题。因此，拒绝履行应作为债务人违反履行义务的一种表现形式。

三、履行迟延

履行迟延，是指当事人没有按照债规定的期限及时履行所承担的义务，包括债务人的迟延，即给付迟延，以及债权人的迟延，即受领迟延两种。给付迟延，是指债务人在履行期限到来时，无正当理由能够履行而没有按期履行。受领迟延，是指债务人已经按照债的规定进行履行时，债权人应当受领，但债权人没有正当理由不为或不能受领。履行迟延为实践中最常见的违反履行义务的表现，是否构成履行迟延依时间来确定，即以清偿期届满当事人是否履行义务来判断。在多数情况下，履行迟延的债务人会于迟延后一段时间履行债务，故与拒绝履行有别，就其尚能履行而言，又与履行不能不同。

四、不当履行

不当履行，是指债务人虽然履行了债务，但其履行有瑕疵或给债权人造成了损害。若债务人根本未履行，其履行又限于履行不能，属于不能履行；债务人能履行而拒不履行，属于拒绝履行；债务人未按期履行又有履行可能的，属于履行迟延，此三者皆为消极的履行义务的违反。而不当履行是债务人有积极的履行行为，只是其履行不当，致使债权人的利益遭受损失，为积极的履行义务的违反。不当履行可分为瑕疵给付与加害给付两种类型。瑕疵给付是指债务人虽然履行了债务，但其履行有瑕疵，以致减少该履行本身的价值或效用，其所侵害的是债权人对于正确履行所能取得的利益，即履行利益。例如，债务人交付有传染病的家畜，使该家畜的价值减少。加害给付，是指因债务人的不当履行造成债权人履行利益损失外的其他损失。例如，债务人交付有传染病的家畜，致使债权人的其他家畜感染死亡。正如上述案例中所述，债务人乙因交付有传染病的马，不仅使该家畜的原有价值减少，应承担瑕疵给付的违约责任，而且使债权人甲的其他家畜感染，故乙还应承担加害给付的违约责任，因此乙应补足因标的物瑕疵而产生的货款差额，还应承担甲支付的医药费 2 000 元。

法条链接

中华人民共和国民法通则（节选）

第八十八条 合同的当事人应当按照合同的约定，全部履行自己的义务。

合同中有关质量、期限、地点或者价款约定不明确，按照合同有关条款内容不能确定，当事人又不能通过协商达成协议的，适用下列规定。

（一）质量要求不明确的，按照国家质量标准履行，没有国家质量标准的，按照通常标准履行。

（二）履行期限不明确的，债务人可以随时向债权人履行义务，债权人也可以随时要求债务人履行义务，但应当给对方必要的准备时间。

（三）履行地点不明确，给付货币的，在接受给付一方的所在地履行，其他标的在履行义务一方的所在地履行。

（四）价款约定不明确的，按照国家规定的价格履行；没有国家规定价格的，参照市场价格或者同类物品的价格或者同类劳务的报酬标准履行。

合同对专利申请权没有约定的，完成发明创造的当事人享有申请权。

合同对科技成果的使用权没有约定的，当事人都有使用的权利。

中华人民共和国合同法（节选）

第六十条 当事人应当按照约定全面履行自己的义务。

当事人应当遵循诚实信用原则，根据合同的性质、目的和交易习惯履行通知、协助、保密等义务。

第六十一条 合同生效后，当事人就质量、价款或者报酬、履行地点等内容没有约定或者约定不明确的，可以协议补充；不能达成补充协议的，按照合同有关条款或者交易习惯确定。

第六十二条 当事人就有关合同内容约定不明确，依照本法第六十一条的规定仍不能确定的，适用下列规定。

（一）质量要求不明确的，按照国家标准、行业标准履行；没有国家标准、行业标准的，按照通常标准或者符合合同目的的特定标准履行。

（二）价款或者报酬不明确的，按照订立合同时履行地的市场价格履行；依法应当执行政府定价或者政府指导价的，按照规定履行。

（三）履行地点不明确，给付货币的，在接受货币一方所在地履行；交付不动产的，在不动产所在地履行；其他标的，在履行义务一方所在地履行。

（四）履行期限不明确的，债务人可以随时履行，债权人也可以随时要求履行，但应当给对方必要的准备时间。

（五）履行方式不明确的，按照有利于实现合同目的的方式履行。

（六）履行费用的负担不明确的，由履行义务一方负担。

第六十三条 执行政府定价或者政府指导价的，在合同约定的交付期限内政府价格调整时，按照交付时的价格计价。逾期交付标的物的，遇价格上涨时，按照原价格执行；价格下降时，按照新价格执行。逾期提取标的物或者逾期付款的，遇价格上涨时，按照新价格执行；价格下降时，按照原价格执行。

第六十四条 当事人约定由债务人向第三人履行债务的，债务人未向第三人履行债务或者履行债务不符合约定，应当向债权人承担违约责任。

第六十五条 当事人约定由第三人向债权人履行债务的，第三人不履行债务或者履行债务不符合约定，债务人应当向债权人承担违约责任。

第六十六条 当事人互负债务，没有先后履行顺序的，应当同时履行。一方在对方履行之前有权拒绝其履行要求。一方在对方履行债务不符合约定时，有权拒绝其相应的履行要求。

第六十七条 当事人互负债务，有先后履行顺序，先履行一方未履行的，后履行一方有权拒绝其履行要求。先履行一方履行债务不符合约定的，后履行一方有权拒绝其相应的履行要求。

第六十八条 应当先履行债务的当事人，有确切证据证明对方有下列情形之一的，可以中止履行：

（一）经营状况严重恶化；

（二）转移财产、抽逃资金，以逃避债务；

（三）丧失商业信誉；

（四）有丧失或者可能丧失履行债务能力的其他情形。

当事人没有确切证据中止履行的，应当承担违约责任。

第六十九条 当事人依照本法第六十八条的规定中止履行的，应当及时通知对方。对方提供适当担保时，应当恢复履行。中止履行后，对方在合理期限内未恢复履行能力并且未提供适当担保的，中止履行的一方可以解除合同。

第七十条 债权人分立、合并或者变更住所没有通知债务人，致使履行债务发生困难的，债务人可以中止履行或者将标的物提存。

第七十一条 债权人可以拒绝债务人提前履行债务，但提前履行不损害债权人利益的除外。债务人提前履行债务给债权人增加的费用，由债务人负担。

第七十二条 债权人可以拒绝债务人部分履行债务，但部分履行不损害债权人利益的除外。债务人部分履行债务给债权人增加的费用，由债务人负担。

一、判断分析题

1. 当事人约定由第三人甲向债权人履行债务，但甲没有履行，甲应承担违约责任。（　）

2. 甲与乙是买卖合同的当事人，对履行顺序没有特别约定的情况下，应当由甲先交货，乙再付钱。（　）

3. 甲借乙 1 000 元，没有约定还钱的时间，乙第二天就可以要求甲还钱。（　）

4. 小王与小李在货物买卖合同中约定，由小李履行，但运费没有约定谁承担，则运费由小王承担。（　）

5. 双方约定于 3 月 26 日交房，但是卖房人决定于 3 月 25 日交房，则不算违约。（　）

二、不定项选择题

1. 甲公司向乙公司订购一批彩电，双方在合同中未约定履行顺序，则（　）。

A. 应由乙公司先交付彩电，甲公司再付款

B. 应由甲公司先付款，乙公司再交付彩电

C. 乙公司可在交付彩电前要求甲公司付款

D. 甲公司可在乙公司交付彩电的同时付款

2. 依照我国民事法律规范，交付货物履行地点不明确的，双方又不能达成补充协

议，履行地就为（　　）。

A. 供货方所在地　　B. 需货方所在地

C. 供货方或需货方所在地　　D. 供货方和需货方之间的中间地

3. 甲与乙签订了一份合同，约定由丙向甲履行债务，现丙履行债务的行为不符合合同的约定，应向甲承担违约责任的是（　　）。

A. 丙　　B. 乙　　C. 乙和丙　　D. 乙或丙

4. 下列合同中一方违约，对方可以要求继续履行的是（　　）。

A. 某歌星不愿意履行到某地开个人演唱会的演出合同

B. 委托代理人不履行委托合同

C. 王某欠银行贷款 10 万元不还

D. 某博物馆从刘某处购买一古瓶，并支付了价款，但在刘某送往博物馆途中，该瓶不慎打碎，无法复原

5. 债的履行中，如果债的履行地点不明确，依照法律规定，应分别就下列不同情况，确定履行地点，即（　　）。

A. 给付货币的，在给付一方所在地履行

B. 给付货币的，在接受一方所在地履行

C. 交付不动产的，在不动产所在地履行

D. 其他标的，在履行义务一方的所在地履行

6. 债的履行不能的类型主要有（　　）。

A. 事实不能和法律不能　　B. 自始不能和嗣后不能

C. 主观不能和客观不能　　D. 全部不能和部分不能

7. 给付迟延的构成要件包括（　　）。

A. 债务履行期已届满　　B. 给付须可能

C. 须有可归责于债务人的事由　　D. 债务人故意不履行

8. 受领迟延应符合下列构成要件（　　）。

A. 债务的履行需要债权人的协助　　B. 债务已届履行期

C. 债务人已提出履行或已实际履行　　D. 债权人不为或者不能受领

9. A 市甲厂与 B 市乙厂签订了一份买卖合同，约定由甲厂供应乙厂钢材 10 吨，乙厂支付货款 3 万元。但合同对付款地点和交货地点未约定，双方因此发生纠纷。付款地点和交货地点应为（　　）。

A. 付款地点为 A 市　　B. 交货地点为 A 市

C. 付款地点为 B 市　　D. 交货地点为 B 市

10. 甲乙两公司依法签订了一份购销某产品的合同。该产品依照规定应执行国家定价。在乙公司逾期交货的情况下，该产品的价格应按（　　）执行。

A. 遇有价格上涨时，按原价格执行　　B. 遇有价格上涨时，按新价格执行

C. 遇有价格下降时，按新价格执行　　D. 遇有价格下降时，按原价格执行

三、案例分析题

某服装公司欲赶制一批服装用于国庆节日期间销售，因资金不足，遂向当地某银行申请借款。双方于 8 月 20 日签订了借款合同，合同约定：合同订立后 3 日内由某银行

向某公司提供10万元贷款，借款期限为6个月。但某银行直到9月23日才将贷款提供给某公司。造成某公司生产的服装无法赶在节日期间销售而损失2万元。某公司要求某银行承担该2万元的损失。某银行拒绝而引起纠纷。

问：(1) 某银行的履行是否适当?

(2) 该银行是否应承担该2万元的损失?

第二十二章

债的保全和担保

导　学

本章介绍了债权人保障债权实现的两种途径，第一种就是债权人根据法律规定去干预债务人与第三人的行为从而保障自己的债权，这就是债的保全，包括代位权与撤销权；第二种就是通过人的担保或金钱担保的形式为债务实现提供保障，包括保证和定金。

本章知识体系

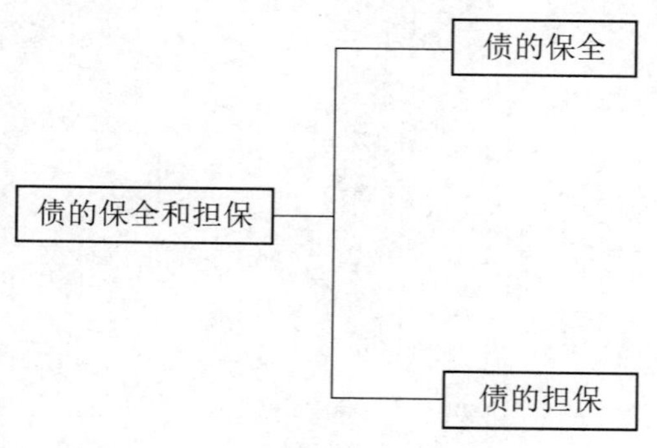

第一节　债的保全

债权人债权的实现取决于债务人的偿债能力，在债的关系成立之后，债务人的财产便成为债权人债权的一般担保，即为责任财产。债务人财产状况的变动自然影响债权人债权的实现。当债务人的财产有不当减少，从而影响债权清偿时，为维护债权人利益，法律不得不赋予债权人防止其减少的救济权，即通过直接维持债务人的财产状况，达到间接确保债权清偿的目的，此种制度即为债的保全。

根据债的相对性，债的效力只在特定当事人之间，并不涉及第三人，即特定的债权人只能向特定的债务人请求履行给付。债权人不得直接支配债务人的财产，其处分仍应依债务人自己的意思；债权人亦无干涉第三人的效力，债权人不得干涉债务人与第三人之间的法律关系。此时，债权人为保障其债权的实现，可以采取以下措施：其一，在债的关系成立时，债权人可以要求债务人提供担保（包括人的担保——保证，物的担保——抵押、质押、留置等）；其二，当债务人不履行债务时，可请求人民法院就债务人现有财产进行强制执行。但由于债的担保通常须履行严格的法律程序，如不动产抵押的抵押登记等，法院的强制执行也只针对债务人的现有财产，债务人应增加、能增加而未增加的财产，或已不当减少的财产，均不能作为执行标的。因此，这两种方式并非任何时候都可以采用或有效。法律为了防止债务人财产的不当减少，确保债权人债权得以实现，在均衡债权人利益、债务人意思自治和交易安全的基础上，设计了债的保全制度，使债的效力对外扩及至第三人，能弥补其他保障方法的不足。

债的担保起源于古罗马法，罗马法上的废罢诉权就相当于现代的债权人的撤销权。至《法国民法典》，除撤销权以外，增设债权人代位权，西班牙、意大利及日本从之。德国、瑞士由于强制执行法较为完善，不承认债权人的代位权，只规定了撤销权。《合同法》第73～75条规定了债权人的代位权和撤销权，为债的保全制度提供了明确的法律依据。

一、债权人代位权

【案例】2009年，甲公司向乙公司借款20万元，约定还款期限为2010年12月31日。然而2010年12月31日后，甲公司却以种种理由为借口拒不返还借款。后来，乙公司得知丙公司尚拖欠甲公司货款15万元，且已到期，乙公司于是多次督促甲公司向丙公司行使债权，甲公司却不予理睬。

问：乙公司该如何保护自己的债权？

（一）债权人代位权的概念和法律特征

债权人代位权，是指当债务人怠于行使其对于第三人享有的权利而危及债权人债权的实现时，债权人有权以自己的名义代债务人之位行使属于债务人的权利。代位权是为保持债务人的财产而设。我国《合同法》第73条规定：“因债务人怠于行使到期债权，对债权人造成损害的，债权人可以向人民法院请求以自己的名义代位行使债务人的债权，但该债权专属于债务人自身的除外。代位权的行使范围以债权人债权为限。债权人行使代位权的必要费用，由债务人承担。”代位权具有以下法律特征。

1. 代位权为债的对外效力

代位权是债权人向其债务人的债务人（即次债务人）主张权利，涉及债的关系以外的第三人，并对其产生法律上的拘束力。

2. 代位权是债权人以自己的名义行使的债权人的权利

债权人代替债务人在另一债的关系中行使债权时，是以自己的名义行使的，并非为债务人的代理人。

3. 代位权是一种债权的法定权能

无论当事人是否约定，债权人都享有此种权能。只要产生债权，债权人就享有代位权，并且代位权随着债权的移转而移转，随着债权的消灭而消灭。

4. 代位权行使的结果是债务人与次债务人之间的法律关系发生变更或消灭

代位权行使的结果是债务人与次债务人之间的法律关系发生变更或消灭，而非由债权人扣押债务人的财产或取得债务人财产的优先受偿权。

(二)代位权的构成要件

代位权的目的在于纠正债务人怠于行使到期债权的消极不作为，从而保障债权的实现，由于代位权具有对外效力，因而法律对代位权的构成要件作了严格规定。

1. 债权人对债务人的债权合法

代位权是债权人债权对外效力的表现，只有合法的债权才受法律保护，因而合法债权的存在是代位权存在的前提。如果债权人对债务人的债权本身就不存在法律约束力，债权人也就无权代位债务人向次债务人请求履行给付。

2. 债权已到期

对已成立的债权，在债务人陷于迟延履行前，债权人债权实行与否的风险尚难预料，若允许债权人行使代位权，则无异于债权人干预债务人的自由处分权，实属不当。因此代位权的行使须以债务人履行迟延为要件。对于履行期限不确定或无履行期限的债权，债权人须经催告后始得行使。同样，债务人在另一债的关系中，对次债务人的债权亦应到履行期。若履行期限未至，债务人本人不能请求次债务人履行，债权人亦不得代位债务人履行给付。

3. 债务人怠于行使其到期债权，对债权人债权的实现造成危险

债务人怠于行使其到期债权，是指债务人不履行其对于债权人的到期债务，又不以诉讼方式或仲裁方式向次债务人主张其到期债权的行为。怠于行使是应当行使、能够行使却不行使。其原因、主观心态如何，在所不问。如果债务人已行使了权利，只是行使的方法不当或行使的结果并非有利，债权人也不得行使代位权。如果债务人的财产足以清偿债务，债权人只需申请强制执行即可保障债权的实现，而无行使代位权的必要，因而代位权须以债务人怠于行使其到期债权，并对债权人债权的实现造成危险为条件。这种危险不以造成实际损害为必要，对于危险的认定，判例和学说一般认为：在不特定债权和金钱债权中，应以债务人是否陷于无资力为判断标准；在特定债权或其他与债务人资力无关的债务中，则以有必要保全债权为全部条件。

4. 债务人须享有对第三人的权利

债务人对第三人的权利为代位权的标的，因而代位权的成立以债务人对第三人享有权利为前提。并且专属于债务人的权利、不得让与的权利、不得扣押的权利及非财产性质的权利，债权人不得代位行使。

(三)代位权的行使

代位权行使的主体为债权人，债务人的各债权人在符合法定的条件下，均可行使代位权。如果某一债权人已就债务人的某项权利行使了代位权，其他债权人就不得再就该项权利行使代位权。债权人以自己的名义行使代位权，其在行使代位权时，负有善良管理人的注意义务，如违反注意义务而给债务人造成损害的，须承担赔偿责任。

传统民法理论认为，代位权不同于撤销权，不以裁判方式行使为限，债权人可以在裁判以外直接以自己的名义径行行使。因此，在承认债权人自力救济的情况下，债权人行使代位权有两种方式：裁判方式，即须通过法院裁判才可行使代位权；直接行使方式，即由债权人直接行使，无法定程序限制。但我国《合同法》第73条规定，代位权的行使须向法院提起诉讼，通过裁判的方式行使。同时第74条还规定，撤销权也须通过裁判的方式行使，因此我国与传统民法略有不同，债的保全仅为债权人通过国家机关公权力才可以保障债权实现的公力救济手段。

代位权的行使范围，以保全债权人债权为必要，如代位权行使的结果足以保全债权的，债权人就不得再代位行使债务人的其他权利。债权人不得请求次债务人向自己履行债务，因为次债务人对债权人并无给付义务，债权人对次债务人也就无请求给付的权利。并且因行使代位权而增加的财产，应为债务人的责任财产，是全体债权人的共同担保，因此债权人不得从中优先受偿。但是如果债务人拒绝受领，债权人可以代位受领。但仍应将受领财产归入到债务人的责任财产以内，以备日后为全体债权人强制执行。

(四) 代位权效力

代位权对债务人的效力主要表现如下。第一，代位权行使的法律效果直接归属于债务人，如债务人怠于受领，债权人可以代为受领。但债务人仍有权请求债权人交付其所受领的财产。第二，债权人行使代位权以后，债务人对其权利的处分权是否因此受到影响？学界存在肯定说与否定说的分歧。肯定说认为，如果债务人的处分权不受到限制，债务人仍可对其权利进行免除、抛弃或让与，则代位权制度将失去效用；否定说认为，既然代位权行使的后果归于债务人，债务人就得对其权利进行处分，如果其处分有损于债权人债权，债权人可再次行使撤销权。本书认为，适用肯定说较为可行。因为代位权与撤销权均为债的保全方式，若采用一种方法可以保全债权，就没有必要再运用第二种方法。况且撤销权须以裁判方式行使，徒增诸多不便。因此债权人在着手行使代位权并通知债务人后，债务人就不得再对其权利进行有害于债权人债权的处分。

债权人代位权对第三人而言，权利无论是由债务人行使还是由债权人代位行使，第三人的法律地位及利益并无影响。因此第三人得对抗债务人的一切抗辩权，均可用以对抗债权人。但是，第三人对于债权人本人的抗辩权，不得在债权人行使代位权时对抗债权人。值得注意的是，债权人着手行使代位权并通知债务人后，第三人始取得的对债务人的抗辩权，能否对抗债权人，应分别考察：第三人若因债务人的处分行为而取得的对债务人的抗辩权，因债务人此时已失去对其权利的处分权，故不得对抗债权人；若第三人非因债务人的处分行为而是因其他事由取得的抗辩权，则可以对抗债权人。如第三人向债务人清偿，债务的消灭足以对抗债权人。

债权人的代位权对债权人的效力主要表现在：债权人在债务人怠于受领权利时，虽得代为受领，但其受领的财产利益不得专供清偿自己的债权，也不得用于抵销自己的债务。债权人代位权行使的必要费用，由债务人负担。

如上述案例中所述，甲公司怠于向丙公司行使自己债权的行为已有害于债权人乙公司债权的实现，故债权人乙公司可以行使代位权，通过法院裁判请求次债务人丙公司向债务人甲公司履行债务，返还货款 15 万元，作为债务人的一般财产，为甲公司的全体债权人提供共同担保，从而维护其债权的实现。

二、债权人撤销权

【案例】甲公司由于经营管理不善拖欠乙公司债务 100 万元，乙公司多次索要未果。2016 年 6 月，乙公司发现甲公司私下将其固定资产若干以明显低于市场的价格转让给甲公司的子公司丙公司，致使甲公司濒临破产，乙公司的债权难以得到实现。

(一)债权人撤销权的概念和法律特征

债权人撤销权，又称废罢诉权，是债务人有危害债权的行为时，债权人有依诉讼程序撤销债务人行为的权利。撤销权是为恢复债务人的财产而设。我国《合同法》第74条规定："因债务人放弃其到期债权或者无偿转让财产，对债权人造成损害的，债权人可以请求人民法院撤销债务人的行为。债务人以明显不合理的低价转让财产，对债权人造成损害，并且受让人知道该情形的，债权人也可以请求人民法院撤销债务人的行为。撤销权的行使范围以债权人的债权为限。债权人行使撤销权的必要费用，由债务人负担。"

撤销权具有以下法律特征：①撤销权是依附于债权的一种法定权能，不得与债权相分离而处分，债权让与时，撤销权亦随同让与，债权消灭时，撤销权也随同消灭；②撤销权以撤销债务人的行为为内容，即依债权人的意思而使债务人与第三人的法律关系溯及地消灭，因此，撤销权具有形成权的性质；③撤销权同时具有请求权的性质，即债权人得向因债务人行为而受益的第三人直接请求返还财产，因此，撤销权兼具形成权与请求权双重性质。

(二)撤销权的构成要件

撤销权的构成要件，可分为客观要件与主观要件。

客观要件，即债务人须有侵害债权的行为，具体而言，主要包括以下几个方面。

1. 须有债务人行为

债务人的行为不论是单方行为，如债务免除，还是双方行为，如赠与、买卖等，只要减少债务人财产或增加债务人负担的行为均包括在内。另外，诉讼上的行为如兼有私法上的性质，如和解、抵销等，亦可适用。我国《合同法》第74条仅将债务人的行为限于放弃到期债权的行为、无偿转让财产的行为以及以明显不合理的低价转让财产的行为三种，这种规定显然过窄，应作扩大解释，《合同法解释(二)》作了更全面的规定。但债务人的下列行为一般不得作为撤销权的标的：事实行为、无效行为、非以财产权为标的的行为、以提供劳务为目的的行为、以禁止扣押物为标的的行为等。

2. 债务人的行为须于债权发生后成立，且有效地继续存在

债权须在债务人行为发生前存在，债权人才可享有撤销权，并且债务人的行为须有效成立，不成立或无效，债权人则没有行使撤销权的必要。

3. 债务人的行为有害于债权

有害于债权，是指债务人不当降低其偿债能力，致使债权不能得到满足，从而对债权人造成损害。包括债务人积极减少财产和消极增加债务的行为。债务人的行为有害于债权，须以债务人无资力为前提，并且债务人无资力须客观存在，并与债务人的行为有相当因果关系。若其无资力是由其他原因造成的，则不发生撤销权问题。债权人行使撤销权时，须债务人仍处于无资力状态，若债务人行为时危害债权，但于债权人行使撤销权时，债务人的财产状态已不再有害于债权，则债权人不得行使撤销权。

主观要件，即债务人与第三人为法律行为时具有恶意，明知其行为有害于债权而仍为之。传统民法理论将债务人的行为分为有偿行为和无偿行为，有偿行为的撤销，须以恶意为要件，无偿行为的撤销，只需客观要件即可。盖因无偿行为仅使第三人失去其无偿取得的利益，并未损害其他利益，因而法律应优先保护受到损害的债权人利益。在有偿行为中，债务人的恶意为撤销权的成立要件，受益人的恶意为撤销权的行使要件。主观要件包括以下几个方面。

（1）债务人的恶意。

即债务人明知其行为可能引起无资力从而损害债权人债权，而仍为之的心理状态。债务人的恶意须在行为时存在，行为后始为恶意的，不成立撤销权。债务人有主观恶意，但事实上尚未发生危害债权人债权的后果时，也不成立撤销权。

（2）受益人的恶意。

受益人是依债务人的行为直接或间接取得利益的人。受益人须于受益时有恶意，即于受益时知道债务人的行为有害于债权，其对于债务人是否有恶意，无须有所认识。

（三）撤销权的行使

撤销权的行使主体为因债务人的行为而使其债权受到损害的债权人，如果债权人为数人时，可以共同享有并行使撤销权，也可以由每个债权人独立行使。撤销权行使应由债权人以自己的名义以诉讼的方式为之，这是由于撤销权的行使，对于第三人的利害关系影响甚大，应由法院审查决定。

撤销权行使之诉的被告，应视不同情形而定：当债务人的行为为单方行为时，应以债务人为被告，可将受益人追加为第三人；当债务人的行为为双方行为时，应以债务人、相对人、受益人为共同被告。

撤销权可因一定除斥期间的届满而消灭。法律一方面赋予债权人以撤销权，以保障债权人利益的实现；另一方面，又对其权利的行使规定时间上的限制，以维护交易安全，平衡当事人各方的利益。我国《合同法》第75条就规定：“撤销权自债权人知道或者应当知道撤销事由之日起一年内行使。自债务人的行为发生之日起五年内没有行使的，该撤销权消灭。”

（四）撤销权的效力

撤销权的行使，在当事人之间产生以下法律后果。

1. 对债务人的效力

被撤销的债务人的行为归于消灭，视为自始无效，债务人还应承担债权人行使撤销权的必要费用。

2. 对受益人的效力

受益人已受领债务人的财产的，因债务人的行为无效，而应返还不当得利的义务，原物不能返还的，应折价赔偿。已向债务人交付代价的，可向债务人主张返还不当得利。

3. 对债权人的效力

行使撤销权的债权人有权请求受益人向自己返还所受利益，并将所受利益作为债务人的一般财产，为全体债权人提供共同担保，而不得优先受偿。如上述案例中所述，甲公司以明显不合理的低价处理财产的行为已有害于债权人乙公司债权的实现，故债权人乙公司可以行使撤销权，请求法院撤销甲公司的行为，将甲公司处理的若干固定资产作为债务人的一般财产，为甲公司的全体债权人提供共同担保，从而维护其债权的实现。

第二节 债的担保

一、保证

保证，是指第三人和债权人约定，当债务人不履行其债务时，由第三人按照约定履行债务或者承担责任的担保方式。“第三人”称作保证人，“债权人”既是主债的债权人，也是保证合同中的债权人。保证是保证人与债权人之间的合同关系。

（一）保证合同的概念

保证合同，是指保证人与债权人订立的在主债务人不履行其债务时，由保证人承担保证债务的协议。保证合同中，只有保证人承担债务，债权人不负对待给付义务，故为单务合同。保证合同中，保证人对债权人承担保证债务，债权人对此不提供相应代价，故为无偿合同。保证合同因保证人和债权人协商一致而成立，不需另行交付标的物，故为诺成合同。根据《担保法》第 13 条规定，保证合同必须采用书面形式，故为要式合同。保证合同为从合同，主合同有效成立或将要成立，保证合同才发生效力。故主合同无效，保证合同无效。但保证合同无效，并不必然导致主合同无效。

保证合同为要式合同，但在实践中要注意下列问题。①保证人在债权人与被保证人签订的订有保证条款的主合同上，以保证人身份签字或者盖章的，保证合同成立。②第三人单方以书面形式向债权人出具担保书，债权人接受且未提出异议的，保证合同成立。③主合同中虽然没有保证条款，但是，保证人在主合同上以保证人的身份签字或者盖章的，保证合同成立。

（二）保证合同的当事人

保证合同当事人为保证人和债权人。债权人可以是一切享有债权之人，自然人、法人抑或其他组织，均无不可。虽然自然人、法人或者其他组织均可以为保证人，但仍有很多限制，具体如下。

1. 主债务人不得同时为保证人

主债务人不得同时为保证人。如果主债务人同时为保证人，意味着其责任财产未增加，保证的目的落空。

2. 国家机关原则上不得为保证人

国家机关原则上不得为保证人。但经国务院批准为使用外国政府或者国际经济组织贷款进行转贷的，国家机关可以为保证人。

3. 学校、幼儿园、医院等以公益为目的的事业单位、社会团体不得做保证人

学校、幼儿园、医院等以公益为目的的事业单位、社会团体不得做保证人。但从事经营活动的事业单位、社会团体，可以担任保证人。

4. 企业法人的职能部门不得担任保证人

法人的职能部门一般不具有以自己的名义独立地对外从事民事活动的资格。

5. 企业法人的分支机构不得担任保证人

企业法人的分支机构不得担任保证人。但企业法人的分支机构有法人书面授权的，可以在授权范围内提供保证。

6. 保证人必须有代为清偿债务的能力

保证人必须有代为清偿债务的能力。但根据《担保法司法解释》第 14 条的规定，不具有完全代偿能力的主体，只要以保证人身份订立保证合同后，就应当承担保证责任。

（三）保证合同无效、可撤销及相应责任

按照我国《担保法》和《担保法司法解释》的规定，保证合同可由下述原因而归于无效。

（1）法人分支机构未经法人书面授权与债权人订立保证合同的，保证合同无效，因此给债权人造成损失的，应当根据《担保法》第 5 条第 2 款的规定处理。

（2）企业法人的职能部门提供保证的，保证合同无效，债权人知道或者应当知道保证人为企业法人的职能部门的，因此造成的损失由债权人自行承担。债权人不知道保证人为企业法人的职能部门，因此造成的损失，可以参照《担保法》第 5 条第 2 款的规定和第 29 条的规定处理。

（3）债权人与债务人双方采取欺诈、胁迫等手段，或者恶意串通，使保证人在违背真实意思情况下提供保证的，保证合同无效。

（4）国家机关未经国务院批准而与债权人订立保证合同的，保证合同无效。

（5）学校、幼儿园、医院等以公益为目的的事业单位与债权人订立保证合同的，保证合同无效。

（6）主债务人欺诈、胁迫保证人，且债权人知情的，保证合同无效。

保证人、主债务人恶意串通的保证合同属于可撤销合同。如果主债权人撤销此合同，则保证人、主债务人对主债权人承担连带责任。主合同不成立、无效或被撤销时，作为从合同的保证合同也丧失法律效力。此时债权人、债务人、保证人应当按照各自的过错承担相应的民事责任。另外，需要注意以下两点。

第一，只有保证人、主债务人恶意串通时的保证合同属于可撤销合同，上述所有情况均属于无效合同。

第二，企业法人的分支机构经法人书面授权提供保证的，如果法人的书面授权范围不明，法人的分支机构应当对保证合同约定的全部债务承担保证责任。企业法人的分支机构经营管理的财产不足以承担保证责任的，由企业法人承担民事责任。企业法人的分支机构提供的保证无效后应当承担赔偿责任的，由分支机构经营管理的财产承担。企业法人有过错的，按照《担保法》第 29 条的规定处理。

（四）保证方式

1. 一般保证和连带责任保证

关于保证方式我国现行法上分为一般保证和连带责任保证。所谓一般保证，是指当事人在保证合同中约定，债务人不能履行债务时，由保证人承担保证责任的保证。所谓连带责任保证，是指当事人在保证合同中约定保证人与债务人对债务承担连带责任的保证。依据我国《担保法》，如果当事人在保证合同中对保证方式没有约定或者约定不明确的，按照连带责任保证承担保证责任。这两种保证之间最大的区别在于保证人是否享有先诉抗辩权，一般保证的保证人享有先诉抗辩权，连带责任保证的保证人则不享有。

2. **单独保证和共同保证**

从保证人的数量划分，保证可以分为单独保证和共同保证。单独保证是指只有一个保证人担保同一债权的保证。共同保证是指数个保证人担保同一债权的保证。共同保证既可以在数个共同保证人与债权人签订一个保证合同时成立，也可以在数个保证人与债权人签订数个保证合同，担保同一债权时成立。按照保证人是否约定各自承担的担保份额，可以将共同保证分为按份共同保证和连带共同保证。按份共同保证是保证人与债权人约定按份额对主债务承担保证义务的共同保证。连带共同保证是各保证人约定均对全部主债务承担保证义务或保证人与债权人之间没有约定所承担保证份额的共同保证。

需要注意的是，连带共同保证的"连带"是保证人之间的连带，而非保证人与主债务人之间的连带。故称之为"连带共同保证"，而非"连带责任保证"。连带共同保证的债务人在主合同规定的债务履行期届满而没有履行债务的，债权人可以要求债务人履行债务，也可以要求任何一个保证人承担全部保证责任。已经承担保证责任的保证人，有权向债务人追偿，或者要求承担连带责任的其他保证人清偿其应当承担的份额。

（五）保证担保的范围

保证担保的范围，亦即保证债务的范围。《担保法》第 21 条规定："保证担保的范围包括主债权及利息、违约金、损害赔偿金和实现债权的费用。保证合同另有约定的，按照约定。当事人对保证担保的范围没有约定或者约定不明确的，保证人应当对全部债务承担责任。"在当事人自行约定情形下，约定的保证债务的范围不得超出主债务的数额，否则，超出部分无效。

（六）保证期间和保证诉讼时效

保证期间为保证责任的存续期间，性质上属于除斥期间，即不发生诉讼时效的中止、中断和延长。保证期间事关债权人与保证人之间的债权债务能否行使或履行。如果债权人没有在保证期间主张权利的，保证人免除保证责任。主张权利的方式在一般保证中表现为对债务人提起诉讼或者申请仲裁，在连带责任保证中表现为向保证人要求承担保证责任。

当事人可以在合同中约定保证期间。如果没有约定的，在连带责任保证的情况下，债权人有权自主债务履行期届满之日起 6 个月内要求保证人承担保证责任。保证合同约定的保证期间早于或者等于主债务履行期限的，视为没有约定，保证期间为主债务履行期间届满之日起 6 个月。保证合同约定保证人承担保证责任，直至主债务本息还清时为止等类似内容的，视为约定不明，保证期间为主债务履行期届满之日起 2 年。

在保证期间内，如果债权人主张权利的，则保证责任确定，从保证责任确定的时刻起，开始起算保证的诉讼时效。保证责任的诉讼时效，由于《担保法》没有规定，因此按照《民法通则》的规定，仍应为 2 年。

（七）合同变更对保证责任的影响

从广义上讲，合同变更包括两种情形，一是内容变更，二是主体变更。合同变更对保证责任的影响主要如下。

1. **债权转移与保证人责任**

由于保证债务为主债务的从债务，因此原则上主债务发生移转，从债务随之发生移转，除非双方当事人有相反的约定。因此在保证期间，债权人依法将主债权转让给第三人的，保证债权同时转让，保证人在原保证责任的范围内继续承担保证责任。但是保证人与债权人事先约定仅对特定的债权人承担保证责任或者禁止债权转让的，保证人不再承担保证责任。

2. 债务转移与保证人的责任

由于保证人承担保证责任，往往是基于对债务人的资产和信誉的信任关系，因此在债务转移的情况下，应当征得保证人书面同意时，才可以要求保证人继续承担保证责任。在保证期间，债权人许可债务人转让债务的，未经保证人书面同意转让的债务，保证人不再承担保证责任。如果是转让部分债务未经保证人书面同意的，保证人对未经其同意转让部分的债务，不再承担保证责任。但是，保证人仍应当对未转让部分的债务承担保证责任。

3. 合同内容变更与保证人的责任

合同内容变更与保证人责任之间的关系，具体可以分为三种情况。

第一，保证期间，债权人与债务人对主合同数量、价款、币种、利率等内容作了变动，未经保证人同意的，如果此变更系减轻债务人债务的，保证人仍应当对变更后的合同承担保证责任；如果此变更系加重债务人债务的，保证人对加重的部分不承担保证责任。

第二，债权人与债务人对主合同履行期限作了变动，未经保证人书面同意的，保证期间为原合同约定的或法律规定的期间。

第三，债权人与债务人协议变动主合同内容，但并未实际履行的，保证人仍应当承担保证责任。

（八）保证责任与共同担保

在同一债权上既有保证又有物的担保的，属于共同担保。在共同担保中应当注意以下问题。

1. 保证与债务人提供的物的担保并存

《担保法》第 28 条第 1 款规定："同一债权既有保证又有物的担保的，保证人对物的担保以外的债权承担保证责任。"因此在同一债权上保证与债务人提供的物的担保并存时，物的担保优先清偿债权人的债权，保证在物的担保不足清偿时承担补充清偿责任。

2. 保证与第三人提供的物的担保并存

《担保法司法解释》第 38 条第 1 款规定，同一债权既有保证又有第三人提供物的担保的，债权人可以请求保证人或者物的担保人承担担保责任。根据这条规定，第三人提供物的担保的，保证与物的担保居于同一清偿顺序，债权人既可以要求保证人承担保证责任，也可以对担保物行使担保物权。

《物权法》第 176 条规定："被担保的债权既有物的担保又有人的担保的，债务人不履行到期债务或者发生当事人约定的实现担保物权的情形，债权人应当按照约定实现债权；没有约定或者约定不明确，债务人自己提供物的担保的，债权人应当先就该物的担保实现债权；第三人提供物的担保的，债权人可以就物的担保实现债权，也可以要求保证人承担保证责任。提供担保的第三人承担担保责任后，有权向债务人追偿。"可见当保证与物的担保并存时，物权法也是区分了债务人提供的物的担保与第三人提供的物的担保。

3. 债权人放弃物的担保对保证人的影响

债权人在主合同履行期届满后怠于行使担保物权，致使担保物的价值减少或者毁损、灭失的，视为债权人放弃部分或者全部物的担保。保证人在债权人放弃权利的范围内减轻或者免除保证责任。

4. 物的担保因为各种原因不存在时保证人的责任

根据法律规定，同一债权既有保证又有物的担保的，如果物的担保合同被确认无效或者被撤销，或者担保物因不可抗力的原因灭失而没有代位物的，保证人仍应当按合同的约定或者法律规定承担保证责任。

二、定金

定金，系以确保合同的履行为目的，由当事人一方在合同订立前后，合同履行前预先交付于另一方的金钱或者其他代替物。定金作为一种法律制度，是关于定金设定、定金罚则、定金效力等在内的一整套规则。按照定金的目的和功能，可以把定金分为立约定金、成约定金、证约定金、违约定金、解约定金等。根据《担保法》及《担保法司法解释》的有关规定，我国关于定金的性质属于任意性规定，当事人可以自主确定定金的性质。

（一）定金的分类

1. 立约定金

立约定金，指当事人为订立正式合同而设立的定金。立约定金的适用规则为：定金给付方拒绝立约则无权请求返还定金，受定金方拒绝立约则应双倍返还定金。《担保法司法解释》第115条规定："当事人约定以交付定金作为订立主合同担保的，给付定金的一方拒绝订立主合同的，无权要求返还定金；收受定金的一方拒绝订立合同的，应当双倍返还定金。"此即为立约定金。

2. 成约定金

成约定金是指以给付定金为主合同成立或生效的要件，无定金交付，则主合同不成立或不生效。《担保法司法解释》第116条规定："当事人约定以交付定金作为主合同成立或者生效要件的，给付定金的一方未支付定金，但主合同已经履行或者已经履行主要部分的，不影响主合同的成立或者生效。"因此，我国是承认当事人可以自己约定成约定金的。但是，即使是成约定金，当事人没有履行定金给付义务，主合同仍有可能成立或者生效：主合同已经履行或者已经履行主要部分的，不影响主合同的成立或者生效。

3. 证约定金

证约定金是指以定金作为合同成立的证明，定金给付足以认定合同成立，得对抗合同双方当事人否认合同成立的主张。

4. 违约定金

违约定金即定金设立目的是为了保证合同得以履行。在定金给付后，一方应履行债务而未履行的，受定金罚则约束。违约定金是为现行立法所承认而广泛适用的定金形式。《担保法》规定的定金原则上属于违约定金。

5. **解约定金**

解约定金，是指合同双方当事人以定金作为保留合同解除权的代价。解约定金的效力为：交付定金的当事人可以抛弃定金而解除合同，收受定金的当事人以双倍返还定金为条件解除合同。《担保法司法解释》第 117 条规定了解约定金。但需要注意的是，在利用解约定金解除合同时，当事人的责任仍然应当按照《合同法》的有关规定处理。

（二）定金的生效与法律效力

1. **定金的成立与生效**

《担保法》第 90 条规定："定金应当以书面形式约定。当事人在定金合同中应当约定交付定金的期限。定金合同从实际交付定金之日起生效。"定金合同是实践性合同，给付定金是定金合同的生效条件。

定金合同是主合同的从合同，因而其成立应以主合同的存在为前提。主合同无效或者被撤销时，定金合同无效；主合同因解除或者其他原因消灭时，定金合同也消灭。定金给付先于主合同债务履行期，具有预先给付性。定金预先给付性，是定金担保功能存在的前提。

2. **定金的效力**

第一，定金一旦交付，定金所有权发生移转。当定金由给付定金方转至收定金方，定金所有权即发生移转，此为货币所有权的特点决定的。

第二，当事人一方不履行合同或者拒绝履行合同时，适用定金罚则。即给付定金一方不履行约定的债务的，无权要求返还定金；收受定金的一方不履行约定的债务的，应当双倍返还定金。在适用定金罚则时，需要注意的一点是，当事人一方不完全履行合同的，应当按照未履行部分所占合同约定内容的比例，适用定金罚则。

第三，在迟延履行或者有其他违约行为时，并不能当然适用定金罚则，只有因当事人一方迟延履行或者有其他违约行为，致使合同目的不能实现的，才可以适用定金罚则。当然法律另有规定或者当事人另有约定的除外。

第四，如果当事人约定的定金数额超过主合同标的额 20%的，超过部分无效。

第五，定金罚则的适用，必须要求当事人有过错。因此如果因不可抗力、意外事件致使主合同不能履行的，不适用定金罚则。因合同关系以外第三人的过错致使主合同不能履行的，适用定金罚则。受定金处罚的一方当事人，可以依法向第三人追偿。

第六，如果在同一合同中，当事人既约定违约金，又约定定金的，在一方违约时，当事人只能选择适用违约金或者定金条款，不能同时行使两个条款。

法条链接

中华人民共和国民法通则（节选）

第八十九条 依照法律的规定或者按照当事人的约定，可以采用下列方式担保债务的履行。

（一）保证人向债权人保证债务人履行债务，债务人不履行债务的，按照约定由保证人履行或者承担连带责任；保证人履行债务后，有权向债务人追偿。

（二）债务人或者第三人可以提供一定的财产作为抵押物。债务人不履行债务的，债权人有权依照法律的规定以抵押物折价或者以变卖抵押物的价款优先得到偿还。

（三）当事人一方在法律规定的范围内可以向对方给付定金。债务人履行债务后，定金应当抵作价款或者收回。给付定金的一方不履行债务的，无权要求返还定金；接受定金的一方不履行债务的，应当双倍返还定金。

（四）按照合同约定一方占有对方的财产，对方不按照合同给付应付款项超过约定期限的，占有人有权留置该财产，依照法律的规定以留置财产折价或者以变卖该财产的价款优先得到偿还。

中华人民共和国合同法（节选）

第七十三条 因债务人怠于行使其到期债权，对债权人造成损害的，债权人可以向人民法院请求以自己的名义代位行使债务人的债权，但该债权专属于债务人自身的除外。

代位权的行使范围以债权人的债权为限。债权人行使代位权的必要费用，由债务人负担。

第七十四条 因债务人放弃其到期债权或者无偿转让财产，对债权人造成损害的，债权人可以请求人民法院撤销债务人的行为。债务人以明显不合理的低价转让财产，对债权人造成损害，并且受让人知道该情形的，债权人也可以请求人民法院撤销债务人的行为。

撤销权的行使范围以债权人的债权为限。债权人行使撤销权的必要费用，由债务人负担。

第七十五条 撤销权自债权人知道或者应当知道撤销事由之日起一年内行使。自债务人的行为发生之日起五年内没有行使撤销权的，该撤销权消灭。

第一百一十五条 当事人可以依照《中华人民共和国担保法》约定一方向对方给付定金作为债权的担保。债务人履行债务后，定金应当抵作价款或者收回。给付定金的一方不履行约定的债务的，无权要求返还定金；收受定金的一方不履行约定的债务的，应当双倍返还定金。

第一百一十六条 当事人既约定违约金，又约定定金的，一方违约时，对方可以选择适用违约金或者定金条款。

最高人民法院关于贯彻执行《中华人民共和国民法通则》若干问题的意见（试行）（节选）

106. 保证人应当是具有代偿能力的公民、企业法人以及其他经济组织。保证人即使不具备完全代偿能力，仍应以自己的财产承担保证责任。

国家机关不能担任保证人。

107. 企业法人的分支机构不具有法人资格。分支机构以自己的名义对外签订的保证合同，一般应当认定无效。但因此产生的财产责任，分支机构如有偿付能力的，应当自行承担；如无偿付能力的，应由企业法人承担。

108. 保证人向债权人保证债务人履行债务的，应当与债权人订立书面保证合同，确定保证人对主债务的保证范围和保证期限。虽未单独订立书面保证合同，但在主合同中写明保证人的保证范围和保证期限，并由保证人签名盖章的，视为书面保证合同成立。公民间的口头保证，有两个以上无利害关系人证明的，也视为保证合同成立，法律另有规定的除外。

保证范围不明确的，推定保证人对全部主债务承担保证责任。

109. 在保证期限内，保证人的保证范围，可因主债务的减少而减少。新增加的债务，未经保证人同意担保的，保证人不承担保证责任。

110. 保证人为二人以上的，相互之间负连带保证责任。但是保证人与债权人约定按份承担保证责任的除外。

111. 被担保的经济合同确认无效后，如果被保证人应当返还财产或者赔偿损失的，除有特殊约定外，保证人仍应承担连带责任。

最高人民法院关于适用《中华人民共和国合同法》若干问题的解释（一）（节选）

四、代位权

第十一条 债权人依照合同法第七十三条的规定提起代位权诉讼，应当符合下列条件：

（一）债权人对债务人的债权合法；

（二）债务人怠于行使其到期债权，对债权人造成损害；

（三）债务人的债权已到期；

（四）债务人的债权不是专属于债务人自身的债权。

第十二条 合同法第七十三条第一款规定的专属于债务人自身的债权，是指基于扶养关系、抚养关系、赡养关系、继承关系产生的给付请求权和劳动报酬、退休金、养老金、抚恤金、安置费、人寿保险、人身伤害赔偿请求权等权利。

第十三条 合同法第七十三条规定的“债务人怠于行使其到期债权，对债权人造成损害的”，是指债务人不履行其对债权人的到期债务，又不以诉讼方式或者仲裁方式向其债务人主张其享有的具有金钱给付内容的到期债权，致使债权人的到期债权未能实现。

次债务人（即债务人的债务人）不认为债务人有怠于行使其到期债权情况的，应当承担举证责任。

第十四条 债权人依照合同法第七十三条的规定提起代位权诉讼的，由被告住所地人民法院管辖。

第十五条 债权人向人民法院起诉债务人以后，又向同一人民法院对次债务人提起代位权诉讼，符合本解释第十三条的规定和《中华人民共和国民事诉讼法》第一百零八条规定的起诉条件的，应当立案受理；不符合本解释第十三条规定的，告知债权人向次债务人住所地人民法院另行起诉。

受理代位权诉讼的人民法院在债权人起诉债务人的诉讼裁决发生法律效力以前，应当依照《中华人民共和国民事诉讼法》第一百三十六条第（五）项的规定中止代位权诉讼。

第十六条 债权人以次债务人为被告向人民法院提起代位权诉讼，未将债务人列为第三人的，人民法院可以追加债务人为第三人。

两个或者两个以上债权人以同一次债务人为被告提起代位权诉讼的，人民法院可以合并审理。

第十七条 在代位权诉讼中，债权人请求人民法院对次债务人的财产采取保全措施的，应当提供相应的财产担保。

第十八条 在代位权诉讼中，次债务人对债务人的抗辩，可以向债权人主张。

债务人在代位权诉讼中对债权人的债权提出异议，经审查异议成立的，人民法院应当裁定驳回债权人的起诉。

第十九条 在代位权诉讼中，债权人胜诉的，诉讼费由次债务人负担，从实现的债权中优先支付。

第二十条 债权人向次债务人提起的代位权诉讼经人民法院审理后认定代位权成立的，由次债务人向债权人履行清偿义务，债权人与债务人、债务人与次债务人之间相应的债权债务关系即予消灭。

第二十一条 在代位权诉讼中，债权人行使代位权的请求数额超过债务人所负债务额或者超过次债务人对债务人所负债务额的，对超出部分人民法院不予支持。

第二十二条 债务人在代位权诉讼中，对超过债权人代位请求数额的债权部分起诉次债务人的，人民法院应当告知其向有管辖权的人民法院另行起诉。

债务人的起诉符合法定条件的，人民法院应当受理；受理债务人起诉的人民法院在代位权诉讼裁决发生法律效力以前，应当依法中止。

五、撤销权

第二十三条 债权人依照合同法第七十四条的规定提起撤销权诉讼的，由被告住所地人民法院管辖。

第二十四条 债权人依照合同法第七十四条的规定提起撤销权诉讼时只以债务人为被告，未将受益人或者受让人列为第三人的，人民法院可以追加该受益人或者受让人为第三人。

第二十五条 债权人依照合同法第七十四条的规定提起撤销权诉讼，请求人民法院撤销债务人放弃债权或转让财产的行为，人民法院应当就债权人主张的部分进行审理，依法撤销的，该行为自始无效。

两个或者两个以上债权人以同一债务人为被告，就同一标的提起撤销权诉讼的，人民法院可以合并审理。

第二十六条 债权人行使撤销权所支付的律师代理费、差旅费等必要费用，由债务人负担；第三人有过错的，应当适当分担。

最高人民法院关于适用《中华人民共和国合同法》若干问题的解释（二）（节选）

第十八条 债务人放弃其未到期的债权或者放弃债权担保，或者恶意延长到期债权的履行期，对债权人造成损害，债权人依照合同法第七十四条的规定提起撤销权诉讼的，人民法院应当支持。

第十九条　对于合同法第七十四条规定的“明显不合理的低价”，人民法院应当以交易当地一般经营者的判断，并参考交易当时交易地的物价部门指导价或者市场交易价，结合其他相关因素综合考虑予以确认。

转让价格达不到交易时交易地的指导价或者市场交易价百分之七十的，一般可以视为明显不合理的低价；对转让价格高于当地指导价或者市场交易价百分之三十的，一般可以视为明显不合理的高价。

债务人以明显不合理的高价收购他人财产，人民法院可以根据债权人的申请，参照合同法第七十四条的规定予以撤销。

复习题

一、判断分析题

1. 定金合同是诺成合同。（　　）

2. 保证合同是诺成合同。（　　）

3. 保证合同的当事人为保证人和被担保合同债务人。（　　）

4. 当债务人与第三人的不当处分行为是无偿的，即使第三人为善意的，债权人仍可行使撤销权。（　　）

5. 双方当事人没有特别约定保证类型的，则是一般保证。（　　）

二、不定项选择题

1. 张某向李某借款2万元，到期后张某没有还款。张某家除旧电视外没有值钱的东西，只有张某曾帮助王某做木工有3万元工钱，到期半年了都没拿回来。下列关于本案李某享有债权人的代位权的理解，正确的是（　　）。

A. 李某可以以张某的名义向王某要回欠款3万元

B. 李某可以扣押张某的旧电视来行使其代位权

C. 李某可以请求张某或王某偿还王某所欠张某的工钱

D. 李某可以直接享有债权人的代位权，而无须张某的同意或与张某协商

2. 下列行为中，可以作为债权人撤销权标的是（　　）。

A. 债务人某甲在其父死亡后，拒绝接受继承的行为

B. 债务人某乙在不能清偿对债权人所负债务时，将其机器设备无偿赠送给予其有同类业务的兄长

C. 债务人某丙捡到他人的钱包又将其返还给他人，并且还拒绝他人给付他的酬金的行为

D. 债务人某丁自己本身就比较贫困，却还收养了一个孤儿的行为有可能害及债权

3. 下列有关代位权行使的表述，正确的是（　　）。

A. 债权人必须以债务人的名义行使代位权

B. 债权人代位权的行使必须取得债务人的同意

C. 代位权行使的费用必须由债权人自己承担

D. 债权人代位权的行使必须通过诉讼程序，而且范围以其债权为限

4. 债务人履行迟延后发生不可抗力的，（　　）。

A. 应当免除责任　B. 可以免除责任　C. 不能免除责任　D. 可以部分免除

5. 甲乙订立买卖合同，约定由买方乙自提货物。合同订立后，甲于1月4日通知乙1月20日前提货，但乙一直未去提货，1月25日，标的物因不可抗力灭失，该损失应由（　　）承担。

A. 卖方甲　B. 买方乙

C. 在价款未支付的情况下由卖方甲　D. 双方共同

6. 代位权行使的条件有（　　）。

A. 债务人享有对第三人的权利　B. 债务人怠于行使其权利

C. 债务人已经陷于迟延　D. 有保全债权的必要

E. 债务人主观上有恶意

7. 债权人的撤销权（　　）。

A. 既可以通过诉讼方式行使，也可以通过非诉讼方式行使

B. 只能通过诉讼方式行使

C. 行使范围受债权人债权数额的限制

D. 受法定除斥期间的限制

E. 行使撤销权的必要费用由债务人承担

8. 债权的效力包括（　　）。

A. 请求力　B. 保持力　C. 强制执行力　D. 支配力

E. 处分力

9. 依据《担保法》的规定，保证合同当事人未约定保证期间的，保证人的保证责任期间为主债务履行期间届满之日起（　　）。

A. 6个月　B. 8个月　C. 10个月　D. 12个月

10. 甲公司与乙公司签订汽车买卖合同，合同标的总价款为1 200万元。依照《担保法》的规定，此项合同定金数额，在下列数额中符合法律规定的是（　　）。

A. 220万元　B. 200万元　C. 180万元　D. 260万元

三、案例分析题

甲公司向乙商业银行借款10万元，借款期限为1年。借款合同期满后，由于甲公司经营不善，无力偿还借款本息。但是丙公司欠甲公司到期货款20万元，甲公司不积极向丙公司主张支付货款。为此，乙商业银行以自己的名义请求法院执行丙公司的财产，以偿还甲公司借款。

问：(1) 法院是否支持乙商业银行的请求？

(2) 若乙商业银行行使代位权花费3 000元必要费用，此费用应由谁承担？

第二十三章

债的移转变更和消灭

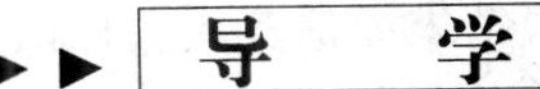

导　学

债依法成立即具有法律约束力，当事人不得随意变更和解除，这是债的法律效力的必然结果。但由于某种情形的出现，债会出现移转、变更或消灭。债的移转是指在不改变债的内容的前提下，债的主体发生变化。债的变更是指不改变债的主体的情况下，债的内容发生变化。债的消灭包括清偿、抵销、提存、免除、混同等原因，债的消灭则债的法律关系也就终止。

本章知识体系

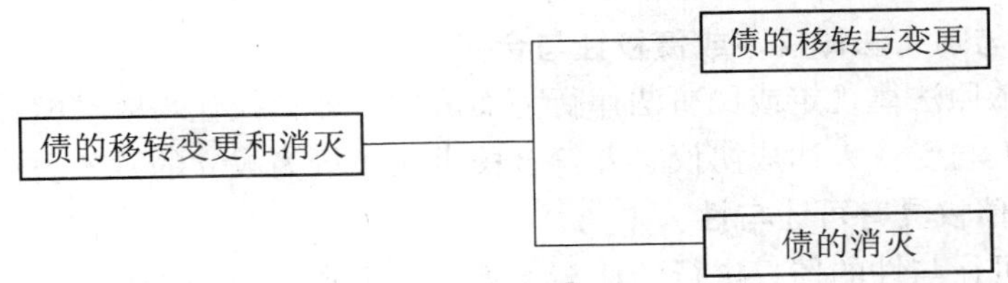

第一节　债的移转与变更

债一经成立即在特定当事人之间产生确定的履行效力，但现代民法都承认已成立的债的变更。广义上债的变更，包括债的内容的变更和债的主体的变更。债的内容的变更不改变债的当事人，仅改变债的具体内容，又称为债的移转。债的主体的变更是在保持债的内容不变的情况下，债的主体发生变化。

债的移转，又称为债的主体的变更，是指在不改变债的内容的前提下，债的主体发生的变化，包括债权让与、债务承担与债权债务的概括移转。

一、债权让与

债权让与，是指在不改变债的内容的前提下，债权人将其享有的债权移转于第三人享有，第三人因而取代原债权人成为新的债权主体，有权请求债务人履行债务，债务人则有义务向新的债权人履行债务。债权让与有一部让与与全部让与之分，在全部让与时，第三人取代原债权人成为债的关系中的新债权人，原债权人则脱离债的关系。在一部让与时，受让第三人加入原债的关系，与原来的债权人共同享有债权，而成为多数人之债。但我们提及债权让与时，一般是指全部让与，本节的债权让与也特指全部让与。

（一）债权让与的原因

债权让与可因法律规定、单方民事法律行为或双方民事法律行为而引起。其中因法律规定而引起的债权让与主要包括以下几个方面。①继承。由继承人承受被继承人财产上的权利而发生的债权让与。②因物权移转而引起合同地位的概括承受，如租赁物所有权移转而由新的所有权人取得原租赁合同出租人的地位，此时也发生债权让与的法律后果。③依法享有代位求偿权的债务人在履行债务后，就应当由他人承担债务的部分取得原债权人的债权，有权取代原债权人请求原债务人履行债务，如因清偿连带债务超过自己应承担份额的债务人取得的请求其他债务人清偿债务的情形。

单方法律行为引起的债权让与，主要是指债权人以遗嘱方式将债权让与继承人或受遗赠人。债权让与合同是债权人与受让人间就债权让与达成的协议，是双方民事法律行为，是引起债权让与的主要情形。债权让与合同的双方当事人为债权人和债务人以外的第三人，债权让与无须经债务人同意，只要债权人与受让人意思表示一致即可成立。

（二）债权让与的有效条件

1. 债权合法、有效存在并且债权让与不得改变原债权的内容

原债权违法无效的，就该债权进行的让与合同同样无效。原债权因履行、抵销、免除、混同等原因而灭失的，无从发生债权让与。债权让与只是债权主体的改变，不得改变债权的内容，也不得增加债务人的负担。

2. 债权让与须有法律规定或债权让与合同方能成立

债权让与依照法律规定或民事法律行为而成立。若债权让与因债权让与合同而发生的，须经债权人与受让人达成协议，并符合民事法律行为成立的有效要件。

3. 让与的债权具有可让与性

对不具有可让与性的债权进行的让与无效，一般而言，下列债权不具有可让与性。①依照债权性质不可让与的债权。如基于当事人间特殊的信任关系而发生的债权，例如委托、雇佣之债等；以特定身份为基础的债权，如抚养、赡养请求权等；属于从属权利的债权不得单独让与。②法律规定不得让与的债权，如《担保法》第 61 条规定："最高额抵押的主合同债权不得转让。"③合同之债中，当事人约定不得转让的债权。

4. 债权让与须经通知债务人后始对债务人发生效力

除法律另有规定或当事人另有约定外，债权让与合同只需经债权人与受让人意思表示一致即可成立，而无须债务人同意。但由于债权让与直接影响到债务人债务的履行，与债务人利益有关，因而债权让与须经通知债务人后才对其发生效力。《合同法》第 80 条规定："债权人转让权利的，应当通知债务人。未经通知，该转让对债务人不发生效力。债权人转让权利的通知不得撤销，但经受让人同意的除外。"

（三）债权让与的效力

债权让与有效成立后，在原债权人（出让人）、债务人、第三人（受让人）之间产生一定的法律效力，主要体现如下。①债权由原债权人移转至受让人，原债权人退出债的法律关系，不得向债务人主张履行债务。受让人取代原债权人成为新债权人，有权请求债务人履行债务，债务人在接到债权让与通知后，应向新债权人履行债务。②受让人取得让与的债权时依附于主债权的从权利也一并移转，但专属于债权人自身的除外。

③债务人接到债权让与通知后，债务人对让与人的抗辩，可以向受让人主张。④债务人接到债权转让通知时，债务人对让与人享有债权，并且债务人的债权先于转让的债权到期或同时到期的，债务人可以向受让人主张抵销。⑤债权让与人须对受让人承担一定的附随义务。如应将债权文书等与债权有关的证明文件交给让与人；将主张债权的一切必要情况如履行期限、履行地点、履行方式等告知受让人。

二、债务承担

债务承担，是指在不改变债的内容的前提下，债务人将其负担的债务的全部或部分转移给第三人承担，包括免责的债务承担和并存的债务承担。免责的债务承担，是指原债务人将所负债务全部移转于新债务人，由新债务人代替原债务人承担所负债务，原债务人退出债的关系。并存的债务承担，是指原债务人仅将部分债务转移于新债务人，由新债务人加入债的关系与原债务人共同负担同一债务，原债务人并不退出债的关系。通常所说的债务承担仅为狭义概念，即仅限于免责的债务承担。

（一）债务承担的原因

引起债务承担的主要原因如下。

1. 法律规定

如《继承法》第 33 条规定，继承遗产应当清偿被继承人应当缴纳的税款和债务。

2. 合同约定

合同约定是发生债务承担的最主要原因。债务承担合同主要有两种。其一，债务承担人与债权人之间订立的合同。只需承担人与债权人达成债务承担的合意即可，无需债务人同意，承担人代替原债务人履行债务，债权人受领给付的，原债权债务关系灭失。其二，债务承担人与原债务人之间订立的合同。由于不同债务人履行债务能力不同，故债务承担对债权人债权能否最终实现影响甚巨，因而债务承担人与原债务人达成的债务承担合同须经债权人同意才能产生法律效力。

（二）债务承担的有效要件

1. 债务须合法、有效存在

合法、有效存在是最基本要件。

2. 所承担的债务须具有可转让性

法律规定、合同约定不得转让的债务不能进行转让，如与让与人身份关系密切的债务，比如抚养、赡养义务；以提供特定技巧、劳务为内容的雇佣、演出合同等。

3. 须符合法律规定或当事人就债务承担达成的协议

符合法律规定或当事人就债务承担达成的协议，债务承担才能有效。

4. 须经债权人同意

合同之债往往建立在当事人双方相互信任的基础上，债权人债权的实现取决于债务人的履约能力，一旦债务由原债务人转移至第三人，债权人债权能否实现将受到直接影响，因而债务承担须经债权人同意。《合同法》第 84 条就规定："债务人将合同的义务全部或者部分转移给第三人的，应当经债权人同意。"

（三）债务承担的法律效力

债务承担的法律效力主要包括以下内容。

第一，债务承担人代替原债务人承受债务人地位，向债权人承担债务履行责任，债务人退出债的关系。

第二，债务移转后，债务承担人可以主张原债务人对债权人的抗辩权。

第三，债务移转后，从属于主债务的从债务一并移转给债务承担人，但专属于原债务人自身的除外。

三、债权债务关系的概括承受

债权债务关系的概括承受，是指债的当事人将其享有的债权和承担的债务概括地一并移转给第三人的法律行为。债权债务关系的概括承受基于以下两种情形发生。

（一）合同承受

即合同成立后，一方当事人经对方同意，将合同权利义务一并转让给第三人，由第三人取代自己在合同中的地位，承受合同中的权利义务。《合同法》第88条规定："当事人一方经对方同意，可以将自己在合同中的权利和义务一并转让给第三人。"

（二）主体变更

即债的关系成立后，债的一方当事人因合并、分立等原因而发生变更的，该主体的权利义务由变更后的主体概括承受。《合同法》第90条规定："当事人订立合同后合并的，由合并后的法人或其他组织行使合同权利，履行合同义务。当事人订立合同后分立的，除债权人和债务人另有约定的以外，由分立的法人或者其他组织对合同的权利和义务享有连带债权，承担连带债务。"

四、债的变更

债的变更，是指不改变债的主体，只改变债的内容。债的变更须具备以下要件。

（一）债已合法成立

债的变更是更改债的具体内容，因而其以合法成立的债为前提，未成立或已灭失的债，不发生债的变更问题。

（二）债的内容发生变更

若债的内容不变，债的主体发生变更，则为债的移转；若债的内容与债的主体均发生变更，则产生新债。债的内容的变更涉及债的标的变更（如标的的种类、数量、质量、规格等）、履行条件的变更（如履行地点、履行期限、履行方式等）、债的担保的变更（如保证、质押、抵押、留置等）。

（三）依合法依据

合同成立后即在当事人之间产生法律拘束力，未依法定方式不得随意变更。但遇到法律规定的情形如不可抗力，或当事人协商一致，可以变更债的内容。

（四）变更后债的内容须合法有效

变更后的债的内容不得违反法律规定，损害他人利益或社会公共利益，否则会因内容不合法，而不具有债的变更的效力。若债的变更影响到当事人一方对第三人的债务的履行的，第三人可以基于其与当事人一方的债权行使撤销权，请求法院或仲裁机关撤销其债务人的合同变更行为。债的内容一旦发生变更即对当事人产生法律拘束力，债权人依接受变更后的债的内容行使债权，债务人须按变更后的债的内容履行债务。债的变更的效力，原则上仅对未履行部分发生，对已履行的部分不具有溯及力，但法律另有规定或当事人另有约定的除外。

第二节 债的消灭

债的消灭，是指债的当事人间的权利义务关系在客观上已不存在。债实际上是债的当事人为达到某种目的的法律手段，当债务人全面履行其债务后，债权人的债权即得以实现，因而债是有期限的民事法律关系，有发生、消灭的过程，不能永久存续。债的消灭不同于债的变更。债的变更是在债的关系依然存在，债的主体不变的情况下，对债的内容的改变。而债的消灭则是消灭原来的债权债务关系。债的消灭又不同于债的移转。债的移转仅是债权债务关系移转至新的主体，原让与人退出债的关系，对于该让与人而言，债在主观上消灭，但原债仍在受让人与债的另一主体间存在，因而债的移转并不发生债权债务关系绝对消灭的法律后果。债的消灭须有法律上的原因，债的消灭的原因一旦发生，则自原因发生之日起，债的关系即在法律上当然消灭。主债消灭的，附于主债的从债也一并消灭。债权债务关系因法定事由消灭后，当事人应依诚信原则，履行通知、协作、保密及返还等义务。

一、清偿

【案例】甲企业同某培训教师乙签订合同，合同约定2010年6月2日由乙在该企业做劳动法培训讲座，由于另外一个企业出价更高，乙便擅自委托其他教师到甲企业进行培训。

乙的行为是否消灭了其与甲企业的债权债务关系？

清偿，是指清偿人按照债的约定完成给付的行为。只要清偿人全面、适当地履行了债务，债权人的债权就得以实现，债的关系因此而得以消灭。清偿是导致债的消灭的最常见、最主要的原因。清偿与履行意义相同，只是在概念的使用上，履行更侧重于债实现的动态过程，清偿则侧重于债消灭的结果。债的清偿应当符合法律规定或合同约定的清偿主体。清偿主体适当，是指清偿人及清偿受领人符合法律规定、合同约定。在多数情况下，清偿人为债务人，清偿受领人为债权人，但在某些情况下，根据债的性质或当事人的约定，可由第三人向债权人履行债务，或由债务人向第三人履行债务。法律或合同没有特别规定须由债的当事人亲自实施的，债务人、债权人也可以指定或委托其代理人代为履行或接受履行。在债的清偿中，清偿主体不符合法律规定或合同约定的，不发生债的关系消灭的法律后果，相反还应因此承担相应的民事责任。如上述案例中所述，此种培训合同应由债务人乙亲自实施，乙在未征得债权人同意的情况下擅自委托他人履行，属于清偿主体不符合合同约定的情形，因而不发生债消灭的法律后果，乙应承担相应的违约责任。

债的清偿还应符合法律规定或合同约定的履行标的和履行条件。债务人应当按照法律规定或合同约定全面履行自己的义务。该全面履行包括履行标的正确，以财物为给付标的物的，原则上不得以其他标的物代替履行，标的物的质量、价款、规格、等级、数量等也应当符合规定或约定。此外，债的履行地点、履行期限、履行方式、履行费用等履行条件也应当符合规定或约定。当事人履行不符合法律规定或合同约定条件的，即部分履行或不适当履行，则不发生债的消灭的法律后果。

二、抵销

【案例】2009 年甲向乙借款 1 万元，约定 2010 年 1 月偿还，然而甲经济状况不佳，到 2010 年 1 月仍未偿还。在此期间，乙曾请甲做保姆，还有 5 000 元工资到期未支付。甲、乙二人的债权债务关系如何?

这涉及债的抵销的问题。抵销，是指二人互负债务时，各以其债权抵销所负债务的清偿，而使双方债务在等额内归于消灭的行为。抵销依其产生依据的不同，可以分为法定抵销和合意抵销两种。法定抵销由法律规定其构成要件，法定抵销权性质上为形成权，只需抵销权人以单方意思表示即可生效，而合意抵销则由当事人合意而成，可不受法律规定的构成要件的限制，只需双方当事人达成合意，即可发生效力。

(一) 法定抵销

1. 法定抵销的概念

法定抵销，是指二人互负同种类的债务，且债务已届清偿期时，为使相互间所负债务同归消灭的一方的意思表示。其中用作抵销的债权为主动债权，即抵销人的债权，被抵销的对方当事人的债权为被动债权，即被抵销人的债权。

2. 法定抵销的功能

1) 便利当事人

当事人双方互负同种类的债务，且其债务均已届清偿期，本应各自向对方履行债务，以使债的关系消灭，但通过抵销，当事人双方可不再实施履行行为，就可以使债的关系消灭，这不仅使当事人免于履行给付，而且节省了履行费用。

2) 具有担保作用

二人互负债务，若一人财产状况恶化，甚至破产，双方交换履行时，一方的债权难以实现，而通过抵销，则可使债权人债权得到保障。如在破产法中，债权人对破产人也负有债务的，可以在破产清算前抵销，这样，债权人不必向破产人履行债务，其债权经抵销而实现，较其他债权人无疑处于优先受偿的地位。

上述案例，甲乙互负到期债务，债务种类相同，在 5 000 元数额内，任何一方都可以主张抵销，属于法定抵销。

(二) 合意抵销

合意抵销，是指互负债务的当事人双方经意思表示一致所作的抵销。债的关系成立后，互负债务的当事人在债务履行过程中，经协商同意各自以债权抵销债务清偿，从而在对等额内消灭债的关系。因此，合意抵销是建立在当事人意思自治的基础上，以当事人间的合意为条件，可以不受法定抵销条件的限制，如双方债务均以届清偿期，以及双方债务标的应为同一种类等，双方当事人均可通过约定加以排除。

合意抵销的基本效力与法定抵销大致相同，即消灭当事人之间对等数额内的债权债务关系，但由于合意抵销贯彻了意思自治，因而其具体效力，取决于契约中当事人的约定。

三、提存

【案例】甲公司与乙公司签订货物买卖合同，合同约定 2010 年 6 月 20 日，甲公司向乙公司所在地A市交货，甲公司于是按照合同约定进行生产。2010年3月，乙公司与A市的另一公司丙公司合并。2010年6月20日，当甲公司向乙公司交货时，原乙公司负责人却以乙公司已不存在为由拒绝受领。

甲公司应如何处置该批货物?

（一）提存的概念

提存，是指债务人由于债权人的原因而无法向其交付债的标的物时，债务人将该标的物提交给提存机关，以消灭债的行为。债的履行不仅需要债务人的给付行为，而且需要债权人的协助，如果债权人无正当理由拒绝受领或不能受领，债权人虽应负受领迟延责任，但债务人的债务并不因此而清除，债务人仍须履行债务，对债务人殊非公平，因而各国民法多为债务人履行债务设定提存制度，作为债的消灭原因，以保护债务人利益。

提存标的，为债务人依债的内容应当交付的标的物。债务人不得以不相符的标的物交付提存机关。提存的标的物以适宜提存者为限，应限于动产，特定物、种类物均可，由于不动产不适宜提存，而不得作为提存标的物。提存的动产，有不适于提存或有毁损灭失的危险及提存费用过巨时，提存人可申请法院予以拍卖，提存拍卖所得的价金。

（二）提存适用的情形

债务以债务人向债权人清偿为原则，如发生法律上的特定原因，致使债务人不能向债权人交付标的物的，应允许债务人以提存方式代替清偿，从而消灭其所负债务。提存原因主要有：①债权人无正当理由拒绝受领；②债权人下落不明；③债权人死亡未确定继承人或丧失民事行为能力未确定监护人等。

如上述案例中所述，乙公司虽然与丙公司合并，但原债权债务关系应由合并后的新公司概括承受，故原乙公司负责人以乙公司已不存在为由拒绝受领的做法并不正当，债务人甲公司为免除自己的债务可以将该批货物向提存机关提存，以清偿其与乙公司之间的债权债务关系。

（三）提存的当事人及提存方式

提存涉及三方当事人，即提存人、提存机关与债权人，因而发生提存人与提存机关、提存机关与债权人、提存人与债权人三方的法律关系。其中的提存人一般为债务人，但代为清偿的第三人，也可以成为提存人。提存机关，是指依法设立的接收提存物而为保管，并在条件成就时，应债权人请求将物交付债权人的机关。在我国，可以受理提存的机关为符合法律规定的提存部门，包括法院、公证部门以及法院指定的银行、从事信托业务或寄存业务的信托公司、商会、仓库等。

提存人应当在提存标的物时，提交提存书，提存书上应载明标的物的名称、种类、数量以及债权人的姓名等内容，并且提存人还应提交债务证据，以证明其所提存之物确系所负债务的标的物。提存机关应接受提存标的并妥善保管。由于提存并非向债权人清偿，因而提存人或提存机关应通知债权人提取提存物，如代为通知而给债权人造成损失的，则应承担损害赔偿责任。

（四）提存的效力

1. 提存人与债权人之间的效力

自提存有效成立之日起，提存人与债权人之间的债权债务关系消灭，其他从债务如担保、支付利息亦归于消灭。标的物提存后，风险负担即转移于债权人，债务人既已将标的物提存，其债务就已消灭，从而因不可抗力或意外事件造成的标的物毁损灭失，债务人可免责，而由债权人承担。标的物的收益归债权人享有，提存标的物的保管及拍卖、出卖等费用，由债权人负担。

2. 提存人与提存机关间的关系

提存人提存标的物后，提存机关须依照法律规定，负有保管标的物的义务。提存人向提存机关提存标的物后，除能证明系出于错误或提存原因已消灭者，不得取回提存物。提存人依法取回提存物的，应向提存机关负担保管费用。

3. 债权人与提存机关之间的关系

标的物提存后，债权人可随时受领提存物，同时应承担提存机关保管、变卖或拍卖提存物所支付的费用，对在提存期间标的物所产生的收益，债权人有权要求返还。提存物因提存后，其风险负担转移于债权人，故因不可归责于提存机关的事由造成提存物毁损灭失的，提存机关不负责任，但如系提存机关的故意或重大过失行为所致，则债权人有权请求损害赔偿。此外，债权人领取提存物的权利，自提存之日起五年内不行使而消灭，提存物在扣除提存费用后归国家所有。

四、免除

【案例】2010 年甲欠乙 3 万元，乙对甲非常同情，向甲表示甲欠乙的借款不必偿还。后来乙后悔，要求甲偿还 3 万元借款。

甲是否应当偿还乙 3 万元借款？

(一) 免除的概念和性质

免除，是指债权人向债务人表示抛弃债权，并以此消灭双方债权债务的行为。债权人既可依法行使债权，又可依法抛弃债权，债权人向债务人表示抛弃债权的，则在其所抛弃的债权范围内，免除债务人的债务，双方的债权债务关系归于消灭。

关于免除的性质，各国立法与学说略有不同，法国、德国多将免除规定为契约行为，日本则认为免除为债权人的单方行为。我国学者大多认为，免除为单方行为，即只要债权人作出免除的意思表示，即可发生法律效力，而无须债务人的同意。债的免除具有以下特征。

1. 债权人须具有处分该债权的能力

债的免除是债权人处分债权的行为。因而债权人须具有处分该债权的能力，无民事行为能力人或限制民事行为能力人若未征得其法定代理人的同意，不得为免除行为。无权处分的，也不发生免除的效力。

2. 免除为无因行为

免除的原因或动机，有为赠与者，有为对待给付者，但这些原因并非免除的内容，这些原因无效或不成立时，不影响免除的效力。

3. 免除为无偿行为

免除的原因为无偿或有偿，但与免除效力无关，免除本身为无偿行为。

4. 免除为非要式行为

免除的意思表示无须特定方式，以书面口头为之，以明式、默式方式为之，均无不可。

（二）债的免除须具备的要件

1. 免除的意思表示只能向债务人或其代理人作出

免除的意思表示只能向债务人或其代理人作出，如果向第三人作出，债权债务关系并不消灭。

2. 免除的意思表示不得撤回

由于免除为单方行为，自向债务人或其代理人作出后，即发生债的消灭的法律后果，因而债权人一旦作出免除的意思表示，就不得撤回。如上述案例中所述，乙一旦向债务人甲作出免除的意思表示，立即发生债权债务关系消灭的法律后果，因此甲不必偿还乙的 3 万元借款。

3. 免除不得损害第三人的合法权益

免除须遵循诚实信用原则，不得损害他人利益，例如，债权人在被破产宣告时，不得作出免除其债权的意思表示。

（三）免除的效力

债权债务关系绝对消灭。债的免除可分为部分免除与全部免除，债务全部免除的，债权债务关系全部归于消灭；债务部分免除的，该免除部分的债权债务关系消灭，未免除部分的债权债务关系仍然存在。主债务因免除而消灭的，其利息债务、担保债务等从债务也随之消灭，但从债务免除的，并不影响主债务继续存在。

五、混同

混同，是指债权债务同归于一人，从而使债的关系归于消灭的法律事实。债是存在于特定债权人与债务人之间的权利义务关系，债的存在以分立的双方当事人为前提，当债的关系中的债权与债务归于一人时，债就没有存在的意义，此时发生债的混同，债的关系归于消灭。

（一）混同的情形

债的混同无须以当事人的意思表示为要件，只要发生债权债务同归一人的事实即发生债权消灭的法律后果，因而混同为一种法律事件。债因混同而消灭的情形如下。

1. 债的概括承受

债的概括承受，此为发生混同的主要原因。

2. 债的特定承受

债的特定承受，即债务人受让债权人的债权，债权人承受债务人的债务。

（二）混同的效力

混同的效力在于绝对的消灭债权债务，即由债的关系产生的从债权和从债务。但存在以下例外。

1. 债权为第三人权利的标的时

即涉及第三人的利益，则债权不得因混同而消灭。如合同债权为他人质权的标的，则此合同债权不得因混同而消灭，否则将有损于质权人利益。

2. 法律规定的例外情况

如《中华人民银行结算办法》第 14 条规定，商业汇票，在票据未到期前依背书方式转让的，票据上所记载的债权债务即使归于一人，票据仍可继续流通，不因混同而消灭。

法条链接

中华人民共和国民法通则（节选）

第九十一条 合同一方将合同的权利、义务全部或者部分转让给第三人的，应当取得合同另一方的同意，并不得牟利。依照法律规定应当由国家批准的合同，需经原批准机关批准。但是，法律另有规定或者原合同另有约定的除外。

最高人民法院关于贯彻执行《中华人民共和国民法通则》若干问题的意见（试行）（节选）

104. 债权人无正当理由拒绝债务人履行义务，债务人将履行的标的物向有关部门提存的，应当认定债务已经履行。因提存所支出的费用，应当由债权人承担。提存期间，财产收益归债权人所有，风险责任由债权人承担。

中华人民共和国合同法（节选）

第七十条 债权人分立、合并或者变更住所没有通知债务人，致使履行债务发生困难的，债务人可以中止履行或者将标的物提存。

第七十九条 债权人可以将合同的权利全部或者部分转让给第三人，但有下列情形之一的除外：

（一）根据合同性质不得转让；

（二）按照当事人约定不得转让；

（三）依照法律规定不得转让。

第八十条 债权人转让权利的，应当通知债务人。未经通知，该转让对债务人不发生效力。

债权人转让权利的通知不得撤销，但经受让人同意的除外。

第八十一条 债权人转让权利的，受让人取得与债权有关的从权利，但该从权利专属于债权人自身的除外。

第八十二条 债务人接到债权转让通知后，债务人对让与人的抗辩，可以向受让人主张。

第八十三条 债务人接到债权转让通知时，债务人对让与人享有债权，并且债务人的债权先于转让的债权到期或者同时到期的，债务人可以向受让人主张抵销。

第八十四条 债务人将合同的义务全部或者部分转移给第三人的，应当经债权人同意。

第八十五条 债务人转移义务的，新债务人可以主张原债务人对债权人的抗辩。

第八十六条 债务人转移义务的，新债务人应当承担与主债务有关的从债务，但该从债务专属于原债务人自身的除外。

第八十七条 法律、行政法规规定转让权利或者转移义务应当办理批准、登记等手续的，依照其规定。

第八十八条 当事人一方经对方同意，可以将自己在合同中的权利和义务一并转让给第三人。

第八十九条 权利和义务一并转让的，适用本法第七十九条、第八十一条至第八十三条、第八十五条至第八十七条的规定。

第九十条 当事人订立合同后合并的，由合并后的法人或者其他组织行使合同权利，履行合同义务。当事人订立合同后分立的，除债权人和债务人另有约定的以外，由分立的法人或者其他组织对合同的权利和义务享有连带债权，承担连带债务。

第九十一条 有下列情形之一的，合同的权利义务终止：

（一）债务已经按照约定履行；

（二）合同解除；

（三）债务相互抵销；

（四）债务人依法将标的物提存；

（五）债权人免除债务；

（六）债权债务同归于一人；

（七）法律规定或者当事人约定终止的其他情形。

第九十二条 合同的权利义务终止后，当事人应当遵循诚实信用原则，根据交易习惯履行通知、协助、保密等义务。

第九十三条 当事人协商一致，可以解除合同。

当事人可以约定一方解除合同的条件。解除合同的条件成就时，解除权人可以解除合同。

第九十四条 有下列情形之一的，当事人可以解除合同：

（一）因不可抗力致使不能实现合同目的；

（二）在履行期限届满之前，当事人一方明确表示或者以自己的行为表明不履行主要债务；

（三）当事人一方迟延履行主要债务，经催告后在合理期限内仍未履行；

（四）当事人一方迟延履行债务或者有其他违约行为致使不能实现合同目的；

（五）法律规定的其他情形。

第九十五条 法律规定或者当事人约定解除权行使期限，期限届满当事人不行使的，该权利消灭。

法律没有规定或者当事人没有约定解除权行使期限，经对方催告后在合理期限内不行使的，该权利消灭。

第九十六条 当事人一方依照本法第九十三条第二款、第九十四条的规定主张解除合同的，应当通知对方。合同自通知到达对方时解除。对方有异议的，可以请求人民法院或者仲裁机构确认解除合同的效力。

法律、行政法规规定解除合同应当办理批准、登记等手续的，依照其规定。

第九十七条 合同解除后，尚未履行的，终止履行；已经履行的，根据履行情况和合同性质，当事人可以要求恢复原状、采取其他补救措施，并有权要求赔偿损失。

第九十八条 合同的权利义务终止，不影响合同中结算和清理条款的效力。

第九十九条 当事人互负到期债务，该债务的标的物种类、品质相同的，任何一方可以将自己的债务与对方的债务抵销，但依照法律规定或者按照合同性质不得抵销的除外。

当事人主张抵销的，应当通知对方。通知自到达对方时生效。抵销不得附条件或者附期限。

第一百条 当事人互负债务，标的物种类、品质不相同的，经双方协商一致，也可以抵销。

第一百零一条 有下列情形之一，难以履行债务的，债务人可以将标的物提存：

（一）债权人无正当理由拒绝受领；

（二）债权人下落不明；

（三）债权人死亡未确定继承人或者丧失民事行为能力未确定监护人；

（四）法律规定的其他情形。

标的物不适于提存或者提存费用过高的，债务人依法可以拍卖或者变卖标的物，提存所得的价款。

第一百零二条 标的物提存后，除债权人下落不明的以外，债务人应当及时通知债权人或者债权人的继承人、监护人。

第一百零三条 标的物提存后，毁损、灭失的风险由债权人承担。提存期间，标的物的孳息归债权人所有。提存费用由债权人负担。

第一百零四条 债权人可以随时领取提存物，但债权人对债务人负有到期债务的，在债权人未履行债务或者提供担保之前，提存部门根据债务人的要求应当拒绝其领取提存物。

债权人领取提存物的权利，自提存之日起五年内不行使而消灭，提存物扣除提存费用后归国家所有。

第一百零五条 债权人免除债务人部分或者全部债务的，合同的权利义务部分或者全部终止。

第一百零六条 债权和债务同归于一人的，合同的权利义务终止，但涉及第三人利益的除外。

最高人民法院关于适用《中华人民共和国合同法》若干问题的解释（一）（节选）

第二十七条 债权人转让合同权利后，债务人与受让人之间因履行合同发生纠纷诉至人民法院，债务人对债权人的权利提出抗辩的，可以将债权人列为第三人。

第二十八条 经债权人同意，债务人转移合同义务后，受让人与债权人之间因履行合同发生纠纷诉至人民法院，受让人就债务人对债权人的权利提出抗辩的，可以将债务人列为第三人。

第二十九条 合同当事人一方经对方同意将其在合同中的权利义务一并转让给受让人，对方与受让人因履行合同发生纠纷诉至人民法院，对方就合同权利义务提出抗辩的，可以将出让方列为第三人。

复习题

一、判断分析题

1. 当事人互负到期债务，该债务的标的物种类、品质相同的，必须经过双方合意才可以将自己的债务与对方的债务抵销。（　）

2. 甲应于今年12月20日归还乙借款3万元，乙应于今年9月10日归还甲货款3万元。乙可以主张抵销。（　）

3. 提存发生后，提存费用由债务人承担，标的物的灭失风险由提存机关承担。（　）

4. 免除债务必须经过债务人的同意。（　）

5. 债权与债务同归于一人是不可能的。（　）

二、不定项选择题

1. 甲公司与乙公司签订合同，由甲公司供应木材，乙公司负责加工成家具，后由于甲公司收购木材出现困难，决定将合同所规定的义务转让给丙公司，下列转让行为有效的是（　）。

A. 未经乙公司同意，将合同所规定的供应木材的义务全部转让给丙公司

B. 未经乙公司同意，将合同所规定的供应木材的义务部分转让给丙公司

C. 通知乙公司，将合同所规定的供应木材的义务部分转让给丙公司

D. 经乙公司同意，将合同所规定的供应木材的义务全部转让给丙公司

2. 在债的移转中，下列表述正确的是（　）。

A. 债权让与应取得债务人的同意才有效

B. 债务转移应取得债权人的同意才有效

C. 债权让与和债务转移均应取得对方的同意才有效

D. 债权让与和债务转移只要通知了对方就发生效力

3. 下列属于合同更新的是（　）。

A. 甲租乙的房屋，租期到了以后，双方将租期延长了一个月

B. 甲乙两人签订了一份借用合同，后又约定由乙购买此物

C. 甲乙两人签订了一份大米买卖合同，每斤15元；后双方商定改为每斤16元

D. 甲借给乙500元，后又借给乙50 000元，并约定乙只需还50 000元

4. 王某和张某签订了一份棉花买卖合同，约定王某卖给张某棉花5吨。但后来张某下落不明，王某难以履行债务，遂将棉花提存。棉花提存后，一日遭遇雷击烧毁，其损失应由（　）。

A. 张某承担　　B. 王某承担

C. 张某和王某共同承担　　D. 提存机关承担

5. 甲公司和乙运输公司签订了一货物运输合同，后来乙公司想将自己的部分债务移转于另一运输公司，则（　）。

A. 应通知甲公司　　B. 应当经甲公司同意

C. 不必经甲公司同意　　D. 不必通知甲公司

6. 下列关于债务免除的说法不正确的是（　　）。

A. 免除是债权人抛弃债权的行为　　B. 免除是无因行为

C. 免除须取得债务人同意　　D. 免除是使债变更的行为

7. 甲向乙借了30元钱，同时甲又为乙修好了收音机。修理费恰好是30元，则他们之间的债权债务可以（　　）。

A. 提存　　B. 混同　　C. 抵销　　D. 免除

8. 下列关于债的消灭的说法正确的有（　　）。

A. 债的消灭就是债的效力的停止

B. 债的消灭就是债的变更

C. 债的消灭就是债的终止

D. 债的关系消灭后，原债的当事人之间发生后契约义务

9. 下列情况下债务人可以将标的物提存的是（　　）。

A. 某运输公司承运一批货物，运至目的地后发现收货人不明无法交货

B. 甲向乙借款3 000元，约定10月11日偿还，结果乙于10月10日去世，继承人尚未确定

C. 陈某与王某本是好友，并借有王某1万元钱，后两人生隙成仇，陈某再不愿见王某，更不愿将借款当面交予王某

D. 甲与乙仓储公司签有仓储合同，存储期届满时，甲仍不提取仓储物，乙数次告知甲在合理期限内提取，甲仍未提取

10. 甲公司欠乙公司100万元货款，后甲公司因管理不善被乙公司兼并，甲公司欠乙公司的债权随之消灭，这种债的消灭被称为债的（　　）。

A. 混同　　B. 抵销　　C. 免除　　D. 解除

三、案例分析题

甲对乙享有60万元债权，丙、丁分别与甲签订保证合同，但未约定保证责任的范围和方式。戊以价值30万元的房屋为乙向甲设定抵押并办理了登记。如果乙到期不能清偿债权，则债务如何承担？

第五编

侵权责任

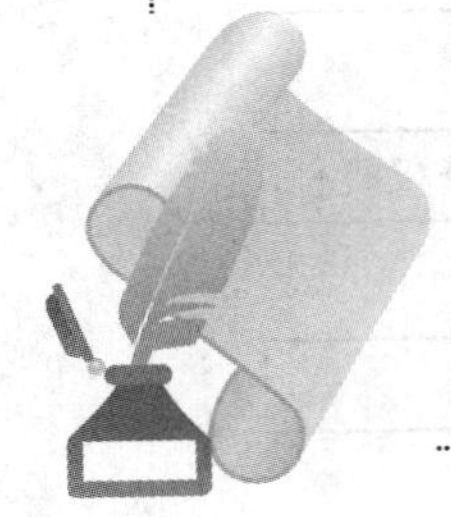

导　学

侵权责任法作为民法的救济法和保护法，具有十分重要的意义。本章试图解决以下问题：侵权责任是什么；如何认定侵权责任；承担何种形态的侵权责任；哪些侵权情形法律特别规定；侵权损害赔偿如何计算。本编首先介绍侵权责任的构成要件、归责原则、抗辩事由等基本问题。然后介绍侵权责任具体的责任形态，从而了解不同类型的侵权行为。接着对于法律特别规定的几种侵权责任进行了介绍。进而，对侵权损害赔偿制度进行了分析。最后，介绍了侵权责任与其他民事责任的竞合。

本编知识体系

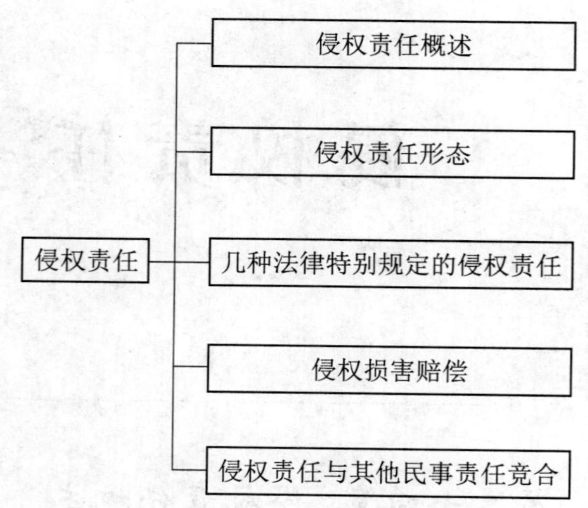

第二十四章

侵权责任概述

导　学

本章首先对确立是否承担侵权责任的首要标准——归责原则进行介绍，其次对侵权责任的构成要件进行分析，再次介绍不承担侵权责任或减轻侵权责任的抗辩事由，从而梳理出是否承担侵权责任的制度框架，最后对法律上规定的承担侵权责任方式进行简单介绍。

本章知识体系

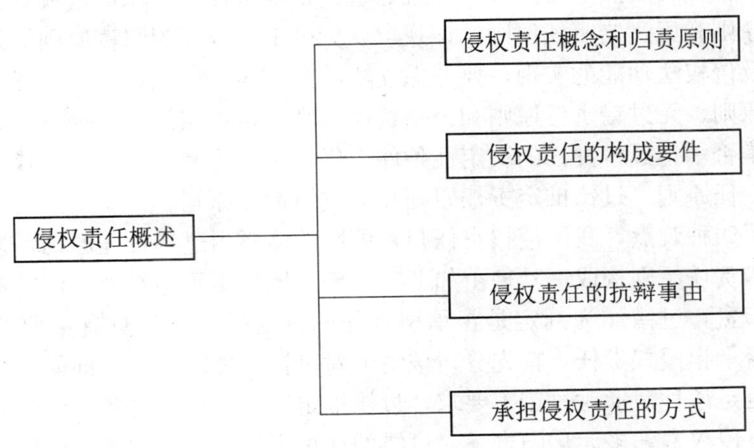

第一节　侵权责任概念和归责原则

一、侵权责任概念

侵权责任是指侵权行为人侵害他人民事权益造成损害依法应承担的民事责任。包括行为人因过错侵害他人权益的情形，或者法律规定行为人造成他人权益损害，推定行为人有过错，行为人不能证明自己没有过错的情形，或者法律规定不论行为人有无过错，行为人损害他人民事权益都应承担民事责任的情形。

传统民法将侵权责任作为债的发生原因，称为“侵权行为之债”，规定于债编。《民法通则》突破了传统民法的立法体例，使民事责任独立成章，并对违约责任与侵权责任分别加以规定。2010 年 7 月 1 日施行的《中华人民共和国侵权责任法》（以下简称《侵权责任法》）也未采用“侵权行为”的界定，侵权责任法从债法中独立出来，具有合理性。但是这种立法体例上的改变，并未否定侵权责任与债的联系，两者都表现为一方请求相对方为一定行为或不为一定行为。因此侵权责任同样可以适用债法总则关于债的履行、债的保全、债不履行的救济以及债的移转、债的消灭等规定。对侵权责任的履行，同样可以设定抵押、质押或保证等担保。

二、侵权责任的归责原则

归责原则是指确定民事责任的首要标准。归责原则本身，并不能决定责任的成立与否，还需要看责任的构成要件。但是归责原则决定着构成要件、举证责任的负担、免责条件、损害赔偿的规则等。民事责任构成一般包括过错、行为、损害事实、因果关系。首先考虑何种要素至关重要，传统民法采用的是以过错作为确定责任的首要依据。

（一）归责原则体系

侵权行为法归责原则体系是由各归责原则所组成的具有内在逻辑联系的系统结构。对于我国侵权行为法的归责原则体系，民法学界有不同的主张。归纳起来有以下几种观点。第一，侵权责任的归责原则包括过错责任原则、严格责任原则、公平责任原则和无过错责任原则，该种观点认为严格责任就是过错推定责任。第二，侵权责任归责原则包括过错责任原则和无过错责任原则。该观点认为确定侵权行为归责原则体系，要考虑民法基本原则及侵权法功能的实现，要考虑立法政策倾向。第三，侵权责任的归责原则包括过错责任原则、无过错责任原则和公平责任原则。该观点认为，推定过错仍是以过错作为行为人是否承担民事责任的决定性条件，仍属过错范畴。第四，侵权责任的归责原则包括过错责任原则、过错推定责任原则和无过错责任原则。

本书持第四种观点，我国侵权责任归责原则的体系由过错责任原则、过错推定责任原则和无过错责任原则构成。其理由如下：责任发展经历了绝对的客观归责到主观归责再到多元化归责，过错作为判定是否承担责任的首要标准仍然具有重要意义。具体说来，判定是否承担侵权责任，首先分析该情形对过错的要求程度，即使是无过错归责原则，其实质也是该种情形对过错不要求，过错推定则是要求有过错，但是通过行为推定有过错。可见侵权责任多元化归责下对过错的认识更加全面，包括原告证明有过错、推定过错、不需要证明有过错三种情形。而这三种情形可以作为判定是否承担侵权责任的首要依据。其次，公平责任作为民法的基本原则，当然可以在侵权法中发挥作用。《侵权责任法》第 24 条规定，受害人和行为人对损害的发生都没有过错的，可以根据实际情况，由双方分担损失。但是该条并不证明可以作为归责原则。首先，根据第 24 条的规定，双方均无过错，并不是双方一定分担损失，仅仅是“可以”。其次，第 24 条也仅仅表述的是“分担损失”，并没有使用“分担责任”，严格意义上，该种情形不属于侵权责任，仅仅是道德上的责任。

（二）过错责任原则

过错责任原则，是指以行为人主观上的过错作为承担民事责任基本条件的一项归责准则。行为人有过错就承担民事责任，无过错则不承担民事责任。

《民法通则》第 106 条第 2 款规定：“公民、法人由于过错侵害国家的、集体的财产，侵害他人财产、人身的，应当承担民事责任。”这是我国民事侵权过错责任原则的立法表现形式。

过错责任实质是以过错为责任构成要件。确定行为人的责任，主要考虑行为人主观上有无过错。若行为人主观上没有过错，则虽存在因果关系，行为人也不承担民事责任，反之，行为人主观上有过错，则应承担民事责任。过错责任原则的意义，不仅在于将过错作为确定责任的要素内涵，更重要在于体现“有过错即有责任”的实质精神。以过错为归责的最终要件即意味着在确定责任时，应把有无过错作为基本的因素来加以考察，其他因素则不可与过错置于同等的地位。因为过错的有无往往会涉及不同归责原则的转换，因而成为过错归责的最终要件。另外，还以过错作为确定责任范围的依据，在受害人对损害的发生也有过错的情况下，应对受害人与加害人的过错行为作出比较，从而确定各自承担责任的范围。过错责任原则适用于一切有过错的违约行为和侵权行为。

（三）过错推定责任原则

过错推定，是指在原告证明其所受损害是被告所致，而被告却不能证明自己没有过错的情况下，推定被告有过错并承担民事责任的归责原则。过错推定原则，是适应现代社会侵权行为日益复杂、受害人举证难度不断加大的情况下而产生的一种归责原则。虽然该原则与过错责任难以完全脱离干系，最终仍以过错为归责要件，但由于其适用范围在逐步扩大，加之其自身具有的某些特点，因此，应把其作为一项独立的归责原则予以看待。

过错推定原则是过错责任原则的例外规定和必要补充。二者归责的最终依据都是过错，因而构成要件相同。过错推定的基础虽然是过错责任，但它们又有不同之处，主要区别表现如下。

第一，过错责任原则采取“谁主张、谁举证”的原则，而过错推定责任采取举证责任倒置的方式。

第二，过错责任可确定过错的程度，而过错推定则不易确定过错程度。行为人可以因故意或重大过错而导致责任的加重，也可以因过失轻微而导致责任的减轻。过错推定中，推定的过错具有一定的或然性，因此，很难确定过错程度。

第三，过错责任将过错分为单方过错和混合过错，其中混合过错中适用比较过失规则，过失双方根据各自过失大小分担责任。而在推定过错中，由于难以确定行为人的过失程度，因而在受害人亦有过错的情况下，很难就各自的过错相互比较。受害人的一般过错，并不能推翻对行为人过错的推定；即使受害人具有重大过错，也不一定就能推翻对行为人过错的推定。

（四）无过错责任原则

无过错责任，是指行为人没有过错造成他人损失时，也应承担的民事责任。承担无过错责任不是根据行为人的过错，而是根据损害的客观存在和行为人高度危险活动的性质及彼此之间的因果关系。无过错责任对行为人来讲主要考虑到对其行为应该给予应有的注意，因此，加重其责任则有助于损害的减少。学理上，又将其称为“客观责任”。

相较于《民法通则》，《侵权责任法》对无过错的适用范围进行了一定变化。第一，医疗事故责任不再适用无过错的归责原则。第二，机动车的无过错归责原则主要适用于机动车运行者和利益享有者，机动车所有人如果不是运行者也不是利益享有者则不承担责任。第三，高度危险责任虽然都适用无过错归责原则，但是各种情形的免责事由存在差异，因此严格程度不同。第四，饲养动物责任通过一般条款规定了无过错归责原则，但是在具体条款中也规定了一些过错推定的适用情形。第五，对于环境污染和饲养动物责任，即使是第三人导致的损害，依然不能作为免责事由，可见这两种侵权责任适用非常严格的无过错归责原则。

根据《侵权责任法》，无过错归责原则适用的范围一般确定在以下领域：①机动车对非机动车的交通事故责任；②环境污染责任；③高度危险责任；④产品缺陷引起的损害；⑤饲养动物责任，特别是饲养的烈性犬等危险动物造成他人损害以及遗弃、逃逸的动物造成他人损害的情形；⑥雇主对雇员非因雇主过错造成损害的赔偿。

第二节　侵权责任的构成要件

侵权责任的构成要件，是指在一般情况下，构成侵权行为民事责任所需具备的条件。它包括客观要件和主观要件两个方面。

一、侵权责任的客观要件

侵权责任的客观要件是指：侵权损害事实、加害行为的违法性、违法行为与损害结果之间有因果关系。

（一）侵权损害事实

侵权责任主要是一种财产责任。它是以财产赔偿的方式制裁致害人，从而补偿受害人所受到的财产损失。既然是对损害进行赔偿，当然须有损害事实，才有可能发生赔偿的问题。

所谓损害，是指由一定行为或事件造成人身或财产上的不利益，即不良后果或不良状态。损害依其性质和内容分，有物质上的财产损害和心理上的精神损害两种。物质上的财产损害，可能是由于行为人对受害人的物质财富实施违法行为所引起的，也可能是对受害人的人身实施违法行为所致。当然，精神损害，各国法律规定不一。另外损害也可以分为直接损害和间接损害。

（二）加害行为的违法性

造成损害事实的行为，必须具有违法性质。仅仅有损害事实，也不能使行为人承担侵权责任。加害行为的违法性，是构成侵权责任的又一要件。

违法行为有两种表现形式，即作为的违法行为和不作为的违法行为。所谓作为的违法行为，是指行为人作了法律所不允许的行为。所谓不作为的违法行为，是指法律要求行为人作而行为人没有作的行为。

（三）违法行为与损害结果之间具有因果关系

所谓因果关系，是指社会现象之间的一种客观联系，即一种现象在一定条件下必然引起另一种现象的发生，前一种现象称原因，后一种现象称结果。这两种现象之间的联系，就叫因果关系。在客观世界中，原因与结果表现为互相作用的无穷无尽的链条。但我们在认定侵权责任的关系时，不是去寻找事物的普遍联系或一般联系，而是去研究违法行为和损害事实之间的关系，即研究特定的损害事实是否系行为人的行为所引起的结果。

二、侵权责任的主观要件

确定行为人是否应负侵权责任，不仅要看其客观因素——损害事实、违法行为、因果关系，还必须看其主观因素——行为人是否有过错。如果行为人实施违法行为，造成了损害结果，违法行为和损害结果之间的因果关系也确证无疑，但行为人并无行为能力或主观上并无过错，还不能追究其责任。所以，行为人有行为能力及主观有过错，是构成侵权责任的又一要件。这一要件包括以下两个方面。

（一）行为人须有行为能力

责任能力是民事行为能力所包括的内容之一。按照法律规定，承担法律责任的人，必须是有责任能力的人。所谓责任能力，就是一个人具有了解自己行为的性质、意义和后果，并自觉地控制自己行为和对自己行为负责任的能力，简言之就是能够辨认和控制自己行为的能力。有责任能力的人，对自己所实施的侵权行为由其本人承担民事责任。如果实施违法行为人属无责任能力人，则不能由其本人承担民事责任。“无责任能力者无责任”，这是各国立法和司法的通例。

什么人才具有责任能力？一般而言，人达到一定年龄之后，就自然具备了这种能力。因此，《民法通则》第 11 条规定：“十八周岁以上的公民是成年人，具有完全民事行为能力，可以独立进行民事活动，是完全民事行为能力人。十六周岁以上不满十八周岁的公民，以自己的劳动收入为主要生活来源的，视为完全民事行为能力人。”这就是说，在我国，18 周岁以上的公民是具有责任能力的人；未满 18 周岁但已满 16 周岁并以自己的劳动收入为主要生活来源的公民，也是具有责任能力的人，他们应对自己的侵权行为负民事责任。当然，也有的人可能由于某种原因，如属于智力障碍，虽到成年的年龄，却不具有责任能力，这是例外。但是为了更好地保障受害人利益，《侵权责任法》第 32 条第 2 款规定，有财产的无民事行为能力人，限制民事行为能力人造成他人损害的，从本人财产中支付赔偿费用。

（二）行为人主观上有过错

过错，是行为人决定其行动的一种心理状态。过错违法，法理学上称主观违法。过错包括故意和过失两种形式。行为人预见到自己行为的结果，并希望其发生或放任其发生的，这叫故意。行为人对其行为的结果应预见到或能预见到但竟未预见到，或者虽然预见到而轻信其不会发生，以致造成损害结果的，这叫过失。衡量行为人是否有过失，应以行为人是否应注意、能注意而未注意为依据。而应注意和能注意的标准，则应根据具体的时间、地点和条件来决定，不能作主观抽象的理解。

在一般情况下，行为人的行为是故意或过失，以及过错程度大小如何，这对于确定其民事责任并无实际意义。因为确定侵权责任的范围，通常取决于损害的有无大小，并不因为行为人的故意或过失而有所不同。但是，在特定的情况下，如在混合过错、共同致人损害、受害人有故意或重大过失的情况下，行为人的过错程度，就成为确定其赔偿责任的主要依据了。

第三节　侵权责任的抗辩事由

一、抗辩事由的概念

抗辩事由指在损害事实和因果关系成立的前提下，加害人据以主张对方当事人的请求不成立或者不完全成立的某种事实。因此，抗辩事由也就是免责事由。广义地说，任何一个责任构成要件的不具备，都可以成为抗辩理由。但这个问题应由构成要件来解决。我们这里所要研究的，是狭义的抗辩事由，即在构成要件之外，影响（即免除或减轻）加害人民事责任的那些客观事实。

作为抗辩事由的事实，必须具备以下特征。

第一，必须是表明某种情况存在的积极的事实，如第三人的过错、不可抗力等。单纯否认的表示或证明某种情况不存在的消极的事实，如未实施侵权行为或无损害，不能成为抗辩事由。

第二，必须具有对抗性，即能够导致对方的请求在法律上不成立或不完全成立。

第三，抗辩事由具有法定性，即必须是由法律规定的特定事由。法律的规定包括直接的规定和间接的认可，前者如正当防卫、不可抗力、紧急避险，后者如受害人的同意。

二、抗辩事由的分类

按照抗辩事由的性质，可以将抗辩事由划分如下。

（一）正当理由抗辩

正当理由抗辩，即行为人实施相应的加害行为具有正当的理由，进而可以依法免除行为人相应的民事责任。这类行为主要包括以下几个方面。

1. 依法执行职务的行为

依法执行职务的行为是指依据法律的授权或有关规定行使合法权利和履行法定义务的行为，如司法机关的工作人员依法扣押财产、交警依法扣押行车执照等。

2. 自助行为

自助行为是权利人在情况紧迫而又来不及请求国家机关予以救助的情况下，为了保护自己的权利，对他人的财产或自由加以扣押、拘束或采取其他相应措施，而为法律和社会公德所认可的行为。

3. 正当防卫

正当防卫是指行为人在公共利益、他人或自己的人身权利和其他合法权益遭受不法侵害时所采取的，针对加害人的防卫措施。正当防卫是法律赋予公民的自卫权利，是鼓励公民同违法行为做斗争的重要手段。对于正当防卫所造成的损害，防卫人不承担民事责任，但是防卫超过必要限度，造成不应有损失的，应当承担民事责任。

4. 紧急避险

为了使公共利益、他人或本人的合法利益免除现实的紧迫的危险，不得已而采取的致人损害的行为，叫紧急避险。紧急避险须符合以下条件：①确有现实的、紧迫的损害危险；②行为人主观上是为了保护合法权益免受损害。

紧急避险的行为不具有违法性，因此可作为抗辩理由。对紧急避险所造成的损害，原则上，由引起危险发生的人承担民事责任。如果危险是由自然原因引起的，则可由受益人给予适当补偿。如果紧急避险采取措施不当或超过必要限度，造成不应有的损失，根据《侵权责任法》第 31 条的规定，紧急避险人应承担适当的责任。

（二）外来原因的抗辩

1. 不可抗力

不可抗力属于客观事由抗辩。这类损害，是由人力不能控制的客观原因造成的，主要指不可抗力。依照我国民法通则的规定，不可抗力是指不能预见、不能避免并不能克服的客观情况。不可抗力在法律上具有客观性、因果性和相对性。客观性指它是独立于当事人的意志之外的客观情况；因果性指它是损害结果的发生原因；相对性指相对于现有的科学技术水平来说，它是人力无法控制的、不可抗拒的。

如果当事人的过错是遭受不可抗力侵害的原因，则他不能以不可抗力为理由抗辩。在发生不可抗力的情况下，如果当事人没有尽到其应尽的努力以抗御灾害、减少损失，则应按其过错程度承担相应的民事责任。

2. 受害人的原因

1）受害人的过错

对于损害的发生，如果受害人也有过错，按照《侵权责任法》第 26 条的规定，被侵权人对损害的发生也有过错的，可以减轻侵权人的责任，即应由加害方和受害方分担损失。在确定应如何分担损失时，应进行过错比较和原因力的比较。过错比较即比较双方的过错程度。原因力比较即比较双方行为致损危险性的大小以及对损害的发生所起作用的大小。如果损害的发生完全是由受害人的过错造成的，而行为人无过错，则应由受害人自负其责。

2）受害人的同意

受害人的同意指受害人事前作出的自愿承担某种损害后果或致损危险的意思表示。例如患者或其亲属在被充分告知手术危险的情况下同意接受手术治疗；自愿参加带有危险性的体育竞技活动等。

原则上，受害人对侵害行为的同意不构成抗辩理由，因为私人的权利不仅仅包含着法律对其个人利益的保护，而且含有社会公共利益和秩序的因素。受害者的同意只有在不违背法律和社会道德，并在本质上有益于社会或同意者本人时，才能作为抗辩理由。

3. 第三人的过错

第三人的过错主要包括以下两种情形。

（1）共同致人损害。被告的行为和第三人的行为共同构成损害发生的原因，即共同致人损害，这时应通过过错比较和原因力比较，确定各自应承担的民事责任。如果被告没有过错而第三人有过错，或者被告只有轻微过失而第三人有故意或重大过失，则被告不承担民事责任，而应由第三人独立承担民事责任。

（2）损害的发生是由第三人的过错行为引起的，则应由第三人单独承担责任。

4. 时效抗辩

按《民法通则》第 135 条规定，时效期限届满，人民法院对于当事人保护民事权利的请求即不再予以支持。因此，时效期间届满构成法定抗辩事由。

第四节 承担侵权责任的方式

根据《侵权责任法》第 15 条规定，承担侵权责任的方式有以下八种。

一、停止侵害

停止侵害，是指当侵权行为人实施的侵权行为仍然处于继续状态时，受害人可以依法要求法院责令加害人停止侵害人身权或财产权的行为。

二、排除妨碍

排除妨碍，是指当侵权行为人实施的侵权行为使受害人的财产权利、人身权利无法正常行使时，受害人有权请求排除妨碍。对于可能出现的，有对人身、财产权利造成危险的妨碍，则不适用排除妨碍，而应适用消除危险。

三、消除危险

消除危险，是指当行为人的行为对他人的人身财产安全造成了威胁，或者存在对他人人身、财产造成损害的危险时，处于危险中的人有权要求行为人采取措施消除危险。

四、返还财产

返还财产，是指当侵权行为人没有合法依据，将他人财产据为己有时，受害人有权要求其返还财产。返还财产的适用条件：①只有对于被非法占有的财产才能要求返还；②被要求返还的财产应该客观存在；③要求返还的财产一般应当包含孳息。

五、恢复原状

恢复原状，是指侵权行为致使他人的财产遭到损坏或者形状改变，受害人有权要求加害人对其损害财产进行修复或采取其他措施，使其恢复到原来状态。恢复原状应具备以下条件：①被损害的财产有恢复的可能；②被损害的财产有恢复的必要。

六、赔偿损失

赔偿损失，是指以金钱方式对受害人遭受的损失进行弥补。损害赔偿的范围不限于财产损害，还包括人身伤害及精神损害赔偿；不仅包括直接损失，还包括间接损失。

七、赔礼道歉

赔礼道歉，是指侵权行为人通过向受害人承认错误、表达歉意、请求原谅的方式以弥补受害人心理上的创伤。赔礼道歉的方式可以是公开的，也可以是不公开的。

八、消除影响、恢复名誉

所谓消除影响，是指行为人因为其侵权行为在一定范围内对受害人的人格权造成了不良影响，应该予以消除。所谓恢复名誉，是指侵权行为人因其侵权行为导致被害人人格评价降低的，应该使受害人的人格利益恢复至未受侵害前的状态。

复习题

一、判断分析题

1. 侵权责任的归责原则是过错责任原则。（　　）

2. 侵权行为人是否承担无过错责任由人民法院来决定。（　　）

3. 侵权行为是由行为人的自由意思决定的单方行为。（　　）

4. 被侵权人对损害的发生也有过错的，可以减轻侵权人的责任。（　　）

5. 返还财产和恢复原状既属于物权请求权，也是侵权责任的方式。（　　）

二、不定项选择题

1.《中华人民共和国侵权责任法》自（　　）起施行。

A. 2009 年 12 月 25 日　　B. 2010 年 1 月 1 日

C. 2010 年 5 月 1 日　　D. 2010 年 7 月 1 日

2. 因同一侵权行为应当承担侵权责任、行政责任和刑事责任，而侵权人的财产不足以支付的，应先承担（　　）。

A. 侵权责任　　B. 行政责任　　C. 刑事责任　　D. 经济责任

3.《中华人民共和国侵权责任法》这部法律中，首次把（　　）作为独立的权利加以保护，这也是侵权责任法的一大亮点。

A. 生命权　　B. 健康权　　C. 隐私权　　D. 用益物权

4. 承担侵权责任的主要方式有（　　）。

A. 消除危险　　B. 恢复原状　　C. 赔礼道歉　　D. 排除妨碍

5. 完全民事行为能力人因（　　）对自己的行为暂时没有意识或失去控制造成他人损害的，应当承担侵权责任。

A. 醉酒　　B. 梦游

C. 滥用麻醉药品　　D. 滥用精神药品

6. 下列各项权利中，应由侵权责任法调整的是（　　）。

A. 健康权　　B. 监护权　　C. 用益物权　　D. 选举权

7. 一住店客人未付房钱即要离开旅馆去车站，旅馆服务员见状揪住他不让走，并打报警电话。客人说："你不让我走还限制我自由，我要告你们旅馆，耽误了乘火车要你们赔偿。"旅馆这样做的性质应如何认定？（　　）。

A. 属于侵权，系侵害人身自由权　　B. 属于侵权，系积极侵害债权

C. 不属于侵权，是行使抗辩权之行为　　D. 不属于侵权，是自助行为

8. 受害人和行为人对损害的发生都没有过错的，（　　）。

A. 受害人自行承担责任

B. 行为人承担责任

C. 可以根据实际情况，由双方分担损失

D. 由受害人和行为人平均承担责任

9. 被侵权人对损害的发生也有过错的，（　　）。

A. 应当减轻侵权人的责任　　B. 可以减轻侵权人的责任

C. 必须减轻侵权人的责任　　D. 不可以减轻侵权人的责任

10. 合同之债和侵权之债的区别主要有（　　）。

A. 合同之债是意定之债，侵权之债是法定之债

B. 合同之债在于显示契约自由，侵权之债在于保障民事权利不可侵犯

C. 合同之债举证责任在于由违约方自证无过错，侵权之债在于一般由受害人证明加害人有过错

D. 违反合同行为一般为不作为，侵权行为则表现为作为

三、案例分析题

北京市石景山区某中学，中午几个男学生在一起踢球，某学生射门后，守门员扑球，球弹到他胳膊上然后又弹到眼睛上，致眼睛瞎。学校认为这不是学校举行的体育活动，不承担赔偿责任。受害人的家长就把踢球的学生起诉到法院。

第二十五章

侵权责任形态

导 学

侵权责任形态是确定侵权责任究竟由谁承担及如何承担的法律问题，是责任法中十分重要的问题。本章根据不同的标准进行分类，对各种侵权责任形态进行详细分析。

本章知识体系

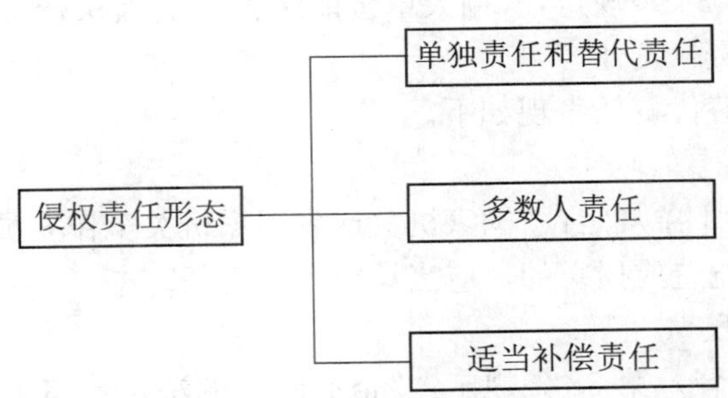

侵权责任形态是指侵权责任究竟由谁承担，是由行为人承担，还是由责任人承担；如果责任人是数人，那么在多数责任人之间是连带承担，还是按份承担，或者补充承担；如果行为人和受害人对损害的发生都有责任，那又应当怎样分担。简而言之，侵权责任形态是指侵权责任具体由何种主体承担，如果是数人承担，则数人之间以什么方式承担责任。

第一节 单独责任和替代责任

单独责任是指单独一个人承担损害赔偿的责任方式。单独责任是相对于共同责任而言，后者是多数人承担责任。单独责任包括两种：第一种就是行为人实施了侵权行为，自己承担责任；第二种表现为行为人实施了侵权行为，但是由其他人代替承担责任，表明责任人不是为自己的行为负责。

一、行为人自己负责的单独责任

民法强调责任自负，行为人自己单独承担责任，这种情形为侵权责任法的常态，单独责任一般是由单独行为实施而承担的责任。单独侵权行为是指一人单独实施的侵权行为，也就是指加害人一人因自己的过错行为致他人以损害。单独侵权行为是相对于多数人侵权行为而言。单独侵权行为，行为人可以是作为，也可以是不作为，因此单独侵权行为在现实生活中非常普遍，承担单独侵权责任也较为常见。多数人侵权行为与共同侵权行为并不属于同一概念，前者外延更广泛，共同侵权行为属于特殊的侵权行为，是指两人以上共同实施侵权行为，从而承担连带责任。

二、责任人替其他人负责的单独责任

对他人的行为负责的单独责任，实质上就是替代责任。在这类侵权行为中，责任人并没有实施侵权行为，实施侵权行为的是行为人，造成损害的也是行为人，按照一般侵权行为规则，应当由行为人承担责任。但是由于责任人与行为人具有特定关系，因此由责任人承担责任。

根据《侵权责任法》，替代责任主要具有以下情形。

（1）监护人责任。

《侵权责任法》第 32 条规定："无民事行为能力人、限制民事行为能力人造成他人损害的，由监护人承担侵权责任。监护人尽到监护责任的，可以减轻其侵权责任。"

（2）用人单位责任。

《侵权责任法》第 34 条规定："用人单位的工作人员因执行工作任务造成他人损害的，由用人单位承担侵权责任。"

根据其他法律，替代责任表现如下。

（1）国家机关责任。

《民法通则》第 121 条规定："国家机关或者国家机关工作人员在执行职务中，侵犯公民、法人的合法权益造成损害的，应当承担民事责任。"

（2）企业法人责任。

《民法通则司法解释》第 58 条规定："企业法人的法定代表人和其他工作人员，以法人名义从事的经营活动，给他人造成经济损失的，企业法人应当承担民事责任。"

第二节　多数人责任

多数人责任是指多数人承担责任。与单独责任相对应的是多数人责任，而不是共同责任，这样才能穷尽责任的类型。以多数人责任替代共同责任更妥。第一，体现了以人作为划分标准。第二，契合了多数人责任承担的复杂性。多数人责任谓之对一损害事实存在多人违法行为，该违法行为可能是同一的，可能不是同一的，其责任由多人共同承担或者由单个人承担全部责任。首先，多数人责任必须符合民事责任的构成要件。其次，引起多数人责任的重要条件是多人的同一违法行为或不同违法行为。这里并不以多人存在共同过错为判断标准。最后，多数人责任可表现为多人共同承担或各自独立承担。多数人责任主要表现为以下情形。

一、按份责任

（一）界定

按份责任的实质是各责任人共同促成了损害后果的发生，当然每一责任人都应承担

相应责任，该相应责任就是份额责任。可见份额的划分标准至关重要，一般有以下规则。①以过错轻重为标准。理由是依对损害发生与有过失的轻重决定责任人内部责任的分担，既为基本原则，论其实质内容，又符合公平之理念及当事人之利益状态。②以原因力强弱为标准，行为对造成损害原因力强的，应当多分担；原因力弱的，应当少分担；没有因果关系的则不分担。③以过错轻重和原因力大小的综合为标准。确定共同加害人责任份额的基本要求，是各共同行为人主观过错程度和行为的原因力，将这两个因素综合判断，确定各共同加害人各自的份额。④平均负担标准。⑤综合标准。有约定按约定，无约定的依照各方获利多少确定，无法确定利益份额的，根据各方对责任后果有无过错或过错程度确定。各方既无利益又无过错的，由各方公平分担。份额的确定标准实际上是各责任人承担责任的原因，在以过错作为责任构成要件的场合，过错被考量较妥，而在非以过错作为责任构成要件的场合，以原因力的强弱为标准更客观，获利多少不宜作为单独标准，但可在适用上述标准时予以考虑。如果运用上述标准仍难以衡量时，平均负担原则应予适用。

(二)《侵权责任法》中按份责任的部分情形

按份责任属于承担责任的常态，非常普遍。《侵权责任法》仅仅对比较有特点的按份责任进行了规定。主要有以下情形。

1. 无意思联络的侵权行为

《侵权责任法》第12条规定："二人以上分别实施侵权行为造成同一损害，能够确定责任大小的，各自承担相应的责任；难以确定责任大小的，平均承担赔偿责任。"

2. 租赁车、借用车情形下，所有人有过错的侵权行为

《侵权责任法》第49条规定："因租赁、借用等情形机动车所有人与使用人不是同一人时，发生交通事故后属于该机动车一方责任的，由保险公司在机动车强制保险责任限额范围内予以赔偿。不足部分，由机动车使用人承担赔偿责任；机动车所有人对损害的发生有过错的，承担相应的赔偿责任。"

3. 教唆、帮助行为能力欠缺的主体，监护人未尽到监护责任的按份责任

《侵权责任法》第9条第2款规定："教唆、帮助无民事行为能力人、限制民事行为能力人实施侵权行为的，应当承担侵权责任；该无民事行为能力人、限制民事行为能力人的监护人未尽到监护责任的，应当承担相应的责任。"

4. 劳务关系中的按份责任

《侵权责任法》第35条规定："个人之间形成劳务关系，提供劳务一方因劳务造成他人损害的，由接受劳务一方承担侵权责任。提供劳务一方因劳务自己受到损害的，根据双方各自的过错承担相应的责任。"

二、连带责任

(一) 连带责任界定

连带责任是指责任人有数人，债权人得请求全部之给付或各责任人负有全部给付之义务，唯因一次全部给付，而其债之全部关系归于消灭之债权债务关系。现代社会适当扩大连带责任范围，以加强对受害人保护，主要基于以下理由。①将风险转移给经济强者如环境污染。②危险控制理论。在危险行为人造成损害后果时，行为人对危险的控制力往往大于受害人对危险的控制力，由他们承担连带责任是合理的。③行为的恶劣。判定行为是否恶劣的标准是多重的，如主观恶性大，损害后果严重，社会影响恶劣等。如共谋的侵权行为、证券欺诈。连带责任是一把双刃剑，在它为保护受害人利益发挥作用时，可能会因滥用连带责任损害责任人利益甚至社会公正，因此连带责任必须在一定情形下才能适用。基本思路是只有在法定或约定的情形下才能适用。

（二）《侵权责任法》中的连带责任情形

1. 共同侵权行为

《侵权责任法》第 8 条规定："二人以上共同实施侵权行为，造成他人损害的，应当承担连带责任。"

2. 共同危险行为

《侵权责任法》第 10 条规定："二人以上实施危及他人人身、财产安全的行为，其中一人或者数人的行为造成他人损害，能够确定具体侵权人的，由侵权人承担责任；不能确定具体侵权人的，行为人承担连带责任。"

3. 分别实施侵权行为都足以造成同一损害

《侵权责任法》第 11 条规定："二人以上分别实施侵权行为造成同一损害，每个人的侵权行为都足以造成全部损害的，行为人承担连带责任。"

4. 网络经营者与网络用户

《侵权责任法》第 36 条规定："网络用户、网络服务提供者利用网络侵害他人民事权益的，应当承担侵权责任。

网络用户利用网络服务实施侵权行为的，被侵权人有权通知网络服务提供者采取删除、屏蔽、断开链接等必要措施。网络服务提供者接到通知后未及时采取必要措施的，对损害的扩大部分与该网络用户承担连带责任。

网络服务提供者知道网络用户利用其网络服务侵害他人民事权益，未采取必要措施的，与该网络用户承担连带责任。"

5. 改装车的转让人与受让人

《侵权责任法》第 51 条规定："以买卖等方式转让拼装或者已达到报废标准的机动车，发生交通事故造成损害的，由转让人和受让人承担连带责任。"

6. 生产者、销售者

《侵权责任法》第 43 条规定："因产品存在缺陷造成损害的，被侵权人可以向产品的生产者请求赔偿，也可以向产品的销售者请求赔偿。"

7. 生产者、血液提供机构、医疗机构

《侵权责任法》第 59 条规定："因药品、消毒药剂、医疗器械的缺陷，或者输入不合格的血液造成患者损害的，患者可以向生产者或者血液提供机构请求赔偿，也可以向医疗机构请求赔偿。患者向医疗机构请求赔偿的，医疗机构赔偿后，有权向负有责任的生产者或者血液提供机构追偿。"

8. 环境污染由第三人造成

《侵权责任法》第 68 条规定："因第三人的过错污染环境造成损害的，被侵权人可以向污染者请求赔偿，也可以向第三人请求赔偿。污染者赔偿后，有权向第三人追偿。"

9. 第三人过错造成动物损害

《侵权责任法》第 83 条规定："因第三人的过错致使动物造成他人损害的，被侵权人可以向动物饲养人或者管理人请求赔偿，也可以向第三人请求赔偿。动物饲养人或者管理人赔偿后，有权向第三人追偿。"

10. 建筑物等倒塌，建设单位与施工单位

《侵权责任法》第 86 条规定："建筑物、构筑物或者其他设施倒塌造成他人损害的，由建设单位与施工单位承担连带责任。建设单位、施工单位赔偿后，有其他责任人的，有权向其他责任人追偿。"

三、相应的补充责任

(一) 界定

侵权法上的补充责任，是指责任人承担第二顺序的责任，如果第一顺序责任人承担完全部责任，则补充责任人责任消灭。侵权补充责任的基本规则是：第一，承担责任顺序是第二位；第二，补充责任人的赔偿范围并不是直接责任人不能赔偿的部分，而是与其过错和原因力相应的部分；第三，直接责任人全部赔偿，补充责任人就不承担补充责任。

(二)《侵权责任法》中的补充责任情形

1. 劳务派遣单位有过错

《侵权责任法》第 34 条第 2 款规定："劳务派遣期间，被派遣的工作人员因执行工作任务造成他人损害的，由接受劳务派遣的用工单位承担侵权责任；劳务派遣单位有过错的，承担相应的补充责任。"

2. 公共场所的管理人或组织者违反安全保障义务

《侵权责任法》第 37 条第 2 款规定："因第三人的行为造成他人损害的，由第三人承担侵权责任；管理人或者组织者未尽到安全保障义务的，承担相应的补充责任。"

3. 教育机构未尽到管理职责

《侵权责任法》第 40 条规定："无民事行为能力人或者限制民事行为能力人在幼儿园、学校或者其他教育机构学习、生活期间，受到幼儿园、学校或者其他教育机构以外的人员人身损害的，由侵权人承担侵权责任；幼儿园、学校或者其他教育机构未尽到管理职责的，承担相应的补充责任。"

第三节　适当补偿责任

一、补偿责任的界定

《侵权责任法》中的补偿义务来源于当事人在特定条件下对损害后果的公平分担，分担损害的结果是由行为人或受益人给予受害人适当的补偿，也即由行为人或受益人承担适当的补偿义务。补偿义务具有如下特征。第一，它属于狭义的义务而非责任。第二，这种补偿义务是一种由法律明确规定的支付一定金钱的法定义务，尽管其实质内容具有某种"道义性"，但其形式具有强制性和法定性，可以理解为"道义义务的法律

化”。第三，它是补偿而非赔偿，其数额少于损失总额。第四，承担补偿义务的主体包括行为人和受益人，行为人是指加害人一方，既包括自己实施加害行为时的实际行为人，也包括需为他人加害行为负责的人，如监护人、雇主。第五，行为人补偿义务仅存在于适用过错责任原则（包括过错推定）的案件类型，受益人承担补偿义务则包括没有侵权人和侵权人无法（包括逃逸、无力赔偿等）承担责任两种情形。

二、《侵权责任法》中的补偿责任情形

1. 见义勇为情形

《侵权责任法》第23条规定：“因防止、制止他人民事权益被侵害而使自己受到损害的，由侵权人承担责任。侵权人逃逸或者无力承担责任，被侵权人请求补偿的，受益人应当给予适当补偿。”

2. 完全民事行为能力人没有意识或失去控制造成损害但没有过错的情形

《侵权责任法》第33条规定：“完全民事行为能力人对自己的行为暂时没有意识或者失去控制造成他人损害有过错的，应当承担侵权责任；没有过错的，根据行为人的经济状况对受害人适当补偿。”

3. 高空掷物情形

《侵权责任法》第87条规定：“从建筑物中抛掷物品或者从建筑物上坠落的物品造成他人损害，难以确定具体侵权人的，除能够证明自己不是侵权人的外，由可能加害的建筑物使用人给予补偿。”

4. 危险由自然原因引起紧急避险情况

《侵权责任法》第31条规定：“因紧急避险造成损害的，由引起险情发生的人承担责任。如果危险是由自然原因引起的，紧急避险人不承担责任或者给予适当补偿。”

5. 公平责任

《侵权责任法》第24条规定：“受害人和行为人对损害的发生都没有过错的，可以根据实际情况，由双方分担损失。”

复习题

一、判断分析题

1. 共同侵权行为也包括数人分别实施造成同一损害承担连带责任的情形。（　　）
2. 替代责任与个人责任在侵权责任法中都有所体现。（　　）
3. 按份责任是多数人责任的一般表现。（　　）
4. 我国《侵权责任法》既规定了补充责任，也规定了适当补偿责任。（　　）
5. 为了保护受害人利益，法院可以自己决定是否适用连带责任。（　　）

二、不定项选择题

1. 教唆、帮助他人实施侵权行为的，教唆人、帮助人应承担（　　）。

A. 相应责任　　B. 部分责任

C. 补充责任　　D. 与行为人承担连带责任

2. 个人之间所形成的劳务关系，提供劳务一方因劳务自己受到损害的，（　　）。

A. 由接受劳务一方承担责任

B. 由提供劳务一方自己承担责任

C. 由双方按照公平原则承担责任

D. 根据双方各自的过错承担相应的责任

3. 无民事行为能力人、限制民事行为能力人造成他人损害的，由监护人承担侵权责任。监护人尽到监护责任的，（　　）。

A. 应当减轻其侵权责任　　B. 酌情减轻其侵权责任

C. 可以减轻其侵权责任　　D. 不承担侵权责任

4. 二人以上分别实施侵权行为造成同一损害，每个人的侵权行为都足以造成全部损害的，行为人承担（　　）。

A. 主要责任　　B. 连带责任　　C. 相应的责任　　D. 平均赔偿责任

5. 甲、乙各牵一头牛于一桥头相遇。甲见状即对乙喊道："让我先过，我的牛性子暴，牵你的牛躲一躲。"乙说："不怕。"乙继续牵牛过桥，甲也牵牛上桥。结果两头牛在桥上打架，乙的牛跌入桥下摔死。乙的损失应由谁承担？（　　）。

A. 甲应负全部赔偿责任

B. 应由乙自负责任

C. 双方按各自的过错程度承担责任

D. 双方均无过错，按公平责任处理

6. 某年春节，村民张某和李某在自家门前放鞭炮庆祝过年，两家相隔一条街，鞭炮均被扔到街中间燃放。村民王某之子小王恰好路过，突然，一枚鞭炮向其飞来，并击中其眼，致使小王视力下降。由于张某和李某所燃放鞭炮均为同一型号，故无法判断究竟是哪家的鞭炮致使小王受到伤害。对小王的损害，应由谁承担责任？（　　）

A. 由张某承担　　B. 由李某承担

C. 由小王自担　　D. 由张某和李某负连带责任

7. 甲承租了乙的房子，租赁期间在乙的房屋四周违章堆放了易燃物，丙违章乱放烟花导致乙的房屋被毁，对乙房屋的损害，甲丙应承担的责任是（　　）。

A. 甲丙负连带责任　　B. 甲丙负按份责任

C. 甲承担侵权责任，丙承担补充责任　　D. 丙承担侵权责任，甲承担补充责任

8. 甲见乙追打丙上前制止，乙将甲打伤。对于甲受到的伤害，应由谁承担责任？（　　）

A. 由丙承担民事责任

B. 由乙承担民事责任

C. 若乙无力承担，由甲自行承担

D. 若乙无力承担，由丙给予适当的补偿

9. 甲一日与邻居乙争吵，对自己的儿子丙说给我打，其女儿丁递给哥哥木棍一根，丙用此将乙打伤，则对于乙的侵权责任承担（　　）。

A. 甲是教唆行为

B. 丁是帮助行为

C. 三人承担连带责任

D. 甲和丁承担适当的责任，丙承担主要责任

10. 设甲的电脑上染有病毒，但甲不知情。乙问有无病毒是否需要杀毒时，甲说使用多年从未感染过病毒。结果乙在使用时病毒发作，硬盘被锁死，整台电脑报废，则下列对于损失承担的说法中错误的是（　　）。

A. 由于甲交付的标的物质量符合双方事前约定，甲不应承担损害赔偿责任

B. 由于甲过于自信电脑上没有病毒，主观上有过失，基于该过失其应承担损害赔偿责任

C. 由于甲并不知情且多年未感染过病毒，应认定主观上没有过失，不应承担损害赔偿责任

D. 无论质量符不符合约定，主观上有无过失，甲都应承担瑕疵担保责任，赔偿乙的损失

三、案例分析题

2016 年 1 月，王某骑着电动车经过某居民楼时，一块砧板突然从天而降，砸中她的头部，当场不省人事。经医院诊断，王某顶骨骨折，颅骨出现大面积凹陷。经司法鉴定，此次伤害构成 9 级伤残。无奈之下的王某将该居民楼 2 楼以上 8 家住户一起告上了法庭。

第二十六章

几种法律特别规定的侵权责任

导　学

《侵权责任法》特别规定了几种侵权责任，一方面这些侵权责任在社会生活中十分普遍，需要法律加以规定；另一方面这些侵权责任在理论基础或者具体规则方面与一般侵权责任具有不同，因此有特别规定的必要。对于一些因主体特殊而产生的侵权责任，在侵权责任形态的部分中进行了介绍，本章重点介绍了七种法律特别规定的侵权责任。

本章知识体系

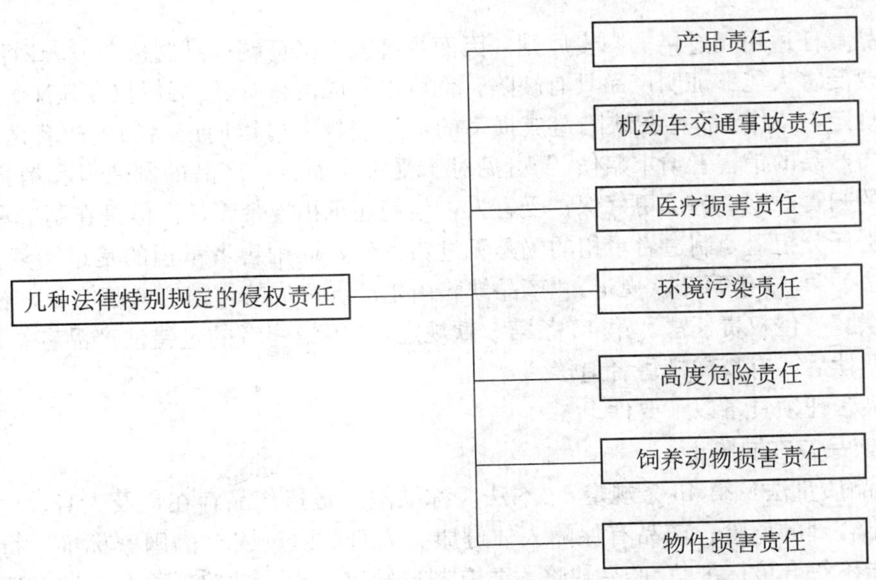

侵权行为类型化便于更细致地认识侵权行为。当然无论以何种标准类型化都无法穷尽侵权行为。传统观点认为：根据归责原则的不同，侵权行为可以分为一般侵权行为与特殊侵权行为。很明显，《民法通则》采用了该种分类标准，根据《民法通则》，条文中特别列举的侵权行为适用的归责原则都是比较严格的，或者是过错推定的归责原则，或者是无过错的归责原则。

《侵权责任法》虽然也列举了一些侵权行为，如产品责任、机动车交通事故责任、医疗损害责任等。但是归责原则并非全部都是无过错或过错推定，如医疗损害责任的归责原则就是过错责任原则。当然大多数列举的侵权行为归责原则都是比较严格的，可以看出传统的区分标准还是具有很重要的价值。当然立法者特别列举了一些侵权行为，还由于这些侵权行为在现实生活中非常重要。因此，本书认为，法律特别规定的侵权责任判断标准主要有三项：第一，是否适用了比较严格的归责原则；第二，该种侵权行为是否具有特别调整的重要性；第三，立法是否特别规定。

第一节　产品责任

一、产品责任概念和特征

产品责任是一种侵权责任，是由于产品不合格而造成他人人身、财产的损害而应承担的一种责任。产品责任具有以下法律特征。

第一，致人损害的产品必须存在缺陷。

第二，侵权责任法上的产品责任并不是产品自身质量问题，而是产品缺陷造成他人人身伤害或者缺陷产品以外的财产损害。

第三，产品责任属于特殊侵权责任，适用无过错的归责原则。

二、产品责任的归责原则和构成要件

产品责任适用无过错的归责原则。因而受害人不必证明产品制造者或者销售者的过错，只要受害人能够证明产品具有缺陷，就可以构成侵权责任。《侵权责任法》第 43 条第 1 款规定："因产品存在缺陷造成损害的，被侵权人可以向产品的生产者请求赔偿，也可以向产品的销售者请求赔偿。"可见对于受害人而言，产品的制造者和销售者适用无过错的归责原则，为了更好保护受害人，他们还承担连带责任。但是在制造者和销售者内部责任分担上，制造者承担的仍是无过错责任，而销售者承担的是过错责任。《侵权责任法》第 43 条第 2 款规定："产品缺陷由生产者造成的，销售者赔偿后，有权向生产者追偿。"《侵权责任法》第 43 条第 3 款规定："因销售者的过错使产品存在缺陷的，生产者赔偿后，有权向销售者追偿。"

产品责任须具备以下要件。

1. 产品存在缺陷

《产品质量法》第 46 条规定："本法所称缺陷，是指产品存在危及人身、他人财产安全的不合理的危险；产品有保障人体健康、人身、财产安全的国家标准、行业标准的，是指不符合该标准。"产品缺陷主要有制造缺陷、设计缺陷、警示缺陷和跟踪观察缺陷。

2. 人身、财产受到损害

产品责任中的损害事实包括人身损害、财产损害和精神损害。财产损失不是指缺陷产品本身的损失，而是指缺陷产品外的其他财产的损失。

3. 因果关系

产品责任中的因果关系要件，是指产品的缺陷与受害人的损害事实之间存在引起与被引起的关系，产品缺陷是原因，损害事实是结果。

三、产品责任的效力

（一）生产者、销售者责任

1. 连带责任

《侵权责任法》第 43 条第 1 款规定："因产品存在缺陷造成损害的，被侵权人可以向产品的生产者请求赔偿，也可以向产品的销售者请求赔偿。"

2. 警示、召回等补救义务

《侵权责任法》第 46 条规定："产品投入流通后发现存在缺陷的，生产者、销售者应当及时采取警示、召回等补救措施。未及时采取补救措施或者补救措施不力造成损害的，应当承担侵权责任。"由于人类的认知能力和科技水平不断提高，生产者应及时了解最新的科技成果，对新发现的产品危险应及时予以警告、说明。可见制造商将产品投入流通之后，还负有跟踪监视义务，必要时应作出警告直至召回产品。

3. 相应的惩罚性赔偿

《侵权责任法》第 47 条规定："明知产品存在缺陷仍然生产、销售，造成他人死亡或者健康严重损害的，被侵权人有权请求相应的惩罚性赔偿。"这是继《食品安全法》规定侵权的惩罚性赔偿制度之后，再一次肯定惩罚性赔偿的适用。根据侵权责任法的规定，惩罚性赔偿的要件如下。第一，明知产品存在缺陷。法条要求的是"明知"而没有包括"应知"，这里的主观恶性非常严重。第二，仍然生产、销售。第三，造成他人死亡或者健康严重损害。

（二）第三人责任

《侵权责任法》第 44 条规定："因运输者、仓储者等第三人的过错使产品存在缺陷，造成他人损害的，产品的生产者、销售者赔偿后，有权向第三人追偿。"本条规定的是产品责任的第三人责任，即由于第三人的过错使产品存在缺陷造成他人损害，生产者或者销售者先承担的替代责任。

该责任具有以下特点：第一，生产者和销售者对受害人承担的是无过错的中间责任；第二，产品的生产者或者销售者承担了中间责任后，对仓储者或者运输者等第三人享有追偿权；第三，第三人的范围十分广泛，不仅包括运输者和仓储者，还包括其他主体。

第二节　机动车交通事故责任

机动车交通事故责任主要适用《中华人民共和国道路交通安全法》（以下简称《道路交通安全法》）。《侵权责任法》第 48 条规定："机动车发生交通事故造成损害的，依照道路交通安全法的有关规定承担赔偿责任。"

一、机动车交通事故责任的归责原则

《道路交通安全法》第 76 条规定了机动车交通事故责任归责原则的二元体系，包括过错推定原则和过错责任原则。适用过错推定原则的机动车交通事故，是机动车造成非机动车驾驶人或者行人人身损害的交通事故。适用过错责任原则的情况比较复杂，具体分为以下几种情形：第一，机动车相互之间发生交通事故的实行过错责任原则；第二，

非机动车驾驶人或者行人相互之间造成损害的适用过错责任原则。

二、机动车交通事故责任的责任形态

机动车交通事故责任就是道路交通事故损害赔偿责任，其基本责任形态是替代责任和自己责任。凡是机动车所有人与机动车驾驶人相分离的机动车交通事故责任，都属于替代责任。而机动车所有人自己驾驶机动车造成交通事故致人损害的，是自己的责任。

（一）机动车交通事故责任中的替代责任

道路交通事故替代责任，是指机动车所有人作为责任主体，对机动车驾驶人的过失行为造成的道路交通事故致他人人身损害或者财产损害，应当承担赔偿责任。机动车所有人承担了赔偿责任之后，有权向有过错的机动车驾驶人追偿的侵权责任形态。

承担替代责任的机动车交通事故责任的类型主要有：一是法人或者其他组织作为所有人与其工作人员作为机动车驾驶人的替代责任；二是雇主雇佣雇工驾驶机动车的替代责任；三是机动车所有人借用他人作为机动车驾驶人的替代责任。

（二）机动车交通事故责任中的自己责任

道路交通事故自己责任，就是机动车所有人自己驾驶机动车，或者家庭成员驾驶家庭所有的机动车，由于自己的过错造成道路交通事故致他人人身损害和财产损害，应当由自己或家庭承担赔偿责任的责任形态。该种责任主要有以下类型：一是自己驾驶自己所有的机动车；二是驾驶私家车；三是合伙事务执行人驾驶合伙共有机动车。

（三）机动车交通事故责任中的连带责任

机动车交通事故责任存在共同侵权行为，因此存在连带责任形态。另外，共有的机动车发生事故致人损害，也应承担连带责任。

三、运行支配与运行利益规则下的责任

机动车交通事故责任，学界和审判实务大都认同运行支配和运行利益归属的二元说。所谓运行支配是指谁对机动车具有支配和控制的权利。运行利益规则是指谁从机动车运行中获得利益。根据《侵权责任法》，运行支配更多强调直接支配，从客观上容易判断。另外机动车一般都缴纳了强制保险，在具体赔偿时还应适用保险优先原则，即机动车发生交通事故，首先是由机动车强制保险赔付。机动车强制保险赔付不足部分，适用侵权责任法规则处理。侵权责任法主要规定了以下情形。

（一）租赁、借用情形

《侵权责任法》第 49 条规定："因租赁、借用等情形机动车所有人与使用人不是同一人时，发生交通事故后属于该机动车一方责任的，由保险公司在机动车强制保险责任限额范围内予以赔偿。不足部分，由机动车使用人承担赔偿责任；机动车所有人对损害的发生有过错的，承担相应的赔偿责任。"

该种情形，机动车租赁人、借用人是运行支配者和运行利益享有者，理应承担责任。机动车所有人是运行利益享有者，在过错范围内承担相应的赔偿责任。

（二）买卖但未登记情形

《侵权责任法》第 50 条规定："当事人之间已经以买卖等方式转让并交付机动车但未办理所有权转移登记，发生交通事故后属于该机动车一方责任的，由保险公司在机动

车强制保险责任限额范围内予以赔偿。不足部分，由受让人承担赔偿责任。”

该种情形，机动车已经买卖但未办理登记，机动车运行支配和运行利益都属于受让人，转让人不承担责任。

（三）盗窃、抢劫或者抢夺的情形

《侵权责任法》第 52 条规定：“盗窃、抢劫或者抢夺的机动车发生交通事故造成损害的，由盗窃人、抢劫人或者抢夺人承担赔偿责任。保险公司在机动车强制保险责任限额范围内垫付抢救费用的，有权向交通事故责任人追偿。”

该种情形与租赁、借用情形完全不同，机动车所有人不享有运行利益更不可能进行支配，因此不承担责任。

（四）逃逸的情形

《侵权责任法》第 53 条规定：“机动车驾驶人发生交通事故后逃逸，该机动车参加强制保险的，由保险公司在机动车强制保险责任限额范围内予以赔偿；机动车不明或者该机动车未参加强制保险，需要支付被侵权人人身伤亡的抢救、丧葬等费用的，由道路交通事故社会救助基金垫付。道路交通事故社会救助基金垫付后，其管理机构有权向交通事故责任人追偿。”

该种情形，为了更好地保护受害人利益，在强制保险不足以赔付的情况下，由社会救助基金进行垫付，然后再向事故责任人追偿。

第三节　医疗损害责任

医疗损害责任大都是在诊疗过程中发生，但有时医生也会基于其他情形承担责任。

一、医疗诊疗损害责任概念

医疗诊疗损害责任，是指医疗机构及医务人员在医疗活动中，违反医疗技术上的注意义务，具有违背当时医疗水平的技术过失，造成患者人身损害的责任。

《侵权责任法》第 54 条规定：“患者在诊疗活动中受到损害，医疗机构及其医务人员有过错的，由医疗机构承担赔偿责任。”可见医疗诊疗责任适用过错责任原则。

在一些特殊情形下，可以通过客观事实推定医疗机构及医务人员存在过错。根据《侵权责任法》第 58 条规定，患者如果能够证明医疗机构存在法定的情形，也可推定存在医疗过失。第一，医疗机构及医务人员违反法律、行政法规、规章以及其他有关诊疗规范的规定；第二，医疗机构及医务人员隐匿或者拒绝提供与纠纷有关的病历资料；第三，医疗机构及医务人员伪造、篡改或者销毁病历资料。

二、医疗伦理损害责任

医疗伦理损害责任是指医疗机构和医务人员违背医疗良知和医疗伦理的要求，造成患者人身损害以及其他合法权益损害的责任。主要有以下类型。①违反信息告知损害责任；②违反患者同意损害责任；③违反保密义务损害责任；④违反管理规范损害责任。

对医疗伦理过失的证明，实行过错推定。受害人能够举出证据证明自己的损害和违法医疗行为之间具有因果关系，就推定医疗机构或医务人员具有过失。

三、侵权责任法对患者权利和医疗机构权益的特别保护

（一）医疗机构对医学文书资料的保管查询义务

《侵权责任法》第61条规定："医疗机构及其医务人员应当按照规定填写并妥善保管住院志、医嘱单、检验报告、手术及麻醉记录、病理资料、护理记录、医疗费用等病历资料。"

（二）过度检查的防范与责任

《侵权责任法》第63条规定："医疗机构及其医务人员不得违反诊疗规范实施不必要的检查。"

（三）患者有不得干扰医疗秩序和医务人员工作、生活的义务

《侵权责任法》第64条规定："医疗机构及其医务人员的合法权益受法律保护。干扰医疗秩序，妨害医务人员工作、生活的，应当依法承担法律责任。"

第四节　环境污染责任

《侵权责任法》第65条规定了环境污染责任的一般条款，即"因污染环境造成损害的，污染者应当承担侵权责任"。

一、环境污染责任的概念和特征

环境污染责任，是指污染者违反法律规定的义务，以作为或不作为的方式，污染生活、生态环境，造成损害，依法承担损害赔偿等法律责任的侵权责任。

《侵权责任法》规定的环境污染责任有以下几个特征。

1. 环境污染责任是适用无过错责任原则的特殊侵权责任

这种特殊侵权责任的突出特点，是适用无过错责任原则。从《民法通则》第124条开始就是这样，《侵权责任法》仍然坚持这样的规则。按照《侵权责任法》第65条以及第7条规定，构成环境污染责任，在污染者的主观方面并不问过错。无论污染者在主观上有无过错，只要实施污染造成损害，都应当承担赔偿责任。

2. 环境侵权责任保护的环境属于广义概念

环境污染责任所保护的，是环境。在《民法通则》第124条的规定中，使用的概念是环境，而《侵权责任法》第65条规定的"环境"，应当把生态环境也概括在其中，使其具有更广泛的意义，污染生态环境的内容，也在环境污染责任所保护的范围之中。

3. 污染行为是污染者的作为或者不作为

污染环境的行为，既可能是作为的行为，也可能是不作为的行为，在很大范围内，不作为的形式更为常见。不论是作为的行为还是不作为的行为，只要造成生活和生态环境的损害，都构成侵权责任。

4. 环境污染责任保护的被侵权人范围广泛

《侵权责任法》第65条规定与众不同，不是"造成他人损害"，而是"造成损害"。这种表示方法意味着，环境的损害，并不仅指自然人的人身损害和财产损害，还包括更为广泛的损害。环境污染责任的受害主体不仅包括当代人，而且可能包括后代人，甚至

当代人侵害的完全是后代人的权益，根据现代环境法代际公平的理论，这种侵权同样要承担侵权责任。因此，在环境污染责任中，很多人主张可以作为公益诉讼，是有道理的。在很多情况下，环境污染责任的权利主体甚至是国家，国家可以请求损害赔偿。

5. 环境污染承担责任的方式多样化

《侵权责任法》第 65 条规定环境污染责任的责任方式，并没有采用赔偿责任的表述，而是采用“侵权责任”，因此，环境污染责任的责任方式，应当适用《侵权责任法》第 15 条的规定，可以适用停止侵害、排除妨碍、消除危险、返还财产、恢复原状、赔偿损失等多种责任方式，而不局限于损害赔偿责任。

二、环境污染责任的因果关系

（一）侵权责任法对因果关系的规定

《侵权责任法》第 66 条规定了环境污染责任的因果关系推定规则，即“因环境污染发生纠纷，污染者应当就法律规定的不承担责任或者减轻责任的情形及其行为与损害之间不存在因果关系承担举证责任。”

环境污染责任适用无过错责任原则，在确定责任构成中，不需具备过错要件，即不问过错，那么，确定是否构成环境污染责任的最后判断标准，就是因果关系。只要能确定被侵权人的损害事实与环境污染行为之间存在引起与被引起的逻辑联系，具有因果关系，就能够确定环境污染行为的污染者对被侵权人承担侵权责任。侵权责任法对于环境污染适用因果关系推定，即只要原告证明污染行为与损害事实存在相当程度的可能性，就推定因果关系成立，被告为了不承担责任，还须证明不存在因果关系。

（二）因果关系推定的不同学说和规则

因果关系推定的学说和规则，是大陆法系为了适应环境污染责任的因果关系举证困难而创设的，因果关系推定规则产生于公害案件，后来有向其他领域扩展的趋向。因果关系推定主要有三种学说。

1. 盖然性因果关系

盖然性因果关系说的基本规则是，盖然性就是可能性。例如，在公害案件的诉讼中，原告只需证明公害案件中的侵权行为与损害后果之间存在某种程度的可能性，即完成了自己的举证责任。法官实行因果关系推定，然后由被告举反证，以证明其行为与原告损害之间无因果关系。这种证明的标准是高度盖然性，即极大可能性。不能反证或者反证不成立，即可确认因果关系成立。

2. 疫学因果关系

疫学因果关系说是用医学中流行病学的原理来推定因果关系的理论，日本在公害案件诉讼，药物受害案件诉讼，大规模人群受害的多数被侵权人提起集团诉讼的案件中，在裁判所对因果关系认定上采用这种因果关系推定规则。这种因果关系推定理论和规则改变了以往诉讼中具体个体对因果关系证明的方法，转而以民众的罹患率为参照系，即只要原告证明被告的行为与罹患率之间有随动关系，即完成了证明责任。法官基于这种程度的证明，就可以推定因果关系存在。被告认为自己的行为与损害事实之间没有因果关系的，须自己举证证明，推翻推定，才能够免除自己的责任，否则即可确认因果关系要件成立。

3. 概率因果关系

概率因果关系说认为，在个别人或者少数人主张受到公害或者药害致病，请求损害赔偿的诉讼中，由于不是大量人群集体发病，原告根本无法提出能够证明自己的疾病与公害或者药害的致病因素之间具有“高度盖然性”的科学数据。但是，如果根据疫学因果关系说验证的危险相对发生概率方法，能够证明公害或者药害的加害因素与被侵权人的疾病的发生具有一定概率的因果关系，则可以考虑只限于在这种特定情况下放弃传统的事实因果关系判断的高度盖然性的标准，认定加害因素与被侵权人的疾病发生之间存在事实因果关系，并且在计算损害额时考虑因果关系的概率。

（三）环境污染责任中因果关系的具体规则

1. 被侵权人证明存在因果关系的可能性

被侵权人在诉讼中，应当首先证明因果关系具有相当程度的盖然性，即环境污染行为与损害事实之间存在因果关系的可能性。相当程度的盖然性就是很大的可能性，其标准是，一般人以通常的知识经验观察即可知道二者之间具有因果关系。

原告证明盖然性的标准是，被侵权人提供的证据，使法官能够形成对环境污染行为与被侵权人人身损害事实之间具有因果关系的可能性的确信，其范围为相当程度的可能性，而不是高度盖然性。原告的证明如果能够使法官建立起这种相当程度的可能性，或者较大的可能性的确信，原告的举证责任即告完成。

2. 法官对因果关系实行推定

法官在原告上述证明的基础上，可以作出因果关系推定。推定的基础条件如下。

1）如果无此行为发生通常不会有这种后果的发生

得到这个结论，首先应当确定事实因素，即要确认环境污染行为和损害事实必须存在，确认环境污染行为与损害事实之间可能存在客观的、合乎规律的联系。其次是顺序因素，即分清环境污染行为与损害事实的时间顺序，作为原因的环境污染行为必定在前，作为结果的患者人身损害事实必须在后。违背这一时间顺序性特征的环境污染责任，为无因果关系。污染者一方如果否认因果关系要件，直接举证证明违法污染行为和损害结果之间的时间顺序不符合要求，即可推翻这个推定。

2）不存在其他可能原因

不存在其他可能原因，包括原告或者第三人行为或者其他因素的介入。应当在损害事实与环境污染行为之间排除其他可能性，确定这种损害事实没有任何其他原因致其损害的可能时，即可推定该种环境污染行为是损害事实发生的原因，才可以推定因果关系的存在。

3）判断有因果关系的可能性的标准是一般社会知识经验

推定的标准并不是科学技术证明，而是通常标准，即按照一般的社会知识经验判断为可能，在解释上与有关科学结论无矛盾，即可进行推定。实行因果关系推定，就意味着被侵权人在因果关系的要件的证明上不必举证证明医疗损害因果关系的高度盖然性，而是在原告证明了因果关系盖然性标准的基础上，由法官进行推定。

3. 举证责任倒置

举证责任倒置是由污染者证明污染行为与损害没有因果关系。在法官推定因果关系之后，污染者认为自己的污染行为与损害结果之间没有因果关系的，则须自己举证证明。只要举证证明污染行为与损害事实之间无因果关系，就可以推翻因果关系推定，免除自己的责任。

三、环境污染责任的特殊责任形态

（一）份额规则的适用

《侵权责任法》第 67 条规定的是在环境污染责任中的份额规则：“两个以上污染者污染环境，污染者承担责任的大小，根据污染物的种类、排放量等因素确定。”即两个以上的污染者污染环境，不能确定究竟是谁的污染行为造成损害，但都存在造成损害的可能性。

《侵权责任法》第 67 条规定环境污染责任认定采用的是份额规则，有两点与共同危险行为不同：第一，每一个污染者污染行为的情形不同，对造成损害的可能性并不一样，因此，每一个污染者的责任份额并不相同，应当根据“污染物的种类、排放量等因素确定”；第二，承担的责任没有规定为连带责任，仅仅规定应当承担侵权责任。看起来，这个规定没有规定这种侵权责任的形态，但根据份额规则，每一个可能造成损害的污染者应当承担的是按份责任，因为本条后段明确规定了污染者承担责任的大小，根据污染物的种类、排放量等因素确定。

（二）第三人过错的不真正连带责任

《侵权责任法》第 68 条规定了环境污染责任中第三人过错的不真正连带责任规则。第三人过错造成环境污染损害的，不适用《侵权责任法》第 28 条关于“损害是因第三人造成的，第三人应当承担侵权责任”的一般性规定，而应采用不真正连带责任规则。《侵权责任法》第 68 条的内容是：“因第三人的过错污染环境造成损害的，被侵权人可以向污染者请求赔偿，也可以向第三人请求赔偿。污染者赔偿后，有权向第三人追偿。”可以看出环境污染适用十分严格的责任，即使环境污染是由第三人造成，污染人也不能免责。

第五节　高度危险责任

一、高度危险责任概念

《侵权责任法》第 69 条规定了高度危险责任的一般条款：“从事高度危险作业造成他人损害的，应当承担侵权责任。”高度危险责任，是一种特殊侵权责任。高度危险活动是危险作业的法律用语，是指在现有的技术条件下，人们还不能完全控制自然力量和某些物质属性，虽然以极其谨慎的态度经营，但仍有很大的可能造成人们的生命、健康以及财产损害的危险性作业。高度危险物是对周围具有高度危险性的物品。因从事上述高度危险活动或者持有高度危险物，造成他人的损害所应承担的侵权责任，即高度危险责任。

二、高度危险责任的归责原则

高度危险责任应当适用无过错责任，理由是：第一，高度危险责任确定时的出发点就是基于无过错责任；第二，对高度危险责任实行无过错责任原则有利于消除或减少社会危险因素；第三，在市场经济条件下，危险活动和危险物经营多是营利性的活动，有的甚至是高利润的垄断性经营，因此，风险说和公平说也可以作为无过错责任的理论基础来解释高度危险责任的赔偿责任。

三、赔偿法律关系主体

危险活动或危险物的作业人是赔偿义务主体。作业人可以是危险活动和危险物的所有人，也可以是危险活动和危险物的经营者。当所有人与占有人相分离时，对于如何确定赔偿义务主体，有不同的认识。例如危险活动和危险物由他人承包，所有人与承包人相分离，有的认为由所有人承担，有的认为由承包人承担，有的认为由承包人与所有人共同承担。可以认为，承包人承包危险活动和危险物后，承包人是危险活动和危险物的占有人，由他进行具体作业，因而应由他作为赔偿义务主体，承担赔偿责任，所有人一般不承担责任，但承包合同另有规定的除外。高度危险责任，赔偿权利主体是受害人。受害人死亡或终止后，由其权利承受人享有赔偿请求权。

四、具体的高度危险责任

（一）民用核设施发生核事故造成他人损害

《侵权责任法》第 70 条规定："民用核设施发生核事故造成他人损害的，民用核设施的经营者应当承担侵权责任，但能够证明损害是因战争等情形或者受害人故意造成的，不承担责任，该侵权责任是无过错责任。"

（二）民用航空器造成他人损害

《侵权责任法》第 71 条规定："民用航空器造成他人损害的，民用航空器的经营者应当承担侵权责任，但能够证明损害是因受害人故意造成的，不承担责任。"

（三）占有或者使用易燃、易爆、剧毒、放射性危险物造成他人损害

《侵权责任法》第 72 条规定："占有或者使用易燃、易爆、剧毒、放射性等高度危险物造成他人损害的，占有人或者使用人应当承担侵权责任，但能够证明损害是因受害人故意或者不可抗力造成的，不承担责任。被侵权人对损害的发生有重大过失的，可以减轻占有人或者使用人的责任。"

（四）从事高空、高压、地下挖掘活动或者使用高速轨道运输工具造成他人损害

《侵权责任法》第 73 条规定："从事高空、高压、地下挖掘活动或者使用高速轨道运输工具造成他人损害的，经营者应当承担侵权责任，但能够证明损害是因受害人故意或者不可抗力造成的，不承担责任。被侵权人对损害的发生有过失的，可以减轻经营者的责任。"

（五）遗失、抛弃高度危险物造成他人损害

《侵权责任法》第 74 条规定："遗失、抛弃高度危险物造成他人损害的，由所有人承担侵权责任。所有人将高度危险物交由他人管理的，由管理人承担侵权责任；所有人有过错的，与管理人承担连带责任。"

（六）非法占有高度危险物造成他人损害

《侵权责任法》第 75 条规定："非法占有高度危险物造成他人损害的，由非法占有

人承担侵权责任。所有人、管理人不能证明对防止他人非法占有尽到高度注意义务的，与非法占有人承担连带责任。”

第六节　饲养动物损害责任

一、饲养动物损害责任概念

《侵权责任法》第78条规定了饲养动物损害责任的一般条款：“饲养的动物造成他人损害的，动物饲养人或者管理人应当承担侵权责任，但能够证明损害是因被侵权人故意或者重大过失造成的，可以不承担或者减轻责任。”饲养动物损害责任是指动物饲养人或者管理人在其饲养的动物造成他人损害时，根据致害动物的种类和性质适用无过错责任原则或者过错推定原则，应当承担赔偿责任的特殊侵权责任。

《侵权责任法》第78条以及其他条文规定的是“饲养的动物”，并且把饲养的动物分为饲养的一般动物、违反管理规定的动物、禁止饲养的动物以及动物园的动物。除此之外的其他动物如野生动物等，《侵权责任法》并不调整。

二、饲养动物损害责任的归责原则

《侵权责任法》关于饲养动物损害责任的规定，在归责原则上改变了《民法通则》第127条适用单一归责原则的做法，在第78～82条根据实际情况确定了不同的归责原则。归责原则实行二元化，即基本归责原则为无过错责任原则，但对于个别的饲养动物损害责任，例如动物园的动物致人损害，实行过错推定原则。

（一）无过错责任原则的适用范围

无过错责任原则调整的饲养动物损害责任，首先是《侵权责任法》第78条规定的一般条款的适用范围。按照该条规定，对于一般的饲养动物致人损害，并不要求有过错的要件存在即可构成侵权责任，因此是无过错责任；如果动物的饲养人或者管理人能够证明损害是由被侵权人的重大过失造成的，可以减轻或者免除责任。根据举轻以明重的解释方法，此处的重大过失当然包括故意。

在特别规定的饲养动物损害责任中，以下两种适用无过错责任原则。

1. 禁止饲养的烈性犬等危险动物造成他人损害的

《侵权责任法》第80条规定的禁止饲养的烈性犬等危险动物造成他人损害的，应适用非常严格的无过错责任原则，不仅无过错不能免责，而且也没有规定其他免责事由，因此，即使被侵权人具有过失或者重大过失，也不得减轻侵权人的责任，更不得免除其责任。

2. 遗弃动物或者逃逸动物造成他人损害的

《侵权责任法》第82条规定遗弃动物或者逃逸动物造成他人损害的，适用无过错责任原则。对此，条文也没有规定免责或者减轻责任的事由，适用无过错责任原则没有争议。

（二）过错推定原则的适用范围

能够非常明确地确定为过错推定原则的饲养动物损害责任，应当是《侵权责任法》

第 81 条规定的动物园的动物造成他人损害的责任。法律明确规定“但能够证明尽到管理职责的，不承担责任”，就标志着适用过错推定原则，先推定加害人具有过错，加害人主张自己无过错的，就要证明自己已经尽到管理职责。能够证明已经尽到管理职责的，为无过错，免除责任；不能证明者，为有过错，应当承担赔偿责任。

三、各种具体的饲养动物损害责任

（一）未采取安全措施的饲养动物损害责任

《侵权责任法》第 79 条规定：“违反管理规定，未对动物采取安全措施造成他人损害的，动物饲养人或者管理人应当承担侵权责任。”本条规定的是违反管理规定未对动物采取安全措施的饲养动物损害责任。

违反管理规定未对饲养动物采取安全措施造成他人损害的，应当适用无过错责任原则确定侵权责任。尽管从条文的含义看，“违反管理规定，未对动物采取安全措施”本身就是过错，但应当按照管理规定饲养的动物的危险性，其实要超出第 78 条规定的一般动物的危险性，按照逻辑推论，一般饲养动物损害责任尚须适用无过错责任原则，那么对于危险性更为严重或者更为明显的须按管理规定饲养的动物，更应当适用无过错责任原则。那么，既然动物饲养人或者管理人违反管理规定未对动物采取安全措施造成他人损害，就无须考察动物饲养人或者管理人的过错，直接按照无过错责任原则确定侵权责任即可。

违反管理规定的动物范围，主要应当根据国家法律、法规和管理规章确定。某些动物明确规定需要按照法律、法规或者规章饲养的，就属于按照规定饲养的动物。对于按照规定饲养的动物，必须按照国家的有关管理规定进行，采取必要的安全措施，防止损害他人。例如在城市饲养小型犬，就是按照规定饲养的动物，造成他人损害，适用本条规定确定责任。

（二）禁止饲养的饲养动物损害责任

《侵权责任法》第 80 条规定：“禁止饲养的烈性犬等危险动物造成他人损害的，动物饲养人应当承担侵权责任。”这里规定的是禁止饲养的饲养动物损害责任。

（三）动物园动物损害责任

《侵权责任法》第 81 条规定：“动物园的动物造成他人损害的，动物园应当承担侵权责任，但能够证明尽到管理职责的，不承担责任。”这规定的是动物园的动物损害责任。

动物园饲养野生动物，必须按照法律法规的规定进行管理，以善良管理人的标准，善尽管理职责。因此，《侵权责任法》把动物园的动物损害责任，明确规定为过错推定原则。

（四）遗弃、逃逸动物损害责任

《侵权责任法》第 82 条规定：“遗弃、逃逸的动物在遗弃、逃逸期间造成他人损害的，由原动物饲养人或者管理人承担侵权责任。”

遗弃、逃逸动物，称为丧失占有的动物，是指动物饲养人或者管理人将动物遗弃或者动物逃逸，而使动物饲养人或者管理人失去了对该动物的占有。例如遗弃宠物猫、狗而成为流浪猫、狗。驯养的野生动物经遗弃或者逃逸而回归野生状态，也属于这类动物。遗弃、逃逸动物损害责任适用无过错责任原则，条文没有规定免责或者减轻责任的事由。被抛弃的动物已经被他人占有的，动物的占有人在事实上已经管领了该动物，是该动物事实上的占有人，造成损害的，应当由占有人承担民事责任。

（五）第三人的过错造成的饲养动物损害责任

《侵权责任法》第 83 条规定："因第三人的过错致使动物造成他人损害的，被侵权人可以向动物饲养人或者管理人请求赔偿，也可以向第三人请求赔偿。动物饲养人或者管理人赔偿后，有权向第三人追偿。"这里规定的是第三人过错致使饲养动物造成他人损害的不真正连带责任。

在饲养动物损害责任中，对于第三人过错造成的损害，依照《侵权责任法》第 28 条规定的一般规则，应当由第三人承担侵权责任，直接加害人免除责任。但饲养动物损害责任的基本归责原则是无过错责任原则，动物饲养人或者管理人承担赔偿责任的基础是无过错责任，那么，就不能因为第三人的过错而免除责任。因此，《侵权责任法》第 83 条规定采用不真正连带责任的规则，被侵权人既可以向动物饲养人请求赔偿，也可以向第三人请求赔偿。这两个请求权，被侵权人只能选择一个行使，该请求权实现之后，另一个请求权消灭。按照不真正连带责任的规则，如果是向动物饲养人或者管理人行使请求权的，动物饲养人或者管理人承担的赔偿责任为中间责任，并非最终责任。在其承担了赔偿责任之后，有权向第三人追偿，第三人承担的赔偿责任才是最终责任。有过错的第三人有义务承担动物饲养人或者管理人因承担赔偿责任而造成的一切损失。

第七节　物件损害责任

《侵权责任法》第 85～91 条规定的是物件损害责任。《侵权责任法》规定这种特殊侵权责任，没有规定一般性条款，直接规定了七种不同的物件损害责任。

一、物件损害责任概述

物件损害责任，是指为自己管领下的物件造成他人损害，应当由物件的所有人或者管理人承担侵权责任的特殊侵权责任。

物件损害责任的承担主体是物件的所有人或管理人。物件的所有人或管理人对于致害物享有支配权，在事实上具有支配致害物的权利，或者说他对该致害物件的危险具有控制力。各国法律对承担责任的主体规定不尽相同，《侵权责任法》沿用《民法通则》使用的概念，沿用物件所有人或者管理人的表述，明确责任人对于致害物的支配地位和承担替代责任的依据。例如虽然致害物件是所有权人所有，但是其不在所有权人的支配之下，而是在使用人的支配之下，则所有权人不是致害行为的责任人，使用人才是致害行为的责任人。

二、物件损害责任的归责原则——适用过错推定原则

物件损害责任适用过错推定责任原则。在《侵权责任法》第 85～91 条规定物件损害责任的条文中，除了第 89 条之外，都规定了过错的要求，即"不能证明自己没有过错""能够证明自己不是加害人"等，都是过错推定原则的要求。即使第 89 条规定的妨

碍通行物损害责任中没有规定过错的要求，但在公共道路上堆放、倾倒、遗撒物品，也是具有过错的。第90条规定的施工人“没有设置明显标志和采取安全措施”的构成要件，具有过错的因素。受害人只要证明具备这一构成要件，即可推定施工人在主观上具有过错，因而主观过错的要件并不要求受害人证明。同样，法律准许“施工人”证明自己已经设置了明显标志和采取了安全措施而免责。这是因为，如果施工人能够证明自己设置了明显标志和采取了安全措施，那么受害人致害就是因为其自己的疏忽所致，而不是因为施工人的过错所致，因而施工人就没有过错，当然可以免责。

物件损害责任适用过错推定责任，对免责事由应当严格限制，只有不可抗力、受害人以及第三人原因造成损害才能免责，即便发生了意外事故，也应当承担责任。根据法谚“物件等同于人的手臂的延长”，所以物件致人损害等同于所有人实施了某种行为致人损害。尤其是物件致人损害通常是物件本身存在某种缺陷，这就表明所有人没有及时发现或者消除其缺陷，是有过错的，这种缺陷不是受害人能够发现或者举证的，这就应当适用过错推定责任。例如，因罕见的暴雨导致沿街土墙倒塌，虽然暴雨为意外，但其所有人仍为未尽注意义务，造成损害不能免责。

三、具体的物件损害责任

（一）建筑物、构筑物或者其他设施及其搁置物、悬挂物发生脱落、坠落造成损害责任

《侵权责任法》第85条规定：“建筑物、构筑物或者其他设施及其搁置物、悬挂物发生脱落、坠落造成他人损害，所有人、管理人或者使用人不能证明自己没有过错的，应当承担侵权责任。所有人、管理人或者使用人赔偿后，有其他责任人的，有权向其他责任人追偿。”

（二）建筑物、构筑物或者其他设施倒塌损害责任

《侵权责任法》第86条规定：“建筑物、构筑物或者其他设施倒塌造成他人损害的，由建设单位与施工单位承担连带责任。建设单位、施工单位赔偿后，有其他责任人的，有权向其他责任人追偿。”本条规定的是建筑物、构筑物或者其他设施倒塌损害责任。

1. 建筑物、构筑物或者其他设施倒塌损害责任的概念

建筑物、构筑物或者其他设施倒塌损害责任，是指建筑物或者构筑物因倒塌造成他人损害，建筑物、构筑物或者其他设施的建设单位与施工单位应当承担连带责任的物件损害责任。

2. 建筑物、构筑物或者其他设施倒塌损害责任的承担

建筑物、构筑物或者其他设施设置缺陷损害责任，其责任主体是建设单位和施工单位。如果有其他责任人的，建设单位以及施工单位在承担了赔偿责任之后，对其他责任人享有追偿权。

1）建设单位和施工单位承担连带责任

建筑物、构筑物或者其他设施倒塌，首先由建设单位和施工单位承担连带责任。承担连带责任的基本规则，应当按照《侵权责任法》第13条和第14条规定进行。

2）对其他责任人的追偿

如果建筑物、构筑物或者其他设施倒塌致人损害，并非为建设单位和施工单位的责

任所致，而另有其他责任人，按照第86条规定，也仍然由建设单位和施工单位先承担连带责任。承担了赔偿责任之后，建设单位和施工单位对其他责任人取得追偿权，有权向其起诉，对造成建设单位和施工单位的所有损失，都应当赔偿。

（三）抛掷物坠落物损害责任

《侵权责任法》第87条规定："从建筑物中抛掷物品或者从建筑物上坠落的物品造成他人损害，难以确定具体侵权人的，除能够证明自己不是侵权人的外，由可能加害的建筑物使用人给予补偿。"这里规定的就是抛掷物坠落物的损害责任。

制定这个规则的依据如下：第一，确定抛掷物致害责任，是基于公平考虑，而不是基于过错责任原则；第二，承担的责任是适当的补偿责任，而不是传统意义的侵权责任；第三，这样规范的作用，是为了更好地预防损害，制止人们高空抛物；第四，这种侵权行为的性质是物件损害责任，不是人的责任。

（四）堆放物损害责任

堆放物损害责任，是指由于堆放物滚落、滑落或者倒塌，致使他人人身或者财产权益受到损害，由所有人或者管理人承担赔偿责任的物件损害责任。《最高人民法院关于审理人身损害赔偿案件适用法律若干问题的解释》（以下简称《人身损害赔偿司法解释》）第16条第（2）项规定，"堆放物滚落、滑落或者堆放物倒塌致人损害的"，"适用民法通则第126条的规定，由所有人或者管理人承担赔偿责任，但能够证明自己没有过错的除外"。《侵权责任法》第88条采用这个司法解释作为蓝本，规定了堆放物倒塌损害责任："堆放物倒塌造成他人损害，堆放人不能证明自己没有过错的，应当承担侵权责任。"

堆放物损害责任具有以下法律特征。首先，它是一种物件损害责任。堆放物是一种物件，由此致害发生的责任属于物件损害责任，不是行为致害责任。其次，赔偿责任的产生原因具有特定性。堆放物损害责任的产生，只能是堆放物滚落、滑落或考堆放物倒塌。最后，赔偿责任的承担主体具有特殊性。堆放物损害责任的责任主体是有过错的堆放人。

（五）妨碍通行的障碍物损害责任

《侵权责任法》第89条规定："在公共道路上堆放、倾倒、遗撒妨碍通行的物品造成他人损害的。有关单位或者个人应当承担侵权责任。"本条规定的是妨碍通行的障碍物损害责任。

妨碍通行的障碍物损害责任是指在公共道路上堆放、倾倒、遗撒妨碍通行的障碍物，造成他人损害的，实施该行为的有关单位或者个人应当承担损害赔偿等责任的物件损害责任。

（六）林木损害责任

林木损害责任，是指林木折断，造成他人人身损害、财产损害的，由林木所有人或者管理人承担损害赔偿等责任的物件损害责任。《侵权责任法》第90条规定："因林木折断造成他人损害，林木的所有人或者管理人不能证明自己没有过错的，应当承担侵权责任。"

林木损害责任具有以下法律特征：第一，林木损害责任是一种物件损害责任，不属于行为致害责任，不存在积极的加害行为人；第二，林木损害责任的产生原因具有特殊性，即该种责任的产生是由于林木折断等，除此并无其他原因；第三，林木损害责任的赔偿责任人具有特定性，即只能是致害林木的所有人或管理人。

（七）地下工作物损害责任

《侵权责任法》第91条规定："公共场所或者道路上挖坑、修缮、安装地下设施等，没有设置明显标志和采取安全措施造成他人损害的，施工人应当承担侵权责任。窨井等地下设施造成他人损害，管理人不能证明尽到管理职责的，应当承担侵权责任。"

地下工作物损害责任，是指在公共场所或者道路等的地表以下挖坑、修缮、安装地下设施等形成的地下工作物，以及窨井等地下工作物，由于其施工人或者管理人没有设置明显标志和安全措施，或者没尽到管理职责，造成他人人身或者财产损害，施工人或者管理人应承担的责任。

四、须注意的几个问题

第一，对于确实因意外事件造成的损害，尽管不能免责，但应当适当减轻其责任。但对物件造成损害有过错的，则应当完全赔偿。

第二，在物件致人损害的情况下，应当区分物的所有人和管理人之间的责任关系。一般来说，应当首先由占有人、管理人负责，因为其直接控制、管理物件，因此其有能力预防损害的发生，从经济上讲也是最有效率的。但是，如果损害是因隐蔽瑕疵造成的，则完全由管理人承担责任并不妥当。如果管理人不能承担责任，则所有人应当承担责任。

第三，如果物件致人损害是由于出卖人、承揽人出售或者交付的产品的瑕疵造成的，确定责任的承担规则，首先需要考虑能否适用产品责任，如果可以，则应当按照产品侵权责任处理；如果不能按照产品责任处理，则按照物件致人损害的规定，由所有人或者管理人承担责任。附随于不动产的物件，则不能适用产品责任。

一、判断分析题

1. 因产品存在缺陷造成他人损害的，生产者与销售者应当承担相应责任。（　）

2. 在公共场所或者道路上挖坑、修缮安装地下设施等，没有设置明显标志和采取安全措施造成他人损害的，施工人应当承担侵权责任。（　）

3. 网络服务提供者知道网络用户利用其网络服务侵害他人民事权益，未采取必要措施的，网络服务提供者应承担主要责任，网络用户应承担次要责任。（　）

4. 遗弃、逃逸的动物在遗弃、逃逸期间造成他人损害的，原动物饲养人或管理人不承担侵权责任。（　）

5. 因污染环境造成损害的，污染者应当承担侵权责任。（　）

二、不定项选择题

1. 患者有损害，因下列情形之一的，推定医疗机构有过错。（　）

A. 违反法律、行政法规、规章以及其他有关诊疗规范的规定

B. 隐匿或者拒绝提供与纠纷有关的病历资料

C. 伪造、篡改或者销毁病历资料

D. 患者或者其近亲属不配合医疗机构进行符合诊疗规范的诊疗

2. 甲为患者，在医院输血过程中，因血浆含有病毒，导致甲感染艾滋病毒，为此引起纠纷。下列表述正确的是（　　）。

A. 医院对甲的损害应承担过错推定责任

B. 血浆提供商对甲的损害应承担无过错责任

C. 医院和血浆提供商对甲的损害应承担连带责任

D. 医院对甲的损害不承担责任

3. 甲为某单位的保安，与欲进该单位的乙因进门手续发生争执，将乙致伤，乙为此花去医药费 1 000 元。经查，该保安在派往某单位之前，保安公司并未对其进行培训。对于乙花去的医药费，应由谁承担责任？（　　）

A. 某单位承担侵权责任　　B. 甲承担补充责任

C. 保安公司和甲承担连带责任　　D. 某单位和保安公司负连带责任

4. 王某于某日清晨使用月票在市公园内露天舞池旁学习跳舞时，突然被旁边一棵树上坠落的枯枝砸在后头颈上，随即被他人送到医院诊治。诊断结论为颈椎髓震荡，颈椎过伸性损伤，王某为此花费医药费若干。因损害赔偿与公园发生纠纷，王某诉至法院。对此，下列说法正确的有（　　）。

A. 王某所受损害应由公园承担赔偿责任

B. 王某所受损害与公园无关，应由其自己承担

C. 王某所受损害应主要由公园承担，王某承担部分责任

D. 王某所受损害应主要由其自己承担，公园承担部分责任

5. 机动车驾驶人发生交通事故后逃逸，（　　）。

A. 该机动车参加强制保险的，由保险公司在机动车强制保险责任限额范围内予以赔偿

B. 机动车不明或者该机动车未参加强制保险，需要支付被侵权人人身伤亡的抢救、丧葬等费用的，由道路交通事故社会救助基金垫付

C. 道路交通事故社会救助基金垫付后，其管理机构有权向交通事故责任人追偿

D. 道路交通事故社会救助基金垫付后，其管理机构无权向交通事故责任人追偿

6. 甲借用乙的车超速行驶，该车已投保，将行人丙撞成重伤，经交警鉴定，该交通事故由甲完全负责，保险公司支付保险金后，丙仍有相当部分不能得到赔偿，为此引起纠纷。经查乙借车时知道甲无驾驶证，碍于面子将车借于甲。下列表述正确的是(　　)。

A. 不足部分由丙自行承担　　B. 不足部分只能由甲承担

C. 不足部分只能由乙承担　　D. 不足部分由甲乙分担

7. 小牛在从甲小学放学回家的路上，将石块扔向路上正常行驶的出租车，致使乘客张某受伤，张某经治疗后脸上仍留下一块大伤疤。出租车为乙公司所有。下列选项错误的是（　　）。

A. 张某有权要求乙公司赔偿医药费及精神损害

B. 甲小学和乙公司应向张某承担连带赔偿责任

C. 张某有权要求甲小学赔偿医疗费及精神损害

D. 张某有权要求小牛的监护人赔偿医疗费及精神损害

8. 因林木折断造成他人损害，林木的所有人或者管理人（　　）应当承担侵权责任。

A. 有过错的　　B. 无过错的，仍

C. 不能证明自己没有过错的　　D. 无过错的，不

9. 在公共道路上堆放、倾倒、遗撒妨碍通行的物品造成他人损害的，（　　）应当承担侵权责任。

A. 有关单位　　B. 有关个人

C. 有关单位或者个人　　D. 有关单位和个人

10. 患者在诊疗活动中受到损害，医疗机构及其医务人员有过错的，由（　　）承担赔偿责任。

A. 医务人员　　B. 医疗机构

C. 医疗机构负责人　　D. 医务人员和医疗机构

三、案例分析题

C公司将员工李某派遣至D公司从事网络维护员的工作，李某在检修用户网络的过程中冒险作业使得用户的系统瘫痪、重大数据丢失，给用户造成了直接的经济损失，后经查实，李某并不具备网络维护员的相应技能，C公司在录用时未要求李某提供相应的技能证明。该损失应由谁承担？

第二十七章

侵权损害赔偿

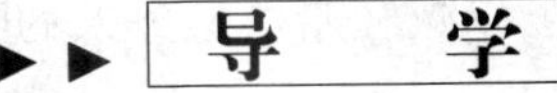

侵权责任损害赔偿在实践中十分重要，本章分别对财产损害赔偿、人身权益物质性损害赔偿、精神性损害赔偿的范围和具体计算进行了介绍。在学习该章之前，不仅需要掌握《侵权责任法》相关规定，还要了解司法解释的有关内容。

本章知识体系

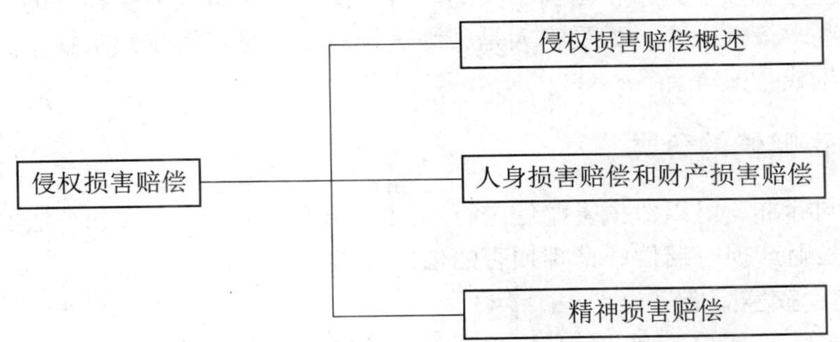

第一节　侵权损害赔偿概述

一、侵权损害赔偿的概念

侵权损害赔偿，是指支付一定的金钱或者实物赔偿侵权行为所造成损失的侵权责任方式。

二、侵权损害赔偿的原则

（一）侵权损害赔偿以全面赔偿为原则

侵权法的功能之一是填补和转嫁损失。侵权行为给他人造成损失，作为救济方式，损害赔偿应当使受害人的状况尽可能恢复到权益未被侵害之前的状态。

（二）损益相抵原则

损益相抵原则是指侵权行为不仅造成被侵权人损失，还使被侵权人受有利益，在确定赔偿数额时，应将利益从损害赔偿额中扣除。

（三）过失相抵原则

过失相抵原则又称为与有过失，指被侵权人对损害的发生或者扩大有过错的，可以减轻或免除侵权人的赔偿责任。

《最高人民法院关于审理人身损害赔偿案件适用法律若干问题的解释》第 2 条规定，受害人对同一损害的发生或者扩大有故意、过失的，可以减轻或者免除赔偿义务人的赔偿责任。但侵权人因故意或者重大过失致人损害，受害人只有一般过失的，不减轻赔偿义务人的赔偿责任。没有过错，但法律规定应当承担民事责任的，确定赔偿义务人的赔偿责任时，受害人有重大过失的，可以减轻赔偿义务人的赔偿责任。

（四）损失分担原则

损失分担原则是指，行为人和受害人对损害发生都没有过错时，根据实际情况，由双方分担损失的原则。

《侵权责任法》第 24 条规定："受害人和行为人对损害的发生都没有过错的，可以根据实际情况，由双方分担损失。"《民法通则》第 132 条规定："当事人对造成损害都没有过错的，可以根据实际情况，由当事人分担民事责任。"损失分担即在有关当事人之间进行损失分配，由有关当事人共同承担损失。因此，这种损失分配必须公平合理。具体说来，应考虑以下因素：①当事人的经济状况；②受害人所受损害的程度；③当地习惯；④某些政策性因素，如受害人是否为优抚对象，是否属于政策扶持的从事社会公益事业的单位或个人等。

三、损害赔偿的分类

根据不同标准，可以对损害赔偿进行不同的分类，在理论研究和司法实践中，最具实际意义的是财产损害赔偿和精神损害赔偿的分类。

（一）财产损害赔偿

财产损害赔偿是对受害人财产损失所作的赔偿，即责任者以自己的财产填补受害人所遭受的财产上的不利益，使其恢复其未受损害时的状况。

（二）人身损害赔偿

如侵害自然人的生命健康权、姓名权、名誉权，侵害法人的商号权、商誉权等人身利益所进行的赔偿。广义的人身损害赔偿既包括人身损害所造成的实际利益受损，如医疗费、误工费、住宿费、护理费等，也包括精神上遭受的损失，后者就是精神损害赔偿。

（三）精神损害赔偿

精神损害指对人身非财产利益的损害，精神损害赔偿指对人身非财产利益所遭受的损害给予金钱的补偿。在本质上，精神损害是不能通过金钱赔偿恢复原状的，因为二者的性质不同。精神损害只能通过精神的办法、感情的办法去解决，但给予一定的金钱赔偿，也可表达加害人的一种歉意，表示法律对加害人行为的谴责，从而对受害人起到慰藉的作用。《民法通则》颁布后，精神损害赔偿在民法理论研究和司法实践中得到一致的承认。《最高人民法院关于确定民事侵权精神损害赔偿责任若干问题的解释》明确规定了精神损害赔偿适用范围和计算方法。不过，精神损害毕竟不同于财产损害，在适用时，应注意和非财产责任方式，如赔礼道歉、恢复名誉、消除影响等这些民事责任形式的运用和配合。

第二节 人身损害赔偿和财产损害赔偿

一、人身损害赔偿的概念

人身损害赔偿是指自然人的生命权、健康权和身体权遭受侵害，造成伤残、死亡以及精神痛苦等后果，要求赔偿义务人以财产赔偿其财产损失或精神损害的一种法律救济制度。

《侵权责任法》第 20 条则规定："侵害他人人身权益造成财产损失的，按照被侵权人因此受到的损失赔偿；被侵权人的损失难以确定，侵权人因此获得利益的，按照其获得的利益赔偿；侵权人因此获得的利益难以确定，被侵权人和侵权人就赔偿数额协商不一致，向人民法院提起诉讼的，由人民法院根据实际情况确定赔偿数额。"

二、人身损害赔偿的具体确定

（一）医疗费

医疗费是指受害人人身遭受侵害后接受医学上的检查、治疗与康复所必须支出的费用，包括挂号费、医药费、治疗费、检查费、住院费及其他医疗费用，如进行器官移植的费用、聘请专家会诊的费用等。医疗费不仅包括已经支出的费用，还包括将来发生的医疗费用即后续治疗费，如治疗后遗症的费用、二次治疗的费用等。

《人身损害赔偿司法解释》第 19 条规定："医疗费根据医疗机构出具的医药费、住院费等收款凭证，结合病历和诊断证明等相关证据确定。赔偿义务人对治疗的必要性和合理性有异议的，应当承担相应的举证责任。医疗费的赔偿数额，按照一审法庭辩论终结前实际发生的数额确定。器官功能恢复训练所必要的康复费、适当的整容费以及其他后续治疗费，赔偿权利人可以待实际发生后另行起诉。但根据医疗证明或者鉴定结论确定必然发生的费用，可以与已经发生的医疗费一并予以赔偿。"

（二）误工费

误工费是指受害人因人身受到侵害，耽误工作而遭受的预期利益的损失。《人身损害赔偿司法解释》第 20 条规定："误工费根据受害人的误工时间和收入状况确定。误工时间根据受害人接受治疗的医疗机构出具的证明确定。受害人因伤致残持续误工的，误工时间可以计算至定残日前一天。受害人有固定收入的，误工费按照实际减少的收入计算。受害人无固定收入的，按照其最近三年的平均收入计算；受害人不能举证证明其最近三年的平均收入状况的，可以参照受诉法院所在地相同或者相近行业上一年度职工的平均工资计算。"

（三）护理费

护理费是指受害人因人身受到侵害，缺乏生活自理能力需要他人护理而支付的费用。《人身损害赔偿司法解释》第 21 条规定："护理费根据护理人员的收入状况和护理人数、护理期限确定。护理人员有收入的，参照误工费的规定计算；护理人员没有收入或者雇佣护工的，参照当地护工从事同等级别护理的劳务报酬标准计算。护理人员原则上为一人，但医疗机构或者鉴定机构有明确意见的，可以参照确定护理人员人数。护理期限应计算至受害人恢复生活自理能力时止。受害人因残疾不能恢复生活自理能力的，可以根据其年龄、健康状况等因素确定合理的护理期限，但最长不超过二十年。受害人定残后的护理，应当根据其护理依赖程度并结合配制残疾辅助器具的情况确定护理级别。”

（四）交通费

交通费是指受害人及其必要的陪护人员因就医或转院治疗实际发生的用于交通的费用。《人身损害赔偿司法解释》第 22 条规定：“交通费根据受害人及其必要的陪护人员因就医或者转院治疗实际发生的费用计算。交通费应当以正式票据为凭；有关凭据应当与就医地点、时间、人数、次数相符合。”

（五）住宿费

住宿费是指受害人到外地就医、参加事故处理等必须支出的合理费用，包括：受害人受伤后因医院无床位或其他原因确需候诊，且伤情不允许返回家中或不能返回家中，或往返家中的交通费用高于住宿费的情况下，受害人支出的合理住宿费用。

（六）住院伙食补助费

住院伙食补助费是指受害人遭受人身损害后，受害人在住院治疗期间支出的伙食费用超过平时在家的伙食费用，而由加害人就其合理的超出部分予以赔偿的费用。《人身损害赔偿司法解释》第 23 条规定：“住院伙食补助费可以参照当地国家机关一般工作人员的出差伙食补助标准予以确定。受害人确有必要到外地治疗，因客观原因不能住院，受害人本人及其陪护人员实际发生的住宿费和伙食费，其合理部分应予赔偿。”

（七）营养费

营养费是指受害人为恢复身体机能而增加营养所支出的合理费用。《人身损害赔偿司法解释》第 24 条规定：“营养费根据受害人伤残情况参照医疗机构的意见确定。”

三、致人残疾的赔偿

《人身损害赔偿司法解释》第 17 条第 2 款规定：“受害人因伤致残的，其因增加生活上需要所支出的必要费用以及因丧失劳动能力导致的收入损失，包括残疾赔偿金、残疾辅助器具费、被扶养人生活费，以及因康复护理、继续治疗实际发生的必要的康复费、护理费、后续治疗费，赔偿义务人也应当予以赔偿。”

（一）残疾赔偿金

残疾赔偿金是指赔偿义务人对受害人因身体、健康遭受侵害导致残疾，赔偿义务人对受害人的残疾这一单纯的损害后果进行的金钱赔偿。《人身损害赔偿司法解释》第 25 条规定：“残疾赔偿金根据受害人丧失劳动能力程度或者伤残等级，按照受诉法院所在地上一年度城镇居民人均可支配收入或者农村居民人均纯收入标准，自定残之日起按二十年计算。但六十周岁以上的，年龄每增加一岁减少一年；七十五周岁以上的，按五年计算。受害人因伤致残但实际收入没有减少，或者伤残等级较轻但造成职业妨害严重影响其劳动就业的，可以对残疾赔偿金作相应调整。”

（二）残疾辅助器具费

残疾辅助器具费是指因伤致残的受害人因侵权行为造成身体功能全部或部分丧失后而购买、配置生活自助用具而支出的相关费用。

《人身损害赔偿司法解释》第 26 条规定："残疾辅助器具费按照普通适用器具的合理费用标准计算。伤情有特殊需要的，可以参照辅助器具配制机构的意见确定相应的合理费用标准。辅助器具的更换周期和赔偿期限参照配制机构的意见确定。"

（三）被扶养人生活费赔偿

被扶养人生活费赔偿是指加害人因非法剥夺他人生命权，或因侵害他人身体权、健康权而致其丧失劳动能力时，应当支付受害人依法应当承担扶养义务的未成年人或者丧失劳动能力又无其他生活来源的成年近亲属生活费的侵权赔偿制度。

《人身损害赔偿司法解释》第 28 条规定："被扶养人生活费根据扶养人丧失劳动能力程度，按照受诉法院所在地上一年度城镇居民人均消费性支出和农村居民人均年生活消费支出标准计算。被扶养人为未成年人的，计算至十八周岁；被扶养人无劳动能力又无其他生活来源的，计算二十年。但六十周岁以上的，年龄每增加一岁减少一年；七十五周岁以上的，按五年计算。被扶养人是指受害人依法应当承担扶养义务的未成年人或者丧失劳动能力又无其他生活来源的成年近亲属。被扶养人还有其他扶养人的，赔偿义务人只赔偿受害人依法应当负担的部分。被扶养人有数人的，年赔偿总额累计不超过上一年度城镇居民人均消费性支出额或者农村居民人均年生活消费支出额。"

四、造成死亡的赔偿

《人身损害赔偿司法解释》第 17 条第 3 款规定："受害人死亡的，赔偿义务人除应当根据抢救治疗情况赔偿本条第一款规定的相关费用外，还应当赔偿丧葬费、被扶养人生活费、死亡补偿费以及受害人亲属办理丧葬事宜支出的交通费、住宿费和误工损失等其他合理费用。"

《侵权责任法》第 16 条规定，造成受害人死亡的，除赔偿一般伤害的费用外，还应当赔偿丧葬费和死亡赔偿金。该法第 18 条第 1 款规定："被侵权人死亡的，其近亲属有权请求侵权人承担侵权责任。"该条第 2 款规定："被侵权人死亡的，支付被侵权人医疗费、丧葬费等合理费用的人有权请求侵权人赔偿费用，但侵权人已支付该费用的除外。"

（一）死亡赔偿金

死亡赔偿金是指赔偿义务人对受害人之法定继承人因受害人死亡而遭受的未来可继承或可共享的受害人收入损害赔偿的赔偿责任。对于死亡赔偿金的性质，《人身损害赔偿司法解释》第 29 条规定："死亡赔偿金按照受诉法院所在地上一年度城镇居民人均可支配收入或者农村居民人均纯收入标准，按二十年计算。但六十周岁以上的，年龄每增加一岁减少一年；七十五周岁以上的，按五年计算。"第 30 条规定："赔偿权利人举证证明其住所地或者经常居住地城镇居民人均可支配收入或者农村居民人均纯收入高于受诉法院所在地标准的，残疾赔偿金或者死亡赔偿金可以按照其住所地或者经常居住地的相关标准计算。"另外《侵权责任法》第 17 条规定："因同一侵权行为造成多人死亡的，可以以相同数额确定死亡赔偿金。"

（二）丧葬费

丧葬费是安葬因侵权行为而死亡的公民的遗体所必须支出的费用。《人身损害赔偿司法解释》第 27 条规定："丧葬费按照受诉法院所在地上一年度职工月平均工资标准，以六个月总额计算。"

（三）被扶养人生活费

被扶养人生活费的赔偿与致人残疾时的赔偿标准相同，此处不再赘述。

五、财产损害赔偿

（一）财产损害赔偿概念

财产损害赔偿是指侵权人造成他人财产损失，行为人应当承担财产损害的赔偿责任。根据完全赔偿原则，赔偿范围应当包括受害人遭受的所有损失。

（二）财产损害赔偿的范围

1. 直接损失

直接损失是指现有财产的损失。《侵权责任法》第 19 条规定："侵害他人财产的，财产损失按照损失发生时的市场价格或者其他方式计算。"

2. 间接损失

间接损失是指可得利益的损失。《民法通则》第 117 条第 3 款规定："受害人因此遭受其他重大损失的，侵害人并应当赔偿损失。"这一规定，肯定了对间接损失应予以赔偿。

间接损失主要包括以下几个方面。①经济利润损失赔偿范围限于经营者在现有营业条件下从事正常经营所能获得的利润。计算方法有两种，一是以该营业者损害发生前一段时间内的平均利润为准；二是以该营业者损害发生当时条件相当的营业者的经营利润为参数计算。②孳息损失。孳息分为法定孳息和天然孳息。法定孳息主要指利息和租金。如非法侵占他人资金，会带来利息损失，非法占有、拆除、查封房屋，则会产生租金损失。天然孳息是动植物依据自然规律而产生的增值，如毁坏果园，应按该果园的通常产量赔偿损失。

确定间接损失须遵循可预见性规则，即侵权人在从事侵权行为时对间接损失能预见的程度，但是侵权人如果是故意，则不受可预见性规则制约。

第三节　精神损害赔偿

一、精神损害赔偿概念

精神损害赔偿是指民事主体因其人身权益受到不法侵害，使其遭受严重精神痛苦的，要求侵权人通过财产赔偿等方式进行救济和保护的民事法律制度，是针对严重精神损害后果所应承担的财产责任。

二、我国精神损害赔偿范围

《侵权责任法》第 22 条规定："侵害他人人身权益，造成他人严重精神损害的，被侵权人可以请求精神损害赔偿。"根据《最高人民法院关于确定民事侵权精神损害赔偿责任若干问题的解释》的规定，精神损害赔偿适用于以下情形。

第一，自然人因人格权利或者人格利益遭受侵害，向人民法院起诉请求赔偿精神损害的，人民法院应当依法予以受理。这些人格权利或者人格利益包括以下几类：①生命权、健康权、身体权；②姓名权、肖像权、名誉权、荣誉权；③人格尊严权、人身自由权；④违反社会公共利益、社会公德侵害他人隐私或者其他人格利益。

第二，监护权受到侵害，受害人可以请求精神损害赔偿。《最高人民法院关于确定民事侵权精神损害赔偿责任若干问题的解释》第2条规定："非法使被监护人脱离监护，导致亲子关系或者近亲属间的亲属关系遭受严重损害，监护人向人民法院起诉请求赔偿精神损害的，人民法院应当依法予以受理。"

第三，侵害死者的特定人格利益，其近亲属因此而遭受精神痛苦的，可以请求精神损害赔偿。依《最高人民法院关于确定民事侵权精神损害赔偿责任若干问题的解释》第3条的规定，自然人死亡后，其近亲属因下列侵权行为遭受精神痛苦，有权要求精神损害赔偿：①以侮辱、诽谤、贬损、丑化或者违反社会公共利益、社会公德的其他方式，侵害死者姓名、肖像、名誉、荣誉；②非法披露、利用死者隐私，或者以违反社会公共利益、社会公德的其他方式侵害死者隐私；③非法利用、损害遗体、遗骨，或者以违反社会公共利益、社会公德的其他方式侵害死者遗体、遗骨。

第四，侵害具有人格象征意义的特定纪念物品，因侵权行为而永久性灭失或毁损，物品所有人有权以侵权为由，要求精神损害赔偿。

三、精神损害赔偿额的确定

根据《最高人民法院关于确定民事侵权精神损害赔偿责任若干问题的解释》第10条的规定，除法律、行政法规另有规定以外，精神损害的赔偿数额参照以下因素确定：①侵权人的过错程度，法律另有规定的除外；②侵害的手段、场合、行为方式等具体情节；③侵权行为所造成的后果；④侵权人的获利情况；⑤侵权人承担责任的经济能力；⑥受诉法院所在地平均生活水平。

一、判断分析题

1. 侵权人因同一行为应当承担行政责任或者刑事责任的，不影响依法承担侵权责任。（　　）

2. 侵害单位权益，造成单位严重损害的，被侵权人可以要求精神损害赔偿。（　　）

3. 民用航空器造成他人损害的，民用航空器的经营者应当承担侵权责任，但能够证明损害是因受害人故意造成的，不承担责任。（　　）

4. 医务人员在诊疗活动中未尽到与当时的医疗水平相应的诊疗义务，造成患者损害的，医疗机构应当承担赔偿责任。（　　）

5. 以买卖等方式转让拼装或者已达到报废标准的机动车，发生交通事故造成损害的，由转让人承担侵权责任。（　　）

二、不定项选择题

1. 请求赔偿精神损害必须是造成他人（　　）。

A. 严重精神损害　B. 一般精神损害　C. 精神损害　D. 身体残疾

2. 侵害他人财产的，财产损失按照（　　）的市场价格或者其他方式计算。

A. 提出请求时　　B. 判决生效时　　C. 损失发生时　　D. 财产生成时

3. 明知产品存在缺陷仍然生产、销售，造成他人死亡或者健康严重损害的，被侵权人有权请求相应的（　　）赔偿。

A. 补偿性　　B. 赔偿性　　C. 惩罚性　　D. 惩戒性

4. 侵害他人造成身体残疾的应当赔偿（　　）。

A. 护理费　　B. 交通费　　C. 残疾赔偿金　　D. 医疗费

5. 甲将摄录自己婚礼庆典活动的仅有的一盘录像带交给个体户乙制作成 VCD 保存，乙的店铺因丙抽烟不慎失火烧毁，导致录像带灭失。下列说法正确的是（　　）。

A. 甲可对乙提起违约之诉，并请求精神损害赔偿

B. 甲可对乙提起侵权之诉，并请求精神损害赔偿

C. 甲只能对丙提起侵权之诉，并请求精神损害赔偿

D. 甲可对乙提起违约之诉或侵权之诉，不能请求精神损害赔偿

6. 因同一侵权行为造成多人死亡的，（　　）以相同数额确定死亡赔偿金。

A. 应当　　B. 不应当　　C. 可以　　D. 不可以

7. 甲被乙家的狗咬伤，要求乙赔偿医药费，乙认为甲被狗咬与自己无关拒绝赔偿。下列选项正确的是（　　）。

A. 甲乙之间的赔偿关系属于民法所调整的人身关系

B. 甲请求乙赔偿的权利属于绝对权

C. 甲请求乙赔偿的权利适用诉讼时效

D. 乙拒绝赔偿是行使抗辩权

8. 侵权损害赔偿中，下列项目可以赔偿的是（　　）。

A. 医疗费　　B. 误工费　　C. 营养费　　D. 护理费

9. 某小学组织春游，队伍行进中某班班主任张某和其他教师闲谈，未跟进照顾本班学生。该班学生李某私自离队购买食物，与小贩刘某发生争执被打伤。对李某的人身损害，下列说法正确的是（　　）。

A. 刘某应承担赔偿责任

B. 某小学应承担赔偿责任

C. 某小学应与刘某承担连带赔偿责任

D. 刘某应承担赔偿责任，某小学应承担相应的补充赔偿责任

10. 甲已经死亡。乙因与甲生前素来不和，遂到处散布甲系赌博欠下巨额高利贷无法偿还而自杀身亡，在社会上造成了较恶劣的影响。甲之子欲向法院起诉，要求追究乙的侵权责任。下列选项正确的是（　　）。

A. 甲已经死亡，不再具有民事主体资格，因而乙的行为不构成侵权

B. 乙的行为侵害了甲的名誉，依法应当承担侵权责任

C. 只有甲的配偶有权代表甲对乙提起诉讼

D. 只有甲的子女有权对乙提起诉讼

三、案例分析题

市场上某休闲食品主要由甲、乙公司生产。甲公司为打击竞争对手乙公司，在网络上虚构并发布乙公司违反食品安全的信息。这使得乙公司的食品销量下降并招致了全国范围的退货。为此，乙公司以名誉权被侵害为由，向法院起诉要求甲公司赔偿损失。请问该损失如何计算？

第二十八章

侵权责任与其他民事责任竞合

民事责任竞合是指某个违反民事义务的行为适合两个或两个以上不同法律规范规定要件而引起的多种民事责任的相互并存和冲突。本章通过学习侵权责任与违约责任的竞合、侵权责任与不当得利责任的竞合，从而更深刻地把握各种民事责任之间的联系与区别。

本章知识体系

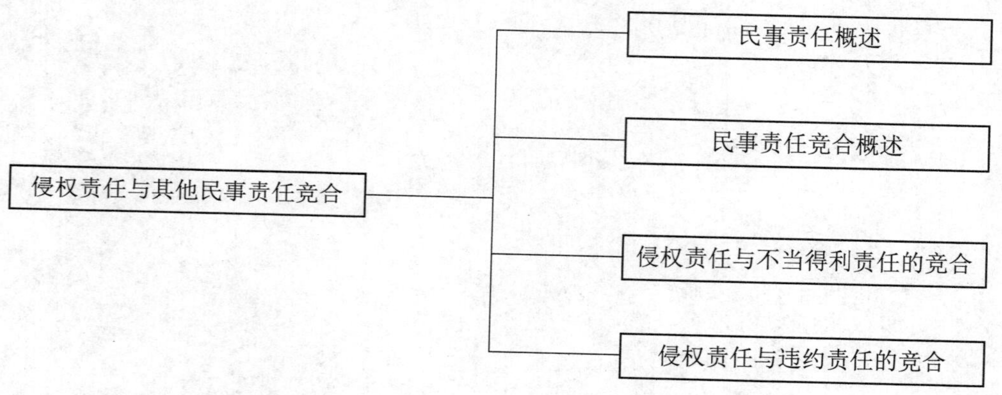

第一节　民事责任概述

一、民事责任的概念和特征

（一）民事责任的概念

民事责任，是指民事主体因违反合同或者不履行其他民事义务所应承担的民事法律后果。民事责任不同于民事义务，民事义务是民事责任的前提，无义务就无责任。所谓民事义务，是指一方为保证他方民事权利的实现，应当为一定的行为或者不为一定的行为。民事责任则是不履行民事义务的法律后果。虽然民事责任和民事义务在内容上经常一致，但存在本质的区别：民事义务的履行为社会所倡导和鼓励；民事责任的承担则体现了社会对不履行民事义务的谴责。

民法保护民事权利主要通过两个途径。其一，确认民事主体享有民事权利，保障民事权利的行使和实现。其二，建立民事责任制度。民事权利的实现有赖于对方当事人作为或者不作为义务的履行。如果当事人不履行民事义务，则通过民事责任制度强制其履行义务，以确保民事权利的实现。民事责任是保护民事权利，促进民事主体履行民事义务的重要法律手段。我国《民法通则》第106条规定："公民、法人违反合同或者不履行其他义务的，应当承担民事责任。公民、法人由于过错侵害国家的、集体的财产，侵害他人财产、人身的，应当承担民事责任。没有过错，但法律规定应当承担民事责任的，应当承担民事责任。"

（二）民事责任的特征

1. 强制性

法律责任的强制性是其区别于道德责任和其他社会责任的根本标志。民事责任作为法律责任之一，也以国家强制力为保障，具有强制性，主要体现在：第一，在民事主体违反合同或者不履行其他义务，或者由于过错侵害国家、集体的财产，侵害他人财产、人身时，法律规定应当承担民事责任；第二，当民事主体不主动承担民事责任时，通过国家有关权力机构强制其承担责任，履行民事义务。

2. 财产性

民事责任以财产责任为主，非财产责任为辅。一方不履行民事义务的行为，给他方造成财产和精神上的损失，通常通过财产性赔偿的方式予以回复。但是，对人格权和身份权的侵害，仅通过财产赔偿，难以完全消除侵害所造成的后果。以侵害名誉权为例，仅有财产赔偿，对受害人的社会评价难以恢复到受侵害之前的状态。因此《民法通则》规定了一些辅助性的非财产责任，如赔礼道歉、消除影响、恢复名誉等。

3. 补偿性

所谓补偿性，是指民事责任以补足民事主体所受损失为限。就违约责任而言，旨在使当事人的利益达到合同获得适当履行的状态；就侵权民事责任而言，旨在使当事人的利益恢复到受损害以前的状态。补偿性与惩罚性相对立，民事责任实行惩罚性赔偿属于特例。例如，《中华人民共和国消费者权益保护法》第55条规定，"经营者提供商品或者服务有欺诈行为的，应当按照消费者的要求增加赔偿其受到的损失，增加赔偿的金额为消费者购买商品的价款或者接受服务的费用的三倍"。

二、民事责任与其他法律责任的区别

法律责任通常分为民事责任、刑事责任和行政责任，民事责任与另两种法律责任的区别主要如下。

（一）强制程度不同

刑事责任和行政责任通常由国家有关权力机构追究，直接体现了国家的强制力，不存在当事人的调解或者和解。民事责任更多地体现的是威慑力，是一种间接的强制。主要体现在两个方面：其一，当事人自己可以主动承担民事责任，无须强制机构的介入；其二，当事人可以就民事责任的内容、承担方式等进行协商、调解与和解。

（二）责任性质不同

刑事责任和行政责任体现了国家对某种行为的否定性评价，目的在于惩罚犯罪和行政违法行为，属于惩罚性责任。民事责任以弥补受害人所受损失为目标，属于补偿性责任。

（三）承担方式不同

刑事责任的承担方式为刑罚，如死刑、无期徒刑、有期徒刑、罚金、剥夺政治权利等。行政责任承担方式为行政拘留、罚款等。民事责任的承担方式为停止损害、排除妨碍、消除危险、返还财产、恢复原状、修理、重作、更换、赔偿损失、支付违约金、消除影响、恢复名誉、赔礼道歉、赔偿损失。

三、缔约过失责任

（一）缔约过失责任的概念

缔约过失责任是指当事人于缔结合同之际具有过失，从而导致合同不成立、被确认无效或被撤销，使双方当事人遭受损害而应承担的法律责任。

我国民事责任法律有关于缔约过失责任的规定，《民法通则》第六十一条第一款规定："民事行为被确认为无效或者被撤销后，当事人因该行为取得的财产，应当返还给受损失的一方。有过错的一方应当赔偿对方因此所受的损失，双方都有过错的，应当各自承担相应的责任。"《合同法》对缔约过失责任也专门做了规定。

（二）缔约过失责任的构成要件

构成缔约过失责任应具备以下要件。

1. 缔约过失责任发生在合同订立阶段

只有在合同尚未成立，或者虽已成立，但因为不符合法定的有效要件而被确认为无效或者被撤销时，才可能发生缔约过失责任。而当事人一方不履行合同义务或者履行合同义务不符合合同约定所应承担的民事责任属于违约责任。

2. 缔约一方违反了依诚实信用原则所担负的先合同义务

由于合同尚未成立，所以当事人并不承担合同义务，而是承担先合同义务。在订立合同的过程中，当事人应该依诚实信用原则负有协助、保密、告知、忠实等义务即先合同义务。该义务为法定义务，如果违反该义务，则可能产生缔约过失责任。

3. 缔约的相对方因此而受到损失

缔约相对方所受的损失为信赖利益受到损失。信赖利益的损失既包括直接损失，又包括应增加而未增加的利益，如为订立合同而支付的必要费用、因此而失去的商机等。

4. 违反先契约义务与损失之间有因果关系

只有违反先契约义务的行为与另一方当事人的损失之间有因果关系，即一方的损失是另一方的缔约过失行为造成的，缔约过失责任才能成立。只有这样，缔约过失责任才有合理的逻辑基础。

5. 违反先契约义务的一方当事人有过失

缔约过失责任的成立必须以过失为要件，无过失即无缔约过失责任。

（三）缔约过失责任的内容

1. 缔约过失责任的适用

根据《合同法》第42、43条的规定，缔约过失责任大致适用于以下情形。

第一，假借订立合同，恶意进行磋商。也就是非出于订立合同的目的而以订立合同为幌子与他人磋商。其真实的目的或是骗吃骗喝，或为阻止对方与他人订立合同而使对方贻误商机，或为戏弄对方等。由此类行为而给对方造成损失的，过错方负有赔偿的责任。

第二，故意隐瞒与订立合同有关的重要事实或者提供虚假情况。如果缔约一方故意不履行告知义务，未将足以影响合同的情况如实相告，对方当事人必将陷入错误的认识而导致经济损失。在订立合同的过程中，如违反该项义务，即构成欺诈；如合同已经成立，受损害方得基于欺诈事实的存在主张合同的撤销，过错方应负缔约过失责任，应当赔偿对方的损失。

第三，保密义务。即保守商业秘密不外泄的义务。在磋商阶段，缔约当事人基于信赖关系，一方可能知晓另一方的技术信息与经营信息，如该信息被界定为商业秘密的话，则缔约一方不得公开或为自己的利益而使用该信息。如违反此义务给对方造成损失的，应当承担缔约过失责任。

第四，违反有效要约和要约邀请，而给对方造成损失的，应承担缔约过失责任。

第五，违反初步协议和许诺，而给对方造成损失的，应承担缔约过失责任。

第六，无权代理如果未经被代理人追认，又不构成表见代理，而给对方造成损失的，则应由行为人承担缔约过失责任。

第七，在订立合同过程中的其他有违背诚实信用原则的行为，造成对方损失的，有过错方应承担缔约过失责任。

2. 缔约过失责任的赔偿范围

根据《合同法》的规定，缔约过失责任的承担形式是损害赔偿。缔约过失损害赔偿的范围包括直接损失和间接损失。

（1）在合同不成立，或虽已成立但被宣告为无效或者被撤销的情况下，构成缔约过失的一方应赔偿对方的直接损失，包括订立合同的费用（如差旅费、通信费）、准备履行合同所支出的费用（如仓库预租费）以及上述费用的利息；间接损失主要是指对方因此丧失商机而造成的损失。

（2）由于一方当事人在订立合同的过程中未尽照顾、保护义务而使对方遭受人身损害时，应赔偿范围以实际损失为限。

（3）由于一方当事人在订立合同的过程中未尽通知、说明义务而使另一方遭受财产损失时，应赔偿范围以实际损失为限。

四、违约责任

（一）违约责任的概念与特征

违约责任，又称违反合同的民事责任，是指合同当事人一方不履行合同或者履行合同不符合合同约定或法定义务所应承担的民事责任。

违约责任具有如下特征。

1. 违约责任以合同有效成立为前提

这是违约责任和缔约过失责任的根本区别。如果合同不成立、不生效、无效或者被撤销，即缔约一方当事人有过失造成另一方当事人发生损失的，其也不承担违约责任，只能承担缔约过失责任。

2. **违约责任以违反合同义务为前提**

因为合同义务与合同责任之间存在因果关系，即违反合同义务的行为将导致承担违约责任的法律后果，如果没有违约行为，则没有违约责任。

3. **违约责任具有相对的任意性和补偿性**

根据《合同法》第 114 条第 1 款的规定：当事人可以约定一方违约时应当根据违约情况向对方支付一定数额的违约金，也可以约定因违约产生的损失赔偿额的计算方法。可见，当事人可以就违约责任在法律规定的范围内进行约定，具有一定的任意性；值得注意的是，如果当事人约定的违约责任不公正合理，法律将对其予以干涉，所以，违约责任的任意性不是绝对的，是相对的。同时，违约责任是以补偿因违约行为所受损失为主要目的的，所以，违约责任又具有补偿性。

（二）违约责任的归责原则

归责原则，实际上是归责的规则，它是确定行为人的民事责任的根据和标准，也是贯穿于整个民事责任制度中并对各个责任进行规范的基本指导方针。它直接体现一个社会、一个国家的法律价值选择方向。

在我国，对于违约责任的归责原则，法学界历来存在争议。有些学者认为，我国违约责任的归责原则是过错责任原则。这种观点主要是基于我国已经废止的《中华人民共和国经济合同法》的相关规定，违反经济合同，只有在违约方主观上存在过错时，才能责令其承担民事责任。有些学者认为，我国违约责任的归责原则应为无过错原则即严格责任原则，也就是违约方即使无过错，但只要有违约行为，便应承担违约责任，将过错条件排除在违约责任构成要件之外。还有些学者认为，违约责任的归责原则应以过错责任原则为主，无过错责任原则为补充。

根据《合同法》，违约责任的归责原则应以无过错责任为主，过错责任为辅。

1. **无过错责任原则**

我国《合同法》第 107 条明确规定："当事人一方不履行合同义务或者履行合同义务不符合约定的，应当承担继续履行、采取补救措施或者赔偿损失等违约责任。"《合同法》第 121 条还规定："当事人一方因第三人的原因造成违约的，应当向对方承担违约责任。当事人一方和第三人之间的纠纷，依照法律规定或者按照约定解决。"由此可见，只要当事人不履行合同义务，就应承担违约责任。即使这种违约行为是由于第三人的原因造成的，也不能免除违约方应向对方承担的违约责任。

无过错责任是指违约发生以后，确定违约当事人的责任，应主要考虑违约的结果是否因违约方的行为造成，而不考虑违约方的故意和过失。也就是说，违约方不履行合同义务，不论其主观上是否有过错均应承担违约责任。

无过错责任以违约方的违约行为与违约后果之间的因果关系为要件。从举证方法来看，只要能够证明某一违约后果系违约方不履行合同或者不完全履行合同的行为引起，即可要求违约方承担责任。而过错责任中的过错是一种主观要件，过错责任需要受害方的举证，因此，也就不利于追究违约方的责任。确立无过错责任，只要求受害方就违约行为与违约结果间的因果关系举证，而因果关系是客观的，就很容易做到。因此，在这一方面无过错责任优于过错责任。

实行无过错责任归责原则，并非意味着在任何情况下，只要债务人不履行合同债务，就必然承担违约责任。我们还应结合违约责任的免责事由综合考查。若违约方具备免责事由，则仍可部分或全部免除其责任。同时，作为违约方还享有抗辩权，若具有合法的抗辩事由，证明违约行为与违约后果之间无因果关系，则仍可不承担责任，如合同对方当事人的违约即可作为抗辩事由。

2. 过错责任的个别表现

（1）因为故意或者重大过失造成对方损害的，违约方才承担损害赔偿责任。此类情形主要体现在赠与合同、无偿保管合同、无偿委托合同等无偿合同中。由于在这些合同的债务人只承担义务而不享有权利，则债务人仅就故意或者重大过失负责。

（2）因过错造成对方损害的，违约方应承担损害赔偿责任。如《合同法》中第222条的租赁合同、第265条的承揽合同、第303条的客运合同、第320条的多式联运合同、第374条保管合同、第394条的仓储合同、第406条的有偿委托合同、第425条的居间合同等。

对于以上两种情形，要求违约方有过错才承担民事责任，并不是对我国《合同法》所确认的无过错责任归责原则的否定，而应看作是法律对于特殊合同中，当事人的权利义务及其民事责任的特殊规定，是无过错责任的一种例外，也是对无过错责任的一种补充。

基于民事责任产生的基础不同，民事责任还包括侵权责任、不当得利返还责任等。这些民事责任在本章或债的发生原因中都有所介绍，在此不再赘述。

第二节　民事责任竞合概述

一、民事责任竞合的概念和成立条件

由于现代法律均为抽象规定，并从不同的角度调整社会关系，因而时常发生同一事实符合数个法律规范的要件，致使这些规范都可以适用于该事实的现象，在学说上称之为规范竞合。由于规范竞合之存在，当事人的同一行为可能依不同的规范应承担数个不同的法律责任，这就是所谓责任竞合。民事责任竞合，是指行为人实施某一违反民事义务的行为符合多种民事责任的构成要件，从而在民法上导致多种责任形式并存和相互冲突。

民事责任竞合有以下几个特征。

1. 不法行为人只实施了一个不法行为

从责任的事实构成上看，行为人只实施了一个不法行为，而不是实施多个不法行为。当然，数人共同侵害他人或实施共同危险行为，也是一个不法行为。如果行为人实施数个不法行为，不论其所违反的法律规范是否相同，均不属于责任竞合，而应当分别承担责任。

2. 同一不法行为违反两个或两个以上民事法律规范，构成两个或两个以上民事责任

民事责任之竞合，就其本质而言是由于民法的各个部分之相对独立与分离造成的。违约责任和侵权责任的分离是因合同法与侵权行为法的分离所产生的。同一不法行为既违反合同法的规定，又违反侵权责任法的规定，两种民事法律分别都规定这一不法行为的民事责任，这就形成了民事责任之竞合。

3. 数个民事责任相互冲突，虽然不同的民事法律都对同一不法行为规定了民事责任，但这些民事责任是相互冲突不能相互吸收或同时并存的

由于数个民事责任的相互冲突，不管其他情形（包括法律的有关规定、受害人的选择等）如何，不法行为人最终只就其所实施的一个不法行为承担一个民事责任。数个民事责任的相互排斥的性质将民事责任之竞合与责任聚合区别开来。

所谓责任聚合是指不法行为人实施某一违法行为，违反一项民事法律规范，但依法应承担多种民事责任。如某人侮辱、诽谤侵害他人之名誉权，并且造成受害人精神损害，此时就产生责任聚合，即加害人应承担停止侵害、恢复名誉、消除影响、赔礼道歉乃至赔偿损失的民事责任。

4. 请求权之竞合

由于不法行为人的一个不法行为违反两个或两个以上民事法律规范，从这些不同的民事法律规范来看，该行为的受害人就同一内容的民事责任享有多重的请求权。但从民法的整体规定以及不法行为人的行为之内容和性质来看，这些请求权又是彼此冲突不能相互吸收或同时并存的，这就是请求权的竞合。请求权竞合与责任竞合具有共同的内容，只是观察问题的角度不同，前者是从受害人方面进行观察的，而后者是从不法行为人的角度进行观察的。

二、民事责任竞合的法律效果

关于民事责任竞合的处理存在三种做法：禁止竞合制度、允许竞合制度和限制竞合制度。

（一）禁止竞合

这种观点认为，合同的当事人不得将对方当事人之违约行为视为侵权行为，只有在没有合同关系时才产生侵权责任。表面观之，禁止竞合似有两个优点：一是在更大程度上尊重当事人之意思自治，凡当事人有合意者均按当事人之合意处理，这样可以避免将具有强制性的侵权责任法规则适用于合同关系；二是可以避免受害一方获得双重请求权而得到更多的法律保护的可能性。但是，完全禁止竞合在实践中是很难执行的，我国多数学者不支持禁止竞合的观点。

（二）允许竞合

这种观点认为，合同法与侵权责任法不仅适用于典型的违约行为也适用于双重违法行为，受害人基于加害人行为的双重违法性质而产生两个请求权。受害人既可以提起违约之诉也可以提起侵权之诉，如果一项请求权因时效届满而被驳回时，还可行使另一项请求权。但受害人之双重请求权因其中之一的实现而消灭，直言之，受害人不能实现两项请求权。但是，不加限制地允许受害人享有双重请求权则有可能导致利益的天平偏向受害人一方，而且因受害人就同一事实提起两次诉讼，这势必加重对方当事人的诉讼负担，也加重法院的审判负担。

（三）限制竞合

这种观点一方面承认受害人的双重请求权，另一方面又对这种双重请求权之行使作出一些限制性的规定。受害人不得在行使一项请求权的同时行使另一项请求权，也不得在行使一项请求权之后再行使另一项请求权，而只能作出一次性的选择。限制竞合的理论和法律对策无论是在民法的基本理念上还是在实际操作上似更为可取。

第三节　侵权责任与不当得利责任的竞合

一、侵权责任与不当得利返还责任的竞合概念

侵权责任与不当得利返还责任的竞合，是指加害人因侵权行为取得利益同时符合侵权责任和不当得利返还责任的构成要件而产生的责任竞合现象。

二、关于不当得利返还责任与侵权责任的竞合的几种主要学说

（一）竞合否定说

这种观点认为，如果有理由提出损害赔偿的请求时，就不能提出返还不当得利的请求。损害赔偿的请求，是不当得利人有过错；而因不当得利所产生的请求，是不当得利人没有过错。因此，这两种请求是相互排斥的。这种观点的论据是值得商榷的。首先，现代侵权责任法认为，损害赔偿的请求权并不一定依加害人的过错产生，在一些案件（主要是无过错责任案件）中，并不考虑加害人的过错问题；其次，当事人有无过错，对于不当得利之构成并无影响，此为民法上的定论。

（二）竞合肯定说

这种观点主要是将不当得利区分为给付不当得利与非给付不当得利两类。非给付不当得利主要是指因受益人实施侵权行为而产生的不当得利，这种不当得利人的返还责任往往与侵权责任相竞合。《日本民法》和《德国民法》采用这种观点。日本的一些判例认为，对侵权责任的请求权与对返还不当得利的请求权在目的和构成要件上虽不尽相同，但从保护受害人利益考虑，不妨使两种请求权并存，允许当事人择一行使。

（三）限制竞合说

这种观点一方面认为在返还不当得利责任与侵权责任之间存在竞合，应当允许受害人有两个并存的请求权，另一方面又对这种并存的请求权及其行使设置若干限制。有人指出："不当得利与赔偿责任同时并存，只有在不当得利返还不足以填补受害人损失的情况下，才会成为事实。如果不当得利返还完全能使受害人的损失得到补偿，就没有赔偿责任的适用余地，因为赔偿责任的成立是以损害事实的存在为条件的。"

三、侵权责任与不当得利返还责任的区别

（一）构成要件不同

侵权责任以补偿受害人所受损害为目的，故以损害事实为条件，而不考虑侵害人是否直接受益及受益多寡。不当得利旨在剥夺加害人的不正当的受益，故不仅要求致人损害，而且以加害人直接受益为条件。

（二）责任方式不同

承担侵权责任的方式具有复合性，即以赔偿损失为主，可同时适用返还财产、停止侵害等多种责任方式。承担不当得利返还责任的方式具有单一性，即返还财产。

(三)举证责任不同

侵权责任以过错为一般构成要件，受害人对加害人的过错负举证责任。不当得利返还责任不以过错为要件，受害人只需证明加害人获得利益没有合法根据。

四、因侵权行为发生不当得利的主要情形

(一)无权有偿处分

即加害人未经权利人同意，将权利人的财产有偿转让给第三人或者许可第三人使用。有偿处分是加害人取得利益的前提，也是构成不当得利返还责任的条件。无权处分则是构成侵权责任的条件。

(二)非法出租

即加害人未经权利人同意，将权利人的财产交付第三人使用、收益，并收取租金，且无合法抗辩事由。

(三)非法使用并收益

即加害人未经权利人同意，使用权利人的财产或者权利并获得利益，且无合法抗辩事由，如非法印制他人的商标标志出售。

第四节　侵权责任与违约责任的竞合

一、侵权责任与违约责任的区别

(一)归责原则不同

侵权责任以过错责任原则为一般归责原则，以过错推定原则、无过错责任为补充。违约责任以无过错责任原则为一般原则，以过错责任为补充。归责原则的差异直接决定了当事人的举证责任的不同。

(二)举证责任不同

过错责任实行“谁主张谁举证”，即受害人对其加害人应当承担侵权责任的主张负举证责任，但法律规定的一些侵权责任除外。严格责任原则实行举证责任倒置，即由违约人证明其违约行为存在免责事由。

(三)违反义务不同

侵权行为违反的是不得侵害他人财产或者人身的法定义务。违约行为违反的是合同当事人之间的约定义务。因此，侵权行为和违约责任发生竞合以当事人存在合同关系为条件，违约责任难以使受害人的人身损害和精神损害得到补偿。

(四)诉讼时效不同

因侵权行为产生的损害赔偿请求权一般适用 2 年的诉讼时效，但因身体受伤害而产生的损害赔偿请求权的诉讼时效为 1 年。因违约行为产生的损害赔偿请求权的时效一般为 2 年；延付或者拒付租金争议、寄存财物被丢失或者损毁争议适用 1 年的诉讼时效；国际货物买卖合同和技术进出口合同争议的诉讼时效为 4 年。

(五)构成要件和免责事由不同

侵权责任以损害事实为构成要件，无损害即无责任；违约责任不以实际损害为条

件，如支付违约金。侵权责任的免责事由具有法定性，即由法律明文规定；违约责任具有任意性，即可以通过当事人之间的免责条款予以减轻或者免除。

（六）责任方式不同

侵权责任以赔偿损失为主，以其他多种责任方式为辅。违约责任以支付违约金为主，在适用损害赔偿时，当事人可以约定损害赔偿额的计算方法。

（七）责任范围不同

侵权责任的范围包括财产损失、人身伤害和精神损害。而违约责任仅以财产损失为限，且适用可预见规则以限定赔偿范围。

（八）第三人的责任不同

"对自己行为负责"决定了行为人一般仅对自己实施的侵权行为负责。合同相对性规则决定了债务人对第三人行为引起的违约承担违约责任，然后向第三人追偿。

（九）诉讼管辖不同

因侵权行为提起的诉讼，由侵权行为实施地、侵权结果发生地或者被告住所地人民法院管辖。因合同纠纷提起的诉讼，由被告住所地或者合同履行地人民法院管辖；合同当事人可以在书面合同中协议选择被告住所地、合同履行地、合同签订地、原告住所地、标的物所在地人民法院管辖。

上述区别说明适用侵权责任或者违约责任将对纠纷的管辖、加害人的责任方式、范围、免责事由以及受害人的权利保护产生直接影响。

二、侵权责任与违约责任的竞合

侵权责任与违约责任的竞合，是指行为人的同一不法行为同时违反侵权法和合同法的有关规定，同时符合侵权责任和违约责任的构成要件而产生的责任竞合现象。我国立法允许受害人选择行使，但不能同时实现，否则受害人获得双倍赔偿。《合同法》第122条规定："因当事人一方违约行为，侵害对方人身财产权益的，受损害方有权选择依照合同法要求其承担违约责任或者依照其他法律要求其承担侵权责任。"

侵权责任和违约责任竞合的构成要件。

第一，加害人与受害人之间存在合同关系，合同关系是违约责任发生的前提，侵权责任与违约责任的竞合当然离不开合同关系的存在。

第二，加害人实施了不法行为。不法行为是民事责任的构成要件之一，能够导致侵权责任与违约责任竞合的不法行为包括违约行为和侵权行为。

第三，加害人的行为同时违反侵权法和合同法的规定，并符合侵权责任和违约责任的构成要件。

具体的竞合情形主要有如下两种。

1. 违约性侵权行为

即合同当事人的违约行为致他人合同利益以外的利益损害，符合侵权行为的构成要件。如买卖合同交付的标的物质量不合格（违约行为）致他人人身或者财产损害（侵权行为）。

2. 侵权性违约行为

即行为人实施的侵权行为致他人合同利益损害的，符合违约责任的构成要件。如保管人无权处分保管物，而将保管物出卖给第三人。无权处分致寄存人受损失构成侵权行为，同时构成违反保管义务的违约行为。

法条链接

中华人民共和国侵权责任法（全文）

第一章　一般规定

第一条　为保护民事主体的合法权益，明确侵权责任，预防并制裁侵权行为，促进社会和谐稳定，制定本法。

第二条　侵害民事权益，应当依照本法承担侵权责任。

本法所称民事权益，包括生命权、健康权、姓名权、名誉权、荣誉权、肖像权、隐私权、婚姻自主权、监护权、所有权、用益物权、担保物权、著作权、专利权、商标专用权、发现权、股权、继承权等人身、财产权益。

第三条　被侵权人有权请求侵权人承担侵权责任。

第四条　侵权人因同一行为应当承担行政责任或者刑事责任的，不影响依法承担侵权责任。

因同一行为应当承担侵权责任和行政责任、刑事责任，侵权人的财产不足以支付的，先承担侵权责任。

第五条　其他法律对侵权责任另有特别规定的，依照其规定。

第二章　责任构成和责任方式

第六条　行为人因过错侵害他人民事权益，应当承担侵权责任。

根据法律规定推定行为人有过错，行为人不能证明自己没有过错的，应当承担侵权责任。

第七条　行为人损害他人民事权益，不论行为人有无过错，法律规定应当承担侵权责任的，依照其规定。

第八条　二人以上共同实施侵权行为，造成他人损害的，应当承担连带责任。

第九条　教唆、帮助他人实施侵权行为的，应当与行为人承担连带责任。

教唆、帮助无民事行为能力人、限制民事行为能力人实施侵权行为的，应当承担侵权责任；该无民事行为能力人、限制民事行为能力人的监护人未尽到监护责任的，应当承担相应的责任。

第十条　二人以上实施危及他人人身、财产安全的行为，其中一人或者数人的行为造成他人损害，能够确定具体侵权人的，由侵权人承担责任；不能确定具体侵权人的，行为人承担连带责任。

第十一条　二人以上分别实施侵权行为造成同一损害，每个人的侵权行为都足以造成全部损害的，行为人承担连带责任。

第十二条　二人以上分别实施侵权行为造成同一损害，能够确定责任大小的，各自承担相应的责任；难以确定责任大小的，平均承担赔偿责任。

第十三条 法律规定承担连带责任的，被侵权人有权请求部分或者全部连带责任人承担责任。

第十四条 连带责任人根据各自责任大小确定相应的赔偿数额；难以确定责任大小的，平均承担赔偿责任。

支付超出自己赔偿数额的连带责任人，有权向其他连带责任人追偿。

第十五条 承担侵权责任的方式主要有：

（一）停止侵害；

（二）排除妨碍；

（三）消除危险；

（四）返还财产；

（五）恢复原状；

（六）赔偿损失；

（七）赔礼道歉；

（八）消除影响、恢复名誉。

以上承担侵权责任的方式，可以单独适用，也可以合并适用。

第十六条 侵害他人造成人身损害的，应当赔偿医疗费、护理费、交通费等为治疗和康复支出的合理费用，以及因误工减少的收入。造成残疾的，还应当赔偿残疾生活辅助具费和残疾赔偿金。造成死亡的，还应当赔偿丧葬费和死亡赔偿金。

第十七条 因同一侵权行为造成多人死亡的，可以以相同数额确定死亡赔偿金。

第十八条 被侵权人死亡的，其近亲属有权请求侵权人承担侵权责任。被侵权人为单位，该单位分立、合并的，承继权利的单位有权请求侵权人承担侵权责任。

被侵权人死亡的，支付被侵权人医疗费、丧葬费等合理费用的人有权请求侵权人赔偿费用，但侵权人已支付该费用的除外。

第十九条 侵害他人财产的，财产损失按照损失发生时的市场价格或者其他方式计算。

第二十条 侵害他人人身权益造成财产损失的，按照被侵权人因此受到的损失赔偿；被侵权人的损失难以确定，侵权人因此获得利益的，按照其获得的利益赔偿；侵权人因此获得的利益难以确定，被侵权人和侵权人就赔偿数额协商不一致，向人民法院提起诉讼的，由人民法院根据实际情况确定赔偿数额。

第二十一条 侵权行为危及他人人身、财产安全的，被侵权人可以请求侵权人承担停止侵害、排除妨碍、消除危险等侵权责任。

第二十二条 侵害他人人身权益，造成他人严重精神损害的，被侵权人可以请求精神损害赔偿。

第二十三条 因防止、制止他人民事权益被侵害而使自己受到损害的，由侵权人承担责任。侵权人逃逸或者无力承担责任，被侵权人请求补偿的，受益人应当给予适当补偿。

第二十四条 受害人和行为人对损害的发生都没有过错的，可以根据实际情况，由双方分担损失。

第二十五条 损害发生后，当事人可以协商赔偿费用的支付方式。协商不一致的，赔偿费用应当一次性支付；一次性支付确有困难的，可以分期支付，但应当提供相应的担保。

第三章　不承担责任和减轻责任的情形

第二十六条 被侵权人对损害的发生也有过错的，可以减轻侵权人的责任。

第二十七条 损害是因受害人故意造成的，行为人不承担责任。

第二十八条 损害是因第三人造成的，第三人应当承担侵权责任。

第二十九条 因不可抗力造成他人损害的，不承担责任。法律另有规定的，依照其规定。

第三十条 因正当防卫造成损害的，不承担责任。正当防卫超过必要的限度，造成不应有的损害的，正当防卫人应当承担适当的责任。

第三十一条 因紧急避险造成损害的，由引起险情发生的人承担责任。如果危险是由自然原因引起的，紧急避险人不承担责任或者给予适当补偿。紧急避险采取措施不当或者超过必要的限度，造成不应有的损害的，紧急避险人应当承担适当的责任。

第四章　关于责任主体的特殊规定

第三十二条 无民事行为能力人、限制民事行为能力人造成他人损害的，由监护人承担侵权责任。监护人尽到监护责任的，可以减轻其侵权责任。

有财产的无民事行为能力人、限制民事行为能力人造成他人损害的，从本人财产中支付赔偿费用。不足部分，由监护人赔偿。

第三十三条 完全民事行为能力人对自己的行为暂时没有意识或者失去控制造成他人损害有过错的，应当承担侵权责任；没有过错的，根据行为人的经济状况对受害人适当补偿。

完全民事行为能力人因醉酒、滥用麻醉药品或者精神药品对自己的行为暂时没有意识或者失去控制造成他人损害的，应当承担侵权责任。

第三十四条 用人单位的工作人员因执行工作任务造成他人损害的，由用人单位承担侵权责任。

劳务派遣期间，被派遣的工作人员因执行工作任务造成他人损害的，由接受劳务派遣的用工单位承担侵权责任；劳务派遣单位有过错的，承担相应的补充责任。

第三十五条 个人之间形成劳务关系，提供劳务一方因劳务造成他人损害的，由接受劳务一方承担侵权责任。提供劳务一方因劳务自己受到损害的，根据双方各自的过错承担相应的责任。

第三十六条 网络用户、网络服务提供者利用网络侵害他人民事权益的，应当承担侵权责任。

网络用户利用网络服务实施侵权行为的，被侵权人有权通知网络服务提供者采取删除、屏蔽、断开链接等必要措施。网络服务提供者接到通知后未及时采取必要措施的，对损害的扩大部分与该网络用户承担连带责任。

网络服务提供者知道网络用户利用其网络服务侵害他人民事权益，未采取必要措施的，与该网络用户承担连带责任。

第三十七条 宾馆、商场、银行、车站、娱乐场所等公共场所的管理人或者群众性活动的组织者，未尽到安全保障义务，造成他人损害的，应当承担侵权责任。

因第三人的行为造成他人损害的，由第三人承担侵权责任；管理人或者组织者未尽到安全保障义务的，承担相应的补充责任。

第三十八条 无民事行为能力人在幼儿园、学校或者其他教育机构学习、生活期间受到人身损害的，幼儿园、学校或者其他教育机构应当承担责任，但能够证明尽到教育、管理职责的，不承担责任。

第三十九条 限制民事行为能力人在学校或者其他教育机构学习、生活期间受到人身损害，学校或者其他教育机构未尽到教育、管理职责的，应当承担责任。

第四十条 无民事行为能力人或者限制民事行为能力人在幼儿园、学校或者其他教育机构学习、生活期间，受到幼儿园、学校或者其他教育机构以外的人员人身损害的，由侵权人承担侵权责任；幼儿园、学校或者其他教育机构未尽到管理职责的，承担相应的补充责任。

第五章 产品责任

第四十一条 因产品存在缺陷造成他人损害的，生产者应当承担侵权责任。

第四十二条 因销售者的过错使产品存在缺陷，造成他人损害的，销售者应当承担侵权责任。

销售者不能指明缺陷产品的生产者也不能指明缺陷产品的供货者的，销售者应当承担侵权责任。

第四十三条 因产品存在缺陷造成损害的，被侵权人可以向产品的生产者请求赔偿，也可以向产品的销售者请求赔偿。

产品缺陷由生产者造成的，销售者赔偿后，有权向生产者追偿。

因销售者的过错使产品存在缺陷的，生产者赔偿后，有权向销售者追偿。

第四十四条 因运输者、仓储者等第三人的过错使产品存在缺陷，造成他人损害的，产品的生产者、销售者赔偿后，有权向第三人追偿。

第四十五条 因产品缺陷危及他人人身、财产安全的，被侵权人有权请求生产者、销售者承担排除妨碍、消除危险等侵权责任。

第四十六条 产品投入流通后发现存在缺陷的，生产者、销售者应当及时采取警示、召回等补救措施。未及时采取补救措施或者补救措施不力造成损害的，应当承担侵权责任。

第四十七条 明知产品存在缺陷仍然生产、销售，造成他人死亡或者健康严重损害的，被侵权人有权请求相应的惩罚性赔偿。

第六章　机动车交通事故责任

第四十八条　机动车发生交通事故造成损害的，依照道路交通安全法的有关规定承担赔偿责任。

第四十九条　因租赁、借用等情形机动车所有人与使用人不是同一人时，发生交通事故后属于该机动车一方责任的，由保险公司在机动车强制保险责任限额范围内予以赔偿。不足部分，由机动车使用人承担赔偿责任；机动车所有人对损害的发生有过错的，承担相应的赔偿责任。

第五十条　当事人之间已经以买卖等方式转让并交付机动车但未办理所有权转移登记，发生交通事故后属于该机动车一方责任的，由保险公司在机动车强制保险责任限额范围内予以赔偿。不足部分，由受让人承担赔偿责任。

第五十一条　以买卖等方式转让拼装或者已达到报废标准的机动车，发生交通事故造成损害的，由转让人和受让人承担连带责任。

第五十二条　盗窃、抢劫或者抢夺的机动车发生交通事故造成损害的，由盗窃人、抢劫人或者抢夺人承担赔偿责任。保险公司在机动车强制保险责任限额范围内垫付抢救费用的，有权向交通事故责任人追偿。

第五十三条　机动车驾驶人发生交通事故后逃逸，该机动车参加强制保险的，由保险公司在机动车强制保险责任限额范围内予以赔偿；机动车不明或者该机动车未参加强制保险，需要支付被侵权人人身伤亡的抢救、丧葬等费用的，由道路交通事故社会救助基金垫付。道路交通事故社会救助基金垫付后，其管理机构有权向交通事故责任人追偿。

第七章　医疗损害责任

第五十四条　患者在诊疗活动中受到损害，医疗机构及其医务人员有过错的，由医疗机构承担赔偿责任。

第五十五条　医务人员在诊疗活动中应当向患者说明病情和医疗措施。需要实施手术、特殊检查、特殊治疗的，医务人员应当及时向患者说明医疗风险、替代医疗方案等情况，并取得其书面同意；不宜向患者说明的，应当向患者的近亲属说明，并取得其书面同意。

医务人员未尽到前款义务，造成患者损害的，医疗机构应当承担赔偿责任。

第五十六条　因抢救生命垂危的患者等紧急情况，不能取得患者或者其近亲属意见的，经医疗机构负责人或者授权的负责人批准，可以立即实施相应的医疗措施。

第五十七条　医务人员在诊疗活动中未尽到与当时的医疗水平相应的诊疗义务，造成患者损害的，医疗机构应当承担赔偿责任。

第五十八条　患者有损害，因下列情形之一的，推定医疗机构有过错：

（一）违反法律、行政法规、规章以及其他有关诊疗规范的规定；

（二）隐匿或者拒绝提供与纠纷有关的病历资料；

（三）伪造、篡改或者销毁病历资料。

第五十九条 因药品、消毒药剂、医疗器械的缺陷，或者输入不合格的血液造成患者损害的，患者可以向生产者或者血液提供机构请求赔偿，也可以向医疗机构请求赔偿。患者向医疗机构请求赔偿的，医疗机构赔偿后，有权向负有责任的生产者或者血液提供机构追偿。

第六十条 患者有损害，因下列情形之一的，医疗机构不承担赔偿责任：

（一）患者或者其近亲属不配合医疗机构进行符合诊疗规范的诊疗；

（二）医务人员在抢救生命垂危的患者等紧急情况下已经尽到合理诊疗义务；

（三）限于当时的医疗水平难以诊疗。

前款第一项情形中，医疗机构及其医务人员也有过错的，应当承担相应的赔偿责任。

第六十一条 医疗机构及其医务人员应当按照规定填写并妥善保管住院志、医嘱单、检验报告、手术及麻醉记录、病理资料、护理记录、医疗费用等病历资料。

患者要求查阅、复制前款规定的病历资料的，医疗机构应当提供。

第六十二条 医疗机构及其医务人员应当对患者的隐私保密。泄露患者隐私或者未经患者同意公开其病历资料，造成患者损害的，应当承担侵权责任。

第六十三条 医疗机构及其医务人员不得违反诊疗规范实施不必要的检查。

第六十四条 医疗机构及其医务人员的合法权益受法律保护。干扰医疗秩序，妨害医务人员工作、生活的，应当依法承担法律责任。

第八章 环境污染责任

第六十五条 因污染环境造成损害的，污染者应当承担侵权责任。

第六十六条 因污染环境发生纠纷，污染者应当就法律规定的不承担责任或者减轻责任的情形及其行为与损害之间不存在因果关系承担举证责任。

第六十七条 两个以上污染者污染环境，污染者承担责任的大小，根据污染物的种类、排放量等因素确定。

第六十八条 因第三人的过错污染环境造成损害的，被侵权人可以向污染者请求赔偿，也可以向第三人请求赔偿。污染者赔偿后，有权向第三人追偿。

第九章 高度危险责任

第六十九条 从事高度危险作业造成他人损害的，应当承担侵权责任。

第七十条 民用核设施发生核事故造成他人损害的，民用核设施的经营者应当承担侵权责任，但能够证明损害是因战争等情形或者受害人故意造成的，不承担责任。

第七十一条 民用航空器造成他人损害的，民用航空器的经营者应当承担侵权责任，但能够证明损害是因受害人故意造成的，不承担责任。

第七十二条 占有或者使用易燃、易爆、剧毒、放射性等高度危险物造成他人损害的，占有人或者使用人应当承担侵权责任，但能够证明损害是因受害人故意或者不可抗力造成的，不承担责任。被侵权人对损害的发生有重大过失的，可以减轻占有人或者使用人的责任。

第七十三条 从事高空、高压、地下挖掘活动或者使用高速轨道运输工具造成他人损害的，经营者应当承担侵权责任，但能够证明损害是因受害人故意或者不可抗力造成的，不承担责任。被侵权人对损害的发生有过失的，可以减轻经营者的责任。

第七十四条 遗失、抛弃高度危险物造成他人损害的，由所有人承担侵权责任。所有人将高度危险物交由他人管理的，由管理人承担侵权责任；所有人有过错的，与管理人承担连带责任。

第七十五条 非法占有高度危险物造成他人损害的，由非法占有人承担侵权责任。所有人、管理人不能证明对防止他人非法占有尽到高度注意义务的，与非法占有人承担连带责任。

第七十六条 未经许可进入高度危险活动区域或者高度危险物存放区域受到损害，管理人已经采取安全措施并尽到警示义务的，可以减轻或者不承担责任。

第七十七条 承担高度危险责任，法律规定赔偿限额的，依照其规定。

第十章　饲养动物损害责任

第七十八条 饲养的动物造成他人损害的，动物饲养人或者管理人应当承担侵权责任，但能够证明损害是因被侵权人故意或者重大过失造成的，可以不承担或者减轻责任。

第七十九条 违反管理规定，未对动物采取安全措施造成他人损害的，动物饲养人或者管理人应当承担侵权责任。

第八十条 禁止饲养的烈性犬等危险动物造成他人损害的，动物饲养人或者管理人应当承担侵权责任。

第八十一条 动物园的动物造成他人损害的，动物园应当承担侵权责任，但能够证明尽到管理职责的，不承担责任。

第八十二条 遗弃、逃逸的动物在遗弃、逃逸期间造成他人损害的，由原动物饲养人或者管理人承担侵权责任。

第八十三条 因第三人的过错致使动物造成他人损害的，被侵权人可以向动物饲养人或者管理人请求赔偿，也可以向第三人请求赔偿。动物饲养人或者管理人赔偿后，有权向第三人追偿。

第八十四条 饲养动物应当遵守法律，尊重社会公德，不得妨害他人生活。

第十一章　物件损害责任

第八十五条 建筑物、构筑物或者其他设施及其搁置物、悬挂物发生脱落、坠落造成他人损害，所有人、管理人或者使用人不能证明自己没有过错的，应当承担侵权责任。所有人、管理人或者使用人赔偿后，有其他责任人的，有权向其他责任人追偿。

第八十六条 建筑物、构筑物或者其他设施倒塌造成他人损害的，由建设单位与施工单位承担连带责任。建设单位、施工单位赔偿后，有其他责任人的，有权向其他责任人追偿。

因其他责任人的原因，建筑物、构筑物或者其他设施倒塌造成他人损害的，由其他责任人承担侵权责任。

第八十七条 从建筑物中抛掷物品或者从建筑物上坠落的物品造成他人损害，难以确定具体侵权人的，除能够证明自己不是侵权人的外，由可能加害的建筑物使用人给予补偿。

第八十八条 堆放物倒塌造成他人损害，堆放人不能证明自己没有过错的，应当承担侵权责任。

第八十九条 在公共道路上堆放、倾倒、遗撒妨碍通行的物品造成他人损害的，有关单位或者个人应当承担侵权责任。

第九十条 因林木折断造成他人损害，林木的所有人或者管理人不能证明自己没有过错的，应当承担侵权责任。

第九十一条 在公共场所或者道路上挖坑、修缮安装地下设施等，没有设置明显标志和采取安全措施造成他人损害的，施工人应当承担侵权责任。

窨井等地下设施造成他人损害，管理人不能证明尽到管理职责的，应当承担侵权责任。

第十二章　附　　则

第九十二条 本法自2010年7月1日起施行。

中华人民共和国民法通则（节选）

第一百零六条 公民、法人违反合同或者不履行其他义务的，应当承担民事责任。

公民、法人由于过错侵害国家的、集体的财产，侵害他人财产、人身的，应当承担民事责任。

没有过错，但法律规定应当承担民事责任的，应当承担民事责任。

第一百零七条 因不可抗力不能履行合同或者造成他人损害的，不承担民事责任，法律另有规定的除外。

第一百零八条 债务应当清偿。暂时无力偿还的，经债权人同意或者人民法院裁决，可以由债务人分期偿还。有能力偿还拒不偿还的，由人民法院判决强制偿还。

第一百零九条 因防止、制止国家的、集体的财产或者他人的财产、人身遭受侵害而使自己受到损害的，由侵害人承担赔偿责任，受益人也可以给予适当的补偿。

第一百一十条 对承担民事责任的公民、法人需要追究行政责任的，应当追究行政责任；构成犯罪的，对公民、法人的法定代表人应当依法追究刑事责任。

第一百一十一条 当事人一方不履行合同义务或者履行合同义务不符合约定条件的，另一方有权要求履行或者采取补救措施，并有权要求赔偿损失。

第一百一十二条 当事人一方违反合同的赔偿责任，应当相当于另一方因此所受到的损失。

当事人可以在合同中约定，一方违反合同时，向另一方支付一定数额的违约金；也可以在合同中约定对于违反合同而产生的损失赔偿额的计算方法。

第一百一十三条 当事人双方都违反合同的，应当分别承担各自应负的民事责任。

第一百一十四条 当事人一方因另一方违反合同受到损失的，应当及时采取措施防止损失的扩大；没有及时采取措施致使损失扩大的，无权就扩大的损失要求赔偿。

第一百一十五条 合同的变更或者解除，不影响当事人要求赔偿损失的权利。

第一百一十六条 当事人一方由于上级机关的原因，不能履行合同义务的，应当按照合同约定向另一方赔偿损失或者采取其他补救措施，再由上级机关对它因此受到的损失负责处理。

中华人民共和国合同法（节选）

第四十二条 当事人在订立合同过程中有下列情形之一，给对方造成损失的，应当承担损害赔偿责任：

（一）假借订立合同，恶意进行磋商；

（二）故意隐瞒与订立合同有关的重要事实或者提供虚假情况；

（三）有其他违背诚实信用原则的行为。

第四十三条 当事人在订立合同过程中知悉的商业秘密，无论合同是否成立，不得泄露或者不正当地使用。泄露或者不正当地使用该商业秘密给对方造成损失的，应当承担损害赔偿责任。

复习题

一、判断分析题

1. 侵权责任实质也是一种债，因此与违约责任并不存在竞合。（　　）
2. 违约责任主要由合同法调整。（　　）
3. 不当得利与无因管理都是债的发生原因。（　　）
4. 民事责任竞合的法律效果是导致双重请求权的产生，允许同时实现。（　　）
5. 民事赔偿注重“损失多少，赔偿多少”。（　　）

二、不定项选择题

1. 某施工单位修一条路，欲临时占用某公司的场地，双方签订了协议，需于2016年5月1日交回使用权。在此期间，该施工单位在此盖了一间简易平房，并销售日用品，但到了期限，仍未交回使用权。该施工单位不承担（　　）。

A. 恢复原状　　B. 消除影响　　C. 赔偿损失　　D. 排除妨碍

2. 采取分期付款方式购车，出卖方在购买方付清全部车款前保留车辆所有权，购买方以自己的名义与他人订立合同并使用该车运输，因交通事故造成他人财产损失时，下列说法正确的是（　　）。

A. 出卖方不承担民事责任　　B. 出卖方承担民事责任

C. 出卖方承担连带责任　　D. 出卖方承担垫付责任

3. 根据民法的规定，违反合同民事责任的形式有（　　）。

A. 支付违约金
B. 采取补救措施
C. 赔偿损失
D. 继续履行

4. 一辆公共汽车在正常运行时被一辆违章行驶的货车撞上，造成乘客王某受伤。王某的损失应当由谁赔偿（　　）。

A. 王某可以要求公交公司全部赔偿

B. 王某可以要求公交公司和货车车主承担连带责任

C. 王某不能直接要求货车车主赔偿

D. 王某不能要求货车车主全部赔偿

5. 甲购买一辆汽车，在开回的路上，因刹车失灵而翻车受伤。在此情形下，他可以请求谁承担何种责任（　　）。

A. 请求商家承担违约责任

B. 请求厂家同时承担违约和侵权责任

C. 请求厂家承担侵权责任

D. 不能请求商家承担违约责任

6. 甲因盖房缺大梁，便从乙家偷得一根大梁。房屋盖好以后，乙发现甲家屋顶上的大梁是从自家偷来的，并与甲发生纠纷。不久甲家新盖房屋被洪水冲倒，乙家的大梁再现。对于甲乙之间的纠纷，下列表述错误的是（　　）。

A. 新盖房屋被冲倒前，乙可向甲主张侵权责任

B. 新盖房屋被冲倒前，乙可向甲主张不当得利责任

C. 新盖房屋被冲倒前，乙可向甲主张返还原物

D. 新盖房屋被冲倒后，乙可向甲主张返还原物

7. 甲因图便宜，向乙购买了一辆报废车，甲在驾驶该车行驶过程中，致丙受害，丙花去医药费 2 000 元。就该买卖合同及责任承担，下列表述正确的是（　　）。

A. 乙应向甲承担瑕疵担保责任

B. 丙可向甲主张侵权责任

C. 丙可向乙主张侵权责任

D. 丙可向甲、乙主张连带责任

8. 侵权责任与违约责任的区别包括（　　）。

A. 责任基础不同
B. 构成要件有区别
C. 归责原则不同
D. 诉讼管辖不同

9. 侵权责任与不当得利责任的区别包括（　　）。

A. 责任基础不同
B. 构成要件不同
C. 责任方式不同
D. 举证责任不同

10. 我国民事责任主要包括（　　）。

A. 侵权责任
B. 违约责任
C. 缔约过失责任
D. 不当得利责任

三、案例分析题

某大学生甲去水房打水，回来途中遇见两个学生乙丙在踢足球，为了使热水瓶不被

足球踢碎，甲便将热水瓶高高举起，由于热水瓶的质量问题导致热水瓶突然爆裂，热水将甲、乙、丙三人烫伤。

问：(1) 三人损失应当由谁承担?

(2) 如果本案是甲替乙保管水壶，未经乙同意，擅自将水壶送给丙，乙的损失由谁承担?

参考文献

[1] 彭万林. 民法学 [M]. 7 版. 北京：中国政法大学出版社，2011.

[2] 魏振瀛. 民法 [M]. 6 版. 北京：北京大学出版社，2016.

[3] 李开国. 中国民法学教程 [M]. 北京：法律出版社，1997.

[4] 张俊浩. 民法学原理 [M]. 北京：中国政法大学出版社，2000.

[5] 马俊驹，余延满. 民法原论 [M]. 4 版. 北京：法律出版社，2016.

[6] 王利明. 民法 [M]. 6 版. 北京：中国人民大学出版社，2015.

[7] 李仁玉，陈敦. 民法学 [M]. 北京：北京大学出版社，2006.

[8] 孟勤国. 民法学 [M]. 桂林：广西师范大学出版社，2004.

[9] 梁慧星. 民法总论 [M]. 4 版. 北京：法律出版社，2011.

[10] 王利明. 民法总则研究 [M]. 2 版. 北京：中国人民大学出版社，2012.

[11] 郑玉波. 民法总则 [M]. 北京：中国政法大学出版社，2003.

[12] 王泽鉴. 民法总则 [M]. 北京：中国政法大学出版社，2001.

[13] 李开国. 民法总则研究 [M]. 北京：法律出版社，2003.

[14] 梅迪库斯. 德国民法总论 [M]. 邵建东，译. 北京：法律出版社，2013.

[15] 史尚宽. 债法总论 [M]. 北京：中国政法大学出版社，2000.

[16] 龙卫球. 民法总论 [M]. 北京：中国法制出版社，2002.

[17] 王利明，郭明瑞，方流芳. 民法新论 [M]. 北京：中国政法大学出版社，1988.

[18] 姚欢庆. 民法概论 [M]. 3 版. 北京：中国人民大学出版社，2013.

[19] 王泽鉴. 民法概要 [M]. 2 版. 北京：中国人民大学出版社，2011.

[20] 杨立新. 中华人民共和国侵权责任法精解 [M]. 北京：知识产权出版社，2010.

[21] 鲁叔媛. 民法案例教程 [M]. 北京：法律出版社，2006.

[22] 姚辉. 新版以案说法：民法篇 [M]. 北京：中国人民大学出版社，2005.

[23] 董安生. 民事法律行为 [M]. 北京：中国人民大学出版社，2002.

[24] 张新宝. 民事活动的基本原则 [M]. 北京：法律出版社，1986.

[25] 林诚二. 民法债编总论 [M]. 北京：中国人民大学出版社，2003.

[26] 郭明瑞. 民法总论案例教程 [M]. 北京：北京大学出版社，2010.

[27] 杨立新. 人身权法论 [M]. 3 版. 北京：人民法院出版社，2006.

[28] 王利明. 人格权法新论 [M]. 长春：吉林人民出版社，1994.

[29] 温世扬. 物权法要义 [M]. 北京：法律出版社，2007.

[30] 杨立新. 人身损害赔偿司法解释释义 [M]. 北京：人民出版社，2004

[31] 王泽鉴. 民法学说与判例研究 [M]. 北京：北京大学出版社，2016.

[32] 张新宝. 现代侵权损害赔偿研究 [M]. 北京：中国人民大学出版社，2006.

[33] 王利明. 违约责任论：修订本［M］. 北京：中国政法大学出版社，2003.
[34] 博登海默. 法理学：法哲学及其方法［M］. 邓正来，等译. 北京：华夏出版社，1999.
[35] 贝勒斯. 法律的原则［M］. 张文显，宋金娜，朱卫国，译. 北京：中国大百科全书出版社，1996.
[36] 陈光中. 法学概论［M］. 6版. 北京：中国政法大学出版社，2016.
[37] 周枏. 罗马法原理［M］. 北京：法律出版社，2006.